인간존중과 의사소통

Communication in Nursing

Elsevier
3251 Riverport Lane
St. Louis, Missouri 63043

COMMUNICATION IN NURSING, NINTH EDITION by Julia Blazer Riley
SBN: 978-0-323-62548-7

Library of Congress Control Number: 2019949240

This Korean edition of *Communication in Nursing, ninth edition, 9780323625487 by Julia Blazer Riley* is published by arrangement with Elsevier Inc.

ommunication in Nursing, ninth edition, 9780323625487 by Julia Blazer Riley 의
해당 한국어판은 Elsevier, Inc. 와의 계약을 통해 (주)학지사메디컬에서 출간 되었습니다.

인간존중과 의사소통

Communication in Nursing 9th Edition

2021년 1월 30일 1판 1쇄 인쇄
2021년 2월 10일 1판 1쇄 발행

지은이 | Julia Blazer Riley
역은이 | 현명선 외
펴낸이 | 김진환
펴낸곳 | 학지사메디컬
04031 서울특별시 마포구 양화로 15길 20 마인드월드빌딩
대표전화_ 02-330-5188 팩스_ 02-326-0338
등 록 | 2010년 2월 8일 제313-2010-36호
메 일 | hakjisamd@hakjisamd.co.kr
홈페이지 | http://www.hakjisamd.co.kr

ISBN 978-89-6069-915-1 93510

가 격 | 28,000원

인간존중과 의사소통

Julia Balzer Riley 저

현명선 · 공성숙 · 김미희 · 남경아 · 오연재 · 오인옥 · 이종은 · 채공주 · 최희승 · 현미열 외 공역

Communication in Nursing

9th Edition

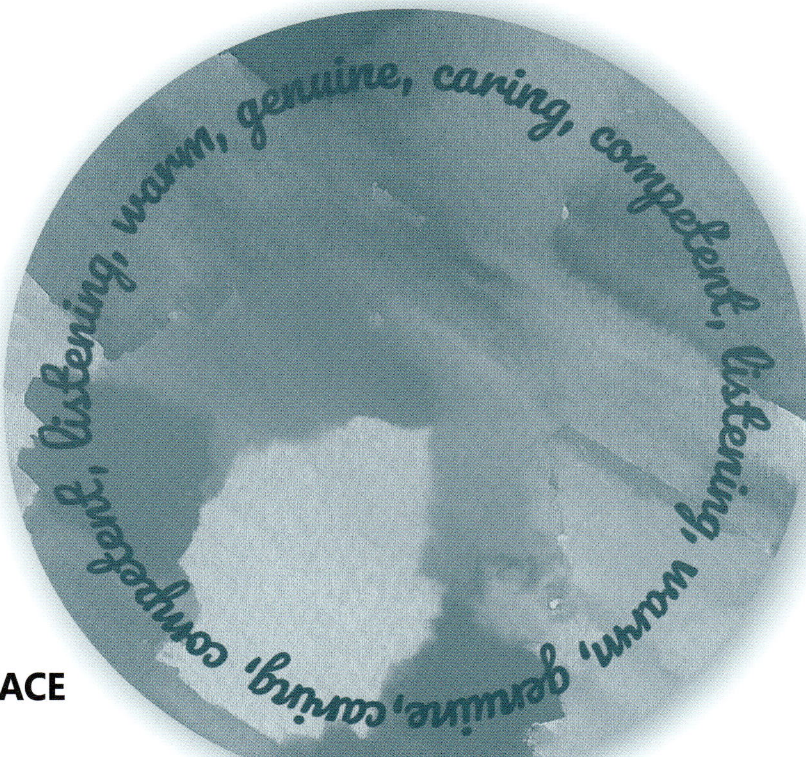

JULIA BALZER RILEY
RN, MN, AHN-BC, REACE
President
Constant Source Seminars
Adjunct Faculty
University of Tampa
Tampa, Florida

ELSEVIER

학지사메디컬
HAKJISA MEDICAL

역자 소개

대표역자

현명선 아주대학교

편집위원

공성숙 순천향대학교
김미희 서정대학교
남경아 한림대학교
오연재 한림대학교
오인옥 국민건강보험 일산병원
이종은 충북대학교
채공주 한림성심대학교
최희승 서울대학교
현미열 제주대학교

집필진

강균영 경동대학교
고희성 예수대학교
김명아 차의과대학교
김찬희 국립창원대학교
김현례 조선대학교
노다복 을지대학교
박경란 KC대학교
박수인 고신대학교
박은영 충남대학교
박정화 배재대학교
백수연 공주대학교
안혜란 대구가톨릭대학교
이영진 아주대학교
이용미 강원대학교
이회선 백석문화대학교
조하나 백석문화대학교
홍정아 안산대학교

역자 서문

현대사회를 소통 부재의 시대라고도 한다. 기술은 상상을 초월하여 빠르게 발전하고 있고, 소통할 수 있는 수단과 방법은 더욱 다양해지고 있다. 지구촌 어디든 언제라도 닿을 수 있는 소통 수단이 있음에도 불구하고 현대사회의 소통 문제는 점점 심각해지고 있다. 테크놀로지 시대에서 우리가 놓치고 있는 것은 무엇일지 궁금하다. 소통 능력은 인간이 생존하는데 반드시 필요한 능력 중의 하나이다. 우리 모두는 소통할 수 있는 능력을 가지고 태어났지만, 그 능력을 얼마나, 어떻게 발전시키고 발휘할 것인가는 개인의 몫이다. 진정한 소통 능력은 생존을 가능하게 하며 자신이나 타인과의 관계에서 의미를 찾게 해주고, 삶을 더욱 풍성하게 해주는 수단이 되기 때문에 간호사이기 전에 인간으로서 소통할 줄 알아야 할 것이다.

간호학생이나 간호사를 위한 의사소통에 대한 책을 펴내는 작업은 엄두가 나지 않는 일이었지만, 다행히 평소 눈여겨봐 오던 좋은 서적을 번역하는 작업에 참여하게 되었다.

이 책은 특히 의사소통의 개념이나 이론의 나열이 아닌 구체적인 사례를 제시하고 있다는 점에서 의사소통 실무학습 지침서로서의 가치가 높다고 생각한다. 임상현장에서 간호사는 다학제간 협력의 중심에 서 있으며, 정보를 제공하고 의견을 조율하며 정확한 치료계획을 세우고 적시성 있는 실행을 하는 과정에서 결정적 역할을 한다. 이 책에서는 간호사가 이러한 역할을 수행하는 데 필요한 핵심적인 기술 중 하나로 의사소통을 강조하고 있고, 이를 습득하기 위한 훈련방법과 전략들을 제시하고 있다. 특히, 대상자나 동료들과의 관계에서 간호사들이 경험하게 되는 구체적인 상황의 예시와 비평적 평가를 통해 실질적인 학습이 가능하도록 하고 있다. 또한 최근 강조되고 있는 간호의 질 향상과 안전의 측면에서 근거기반실무, 팀워크와 협력의 과정에서 간호사가 갖추어야 할 의사소통 능력을 강조하고 있다. 그리고 이 책은 무엇보다도 사람을 의미 있고 가치 있는 소중한 존재로 바라보고 있는 점을 강조하고 있다. 현대사회가 되면서 첨단 기술이 발달하고 점차 디지털화되고 있지만, 대상자와 간호사 간의 관계에서 우리가 놓치지 말아야 할 점에 대해 깨우쳐 주고 있다는 점이 이 책의 또 다른 매력이라고 할 수 있다.

외국 서적이라는 면에서 오는 문화의 차이를 부정할 수는 없겠지만, 역자들은 저자가 바라보는 간호의 지향이 우리와 다르지 않음에 놀랐고, 저자와 함께 호흡하며 경험을 공유하는 느낌을 체험하였다. 간호실무현장에 유용하면서도 인간관계와 소통에 대한 간호의 심미적인 속성을 담아내는, 시간이 지나도 간직하고 싶은, 왠지 교재라는 이름보다는 교본이라고 부르고 싶은 책을 만들고자 노력한 시간이 큰 어려움 없이 결실을 맺게 되어 기쁘다.

마지막으로 이 책이 간호전문직뿐만 아니라 돌봄을 실천하고 있는 다른 건강 관련 분야의 전문직 종사자들을 위해서도 많이 활용되기를 기대한다.

2021년 1월

역자 일동

저자 서문

최근 20년간 의료분야에서 의사소통은 질 향상과 안전을 위한 중요한 요소임이 밝혀져 왔다. 실제로 의사소통으로 인한 문제가 의료과오의 70% 정도에서 주요 요인으로 작용한 것으로 알려지고 있다(Kohn, 2000; Institute of Medicine, 2003). 이에 의료계 전반에 걸쳐 전문직 간의 의사소통과 상호작용 방법을 개선하고자 하는 새로운 계획들이 전개되고 있다.

의료의 질과 안전을 유지하기 위해서는 환자 관련 자료 및 지침에 대한 관찰, 평가 그리고 명확하고 간결하며 정확한 의사소통이 매우 중요하다. 간호사는 환자에게 직접적인 돌봄을 제공하는 역할과 책임이 있으며, 다른 의료인들보다 환자와 더 많은 시간을 보내게 된다. 이들은 환자와 가족의 요구를 파악하기 위해 정확한 평가와 관찰을 해야 하며, 팀원들이 최상의 결정을 내릴 수 있도록 하기 위한 결정적 정보를 전달하여야 한다.

이번에 출간된 9판에는 의료팀의 일원으로 참여하기 위해 간호사에게 필요한 필수적인 의사소통기술 학습 전략들을 수록하였다. 이 책에서 다룬 의사소통의 초점은 간호사를 돌봄의 조정자이자 돌봄 계획을 세우는 데 기여할 수 있도록 준비시키기 위한 것으로, 의사소통기술이 필요한 다양한 상황들을 다루고 있다. 각 장은 다양한 연습문제로 구성되어 있으며, 일부 장에서는 질 향상과 안전을 위한 역량들을 간호표준과 통합하도록 구성되었다. 이 책을 통해 간호사들이 질 향상과 안전교육 국가 프로젝트(Quality and Safety Education for Nurses, QSEN)에서 개발된 6가지 역량(환자중심 돌봄, 팀워크와 협력, 근거기반실무, 질 향상, 안전, 정보과학)을 갖출 것으로 기대된다. 2003 미국의학협회(2003 Institute of Medicine, IOM)의 로드맵에서 제시된 이 역량들은 의료의 질과 안전을 향상시키기는 역할을 해야 하는 건강전문가들의 교육향방의 변화를 위해 필요한 것들이다. IOM(2003)에 의하면, 건강전문가는 최상의 근거와 질 향상을 바탕으로 한 환자중심의 돌봄을 제공하기 위해서 전문직 간호사가 팀 협력에 관한 교육을 필수적으로 받아야 한다. QSEN 프로젝트(www.Q.S.E.N..org)는 간호교육과 실습에 구체적인 가이드라인으로 삼을 수 있는 지식, 기술, 태도(knowledge, skills and asstiudes, KSAs) 측면에서 각 역량을 설명하고 있다. QSEN은 6가지 역량에 지식, 기술 및 태도를 통합하여 간호를 변화시키는 것을 목표로 하고 있다. Cronenwett 등(2007)은 간호사는 면허를 받기 전에 위에서 말한 6가지 역량과 각각에 따른 지식, 기술, 태도에 대해 숙달될 필요가 있다고 말한 바 있다.

환자중심 돌봄 과정에서 환자의 가족을 팀원으로서 인정하고 존중하며, 이들은 환자가 선호하는 것과 요구 그리고 가치관에 대해 알려줌으로써 환자를 돌보는 것을 조율하고 공감할 수 있도록 하는 파트너가 된다. 환자의 특별한 문화적 배경을 이해하는 것은 통증 조절이 잘 되고 있는지를 평가하고, 진정성과 정확성 그리고 적시성이 있는 치료결과 및 치료계획에 대해 의사소통하기 위해 중요하다.

팀워크와 협동은 개방된 의사소통, 상호존중 그리고 의사결정을 공유함으로써 간호와 다른 분야들 간의 업무를 효과적으로 하기 위해 매우 중요하다. 팀원들은 각 분야의 실무 범위와 의사결정의 권위 체계를 이해해야 한다. 투명한 의사소통은 환자와 가족뿐만 아니라 모든 팀원들 간에도 매우 중요하다.

근거기반의 돌봄을 위해서는 자료를 검색하고 이러한 근거가 적용 가능한지를 평가하기 위한 정보과학 기술도 필요하지만, 환자와 가족의 가치관과 신념을 고려하여 표준적인 돌봄의 기준과는 다른 의사결정을 해야 할 때를 파악하는 것 역시 필요하다. 탐구나 질문은 실무를 기반으로 해야 한다. 즉, 간호사는 자신들이 무엇을 하는지, 왜 특정한 방식을 사용하는지, 고려할 만한 다른 방법은 무엇인지를 질문함으로써 비판적 사고와 임상적 판단을 하며 숙련성을 지속적으로 향상시켜 나간다.

질 향상활동은 의료 결과를 모니터링하는 과정이다. 낙상, 병원감염 그리고 간호사에 의한 표준화된 측정 결과들은 질 향상활동의 자료가 된다. 이 자료를 다른 부서 혹은 다른 기관의 자료와 비교하거나 벤치마킹함으로써 질이나 안전 측면에서 향상시킬 필요가 있는지의 여부를 파악할 수 있다.

의료분야는 환자와 의료진의 위험을 최소화하기 위한 방법에 초점을 둔 안전과학 시스템을 산업분야에서 도입해왔으며, 이는 인적 차원뿐만 아니라 시스템 차원의 효과성을 조사하는 것이다. 이것은 오류에 대한 새로운 접근으로써 오류는 늘 보고되지만, 이 오류로부터 배우려는 의도를 갖고 시스템 차원이나 근본적인 원인 차원의 분석을 시도하는 것이다. 이를 통해 하나의 사고과정을 추적함으로써 잘못된 결과를 가져올 수 있는 다른 과정을 파악하게 된다. 일례로, 어떤 환자에게 연결된 여러 개의 관 중 하나의 튜브가 잘못된 장치에 연결되었다면, 다른 여러 관에도 잘못 연결될 수 있는 것이다. 이러한 오류에 대한 데이터를 통해 간호사는 다른 의료인으로부터 발생할 수 있는, 또 다른 실수를 예방하기 위해 여러 개의 튜브를 관리하는 방법에 대해 배울 수 있다.

간호사는 정보과학 기술을 통해 다양한 출처로부터 정보를 수집하고, 의사결정 지원 도구를 활용하며, 질 향상을 위한 자료를 관리하고, 오류를 보고하고 전자기록을 하기도 한다. 간호사는 간호 차원뿐만 아니라 환자의 사생활과 선호도를 보장하기 위해서도 기관 차원의 정보체계 설계에 참여하여야 한다. 정보학은 환자 상태, 투약 및 주사제 처방, 그 밖의 다른 안전 변수들의 변화를 경고해주는 일종의 안전경보로서 모니터링하는 역할을 한다.

이러한 역량들을 강화함으로써 간호사들은 새로운 안전 원칙을 적용할 수 있게 된다. 안전문화에 대한 조직의 철학에는 돌보는 사람들이 오류를 확인하고 보고하며, 의사결정의 단계들을 분석하는 과정이 포함된다. 또한 이 단계들은 앞으로 일어날 수 있는 오류들을 예방하기 위해 재설계될 수 있고, 환자나 가족과의 의사소통은 이러한 단계들을 명확히 하기 위해서 필수적이다. 간호사는 이 역량들을 통해 안전을 위한 소통의 기본 기술을 향상시킬 수 있다.

요약하면, 의사소통은 21세기 환자에게 요구되는 복합적인 돌봄을 제공하기 위해 필수적인 기술이다. 환자를 돌보는 의사, 약사 그 밖의 다양한 분야들 간의 조정을 위해서 간호사는 높은 수준의 의사소통기술이 필요하다. 이 과정에서 간호사는 계획, 문제해결 그리고 프로세스 개선에 참여하는 동시에 이끌어가게 된다. 이 책에 수록된 연습상황을 통해 효과적인 팀 구성원이 되는 데 필요한 자기인식, 자기관찰 그리고 자기관리가 필요한 감성지능을 발전시킬 수 있을 것이다. 의사소통은 실제적인 의료결과의 차이를 만들어 낼 수 있다. 즉, 명확하고 정확한 시점에서의 효과적인 의사소통을 통해 환자의 고통을 감소시키고, 팀워크를 향상시킬 수 있으며, 나아가 간호사가 일하는 환경을 발전시킬 수 있다.

Gwen Sherwood, PhD, RN, FAAN, Co-investigator,
Quality and Safety Education for Nurses project
University of North Carolina at Chapel Hill,
North Carolina

참고문헌

Cronenwett, L., Sherwood, G., Barnsteiner, J., Disch, J., Johnson, J., Mitchell, P., & Warren, J. (2007). Quality and safety education for nurses. *Nursing Outlook, 55*(3), 122–131.

Institute of Medicine. (2003). *Health professions education: A bridge to quality.* Washington, D.C.: National Academies Press.

Kohn, L., Corigan, J., & Donaldson, M. (Eds.), (2000). *To err is human: Building a safer health system.* Washington, D.C.: Committee on Quality of Health Care in America, Institute of Medicine, National Academies Press.

책 소개

9판은 다음과 같은 내용을 담고 있다. 간호는 사람이 태어나고 죽을 때까지 대상자와 가족과 함께 떠나는 친밀한 여정이다. 적절한 의사소통기술은 간호사들이 자신의 삶을 살아가거나 환자와 가족들의 삶을 간접적으로 경험할 때 꼭 필요한 능력이다. 간호사들은 이 과정을 통해 주장적 의사소통기술을 배운다. 간호사들은 대상자들이 평생 가져온 습관들을 고칠 수 있도록 교육을 제공하기도 한다. 간호사들은 스트레스를 받고 있는 사람들, 즉 대상자, 가족, 동료들과 대화를 하기도 한다. 또한 간호사들은 분노와 우울, 치매, 정신병, 기쁨, 절망들을 다루기도 한다. 이밖에도 환자의 편에서 일하기도 하고, 간호의 우선순위에 대해 다른 의견을 가지고 있는 다학제 팀의 일원으로서 일하기도 한다. 간호사들은 다시 학교로 돌아가서 전문적인 지식을 배우고, 연구비를 받기 위해 연구계획서를 작성하며, 그 분야의 개척자가 된다. 간호사들은 관리자가 되고 리더, 사례관리자, 감염관리전문가, 질적 연구자, 교육자가 된다. 또한 간호사들은 그들이 이해하고 있는 의료와 기술을 접목시켜서 간호정보학에 관한 지식을 제공하기도 한다. 그리고 교구간호(parish nursing)에서 자신의 신앙과 의료의 소명을 통합하기도 한다. 간호사들은 기업의 영역에서 산업간호를 제공하기도 하고, 학교와 지역사회에서 대중과 지역사회의 건강증진을 위해 일한다. 또한 의료의 질을 높이기 위해서 다른 직무를 만들어 낼 수도 있으며, 세계의 간호 질을 높이기 위해 나라의 경계를 넘어 지식을 공유하기도 한다. 간호사들은 적절한 질문을 하고, 자신들의 목소리를 내야 하며, 자신들에게 무엇이 필요한지 적극적으로 요구할 수 있어야 하고, 삶의 균형을 찾기 위해 필요한 것을 요구할 수 있어야 한다. 이런 균형적인 태도가 없으면, 간호사들은 스트레스의 강도가 높은 업무환경에 적응할 수 없다.

기술이 아무리 복잡해지고 간호사들의 시간이 필요한 일들이 많다고 할지라도, 간호사들이 환자들과 소통하는 친밀하고 의미 있는 시간을 가질 수 있다면, 간호의 질을 높이고 환자에게 의미 있는 간호를 제공할 수 있다. 간호사들의 의사소통능력이 향상되고, 자신감이 길러질수록 그들은 초보자에서 전문가로 성장할 수 있다. 간호사들은 환자들의 차이와 다양성을 겸손한 자세로 받아들일 수 있다. 그리고 자신의 직감을 신뢰하는 능력을 가지고 학습하고 성장하면서 유대인 이론가인 Martin Buber가 제안한 '나와 너의 관계(I–Thou relationship)', 즉 서로에게서 신성한 존재임을 인정하는 연결의 순간을 접할 수 있다. 여러분은 아주 짧은 순간이나 미소를 통해, 혹은 환자의 침상을 정리하거나, "지금 상태가 어떠하세요?"라는 질문을 통해 다른 사람의 삶에 영향을 미칠 수 있다.

『인간존중과 의사소통』 9판의 표지를 살펴보자. 동그란 원 모양인 만다라이다. 나는 이 원을 환자의 회복을 축하하기 위한 '기쁨의 포용(embrace joy)'이라는 제목으로 정하였고, 이를 수채화로 표현하였다. 예를 들면, 오랫동안 몇 가지의 만성질환을 가지고 살아가는 환자나 입원치료를 받으면서 위중한 상태에 놓여져 있었던 환자에게, 인생의 목표를 '기쁨'에 두도록 한다는 것이다. 나는 몇 가지의 사진 앱을 이용하여 간호사와 대상자가 하나가 되고 통합이 되고자 하는 것을 표현하고자 만다라에 그림을 표현하였다. 원 안에 있는 말들은 대상자와 가족, 친구들과 함께 치유의 환경을 함께 창조하고자 하는 간호사의 특성과 행동을 표현하고 있다.

이 만다라는 산크리트어로 '신성한 원'이라는 뜻을 지니고 있고 전체를 상징한다. 불교신자는 치유를 위해 기도하며 모래로 이 만다라를 만들고는 했다. 완성한 후, 그들은 바람과 함께 그들의 기도를 날려 보내기도 했다. 스위스 심리학자인 Carl Jung은 이 전통을 빌려와서 만다라를 그린 환자들은 자신감과 통찰력을 얻을 수 있다고 믿었다. 그는 만다라를 그리면서 우리는 완전한 자신(whole self)과 완전한 세상(whole world)을 볼 수 있는 힘을 기를 수 있다고 믿었다(Marshall, 2003). Kellog(2002)나 Cornell(1994)과 같은 서양의 이론가들은 만다라를 치료의 목적으로 사용했다. 우리의 현재 상태를 만다라의 상징을 통해 알 수 있다. 전인간호(holistic nursing)는 우리 삶의 모든 순간이 전체임을 나타낸다. 그러므로 정지된 고정적인 삶을 살기보다 개인 삶의 적절한 공간과 시간을 찾아가는 데 도움을 주기도 한다. 그렇기 때문에 우리는 심지어 아픈 순간에도 삶의 의미를 찾을 수 있다. 간호사는 자신을 치유의 도구로 사용하여 환자를 돕는다. 간호사는 연민의 마음으로 연약하고 고통받는 이들을 돕는 치유의 만남을 가진다(Hines et al., 2015). 표지에 있는 영문 단어는 표현을 나타낸다. 이 단어들은 간호사가 자신과 환자를 돌보기 위한 표현예술의 양식이다. 이 단어들은 의미를 만들고, 나의 간호의 길에 유산을 만들기도 한다.

노트: 이 글에서 우리는 '대상자(client)'라는 말을 '환자'라는 말보다 많이 쓰는 데, 그 이유는 간호사가 제공하는 서비스의 본질을 강조하기 위함이고, 또한 '환자'는 인생의 일부분인 하나의 역할을 표현하는 단어인 반면, '대상자'는 몸, 마음, 영 전체를 담을 수 있는 단어이기 때문이다.

책 표지에 있는 단어들을 곰곰이 생각해보자. 그리고 이 나뭇가지에 어떤 단어들을 더할 수 있는지 생각해보자. 다른 표현예술들은 당신의 간호실무에 도움이 될 수 있다(Riley, 2012). 간호사들은 자아를 통해 간호를 수행한다는 것을 기억한다. 노래를 할 수 있는 간호사는 혼수상태에 있는 환자에게 노래를 불러 줄 수 있고, 동료가 지쳤을 때 노래로 그들을 위로할 수 있다. 자신의 집 정원을 가꾸는 간호사는 직장에 꽃을 가지고 와서 사람들을 기쁘게 해 줄 수도 있다. 문제가 생겼을 때 요리를 할 수 있는 간호사는 마음을 위로해 주는 음식을 준비하여 직장동료와 나누어 먹을 수도 있다. 당신은 어떤 선물을 줄 수 있는가?

'성찰과 적용'을 추가하였는데, 이 부분은 간호사와 간호학생이 온화함과 열정으로 의사소통하는 바로 그 순간에 경험한 것을 나누는 내용으로 이루어져 있다.

본문은 하나의 여정이라고 할 수 있는 간호에서의 의사소통이 잘 이루어지도록 도움을 주기 위한 내용으로 구성하였다.

우리는 이 책에서 환자들의 간호의 질과 안전을 증진시키기 위해 주장적인 의사소통의 중요성을 끊임없이 강조한다. 추가적인 QSEN 연습이 이 과정에 도움이 될 수 있다. QSEN 역량에 관해서는 Gwen Sherwood 박사의 저자서문에 잘 나와 있다. 그는 'Quality and Safety Education for Nurses' 프로젝트의 공동연구자이다.

무엇이 새로워졌는가?

우리는 본문에서 마음챙김(mindfulness) 개념을 간호사가 대상자나 동료에게 전적으로 현존하고 있음을 뜻하고자 사용하였다. 우리는 안전하고 열정적인 간호를 제공하기 위해 함께 일을 하고 있으므로 전문직 간의 의사소통(interprofessional communication)은 중요하다. 그리고 본문에서 자가평가(self-assessment) 도구를 소개하는 내용을 추가하였다. 이 도구는 온라인으로도 사용 가능하다. 3장은 '자기인식(Starting with YOU: Understanding Yourself to Build a Foundation for learning about Communication)'이라는 제목으로 되어 있는데, 이 장에서 자신의 강점을 확인하고, 정서 지능의 중요성을 이해하고, 자신의 갈등 관리를 확인해보는 기회를 가짐으로써 여러분이 대상자나 전문직 간에 의사소통을 하기 위한 의사소통기술을 구축하는데 도움을 주고자 하였다.

23장은 여러분이 다양한 전자 의사소통 도구를 주장적이고 책임감 있게 사용하도록 도와주기 위해 '디지털 시대의 소통(Navigating the Expanding World of Digital Communication)' 이라는 제목으로 내용을 수정하였다.

연습문제는 당신이 자아인식을 높임으로써 의사소통능력을 키울 수 있도록 하기 위해 추가되었다. 주로 반성적 글쓰기, 미술활동, 시, 영화교육(cinemeducation), 의료 영화(medical theater) 등을 포함하고 있다.

Carper(1978)는 간호학에서의 앎에 대해 경험적 · 개인적 · 윤리적 · 예술적 측면에서 간호의 특징을 찾아냈다. 예술적 앎이란, 간호의 '예술'을 의미한다. Florence Nightingale이 정의한 마음, 정신, 상상력의 일부인 만질 수 없는 것을 의미하기도 한다(Nightingale, 1852; Stockhausen, 2006). 간호사들이 어떤 상황을 파악할 수 없을 때나, 확신이 들지 않을 때 창의성은 아주 유용하게 쓰일 수 있다. 나는 탬파 간호대학에서 'Expressive Arts in Healting: Health Promotion through the Arts(치유에서의 표현 예술: 예술을 통한 건강증진)'이라는 수업을 가르치고 있다. 탬파 대학교의 간호학과에서 예술을 통해 건강증진을 가르치는 수업이다. 학생들은 학기말이 되면 미술재료들이 자기 뜻대로 되지 않을 때 느끼는 불편함, 자기비판 또는 자신의 감정을 돌아보게 되며, 이는 간호에서의 '알 수 없음'과 비슷한 과정임을 깨달아 갈 수 있다. 또한 학생들은 시나 단순한 콜라주, 만다라 색칠하기 등의 표현 예술을 환자들에게 가르쳐 줄 수 있다. 이런 간단한 중재들을 통해서 자신의 간호대상자들에 대해 좀 더 알게 될 수도 있으며, 학생들은 이런 방식을 통해 자신들의 스트레스를 풀기도 하고, 학기 내내 작성한 일기를 통해 자아성찰을 할 수도 있다.

무엇이 중요한가?

자신과 자신이 하는 간호에 대한 이해를 통해 의사소통기술을 더욱 증진시키고, 당신이 제공하는 간호의 깊이를 더하고 싶다면, 일기를 써보자. 일부 장에서는 일기의 시작이라고 할 수 있는 연습들을 담고 있다. 성찰하는 연습을 하다 보면 차츰 문제해결 능력이 향상될 것이다. 의사소통에 관한 공부를 마치고 자신이 작성한 일기를 다시 한 번 살펴보면, 자신이 그동안 얼마나 성장했는지 볼 수 있을 것이고, 또한 간호사로서의 앞으로의 여정에 대한 새로운 통찰력을 얻을 수 있을 것이다.

유머와 영성에 관한 장들은 전인간호에 관한 새로운 시각을 갖게 해줄 것이다. 위와 같이 추가된 내용들은 어렵고 많은 내용을 공부할 때 흔히 드는 생각인 "내가 어디까지 공부했지?"하는 질문을 하지 않도록 도와 줄 것이다.

당신의 일에 자부심을 가져보자. 매일 잠시 시간을 내서 당신이 하고 있는 일의 목적이 무엇이었는지 떠올려보고, 간호를 어떻게 수행할 것인지 매일 목표를 세우기를 바란다. 당신의 목표를 떠올릴 수 있는 단어를 정하고, 그 단어를 떠올리며 하루하루를 살아갈 수 있는 힘을 얻도록 한다.

Julia Balzer Riley, RN, MN, AHN-BC
표현 예술 상담/교육가(Registered Expressive Arts Consultant and Educator: REACE)

참고문헌

Carper, B. (1978). Fundamental patterns of knowing in nursing. Advances in *Nursing Science, 1*(1), 13.

Cornell, J. (1994). *Mandala: Luminous symbols for healing*. Wheaton, IL: Quest Books.

Enzman Hines, M. E., Wardell, D. W., Engebretson, J., Zahourek, R., & Smith, M. C. (2015). Holistic nurses' stories of healing another. *Journal of Holistic Nursing, 33*(1), 27–45.

Kellog, J. (2002). *Mandala: Path of beauty*. Belleair, FL: Association of Teachers of Mandala Assessment.

Marshall, M. C. (2003). Creative learning: The mandala as teaching exercise. *Journal of Nursing Education, 42*(11), 517.

Nightingale, F. (1852). *Nightingale notes on nursing*. New York, NY: Churchill Livingstone (Reprinted 1980.).

Riley, J. B. (2012). *Art in small spaces: Art at the bedside*. Ellenton, FL: CSP. (Reprinted in 2012; this is an expressive arts guidebook for self-discovery and healing. For more information email julia@constantsource.com.).

Stockhausen, L. (2006). Métier artistry: Revealing reflection-inaction in everyday practice. *Nurse Education Today, 26*(1), 54.

차례

Part 1 인간존중 의사소통 준비

Packing Your Bags for the Journey of Caring, Assertive, Responsible Communication

Part 2 대상자 중심의 의사소통 태도와 기술

Honoring Your Fellow Travelers along the Journey

Part 3 의사소통 역량 개발과 성장

Developing Road-Worthy Practices along the Journey

Part 1

인간존중 의사소통 준비

Packing Your Bags for the Journey of Caring, Assertive, Responsible Communication

Chapter 01

인간존중과 의사소통

Responsible, Assertive, Caring Communication in Nursing

학습목표

1. 간호에서 대인 간 의사소통의 기능을 확인한다.
2. 주장적 · 비주장적 · 공격적 의사소통을 구분한다.
3. 주장적 기술을 확립하기 위한 세 가지 단계를 확인한다.
4. 주장적 권한을 확인한다.
5. 주장적 의사소통을 저해하는 비합리적 신념을 확인한다.
6. 주장적 의사소통 기술 발달에 활용할 수 있는 DESC(describe, express, specify, consequences) 구조를 설명한다.
7. 주장의 세 가지 형태를 확인한다.
8. 주장적 반응의 세 가지 특성을 확인한다.
9. 주장적 의사소통의 장점을 나열한다.
10. 책임을 다하는 의사소통에 대해 설명한다.
11. 주장적이고 책임 있는 돌봄의 의사소통 기술을 확립하기 위해 연습한다.

의료분야의 전문가들 또는 학생들이 의사소통을 공부하고 연습해야 하는 이유는 무엇인지 이 장을 마친 후 각자 다시금 성찰해보기 바란다.

- 소통은 평생에 걸친 여정이다.
- 주장적이며 책임을 다하는 돌봄의 의사소통은 다른 사람의 삶을 변화시킬 수 있다.
- 주장적 소통기술에 익숙해짐에 따라 자신의 직업적 또는 개인적 삶에서 긍정적인 관계를 형성할 수 있다.
- 주장적 소통기술이 성장하면 타인의 권한을 지지하게 되며, 이로써 윤리적이고 유능한 돌봄을 실천할 수 있게 된다.
- 다른 사람과 온전하게 함께 할 수 있는 기술을 배우게 된다면, 아주 짧은 만남에서도 상대와의 진정한 연결이 가능하며, 그들의 삶에 큰 차이를 만들어 낼 수 있다.

이 학습을 통해 간호학생들은 전문직인으로서 성장하게 될 것이고, 간호사들은 빠르게 변화하는 의료환경에서 전문직인으로 성공하기 위해 의사소통이 중요하다는 것을 알게 될 것이다. 명확하고 주장적인 의사소통은 의료전문직 간 의사소통(interprofessional communication)을 수행하는 데 있어 핵심적인 요소로, 환자 안전에 중요하다(Omura et al., 2017). 또한 간호사가 행하는 돌봄 의사소통은 응급한 의료상황에서 팀 의사결정을 하는데 있어 중요한 것으로 나타났다(Strachan et al., 2018).

학습에 들어가기 전, 먼저 책의 서문과 소개를 읽고 그 목적에 대해 명확히 아는 것이 필요하다. 또한 책을 읽어가며 제기되는 질문을 스스로에게 해보는 것, 책의 내용과 자신의 경험을 비교해보는 것, 내용을 잘 기억해 두는 것 등은 의료 전문가로서의 성장에 매우 도움이 될 것이다.

또한 이 책 구성의 중요한 근간이 되는 의사소통, 주장성, 책임, 돌봄이라는 4가지 개념의 의미를 잘 이해해야 한다.

대인 간 의사소통의 의미
Meaning of Interpersonal Communication

의사소통은 둘 이상의 사람 간에 메시지를 보내고 받는 상호과정으로, 치료적 관계의 발전을 촉진시킬 수도 있고, 방해할 수도 있다(Stuart, 2012).

일반적으로 대면 의사소통에는 두 가지 측면이 있는데, 송신자가 언어와 비언어 측면에서 자신의 생각과 느낌을 표현한다는 것이다. 인지적 · 정서적 메시지는 언어, 음성, 억양, 말의 속도 등의 언어적 측면과 눈의 움직임, 얼굴 표정과 신체 언어 등의 비언어적 측면을 통해 전달된다. 의심하는 눈빛, 따뜻한 미소, 공포스러워하며 커다랗게 뜨는 눈과 같이 강한 비언어적 메시지는 그 자체로 영향력이 크다. 전화 또는 전자매체를 이용해 소통하는 경우에는 제스처나 다른 비언어적 의사소통의 영향은 감소될 수 있다.

송신자는 수신자에게 전달하고 싶은 메시지를 결정하고, 생각과 느낌을 말과 제스처로 부호화한다. 송신자의 메시지는 소리, 시각 자극, 접촉, 때로는 냄새나 맛을 통해 수신자에게 전달된다.

수신자는 송신자의 생각과 느낌을 알아차리기 위해서 언어적 · 비언어적으로 전달되는 것을 해독해야 한다. 송신자가 사용하는 단어, 언어 형태, 얼굴과 신체의 움직임을 해독한 후에 수신자는 자신의 메시지를 언어나 비언어로 부호화하여 다시 송신자에게 전달한다.

두 사람의 상호작용에서 각자 동시에 송신자와 수신자가 되어 두 가지 역할을 교대로 하게 된다. 송신자는 말을 하면서 수신자의 메시지를 동시에 수신한다. 수신자는 송신자의 메시지를 받으면서 동시에 자신의 메시지를 보낸다. 그림 1-1은 상호적인 의사소통의 특성을 나타낸 것이다.

대인 간 의사소통의 어느 시점에서든 생각이나 느낌에 대한 언어적 · 비언어적 메시지를 주고받는데, 이 복잡한 과정에 영향을 미치는 요인들은 매우 다양하다(표 1-1).

표 1-1 메세지 전달과정에 영향을 미치는 요인

구분	내용
환경적 요인	형식 또는 절차, 사생활, 친밀감, 자유 또는 제한, 물리적 거리, 날씨, 분위기, 건물 구조, 가구의 배열
영역과 개인 공간	밀집, 자리 배치, 역할, 지위, 직책, 신체적 특성(신체 치수, 키)
신체 외모와 의상	신체 형태, 인종, 체취, 헤어스타일, 성별, 몸짓, 장신구, 자세, 나이
비언어적 신호	얼굴 표정, 눈 움직임, 음성 신호
개인 내적 요인	발달단계, 어휘능력, 지각, 의사결정과정, 가치관, 자기개념
'나' 메시지 사용	'너' 메시지: '너는 틀렸다.' '나' 메시지: '나는 너의 의견에 동의하지 않는다.'

이 요인들은 상황에 따라서 의사소통을 촉진하거나 방해할 수 있다. 이러한 요인들이 관련되어 이루어지는 대인 간 의사소통 과정은 그림 1-2와 같다.

의사소통의 중요한 기능 중 하나는 메시지 전달이며, 그 목적은 의미를 생산하는 것이다. 송신자

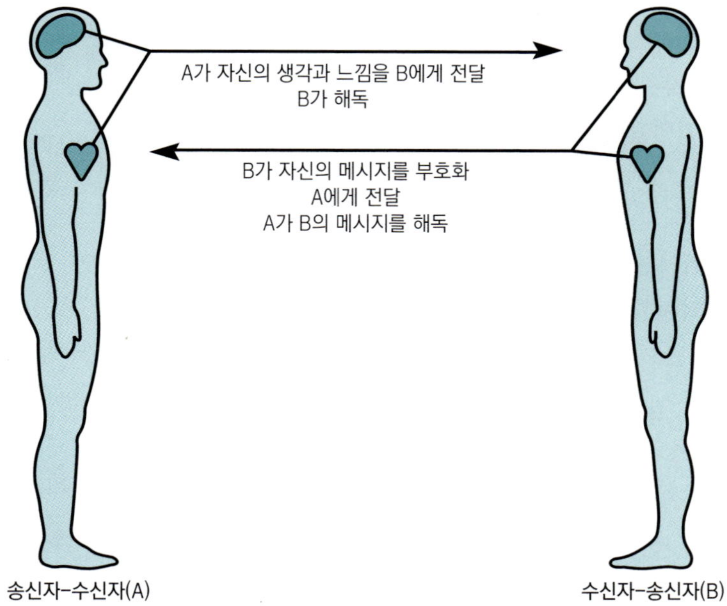

그림 1-1 상호적인 의사소통 특성

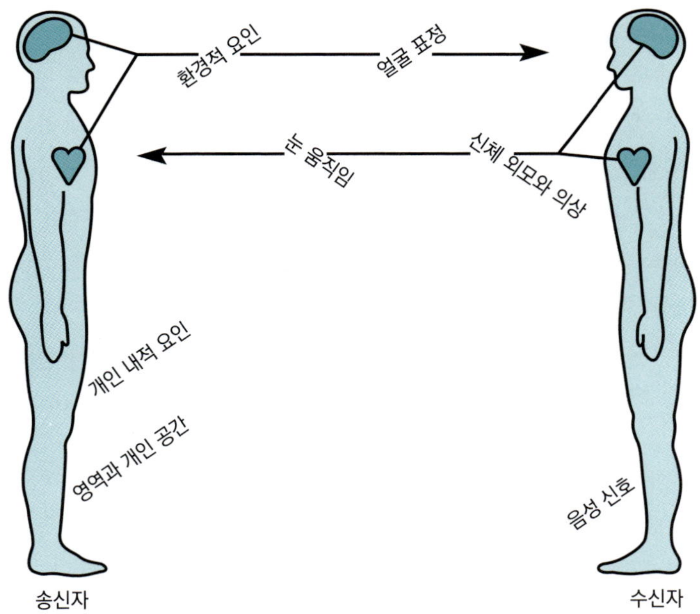

그림 1-2 대인 간 의사소통 과정

는 메세지의 의미가 상대에게 전달되기를 바라기 때문에 자신이 의도한 메시지에 적합하다고 생각하는 단어와 자세를 통해 명료하고 이해 가능한 메시지를 수신자에게 전달하고자 한다.

이와 같이 상대가 이해하게 하려는 노력의 궁극적인 목적은 그 상대가 변화하도록 영향을 미치려는 것이다. 송신자는 자신의 요청에 수신자가 반응하기를 기대한다. 사람들이 의사소통에서 기대하거나 요청하는 것은 이해, 행동, 정보, 안전 등이다.

이러한 기대는 명확하게 또는 간접적으로 표현될 수도 있다. 직접적이면서 간접적으로 자신이 기대하는 바를 드러내는 예를 살펴보자.

- 수술 후 통증이 있는 대상자의 생리적인 욕구는 통증 경감이다. 대상자가 간호사에게 "내가 진통제를 마지막으로 맞은 것이 언제였지요?"라고 물으며 대상자는 손목을 잡은 채 움츠리고 있다. 대상자의 직접적인 요청은 본인이 진통제를 마지막으로 맞은 시간을 알고 싶은 것이고, 간접적 요청은 또 언제 진통제를 맞을 수 있는지 알고 싶은 것이다(정보). 대상자는 편안해지고 싶기에 상대가 어떤 행동(간호사의 투약 행위)을 해줄 것을 기대하고 있는 것이다.
- 교대 근무를 시작한 간호조무사가 간호사에게 "머리가 깨질 듯 아파요. 어젯 밤에 딸아이가 아파서 자다가 깨어 3시간 동안 아이를 돌보았더니 머리가 아프네요. 아스피린 있어요?"라고 말하였다. 그녀의 생리적인 요구는 휴식과 통증 완화이다. 또한 그녀의 직접적인 요구는 이해(자신의 통증에 대한 간호사의 공감)와 행동(간호사가 자신에게 아스피린을 투약하는 행위)이 될 것이다. 그녀는 아마 자신이 최상의 상태가 아니라는 사실을 간호사가 알아주고 자신을 편안하게 해 주기를 기대할 것이다.
- 신규 간호사는 병동에 소속감을 가지고 사람들과 잘 지내기를 바란다. 신규간호사가 선배에게 병동에 대해 소개해 주기를 부탁했다면, 그가 외롭고 확신을 느끼지 못하고 있다는 것을 간접적으로 표현하며, 이를 선배가 이해해 주기를 바라는 것일 수 있다. 신규 간호사의 직접적인 요구는 자신에게 오리엔테이션을 주고, 병동에서 일어나는 절차나 정책에 대한 정보를 제공해주기를 기대하는 것이며, 사람들이 자신을 환영한다는 것을 확신받아 안전함을 느끼고 싶은 것이다.

Box 1-1 간호에서 대인 간 의사소통의 중요한 기능

- 의사소통은 치료적 관계 수립의 수단이다.
- 의사소통은 다른 사람의 행동에 영향을 주기 때문에 간호 중재의 목적을 성취하는 데 있어 중요하다.
- 의사소통은 관계 그 자체이다. 왜냐하면 의사소통이 없다면 간호사-대상자의 치료적 관계가 불가능하기 때문이다.

출처: Stuart GW: *Principles and practice of psychiatric nursing*, ed 10, St. Louis, 2012, Mosby.

대인관계에서 간호사는 송신자와 수신자로서 행동한다. 때문에 학습을 통해 주장적이고 책임있는 메시지를 전달하는 방법과 대상자나 동료의 메시지를 정확하게 해독하는 것을 배우게 될 것이다. 또한 상대의 직접적 · 간접적 요청을 해석하고, 주장적 반응과 책임 있는 결정을 할 수 있게 될 것이다(Box 1-1).

주장적 의사소통의 의미
Meaning of Assertive Communication

주장성은 대상자, 가족, 동료들과 성공적인 관계를 맺는 데 있어 중요하며, 대인 간 스트레스 감소, 팀 관계 형성, 간호의 질과 환자 안전의 향상에 기여한다.

주장성은 과도한 불안을 느끼거나 타인에게 손실을 끼치지 않으면서 자신의 생각, 의견, 감정을 표현할 수 있는 능력을 말한다. 주장성은 자신이 원하는 것에 대해 명확하게 알고, 정중한 말과 행동을 사용하는 것이다.

주장적 또는 적극적 행동은 자기 자신의 요구나 권리를 경시하는 비주장적 · 수동적 행동이나 타인의 요구 또는 권리를 경시하는 공격적 행동과는 대조된다. 주장적 간호사는 신념에 차 있고 편안하다. 또한 상대를 위협하거나 공격하지 않고, 긍정적, 비판단적이며, 명료하고 직접적인 돌봄 행위를 한다(표 1-2).

주장적 의사소통은 일생 동안 배워야 하는 기술로, 시간과 연습이 필요하다. 실수할 수 있다는 사실을 기꺼이 받아들이고 인내심을 가져야 한다. 수동적이었던 사람이 주장적 행동을 시도해보려고 하면 갑작스럽거나 껄끄럽고 쉽지 않을 것이다. 주장적 기술을 연습할 때는 자신을 잘 받아주

표 1-2 주장적 · 비주장적 · 공격적 의사소통 스타일

특성	주장적	비주장적	공격적
자신과 타인에 대한 태도	나는 괜찮아 너는 괜찮아	나는 안 괜찮아 너는 괜찮아	나는 괜찮아 너는 안 괜찮아
의사결정	스스로 의사결정	타인에 의한 의사결정	타인에 대해 의사결정
문제상황의 행동	직접적, 공정한 직면	도피, 포기	노골적 공격성
언어적 행동	명료, 직접적 요청 진술, 객관적 용어, 솔직한 감정표현	사과, 둘러댐 우물거림, 의미하는 바를 표현하지 못함	압박적 용어, 고발, 거만한 용어, 타인에 대한 꼬리표
비언어적 행동	확신, 메시지와 일관됨	말보다는 행동(느낌을 말하지 않음), 말과 행동의 부조화	우월감, 경박함, 비꼬는 스타일
목소리	단호, 온화, 확신	약함, 희미함, 부드러움, 떨림	긴장, 날카로움, 큰 소리, 차가움, 요구적, 권위적, 냉담한 침묵
눈	따뜻, 솔직, 눈맞춤	회피, 내리뜸, 눈물 맺힘, 간청하는 눈빛	무표정, 차가움, 가늘게 뜸, 노려봄
자세	편안함	웅크림, 지지를 구하며 과도하게 구부림	허리춤에 손, 발 벌리고 서 있음
손	적절한 제스처	안절부절, 차가운 손	주먹으로 치거나 단단히 쥐기
관계양상	타인을 낮추지 않고 자신을 높임	자신을 낮춤	타인을 낮추어 자신을 높임
타인에 대한 반응	상호 존중	경시, 죄책감, 분노, 좌절	손상, 방어, 모욕
결과	나도 승리, 너도 승리: "win-win" 또는 "no-lose"	나도 패배, 너도 패배: 성공은 오직 운 또는 타인의 자비에 의한 것	나는 승리, 너는 패배: 어떤 대가를 치르더라도 타인을 공격

출처: Piaget G: Characterological lifechart of three fellows we all know. In Phelps S, Austin N (eds): The assertive woman, San Luis Obispo, Calif, 1975, Impact Publishers; and Gerrard B, Boniface W, Love B: Interpersonal skills for health professionals, Reston, VA, 1980, Reston Publishing.

고 지지해 주는 사람과 지지적인 환경에서 시작하는 것이 도움이 된다. 룸메이트, 배우자, 친구 등과 함께 주장적 행동에 대한 읽을거리를 공유하고 연습하는 것도 도움이 된다. 연습 주제는 물건을 구입한 후에 파손된 것을 알게 되어 가게에 가서 교환을 요구하는 것이나 타인을 칭찬하기 등과 같이 간단한 것부터 시작한다.

주장성은 선택의 문제이다. 즉, 자신의 입장을 표현할 수 있다는 확신을 가지고, 상대가 누구냐에 따라 주장적 또는 비주장적 의사소통을 선택할 수 있다. 선택하는 단어와 표현하는 방식에 따라 주장적, 비주장적, 공격적이 될 수도 있다. 현실에서는 자신의 권리를 주장하고 자신을 표현할 수 있는 에너지나 욕구를 갖는 것이 항상 가능하지는 않다. 예를 들면, 관리자의 보복이나 실직에 대해 불안을 느낀다면 합리적인 반응을 하지 못할 수 있다. 언제 어디서 누구에게 주장성을 표현할 것인지, 어떤 쟁점에 대해 주장적 행동이 적절할 것인지를 결정해야 한다. 간호사는 자신과 대상자에게 가장 이로운 행동을 선택할 수 있는 기술을 발전시켜야 한다. 심각한 결과를 방지하기 위하여 어떤 행동이 이루어져야 한다면 이를 위해 즉각적인 피드백을 주고받아야 한다. 이때가 주장성을 보여야 할 때이다(Grover, 2005). 이 '긍정적인 반발'은 때로 사람의 생명을 구할 수도 있다(Gaddis, 2008).

주장적 의사소통의 시작

How Do You Get Started?

주장적 의사소통에 대해 읽고 생각하면서 자신의 생활에서 주장적 반응을 보이고 싶은 상황에 대해 분석해본다. 어떤 일이 일어날지, 자신의 반응은 어떠할지, 하고 싶은 것은 무엇인지, 어떤 일이 일어나기를 바라는지, 어떤 행위를 하거나 하지 않았을 때 결과는 어떻게 될지 등에 대해 생각해본다. 주장적 의사소통을 시작하기 위해 다음의 세 단계를 활용한다.

1. 비주장적 반응을 하게 되면서 포기하게 되는 자신의 권리가 무엇인지를 알아야 한다. 이를 위해 Box 1-2에 있는 주장적 권리의 목록을 점검한다.
2. 자신의 요구에 따라 행동하는 것을 방해하는 비합리적 신념을 점검한다(Box 1-3).
3. 주장적 반응을 실행하기 위하여 DESC를 활용한다(Box 1-4).

주장적 기술을 수립하기 위해서는 인내심을 가져야 하며, 지속적인 학습과 적용이 필요하다(Box 1-5).

주장적 반응을 성공적으로 하기 위해서는 시기, 내용, 상대의 수용 정도가 핵심적 요소임을 기억해야 한다.

'상대가 나의 관심사에 대해 들어 줄 수 있는 때인가?', '상대가 몹시 바쁜 시간인가?', '나의 이름을 불렀을 때 상대가 집중할 수 있는 정도가 되는가?' 등을 고려해야 한다(Adubato, 2004). 때때로 조용히 귀를 기울이며 상대가 말하는 정보를 듣는 것도 주장적 반응이 될 수 있다(Box 1-6~1-7).

Box 1-2 주장적 권리

1. 존중받을 권리
2. 합리적 업무량을 가질 권리
3. 공정한 임금을 받을 권리
4. 우선순위를 스스로 결정할 권리
5. 원하는 것을 요청할 수 있는 권리
6. 변명이나 죄책감 없이 거절할 권리
7. 실수에 대해 책임질 수 있는 권리
8. 전문가로서 정보를 주고받을 수 있는 권리
9. 대상자의 이익을 위해 행동할 권리
10. 인간적 대우를 받을 권리

출처: Chenevert M: Mosby's tour guide to nursing school: a student's road survival kit, ed 6, St. Louis, 2011, Mosby.

Box 1-3 비합리적 신념

주장적으로 반응하는 것에 대해 불안이 있거나 부정적 결과가 예상될 때 비합리적 신념이 나타난다. 합리적 신념은 긍정적 결과를 예상하게 한다.

비합리적 신념

- 내가 주장적으로 반응하면 사람들은 흥분하거나, 그것 때문에 상처받고, 나에게 화를 낼 것이다.
- 누군가 나에게 화를 낸다면 나는 황폐해질 것이다.
- 주장적인 사람은 냉정하거나 이기적인 사람으로 보일 것이다.
- 합당한 요청을 거절하는 것은 나의 잘못이다.

합리적 신념

- 상대방이 해를 입거나 화를 내지는 않을 것이다. 상대방도 역시 개방적이고 진실한 것을 선호할 것이다. 상대방은 나를 더 가깝게 느낄 것이고 문제를 해결하기 위해 나와 협력할 것이다.
- 분노 때문에 내가 망가지지는 않는다. 분노는 나의 책임이 아니지만 분노 반응을 보이는 것은 나의 선택이다.
- 주장적 반응은 진솔하며, 상대방의 관점을 존중한다는 것을 보여주는 것이다. 주장성은 건강한 관계를 수립하게 한다.
- 합당한 요청이라고 해도 거절할 수 있다. 나는 나의 요구를 우선적으로 고려할 수 있고, 모든 사람을 항상 만족시키는 것은 불가능하다.

출처: Ellis A: Overcoming destructive beliefs, feelings, and behaviors: new directions for rational emotive therapy, Amherst, NY, 2001, Prometheus Books.

Box 1-4 주장적 반응의 요소

주장적 반응을 발달시키기 위한 틀로서 DESC가 있다. 모든 상황에서 모든 단계가 이용되는 것은 아니지만 유용한 틀이다.

D: 상황의 묘사(**D**escribe the situation)
E: 자신의 생각과 느낌의 표현
(**E**xpress what you think and feel)
S: 자신의 요청을 구체화(**S**pecify your request)
C: 결과(**C**onsequences)

출처: Bower SA, Bower GH: Asserting yourself, Reading, MA, 1991, Addison-Wesley.

Box 1-5 주장의 유형

1. 기본-생각, 신념 또는 견해를 있는 그대로 표현하고 자신과 타인의 권리를 주장한다. 예를 들어, "나는 … 할 것을 원한다.", "나는 당신이 … 하는 것을 원하지 않는다.", "… 해 주실래요?", "당신이 … 할 때 그것이 좋습니다.", "나는 다른 견해를 가지고 있습니다.", "나는 …라고 생각합니다.", "나의 반응은 복잡합니다.", "나는 이런 이유 때문에 이런 측면에 동의합니다. 그러나 나는 이런 이유들로 이런 면에서 방해받고 있습니다."(University of Illinois, Counseling Center, 1984).
   - 고려할 시간이 필요할 때: "그것에 대해 생각해보고 내일까지 답변을 주겠습니다."
   - 방해되는 것을 다룰 때: "실례합니다만 거의 끝나갑니다. 생각을 좀 마무리하겠습니다."
   - 물건을 환불할 때: "이 물건이 마음에 들지 않습니다. 환불하고 싶습니다."
   - "아니오"라고 말할 때: "당신에게 돈을 빌려줄 수 없습니다."
2. 공감-주장적으로 말할 때 상황에 대한 민감성을 전달한다.
   - "병동에 간호인력이 부족하다는 것을 압니다. 그러나 개인적으로 부담스러운 일이 있어 다음 근무는 할 수 없습니다."
   - "컴퓨터 기사가 언제 올지 정확한 시간을 말해 줄 수 없다는 것을 압니다. 그런데 오늘 일정이 많이 있기 때문에 오전이나 오후 중 언제 올지 알고 싶습니다."
3. 확장-간단한 주장으로 목표를 성취하기 어렵다거나 자신의 권리가 여전히 침해당하는 상황에서는 자신의 요구를 더 많이 표현한다.
   - "나는 간호사이기 때문에 당신과 사회적 관계를 맺을 수는 없다고 말했습니다. 개인적인 질문을 자제해달라고 말해야 하겠습니다."
   - "내 허락 없이는 컴퓨터를 사용하지 말아달라고 했습니다. 당신이 컴퓨터 종료를 잘못해서 파일 몇 개가 손상되었습니다. 다음엔 사용하지 말아주시기 바랍니다."

출처: Bower SA, Bower GH: Asserting yourself, Reading, Mass, 1991, Addison-Wesley. Modified from Lange JA, Jakubowski P: Responsible assertive behavior, Champaign, IL, 1978, Research Press.

기억할 것: 주장적 행동을 한다고 해서 원하는 것을 얻는다는 보장은 없지만 그렇게 될 가능성은 높아진다. 만약 간호사가 가족 모임에 참석하기 위하여 다른 간호사에게 근무시간을 변경해 줄 것을 요청하게 된다면 주장적으로 요청해야 한다. 다음 A, B, C 중 주장적으로 요청하는 사람은 누

Box 1-6 주장적 간호사

- 자기확신과 침착
- 눈맞춤 유지
- 명료하고 간결한 말투
- 단호하고 긍정적인 말
- 비꼬지 않고 진실한 말
- 변명하지 않는 말투
- 상황 주도
- 언어적 · 비언어적으로 일관된 메시지

Box 1-7 주장적 행동의 이점

- 명백하게 요청할 때, 그것을 얻을 확률이 상승한다.
- 사람들은 명료하고, 개방적이며, 진실한 의사소통을 중요하게 생각한다.
- 자신의 권리를 정당하게 내세우면 자기 존중감을 느끼게 된다.
- 타인의 권리가 침해되는 상황에서 공격적으로 되는 것을 피할 수 있다.
- 독립성이 증가한다.
- 의사결정자가 된다.
- 평화로움과 편안함이 증가한다.

구인가?

A. "김○○ 선생님, 당신이 꺼릴 것 같아 걱정이 되는데…. 이게 부담스러울 수도 있을텐데… 그런데… 글쎄, 어, 가족 모임이 있어서 그러는데 이번 주 토요일 김선생님 근무를 다음 주 토요일의 제 근무와 바꾸어 줄 수 있을까요?"

B. "김○○ 선생님, 그동안 수없이 선생님 근무 일정을 제가 변경해 주었는데 제 개인적인 생활에 대해서는 관심이 없는 것 같아요. 저도 저의 개인 생활이 필요하기 때문에 선생님이 이번에는 주말 근무를 제 근무와 바꾸어 주었으면 합니다."

C. "김○○ 선생님, 가족들이 이번 토요일에 특별한 모임을 갖기로 했는데, 저는 그 모임에 꼭 참석하고 싶어요. 선생님이 근무시간을 바꾸어 줄 수 있다면 정말 고맙겠어요. 다음에는 꼭 제가 김선생님의 부탁을 들어 드릴게요."

A의 반응은 주저하고 변명하는 것 같으며, 솔직하지 못하다. A가 사용한 용어는 요청할 수 있는 권한을 부정하고 있다. B의 반응은 공격적이며 비난을 하고, 심지어 불평하는 것 같다.

만약 당신이 C를 선택했다면 간호사가 요청할 수 있는 권리, 거절할 수 있는 동료의 권리를 모두 존중하는 방법에 대해 이해한 것이다. C는 원하는 것을 명료하게 말하였으며, 변명처럼 들리지 않게 하면서도 정중했다. 다시 Box 1-4로 돌아가 C가 말한 내용을 살펴보자.

Describe: "가족 모임이 있어요."
Express: "저는 그 모임에 꼭 참석하고 싶어요."
Specify: "내 근무와 바꾸어 줄 수 있나요?"
Consequence: "다음에는 제가 부탁을 들어 드릴게요."

비주장적 소통은 자신이나 타인의 정당한 권한을 내세우는 데 실패한 것으로, 불확실하거나 불편하게 소통하는 것을 의미한다. 비주장적 행동은 자신이 어떤 면에서 다른 사람에 비해 열등하다고 생각하는 데에서 비롯된다. 어떤 사람이 자신의

적용하기

대학생인 김○○은 어느 가정으로 찾아가 아이들을 돌봐주는 일을 하며 급여를 받고 있다. 그런데 아이들의 엄마가 일이 끝나기 몇 분 전에 아이들을 좀 더 봐달라고 부탁했다. 아이들의 엄마가 하는 부탁을 들어주면 김○○은 수업에 늦을지도 모른다. 김○○은 아이들의 엄마에게 이 사정을 설명하기로 마음 먹고 이렇게 말했다. "내가 약속된 시간보다 더 오래 있으면 수업시간에 늦게 됩니다. 이것이 저에게는 정말 스트레스가 됩니다. 원래 정해진 시간까지 △△엄마께서 와 주시면 제가 수업에 참석할 수 있습니다." 아이들의 엄마는 김○○의 사정을 이해했고, 더 이상 늦게까지 남아 있어 주기를 부탁하는 일은 없어졌다.

의견을 수동적 또는 자신 있게 말하지 못하는 행동을 보이면 상대방은 그 사람이 관심이나 지식이 부족하다고 생각할 것이다(Sully & Dallas, 2005). 비주장적으로 반응할 때는 상대와 연결되지 못한다. 보통 사람들은 싫다는 말을 하는 것이 거북하기 때문에 상대가 요구하는 대로 해버리고 만다. 자신의 요구를 상대에게 말하고 싶지 않을 때 '짧은 이익, 긴 고통'이라는 문구를 고려해보자. 비주장성은 자신을 존중하지 않는 것이고, 결과적으로 자존감을 떨어뜨리게 되므로 실패를 의미한다. 자신의 요구는 충족시키지 못하면서 상대는 공격적인 행동을 통해 더 유리한 결과를 가져가게 된다. 비주장적인 사람은 마치 현관 입구에 놓인 발판 신세처럼 될 수 있다. 이렇게 되면 결국 좌절과 분노가 쌓이고, 공격적으로 될 수 있으며(Gaddis, 2008), 좌절로 인한 분노가 폭발하고, 이런 자신의 모습이 싫어지면서 수동성이 더욱 강화될 수 있다.

공격성은 소란스럽고 강압적이며, 다른 사람을 이용해서라도 자신이 원하는 것을 얻으려고 하는 대립적 방법이다. 공격적으로 행동할 때 자신과 타인 간 권한의 균형은 깨진다. 공격성을 통해 자신이 이룬 것에 대해 일시적으로 흡족해하더라도, 결국 당혹스러움을 느끼게 되고, 원하는 것을 얻기 위해 행했던 자신의 결정이 타인에게 상처를 주었다는 것을 알게 되면 만족감은 끝나버린다. 공격적인 행동은 흔히 상대의 분노와 분개를 불러일으키고, 앙갚음이나 수동공격적인 행동을 초래하게 된다. 공격적인 행동에서 상호 존중은 결핍되고, 타인을 자신의 길을 방해하는 대상으로 여기게 된다. 주장적 · 비주장적 · 공격적 의사소통 유형의 구분은 표 1-2에 제시되어 있다.

주장적으로 반응하는 사람들은 자신에 대해 더 큰 만족감을 느낀다. 그런데 간호사의 경우, 자신보다 타인에 대한 이해를 우선시하도록 사회화되는 경향이 높기 때문에 간호사 개인의 욕구 충족과 타인에 대한 책임 사이에 균형을 찾는 것이 건강하다는 것을 잘 받아들이지 못하는 경우가 있다. 공격적인 스타일의 간호사는 자신의 행동으로 다른 사람과 멀어지게 된다는 것을 금방 알게 될 것이다. 주장을 하거나 침묵해야 할 때를 선택하는 것은 학습을 통해 할 수 있다. 자신이 주장적으로 행동했는지, 그렇지 않았는지를 알기 위해서는 상대와의 상호작용이 끝난 후 느껴지는 자신의 감정을 살펴보아야 한다. 만약 기분이 좋다면 주장적으로 행동한 것이다. 주로 수동적인 행동을 해왔던 사람들은 자신을 우선적으로 중요하게 고려한다는 것에 죄책감을 느낄 것이다. 그러나 자신을 고려하지 않아 생기는 상대에 대한 원한은 결국 관계를 망가뜨릴 수 있다.

『정신간호학』 저서의 초창기 저자 Joyce Travelbee는 '주어진 상황이 어떻든지 간에 우리는 우리가 할 수 있는 최선을 다한다.'라는 글을 남겼다. Patrick King(2018)은 다음과 같이 말하고 있다.

> *자기수용(Self-acceptance)이란, 자신의 삶에서 일어나는 모든 일이 현재의 자기 모습과 자신이 하는 행동에 영향을 주었다는 것과 자신의 겪은 경험, 지식, 상황에 근거하여 현재 최선을 다하고 있다는 것을 받아들이는 것이다. 자기 자신과의 관계는 다른 사람과 자신이 맺게 되는 모든 관계의 장면을 보여준다. 만약 이 말을 받아들인다면 당신의 결점이 무엇이든 간에 당신은 자신에게 가장 최선인 어떤 것을 행할 권한이 있다는 것을 알고, 주장적으로 행동할 것이다.*

주장적 의사소통 기술은 동등한 상호작용을 가능하게 한다. 모든 사람이 자신의 생각, 느낌, 신념을 표현할 권리가 있다. '요구를 많이 표현하는' 대상자를 간호하는 데 어려움이 느껴질 때, 대상자를 수동적인 돌봄 대상자가 아닌 좋은 서비스를 기대하는 소비자로 생각해야 한다. 주장성은 자신이나 타인에게 긍정적인 이익을 주는 의사소통 스타일이다. 또한 주장성은 자신의 요구를 돌보아야 하는 것과 같이 타인 역시 정당하게 돌보아야 한다는 것에 대해 확신을 가지게 해 준다. 이러한 경험은 상호 존중의 건강한 태도를 갖게 한다. 자신의 생각이나 감정을 분명하게 드러내는 경우, 상대는 명료하고 직접적인 메시지를 전달받게 되고, 수동공격적인 방법으로 전달될 때보다 메시지를 더 편안하게 받아들인다. 주장성은 사람들 간의 신뢰가 형성되는 것을 돕는다.

Chaharsoughi 등(2014)은 병원에서 발생하는 치명적인 사고의 60% 이상은 의료전문인들 간의 비효과적인 의사소통에 의해 발생한다고 보고하였다. 의료전문인들 간의 신뢰는 일이 잘못될 때 바로 용기 있게 인정하고, 그 잘못을 바로잡고, 잘못을 뉘우치고, 반복된 실수를 피할 수 있는 방법을 찾기 위해 노력할 때 형성되는 것이다.

Adubato(2004)는 의료 과오의 약 90% 정도가 의사소통과 관련되기 때문에 사고를 최소화하기 위한 중요한 전략은 주장성을 향상시키는 것이라고 하였다.

책임 있는 의사소통의 의미

Meaning of Responsible Communication

'책임 있는'의 의미는 "응답하도록 요청받을 의무가 있는"을 뜻한다(Definition of responsible, 2018). 간호사에게 책임은 전문지식과 전문적 행위로 인해 초래된 결과에 대한 인간적인 책임으로 묘사될 수 있을 것이다.

책임 있는 의사소통은 "통증약을 드시면 더욱 편안해질 것입니다."와 같이 간단한 말로도 가능하다. 때로는 경청이라는 예술로 책임 있는 의사소통을 할 수도 있다. 만약 무슨 말을 해야 할지 모르겠다면, 대상자와 그저 조용히 앉아 있어도 된다.

문제해결이 필요한 상황에서의 책임 있는 의사소통은 간호지식과 함께 그 상황에서의 드러난 사실에 근거해 논리적인 방식으로 의사소통하는 것을 의미한다. 책임 있는 의사소통은 특정 상황에 대해 정확한 문제해결 행위를 보이는 것이다. 간호과정은 대상자에 대한 간호사의 책무와 책임을 실현하는 체계적 수단이다. 간호과정은 사정, 진단, 결과/계획, 수행, 평가의 5가지 단계로 구성되어 있다(Bickford et al., 2015).

1. 사정(Assess)–대상자의 요구, 문제, 관심, 반응을 확인하기 위하여 대상자와 가족, 지역사회에 대한 정보를 수집한다.
2. 진단(Diagnose)–수집된 자료를 비평적으로 분석하고 해석하여 간호진단을 도출한다. 간호진단은 이후 단계에서 초점이 된다.
3. 결과/계획(Outcomes/Planning)–간호진단에서 확인된 문제의 우선순위를 설정한다. 대상자와 때로는 대상자의 가족을 포함하여 기대되는 결과를 얻기 위한 간호중재를 계획한다. 간호계획을 언제, 어떻게, 어디서 수행할 것인지에 따라 적절한 의사소통 전략을 수립한다.
4. 수행(Implement)–간호계획에서 확인된 중재를 수행한다. 이 단계에서 주로 간호사는 대상자나 동료에게 답변이나 반응을 보여주게 되며, 이때 주장적이고 책임 있게 반응하는 것이 필요하다.
5. 평가(Evaluate)–성과를 달성하기 위해서 대상자의 진전을 지속적으로 평가한다. 이 단계에서는 간호사의 반응이 주장적이고 책임감이 있었는지, 간호사가 기대했던 목표나 결과가 획득되었는지 평가한다.

문제해결과정은 모든 대상자와 간호사(간호사–동료)의 상호작용을 점검하는 방법으로 자연스러운 일과에 포함되게 된다. 간호사는 메시지를 받는 한편, 그 의미를 파악하고자 노력한다. 간호사는 메시지를 보낸 사람의 요구를 충족시킬 것인지 결정한 후 주장적이고 책임 있는 메시지로 이

Box 1-8 책임 있게 의사소통하는 간호사

- 자연스럽게 간호과정과 문제해결과정에 초점을 맞춘다.
- 대상자와 그 가족들의 사회를 고려한다.
- 대상자의 옹호자 역할을 한다.
- 환자 돌봄이라는 신성한 역할에 대해 감사한다.
- 인간경험을 경이롭게 여기며 각 개인의 유일성을 인정한다.
- 직관적으로 대상자를 알아가는 방법을 배우는 데 개방되어 있다.

결정을 전달한다. 메시지를 전달할 때에는 자신이 사용하는 단어나 제스처가 상대에게 어떤 영향을 미치게 되는지 관찰한다. 간호사는 하루 일과 중 끊임없이 메시지를 주고 받는다(Box 1-8). 의사소통 기술의 수립은 복잡하고 응급한 상황에서도 의료팀이 안전 간호를 전달할 수 있도록 해줄 것이다(Swinny, 2010).

돌봄의 의미Meaning of Caring

돌봄은 전문직 간호의 핵심이다. 간호사의 의사소통이 책임 있고 주장적이더라도, 돌봄이 없다면 대상자의 행위 변화를 촉진하기는 어려울 것이다. 돌봄의 의미가 무엇인지 확인하는 것이 중요하다.

돌봄은 추상적 개념이 아니다. 간호사라면 누구나 돌봄은 간호의 본질이라고 말할 것이다(Colby, 2012). 간호사로서 돌봄을 드러내는 의사소통의 방법은 명확하다. 돌봄은 인간성을 공유하고, 개개인의 유일성과 존엄성을 존중하는 것을 내포한다. 돌봄은 삶에서 필수적 요소이며, 간호사-대상자 관계의 특성이 되어야 한다. 노스캐롤라이나 대학병원의 간호사들은 환자 안녕을 위한 돌봄과정에 Swanson의 돌봄이론(Caring Theory)에 기반한 Carolina Care 모델을 적용하였다(Tonges & Ray, 2011). Swanson의 5가지 돌봄과정은 다음과 같다(Swanson, 1993).

1. 신념 유지하기(maintaining belief)-변화와 의미 있는 삶을 살 수 있는 능력이 대상자에게 있다는 신념을 유지하기
2. 알기(knowing)-대상자의 삶에서 의미 있는 사건을 이해하기 위해 노력하기
3. 함께 하기(being with)-대상자와 정서적으로 함께 하기
4. 행동하기(doing for)-대상자가 자신을 위해 하고자 했던 것을 하도록 돕기
5. 촉진하기(enabling)-자신과 가족을 돌볼 수 있는 대상자의 역량을 촉진하기(Tonges & Ray, 2011)

각 개인에게 삶을 관리할 수 있는 능력이 있다고 믿는 이 돌봄 모형은 대상자의 치유와 안녕을 지지하는 간호의 연민(알기와 함께 하기) 및 역량(행동하기와 촉진하기)과 결합될 수 있다(Tonges & Ray, 2011).

성찰과 적용

돌봄이라는 용기

말을 하지 못하는 뇌종양 환자는 통증 때문에 침대에 앉아 몸을 앞뒤로 흔들며 울부짖고 있었다. 통증 완화제도 소용이 없는 것 같았다. 담당 간호사는 침대로 다가가 그를 달래며 자신의 아이에게 하듯이 자장가를 불러 주었다. 환자는 점점 진정이 되었고, 간호사에게 기대어 아주 잠깐 잠이 들었고, 그날 밤에 사망하였다. 간호사는 이전에는 한 번도 이렇게 해 본 적이 없었는데, 자신의 직관을 믿는 것이 중요하다고 하였다. "내 생각에 그날 나의 행동은 신께서 명령한 것임에 틀림없습니다. 신께서 바로 그 장소, 그 시간에 나를 있게 했고, 평소와 같은 간호에서 벗어나 아주 특별한 방법으로 환자를 돌볼 수 있는 용기를 준 것이라고 생각합니다." (Riley, 1999).

취약 집단에게 더 좋은 건강 서비스를 제공하고 삶의 질을 높이기 위해 국제적인 봉사단체에서 돌봄을 실천하고 있는 한 간호사는 "우리는 어려운 시대에 살고 있기 때문에, 우리가 최선을 다해서 해야 할 일은 한 사람 한 사람에게 평온을 주는 것이다."라고 말한다(Justin, 2002).

돌봄은 간호사를 인도하는 도덕적 이상이며, 지식을 겸비한 인식적 돌봄은 가장 높은 수준의 책무이다(Watson, 1995). 간호사가 돌봄의 전문가가 아닌 과학적 사실과 이론에 근거하여 사명을 다하는 기술적 전문가가 될 수도 있지만, 기술적이고 과학적으로 옳더라도 여전히 도덕적 오류를 범할 수 있다. 간호사가 자신의 기술적인 역량에 대해 만족할 수는 있어도, 그 만족감은 대상자나 가족, 동료와 의미 있게 연결되는 경험을 통해 얻을 수 있는 만족감만큼 오래 지속되지는 않는다. 연결의 순간은 질병이나 병리가 아닌 대상자와의 관계성이나 지지를 통해 경험된다(Hunter, 2006). 돌봄 의사소통은 총체적이고 전인적이며, 대상자를 간호 중재가 필요한 생물학적 대상이 아닌 한 인간으로 바라보며 대상자에 대한 존중을 드러내는 것이다. 예를 들면, 대상자의 가족에게 돌봄이 필요해지는 순간이 발생했다면, 돌봄은 개개인보다는 하나의 가족 단위로서 계획되어야 한다(Guilianneli et al., 2005). 간호사의 의사소통이 돌봄의 의사소통이라는 것을 어떻게 확신할 수 있는가? 간호사는 대상자가 돌봄을 받고 있다고 느끼기를 원하고 간호사의 이런 욕구가 전달되도록 행동하지만, 간호사가 의도한 돌봄이 모두 대상자에게 돌봄으로 인식되는 것은 아니다. 아래의 사례에서 간호사는 침상에 전자식 카트를 가지고 가서 주의 깊게 투약을 하며 자신이 대상자에게 돌봄을 제공하고 있다고 생각할 수도 있다. 그러나 돌봄은 그것과는 구별되는 특별한 상황이다. 돌봄을 전달하기 위해서 간호사는 대상자의 돌봄 욕구를 제대로 파악하는데 필요한 지식과 기술을 끊임없이 연마해야 하고, 대상자를 인간으로서 존중함과 동시에 긍정적인 변화가 일어나도록 촉진하는 간호활동을 해야 한다.

성찰과 적용

돌봄의 개별성

김○○ 간호사가 근무하는 병원은 오래전 설립된 곳으로, 아직 모바일 기기를 작동할 수 있는 시스템이 병실마다 갖추어져 있지 않아 카트에 기기들을 가지고 다녔다. 카트가 침대에 부딪히지 않도록 조심스럽게 병실로 밀고 들어간 어느 날, 한 번도 입원해 본 적이 없던 권○○은 간호사가 이름을 확인하기 위해 손목밴드와 컴퓨터, 스캐너 등을 사용하자 그것들이 놓인 카트를 보고 놀라는 것 같았다. 권○○은 "내가 식료품에서 파는 고기덩어리가 된 것 같아요."라고 말했고, 간호사는 그 말을 듣는 순간 자신이 인간이 아닌 기계처럼 일하고 있다는 것을 알아챘다. 김간호사는 카트를 병실 밖으로 다시 끌고 나갔다가 이번에는 그녀 뒤로 카트를 끌며 다시 들어갔다. "자, 다시 시작합시다. 내 이름은 김○○이고 권○○님의 담당 간호사입니다." 간호사는 "마차가 말을 끌게 하지는 마세요."라고 농담하였고, 둘은 크게 웃었다. 그리고 간호사는 권○○에게 그 카트 덕분에 잘 기록하고 정확하게 투약할 수 있게 되어 안전한 간호를 제공할 수 있다고 설명하였다. 김간호사는 기계적으로 느낄 수 있는 기술을 인간다운 돌봄으로 바꾸는 실무를 수행한 것이다. 그녀는 눈맞춤을 잘하였고, 주의 깊게 경청하였으며 대상자에게 더 필요한 것이 없는지 확인하였다(Mikesell, 2013; Winstanley, 2014).

이 사례가 가진 함의는 명백하다. 간호사는 대상자가 중요하게 생각하는 건강요구가 무엇인지 탐색하고, 간호사의 돌봄 행위가 효과가 있었는지 확인하며, 대상자의 요구에 부합할 수 있도록 간호 행위를 조율해야 한다. 이러한 과정들은 책임있는 간호의 필수 요소이다. 예를 들면 대상자가 화를 낼 때 간호사는 화의 근원을 정중히 탐색하기보다는 자신의 화난 감정을 더 빨리 느끼게 될 것이다. 학대받는 여성의 고통에 귀 기울이는 것보다는 그 여성에게 남편과 헤어지라고 하는 것이 간호사에게는 더 쉬울 것이다. 아버지는 떠나고, 어머니는 물질남용 문제가 있으며, 임신을 하면 결혼하겠다고 말하는 22살 된 남자친구와 사귀고 있는 여자 청소년의 이야기에 귀를 기울이는 것보다는 그 여자 청소년에게 그녀의 남자친구가 콘돔을 사용하는지 여부를 확인해야 한다고 교육하는 것이 더 쉬울 것이다(Carpenito, 2000). 연구 결과에 의하면 대상자들은 자신들의 고통이나 불편함에 대해 부담을 느끼지 않으면서 표현할 수 있을 때 돌봄을 경험한다고 하였다. 반면, 자신들이 전혀 중요하지 않게 여겨지고 문제를 일으키는 사람이라는 메시지를 전달받을 때 돌봄을 받지 못하고 있다고 경험하였다. 대상자가 원하는 것을 간호사가 귀 기울여 들어줄 때, 또는 검사 때문에 금식 중인 대상자가 검사 후에 식사할 수 있도록 음식을 보관해주는 행동과 같이 간호사가 대상자들을 사려 깊게 생각하고 있다는 것을 보여줄 때 대상자들은 돌봄을 경험한다(Karlsson et al., 2004). 간호사가 돌봄에 대한 부담이나 불안이 상승하는 것을 경험하게 되면, 일단 멈추고 크게 숨을 쉰 후 자신의 비언어적 행위가 어떻게 해석될지 자기 자신에게 물어보아야 한다. 이럴 때에는 상대를 인정하고 격려하며 수용한다는 것을 전달할 수 있는 간단한 방법, 예를 들면 미소 짓기 등을 해보도록 한다(Hader, 2006).

돌봄의 의사소통은 동료와의 관계에서도 중요하다. 만약 동료 간에 돌봄이 있다면, 건강한 기운이 대상자에게 전달될 수 있다. 반대로 동료 간에 돌봄이 없다면 간호사는 대상자에게 돌봄을 완전하고 충만하게 전달한다는 느낌을 가질 수 없게 될 것이다. 돌봄은 주장성과 책임을 포함한다. 만약 어떤 간호사가 비주장적이어서 다른 사람이 그 간호사를 조정하게 되었거나 간호사가 다른 사람에게 공격적으로 대해 상대의 권리를 침해했다면 간호사는 돌봄 행위를 하기 어렵다. 만약 간호사가 주장성을 높이기 위해 자신을 충분히 돌보았다면 타인을 돌보는 방법도 알게 될 것이다. Watson(2007)은 간호사가 다른 사람에 대해 존중하고 사랑하며 돌보고 존엄하게 여기기 위해서는 먼저 자신을 사랑하고, 존중하며, 돌보아야 하고 자신을 존엄하게 여겨야 한다고 하였다.

주장적이고 책임 있는 소통 방법
How Can You Learn to Communicate Assertively and Responsibly?

효과적인 돌봄의 의사소통은 저절로 되는 것이 아니라 배움을 통해 만들어질 수 있다. 비효과적이고 비치료적인 의사소통 습관을 바꾸는데 도움이 되는 방법들이 있다. 간호사는 지속적으로 의사소통 기술의 레퍼토리를 추가해가면서, 다양한 상황에서 효과적으로 소통할 수 있는 자신의 역량에 대한 자신감을 발달시켜 나가야 한다. 자신감이 부족해진다면, 주장적으로 된다는 것이 곧 자기 자신과 간호를 가치 있게 여기는 것이고, 성공적 경험을 통해 자신감이 더 증가할 수 있다는 것을 기억해야 한다(Sudha, 2005).

의사소통의 학습 과정을 교육심리학(McCroskey, 1984; Meichenbaum, 1977; Woodruff, 1961)에서 제시하는 학습의 세 가지 영역에 따라 인지적 영역(이해와 의미), 정서적 영역(감정, 가치, 태도), 정신운동성 영역(신체적 역량)으로 구분해볼 수 있다.

제시되는 지침을 따르게 되면 기본적인 의사소통 기술(인지적 영역)을 배우고, 긍정적 의사소통(정서적 영역)의 가치와 효과에 대한 믿음을 통해 확신을 갖게 되며, 실제 상황에서 기술을 행동으로 옮기게(정신운동성 영역) 될 것이다.

인지적 영역: 의사소통의 기본 역량
Cognitive Domain: Basic Communication Competencies

인지적 영역에서 의사소통 역량은 상황에 적절한 의사소통 행위에 대한 지식을 의미한다. 또한 대인 간의 상호작용 상황에서 적절하거나 부적절한 행동을 구별할 수 있는 역량이다.

정서적 영역: 긍정적 의사소통의 가치와 영향에 대한 신념
Affective Domain: Belief in the Value and Impact of Positive Communication

긍정적 의사소통의 가치와 영향에 대한 신념을 가진 간호사는 다른 사람의 피드백을 추구하고, 자기 확신을 향상시킬 수 있는 자기돌봄 전략을 실천하고자 하는 동기가 높다.

정신운동영역: 통합
Psychomotor Domain: Putting It All Together

정신운동영역의 의사소통 기술은 주어진 상황에 적절한 의사소통 행위를 수행할 수 있는 능력을 의미한다. 의사소통에 숙련된 간호사는 주장적이고 책임 있는 의사소통 전략을 성공적으로 수행할 수 있다.

그림 1-3은 이 세 가지 영역의 기술을 발달시킴으로써 돌봄의 의사소통을 하는 간호사가 되어가는 과정과, 발달이 불완전하여 나타나는 부정적인 결과를 보여주고 있다.

항상 '예'라고 대답하던 사람이 어느 날 자신의 요구나 관심을 위해 행동하는 것을 보게 되면 사람들은 오히려 불편해한다. 건강한 관계란 균형에서 시작되며, 내가 나의 요구를 충족시킬 수 있는 권한이 있는 만큼 다른 사람도 그런 권한이 있다는 것을 알아야 한다. 주위의 모든 사람이 나 자신의 요구나 관심에 대해 진심으로 대해 주는 것은 아니다. 심지어 나를 잘 알고 나에게 관심을 가졌던 사람들조차도 마음을 읽을 수는 없기 때문에 자신이 원하는 것이 무엇인지 명확하게 하는 것은 상대와의 관계를 원활하게 하는데 도움이 된다.

'자기가 없다(self-less)'라는 단어는 이타성과 관련된다. 만약 자기가 없다면 자신을 모두 다 내어주게 되어 결국에는 아무것도 줄 것이 없게 될 것이다. 전문직으로서나 개인적 삶에서 신체나 정신, 영적으로 자신의 요구를 충족시키지 않는다면 이도 똑같은 결과를 초래한다. 자기돌봄은 윤리적 측면에서 보았을 때 간호사에게 반드시 필요한 것이다. 자신이 가지지 않은 것을 다른 사람에게 줄 수는 없기 때문이다.

자신의 요구를 충족시키기 위해 사용할 수 있는 마법의 단어는 없다. 다른 사람에게 하듯이 자기 자신의 요구를 중요하게 여기고 우선순위를 정하며 자신에게 연민을 가져야 한다. 그리고 완벽하지 않을 수 있지만 최선을 다하는 사람으로서 자신을 수용해야 한다. 자기를 존중하는 사람으로 성장하게 되면 다른 사람들은 당신이 말하는 것의 의미를 믿고, 당신을 존중하고 함께 일하고자 할 것이다(King, 2018)

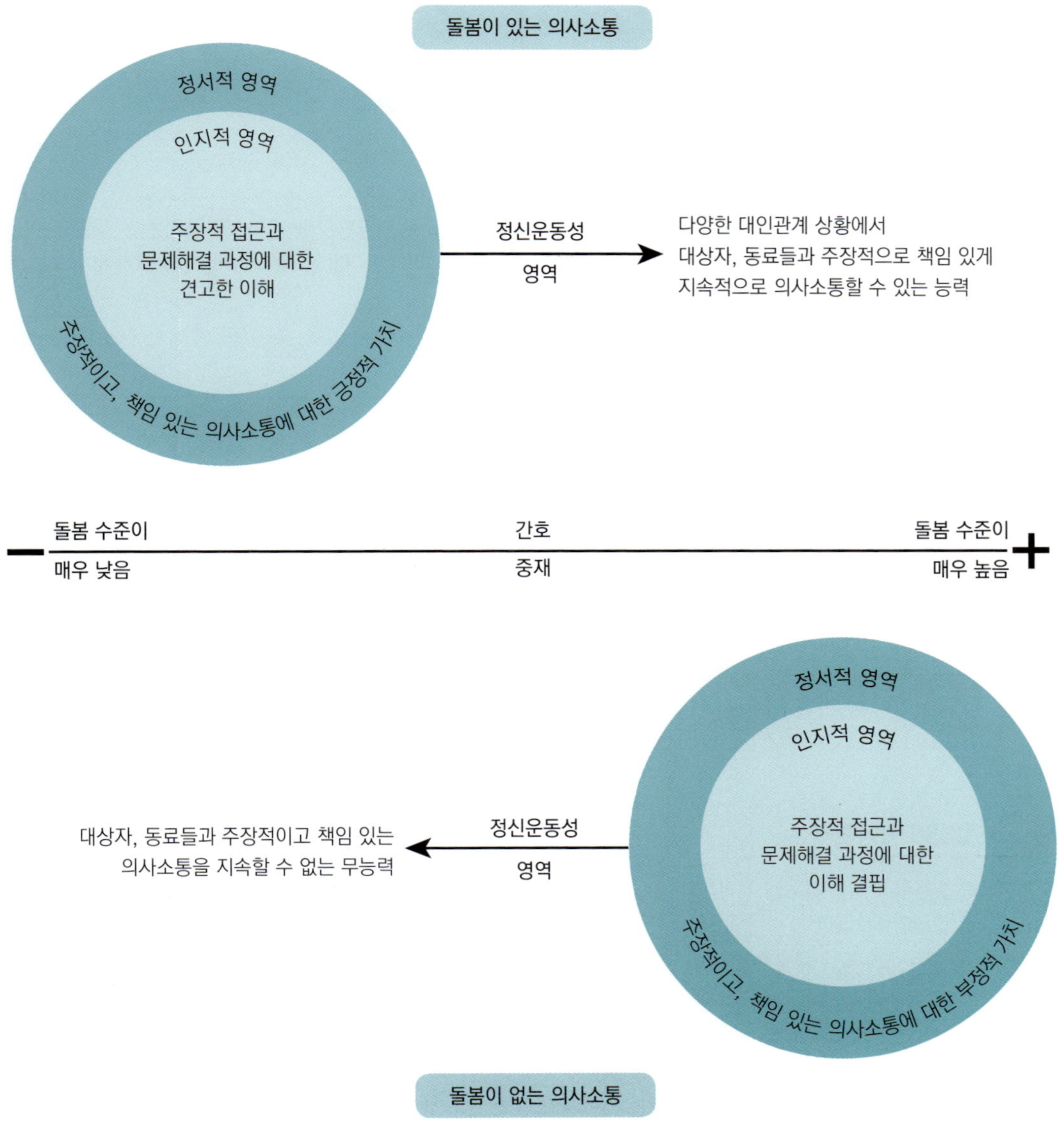

그림 1-3 돌봄이 있는 의사소통과 돌봄이 없는 의사소통의 차이

주장적이고 책임 있는 돌봄 의사소통 연습
Practicing Responsible, Assertive, Caring Communication

연습 1 주장적 권리 검토하기

주장성 기술을 발전시키기 위한 연습을 위하여 Box 1-2를 다시 검토한 후 지금까지 놓치고 있었던 권한을 나열해본다. Box 1-3도 검토한다. 포기했던 권한의 목록 중 각각을 보면서 자신의 관심이나 요구를 충족하기 위한 행위를 못하게 되는데 영향을 준 비합리적인 신념이 무엇인지 확인해본다.

연습 2 의사소통 성찰하기

"의사소통이 궁금해요."라는 제목으로 성찰일지를 시작해 본다. 잡지 등에서 자신이 작성하고자 하는 성찰일지의 의도나 초점을 잘 보여준다고 생각하는 이미지나 단어를 찾아 풀칠하여 노트에 붙인다. 자신이 비주장적으로 반응한 사건에 대해 각각 아래의 질문에 따라 적어본다.

- 자신이 주장적으로 행동하지 못했던 사건
- 그 사건에서 나의 주장적, 비주장적 행동
- 이런 상황들을 처리하는 데 있어 나는 어떤 방식을 선호하는가?

연습 3 DESC 활용하기

주장적으로 반응하고 싶은 상황을 적어본다. Box 1-4의 DESC를 참조하여 자신의 반응을 써 보거나 아래 학생의 사례를 보고 DESC에 따라 작성해본다.

"내 룸메이트는 그야말로 내성적이다. 둘이 같이 외출할 계획을 오래 전에 세웠는데, 나가기 직전에 단지 싫다는 이유로 그 친구가 약속을 취소하였다. 나는 정말 화가 머리끝까지 난 상태로 '혼자 집에서 아무것도 안하고 있겠다면서 나를 바람 맞히는 거야? 난 이해가 안 돼'라고 말했다. 그 친구에게 마음을 바꾼 이유가 무엇인지 물어보고, 내가 그 친구와 같이 즐거운 시간을 보내기를 얼마나 기대했는지에 대해 말해 줄 수도 있었다. 만약 이런 식으로 그 문제를 다루었다면 그 친구는 나와 같이 외출했을 것이다. 나는 결국 내 반응에 대해 사과하고 화해했다. 내가 잘못했다는 것을 알게 되었다."

연습 4 주장적 의사소통 역할모델 탐색하기

자신의 주변 인물, 학생, 교수, 직원, 동료, 가족 등을 관찰해본다. 그 중에 주장적 의사소통의 역할모델이 될 수 있는 한 사람을 찾아보자. 전문직인(학생)으로서나 개인으로서의 삶에서 자신이 주장적으로 소통하기를 원하는 상황에 대해 생각해보자. 눈을 감고 역할모델을 상상하며, 그 사람이라면 그 상황을 어떻게 다룰 것인지, 어떻게 말하고 행동할 것인지에 대해 생각해보자. 상상했던 것을 적어보고 주장적 의사소통에 대해 학습한 내용을 확인해본다.

연습 5 Q.S.E.N- 대상자 중심 간호에 대한 준비를 점검하기

환자중심 간호는 안전문화를 형성하고 간호의 질을 향상시키는데 있어 중요한 개념이다. 또한 환자중심 간호는 각각의 역량이 서로 통합되어 이루어지고 의료의 질과 안전을 향상시키는 것으로 Quality and Safety Education for Nurses(QSEN) 프로젝트에서 확인되었다(www.QSEN.org). 의사소통은 안전 문화를 형성하는데 있어 기초가 된다. 대상자와 그 가족과 상호작용하여 진심으로 관계를 맺는 것은 오류를 감소시키고 간호의 성과를 향상시키는데 도움이 된다. 치료적 만남에서 진심으로 관계를 맺게 되면, 개인의 요구에 맞는 간호를 계획하는데 필요한 간호사정을 완료하고 대상자와 그 가족을 간호과정의 동등한 파트너로서 역할을 하도록 하는 과정에서 효율적으로 의사소통을 할 수 있게 된다. 대상자를 위한 간호계획을 수립할 때, 먼저 자신이 진심으로 대상자와 관계를 맺고 돌봄의 의사소통을 제공할 준비가 되어 있는지 검토해본다.

- 간호사는 자신의 마음 속 잡념을 버리고, 고유한 희망, 가치, 건강에 대한 신념을 가진, 공동체에 속한 구성원으로서 대상자에게 초점을 둔다.
- 대상자를 위한 효율적인 간호를 계획하기 위하여 가장 기본적으로 알아야 할 정보는 무엇인가?
- 대상자를 위한 돌봄을 위해서 간호사는 대상자에게 어떤 선택권을 제공할 수 있는가?
- 바로 이 시점, 이 상황에서 간호사가 대상자를 위해 할 수 있는 가장 중요한 것은 무엇인가?
- 근거중심의 간호표준을 엄격하게 지키는 것보다 대상자의 선호를 존중하는 것이 더 필요한 경우는 언제인가?

참고문헌

Adubato, S. (2004). Making the communication connection. *Nursing Manage, 35*(9), 33.

Bickford, C. J., Marion, L., & Gazaway, S. (2015). *Nursing: Scope and standards of clinical nursing practice* (3rd ed.). Silver Spring, MD: American Nurses Association.

Carpenito, L. J.(2000). Nurse, always there for you. *Nursing Forum, 35*(2), 3.

Chaharsoughi, N. T., Ahrari, S., & Alikhah, S. (2014). Compari on: The effect of teaching SBAR technique with role play and lecturing on communication skill of nurses. *Journal of Caring Sciences, 3*, 141–147. In N. Lennen & B. Miller (2017), Introducing interprofessional education in nursing curricula. *Teaching and Learning in Nursing, 12*, 59–61.

Colby, N. (2012). Caring from the male perspective: A gender neutral concept. *International Journal of Human Caring, 164*, 36.

Gaddis, S. (2008). Positive, assertive, "pushback" for nurses. *New Hampshire Nursing News, 32*(3), 17.

Grover, S. M. (2005). Shaping effective communication skills and therapeutic relationships at work: The foundation of collaboration. *American Association of Occupational Health Nurses Journal, 53*(4), 177.

Guilianeli, S., Kelly, R., Skelsky, J., et al. (2005). The critical care nurse manager's perspective: The critical care family assistance program. *Chest, 128*(3), 118S.

Hader, R. (2006). If you're happy and you know it.... *Nursing Management, 37*(2), 6.

Hunter, L. P. (2006). Women give birth and pizzas are delivered: Language and Western childbirth paradigms. Journal of Midwifery & Women's Health, 51(2), 119–124.

Justin, F. (2002). Acting globally. *Advanced Nursing, 4*(13), 21.

Karlsson, M., Bergbom, I., von Post, I., et al. (2004). Patient experiences when the nurse cares for and does not care for. *International Journal of Human Caring, 8*(3), 30.

King, P. (2018). The art of everyday assertiveness. Lexington, KY: Patrick King Consulting.

Koerner, J. G. (2010). Reflections on transformational leadership. *J Holistic Nursing, 28*(1), 68.

McCroskey, J. C. (1984). The communication apprehension perspective. In J. A. Daly & J. C. McCroskey (Eds.), *Avoiding communication: Shyness, reticence and communication apprehension*. Beverly Hills, CA: Sage Publications.

Meichenbaum, D. (1977). *Cognitive-behavior modification: An integrative approach*. New York, NY: Plenum Press.

Definition of responsible. (2018). In *Merriam-Webster Online Dictionary online*. Retrieved from http://www.merriamwebster. com/dictionary/responsible

Mikesell, L. (2013). Medicinal relationships: Caring conversation. *Medical Education, 47*, 443.

Omura, M., Maguire, J., Levett-Jones, T., et al. (2017). The effectiveness of assertiveness communication training programs for healthcare professionals and students: A systematic review. *International Journal of Nursing Studies, 76*, 120–128.

Riley, J. B. (1999). *From the heart to the hands...keys to successful healthcaring connections*. Ellicott City, MD: Integrated Management Publishing Systems.

Strachan, P. H., Kryworuchko, Nouvet, E., et al. (2018). Canadian hospital nurses' roles in communication and decision-making about goals of care: An interpretive description of critical incidents. *Applied Nursing Research, 40*, 26.

Stuart, G. W. (2012). *Principles and practice of psychiatric nursing* (10th Ed.). St. Louis, MO: Mosby.

Sudha, R. (2005). How to be an assertive nurse. *The Nursing Journal of India, 96*(8), 182.

Sully, P., & Dallas, J. (2005). *Essential communication skills for nursing*. Edinburgh, UK: Mosby.

Swanson, K. (1993). Nursing as informed caring for the well-being of others. *Image, 25*(4), 352.

Swinny, B. (2010). Assessing and developing critical-thinking skills in the intensive care unit. *Critical Care Nurse Quarterly, 33*(1), 2.

Tonges, M., & Ray, J. (2011). Translating caring theory into practice. *Journal of Nursing Administration, 41*(9), 374.

Watson, J. (1995). Postmodernism and knowledge development in nursing. *Nursing Science Quarterly, 8*(2), 60.

Watson, J. (2007). *Nursing: Human science and human care*: A theory of nursing. Sudbury, MA: Jones & Bartlett.

Winstanley, H. D. (2014). How to bring caring to the high-tech bedside. *Nursing, 44*(2), 60.

Woodruff, A. D. (1961). *Basic concepts of teaching*. Scranton, PA: Chandler.

Yoshinaga, N., Nakamura, Y., Tanoue, H., et al. (2018). Is modified brief assertiveness training for nurses effective?: A single-group study with long-term follow-up. *J Nurs Manag, 26*, 59.

Chapter 02

대상자-간호사 관계: 조력관계

Client-Nurse Relationship: A Helping Relationship

학습목표

1. 대상자-간호사 관계의 목적을 확인한다.
2. 간호사와 대상자의 치료적 만남에서 인지적 · 정서적 · 정신운동적 능력의 중요성을 서술한다.
3. 건강관리 서비스의 소비자로서 대상자의 권리를 논의한다.
4. 성공적인 대상자-간호사 관계의 특성을 확인한다.
5. 치료적 의사소통기법을 확인한다.
6. 비치료적 의사소통기법을 확인한다.
7. 대상자-간호사 관계에서 해야 하는 사항과 해서는 안 되는 사항을 확인한다.
8. 대상자-간호사 관계의 결속 행동특성을 확인한다.
9. 현존함(presence)에 대한 F.O.C.U.S.E.D. 모델을 설명한다.
10. 스토리캐처(storycatcher)의 특성을 확인한다.
11. 경청 기법에 대해 논의한다.
12. 대상자-간호사 관계에서 기법을 구축하기 위한 연습에 참여한다.

Gallup에서 진행한 연간 조사 결과(2018)에 의하면, 17년 연속으로 간호직이 가장 신뢰할 수 있는 전문직으로 나타났다(American Hospital Association, 2019). 간호사 한 명당 환자를 돌보는 시간이 부족한 상황이기는 하지만, 환자와 간호사와의 관계는 여전히 간호에 있어서 토대가 된다. 간호사의 돌봄 의사소통은 환자를 안전하게 한다(Conroy et al., 2017). 간호사가 환자의 고통을 예방하고, 환자의 낙상이나 감염을 예방하기 위해 간호를 제공할 때 연민적인 돌봄(compassionate caring)을 수행하게 된다(Conroy et al., 2017; Wood, 2018). 당신이 몸이 아프거나, 병약하거나, 불확실하거나, 두려운 상태에 놓였던 적이 있는가? 그럴 때에 당신은 친근한 말 한마디나 미소, 안부를 묻는 질문에 의해 안심이 되고 차분해질 수 있다. 환자는 간호사의 능력에 대해 "친근하게 대하는 간호사는 마치 모든 것을 다 아는 것처럼 여겨진다."고 표현하였고, 간호사의 쾌활함이나 행복함, 미소는 간호사가 능숙하다는 인상을 준다(Wysong & Driver, 2009)고 표현하였다. 환자는 다른 사람에게 자신이 '하나의 인간(Geanellos, 2004)'으로 여겨지기를 원하며, 간호사의 대인관계 능력을 기술적인 능력과 버금가게 중요하다고 생각한다. 대상자와의 만남에서 간호사는 돌봄이나 도움을 줄 수도 있고, 때로는 대상자를 불편하게 하거나 해로움을 주게 될 수도 있다. 환자에게 연민을 가지며 돌봄을 주고자 하는 간호사로서, 환자와의 상호작용이 환자에게 도움이 되며 즐거움을 주기를 원한다. 이 장을 통해 대상자와 어떻게 효율적인 관계를 맺을 것인가를 배울 것이

자가평가 도구: 의사소통-대상자 중심 간호서비스로 가는 열쇠

방법: 4점(매우 능숙하다)에서 1점(능숙하지 않다)까지 점수를 주십시오.

1. 나는 나의 의사소통기술에 대해 긍정적으로 느낀다.	4	3	2	1
2. 나는 대상자나 가족 또는 동료에게 미소 짓는다.	4	3	2	1
3. 나는 눈 맞춤을 한다.	4	3	2	1
4. 나는 나 자신을 소개하고, 이름표를 패용하고 있다.	4	3	2	1
5. 나는 대상자의 이름을 기억하며, 정확한 발음으로 말한다.	4	3	2	1
6. 내가 이해가 되지 않는다면, 명확히 하기 위해 다시 확인한다.	4	3	2	1
7. 대상자와 상호작용하기 전에 나를 차분하게 하기 위한 시간을 갖는다.	4	3	2	1
8. 나는 질문에 대한 대답을 찾는 데 책임감을 갖는다.	4	3	2	1
9. 나는 미소와 함께 즉각적으로 전화에 회신한다.	4	3	2	1
10. 나는 (어떤) 절차에 대해 명확하게 설명해준다.	4	3	2	1
11. 나는 대상자와 가족이 질문할 수 있도록 격려한다.	4	3	2	1
12. 나는 내가 한 일에 대한 피드백을 요청한다.	4	3	2	1
13. 내가 한 일에 대해 긍정적인 피드백을 받는다.	4	3	2	1
14. 나를 도와준 동료에게 감사함을 표한다.	4	3	2	1
15. 나의 동료에게 도와줄 것을 제안한다.	4	3	2	1
16. 대상자가 침묵하거나 전혀 대답하지 않아도 괜찮다고 여기면서 경청한다.	4	3	2	1
17. 나는 대상자의 비밀보장의 권리를 존중한다.	4	3	2	1
18. 내가 일을 하는데 있어서 지연된 경우 사과한다.	4	3	2	1
19. 대상자를 접촉하는 경우 부드럽게 수행한다.	4	3	2	1
20. 나는 전문인으로서 적절하게 복장을 유지하고 몸 단장에 주의를 기울인다.	4	3	2	1
21. 나는 대상자나 가족, 동료들을 위해 추가로 무언가를 시도한다.	4	3	2	1
22. 언제든지 다양한 요구사항을 처리할 수 있도록 노력한다.	4	3	2	1
23. 나는 대상자나 가족, 의사를 포함한 동료를 칭찬한다.	4	3	2	1
24. 나는 배움은 지속되어야 하고, 사람은 완벽해질 수 없다는 것을 알고 있다.	4	3	2	1
25. 나는 간호실무에 나만의 특별한 재능을 적용하려고 하며, 나 자신이 되려고 노력한다.	4	3	2	1

계산함: 당신이 반응한 점수를 합한다. 이것은 자가 진단용이며, 당신의 지도자나 동료나 대상자가 좀 더 자료를 추가할 수 있다. 77~100: 필요한 기술에 대해 고도로 인식하고 있음. 53~76: 기술에 대해 보통 정도로 인식함. 낮게 나온 항목을 확인하고 어떤 기술을 발전시켜야 할 것인지 정하는 것이 필요함. 25~52: 필요한 기술에 대한 인식이 낮음. 기술 발달에 좀 더 집중이 필요함

다. 대상자-간호사 간의 전문적인 관계를 배울 것이며, 이 관계가 사회적 관계나, 동료와의 관계, 친척과의 관계와 어떻게 다른지 이해할 것이다. 또한 대상자-간호사 관계에서 간호사의 책임을 확인하고, 조력관계의 매 단계에서 간호사의 역할과 중재가 무엇인지 말할 수 있을 것이다. 끝으로 대상자와의 상호작용을 통해 당신이 구축한 조력관계에 대해 성찰할 수 있는 기회를 갖게 될 것이다.

자가평가 도구
Self-Assessment Tool

건강관리 분야에서 대상자가 돌봄 제공자에 대한 선택권을 자신들이 가지고 있다는 것을 이해하기 시작하고 있다. 건강관리 분야는 상업(business)적 특성이 있기 때문에 고객에 대한 서비스에 민감해야 한다. 당신이 어떤 회사의 고객의 입장으로 있었을 때의 경험을 돌이켜 생각해 보면 고객에 대한 서비스는 상식이 아니라, 그 분야에서 중요한 기술이며 태도이다. 명확하며, 연민을 가지고 의사소통하고, 대상자의 기대치 또는 그 이상을 충족시킬 수 있는 능력은 고객에 대한 서비스의 본질이다. 고객들은 임상적인 문제에 대해 불평을 하기보다는 무례함이나 돌봄이 결여된 것에 대해 불평을 한다. 당신도 고객이 있으며, 같은 영역이나 다른 영역에서 일하는 동료들이 있다는 것을 기억해야 한다. 이제 의사소통기술과 고객 서비스에 대한 것을 결합해 보고자 한다. 다음에 제시한 자가평가 도구는 자신의 기술을 간략하게 평가해 볼 수 있으며, 고객서비스의 기반에 대해 교육할 수 있는 도구가 된다.

조력관계의 특성
Nature of the Helping Relationship

기존에 설립된 규칙과 기대가 대상자-간호사 상호작용의 과정을 이끈다. 대상자-간호사 상호작용과 같은 조력관계와 친구나 가족 간의 관계와 같은 사회적 관계에는 공통된 특성이 있지만, 특별히 한 가지 특성이 다르다. 조력관계는 대상자의 이득을 위해 그 관계가 시작된다면, 친척이나 친구와의 관계는 상호 간의 욕구를 충족하기 위해 관계가 존재한다는 것이다. 특별히 대상자-간호사 관계는 대상자가 최적의 건강을 획득하고 유지하는 것을 돕기 위해 존재한다.

성공적인 조력관계는 우정관계에서는 발생하지 않는 상호작용의 규칙이 있다. 이것은 간호사가 대상자보다 우월한 위치에 있다는 것을 뜻하는 것이 아니라 상호 신뢰한다는 것과 다른 사람을 도와주어야 한다는 책임감을 의미한다.

간호중재는 대상자와 가족의 목적과 선호도를 존중하면서 개개인의 대상자의 독특한 욕구와 상황을 충족하기 위해 계획되어야 한다. 간호사는 대상자가 자신의 건강관리, 건강증진, 질병예방, 평화로운 죽음에 대한 결정을 내리는 데 필요한 정보에 대해 대상자에게 교육해야 한다(Bickford et al., 2015). 간호사는 대상자와 가족, 건강관리 제공자와 파트너십 관계를 수립한다. 대상자-간호사 관계는 대상자의 이득을 위해 시작되지만, 상호 간의 욕구가 충족된다면, 더욱 효과적이다. 대상자는 자신의 건강관리 욕구가 충족되었을 때 그리고 간호사로부터 돌봄을 받는다고 느껴질 때 만족한다. 간호사는 자신의 간호중재가 대상자의 건강상태에 긍정적인 영향을 끼쳤을 때, 그리고 자신이 수행한 것이 치료적인 돌봄이 되었을 때 성취감을 느낀다. 대상자-간호사 관계는 상호학습의 과정이 된다. 하지만 일반적으로 치료적 관계의 목적은 대상자의 성장을 지향한다(Stuart, 2012).

대상자와 간호사는 둘 다 똑같이 독특한 인지적 · 정서적 · 정신운동적 능력을 가지고 관계를 시작한다. 그리고 그러한 능력은 대상자의 안녕 향상을 위해 노력하는 데에 사용된다.

치료적 만남에서의 인지적 · 정서적 정신운동적 능력

Cognitive, Affective, and Psychomotor Abilities in the Therapeutic Encounter

다음은 대상자와 간호사의 치료적 만남에 관여하는 인지적 · 정서적 · 정신운동적 능력이다. 표 2-1은 대상자-간호사 관계의 과정 및 결과에 영향을 끼치는 대상자와 간호사의 생각과 기대 등에 대한 예시이다.

인지적 능력 *Cognitive ability*

대상자와 간호사 모두 건강과 질병에 대한 일반적인 사항과 대상자 개인의 건강에 대한 염려사항의 구체적인 사항을 알고 있다. 대상자는 '삶을 지각하고, 사건이나 사람, 상황 등에 대해 지각하며, 의사소통하고, 사고하며, 느끼고, 반응하는 방식(Erickson et al., 1983)'으로 각자의 세계관을 가지고 관계를 맺는다. 대상자는 무엇이 자신을 아

표 2-1 조력관계에서 대상자와 간호사 간 지식, 태도, 기술의 상호교환

대상자-간호사 관계에 관여하는 대상자의 특성	대상자-간호사 관계에 관여하는 간호사의 특성
인지적 특성	
선호하는 지각과 판단의 방식	선호하는 지각과 판단의 방식
전반적인 질병과 특정한 질병에 대해 가지고 있는 지식과 신념	전반적인 질병에 대해 가지고 있는 지식과 신념
건강증진과 건강유지에 관한 일반적인 지식과 신념, 자신의 건강관리 활동에 관한 정보	자신의 전문분야에 대한 지식, 질병예방, 증진, 유지를 위한 건강행위에 대한 신념
문제해결 능력	문제해결 능력
학습 능력	대상자의 치료이행을 증진시키는 요인에 대한 지식
정서적 특성	
문화적 가치	문화적 가치
간호사의 도움을 받는 것에 대해 가지는 감정	간호사-조력자가 되는 것에 대해 가지는 감정
간호사에 대한 일반적인 태도	대상자에 대한 일반적인 태도
치료방식에 대한 태도	간호중재에 대한 편향성(bias)
질병예방에 두는 가치	건강에 두는 가치
	적극적인 질병예방이나 안녕증진에 두는 가치
특정한 간호사와 함께 자신의 건강상태를 위해 적극적으로 행동하고자 하는 의지	안녕상태 증진을 위해 대상자의 적극적인 행동을 돕고자 하는 의지
정신운동적 특성	
타인과 관계를 맺고 의사소통할 수 있는 능력	타인과 관계를 맺고 의사소통할 수 있는 능력
건강관리 행동의 수행 능력	효율적이고 숙련된 간호중재 수행 능력
새로운 자가간호 방법에 대한 학습 능력	대상자에 대한 간호 교육 능력

프게 하며, 무엇이 자신을 성장시키고 성취하도록 하는지에 대한 명확한 지식을 가지고 있다. 또한 그들은 무엇이 자신을 좋은 상태에 있도록 하며, 무엇이 성취를 최대화하고 성장 속도를 향상시키는지 알고 있다. 이러한 지식을 소위 자가간호 지식이라고 한다(Erickson et al., 1983). 간호사로서 우리는 대상자가 좀 더 나은 건강과 안녕 상태에 도달할 수 있도록 대상자가 자신을 평가하고, 그들이 자신의 간호지식을 이용할 수 있도록 노력한다. 간호사는 대상자를 도울 수 있는 것에 대한 지식과 신념에 기반을 둔 자기 자신만의 관점을 가지고 있다. 대상자와 간호사는 서로 고립된 채 작업하거나 정반대의 목적을 갖게 되는 것을 피하기 위해 기본적인 정보를 교환해야 한다.

서로 다른 생각을 가지는 것 외에, 대상자와 간호사는 자신의 세계를 관찰하거나 자신이 본 것에 대해 결정하는 데 선호하는 방식이 있다. 이 둘이 선호하는 정신적인 과정, 즉 개인에게 가장 잘 발달되고, 가장 잘 사용하는 정신적인 과정이 있음을 뜻하며, 개인의 성격의 중요한 특성을 형성한다(Myers, 1998). 대상자와 간호사는 자신의 마음을 사용하는 각자의 방법, 특히 지각하거나 판단하기 위해 선택하는 방식을 가지고 있다(Myers, 1998). 지각이란 사물, 사람, 사건의 발생, 생각 등에 대해 인식하는 것을 말한다. 판단한다는 것은 어떤 것이 관찰되었는지에 대한 결론에 도달하는 것을 내포한다.

예를 들어, 어떤 대상자와 간호사는 전적으로 실제적인 것에 중점을 두는 것을 선호할 수 있다. 그들은 즉각적인 체험이나 직접적인 사실 그 자체와 구체적인 현실에 대응하고자 한다. Myers는 문제해결 과정에서 자료를 수집하는 이러한 방식에 대해 감각적(sensing)이라고 묘사하였다. 반면에 어떤 대상자와 간호사는 어떤 것이 무엇이라는 말 대신에 어떤 것은 무엇일 수 있다는 생각을 선호한다. 그들의 직관적인 상상력은 어떤 사실을 입증하기 위해 감각에 의존하는 대신 사고나 설명에 의존하고자 한다. Myers는 이것을 직관적(intuitive)으로 자료를 수집하는 방식이라고 명명하였다.

사물을 지각하는 이 두 가지 방법의 차이점과 각 방법이 대상자-간호사 관계에 어떻게 영향을 끼치는지 다음의 예를 통해 이해해 보고자 한다.

80세인 김○○은 노인주거 아파트에서 남편과 사별한 70세 된 여동생과 살고 있다. 그는 지난 9개월 동안 폐암으로 항암치료와 방사선 치료를 받았다. 현재 김○○의 종양은 없어졌고 혈액수치도 안정되었으나, 여전히 그는 무기력하며 식욕이 없는 상태에 있다. 9일 전 한밤 중에 김○○이 변기에 앉지 못하고 목욕탕 욕조 안으로 넘어지는 모습을 그의 여동생이 발견하였다. 여동생은 김○○이 서 있는 것이 불안정해지고 있으며, 체중이 감소하고 있다는 것을 알게 되었다.

구체적이거나 감각적인 자료를 선호하는 대상자(혹은 가족)나 간호사라면 김○○이 악화되고 있음을 알려주는 눈에 보이는 증거에 초점을 두고 평가할 것이다. 그들은 침 분비의 결여, 식욕 상실, 입냄새 등에 대해 김○○이 말하는 진술에 주목할 것이다. 그들은 또한 대변량 감소와 복부 팽만, 피부탄력의 감소와 근육허약 그리고 섭취한 음식의 양에 주목할 것이다.

구체적인 정보를 선호하는 대상자나 간호사는 이러한 조각의 정보들을 짜 맞추고 난 후, 김○○이 탈수상태에 있다는 결론에 도달할 것이다. 이와 같은 지각방식을 가진 사람들은 측정 가능한 정보를 선호하며, 한 번에 한 단계의 사고만 하는 등 체계적인 사고과정을 한다.

좀 더 직관적인 지각과정을 선호하는 대상자(혹은 가족)는 김○○에게 무슨 일이 일어났는지 결론에 도달하기 전에 그와 같은 자료를 모으지 않는다. 그들은 자료에 있는 패턴(조각조각의 정보와는 반대의 의미가 있는)을 찾는다. 그들은 우선 가능한 설명을 생각하면서 출발한다. 그런 다음에 되돌아가서 사실적인 정보를 찾는다. 예를 들면, 그들은 김○○이 "힘들게 왜 또 치료를 시도하려고 하는가? 만약에 치료를 다시 할지 결정해야 한다면, 내가 치료를 받을지 확신할 수 없다."고 말하는 것에 주목할 것이며, 그가 느끼는 피로감과 고통이 그를 지치게 하는 것은 아닌지 의문을 가질 것이다. 그들은 김○○의 며느리가 항암치료를 열심히 받았는데도 사망하였고, 3주 전에 그의 죽마고우였던 친구가 뇌종양으로 진단을 받았다는 사실에 주목할 것이다. 김○○의 증상이 며느리나 친구의 상황과 유사하다는 것을 반영하는 것은 아닌지 의문을 가질 수도 있다. 또한 직관적으로 생각하는 사람들은 치료과정과 음식조절, 운동과 수면박탈 때문에 발생하는 김○○의 신체적 변화와 지난 7주 동안에 심한 열과 습도로 인해 발생한 결과에 관심을 둘 것이다.

감각적이거나 직관적인 이 두 가지 지각과정은 각자 다른 특성을 지니고 있다. 간호사는 자신이 선호하는 지각과정이 어떤 것인지 이해하는 것이 중요하며, 대상자가 선호하는 지각과정이 어떤 것인지 아는 것도 중요하다. 사물을 보는 이 두 가지 방법은 다 중요하다. 어느 하나가 다른 하나보다 좋다고 말할 수는 없다. 다만 중점을 두고 선택하는 정보가 다른 것뿐이다.

판단(지각을 통해 모은 정보에 대해 결정하는 과정)은 일종의 정신과정이며, 간호사와 대상자가 서로 다른 특성을 지닐 수 있다. 어떤 사람은 논리적이고, 질서를 중요시하고 분석적인 의사결정과정을 하며, 세상을 객관적인 시선으로 바라보려고 한다(Myers, 1995). 이러한 특성을 지닌 사람은 경험한 것들을 논리적인 정신체계에 맞추려고 한다. Myers는 이러한 것을 사고선호형(preference thinking)이라고 하면서, 이러한 사람은 사물에 대한 비평적인 분석에 근거하여 의사결정을 하며, 공평한 것을 중요시한다고 하였다. 반면에 어떤 사람은 감정과 가치의 주관적인 세계에 맞추려고 한다.

우리는 이 두 가지 의사결정 과정에서 한 가지를 다른 것보다 선호한다(Myers, 1995). 이 두 가지 판단과정을 좀 더 이해하기 위해 다음의 예에서 제시한 상황을 보기로 하자.

대학교 1학년생인 19세 최○○는 현재 임신 8주이며 미혼이다. 그녀는 임신에 대해 어떻게 결정할 것인지에 대해 상담을 받고 있다. 그녀는 세 가지 가능한 결정, 즉 유산을 할 것인가, 임신을 유지하고 아기를 입양 보낼 것인가, 아기를 낳아서 자신이 키울 것인가 중에서 고심 중에 있으며 조만간 결정을 하려고 한다.

합리적이고, 객관적인 방법으로 결정하는 것을 선호하는 사람은 최○○가 모든 사실적인 정보를 고려하도록 권하고, 그런 다음 사실적인 정보에 근거하여 논리적인 결정을 내리기를 권한다. 그들은 최○○가 내린 결정으로 인해 발생할 결과를 파악하려고 할 것이며, 그러한 결과에 대해 자신의 감정(heart)이 아니라 사고(head)로 판단하려고 할 것이다. 그들은 감정적으로 그 상황을 보려고 하지 않을 것이다. 그들은 '장기적 전망'을 볼 수 있는 능력을 가지며, 최○○가 실용적으로 자신의 미래를 바라보고, 가장 합리적인 선택을 하기를 권할 것이다(Myers, 1995).

반면에 그 상황에서 자신이 다른 사람들에게 끼치는 영향을 중요시하는 사람은 최○○가 각각의 선택에 대해 어떻게 느끼고 있으며, 그 각각의 선택이 최○○의 가치에 맞는지 확인하려고 할 것이다. 이 유형의 사람들은 최○○를 비난하기보다는 그녀가 고려하고 있는 계획의 장점을 강조할 것이며, 그녀가 가진 개인적인 믿음이나 확신 등을 지원할 것이다(Myers, 1998).

이와 같이 사물을 보는 각기 다른 방식의 특성에 관해 보여준 이 예는 조력관계에서도 중요하다. 간호사는 대상자의 마음이 간호사 자신이 가진 원칙과 같은 방식으로 움직인다고 생각할 수 없다. 대상자나 그 가족들 혹은 간호사와 함께 일하는 동료들이 자신과 같은 방식으로 지각하고 판단할 수도 있지만 전혀 다른 방식을 선호할 수도 있다. 사람들이 중요시하는 가치와 관심은 개개인에 따라 다를 수 있다(Myers, 1998).

사람들은 지각하고 판단하는 것이 서로 다를 수 있다. 서로 선호하는 지각이나 판단방식이 유사한 사람들은 서로 이해하기가 수월하다. 유사한 지각과정을 가진 경우에는 관심사가 유사할 것이며, 유사한 판단과정을 공유하기 때문에 중요시하는 것도 비슷하다(Myers, 1998). 반면에 우리 자신과 인식 및 판단 선호도가 다른 동료나 대상자의 행동은 이해하거나 예측하기가 더 어려울 것이다. 이러한 경우, 우리는 다른 사고 과정을 선호하는 동료나 대상자와 어떤 사안에 대해 반대의 입장이 될 수 있다(Myers, 1998). 간호사-환자 간의 치료적 관계(상호 학습 경험 및 환자를 위한 교정적 정서 경험)는 상호 존중, 수용과 함께 간호사와 환자의 근본적인 인간애(humanity)에 기반한다(Stuart, 2012).

만약 지각과정과 의사결정과정에 대한 자신의 선호도와 기타 성향의 선호도에 대해 좀더 배우고 싶다면, Myers-Briggs Type Indicator(MBTI)를 실시해보는 것도 도움이 될 것이다. MBTI 웹사이트(https://www.mbtionline.com)를 방문하면 무료로 자신의 성격을 확인해볼 수 있다. MBTI의 목적은 어떤 상황에 처했을 때 자신에게 나타나는 일차적인 반응에 대한 자가보고를 통해 지각과 판단에 관한 선호도를 확인하는 것이다. 이와 같이 자신이 지각이나 판단과정에서 어떤 것을 선호하는가를 아는 것은 대상자-간호사 조력관계에서 자신의 사고하는 방식이 자신의 행동에 어떻게 영향을 주는지를 알게 해 준다(3장 참조).

정서적 능력 *Affective ability*

대상자나 간호사는 조력관계에 대해 긍정적인 감정이나 부정적인 감정을 가질 수 있으며, 각자 서로에게 편견을 가질 수 있다. 각자는 특정한 건강 관심사에 대해 서로 다른 우선권을 둘 수 있다. 대상자와 간호사의 태도는 그들이 조화로운 상태에서 일을 하게 될 것인가 혹은 부조화 상태에서 일을 하게 될 것인가에 영향을 끼친다. 또한 각자의 지식을 표면으로 표출할 것인가 혹은 감출 것인가, 대상자의 건강을 증진하기 위한 조치에 대해 말을 할 것인가에도 영향을 끼친다. 그리고 개인이 가지고 있는 '틀(model)'이나 '세계관(world-view)'(Erickson et al., 1983)에 따라 건강에 대한 정의와 지각이 달라진다. Smith(1981)는 인간은 4개의 관점에서 건강을 바라본다고 보고하였다. 즉, 건강은 질병이 없는 상태임을 말하는 임상적 모델(clinical model), 건강은 인간이 자신의 삶에서 해야 하는 역할을 수행하는 상태임을 말하는 역할-수행 모델(role-performance model), 건강은 스트레스에 적응하는 능력이라고 말하는 적응 모델(adaptive model), 건강은 삶의 질, 삶을 즐길 수 있는 능력, 의미 있는 관계를 가짐, 안녕상태임을 말하는 행복모델(eudemonistic model)이다. 간호사와 대상자가 건강을 어떻게 정의내리는가를 이해하는 것은 중요하다. 왜냐하면, 어떻게 정의 내리는가에 따라 간호계획이나 목표나 결과에 영향을 주기 때문이다. 앞에서 언급한 바와 같이 간호사가 대상자의 이야기를 들을 때 다시 한 번 각 개인이 건강을 어떻게 정의 내릴지에 대한 통찰력과 지식을 가질 수 있는 기회를 갖게 된다.

정신운동적 능력 *Psychomotor ability*

대상자는 간호사가 어떠한 기술을 가지고 있는지 알 필요가 있으며, 간호사는 대상자가 자신의 치료계획에 참여할 수 있는 능력이 어떠한지 판단할 필요가 있다. 대상자의 건강상태를 증진하기 위한 노력에 간호사와 대상자의 어떤 기술을 사용할 것인가에 대해 양자가 합의해야 한다. 대상자가 인터넷을 통해 간호사보다 좀 더 풍부한 정보를 가진 상황을 생각해보자. 간호사는 대상자와 정보를 공유하기 위해 어떻게 협력할 수 있겠는가? 대상자는 정보를 구할 수 있을 것이며, 간호사는 어떤 정보가 가장 신뢰할만한지 대상자가 결정하는 것을 도와줄 수 있을 것이다(23장 참조).

조력관계에서 대상자의 권리
Clients' Rights in the Helping Relationship

간호사와 대상자는 그들의 에너지와 자원을 공유할 수 있으며, 치유를 위해 노력할 수 있다. 간호사와 대상자는 질병이 그들에게 가진 의미와 관련된 문제에 대응할 수 있으며, 자기실현과 개인적인 성장을 위해 노력할 수 있다. 건강관리 서비스의 소비자로서 대상자는 다음의 권리를 가진다.

- 잘 준비된 간호사로부터 자신이 건강상태에 대해 체계적이고 정확한 검사를 받을 것을 기대함
- 자신의 건강상태에 대한 정보를 받을 수 있으며, 간호사가 의미하는 바를 명확히 이해할 수 있도록 자신의 질문에 대한 대답을 들을 수 있음
- 자신의 진단에 대해 최신 지식과 안전하고 효율적인 돌봄을 제공할 능력이 있는 간호사로부터 건강관리를 받을 수 있음
- 정중하게 대우받을 것이고, 간호사가 자신에게 진정한 관심을 보여줄 것을 확신함
- 개인적인 정보의 비밀 유지에 대해 확신함
- 자신에게 이로움을 주기 위해 취해지는 모든 행동계획에 대한 정보를 받음
- 간호중재를 거절하거나 동의할 수 있으며, 이로 인해 간호사와의 관계에 영향을 받지 않음
- 어떠한 장애물이나 방해물 없이 효율적으로 도움을 받을 수 있음
- 모든 간호사로부터 최상의 간호를 일률적으로 받을 수 있음

대상자-간호사 조력관계의 특성
Characteristics of Client-Nurse Helping Relationships

대상자-간호사 관계는 다음과 같은 특성을 지닌 특별한 조력관계이다.

- 간호사가 자가간호에 대해 윤리적 규범을 지킬 것이라는 이해를 바탕으로 한, 주의 깊은 현존함(mindful presence)과 진지한 관심: 대상자가 자신의 건강문제를 해결하는 데 도움을 주기 위해 정신적으로, 정서적으로, 육체적으로 준비할 것(ANA Code of Ethics, 2015)
- 의도적이고 생산적인 목적: 대상자와 간호사는 건강문제의 본질에 관해 서로 동의하며, 서로 동의한 목적에 도달하기 위해 수립한 계획을 발전시키고 수행함. 대상자와 간호사는 함께 결과에 대해 평가하며, 기대되는 결과가 성취될 수 있을 것인가를 결정함
- 건강문제를 다루는 데 있어서의 능력, 창조성, 실용성, 안전한 수행
- 대상자의 현재 건강수준을 유지하고, 조력관계에 의한 지식의 증가를 통해 대상자를 미래의 건강위협으로부터 보호함
- 간호사는 대상자를 안심시키고 대상자의 걱정이나 두려움을 완화시키며, 안락함을 제공함으로써 통증을 이완시킴
- 대상자와 간호사가 함께 있는 어느 장소나 어느 시기이든지 조력관계에 있어서의 일관성을 가짐
- 초기(initiation), 유지기(maintenance), 종결기(termination) 등의 단계가 있음
- 개별화된 돌봄 · 대상자가 자신의 삶에 대해 사적인 세밀한 사항까지 공개할 수 있는 안전한 공간 및 사생활 보호: 간호사는 대상자의 사생활을 보호할 책임이 있음
- 돌봄을 표현하는 데 있어서의 전문적인 경계(pro-

fessional boundaries): 간호사가 대상자에게 강한 감정을 느끼고 있더라도 간호사는 치료적인 도움을 제공하기 위해 충분한 객관성과 관점을 유지해야 함. 대상자와 간호사는 서로에게 애착을 발전시킬 수 있고, 이것은 서로에게 특별한 관계를 형성하도록 함

간호사는 간호를 수행할 때 치료적 의사소통기법을 사용한다(표 2-2, 2-3).

대상자-간호사 조력관계에서 중요한 사항

Pointers to Guide You in Your Client-Nurse Helping Relationships

대상자-간호사 조력관계를 조성하는 데 있어서 해야 하는 사항과 해서는 안 되는 사항을 다음과 같이 제시하였다.

해야 하는 사항

- 대상자와 관계를 맺을 때 정확함과 예의를 지키고, 대상자에게 접근할 때에는 친절하게 접근하며, 대상자의 욕구와 관심사를 우선으로 둠
- 대상자가 자신을 돌보는 노력에 대해 칭찬하고 격려함
- 대상자가 자신의 건강과 관련된 상황에서 보이는 반응을 이해하고 인내심을 가짐

해서는 안 되는 사항

- 의학적인 전문용어를 사용하거나, 대상자가 스스로 부족하다고 느끼도록 함으로써 대상자를 아랫사람 대하듯이 함
- 대상자를 '좋은 사람', '게으른 사람', '비협조적인 사람' 등으로 명명화하여, 자신이나 동료 간호사가 대상자를 있는 그대로 보지 못하도록 함
- 대상자의 합리적인 요청을 미룸
- 지킬 확신이 없는데 약속을 함
- 대상자가 수행해야 할 행동을 하지 않았거나, 하지 않았어야 하는 행동을 해서 건강에 부정적인 영향을 끼쳤을 때 대상자를 판단하고 비판하거나 앙갚음함
- 대상자와의 관계를 통하여 간호사 자신의 욕구를 충족시키고자 함
- 단지 정보를 잘 모르는 것처럼 대상자에게 보이는 것을 피하기 위해 확신이 없지만 대상자에게 정보를 제공함

대상자의 건강에 대한 관심사를 세밀하게 조사하고, 철저한 간호중재를 선택하고, 대상자를 돕기 위해 수행하고, 수행 결과에 대한 평가를 하는 것은 간호사로서의 책임이다. 간호의 질은 간호사와 대상자 간의 지식과 태도, 기술 등을 상호 교환하는 능력에 달려 있다.

대상자에게 최선의 도움을 주기 위해서는 대상자가 가지고 있는 지식을 이끌어내야 하며, 대상자의 감정과 태도를 인식해야 하고, 대상자가 스스로를 돌보는 데 있어서의 강점과 제한점을 고려해야 한다. 또한 대상자에게 적합한 간호를 제공하기 위해서는 이러한 정보를 이용해야 한다. 이 밖에도 대상자에게 도움이 되기 위해 간호사의 지식, 태도, 기술이 어떻게 영향을 끼치는지 인식할 필요가 있다. 효율적인 간호는 주장적이고 책임감 있는 것을 요구한다. 간호사의 목적은 대상자가 가장 최선의 건강상태를 획득하도록 돕는 것이며, 간호사의 전문적인 능력을 발휘하면서 간호를 수행하는 것이다. 간호사는 이러한 목적을 충족하기 위한 간호를 수행해야 한다.

4장에서는 간호사와 대상자 간의 상호과정을 어떻게 문제해결 과정으로 이끄는지를 보여줄 것이다.

표 2-2 치료적 의사소통기법의 요약

기법	정의	치료적 가치
경청 (listening)	정보를 받고, 받은 정보에 대한 반응을 확인하는 적극적인 과정	간호사가 대상자에 대한 관심이 있음을 비언어적으로 의사소통함
침묵유지 (remaining silent)	대상자와 비언어적으로 의사소통하는 시간	간호사가 대상자를 수용하고 있음을 비언어적으로 의사소통함
안내함 (establishing guidelines)	특정한 상호작용에 대한 역할, 목적, 한계점에 대해 진술함	대상자에게 기대되는 것이 무엇인지 대상자가 알도록 도와줌
개방형의 진술 (making open-ended comments)	대상자가 상호작용의 방향을 정하도록 일반적인 이야기를 건네는 것	대상자에게 어떤 사항이 가장 관련있는지 결정하도록 하며, 대상자가 상호작용을 지속할 수 있도록 격려함
거리감 좁히기 (reducing distance)	간호사와 대상자 간의 물리적인 공간을 좁힘	간호사가 대상자에게 관여하고 싶다는 것을 비언어적으로 의사소통함
인정함 (acknowledging)	상호작용에 있어서 대상자가 기여한 부분에 대해 인지함	관계 내에서 대상자의 역할이 중요하다는 점을 보여줌
재진술 (restating)	대상자가 말한 내용 중 간호사가 중요하다고 생각한 것을 대상자에게 반복하는 것	간호사가 대상자의 메시지를 해석한 것이 올바른지 확인을 요청함
반영 (reflecting)	대상자의 생각, 감정, 질문이나 내용을 대상자에게 되돌리는 것	대상자 자신의 생각, 감정, 해석 등이 중요하다는 것을 대상자에게 보여줌
명료화 (seeking clarification)	주어진 메시지를 이해하기 위해 추가 설명을 요청함	대상자의 의사소통을 이해하고자 하는 간호사의 바람을 말함
일치감 확인 (seeking consensual validation)	특정한 말에 대해 상호 간에 동일한 의미를 갖는 것	대상자의 의사소통을 이해하고자 하는 간호사의 바람을 말함
초점 (focusing)	대상자가 어떤 특정한 생각을 발전시키거나 확장하도록 돕기 위해 질문이나 말을 하는 것	중요한 주제로 대화를 이끄는 것
요약 (summarizing)	상호작용 중에 주고받은 주요 사항에 대해 진술함	관련이 없는 사항들에서 관련이 있는 것을 구별하도록 대상자를 도와줌; 상호작용을 정리하거나 끝을 맺을 때 적용함
계획 (planning)	앞으로 있을 상호작용의 목적, 방향에 대해 상호 간에 결정함	관계에서 대상자의 역할을 강조함

출처: Sundeen SJ, DeSalvo Rankin EA, Stuart GW, et al: *Nurse-client interaction: implementing the nursing process,* St. Louis, 1998, Mosby, p113.

표 2-3 비치료적인 의사소통기법의 요약

기법	정의	치료적인 위해
경청에 실패 (failing to listen)	대상자가 의도했었던 메시지를 받지 못함	대상자의 욕구보다는 간호사의 욕구를 더 우위에 둠
탐지 실패 (failing to probe)	모호하게 표현하고, 충분하지 못한 답변, 지나치게 표준화된 반응, 대상자가 해석한 것을 탐지하지 못함으로써 충분하지 못한 자료를 수집하게 됨	의사결정을 하는데 토대가 되는 자료가 불충분하며, 이로 인해 대상자에 대한 개별화된 간호를 하지 못하게 됨
말을 따라함 (parroting)	대상자가 말한 내용을 지속적으로 반복함	'나는 경청하고 있지 않다' 혹은 '나는 능력 있는 소통자가 아니다'라는 메타 커뮤니케이션을 전달함
판단함 (being judgmental)	칭찬하거나 반대하는 말을 함	간호사가 대상자와의 관계에서 권한을 가진다는 것을 함축함
안심시킴 (reassuring)	대상자에게 마술과 같이 듣기 좋은 말을 함	대상자가 가지는 두려움이나 느낌을 부인함
거절함 (rejecting)	대상자와 그 주제에 대해 논하기를 거절함	대상자는 자신이 말한 것뿐만 아니라 자신이 거절당했다고 느낌
방어함 (defending)	대상자의 부정적인 피드백으로부터 어떤 사람이나 어떤 사물을 보호함	대상자가 자신의 의견을 표현할 권리를 부정함
충고함 (getting advice)	간호사가 생각하기에 무엇을 해야 하는지 대상자에게 말함	의사결정 상호 파트너로서의 대상자의 가치를 부인함
틀에 박힌 반응 (making stereotyped responses)	진부하거나 의미가 없는 말을 함	대상자가 하는 의사소통의 의미를 부인함
주제 변경 (changing topics)	대상자에게 관심이 있는 것보다는 간호사가 관심이 있는 사항에 대해 상호작용을 이끄는 것	어떤 것에 대해 이야기할 것인지에 대해 간호사가 결정한다는 것을 비언어적으로 전달하며, 이로 인해 대상자에게 중요한 주제를 놓쳐버림
아랫사람 대하듯이 함 (patronizing)	대상자를 낮추는 태도를 가지고 의사소통하는 방식	대상자-간호사 인간관계가 동등성에 근간을 두고 있지 않음을 함축하며, 간호사를 우월한 위치에 놓이게 함

대상자-간호사 관계에서의 결합
Bonding in the Client-Nurse Relationship

대상자와 간호사 관계의 성공 여부에는 대상자와 간호사가 모두 관여한다. 결합(bonding)은 각자가 상대와 연결이 되어 있음을 느끼며 이를 상호 간에 공유하는 경험을 말한다. 한 연구에서 간호사와 기타 다른 사람의 돌봄 행위를 측정하기 위한 도구와 대상자의 만족도를 측정하는 도구를 개발하였다. Tejero(2009)는 간호사와 대상자 간의 결합 정도를 측정하는 도구를 개발하였는데, 이 도구는 관찰과 면담자료 등의 질적 자료를 통해 개발되었으며, 환자를 대상으로 한 연구에서 타당성이 입증되었다. 이 연구에서는 결합을 2개의 지표, 즉 개방성(openness)과 개입(engagement)으로 규명하였으며, 각각의 행동적 영역을 제시하였다. 간호사와 대상자에 대한 결합 점수는 간호사와 대상자 간에 관계를 가진 시간이 길수록, 접촉이 많을수록 높은 것으로 나타났다. Box 2-1에 간호사와 환자 간의 결합에서 개방성과 개입 영역에 대한 사항이 나열되어 있다.

어떻게 경청하는가 How to Listen

'마음 집중 경청(mindful listening)'이라는 용어는 어떠한 것도 변화시키려고 하지 않으면서 바로 그 순간 목적을 가지고 전적으로 존재하며 주의를 집중하는 것을 뜻한다. 마음 집중 경청은 쉽게 이루어지지 않으며 실습이 필요하다(Sheridan, 2016). 숨을 한 번 쉬고 이완해보자. 다른 것에 마음을 빼앗기는 등 자신이 산만해진다는 것을 인지하면서 자기 자신의 산만함을 의식적으로 유보한다. 당신이 산만해지면 그것은 비언어적으로 전달되며, 당신이 신뢰할만하고 돌봄을 주는 간호사로 비추어지는 것에 걸림돌이 될 것이다.

나는 훌륭한 경청자인가?

경청

1. 상대방을 바라본다. 응시하지 않으면서 눈맞춤을 한다.
2. 상대방이 말하고 있는 것에 관심을 보인다. 팔짱을 끼지 않는 등 개방적인 신체언어를 사용하며 상대방에게 몸을 기울인다.
3. 말하는 것을 멈추고 경청한다. "신은 이런 이유로 우리에게 귀는 두 개를 주었고 입은 한 개를 주었다."
4. 상대방이 말하는 것이 무엇인지 생각한다. 상대방의 말이 끝나면 무슨 말을 할지 계획하지 말라. 『The 7 Habits of Highly Effective People』에서 S. Covey(2013)는 "우선 이해받으려고 하지 말고 이해하려고 해야 한다."고 말하고 있다.
5. 인정하기(acknowledging), 재진술하기(restating), 반영하기(reflecting)와 같은 공감 기술을 이용한다.
6. 상대방이 무엇을 의미하는지 안다고 장담하지 않는다. 당신이 이해한 것에 대해 상대방이 동의할 때까지 명료화를 위한 질문을 한다.

당신은 상대방이 계속해서 말할 수 있도록 다음과 같은 말을 할 수 있다. 즉, "네…. 이해가 갑니다. … 좋은 점을 말씀하셨네요. 당신이 그 점에 대해 얼마나 강한 감정을 느끼고 있는지 알겠습니다. 당신이 그것에 대해 어떻게 바라보고 있는지 알겠습니다."와 같은 말을 할 수 있다. 학부 학생을 대상으로 한 '임상현장에서 종전과는 다른 것에 대한 경험'에 관한 연구에서, 어떤 패턴이 도출되었다. 그 패턴은 관심 있는 실무(concernful practice)로 도출되었다. 학생은 '환자를 알고 환자와 연결됨'을 경험하는 것으로 나타났다. 학생들은 함께 머무르고 경청함으로써 대상자의 간호에 변화를 주기 위해 병원직원들과 협상하는 것에 도움을 받았으며, 대상자의 간호에 대한 책임감을 느끼면서 환자를 우선 접하게 되었다(Ironside et

Box 2-1 간호사와 환자 간의 결합: 개방성과 개입

다음에 나열되어 있는 결합의 지표를 통해 환자와 간호사 측면에서 개방성과 개입이 충분한 것과 그렇지 않은 지표로서의 행동을 숙고해 본다. 다음에 나열된 영역들은 질적 연구를 통한 관찰과 면담자료, 환자를 대상으로 타당성을 검증한 연구를 통해 개발되었다.

개방성

환자 측면

- 간호사가 자신에게 올 것을 예견하면서 다가오는 간호사를 바라봄
- 간호사에게 먼저 인사함
- 언어적 · 비언어적으로 표현하면서 간호사를 맞이함(예: 미소 지음)
- 간호사가 하는 말에 대답하거나 미소 짓거나 고개를 끄덕거리거나 그와 유사한 행동을 통해 간호사가 말을 하고 있음을 인정함
- 가벼운 답변이나 친근한 말 · 농담과 같은 편안한 행동을 함
- 누가 말하라고 하지 않더라도, 과거와 현재의 건강상태와 신체적인 상태에 대한 정보를 제공함
- 자신의 삶에 있어서 질병으로 인해 가지게 되는 감정과 심리사회적 측면에 대해 말함
- 지지자나 지지자원에 대해 이야기함
- 개인적으로 염려하는 것에 대해 이야기함

간호사 측면

- 환자에게 인사하며, 언어적으로나 비언어적으로 인사함
- 환자에 대해 사정한 내용이나 자료를 확인하기 위해 환자에게 멈추어서 확인함
- 추후 사정을 위해 환자를 접촉함
- 환자에게 편안함을 보이면서 친근하거나 가벼운 코멘트나 농담을 주고 받음
- 추후 사정을 명확하게 하기 위해 확인하거나 추가적인 질문을 함
- 환자가 이미 알고 있는 것에 대해 확인함(예: 치료약물, 건강상태, 개인이나 가족에 관한 정보 등)
- 환자가 자신의 느낌, 건강상태, 가족에 관한 정보를 말할 때 집중해서 경청함.
- 기록은 하지 않았으나 환자의 간호를 위해 필요한 다른 적절한 정보를 위해 환자 및 가족에게 질문함

비개방성

환자 측면

- 간호사가 다가오는데, 간호사를 피하는 행동을 보임
- 간호사가 말하는 중간에 끼어듦
- 간호사에게 차갑게 대함. 예를 들면, 간호사를 바라보지 않거나 간호사를 향해 돌아서지 않거나 대화에 초점을 두지 않음
- 입술을 삐죽거리거나 퉁명스러운 대답, 고성의 말, 짜증난 몸짓 등과 같은 얼굴표정을 통해 짜증났다는 것을 보여줌
- 화가 난 어조로 말함

간호사 측면

- 환자의 질문이나 말을 무시함
- 환자가 말하는 중간에 말을 중단하거나, 환자에게 더 이상의 말이나 질문을 하지 말라는 말을 하여 환자가 궁금한 것에 대해 탐지하는 것을 무시함
- 엄격하거나 무덤덤한 얼굴표정을 함
- 환자에게 눈맞춤을 하지 않고 업무에 집중함
- 얼굴표정, 목소리 톤, 몸 동작을 통해 흥분한 행동을 보여줌
- 짤막한 답변이나 빠른 몸 동작, 빠르게 지나가기 등을 통해 서두르고 있음을 보여줌
- 화가 난 어조로 이야기함

개입함

환자 측면

- 자발적으로 기꺼이 간호수행을 받음
- 검사절차를 위해 필요한 자세를 자발적으로 준비함
- 간호가 적절하게 수행되었는지 명확히 확인하려고 함
- 간호사가 자신에게 말하는 것을 이해하거나 동의한다는 것을 표현하며, 간호사의 지시에 따른다는 것을 보여줌
- 간호사가 요청한 자료를 제공함
- 예정된 절차나 중재가 있는지 질문함
- 질문에 답하기 위해 시간을 할애하며, 질문이나 지시가 필요하다면 반복해서 하도록 요청함

간호사 측면

- 필요한 중재나 절차를 즉각적으로 그리고 능숙하게 수행함
- 친근한 말 또는 환자에게 많은 관심이 있으며 환자를 돌보고 있음을 나타내면서 정규적인 간호업무를 수행함
- 수행되는 간호에 대해 환자가 가지고 있는 의문을 인식하고 설명함
- 환자나 가족으로부터 요청받지 않더라도 필요한 정보를 지원해서 제공함
- 필요한 경우 환자를 안심시키기 위해 접촉함
- 환자를 안심시키는 말을 함

Box 2-1 간호사와 환자 간의 결합: 개방성과 개입(계속)

개입하지 않음

환자 측면	간호사 측면
• 억지로 한다는 것을 보여주는 비언어적인 단서 혹은 간호사가 말하는 것에 순응하는 것을 거절함	• 단지 정맥주사나 정해진 절차에만 관심을 기울이고, 환자는 무시함 • 빈정대거나 짜증을 내면서 대상자가 한 질문을 경멸함 • 환자가 간호사의 지시에 따르도록 엄격하게 요구함

al., 2005). 호스피스 간호에 있어서 간호수행이 대상자 위주로 되었을 때, '돌봄 대화'에 의해 입증된 바와 같이 간호의 질이 향상된다. 대상자와 간호사 간의 연결은 존재함, 접촉함 그리고 경험으로 이루어진다(Olthuis et al., 2006).

마지막으로, 인간은 언제나 의사소통하는 존재임을 의식하는 것이 중요하다. Watzlawick(1967)은 두 사람이 서로 얼굴을 볼 수 있는 상황에 있다면 의사소통을 할 수밖에 없다고 하였다. 이는 언어적 · 비언어적으로 언제나 의사소통이 일어나고 있음을 의미한다.

의사소통 전문가는 의사소통의 60~75%가 비언어적으로 행해진다고 하였다. 앞에서 언급한 바와 같이 우리가 자세를 어떻게 유지하고 있는가, 팔짱을 끼고 있는가 혹은 끼고 있지 않은가, 우리가 대상자 쪽으로 몸을 기울이고 있는가 아니면 떨어져 있는가, 직접적인 눈 맞춤을 하고 있는가, 아니면 멍하니 응시하고 있는가 등 모든 것들은 어떤 메시지를 소통하고 있는 것이다. 그러한 소통을 어떻게 받아들이는가는 개인의 지각과 세계관에 달려 있다(Erickson, 2006). 간호사로서 대상자에게 비언어적으로 어떤 것을 의사소통하고 있는지, 그리고 대상자들이 비언어적으로 우리에게 무엇을 말하고 있는지 인식하는 것은 매우 중요하다. 핵심은 '우리는 언제나 의사소통하고 있으며, 누군가는 직접적 · 간접적으로 우리에게 관여한다는 것이다'(Erickson, 2006).

진정한 현존함 True Presence

테크놀로지는 어떠한가? 능력 있는 간호사가 된다는 것은 무엇을 뜻하는가? 기적과 같은 회복을 가져오는 눈부신 테크놀로지는 목적에 대한 수단이지 목적 그 자체는 아니라는 점을 기억해야 한다. 간호는 인간중심적이지, 테크놀로지 중심은 아니다(Bernardo, 1998). 진정으로 현존한다는 것은 대상자가 하는 경험에 대한 산 증인이 되는 것이고, 대상자의 관점을 이해하는 것이며, 대상자의 존엄성과 자기결정권을 존중하는 것이다. 간호사의 의도는 역동적이며, 바로 그 순간에 다른 사람과 진정으로 함께 함으로써 표현된다. 즉, 그것은 인간이 바로 그 순간에는 완전한 존재이며, 그 인간이 다시 고정되거나 다시 만들어질 필요가 없음을 이해하는 것이다(Locsin, 2002). '무엇을 행함'과는 대조적인 존재함, '누구와 함께 있음'은 호스피스 간호사에게 중요한 역할이다(Krisman-Scott & McCorkle, 2002).

진정한 '현존함'이라는 것이 무엇을 의미하는지 제시하기 위해 Buber(1958)는 간호사와 간호학생을 대상으로 면담을 하며 F.O.C.U.S.E.D. model을 개발하였다(Box 2-2). Buber는 관계의 두 가지 유형, 즉 I-It와 I-Thou를 구별하였다. I-It 관계는 간호사가 환자에 대한 간호를 수행할 때 경험된다. 교육과 간호가 정규적으로 제공되며, 형태로는 우수하지만 실질적으로는 무언가 부족하고, 환자와의 진정한 연결이 부족하다. 비유적으로 말하자면, I-It는 전형적인 주체-객체 간의 관계를 경험하는 세계를 일컫는다. I-Thou 관계는 총체적인 존재와의 경험이 일어난다. I-Thou 관계는 상호성, 지향성, 존재함, 강도 등의 특성을 지닌다(Friedman, 1966). 비유적으로 말하자면, It는 영원한 번데기와 같고, Thou는 영원한 나비와 같다(Buber, 1958). 연결의 순간은 바로 현존함의 본질이다. 간호사가 대상자와의 관계에서 현존하기 위해서는, 대상자와 연결되고 있음을 느끼고 관찰하기 위해 개인적인 산만함을 차단해야 한다. 간호사는 상대방으로부터 이해를 받거나 다른 사람으로부터의 경청에 초점을 두기보다는 인간을 이해하려고 해야 한다. 간호사가 상대방에게 집중하는 에너지를 지속적으로 가지며, I-Thou 관계에 관여하기 위해서는 자가간호가 필수적이다. 간호사가 에너지를 고취하고, 주변과의 관계를 차단하는 시간을 가지며 자신의 회복을 위해 홀로 있는 시간을 가질 수 있는 방법을 발견함으로써 자가간호를 할수 있다. 19장에서 21장 그리고 31장이 자가간호에 대한 구체적인 자료를 줄 것이다. "당신이 가지고 있지 않은 것을 줄 수는 없다."는 말을 기억해야 한다.

Watson의 인간 돌봄 이론에서는 이러한 순간을 '돌봄의 순간'이라고 하였다(Simourd, 2013). 즉, 이 돌봄의 순간은 자아가 통제하는 것을 넘어서서 전적으로 존재하고, 상대방에게 열려 있고, 열정과 연결됨에 열려 있기 위해 지향성(intentionality)과 의식(consciousness)의 이끌림으로 간호사가 행동하는 것을 필요로 한다(Watson, 2008). Parse의 『Theory of human becoming』에서는 다음과 같이 제시하고 있다. "어떤 사람에게 진정한 현존을 하는 간호사는 그 사람을 안내하는 역할을 하는 것이 아니라 그 사람의 삶의 순간이 지닌 의미에 빛을 비추기 위해 다른 사람을 불러일으키는 역할을 하는 것이다."

Box 2-2 성찰과 적용에 대한 F.O.C.U.S.E.D. 현존함에 대한 모델

연결의 순간에 대한 F.O.C.U.S.

I-It와 I-Thou관계(Buber, 1958)… 성스러움을 추구함

"그 순간에 무엇이 존재하며, 신과 함께 존재하는가?가 아니라, 누가 위대한 지금(Great Now)이라고 불릴 수 있을 것인가?이다."(Cameron, 2002).

I. Feel
개인적으로 산만함을 차단하고, 그 순간에 머무른다. 대상자, 가족, 동료 그리고 지역사회의 요구를 예견한다. 그 순간에 한 가지에만 전적으로 집중한다.

II. Observe
대상자와 연결할 수 있는 기회를 찾는다. 두려움, 불안, 슬픔, 혼돈 등의 징후를 주시한다. 언어적 · 비언어적 단서에 집중한다.

III. Connect
먼저 대상자에게 접근한다. 경청하고, 말하고, 접촉하고, 공유하고, 자원에 대해 알려준다. 적절하다면 조용히 기도를 해줄 수 있으며, 사생활이 보장된 장소를 제공하며, 마실 것을 제공한다.

IV. Understand
이해받기 전에 우선 이해를 하도록 한다(Covey, 2013). 질병을 경험하면서 갖게 되는 여러 의미들을 공유한다. 당신 자신의 경험을 공유하기 위해 감정이입을 하며, 희망을 전달한다. 당신이 배울 수 있는 사항을 고려한다.

V. Share
대상자와 연결되는 순간의 이야기를 공유한다. 연결, 즉 친밀한 순간을 가질 수 있는 선물에 대해 축복한다. 오늘 그리고 매일… 건강관리의 미래를 다르게 만들면서… 우리는 우리가 말하는 이야기에 의해 우리의 간호실무를 정의 내린다.

VI. 이제 F.O.C.U.S.E.D에 머무른다. 당신의 삶의 균형을 새롭게 한다.
A. 활기를 북돋운다(Energize): 에너지를 회복하기 위한 방법을 찾는다.
B. 차단한다(Disconnect): 혼자 있는 시간을 갖는다. 내면의 자원을 이용한다.

성찰과 적용

간호학자 Parse는 "진정한 현존함"을 경험한 간호사와 환자의 이야기를 공유하고자 하였다.

김○○는 선천성 승모판 탈출증을 가진 54세의 적극적인 성격의 주부이다. 그녀는 자신이 심장수술이 필요하다는 심장외과의사의 말을 듣고 충격을 받았다. 심장외과의사는 그녀가 심장에 고리를 삽입하기 위해 최소한의 침투적인 외과적 기술을 사용하기에 적절한 환자라고 하였다. 그 수술을 받게 되면 승모판의 역류가 감소할 것이며, 체력을 회복시켜줄 것이라고 하였다. 그러나 그 외과의사는 수술로 인해 생길 수 있는 잠재적인 합병증으로 사망을 초래할 수 있다고 설명하였다.

김○○는 심장수술을 위해 입원하였고, 수술을 위해 필요한 절차에 초점을 두고 수행하는 수많은 이름 모르는 간호사를 접하였다. 김○○는 그들에게는 어떤 감정도 느끼지 않았다. 그러나 진정한 현존함을 보여주었던 박 간호사와 가졌던 시간을 떠올릴 수 있었다. 박 간호사는 김○○의 침대 옆에 앉으면서 자신을 소개하고, 김○○에게 어떤 도움이 가장 필요한지 질문하였다. 그리고 박 간호사는 "심장수술을 기다리는 바로 지금 심정이 어떠십니까?"라고 질문하였다. 김 환자는 자신에게 있어서 심장수술은 인생의 새로운 경험이며, 수술로 인해 나타날 수 있는 가능한 긍정적인 결과와 부정적인 결과를 알고 있으며, 자신도 역시 심혈관 중환자실 간호사로서 환자 병상의 반대 편에 있었다고 말하였다. 그들은 수술의 위험성에 대해 알고 있었기 때문에 외과의사가 지닌 능력의 역설적인 면모에 대해 이야기를 나누었다. 박 간호사는 김 환자의 희망과 꿈이 무엇인지 질문하였다. 김 환자는 자신은 적극적인 사람이라고 말하였다. 또한 김 환자는 자신의 딸도 어쩌면 심장수술이 필요할 수 있으므로 딸의 불안을 경감시키기 위해 자신이 받는 심장수술이 간단한 것으로 보이기를 원한다고 말하였다. 김 환자는 말하면서, 그리고 침묵 중에 절박한 감정을 표현하였다. 박 간호사는 김 환자가 말할 준비가 될 때까지 침묵의 시간을 가지며 조용히 기다렸다. 김 환자는 자신의 수술이 성공적으로 되기를 희망한다고 말하였다. 박 간호사는 김 환자에게 진정한 현존함(즉, 조용하고 고마운 연결)을 느끼도록 하였다. 그리고 이러한 것은 김 환자가 회복하는 데 도움이 되었다.

출처: Catherine Aquino-Russell, RN, BScN, MN, PhD, Professor, University of New Brunswick, Moncton Campus, Canada

간호사와 조직은 돌봄 행위를 이해하고 설명하기 위해 의도적으로 행동한다. Montreal 대학의 연구진은 언어적 · 비언어적 돌봄 상호작용을 측정하기 위한 Caring Nurse Observation Tool(CNOT)을 검증하였다(Cossette & Forbes, 2012). 영국 Nottingham 대학 병원의 79개 병동에서는 기본적인 간호 요구를 예상하기 위해 의도적으로 한 시간마다 순회를 하도록 하는 Caring Around the Clock 프로그램을 수행하고 있다(Hutching, Ward, & Bloodworth, 2013). 스웨덴의 Snellman과 Gedda는 추구해야 하는 중요한 6개의 가치(신뢰, 가까이 있음, 공감, 지지, 지식, 책임)에 대한 저서를 썼다(Snellman & Gedda, 2012). 그들은 돌봄 만남과 윤리적인 대화가 이와 같은 가치를 보여주기 위한 전제조건임을 제시하였다.

Virginia 대학교 간호대학의 학장인 Sullivan 박사는 2013년 가을 학위수여식에서 건강관리체계에서의 '잠시 멈춤의 힘(power of pause)'에 대해 말하였다. '잠시 멈춤'은 스트레스에 대한 극복력을 구축하도록 하며, 건강관리 인력들이 전적으로 현존하도록 하며, 환자에게 주의 깊은 집중을 하도록 하는 간략한 마음챙김의 휴식이 된다. 이 대학의 병원에서는 건강관리 인력들이 잠시 멈추는 시간을 가지며, 위기가 있은 후에는 성찰의 시간을 가진다. 한 연구는 다양한 역할을 수행하는 것이 생산성을 감소시키며, 산만함이 스트레스를 가져온다고 제시하였다. Virginia 대학의 Contemplative Science Center에서는 스트레스를 감소시키고, 주의집중을 가능하도록 하고, 의미와 지혜를 만들기 위해 교육과정을 통해 명상과 같은 마음챙김 실습을 하도록 하였다(Kelly, 2013). Cashman(2012)은 '잠시 멈춤의 원칙(Pause Principle)'은 앞으로 전진하기 위해 뒤로 후퇴하는 것이라고 언급하였다. 또한 그는 리더가 비전을 만들고 확인 또는 이해하기 위해서는 행동하기 전에 잠시 멈추고 성찰해야 함을 제시하였다.

골수이식을 하는 환자를 대상으로 한 『테크놀로지가 가져온 취약성과 내재된 불확실성』에 대한 연구에서, 한 참여자는 "돌봄은 바로 거기에 존재하는 간호사였다."고 말하였다. 또한 대상자들이 가벼운 농담이나 대화조차 내키지 않을 때에도 "확실하게 현존하는 것은 간호사"라고 말하였다(Cooper & Powell, 1998). 이 연구에서는 "돌봄의 현존(caring presence)은 테크놀로지가 가져오는 산만함을 초월한다고 제시하였으며, 간호사와 대상자 간에 공유하는 인간 경험을 인식함으로써 생기는 환자와의 연대감을 강조하였다"(Younger, 1995).

간호사는 대상자가 겪는 경험에 기반을 두고 간호과정을 수행하며, 대상자와 간호사의 '책임, 기대, 기회, 책무성'을 명확히 한다(Bernardo, 1998). 진정한 존재감은 간호과학에 근간을 두고 있으며, 하나의 학문으로서의 간호의 본질이다. '강렬한 현존'의 순간들이 오늘날 건강관리에서 고도의 테크놀로지의 환경에서 밀려난다 해도, 그 순간들은 대상자와 간호사에게는 진실의 순간들이며, 간호사가 대상자에게 치유가 일어나도록 자신의 심장과 손을 이용하는 미학적인 간호와 전문적인 간호를 행하도록 하는 독특한 기회인 것이다(Wendler, 2002).

간호중재에서 고도로 발달한 테크놀로지 능력은 돌봄의 한 요소로 묘사되어 왔으며, 이러한 관점은 간호이론가에 의해 지지되었다(Orem, 2001; Rogers, 1985; Newman, 1999; Parse, 1992). 즉, 테크놀로지 능력은 대상자에 대해 잘 알 수 있는 또 다른 방법이다. 조력관계는 바로 이 순간에 인간에게, 즉 자기 자신의 희망과 꿈, 비전을 가지고 살아가는 인간에 초점을 둔 간호수행을 전달하기 위해서 이와 같은 정보를 이용한다. 그 다음에 중요한 것은, 한 고유한 존재인 인간에게 간호를 전달하기 위해 테크놀로지를 이용하고, 비판적인 사고과정을 가져야 하는 등 많은 면에서 능력이 있어야 한다. 조력관계에서 의사소통기술을 구축하는 것은 간호사와 대상자가 연결의 순간에 의미를 발견하도록 도와준다.

스토리캐처 Becoming a Storycatcher

Badwin(2005)은 스토리캐처는 언어의 심장을 가진 실무자와 같다고 하였다. 이야기는 맥락을 만들어내고, 맥락은 관계를 중요시하며, 총체적이고 연계된 행동을 이끈다. 그리고 연계된 행동은 세계를 재건하고 회복시키는 데에 있어서 힘이 된다. Badwin은 우리는 이야기를 위한 공간을 상실했으며, 우리가 누구인지에 대한 이야기가 얼마나 중요한지에 대한 이해를 상실하였을지 모른다고 하였다.

스토리캐처의 특성을 고려해본다. 그리고 이것에 집중하는 것이 이야기에 반영된 대상자의 경험에 대한 깊은 이해를 하도록 하는지 확인한다. 스토리캐처는 다음과 같은 인간의 경험에 의해 활성화된다. 즉, 의미나 통찰력에 대한 끊임없는 질문, 판단적이지 않으면서 호기심을 가짐, 대답보다는 질문을 좀 더 좋아하는 것, 관계에 있어서 개인적인 경계선을 유지할 수 있음, 타인이 감정을 경험하고 통찰력을 가지는 동안 바로 거기에 존재하는 것, 경청하는 동안 성스러운 공간을 유지함, 용서와 놓아주는 것, 이야기의 힘을 의식하며 이야기를 의식적으로 이용하기 등이다.

대상자의 이야기를 듣는 것은 대상자의 자가간호에 대한 지식을 사정하도록 하며, 다시 한 번 간호사가 지닌 세계관을 좀 더 이해하도록 하는 중요한 사정도구가 된다(Erickson personal communication, 2011). 한 개인의 이야기를 경청함으로써 간호사는 대상자에게 중요한 것이 무엇인가를 알게 되며, 그 개인에 대한 개별화된 간호계획을 세울 수 있게 된다.

성찰과 적용

이 장의 내용의 이해를 돕기 위해 Margaret Erickson은 다음의 이야기를 소개하였다. 그녀는 협심증으로 심근경색증의 진단을 확인하기 위해 입원한 노인 신사에게 인사를 하려고 입원실에 들어가서 인사를 하였다. 그녀는 그 노인 신사 환자에게 왜 병원에 있어야 한다고 생각하는지 질문하였다. 그 환자는 "당신은 제 차트를 볼 수 있을 것입니다. 거기에 모든 자료가 다 있잖아요."라고 답하였다. 그녀는 "저는 당신의 이야기를 듣고 싶어요. 당신이 왜 여기에 있어야 한다고 생각하는지에 대해서요."라고 답하였다. 그는 "제 아내와 저는 61년간을 함께 살았어요. 제 아내는 저의 반쪽이었고 가장 친한 친구였어요. 그런데 제 아내가 6개월 전에 세상을 떠났어요. 그리고 저는 가슴이 아팠어요." 그 환자의 이야기에 기반하여 그녀는 그 환자가 상실감과 비애에 적응하도록 도와주는 포괄적인 간호계획을 수립하였다. 그리고 그의 협심증은 사라졌다.

대상자-간호사 관계의 연습
Practicing the Client-Nurse Relationship

연습 1 상대방에 의한 '경청' 경험 나누기

어떤 사람이 여러분의 말을 경청하고 있다고 느낀 경우를 적어본다. 그 사람이 마음을 집중하여 경청하고 있다는 것을 어떻게 말할 수 있을까? 상대방이 여러분의 말에 마음을 집중하여 경청할 때 여러분은 어떤 느낌을 느끼는가? 여러분의 동료들과 답변에 대해 논의를 하며, 성찰일지에 기록해본다.

연습 2 주변 사람으로부터의 '진정한 현존함' 체험 나누기

'성찰과 적용'의 내용에 대해 고찰한다. 그리고 성찰일지에, 여러분이 대상자나 가족이나 동료들과의 만남이 좀 특별했다고 느낀 경우에 대해 기록한다. 그리고 이 내용을 동료들과 공유한다. 우리가 공유한 이러한 이야기를 통해 간호실무를 정의 내릴 수 있으며, 우리가 누구이며, 우리가 무엇을 행하는지를 기억함으로써 소진감을 극복할 수 있을 것이라고 믿는다. 여러분의 성찰일지에 이러한 것과 관련된 사항들을 계속해서 모은다.

연습 3 간호사로부터의 '진정한 현존함' 체험 나누기

입원한 경험이 있거나 병원에서 간호사를 접한 경험이 있는 동료와 면담을 한다. 개방형 질문을 사용하여 간호사의 간호를 받으면서 경험한 개인적인 이야기를 하도록 격려한다. 이 동료가 어떤 간호를 긍정적이고, 지지적이고, 어떤 것을 부정적이고 지지적이지 않은 것으로 생각하는지 파악한다. 그 동료의 사생활을 보호하면서, 그 동료가 경험한 일화적인 증거를 성찰하며, 어려분이 배운 것에 대해 토론한다.

참고문헌

American Hospital Association. (2019). For the 17th year in a row nurses top Gallup's poll of most trusted professional. Retrieved from https://www.aha.org/news/insights-and-analysis/2019- 01-09-17th-year-row-nurses-top-gallups-poll-most-trustedprofession.

ANA Code of Ethics. (2015). Code of ethics for nurses with interpretative statements. Retrieved from https://www.nursingworld.org/coe-view-only.

Baldwin, C. (2005). Storycatcher: *Making sense of our lives through the power and practice of story*. Novato, CA: New World Library.

Bernardo, A. (1998). Technology and true presence in nursing. *Holistic Nursing Practice, 12*(4), 40.

Bickford, C. J., Marion, L., & Gazaway, S. (2015). American Nurses Association. In *Nursing: Scope and standards of clinical nursing practice (3rd ed.)*. MD: Silver Spring. Nursebooks. org.

Buber, M. (1958). *I and thou*. New York, NY: Harper & Row.

Cameron, J. (2002). *The artist's way*. Los Angeles, CA: Jeremy P. Tarcher.

Cashman, K. (2012). *The pause principle: Step back to lead forward*. San Francisco, CA: Berrett Koehler Publishers.

Conroy, T., Feo, R., Boucalt, R., et al. (2017). Role of the effective nurse-patient relationships in enhancing patient safety. *Nursing Standard, 31*(48), 53.

Cooper, M. C., & Powell, E. (1998). Technology and care in a bone marrow transplant unit: Creating and assuaging vulnerability. *Holistic Nursing Practice, 12*(4), 57.

Cossette, S., & Forbes, C. (2012). Psychometric evaluation of the caring nurse observation tool: Scale development. *International Journal for Human Caring, 16*(1), 16.

Covey, S. R. (2013). *The 7 habits of highly effective people*. New York, NY: Simon & Schuster.

Erickson, H. (Ed.). (2006). *Modeling and role-modeling: A view from the clients' world*. Cedar Park, TX: Unicorns Unlimited.

Erickson, H., Tomlin, E., & Swain, M. A. (1983). *Modeling and role-modeling: A theory and paradigm for nursing*. Englewood Cliffs, NJ: Prentice Hall.

Friedman, M. S. (1966). *The life of dialogue*. New York, NY: Harper & Row.

Geanellos, R. (2004). Patients value friendly nurses. Australian *Nursing Journal, 11*(11), 38.

Hutchings, M., Ward, P., & Bloodworth, K. (2013). 'Caring round the clock': A new approach to intentional rounding. *Nursing Management, 20*(5), 24.

Ironside, P., Diekelmann, N., & Hirschmann, M. (2005). Learning the practices of knowing and connecting: The voices of students. *Journal of Nursing Education, 44*(4), 153.

Kelly, M. (2013). *President Sullivan confers intermediate honors, presents Jefferson Awards*. Retrieved from http://news.virginia.edu/content/president-sullivan-confers-intermediate-onorspresents-jefferson-awards.

Krisman-Scott, M. A., & McCorkle, R. (2002). The tapestry of hospice. *Holistic Nursing Practice, 16*(2), 32.

Locsin, R. C. (2002). Culture of nursing, preoccupation with prediction, and nursing intention. *Holistic Nursing Practice, 16*(4), 1.

Lynaugh, J., & Fagin, C. (1988). Nursing comes of age. *Image, 20,* 184.

Myers, I. B. (1995). *Gifts differing*. Palo Alto, CA. Consulting Psychologists Press.

Myers, I. B. (1998). *Introduction to type*. Palo Alto, CA. onsulting Psychologists Press.

Newman, M. (1999). *Health as expanding consciousness*. Bloomington, IN: iUniverse.

Nurses' Arena Forum (2017). *Most trusted profession in Gallup oll 2017 is nursing!*. Retrieved from http://nursesarena.com/news/most-trusted-profession-in-gallup-poll-2017-is-nursing.

Olthuis, G., Dekkers, W., Leget, C., et al. (2006). The caring relationship in hospice care: An analysis based on the ethics of the caring conversation. *Nursing Ethics, 13*(1), 29.

Orem, D. (2001). *Nursing: Concepts of practice. St. Louis, MO.* Mosby.

Parse, R. R. (1992). Human becoming: Parse's theory of nursing. *Nursing Science Quarterly, 5*(1), 35.

Rogers, M. (1985). Science of unitary human beings: A paradigm for nursing. In R. Wood & J. Kekahbah (Eds.), *Examining the cultural implications of Martha Rogers' science of unitary human beings*. Lecompton, KS: Wood-Kekahbah Associates.

Sheridan, C. (2016). *The mindful nurse: Using the power of mindfulness and compassion to help you thrive in your work*. Retrieved from http://www.rivertimepress.com.

Simourd, J. (2013). Essay: Caring is part of all nursing. *International Journal of Human Caring, 17*(1), 86.

Smith, J. A. (1981). The idea of health: A philosophical inquiry. *Advances in Nursing Science, 3*(3), 45–50.

Snellman, I., & Gedda, K. M. (2012). The value ground of nursing. *Nursing Ethics, 19*(6), 714.

Stuart, G. W. (2012). *Principles and practice of psychiatric nursing* (10th ed.). St. Louis, MO. Mosby.

Tejero, L. M. (2009). Development and validation of an instrument to measure nurse–patient bonding. *International Journal of Nursing Studies, 47,* 608–615.

Watson, J. (2008). *Nursing: The philosophy and science of caring*. Boulder, CO: University Press of Colorado.

Watzlawick, P. (1967). *Pragmatics of human communication: A study of interactional patterns, pathologies, and paradoxes*. New York, NY: W. W. Norton & Company.

Wendler, M. C. (2002). *The heART of nursing*. Indianapolis, IN: Sigma Theta Tau International Honor Society of Nursing.

Wood, D. (2018). *Compassionate care affects patient outcomes*. Retrieved from https://www.travelnursing.com/news/nurse-news/nurses-compassionate-care-affects-patientoutcomes.

Wysong, P. R., & Driver, E. (2009). Patient perceptions of nurses' skill. *Critical Care Nurse, 29*(4), 24–27.

Younger, J. B. (1995). The alienation of the sufferer. *Advances in Nursing Science, 17,* 53.

Chapter 03

자기인식

Starting with YOU: Understanding Yourself to Build a Foundation for Learning about Communication

학습목표

1. 의사소통 기술 함양의 첫 단계로서 자기평가의 필요성을 인식한다.
2. 자신의 강점을 확인하는 방법을 학습한다.
3. 개인의 고유한 강점들이 조화되어 의사소통에 활용될 수 있는 방법을 서술한다.
4. 정서 지능의 4가지 주요 영역을 확인하고 역량 수준을 확인한다.
5. 정서 지능 영역 중 점수가 낮은 영역을 향상시킬 수 있는 방법을 서술한다.
6. 갈등관리의 5가지 유형을 나열하고 자신이 선호하는 유형을 확인한다.
7. 상황에 적합한 갈등관리유형을 활용하는데 도움이 되는 자신의 강점을 확인한다.
8. 주장적이고 책임 있는 돌봄 의사소통 기술 함양을 위해 자기이해를 적용한다.

간호사가 대상자와 주장적이고 책임 있는 돌봄의 의사소통을 하기 위해서는 먼저 자신이 준비가 되어 있는지 스스로 평가해보아야 한다. 타고난 재능, 속성, 삶의 기술들은 의사소통 기술을 발전시키는데 도움이 되는데, 이를 인식한다면 남들과는 다른 탁월한 간호사가 될 것이다.

대부분의 사람들은 페이스북 등의 게시물을 통해 자신의 심오한 면을 표현하기도 한다. 이런 자료들은 재미있고 흥미로우며, 간혹 놀랍도록 정확하지만 자신의 인생을 계획하기 위한 출발점이 될 수는 없다. 자신의 실제 모습을 사정하고, 의사소통의 개념과 기술을 적용하기 위한 기초를 마련하는데 도움을 줄 수 있는 근거가 있는 신뢰할만한 도구를 뒤에서 소개하고자 한다.

이 장에서는 의사소통 기술을 발전시키는데 도움이 되는 자신의 재능과 강점을 확인하는 방법들이 제시된다. 또한 대상자나 동료와의 의사소통을 향상시키는데 도움이 되는 정서 지능(emotional intelligence)의 중요성과 이를 발달시키는 방법에 대해 알아볼 것이다. 마지막으로 갈등관리유형과 각각의 유형을 다양한 간호실무 상황에 적용할 수 있는 방법에 대해 논의할 것이다. 의사소통을 위한 자신의 기초역량을 확인하는 것은 주장적이고 책임 있는 돌봄의 의사소통을 할 수 있는 준비를 하는 것이다.

강점 확인
Strengths Assessment

개인의 약점보다는 강점에 대해 집중하게 된 것은 2000년대에 와서 주류가 된 긍정심리학의 발전에서 시작되었다. 긍정심리학은 병리 중심이었던 전통적 심리학을 보완하는 새로운 심리학 분야로 인간의 강점과 덕이 충만하고 의미 있는 삶에 기여하는 요인을 연구하는데 초점을 둔다(Lino, 2016).

경영학 교수 Peter Drucker는 1967년에 다음과 같이 말했다. "약점 위에서는 무엇인가를 세울 수 없다. 어떤 결과(성취)에 도달하기 위해서 개인은 모든 가능한 강점을 활용해야 한다. 이러한 강점들은 진정한 기회가 된다."(Drucker, 1967). 심리학 교수이자 갤럽의 의장을 지낸 Donald Clifton은 인간의 본성에 대해 두 가지 오류가 있다고 주장했다. 그것은 누구나 어떤 것을 익힌다면 최고의 경지에 도달할 수 있고, 성장의 가장 강력한 잠재력은 가장 큰 약점에 있다는 것이다(Hodges & Clifton, 2004). 인간이 자신의 가장 강력한 강점을 확인하고 활용할 때 더 잘 몰입하고, 더 생산적이며, 더 성공할 수 있고, 더 건강하며 행복할 수 있다. 즉, 강점에 초점을 둘 때 약점을 교정해야 된다는 걱정을 덜하게 되고, 성공을 경험할 수 있는 기회를 더 많이 가지게 된다.

만약 야구선수가 포수 역할을 아주 잘한다면 코치는 선수에게 "약점"에 집중하도록 하여 투수가 되도록 할 것인가? 코치는 선수에게 포수의 기술을 더 배우도록 하고, 리그에서 최고의 포수가 될 수 있도록 그 재능을 격려해야 할 것이다. 사람들은 흔히 어떤 분야에서 더 앞서가기 위해서 약점에 초점을 두는 것이 필요하다는 생각을 갖는다. 만약 목표를 달성하기 위하여 강점을 확인하고 활용하는 것을 배운다면 어떨까? 강점을 확인하는데 유용한 포괄적이고 근거를 기반으로 개발된 두 가지 강점 측정도구가 있다. 그중 하나는 갤럽에서 만든 CliftonStrengthsFinder이고, 또 다른 하나는 Values in Action Inventory of Strengths(VIA)이다. VIA는 펜실베니아 대학 소속의 '진정한 행복(authentic happiness)' 웹사이트에서 찾을 수 있다(Rettew & Lopez, 2008).

Clifton 등(2006)에 의하면 강점은 재능으로부터 시작된다. 재능은 자연스럽게 반복되는 사고, 감정, 행동의 패턴으로 개인의 생산성을 높인다. 인간의 재능은 그 개인을 특별한 사람으로 만들어 준다. 무엇인가를 잘한다면 그것은 하나 또는 그 이상의 재능이 활용되어 나타나는 것이다. 갤럽은 연구를 통해 가장 일반적인 인간의 재능 34개를 확인하였고, 이를 측정할 수 있는 StrengthsFinder라는 도구를 개발하였다. 강점은 어떤 주어진 활동에 있어 일관적이면서 거의 완벽한 수행을 할 수 있는 능력으로 정의된다(Clifton et al., 2006). 개인의 타고난 재능은 지식과 기술을 겸비하면서 오랜 시간 정련되면 강점이 될 수 있다(Box 3-1).

VIA 강점 분류(Peterson & Seligman, 2004)에 의하면 강점은 인간 본연의 덕(virtue)의 표명이며, 안녕과 관련된다. VIA는 인간의 24개 성격 강점을 측정하는 것으로, 이는 지혜와 지식, 용기, 인간성, 정의, 절제, 초월이라는 6가지의 주요 덕목으로부터 유래되는 것이다. VIA 목록은 인간의 강점을 강조하는 긍정심리학의 근간이다. 강점을 확인하고 이에 초점을 둔다면 인간의 부정적인 심리를 묘사하는 진단적 용어에 익숙해진 우리들이 균형을 찾는데 도움이 될 것이다(Box 3-1).

강점을 발견하는 과정은 어둠에 싸인 거실에서

Box 3-1 강점 사정

- Gallup StrengthsFinder: https://www.gallupstrengthscenter.com/home/en-us
- VIA Survey : https://www.viacharacter.org/survey/account/register

Box 3-2 강점 목록과 설명

- List of Clifton StrengthsFinder Theme Descriptions(PDF): http://news.gallup.com/poll/166991/clifton-strengthsfinder-theme-descriptions-pdf.aspx
- Full description of each strength: https://www.strengthsquest.com/193541/themes-fulldescription.aspx
- VIACharacter strengths list: http://www.viacharacter.org/www/Character-Strengths

더듬거리다가 전등 스위치를 찾게 되는 모습으로 비유될 수 있다(Rettew & Lopez, 2008). 전등을 찾아서 켜게 된다면 이미 자신이 알고 있던 것을 불빛으로 비추어주기 때문에, 이제 그것을 언어로 묘사할 수 있게 된다. 어떤 것을 명명하게 되면 그것에 대한 이해가 높아지고 언어를 사용하여 논의할 수 있게 된다.

앞서 언급한 두 개의 강점 측정 도구는 온라인에서 활용 가능하다. VIA의 경우 측정 결과에 대한 기본 정보는 무료로 볼 수 있고, 더 자세한 정보는 유료이다. CliftonStrengthsFinder는 소액의 지불로 측정 결과에 대한 많은 정보와 결과를 적용하는 방법에 대한 설명을 볼 수 있다. 이 장의 끝부분에서는 강점을 적용하는 몇 가지 방법에 대해 소개하고 있는데, 이는 근거는 다소 미약하지만 자신의 강점에 대한 통찰력을 갖는데 도움이 될 것이다. 연습문제 1A와 1B를 끝낸 후 지시대로 분석해보고 CliftonStrengthsFinder나 VIA의 결과와 비교해보자. 이러한 정보들을 이용하면 자신이 찾으려고 했던 강점 목록을 만들 수 있을 것이다.

성찰과 적용

어느 간호사의 특별한 재능

간호사로 일하고 있는 내 친구의 할아버지는 친구가 사는 곳으로부터 멀리 떨어진 곳에 있는 병원에 입원 중이었다. 할아버지가 돌아가시던 날에 일어난 일이었다고 한다. 의식이 명료한 상태로 누워 있었던 할아버지가 어느 순간 병실 문 밖에서 지나가던 간호사를 불렀다. 그 간호사는 할아버지의 담당 간호사는 아니었지만 병실로 들어와 그 할아버지에게 필요한 것이 무엇인지 확인했고, 친구의 할아버지는 "나를 위해 노래해 줄 수 있나요?"라며 요청했다. 간호사는 "어떤 노래가 좋으세요?"라고 대답했다. 노신사는 작은 기독교 계파의 구성원이었는데, 그 계파의 찬송가는 독특했다. 할아버지가 찬송가를 먼저 부르며 따라 불러 주기를 요청하자 놀랍게도 그 간호사는 아름답게 노래하기 시작했고, 그 노래는 침상에 누워 있던 그 할아버지뿐만 아니라 병실 밖의 사람들까지 사로잡았다. 간호사는 노신사에게 그 시간, 그 장소에서 필요한 아주 특별한 선물을 해 줄 수 있었던 것이다. 노신사와 그 가족뿐만 아니라, 그 자리에 함께 할 수 없었던 내 친구에게도 그것은 축복이었다. 아마도 그 병동에 있던 다른 어떤 간호사도 이런 일들이 일어나게 할 수는 없었을 것이다.

대상자의 삶에 있어서 차이를 만들 수 있는 자신만이 가지고 있는 재능이나 강점은 무엇인가? 특별한 재능의 조합은 강점이 되어 의사소통 기술을 진전시키고, 간호전문직으로서 성장할 수 있도록 돕는다. 자신의 특별한 강점이 대상자의 안위, 문제해결, 혹은 어떤 변화를 유도하는데 필요할 수 있다. 자신의 재능을 확인하고 그것을 만들어 가는 것은 자신이 가진 잠재력이 완전히 발휘되도록 하는데 첫걸음이 될 것이다.

강점 발견의 이점
Benefits of Discovering Your Strengths

다음은 자신의 중요한 재능과 강점을 확인하고 이를 활용할 때 얻을 수 있는 몇 가지 이점이다.

- 자신의 재능과 강점을 더욱 잘 인식하게 될 것이며, 자신만의 라벨이 될 것이다. 이로써 이를 사용하고 적용할 수 있는 새로운 방법을 발견할 수 있게 된다.
- 자신에 대해 확실하지는 않지만 어느 정도 알고 있었던 것들에 대한 확신을 준다. 자신이 과거에는 확신하지 못했던 일들에 대해 자신감을 가지고 행동할 수 있게 된다.
- 자신의 재능과 그것이 자신의 인생에 미치는 영향에 대해 감사함을 느끼게 된다. 때때로 우리 자신이 남들과 '다르다'고 느끼게 되면서 당황할 때가 있다. 이 '다름'을 '강점'으로 명명하게 되면 그것에 대한 태도가 변화한다.

- 자신의 삶과 잠재력에 대해 새로운 짜릿함을 느끼게 된다.
- 자신의 강점과 부합하지 않는 활동에 대해 '거절'해야 상황에 대해 더 잘 분별할 수 있게 된다. '그 일은 내가 가진 재능과는 맞지 않아요.'라고 힘있게 말할 수 있다.
- 자신의 재능과 강점을 알게 되면 자신의 잠재력을 활용해 가장 잘할 수 있는 활동을 선택할 수 있게 된다. 이것은 자기 자신의 경력과 삶에 더욱 집중할 수 있도록 한다.

성찰과 적용

강점확인의 이점

학점이 상위에 속하는 김○○은 지도강사로부터 어떤 전문직 집단에 함께 할 것을 요청받았다. 그 집단에 속한 사람들은 우수한 학교에 입학한 자신들의 탁월함을 매우 자랑스러워했다. 김○○은 그들과 함께할 때 별로 편안하지 않았고 그 집단의 미션에 자신이 잘 맞지 않는다고 생각했다. 그러던 중 StrengthsQuest 측정에서 '포용적 사람(Includer)'이 그녀의 5가지 강점 중의 하나라는 결과를 확인하게 되었다. 그 결과를 보고 김○○은 지금껏 느껴왔던 불편한 감정에 대해 이해하게 되었고, 편안한 마음으로 그 집단을 탈퇴하였다. 그리고 그녀는 자신의 소명을 위한 노력에 집중하였다.

자기평가 방법들
Other Self-Assessments

자신의 타고난 재능을 확인하고 이를 강점으로 완전히 발전시키기 위한 계획을 수립하는 것은 자기 평가를 완성하는 데 도움이 된다. 이러한 자기 평가는 의사소통의 질을 향상시키는 데 있어 중요하다. 앞서 언급했던 사정 도구로 측정하는 강점은 대개 타고난 것이다. 다른 사람에 비해 자신에게 좀 더 두드러지는 무엇인가를 발전시키는 것이 가능하지만 변화가 쉽지는 않다. 지금부터는 자기 이해를 넓히는데 활용될 수 있는 또 다른 개념에 대해 알아보고자 한다. 이 개념을 활용하는 경우, 자신의 강점은 물론 변화되거나 성장할 수 있는 영역이 무엇인지 알 수 있게 된다.

정서 지능 Emotional Intelligence

'정서 지능'이라는 용어는 Salovey와 Mayer에 의해 1990년에 처음 만들어졌고, Daniel Goleman(1995)이 자신의 저서 'Emotional Intelligence: Why it can matter more than IQ'에서 사용하게 되면서 유명해졌다. 정서 지능은 실체가 불분명하지만 우리 모두의 내부에 있는 그 무엇이다. 그것은 행동을 관리하는 방법에 영향을 주고, 복잡한 사회에서 방향을 알려주며, 긍정적인 결과를 도출할 수 있도록 의사결정 과정을 돕는다(Bleich & Kist, 2013). 인간 정서 지능의 잠재력은 연습을 통해 정서적 역량으로 발전할 수 있다. Goleman 등(2013)은 정서 지능을 2개의 범주 아래 4개의 기본 영역으로 설명하였다. 첫 번째 범주는 '개인적 역량'(개인적 유능성)이고 여기에 '자기인식'과 '자기관리'가 기본 영역으로 포함된다. 두 번째 범주는 '사회적 역량'(사회적 유능성)으로 '사회지각'과 '관계관리'가 기본 영역으로 포함된다(Box 3-3). 많은 연구에서 정서 지능이 지적 지능보다 성공적 삶을 예측하는 더 정확한 요인인 것으로 나타났다.

높은 정서 지능을 가진 간호사는 자신과 타인에 대한 이해가 높아 의사소통의 질이 높아진다. Codier와 Codier(2017)는 직업 기능, 질 높은 환자중심 간호, 치료적 관계와 의사소통, 온정적 간호, 팀워크와 협력 등 간호전문직 분야에서 정서 지능이 중요하다는 선행 연구를 탐색한 후 간호사의 정서 지능이 환자안전에 필수적이라고 결론지었다. 그들은 간호교육에 정서 지능을 통합하는 것을 권장하였는데, 특히 정서 지능은 대인 간 의사소통, 면담, 팀워크, 리더십 개발과 갈등 조정에 도움이 된다고 하였다.

Box 3-3 정서 지능의 영역과 역량

개인적 역량: 자기관리 역량 결정	사회적 역량
자기인식	**사회지각**
• 정서적 자기 인식: 자신의 감정과 그 영향을 인식하는 것: 직감으로 의사결정 • 정확한 자기 평가: 자신의 강점과 한계에 대한 인식 • 자기 확신: 자신의 가치와 역량에 대한 분별력 있는 지각	• 공감: 상대의 감정을 알고, 상대 입장에서 이해하며 관심사에 적극적으로 주의를 기울이는 것 • 조직 인식: 조직 수준의 추세, 의사결정 네트워크, 운영 등에 대한 인식
자기관리	**관계관리: 상대의 요구를 인식하고 충족시킬 수 있는 역량**
• 정서적 자기 조절: 파괴적 감정과 충동의 조절 • 투명성: 정직과 통합성, 진실성 • 적응력: 변화하는 상황에 대한 적응, 장애를 극복하는 유연성 • 성취: 내적 기준에 부합하기 위한 발전에 대한 동력 • 주도성: 기회를 포착하고 실행하려는 준비 • 낙관성: 발생한 일의 긍정적인 측면을 보는 것	• 고무적 리더십: 강력한 비전을 통한 가이드와 동기 부여 • 설득: 설득을 위한 전술의 활용 • 타인 개발: 피드백과 가이드로서 타인의 역량을 지지 • 촉진: 새로운 방향을 주도, 관리, 이끄는 것 • 갈등관리: 불일치의 해결 • 유대강화: 관계 망의 조성과 유지 • 팀워크와 협력: 협동 작업과 팀 빌딩

출처: Goleman, D., Boyatzis, R., & McKee, A. (2013). *Primal Leadership: Unleashing the power of emotional intelligence* (p. 39). Boston MA: Harvard Business Review Press.

정서 지능을 발달시키기 위해서는 견고한 자기 반영이 반드시 필요하다. 자신에 대한 이해가 없는 경우 직업생활은 틀에 박힌 반복이 되고, 타인과의 관계는 고통스럽다. 정서 지능이 높은 간호사는 돌봄의 대상이 되는 개인이나 가족 구성원, 지역사회에 대한 인식을 가지게 된다. 또한 조직 역량이 높아 좋은 관계를 유지하고 협력하며, 타인에 대한 통찰력이 높고, 자신의 성장에 전념한다. 높은 정서 지능을 가진 간호사는 임상실무에서 비판적 사고와 행동을 잘 활용할 것이며, 그들이 하는 모든 것에서 전문직의 특성을 보일 것이다.

개인의 정서 지능을 사정할 수 있는 몇 가지 방법이 있는데, 우선 연습문제 2를 풀어보는 것도 도움이 된다. Box 3-4에는 온라인으로 할 수 있는 무료 정서 지능 측정도구들을 제시하였다.

정서 지능을 평가하고, 결과를 확인했다면 정서 지능을 높일 수 있는 유용한 방법에 대해 소개하는 책이나 온라인 웹사이트 등을 이용해 보기를 권한다. 표 3-1에는 앞서 언급한 정서 지능의 4가지 주요 영역의 성장을 위해서 할 수 있는 몇 가지 방법들을 제시하였다. 4가지 영역에 대해 각각 일기나 일지 등을 써 보는 것은 정서 지능 사정과 성장에 도움이 된다.

갈등관리
Conflict Management

갈등은 개인 내적 또는 사람들 간의 가치나 신념이 불일치하는 것으로 정의되며, 직접 또는 잠재적으로 위해를 일으킬 수 있다. Folger 등(2012)에 의하면 갈등은 상호의존적인 사람들이 상호작용 속에서 부적합감과 간섭의 위험을 인지할 때 일어난다. 또한 갈등은 변화의 기폭제가 되기도 한다. 사실, 갈등은 본질적으로 부정적이라는 인식이 일반적이었지만, 그것은 해롭거나 이로운 결과를 모두 초래할 수 있다. 갈등이 초래하는 결과는 갈등관리 방법에 따라 달라진다.

갈등관리 기술을 사정하면 자신을 더 많이 알

표 3-1 정서 지능 향상 전략

범주	역량	향상 전략
개인적 역량	자기인식	• 자신의 삶의 이야기와 그것이 자신에게 어떤 영향을 미쳤는지 알아본다. • 자신의 과거와 화해하고, 용서를 연습한다. • 자신의 신념, 감정, 행동의 패턴을 알아본다. • 다양한 상황에서 나타나는 불안, 슬픔, 공포나 기쁨과 같은 자신의 개인적 느낌과 감정을 확인하는 시간을 가져 본다.
	자기관리	• 화가 나는 상황에서 감정적으로 차분해지는데 도움이 되는 새로운 스트레스 관리 전략을 학습한다. • 자기 자신을 위로하고 동기 부여할 수 있는 기술을 연마한다. • 건강한 식습관과 운동습관을 유지한다.
사회적 역량	사회지각	• 상호작용하는 상대에게 집중함으로써, 비언어적 신호를 이해하고자 노력한다. • 타인에 대한 긍정적인 관점을 발달시킨다. • 대상자나 동료가 가지는 인간의 기본적인 감정 욕구를 이해하고자 노력한다. • 사람들 간에 일어나는 '게임'과 개인통합의 원리에 대해 이해한다. • 상대가 확실한 관점으로 표현하는 것을 들을 때 불편하다면 그것이 자신에게 중요한 것일 수 있다. 자신의 반응과 그런 반응을 보인 이유를 검토해 본다.
	관계관리	• 공감능력에 도움이 되는 반영적 경청기술을 발달시킨다. • 자신의 비언어적 의사소통 방식에 대해 자각한다. • 건강한 주장 기술을 학습한다. • 갈등해결 기술을 배운다. 갈등을 상대와 가까워질 수 있는 기회로 본다. • 촉진자가 됨으로써 상대를 지지하고 상대가 주장할 수 있도록 돕는 기술을 발달시킨다. • 스트레스 경감을 위해 유머와 놀이를 활용한다.

출처: Segal et al.(2018).

수 있게 되고, 의사소통의 질을 높이는데 도움이 된다. Kenneth Thomas(2002)는 개인이 어떤 갈등관리 유형을 선호하는지 확인할 수 있는 도구인 Thomas Killman Instrument(TKI)의 제작자 중 한 사람이다. 그는 갈등상황을 다루기 위한 선택에서 주장성과 협동성에 대해 설명하였다. 주장성은 개인이 자신의 요구를 충족시키기 위해 노력하는 정도를, 협동성은 다른 사람의 요구를 충족시키기 위해 노력하는 정도를 의미한다. 다음의 5가지 갈등관리 유형은 이 두 가지 개념이 다양하게 혼합되어 나타나는 방식이다.

Thomas(2002)가 주장한 5가지 갈등관리 유형은 다음과 같다.

경쟁적(competing): 이 유형은 매우 주장적이지만 협동성이 부족한 경우이다. 이 유형을 사용하는 사람들은 타인의 요구에 대한 고려 없이 자신들의 방식대로 해결한다. 승리-실패를 초래하여 한 쪽만 자신의 방식대로 얻게 된다.

협력적(collaboration): 이 유형은 주장성과 협동성에 균형이 있다. 이 유형을 사용하는 사람들은 갈등 당사자 모두를 만족시키는 해결방법을 함께 찾아간다. 협력을 통해 이상적인 승리-승리 해결방법에 도달하기 위해서는 많은 시간과 인내가 필요하다.

협상적(compromising): 양측의 요구를 단지 부분적으로 만족시키는 해결방법이다. 각 개인은 어느 정도 그들이 원하는 것을 제공하거나 잃어버리게

Box 3-4 온라인 정서 지능 검사

Psychology Today-146문항(일부 유료)
무료로 테스트 결과를 간단히 받을 수 있다. 유료로 풀버전의 결과를 받을 수 있다
: https://www.psychologytoday.com/us/test/3203

Mind Tools-15문항(무료)
빠르고 쉬운 테스트이고 결과에 대한 간단한 설명을 볼 수 있다.
: https://www.mindtools.com/pages/article/ei-quiz.htm

Institute for Health and Human Potential-17문항(무료)
조직이 정서 지능의 과학을 활용할 수 있도록 돕는 연구용역 회사이다
: https://www.ihhp.com/free-eq-quiz/

Talent Smart-28문항(유료)
정서지능의 전문가 Travis Bradberry에 의해 공동설립된 컨설팅 회사에서 제공하는 Goal-Tracking System, EQ 수업과 같은 무제한 이러닝 프로그램이 포함된 유료서비스이다. 유료 사용자가 자신의 변화를 확인하기 위해 수행하는 재검사는 무료이다.

된다. 일반적으로 협상을 긍정적인 것으로 생각하지만 이것은 양측 모두 원하는 것을 얻지 못하게 되므로 실패-실패 해결방법으로 간주된다.

회피적(avoiding): 이 유형의 특성은 비주장적이고 비협동적인 것이다. 회피적인 사람들은 자신들의 요구를 표현하지 않고 상대는 그들이 원하는 것을 얻게 된다. 한쪽의 사람들만 그들이 원하는 방향으로 가게 되므로 실패-승리의 해결로 간주된다.

적응적(accommodating): 이 유형은 주장성이 결핍되지만 매우 협동적이다. 적응적인 사람은 자신의 요구나 원하는 것에 대해 주장하지 않고 상대가 원하는 쟁점을 고려한다. 이것 또한 실패-승리 상황으로 간주된다. 적응적인 사람은 자신을 희생하면서도 다른 사람의 관심사를 만족시키는 것을 선택하게 된다.

어떤 것이 가장 최선의 갈등관리 유형인가? 모든 유형이 유용하다. 각각의 갈등관리 스타일은 어떤 특정 상황에서 각각 효과적일 수 있으며, 장단점이 있다. 응급상황에서는 빠르고 효율적인 해결이 필요하므로 경쟁적 유형이 필요할 수 있다. 협력적 유형은 승리-승리의 해결방식이므로 가장 이상적인 방식처럼 보이지만 시간이 없을 때에는 협상적 유형이 의사결정에 더 필요할 수도 있다. 회피형은 가장 부정적인 유형으로 보이지만, 해결방법을 찾기 위해 모든 선택을 다 해 본 경우라면 더 노력하지 않는 것이 나을 수도 있다. 건강과 관련된 서비스를 제공하는 전문직 간호사는 갈등상황에서 적응적으로 반응하는 경향이 강해지고 있다. 그러나 그 방법이 대상자를 위해서 최선일까? 대상자에게 최선의 결과가 나타나도록 하기 위해서 아주 높은 수준의 주장적이고 책임 있는 돌봄이 해결방법이 될지, 약간의 주장성이 필요할지에 대해 고민해보아야 한다.

갈등관리 사정을 통해 자신이 자주 사용하는 갈등관리 스타일을 알 수 있다(Box 3-5). 자신이 가장 많이 사용하는 스타일이 결정이 되면 자신의 삶에서 일어나는 상황들에 대해 진지하게 들여다보고 그 상황을 다루기 위해 더 좋은 방법을 선택하게 될 것이다. 갈등관리 사정은 전문직 간호사로 성장하고 변화하는데 도움을 줄 것이다. 앞서 확인했던 자신의 강점 중 지금까지는 '정상'이라고 여기지 않았던 갈등관리 유형을 선택할 수 있도록 해 주는 강점은 무엇인가? 정서 지능이 발달하고 자신의 갈등관리 유형과 활용할 수 있는 갈등관리 전략에 대해 더 많이 인식하게 된다면 갈등관리에 있어 성장하게 되는 것이다.

요약
Summing It Up

평가도구를 이용하여 자신에 대해 알게 되었다면 이를 책임 있는 돌봄의 의사소통 과정에 어떻게 적용할 것인가? 인간의 성장은 종착역이 있다기보

Box 3-5 유용한 온라인 갈등관리 사정도구

Thomas-Kilmann Conflict Mode Instrument(유료)

개인의 갈등관리 유형의 발전에 대한 해석과 맞춤식 제안이 포함되는 근거기반 도구이다. 갈등관리에 대한 추가 정보와 결과를 활용할 수 있는 방법에 대한 소책자가 포함된 유료서비스이다.

웹사이트: https://takethetki.com/product/the-thomas-kilmann-instrument-tki/

Institute of Real Estate Management(무료)

이 도구는 Thomas-Kilmann 갈등 유형 도구(TKI)의 단축형 버전이다.

웹사이트: http://irem.org/File%20Library/ChapterServices/ConflictManagementWS/ActivityConflictManagementStylesAssessment.pdf

The Black Group(무료)

조직 컨설팅, 솔루션 업체로 웹사이트에는 의사소통, 정서 지능, 갈등관리 등에 대한 무료 평가도구를 제공하고 있다. TKI의 또 다른 단축형 버전이다.

웹사이트: http://www.blake-group.com/sites/default/files/assessments/Conflict_Management_Styles_Assessment.pdf

United States Institute of Peace(무료)

미의회에서 설립한 기구로 전 세계의 안전을 위해서 폭력적 갈등이 없는 세상을 지향한다. 앞서 언급한 도구와는 특성이 다르지만 유용하다.

웹사이트: https://www.usip.org/public-education/students/conflictstyles-assessment

다는 계속되는 여정이다. 자신의 강점 5가지의 목록을 만들어보자.

목록을 포스터에 만들어 쉽게 볼 수 있는 곳에 둔다. 특히 그것들을 활용하고자 한다면 이 각각에 대해 시간을 두고 충분히 읽고 그것에 대한 설명을 추가한다. 지금까지 학습한 다양한 개념들을 바탕으로 자신만의 강점을 의사소통의 개념과 전략을 개발하고 적용하는데 있어 어떻게 활용할지 고민해보는 것이 필요하다.

지금까지 학습한 내용이나 다른 자원들을 활용하여 자신의 정서 지능을 성장시키기 위한 계획을 기록한다. 이것을 실행하기 위하여 자신의 어떤 강점을 활용하겠는가? 지금까지 학습한 내용을 통해 어느 정도 앞으로 나아갔다면 자신의 정서 지능을 성장시킬 수 있는 다양한 개념들을 찾게 될 것이다. 이 과정을 완수했을 때 얼마나 자신이 성장했는지 알고 싶다면 정서 지능의 변화를 측정해 볼 수 있다.

자신이 갈등상황을 어떻게 다루는지, 그 방법에 대해 신중히 검토해보아야 한다. 자신이 경험한 상황에 대해 글로 써보는 시간을 가지고, 다른 갈등관리 유형을 활용하는 경우에 대해 고려해본다. 어떤 방법을 사용했을 때 결과가 어떻게 바뀔지, 다른 방법으로 갈등을 다룰 때 자신의 강점은 어떤 도움이 될지, 이러한 과정을 돕기 위한 정서 지능 발달을 위해서는 집중해야 할 것은 무엇일지 생각해본다.

이 장에서 학습한 것을 적극적으로 적용해본다면, 이후 학습과정에서도 좋은 결과가 나타날 것이다. 의사소통은 건강 돌봄의 핵심이며, 자기평가는 의사소통 기술을 연마하는 과정에서 가장 훌륭한 기초가 된다.

자기인식의 연습
Practicing Communication with What You Have Learned about··· Yourself

연습 1A 강점 탐색하기: 자기평가

지금까지 학습한 내용을 고려하여 다음 문항에 대한 자신의 생각을 써 보자.
열정: 자신에게 자연스럽게 떠오르는 것이 무엇인가? 정말 관심을 가지고 있는 것은?
빠른 습득력: 어떤 유형의 활동을 빨리 습득할 수 있는가?
과정: 본능적으로 그 다음 해야 할 일들을 알게 되는 활동은 무엇인가?
탁월함: "와우, 내가 이걸 해냈어?"라고 생각할 정도로 자신의 탁월함을 경험하게 된 활동은 무엇인가?
만족: 어떤 활동에 흥미를 느끼는가? 혹은 어떤 것을 하고 있거나 하고 난 직후 "그것을 다시 해보고 싶어."라고 생각하게 되는 활동은 무엇인가?

연습 1B 강점 탐색하기: 타인의 피드백

- 여섯 명의 친구 또는 가족과 만나 그들이 '당신에 대해 어떻게 생각하는지' 있는 그대로 알려주기를 요청한다. 그 대답을 글로 써 주도록 요청하면 문서로 된 자료를 얻을 수 있고, 상대가 더 솔직하게 써 줄 수 있다는 장점이 있다.
- 직장 등 함께 일하는 곳에 있는 사람들, 여섯 명에게도 위와 같은 것을 요청한다.
- 이러한 과정에서 얻게 된 내용 중 공통적인 주제는 무엇인가?
- 이 공통적인 주제는 자신의 강점과 어떻게 연결될 수 있겠는가?

두 가지 연습문제의 결과와 Box 3-2에서 나타난 강점 목록을 함께 고려해본다. 특별히 두드러진 5가지 강점이 있는가? 예상하지 못했던 결과가 있는가? 만약 가능하다면, 이 장에서 제시되었던 강점평가척도를 시행한 후 척도에서 나온 결과와 연습문제를 통해 나온 결과를 비교해본다. 어떤 결과가 자신에게 더 적합한지 살펴본다.

연습 2 정서 지능 확인하기

1. 자신의 감정과 그 감정을 유발하는 것이 무엇인지 얼마나 잘 인식하는가?
2. 리더로서의 자신의 한계와 강점에 대해 자신에게 솔직할 수 있는가?
3. 힘든 감정을 얼마나 잘 관리할 수 있는가? 혼란스럽거나 스트레스가 높은 상황을 잘 다룰 수 있는가?
4. 변화에 얼마나 잘 적응하는가?
5. 자신의 목표에 집중하고 그것을 달성하기 위한 단계를 파악할 수 있는가?
6. 다른 사람의 감정을 얼마나 잘 이해할 수 있는가? 어떤 일에 대해 상대의 관점으로 바라볼 수 있는가?
7. 변화를 이끌어내기 위해 자신의 영향력을 활용하여 상대를 잘 설득할 수 있는가?
8. 사람들끼리 논쟁이 일어난 상황에서 효과적인 해결방법을 제안할 수 있는 협상가인가?
9. 자신은 팀 활동을 잘하는 사람인가, 혹은 자신의 것을 더 잘하는 사람인가?

좋은 소식은 정서 지능은 향상될 수 있다는 것이다.

참고문헌

Bleich, M. R., & Kist, S. (2013). Leading, managing, and following. In P. S. Yoder-Wise (Ed.), *Leading and managing in nursing*. (6th ed.). St. Louis, MO: Elsevier.

Clifton, D. O., Anderson, E., & Schreiner, L. A. (2006). *StrengthsQuest: Discover and develop your strengths in academics, career, and beyond*. New York, NY: Gallup Press.

Codier, E., & Codier, D. D. (2017). Could emotional intelligence make patients safer? *American Journal of Nursing, 11ㄱ*(7), 58.

Drucker, P. F. (1967). The effective executive. New York, NY: HarperCollins.

Folger, J. P., Poole, M. S., & Stutman, R. K. (2012). In M. A. Boston (Ed.), *Working through conflict: Strategies for relationships, groups, and organizations* (7th ed.).

Goleman, D. (1995). *Emotional Intelligence: Why it can matter more than IQ*. New York, NY: Bantam Books.

Goleman, D., Boyatzis, R., & McKee, A. (2013). Primal Leadership: Unleashing the power of emotional intelligence. *In Boston MA: Harvard Business Review Press.*

Hodges, T.D.,&Clifton,D.O. (2004). Strengths-based development in practice. In A. Linley & S. Joseph (Eds.), *Handbook of positive psychology in practice*. Hoboken, NJ: Wiley.

Lino, C. (2016). Positive psychology theory in a nutshell, PositivePsychology.com, Available at: file:///G:/Communicaton/Positive%20Psychology%20Theory%20in%20a%20Nutshell%20-%20Positive%20Psychology%20Program.html. Accessed 6/19/19.

Peterson, C., & Seligman, M. E. P. (2004). *Character strengths and virtues: A handbook and classification*. New York, NY: Oxford University Press.

Rettew, J. G., & Lopez, S. J. (2008). Discovering your strengths. In S. J. Lopez (Ed.), *1. Positive psychology: Exploring the best in people*. Westport, CT: Praeger Perspectives.

Salovey, P., & Mayer, J. (1990). Emotional Intelligence, Imagination, Cognition and Personality. 9(3), 185–211.

Segal, J., Smith, M., Robinson, L., & Shubin, J. (2018). *Improving emotional intelligence (EQ): Key skills for managing your emotions and improving your relationships. https://www.helpguide.org/articles/mental-health/emotionalintelligence-eq.htm*. Accessed 6/19/19. Also 5/15/18.

Thomas, K. W. (2002). *Introduction to conflict management: Improving performance using the TKI*. Mountain View, CA, CPP.

Chapter 04

협력적 문제해결
Solving Problems Together

학습목표

1. 간호사-대상자 관계에서의 상호성을 정의한다.
2. 전문직 간 상호 협력의 핵심 역량을 확인한다.
3. 간호과정 수행 시 대상자를 참여시키기 위한 상호 문제해결 과정을 논의한다.
4. 상호적 문제해결 접근을 실행하기 위한 연습을 수행한다.

성찰과 적용

협력적으로 목표 설정하기

간호사는 암 치료 방법에 대해 논의하기 위해 이○○님의 병실로 갔다. 이○○님은 간호사와 이야기를 해 나가면서 질병이 그의 삶을 어떻게 변화시킬 것인지에 대해 분명하게 이해하기 시작했다. 그는 간호사가 지금까지 돌보아왔던 다른 사람들처럼 깊고, 고통스럽게 통곡하였다. 간호사는 그의 손을 잡고 함께 울었다. 그가 조금 진정이 되고 난 후 그들은 다시 이야기하기 시작하였고, 퇴원 후 다가오는 크리스마스를 맞이하게 되는 것을 그의 목표로 정했다. 간호사는 대상자가 울 수 있도록 시간을 준 것이 좋았던 것 같다고 말했다.

간호사-대상자 관계에서의 상호성
Mutuality in Nurse-Client Relationships

멕시코 남부의 가족 돌봄제공자를 대상으로 수행한 연구에서, 문화적으로 적절한 간호 중재를 통해 상호성이 높아질 경우 돌봄 제공자의 스트레스와 우울이 낮아졌다는 상관관계를 보고하였다(Crist et al., 2017). 건강전문가들은 대상자들이 혼자가 아니라고 느끼고 자신에게 가장 이로운 행위를 기꺼이 행하도록 도와야 하는데, 이를 위해 뉴 햄프셔의 Dartmouth-Hitchcock 의료센터에서는 전문적 돌봄 모형의 주요 개념으로 상호성에 주목했다. 상호성이란 '둘 또는 그 이상의 사람들이 공통의 목적을 이루기 위해 서로를 이해하고 존중으로 대하는 균형 잡힌 관계로 수렴해 가는 것'이다. 이 센터의 정신건강서비스 질 관리팀에서 매월 파악한 환자의 만족도 결과에서 상호성과 환자 만족도가 상관관계가 있는 것으로 나타났다(Dartmouth-Hitchcock's Force, 2014). 상호성은 대상자와의 관계 수립에 있어 필수적 요소이지만 이를 달성하기는 쉽지 않다(Berg, 2005; Chalmers, 2005; Geanellos, 2005; Jack, 2005; Porr, 2005; Zoffmann, 2005). 상호성은 공감, 협력, 동등성, 상호의존 등으로 특징지어진다(Jeon, 2004). 건강전문가들 간에도 지속적으로 지식을 공유하고 의사결정과정을 함께 하는 경우, 환자의 만족도는 높아진다(Cerda et al., 2010).

전문직 간 의사소통
Interprofessional Communication

환자는 대개 입원 후 4일 동안 병원에서 50여 가지 다른 직종의 사람들을 만나게 되는데 그들은 모두 교육수준이 다르고 각기 다른 훈련을 받은 사람들이다. 이들 간의 부정확한 의사소통은 환자안전에 영향을 미친다.

20년 동안 환자안전 문화의 실현이 중요한 목표였고, 높은 질병이환률과 사망률의 원인이 되고 있는 의료오류는 여전히 심각하다. 미국에서 세 번째 사망원인은 의료오류에 의한 것이다. 비효과적인 의사소통과 팀워크의 부족으로 인하여 필요한 검사가 누락되거나 임상적으로 부정적인 결과가 초래된다(Griffiths, 2018; Makary & Daniel, 2016).

2011년 미국의 경우, 국가 차원에서 전문직 간 상호협력을 위해 요구되는 핵심역량을 결정하기 위해 간호, 의학, 약학, 공중보건, 치의학, 정형의학 분야 등 6개 분야 교육 전문가들을 소집하였다. WHO는 "전문직 간 교육(interprofessional education, IPE)은 둘 이상의 전문가들이 효과적으로 협력하고 건강 성과를 향상시키기 위해 서로가 서로에 대해, 서로로부터, 서로 간에 배울 때 가능한 것"이라고 정의하고 있다(WHO, 2010, p. 13; Yancey et al., 2018).

안전하고 질 높은 역량 있는 간호를 위해 자신의 협력적 실무 역할을 충분히 수행할 준비가 되었는지 검토해보자. 전문가들은 협력적 실무 역할을 수행하기 위한 역량을 다음 4가지로 제시하고 있다(Schmitt et al.,2011, p. 1351.).

1. 전문직 간 가치를 공유하고 상호존중하는 분위기를 유지하면서 함께 일하기 위한 윤리
2. 대상자의 건강요구를 적절하게 사정하고 중재하기 위해 자신의 역할과 타 전문직의 역할에 대한 지식을 활용하는 책임의 공유
3. 건강유지와 질병치료의 목표 달성을 위한 팀의 다른 건강전문가와의 책임감 있고 반응적인 의사소통
4. 대상자 중심, 안전, 적절성, 효율성, 효과성, 평등이라는 건강관리의 가치를 공유하기 위한 팀 관계 형성

2016년 현재까지 많은 전문직 조직과 그 구성원들이 전문직 간 교육 협의회(Interprofessional Education Collaborative, IPEC)에 가입하였다. 그들은 '환자의 돌봄수혜경험 향상', '인간 건강의 향상', '1인당 건강관리 비용 감소'를 3대 목표로 하고, 전문직 간 협력을 가장 중요한 역량으로 설정하였다(IPEC, 2016).

건강관리가 복잡해짐에 따라, 협력이 강조되고 있다. 예를 들면 암치료를 위해 심장학, 호흡관리, 피부학 등이 관여하고, 기록이 통합되며, 다양한 건강 관련 전문직들이 함께하는 협력이 필요하다(Knoop et al., 2017). 간호사는 입원한 환자들을 매일매일 파악하고, 개별적인 치료계획에 도움이 되는 중요한 정보를 가지고 있다. 예를 들어, 의료팀에게 자신의 건강정보를 비밀로 해 주기를 바라거나 자신이나 타인에게 해를 끼치려는 생각이 있는 대상자가 그런 생각을 말하기 전에 간호사에게 비밀유지를 먼저 요청하는 경우가 있다. 이런 경우에 간호사는 대상자의 안녕에 중요한 정보를 팀과 공유할 의무가 있다고 대상자에게 말해야 한다. 즉, 자신이나 타인에게 유해한 정보의 경우 비밀유지를 약속한 정보라고 해도 팀에 공개해야 함을 대상자에게 설명해야 한다.

다른 전문가들과 협력하여 일하는 상황에서 주장적 의사소통 기술은 중요하다. 모든 팀원들이 환자 치료를 위해 같은 목표를 공유하고 있으며, 각 팀원들은 자신들의 팀에서 중요한 역할을 하고 있다는 것을 기억해야 한다. 자기 자신과 다른 팀의 구성원들은 파트너이며, 팀원 간의 명확한 의

사소통은 재입원 등을 낮추어 비용을 절감시킬 수 있다(Campaign for Action, 2015). 특히 의사들과 정기적으로 접촉할 때, 상호 존중과 신뢰 속에서 정직한 의사소통이 필요하다. 대상자의 안전, 질 관리 및 성공적인 퇴원 계획을 위해 간호사의 의견이 중요하다. 간호사-의사 간 의사소통에 대한 특별한 팁은 5장에 제시한다.

문제해결과 상호적 문제해결의 차이점

Defining the Difference between Problem-Solving and Mutual Problem-Solving in Nursing

문제해결: 간호과정

Problem-Solving: The Nursing Process

1장에서 우리는 고전적인 5단계 모형의 간호과정을 문제해결 과정이라고 정의했다.

1. 사정
2. 진단
3. 계획
4. 수행
5. 평가

상호적 문제해결

The Mutual Problem-Solving Process in Nursing

확인 *Validation*

대상자를 위한 문제해결과 대상자와 함께 하는 상호적 문제해결의 차이점은 확인의 여부에 있다. 확인을 통해 대상자는 자신의 건강에 대해 스스로 결정할 수 있는 권한과 책임에 초점을 맞추게 된다. 확인은 간호과정의 각 단계에 통합되어야 한다.

확인은 간호과정의 각 단계에서 대상자의 의견과 감정을 의식적으로 찾는 것을 의미하며, 대상자가 자신의 건강 돌봄 계획에 대해 가지는 의문이나 걱정을 발견하고, 다음 단계로 진행할 수 있도록 돕는다. 문제해결 방법에 확인을 통합하면 간호사가 대상자의 속도에 맞추어 대상자와 함께 건강관리과정을 진행할 수 있다. 확인을 통해 대상자는 자신의 건강문제를 해결하기 위해 고려하고 있는 간호계획에 대해 완전히 동의하고 약속할 수 있다.

간호에서 상호적 문제해결 과정은 다음과 같다(Iyer et al., 1995).

I. 사정
- A. 대상자, 대상자-가족 체계, 지역사회에 대한 자료 수집
- B. 대상자의 욕구, 문제, 걱정, 반응 파악

II. 진단
- A. 자료분석
- B. 자료에 대한 대상자의 해석 확인
- C. 간호진단 파악
- D. 간호진단에 대한 대상자의 확인

III. 계획
- A. 대상자와 함께 문제해결의 우선순위 결정
- B. 대상자와 협력하여 기대되거나 원하는 결과 결정
- C. 대상자와 협력하여 기대되는 결과를 성취하기 위한 간호중재 계획

IV. 수행
- A. 대상자의 도움을 받아 간호행위 수행
- B. 기대되는 결과를 성취하기 위한 간호행위 수행에 대상자의 참여 격려
- C. 대상자의 상황과 환경과의 상호작용에 대한 지속적인 자료 수집

V. 평가
- A. 대상자와 협의하여 기대되는 결과 평가
- B. 간호계획을 수정하기 위한 지속적 평가

확인을 간호 과정에 포함한다고 해서 간호수행에 필요한 시간이나 에너지가 더 필요한 것은 아니다. 대부분의 경우 대상자와의 상호작용 동안에 빠르고 자연스럽게 확인이 이루어질 수 있다.

간호 과정의 각 단계마다 대상자의 이해와 동의를 확인하게 되면 치료 이행을 위한 자신들의 역할을 더 잘하게 된다. 대상자가 자신의 건강문제에 대해 이해하고, 건강문제 해결을 위해서 자신과 간호사가 무엇을 할 수 있는지 명확히 이해하는 경우 대상자의 걱정은 감소하고 건설적인 행위를 더 많이 하게 된다. 대상자가 자신의 간호진단을 명확하게 이해하고 스스로 어떻게 해야 하는지를 알게 되면 통제감을 유지할 수 있다.

확인은 협력을 끌어내고 대상자가 성공적으로 변화하는 데 필수적이다. 협력으로 형성된 신뢰를 바탕으로 사정한 자료는 정확성과 타당성이 증가하고, 간호과정의 전 단계에 견고한 토대가 된다. 상호성으로부터 발달한 신뢰는 대상자가 자신의 건강을 위해 행위를 건강 행위로 변화시켜 가는 도전을 할 수 있게 한다. 협력은 건강문제를 위해 노력하는 대상자와 간호사 모두에게 이익이 된다. 대상자의 온전한 참여가 없으면 간호의 탁월함을 성취할 수 없다. 대상자와 간호사 간 상호성이 결여된 과업지향의 상호작용에서는 대상자가 동등한 참여자로서 간주되지 않게 되어 대상자의 저항 행위가 초래된다(Hallberg et al., 1995).

오늘날 많은 대상자들은 자신의 건강관리에 대한 견해를 주장하고 질문한다. 또한 이차소견을 받거나 건강관리의 대안을 요구하며, 자조 모임을 만드는 등 건강관리과정에서 대상자의 주장과 독립성은 증가하고 있다. 이는 '대상자'가 건강관리 파트너로서 권한을 가진다는 것을 의미한다.

대상자는 자격을 갖춘 건강전문가들과 서비스에 대한 계약을 하게 된다. 대상자와 건강전문가의 관계는 함께 간호계획을 수립하고 대상자가 이를 이행하기로 동의하는 협력의 파트너십이다. 비용효율적인 간호에 대한 요구가 높아지면서 전문간호사(APN)가 증가하고, 전인적 관점의 파트너십이 나타나고 있다. 전문간호사는 간호의 철학적 입장에 근거하여 대상자와의 협력을 도모하고 있다(Grando, 1998). 외과의사 Everett Koop는 대상자와 의사 간의 명확한 의사소통으로 심각한 의학적 문제를 예방할 수 있다고 하였다. 그는 1,000명의 환자에게 실시한 조사에서 대상자 중 25%가 의사가 바쁘거나 산만해 보일 때, 또는 환자 자신이 당혹스러울 때 주치의에게 말하는 것을 주저한다고 하였다(Koop, 1998). 간호사는 대상자, 의사와 협력적 의사소통을 함으로써 전문적 간호를 위한 상호관계를 형성해야 한다.

모든 대상자들이 자신의 건강문제에 대해 스스로를 적극적이고 책임 있는 파트너로서 역할해야 한다고 생각하지는 않는다. 어떤 경우는 건강전문가가 말한 그대로 이행하면서 '환자'라는 이름으로 살아가게 되는데, 이런 수동적 역할은 간호사와 대상자 간의 힘의 균형을 깨뜨려 불공평한 관계를 만든다. 간호사는 대상자가 자신의 건강관리에서 파트너 역할을 하도록 격려함으로써 대상자의 무관심을 변화시킬 수 있다(Cooper & Powell, 1998). 이를 위하여 간호사는 대상자의 존재를 가치 있게 여기고 그들로 하여금 자신의 강점을 알도록 해야 한다. 대상자를 파트너로서 온전하게 참여하도록 격려하거나 요구할 때, 간호는 상호적 문제해결 과정이 되는 것이다.

20세기 초반에 사람들은 질병을 완전히 없애는 데에 초점을 두었다. 의료환경에서 과학과 기술의 영향이 증가함에 따라 '모든 것을 혼자 알고 있는' 건강전문가에 대한 불만이 생겨나기 시작했다. 사람들은 자신의 건강관리에 대해 영향력을 가지고 싶어하기 시작하였고, 개별화된 돌봄을 원했다. 이런 움직임은 1972년 미국에서 환자권리장전(Patient's Bill of Rights)이 발표되면서 본격화되었다. 이 문서에는 존중, 지식, 사생활, 비밀보장, 정보에 대한 접근성에 대해 기술되어 있다. 간호사는 건강관리에 대한 대상자의 책임과 권리에 초점을 두어야 한다. 대상자에게 질 높은 돌봄과 알 권리를 보장하는 것뿐만 아니라 대상자가 스스로를 돌보기 위해 할 수 있는 것을 강조해야 한다. 1970년대부터 대상자를 건강관리 소비자로 명명하기 시작했고, 이는 대상자와 그 가족을 소비자로 인식하는 것으로 발전해갔다. 알 권리를 제공하는 것 이외에 간호사는 서비스에 대한 소비자의 기대에 관심을 가져야 한다. 입원 일수의 감소, 통원 수술, 가정중심의 건강관리로 변화되어감에 따라 대상자와 그의 가족, 의미 있는 타자가 점점 적극적인 역할을 하게 되고, 이로 인해 문제해결 과정에서 대상자들의 요구는 더욱 중요해지고 있다. 대상자는 흔히 스스로를 돌볼 수 있는 상태가 되기 전에 퇴원을 하게 되므로 대상자 교육과 돌봄의 많은 부분이 가정에서 이루어져야 한다. 대상자는 보험적용 여부를 알고 서비스를 선택할 수 있어야 하고, 간호사는 보험적용이 가능한 진료과정 등에 대해 대상자가 잘 알고 선택할 수 있도록 이와 관련된 정보를 대상자에게 제공해야 한다.

미국간호협회(2010)에서 제정한 임상간호실무 표준(사정, 진단, 기대 결과 확인, 계획, 수행, 평가)에서는 대상자와의 상호적 문제해결방법을 지지한다. 다음은 계획과 수행에 대한 간호실무 표준이다(Bickford et al., 2015).

- *표준 4: 계획.* 간호사는 개인, 가족, 의미 있는 타자와 파트너십을 맺고 개인의 특성, 가치, 신념, 영적 활동, 건강 활동, 선호, 선택, 발달 수준, 대처 양상, 문화와 환경, 유용한 테크놀로지 등을 고려하여 개별화된 계획을 수립한다.
- *표준 5: 수행.* 간호사는 안전하고 현실적이며 시의적절한 방식으로 계획을 수행하기 위해 개인, 가족, 의미 있는 타자, 돌봄제공자와의 파트너십을 수립한다.

확인을 간호과정으로 통합하기

Incorporation of Validation into the Nursing Process

다음의 사례는 상호적 문제해결 과정에 대상자의 참여를 최대화하는 방법을 묘사한 것이다.

- *수집된 자료에 대한 해석 확인*

간호사는 대상자의 건강문제에 대해 질문하여 자료수집을 수행한다. 또한 간호사는 질문에 대한 답변, 답변 방식, 혈액검사와 신체사정을 통한 객관적 자료 등을 근거로 대상자의 상태에 대한 정보를 획득해 감에 따라 이러한 자료를 통합하고, 자료에 대한 해석의 윤곽을 그린다. 이를 통해 처음에는 분명하지 않았던 대상자의 건강문제가 점점 명확해진다.

대상자에게 일어나고 있는 일에 대해 명확한 그림을 그리는 사람이 간호사이지만 보통 대상자도 이를 몹시 알고 싶어 한다. 다음 임상적 상황을 생각해보자.

48세의 여성 김○○은 당뇨 조절이 잘 되지 않아 주치의가 그녀를 가정간호센터에 의뢰하였다. 그녀는 지난 2년 동안 혈당강하제를 경구 복용하고 있고, 가장 최근 검사에서의 혈당 수치는 350mg/dL이었다.

김○○: "제 걱정은 마세요. 저는 괜찮으니까 방문 안 해도 됩니다. 남편은 제가 건강하기를 바라는데 남편에게 걱정을 끼칠 수는 없어요."

간호사는 대화를 하면서 김○○이 건강을 위해 필요한 것, 영양섭취를 모니터하는 방법, 피부관리에서 주의해야 할 것, 소변 당뇨검사 방법 등에 대해 아는 것이 거의 없다는 것을 알았다. 간호사는 그녀의 가족문화에서 질병은 '받아들여지지 않는 것'이라는 것을 알게 되었다. 김○○에게는 '완벽하게 건강한' 두 자매가 있고, 그녀가 '피트니스 광신자'라고 부르는 남편이 있었다.

김○○은 지금까지 부모와 남편으로부터 자신이 완벽한 아내이자 전업주부가 되어야 하고 아픈 것은 허용되지 않는다는 언어적 · 비언어적 메시지를 받아 왔다. 고혈당의 증상이 처음 발생했을 때, 그녀는 이를 무시하고 잘못된 것이 아무것도 없는 척하려고 노력했다. 이웃 사람들은 김○○이 쇠약, 체중 감소, 갈증과 다식 증상이 이미 심각해진 상태에서 의사를 처음 찾아갔다고 하였다.

간호사는 김○○이 합병증을 예방하기 위한 당뇨 관리 방법을 거의 모르고 있다는 것에 대해 김○○과 이야기하고자 한다. 김○○은 '건강한' 상태로 있어야 그녀의 부모나 남편의 기대에 부응한다고 생각하여 당뇨에 대해 알고 싶어 하지 않는 것 같았다. 김○○에게는 만성질환이 있다고 인정하는 것보다 건강한 척하는 것이 더 쉬웠다. 간호사는 김○○이 당뇨를 가진 상태로는 적극적이고 충만한 삶을 사는 것이 불가능하다고 생각하는 것으로 해석했고, 다음과 같이 말함으로써 자신이 해석한 것을 확인한다.

간호사: "김○○님, 당신이 나아지고 있다고 느끼고 싶어 한다는 것을 알아요. 또 저는 김○○님이 자신을 돌보는 방법과 당뇨를 관리하는 방법에 대해 알지 못한 상태에서 스스로를 건강하다고 생각하는 것에 대해 조금 걱정이 됩니다. 말씀하신 것을 볼 때, 당신의 건강이 자신과 남편 분께 아주 중요하다는 것을 알겠어요. 제 경험으로는 사람들이 자가간호활동 때문에 원하는 것을 못하게 되는 건 아닌 것 같습니다. 오히려 당뇨가 있다는 것을 받아들일 때 당신이 원하는 것을 얻게 될 겁니다. 건강을 회복하기 위해 할 수 있는 것이 있어요. 그것에 대해 당신이 생각하는 것을 말씀해 주세요."

이러한 정중한 확인은 대상자로 하여금 자신의 건강상태에 대해 간호사가 사정한 내용을 알 수 있게 한다. 간호사의 마지막 말은 간호사의 해석에 대해 대상자가 자신의 주장이나 동의, 질문 등을 할 수 있도록 한다.

- *대상자의 실제적 · 잠재적 문제 확인*

김○○이 간호사의 사정 내용에 동의하거나 수정하고 나면 간호사는 간호진단을 수립하거나 확인할 수 있다. 김○○은 다음과 같이 반응할 수 있다.

김○○: "더 알아야 할 것이 무엇이죠? 병원에 있는 당뇨전문간호사는 제가 인슐린을 복용해야 한다고 하던데, 전 그건 잘 알고 있어요."

김○○의 반응을 보면서 간호사는 당뇨를 가진 사람들이 주의해야 할 잠재적 문제에 대해 교육할 기회가 왔다고 생각하고, 아래와 같이 반응할 수 있다.

간호사: "인슐린 복용에 대해 잘 알고 계시군요. 그런데 더 알아야 할 것이 있어요. 혈당이 낮을 때 나타나는 징후를 알아야 하고 응급상황에 대비할 계획이 필요합니다. 당뇨는 순환에 영향을 주기 때문에 피부관리에 대해 아시면 좋겠고, 필요 열량 수준에 맞게 섭취량을 조절하는 것도 건강을 위해서 매우 중요합니다. 매일매일의 활동을 관리하는 방법을 알게 되면 가족들과 함께 건강하게 지내실 수 있을 겁니다."

당뇨의 잠재적 문제에 대해 확인하는 것은 김○○이 자신의 건강을 책임질 수 있도록 힘을 북돋워 줄 것이다. 간호사는 그녀가 정상적으로 생활할 수 있다는 희망을 주게 된다. 김○○이 아래와 같이 반응할 수 있다.

김○○: "저는 인슐린을 매일 복용하면 모든 것이 해결된다고 생각했었어요. 더 해야 할 일이 있었네요. 남편은 제가 건강하기를 바라고 있고, 남편이 생각하고 있는 것도 선생님이 아셨으면 해요. 남편은 저를 걱정하고 있지만 그가 걱정한다는 것을 제가 아는 것을 원하지 않을 거예요. 남편이 오늘은 일찍 퇴근할 거예요. 남편과도 이야기해 주실래요? 제가 괜찮다는 것을 남편이 알 수 있게 도와주실래요?"

- *대상자의 간호진단 확인*

간호사: "남편분과 이야기할게요. 김○○님과 제가 같이 해야 할 일이 또 있어요. 중요하게 알아

야 할 세 가지는 활동 수준에 맞게 열량 섭취를 조정하는 것, 특히 발가락을 포함하여 피부관리에 대해 주의하는 것, 저혈당에 대비하는 것 등입니다. 그렇게 하면 될까요?"

김○○: "배워야 할 게 많아 보이네요. 피부관리에 대한 이야기는 좀 놀라워요. 저는 피부상태가 늘 좋았기 때문에 그런 문제가 있을 수 있다는 것이 상상이 안 돼요."

- *확인된 문제의 해결을 위해 대상자와 함께 우선순위 정하기*

  이 사례에서는 현재 실제로 위기가 발생하지는 않았기 때문에 대상자가 관심을 가지는 문제에 우선순위를 두고 시작하는 것이 적절할 것이다.

간호사: "좋습니다. 먼저 피부관리부터 알아볼까요?"

이러한 확인은 김○○이 교육과정에 대해 조절감을 가질 수 있도록 한다.

- *대상자와 협력하여 기대되는 결과를 결정하기*

  간호사와 대상자는 결과에 관심이 많다. 대상자와 간호사가 생각하는 간호 목표를 드러내고 함께 협력하여 해 나갈 작업들을 확인하는 것이 중요하다.

  계획을 세우기 위해서 간호사는 기대되는 결과를 명확하게 해야 한다.

간호사: "목표가 달성되었는지 알기 위해 우리가 협력해서 하고자 하는 것에 대해 서로의 생각을 나누는 것이 필요합니다. 피부 문제와 저혈당 문제를 방지하고, 또 그런 문제들이 발생했을 때 이를 다루기 위한 방법을 김○○님이 계획할 수 있기를 바랍니다. 영양관리에서는 활기찬 생활을 유지하기 위해 필요한 열량수치를 알고 계셨으면 합니다. 말한 내용이 많은 것 같지만 관리가 가능하다고 봅니다. 김○○님의 생각을 듣고 싶습니다."

이러한 제안은 간호사가 성취하고자 하는 것이 무엇인지를 분명하게 한다. 이제, 김○○이 그녀의 목표를 진술하여야 한다.

김○○: "알아야 할 게 많지만, 제가 선택할 수 있는 것은 많지 않아 보이네요. 다시 아프다고 느끼고 싶지 않고, 남편이나 저나 그것을 다시 겪고 싶지는 않아요. 선생님이 말한 내용은 이해가 돼요. 한번 노력해 볼게요."

간호사: "이 목표들을 시작해 볼 수 있을 거예요. 김○○님이 자신의 몸 상태를 조절한다는 느낌을 더 느끼게 될 것이고, 그래서 당뇨 때문에 생긴 신체의 변화를 받아들이는 것이 훨씬 쉬워질 것이라고 믿어요. 김○○님이 스스로 할 수 있는 일이 많다는 것을 아는 것 자체로도 많은 두려움이 사라질 겁니다. 그것은 점점 더 쉬워질 것이고 일상이 될 겁니다. 만약 의문점이 생겼는데 저에게 연락이 안 된다면 다니시는 병원의 당뇨병 센터에 전화를 하시기 바랍니다."

간호사의 답변으로 김○○은 자신의 두려움을 줄이기 위해서라도 자신의 상황에 대해 배워야 한다는 것을 알게 될 것이다.

- *대상자와 협력하여 목표성취를 위한 간호전략 결정하기*

  간호사와 김○○은 목표에 동의할 것이고 기대되는 결과를 성취하는 데 도움이 되는 지식, 인적 · 물질적 자원을 활용할 것이다.

간호사: "김○○님은 피부관리에 대해 우선 알고 싶다고 하였습니다. 영상 플레이어를 가지고 계시던데 제가 피부손상을 방지할 수 있는 방법에 대한 영상 자료를 가지고 있습니다. 또 피부관리에 대한 소책자도 있습니다. 그리고 저는 김○○님의 어떤 질문에도 답변을 줄 수 있습니다. 어떤 것이 더 나은가요?"

김○○: "소책자를 본다고 생각하니 마치 제가 학교에 다니는 학생이 된 것 같아요. 우선 영상 자료로 시작하고 제가 이해한 것이 맞는지 소책자로 확인할게요."

간호사는 이제 김○○의 첫 번째 목표 달성을 위한 계획을 대상자와 함께 수립한다. 대상자가 준비가 되면 다른 목표 달성을 위한 자원을 소개할 수 있고, 급할 때 활용할 수 있는 기관의 전화번호를 제공할 수 있다. 이후에 지지 집단과 같이 유용한 자원을 권유할 수 있다.

- *대상자와 협력하여 간호행위를 수행하고, 기대되는 결과를 위해 대상자의 참여를 독려하기*
  김○○의 사례에서 간호사의 주요 초점은 당뇨를 관리하는 방법에 관한 다양한 교육에 대상자가 참여하도록 독려하는 것이다. 대상자의 진행 상태에 대한 개방 질문은 간호사의 관심과 동참을 보여줄 수 있는 방법이다. 예를 들면, 다음과 같이 질문할 수 있다.

  "영상자료에 대한 생각은 어떤가요?"
  "영상자료와 소책자를 본 후 피부관리에 대해 궁금한 점은 무엇인가요?"

  질문에 대한 대상자의 답변은 교육이 더 필요한 영역이 무엇인지에 대해 알 수 있도록 해주고, 칭찬과 강화를 제공하는 근거가 되기도 한다.

- *대상자와 함께 간호수행의 결과를 평가하기*
  김○○이 영상자료를 보고 나면 간호사는 가벼운 유머를 하면서 평가를 진행할 수 있다.

  간호사: "학창시절로 다시 돌아간 것처럼… 퀴즈를 풀어볼 시간입니다! 지금까지 배운 내용과 목표를 성취하기 위한 방법에 대해 제게 말해 줄 준비가 되어 있습니까?"
  김○○: "저는 TV 광고에 나오는 것 같이 방송 통신 교육을 받은 것 같아요. 무엇이든지 물어보세요!"
  간호사: "많이 어려웠을 줄 압니다. 피부 문제를 방지하기 위해 할 일을 말해 줄 수 있나요?"
  김○○: "물론이죠. 먼저 꽉 끼는 구두를 더 이상 신으면 안 됩니다. 꽉 끼는 구두는 순환을 방해할 수 있습니다. 남편이 섹시하지 않다고 놀리던 무릎 높이까지 오는 구두를 버렸습니다. 제 다리에 난 동그란 자국을 보면 그것들이 얼마나 저한테 안 좋은 것인지 알 수 있습니다. 영상 자료를 보면서 발톱을 일직선으로 깎는 방법을 알게 되었습니다. 발톱 깎는 기구도 샀습니다. 네, 그래요. 피부를 세게 문지르지 말고 수건으로 가볍게 두드리며 말려야 한다는 것도 기억납니다. 선생님! 피부관리에 대한 저의 학점은 얼마입니까?"
  간호사: "A학점이라 말하고 싶네요. 또 '우수' 스티커를 드리려고 합니다. 추운 날씨에는 따뜻하게 지내는 것이 중요하고 바디로션 같은 것으로 피부가 건조해지거나 민감해지는 것을 막아야 한다고 덧붙이고 싶어요. 로션을 문지르면서 바르면 순환이 좋아질 겁니다."
  김○○: "그 스티커 좋아요, 마치 A학점을 받은 거 같아요. 딸이 제 생일에 선물한 좋은 로션이 있는데 그걸 사용해야겠어요. 딸한테 그 로션이 탁월한 선택이었다고 말할 거예요."

  간호사는 김○○과 함께 협의했던 다른 기대되는 결과가 잘 이루어졌는지 계속 살피고, 대상자와 이에 대해 논의할 수 있다. 간호사는 대상자에게 지금까지 배운 것을 남편과 함께 하도록 격려하고 스스로 당뇨를 관리하는 데 얼마나 자신이 있는지 말해보도록 한다. 김○○의 남편은 부인이 만성질환을 가졌다는 사실에 적응하는데 도움이 필요할 수도 있다. 가족 전체를 간호에 포함하는 방법을 다음 번 가정방문을 할 때 계획할 수 있다. 가족이란 건강과 질병의 개념이 생기고 만들어져 가는 곳이다. 가족이 줄 수 있는 어떤 지지라도 김○○의 건강을 증진시킬 수 있고, 그녀가 꾸준히 예방관리를 하는 데 동기를 부여할 것이다. 지지모임 참여도 김○○에게 도움이 된다. 지지모임에서 만나는 사람들이 비록 건강상태가 완전한 사람들이 아니더라도 그 사람들이 생산적인 삶을 영위하고 있는 것을 보게 된다면 당뇨 때문에 자신이 다른 사람들과는 다르고 건강하지 못한 존재라고 스스로를 인식했던 김○○의 생각이 변화될 수 있다.

대상자-간호사 상호성의 이점

Benefits of Mutuality That Go Beyond the Client-Nurse Dyad

협력적인 대상자-간호사의 관계(치료적 상호성)는 대상자와 간호사 모두가 성장하고 발달하는데 기여한다(March, 1990). 간호사와 대상자 간에 상호적인 의사소통이 이루어질 때, 대상자의 존재는 존중받고 간호는 돌봄이 된다(Marino, 2017, p. 94).

Matheis-Kraft 등(1990)은 치유과정에서 적극적으로 역할을 감당하는 사람이 더 빨리 회복된다고 하였다. 환자의 빠른 회복은 의료비용 문제에도 이익이 된다. 환자주도의 건강관리 또는 환자중심 접근의 목표는 대상자들이 진정으로 자신의 치료과정을 주도하고 회복의 과정을 촉진하기 위해 그들 자신의 내적 자원을 발견할 수 있도록 돌봄, 존중, 힘 북돋우기의 환경을 만드는 것이다. 전문가들은 대상자에게 그들 자신의 신체적 · 정신적 · 영적 자원이 어떻게 치유에 도움이 되는지 자각하도록 격려한다.

대상자와 가족과의 상호성과 더불어, 간호사가 일하는 조직의 철학에 따라 간호사의 사기가 달라질 수 있다. 간호사의 사기를 복돋아 주는 조직에서 간호사는 다음과 같은 경험을 하게 된다(Matheis-Kraft et al., 1990).

- 간호사의 전문성을 양성하고 돌봄을 받는 경험
- 확대된 자율성과 권위를 가짐
- 간호사의 제안을 경청하고 함께 의논하는 의사와의 동등한 관계 경험
- 대상자의 옹호자가 된다는 것에 대한 만족감

Schwertel-Kyle와 Pitzer(1990)는 중환자실에 있는 환자에게 적정 간호를 제공하기 위한 방법으로 오렘의 자가간호 모형을 적용하였다. 질환에 대해 고정된 상환 비율이 적용되는 미국의 지불체계는 원래 의료비용 문제를 해결하기 위하여 시작되었던 것인데, 대상자의 자신감과 이행이 향상되는 결과로 이어졌다. Hain과 Sandy(2013)는 신장내과 환자를 대상으로 환자-치료자가 신장질환 치료를 위한 계획에 상호 동의하고 이행을 지지했던 경우를 보고하였다. 수동적이고 의존적인 환자가 적극적인 파트너로 변화되면서 자신들의 건강관리에 대한 책임을 지기 시작하고 건강관리에 대한 권한을 지켜나가게 되었다.

상호적 문제해결의 전략

Ways to Make Clinical Problem Solving a Mutual Affair

1. 건강관리에 있어 대상자의 적극적인 역할에 대한 간호사 자신의 믿음의 정도를 탐색해보자. 건강에 대해 대상자가 갖는 책임을 간호사가 지지하는 정도에 따라 대상자의 간호과정 참여 정도가 달라진다. 한 발 물러나서 경청하고 쟁점에 대해 개방적으로 논의하고 협력에 초점을 둔다(Grover, 2005).
2. '의문, 호기심, 위험, 회의주의'를 견디고 비판적 사고 기술을 지지하는 환경에 대해 인식한다(Seifert, 2010).
3. 사건이나 주변 상황이 긍정적인 행위 변화를 유도할 수 있는 그 때를 '교육할 수 있는 순간'으로 인식한다(Lawson & Flocke, 2009). 관상동맥우회술을 받은 대상자는 흡연이 관상동맥질환이나 수술에 영향을 준다고 할 때 금연에 대해 관심을 갖게 될 것이다.
4. 대상자에게 간호사의 의견을 드러내는 것을 연습해야 한다. 대상자의 특정 상황에 대해 간호사가 사정한 내용을 대상자에게 말할 수 있다는 것에 확신을 가져야 한다.
5. 대상자가 무엇인가를 시작하고 싶어 하는 상황을 확인하지 않은 상태에서는 간호 행위를 하지 않는 것이 좋다. 간호사이기 때문에 가장 잘 안다고 생각하면 안 된다. 일반적으로 대상자는 자신의 건강문제를 위해 어디서부터 시작할지에 대해 개인적인 선호가 있다. 간호사는 주로 가장 쉬운 것부터 어려운 것으로 가는 반면, 대상자들은 가장 먼저 복잡한 문제에 대해 작

업하기를 원할 수 있다.

6. 대상자를 위한 다른 선택이 없는 경우에는 간호 전략에 대해 협상하지 않는다. 가끔 간호사가 일하는 기관의 철학, 정책, 시기, 직원 부족 등으로 인해 우선순위와 방법론을 지시에 의해 결정하기도 한다. 대부분의 경우 대상자들은 실제로는 그렇지 않은데 마치 건강전문가들이 대상자에게 어떤 선택권이 있다는 듯한 인상을 주면서 말하는 것에 대해 분개한다.
7. 대상자를 위해 무엇인가를 하기 전에 자신에게 질문해야 한다. '내 대상자는 스스로 움직이기, 이동하기, 전화하기, 가족에게 호소하기, 침상 정리하기, 의복 갈아입기 등을 할 수 있을까?'. 대상자가 할 수 있는 일을 간호사가 해 주는 경우 대상자는 자신을 돌볼 수 있는 힘을 발견할 수 없게 된다. 반면, 대상자에게 스스로 무엇인가를 할 수 있도록 자원(정보, 장치, 접촉)을 제공하면 시간과 에너지를 경감시킬 수 있고, 대상자의 힘을 북돋울 수 있다.
8. 대상자의 평가를 기억해야 한다. 간호과정의 전 과정에서 성공적인 협력을 이루었다면 이제 마지막 단계까지 이어질 수 있다. 대상자가 간호과정의 결과에 대해 만족하였는지를 알 수 있는 유일한 방법은 그들의 의견을 묻고 경청하는 것이다.
9. 확인은 자기주장적 행위라는 것을 명심해야 한다. 자신의 관점을 표현하는 데 주저하거나 상대의 의견을 구하는 것을 꺼리게 되면 효과적으로 의사소통할 수 없다. 확인은 대상자에게 명령하거나 강요하는 것을 의미하는 것이 아니다. 상호적 문제해결은 대상자와 간호사 사이에 개방적 의사소통이 교환되는 양방향의 길이다.

성찰과 적용

삶과 죽음의 파트너

신생아 중환자실(NICU)에서 죽음이 가까이 다가온 한 조산아를 돌본 적이 있다. 부모들은 아기가 태어나서 7개월 동안 NICU에만 있었던 것을 아쉬워했다. 간호사와 가족들은 아기를 밖으로 데리고 나가서 얼굴에 햇볕을 느끼게 해 주고 꽃을 볼 수 있게 해 주기로 결정했다. 가족들이 자신의 반려견에게 아기를 소개하고 있는 동안 간호사는 아기의 짐을 챙기고 아기의 얼굴을 씻겼다. 아기와 함께 하는 마지막 순간을 보는 아름다운 경험이었다.

때때로 삶의 문제들을 해결하기 위해서는 시간이 필요하다. 간혹 대상자가 그날의 목표를 세우는 것을 돕는 것만으로도 긍정적인 말로 하루를 시작할 수 있다. 나중에, 성공을 위해 목표수정이 필요한지 보고 싶다면 대상자의 진행상황을 점검하면 된다. 청소년 당뇨 환자를 위해 가족이 참여하는 간호중재에는 가족들이 혈당조절을 지지하고 대상자 만족도를 높이는 계획을 공유하도록 돕고, 힘 북돋우기를 해 주는 것이 포함된다(Carpenter et al., 2014). 간호사, 대상자, 가족구성원, 동료들 모두는 자신의 인간성을 함께 공유하고, 함께 문제를 해결한다. 이것이 아름다운 도전이 된다.

협력적 문제해결 연습
Practicing Solving Problems Together

연습 1 상호성 격려하기

아래 각 상황에서 대상자가 건강관리에 적극적으로 참여하도록 돕는 의사소통을 기술해본다.

1. 33세 남자 A는 간질 진단을 받았다. 그는 이제 4시간마다 약을 먹어야 한다.
2. 63세 여자 B는 관절염이 있다. 주치의는 그녀에게 하루 3회, 손목과 손가락에 관절가동범위 운동을 하도록 강력하게 권고하였다.
3. 17세 남자 C는 얼굴 여드름 치료를 위해 특수 제작된 비누를 사용하라는 조언을 들었다.
4. 긴장도가 높은 젊은 남자 D는 이완을 위해 하루 2회 명상을 하도록 권고받았다.
5. 남자 E는 콜레스테롤 수치가 매우 높아 콜레스테롤을 낮추는 방법에 대한 영양 교육을 받았다. 그는 매일 자신의 식사 메뉴를 스스로 선택한다.

대상자에 대해 자신이 계획한 접근방법과 동료의 방법을 비교한다.

연습 2 상호성의 위기 극복하기

아래 예를 읽고, 만약 대상자가 건강문제 향상을 위해 해야 할 행동을 간호사와 상호 동의하여 약속하였지만 그 후 이를 어기게 되었다면 이 문제를 대상자와 어떻게 논의할 것인지 기록해본다.

1. 19세 여성 박○○는 심각한 두통의 원인을 검사하기 위해 입원하였다. 그녀는 검사가 진행되는 동안에는 자신이 직접 구입해 복용하고 있던 두통 완화 약물을 복용하지 않기로 동의하였다. 밤번 순회 중 간호사는 그녀가 욕실에서 강력한 진통효과가 있는 두통약을 삼키고 있고, 한 알을 더 복용하려고 하는 것을 발견하였다.
2. 22세 여성 최○○는 짧은 기간 동안 심각한 체중감소가 나타나 검사를 위해 입원하였다. 최○○는 원인이 밝혀지기 전까지는 병원에서 제공되는 식사만 하기로 동의하였다. 저녁 근무 순회 중이던 간호사는 그녀의 친구가 외부에서 구입해 온 매운 떡볶이를 최○○가 먹고 있는 장면을 보았다.
3. 5시간 전에 수술을 받은 45세 남자 오○○는 수술 후 숨쉬기와 기침 수행에 대해 수술 전 교육에서 동의하였다. 그러나 지금은 기침하는 것을 완강히 거부하고 있다. 그는 조용히 자고 싶어했다.
4. 간호사는 지난 몇 주간 흉통이 있었던 여성 윤○○의 건강력 조사를 방금 끝마쳤다. 윤○○는 오늘 진료 시간에 심장질환 가족력에 대한 정보를 가지고 오기로 동의하였다. 그러나 그녀는 이번주에 친구와의 약속 때문에 그녀의 고모에 대한 정보를 알아보지 못했다고 한다.

위의 사례에 대한 연습을 끝내고 동료들의 작업과 비교해본다. 대상자들이 간호사와 동의한 간호 계획을 완수하지 않은 것에 대해 간호사가 주장적으로 전달할 수 있는 다양한 방법을 검토해본다.

연습 3 상호성 증진을 위한 주장적 소통하기

아래 사례에서는 간호사와 대상자가 대상자 건강문제의 우선순위에 대한 결정에 동의하지 못하고 있다. 이런 상황을 어떻게 주장적으로 다룰지에 대해 생각해 보고 동료와 각각의 방법에 대해 논의해본다.

30세 여성 이○○는 담낭절제술을 하기 위해 입원하였다. 그녀는 분만한지 두 달이 지났고, 수술을 받더라도 모유 수유를 하고 싶어 한다. 이○○는 기면상태가 있고 황달, 피부 건조, 소양감이 있고 복통이 심하기 때문에 간호사는 이○○의 건강상태가 걱정이 된다. 이○○는 원래 하던 대로 아이를 돌보고 싶어 하고, 간호사는 이○○가 충분한 휴식을 취하고, 아이에게는 분유 수유를 시작하는 것이 나을 것이라고 생각한다.

이○○는 모유 수유가 아이 건강을 위해 반드시 필요하다는 믿음이 강하다. 이○○는 지금은 충분한 모유 수유를 지속하는 것이 어렵다는 것을 알고 있다. 그러나 이○○는 지금 그만두면 다시 모유 수유를 시작할 수 없고, 그런 경우 아이가 고통받게 될까 봐 두렵다. 게다가 이○○는 모유 수유가 엄마 역할의 중요한 부분이라고 생각하여 이를 놓치고 싶지 않다고 한다.

간호의 우선순위에 대해 대상자와 간호사의 의견이 불일치될 때 사용할 수 있는 전략에 대한 자신과 동료의 생각을 비교해본다.

참고문헌

Atwell, A. (2010). Florence Nightingale's relevance to nurses. Journal of *Holistic Nursing, 28*(1), 101.

Berg, M. (2005). A midwifery model of care for childbearing women at high risk: Genuine caring in caring for the genuine. *Journal of Perinatal Education, 14*(1), 9.

Bickford, C. J., Marion, L., & Gazaway, S. (2015). *Nursing: Scope and standards of clinical nursing practice* (3rd ed.). Silver Spring, MD: Nursebooks.org, the Publishing Program of the American Nurses Association.

Campaign For Action (2015). *Fostering interprofessonal collaboration in health care. August 8, 2015.* <https://www.campaignforaction.org/fostering-interprofessionalcollaboration-healthcare/> Accessed 05.07.18.

Carpenter, J. L., Price, J. E. W., Cohen, M. J., Shoe, K. M., Pendley, K. M., & Shroff, J. (2014). Multifamily group problem solving intervention for adherence challenges in pediatric insulin dependent diabetes. *Clinical Practice in Pediatric Psychology, 2*(2), 101.

Cerda, J. C., Prieto Rodriguez, M. A., Perez Corril, O., Lorenzo, S. M., & Danet, A. (2010). Quality of internal communication in health care and the professional–patient relationship. *Health Care Manager, 29*(2), 179.

Chalmers, K. I. (2005). Mothers of children at risk described engaging with home visitors in terms of limiting family vulnerability. *Evidence Based Nursing, 8*(4), 123.

Crist, J. D., Pasvogel, A., Szalacha, L. A., & Finley, B. A. (2017). Depression in family caregivers of Mexican descent. *Research in Gerontological Nursing, 10*(3), 106.

Cooper, M. C., & Powell, E. (1988). Technology and care in a bone marrow transplant unit: Creating and assuaging vulnerability. *Holistic Nursing Practice, 12*(4), 57.

Dartmouth-Hitchcock's Force 5. (2014). *Professional models of care.* http://med.dartmouth-hitchcock.org/nursing/professional_models_of_care.html. Accessed 22 July 2014.

Geanellos, R. (2005). Sustaining well-being and enabling recovery: The therapeutic effect of nurse friendliness on clients and nursing environments. *Contemporary Nurse, 19*(1–2), 242.

Grando, V. (1998). In T. Sullivan (Ed.), *Articulating nursing for advanced nursing practice.* New York: McGraw-Hill. *Collaboration: A health care imperative.*

Griffiths, B. (2018). Preparing tomorrow's nurses for collaborative quality care through simulation. *Teaching and Learning in Nursing, 13*, 46.

Grover, S. M. (2005). Shaping effective communication skills and therapeutic relationships at work: The foundation of collaboration. *AAOHN Journal, 53*(4), 177.

Hain, D. J., & Sandy, D. (2013). Partners in care: Patient empowerment through shared decision-making. *Nephrology Nursing Journal, 40*(2), 153.

Hallberg, I. R., Holst, G., Nordmark, A., & Edberg, A. K. (1995). Cooperation during morning care between nurses and severely demented institutionalized patients. *Clinical Nursing Research, 4*(1), 78.

Interprofessional Education Collaborative. (2016). *Core competencies for interprofessional collaborative practice.* https://hsc.unm.edu/ipe/resources/index.html. Accessed07.07.18.

Iyer, P. W., Taptich, B. J., & Bernocchi-Losey, D. (1995). *Nursing process and nursing diagnosis.* Philadelphia, PA: Saunders.

Jack, S. M., DiCenso, A., & Lohfeld, L. (2005). A theory of maternal engagement with public health nurses and family visitors. *Journal of Advanced Nursing, 49*(2), 182.

Jeon, Y. (2004). Shaping mutuality: Nurse-family caregiver interactions in caring for older people with depression. *International Journal of Mental Health Nursing, 13*(2), 126.

Joint Commission on Accreditation of Healthcare Organizations (2005). *The Joint Commission guide to improving staff communication.* Oakbrook Terrace, IL: Joint Commission Resources.

Knoop, T., Wujcik, D., & Wujcik, K. (2017). Emerging models of interprofessional collaboration in cancer care. *Seminars in Oncology Nursing, 33*(4), 458.

Koop, C. E. (1998). Patient–provider communication and managed care. *Medical Practice Communicator,* 5(4), 1.

Lawson, P. J., & Flocke, S. A. (2009). Teachable moments for health behaviour change: A concept analysis. *Patient Education and Counseling, 76*, 25.

Makary, M. A., & Daniel, M. (2016). Medical error-the third leading cause of death in the US. *British Medical Journal, 353*, i2139.

Marck, P. (1990). Therapeutic reciprocity: A caring phenomenon. *Advances in Nursing Science, 13*(1), 49.

Marino, M. G. (2017). Student paper, therapeutic reciprocity: A concept synthesis. *International Journal for Human Caring, 21*(2), 91.

Matheis-Kraft, C., George, S., Olinger, M. J., & York, L. (1990). Patient-driven healthcare works!. Nurse Manager, 21(9), 124.

Porr, C. (2005). Shifting from preconceptions to pure wonderment. *Nursing Philosophy, 6*(3), 189.

Schmitt, M., Blue, A., Aschenbrener, C. A., & Viggiano, T. R. (2011). Core competencies for interprofessional collaborative practice: Reforming health care by transforming health professionals' education. *Academic Medicine, 86*(11), 1351.

Schwertel-Kyle, B. A., & Pitzer, S. A. (1990). A self-care approach to today's challenges. *Nurse Manager, 21*(3), 37.

Seifert, P. C. (2010). Thinking critically. *AORN Journal, 91*(2), 197.

Walsh, S., Martin, S. C., & Schmidt, L. A. (2004). Testing the efficacy of a creative-arts intervention with family caregivers of patients with cancer. *Journal of Nursing Scholarship, 36*(3), 214.

World Health Organization (WHO) (2010). *Framework for action on interprofessional education and collaborative practice.* Geneva, Switzerland: WHO.

Yancy, N. R., Cahill, S., & McDowell, M. (2018). Transformation in teaching-learning: Emerging possibilities with interprofessional education. *Nursing Science Quarterly, 3*(2), 126.

Zoffmann, V. (2005). Life versus disease in difficult diabetes care: Conflicting perspectives disempower patients and professionals in problem solving. *Quality Health Research, 15*(6), 750.

Chapter 05

서로에 대한 이해: 의사소통과 문화

Understanding Each Other: Communication and Culture

학습목표

1. 건강에 대한 다양한 문화적 신념과 행위에 대해 간호사가 알아야 하는 이유를 논의한다.
2. 다문화 건강관리 신념과 행위에 대한 인식에 방해가 될 수 있는 간호사의 가치에 대해 논의한다.
3. 자신의 문화적 배경과 그것이 건강관리신념과 행위에 미치는 영향에 대해 기술한다.
4. Purnell의 문화 역량 모델에 근거하여 사정해야 하는 의사소통의 구성요소를 확인한다.
5. 다양한 문화권의 대상자와의 의사소통을 향상시키는 기술에 대해 논의한다.
6. 상호이해의 기술을 향상하기 위한 연습에 참여한다.

몇몇 간호학과에서는 학생들의 문화적 이해를 증진하기 위한 방법으로 외국 여행을 교육과정에 포함하고 있다. 미국 학생들이 에콰도르에서 2주간의 교육 연수를 받던 중 일어난 일이다. 세탁물을 세탁해야 했던 두 여학생은 어느 날 아침 숙소 근처 빨래방에 갔다. 그런데 현장답사 시간에 늦을까 봐 급히 떠나오면서 빨래방에 이름을 적어두는 것을 깜빡했다. 두 학생이 현장답사를 끝내고 빨래방에 갔을 때 그들은 잘 세탁되어 정리된 옷가지들과 "두 명의 외국 소녀들에게"라고 적힌 영수증을 발견했다. 둘은 한 번도 다른 문화권의 나라에서 "이방인"이 되는 장면을 상상해본 적이 없어 이 메모를 보며 적잖이 당황하였다.

질문:

1. 다른 문화권에서 이방인이 되는 경험을 한 적이 있는가?
2. 휴가를 위해 외국을 단순히 방문하는 경우에도 이방인이 되는 경험들을 할 수 있겠는가?
3. 다른 문화를 다양하게 경험하기 위해서 그 문화권의 사람들과 어떤 유형의 상호작용을 하는 것이 도움이 되겠는가?

점점 세계화되고 다양해진 사회에서 문화적 역량은 간호의 질과 안정성을 보장하는 중요한 요소이다(Green & Reinckens, 2013; Larson et al., 2010). 문화적 역량은 고정되어 있지 않은 역동적인 개념이며, 환자 성과와 관련되므로 지속적으로 평가되어야 한다(Waite et al., 2014). QSEN에서 발의한 내용에 의하면 다양한 문화 · 민족 · 사회적 배경에 대한 이해는 환자, 가족, 지역사회 가치를 이해할 수 있는 근거로서 미래 간호에서 결정적인 작용을 할 것이다(QSEN, 2010). QSEN은 안전하고 효율적인 간호를 위한 6가지 지침 중의 하나로서 다양성을 고려하는 환자중심 간호를 제시하고 있다. 또한 이 역량을 환자안전 증진에 필요한 지식, 기술 및 태도 중 하나로 보고 있다(QSEN, 2010). QSEN의 정의에 의하면 간호사는 다음을 할 수 있어야 한다.

'인간 경험의 다양성에 대한 민감성과 존중을 바탕으로 환자중심 간호를 제공할 수 있어야 한다. 다양성을 표현하는 환자에 대해 배울 수 있는 기회를 찾아야 한다. 다른 민족성, 문화, 사회적 배경을 가진 환자와 함께 일하는 것에 대해 가지고 있는 자신의 태도를 인식해야 한다. 간호사는 자신과 다른 가치를 가진 개인이나 집단에 대해 환자중심 간호를 기꺼이 지지해야 한다.'(QSEN, 2010).

문화적으로 민감해지기 위해서는 상당한 헌신과 노력이 필요하다. 단순히 문화에 대해 말한다고 해서 지식이 행위로 이행되었다고 보기는 어렵다. 대부분 다른 문화의 사람을 직접 만나기 전까지는 문화적 지식이 행동으로 이행되지 않는다. 다른 문화의 사람을 접하게 되는 것은 이제 현대사회에서 피할 수 없는 현상이다. 미국에서 시행한 2010년 인구 조사 데이터에서 미국 사회가 인종적 · 민족적으로 점점 이질화되고 있다는 것을 보여준다.

2016년 출입국 · 외국인정책 통계연보(통계청, 2016)에 의하면, 우리나라에 체류하는 외국인은 200만 명이 넘는다. 이러한 조사 자료는 우리나라도 인종적 · 민족적으로 더욱 다양해지고 있다는 것을 보여주는 것이다. 다인종 · 다민족성으로 구성된 인구분포는 문화적 돌봄을 제공해야 하는 건강관리 공급자들에게 도전이 될 것이다. 건강관리 체계에 대한 접근성이 향상되었음에도 불구하고 다수 인종과 소수인종 집단 간의 건강불평등은 여전히 존재한다. 앞으로 횡문화 또는 다문화의 지식, 의사소통, 역량은 거의 모든 직업에서 필수요건이 될 것이다(Matveev, 2017).

인종, 민족성으로 인해 발생하는 건강불평등을 없애는 것은 시급한 문제이다. 또한 건강전문가들은 전통적 의학 모델을 뛰어넘어 사회적 · 문화적 · 환경적 요인에 초점을 두어야 할 것이다.

문화적 · 언어적으로 적합한 서비스에 대해 미국에서 발표된 국가 표준(National Standards for Culturally and Linguistically Appropriate Services, CLAS)의 주요 원칙은 '다양한 문화적 신념과 행위, 선호하는 언어, 건강 문해성, 다양한 소통의 요구에 부합하는 효율적이고 공평하며, 대상자를 이해하고 존중하는 질적 돌봄과 서비스를 제공'하는 것이다(US Department of Health and Human Services 2019).

문화 간 효율적 의사소통은 중요하다. 건강관리 현장에서 문화 간 의사소통의 중요성과 문화적 인식의 필요성을 표현하고 있지만, 실무에서 적용되지 않는 경우가 많다. 대상자와 많은 시간을 보내는 간호사는 의사소통이나 문화가 건강관리와 밀접하게 연결되어 있다는 것을 인식하여야 한다. 문화는 건강에 대한 지각과 행위에 영향을 주기 때문에 대상자는 물론 간호사 자신의 문화에 대해서도 잘 알고 있어야 한다.

문화와 의사소통의 쟁점은 삶에 위협을 줄 수도 있다. 특히 통증 지각과 묘사에 차이가 있는 경우에 그럴 것이다. 예를 들어, 흉통의 질을 정확히 사정할 수 있게 되면, 흉곽이나 위장에 통증을 유발시키는 여러 요인들 중 급성 심근경색을 구별해 낼 수 있다. 통증에 대한 반응은 문화적으로 영향을 받기 때문에 개인의 통증에 대한 두려움, 인내 또는 통증의 의미 때문에 진단과 치료가 지연될 수 있다(Sobralske & Katz, 2005).

다수 집단에 속한 사람들이 문화적 차이에 대한

인식이 없을 때 소수 집단은 고통받는다. 다수 문화에서 상당 시간을 살아 온 소수 문화의 사람들은 다수 문화에 동화되던지, 고립되어 살거나 자신들에게 익숙한 문화를 가진 이웃과 함께 안전한 경계 안에서 사는 것 중 하나를 택한다. 안전한 경계 안의 사람들은 다수 문화에 참여하지 않게 되어 그 사회에 다문화주의는 발달하지 않는다.

이민 등으로 사회는 점점 다문화사회로 변모해 가고 있다. 다가오는 시대에 간호사는 기술, 교육, 인식에 있어 횡문화 역량을 갖추어야 할 것이다(Reeves & Fogg, 2006). 그러나 어떤 간호사는 여전히 "과연 문화가 할 수 있는 것이 있는가?"라고 물으며 다른 문화권에 대한 관심을 가지지 않는 경우가 있다. 이러한 민족중심주의적 태도를 가진 간호사는 문화와 의사소통에 대해 넓은 시각과 인식을 갖지 못하게 된다. 모든 사람이 의사소통의 의미에는 익숙하다. 그러나 문화에 대해서는 어떠한가?

문화, 민족성, 민족중심주의의 정의
Definition of Culture, Ethnicity, and Ethnocentrism

Madeline Leininger에 의하면 문화는 특정집단에서 세대 간에 전달되고 학습되어 개인의 사고와 행동에 영향을 미치는 것으로, 특정 집단에서 공유되는 신념, 가치, 생활방식이 된다. 지난 30년간 Leininger는 건강에 대한 신념과 행위에 있어 문화가 갖는 의미를 간호사가 알아야 한다고 강조해 왔다. 민족성은 문화와 혼돈되는 개념이기 때문에 제대로 정의되어야 한다. Leininger에 의하면 민족성은 언어, 종교, 국가의 기원에 기인한 사회 정체성과 사회집단의 근원을 의미한다. 예를 들면, Amish는 민족집단이다. 사회학이나 심리학에서는 민족성이라는 용어를 더 흔히 사용하고, 문화라는 용어는 고고학이나 간호학에서 더 흔히 사용한다. 문화는 특정한 민족적 특성이나 기원을 의미하기보다는 어떤 집단의 총체적이고 패턴화된 생활양식을 의미하기 때문에 민족성보다 더 넓은 의미이다(Leininger, 2002).

민족중심주의라는 용어는 사회진화론자이자 예일대학 정치사회과학의 교수인 Sumner에 의해 만들어졌다. 그는 민족중심주의를 자신의 인종이나 민족집단이 가장 중요하고 자신들의 문화가 다른 집단의 문화보다 우월하다고 믿는 인간의 보편적인 경향으로 정의하였다(Salter, 2002). 더욱이 민족중심주의는 자신들의 것과는 다른 신념에 대해 이상하고, 기괴하며, 잘못되었다고 보는 태도를 가진다(Purnell, 2012). 이런 이데올로기 안의 개인은 그들 자신의 독특한 민족집단이나 문화, 특히 언어, 행위, 관습과 종교적 입장을 근거로 다른 집단에 대해 판단하게 된다.

간호에서 문화의 중요성
Reasons Why Nurses Need to Be Culturally Informed

간호사가 문화에 대해 알아야 하는 이유가 있다. 첫 번째, 인구구성의 변화는 건강관련 산업에 극적인 변화를 초래하게 될 것이다. 미국의 경우를 예로 들면, 2030년까지 미국인 5명 중 1명은 65세 이상이 될 것으로 예상되며, 2044년까지 모든 미국인의 절반 이상이 소수 그룹(히스패닉계 백인 이외의 다른 그룹)에 속할 것으로 예상된다. 또한 2060년이 되면 미국 전체 인구의 5분의 1은 미국 이외의 나라에서 태어난 사람이 차지할 것이라고 예상된다. 다양한 인종적 배경을 가진 대상자가 증가함에 따라 건강전문가는 문화의 중요성과 대상자와 가족, 지역사회와 문화의 관련성에 대해 이해해야 한다(Colby & Ortman, 2015).

두 번째, 돌봄은 중요한 간호개념이다. 건강관리분야에서 기술이 중요해짐에 따라 인간 돌봄은 간호에서 가장 중요한 가치가 되고 있다. 돌봄은 문화적 경계를 초월한다. 돌봄은 모든 문화권에서 가치있는 활동인 인류의 보존, 진정성, 건강과 안녕의 증진과 같은 일반적인 주제를 포함하는 광범위한 개념이다(Cook & Peden, 2017).

세 번째, 미국의 경우 다양성의 사회였음에도 불구하고 건강전문가들은 대상자들이 자신들에게 적응해야 한다는 태도를 가져왔기 때문에 다양성이 제대로 인식되지 못했다. 다양성의 사회에서 이는 바람직하지 않고, 효율적이지도 않다.

네 번째, 지금은 경제가 중요한 시대이다. 건강관리체계는 신체적 건강과 정신적 건강, 서구 의학과 전통의학, 1차 예방과 3차 예방, 기술과 의학, 병원과 지역사회 기관이 통합되는 체계로 진화되어가고 있다. 건강관리 공급자와 조직은 시장을 점유하기 위해 애쓴다. 다양성의 증가로 건강관련기관에서는 구성원들에게 지역사회를 포함한 서비스를 제공하도록 요청하고 있다. 건강전문가들이 문화 돌봄 역량을 키우지 않는다면, 대상자들의 돌봄 경험은 향상되지 않을 것이며, 그런 조직이나 기관은 의료시장에서 경쟁력을 잃게 될 것이다.

공공 재정으로 제공되었던 건강관리 서비스는 이제 민간 부문에 위임되고 있다. 최근 건강관리 분야에서 건강관리 서비스의 마케팅과 건강전달체계의 비용효과성에 대한 관심이 증가되고 있다. 사례관리는 건강관리를 유지하고, 서비스 접근성과 회복을 증가시키며, 건강서비스를 받는 대상자의 만족감을 증가시킨다. 이러한 성과를 달성하기 위하여 사례관리는 다양한 민족, 인종, 언어적 배경을 가진 대상자에게 서비스를 제공할 수 있는 문화적으로 역량 있는 정책과 구조를 실무에 병합하여야 한다.

끝으로 만성질환을 가진 노인의 건강관리는 매우 중요하다. 지역사회 세팅에서 건강전문가는 가족을 모두 포함하여 일해야 하고, 성과는 일반적인 의료성과와는 달라질 수 있다. 간호사의 통제가 감소된 세팅에서 간호성과를 성취하기 위해서는 '개인에게'가 아닌 '개인과 함께' 하는 방식으로 작업해야 할 것이다. 결과적으로 대상자와 가족은 간호사보다 더 많은 통제력을 가지게 되므로, 문화가 대상자들의 행위에 강력한 영향을 미치게 될 것이다.

요약하면, 문화는 간호사와 대상자의 건강관리에 대한 지각이나 행위에 영향을 미치기 때문에 간호사는 문화에 대해 잘 알아야 한다. 또한 지역사회로 이전되어가고 있는 건강관리 환경에서 간호사는 다양한 대상자와 지역사회의 문화에 대해 알아야 한다. 이를 위하여 간호사는 먼저 문화로부터 형성된 자신의 태도를 인식하고 극복해야 한다.

횡문화 의사소통의 방해요소
Barriers That Interfere With Transcultural Communication

미국인의 경우 전체 인구와 비교했을 때 아프리카계 미국인, 히스패닉계, 원주민, 태평양 섬 주민들에게서 건강불평등이 여전히 존재한다. 그뿐만 아니라 세계적으로 민족의 다양성이 점점 증가하고 있어 건강관리체계는 지속적인 도전을 받고 있다. 결과적으로 앞으로 건강문제는 인종적 · 민족적 소수 집단의 건강상태에 의해 실제적으로 영향을 받게 될 것이다.

문화, 민족, 언어, 경제적 상태는 개인이나 집단이 건강이나 교육, 사회서비스에 접근하고 이를 이용하는 데 영향을 미친다. 건강전문가가 대상자의 배경이나 경험이 전문가 자신들의 것과 다르다는 고정관념을 가질 때, 또는 잘못 해석하거나 잘못된 가정을 내리게 되는 경우에 효율적인 교육이나 건강관리가 이루어지기 어렵다. 건강관리체계가 모든 인구집단에 적절한 돌봄을 제공하지 못하게 되었기 때문에 건강관리의 문화적 역량에 대한 요구가 발생하였다.

민족중심주의는 다양한 문화나 그와 관련된 신념과 행위를 존중하지 않는다. 국제적 기준에 따르면 미국은 세계 최고의 건강관리체계를 가지고 있다. 서구의 건강관리는 전통적으로 일류의 하이 테크놀로지 돌봄을 제공하는 것으로 여겨지고 있지만 총체적이지 않고 파편적이며, 성과에 비해 의료비용은 과대하다. 다양한 문화에 대한 존중을 발전시키기 위하여 민족중심주의에 대해 자각하는 것이 중요하다. 한 간호사의 사례를 보자.

나는 나 자신을 개방적이고 유연하며, 합리적이고 편견이 없는 사람이라고 생각했다. 그러나 나는 항상 그런 것은 아니었다. 사우디아라비아에서 온 내 친구를 간호할 때 나는 그를 잘 모르면서 가치 판단을 하고 있다는 것을 깨달았다. 내가 가지고 있는 자료와 똑같은 자료를 보더라도 사람에 따라 나와 다르게 생각할 수 있고, 그들의 관점이 나의 것만큼 중요하다는 것을 받아들이지 못했던 것이다.

효과적인 의사소통을 촉진하기
Facilitating Effective Communication

간호사로서 우리는 다양한 대상자에게 전달하는 돌봄에 대해 알아야 한다. 이를 위해서 첫째, 간호사는 그들 자신의 건강관리에 대한 신념과 행위에 대해 잘 알아야 한다. 왜냐하면 자기인식이 없는 경우 간호사는 사람들의 신념과 행위가 간호사 자신의 것과 다를 수 있다는 것을 인식하지 못하기 때문이다. 자기 자신의 문화에 대한 지식이 부족한 간호사는 다양한 문화적 배경을 가진 대상자의 신념과 행동에 대한 지각이 왜곡된다. 간호사가 대상자 행동의 이유를 이해하지 못한다면, 적절한 중재를 수행하는 것은 불가능할 것이다.

"당신 가족은 건강을 유지하기 위해 무엇을 하는가?"이 질문에 대한 자신의 답변을 생각해보자. 만약 건강을 위해 비타민을 매일 복용하는 것을 중요하게 여기는 간호사라면, 건강유지를 위해 매일 자신의 소변을 소량 마신다고 답변하는 대상자를 어떻게 바라보겠는가? 자신의 아이가 뚱뚱하기 때문에 아름답고 건강하다고 말하는 쿠바 출신의 어머니를 어떻게 생각하겠는가?

"당신의 가족들은 질병의 원인을 무엇이라고 생각하는가?"라는 질문에 세균이나 박테리아에 의해 발생한다고 생각하는 사람이라면 과거에 저지른 잘못때문에 그 처벌로 간암을 앓게 되었다고 믿는 태국 환자나 주술 때문에 병에 걸렸다고 믿는 멕시코계 미국인을 이해하는 것이 쉽지 않을 것이다.

"특정 질병이 어떻게 다루어지는가?" 질병치료를 위해 약물을 사용하는 민족집단이 있는가 하면 때때로 약물보다는 명상을 선호하는 집단도 있다. 이들은 신체 균형이 깨어진 징후가 질병이라고 믿기 때문에 신체의 균형을 회복하기 위한 명상이 도움이 된다고 믿는다. 이런 대상자가 명상을 하기 위해서 오전 시간에 계획되어 있는 간호나 아침 식사를 거부한다면, 간호사는 어떻게 반응해야 하겠는가?

"적절한 치료를 결정하는 데 책임이 있는 사람은 누구인가?" 개인주의가 중요한 문화에서 대부분의 성인이라면 자신에게 가장 적절하다고 판단되는 치료를 스스로 결정할 것이다. 그런가 하면 어떤 민족집단, 예를 들면, 히스패닉계 또는 아시아인들의 경우 남편이 부인의 치료를 결정하기도 한다. 이들은 이런 유형의 선택에 대해 개인이 아닌 가족의 일이라고 생각하는 것이다.

"가족 이외 어떤 건강전문가가 치료를 위해 포함되는가?" 대부분의 가족들은 질병이 지속되고 민간요법이 효과가 없는 경우 결국 의사를 찾게 될 것이다. 그러나 멕시코계 사람들의 경우 간질환 치료를 위해 의사가 아닌 민간치료사를 더 선호하기도 한다(https://www.census.gov/newsroom/cspan.html).

친구 또는 다른 건강전문가의 건강관리 신념과 행위를 자신 가족의 것과 비교해 보는 것은 흥미롭다. 자신이나 가족의 생각이나 행위가 모든 사람에게 보편적이지는 않다는 것을 발견하게 될 것이다. 이러한 인식은 다양한 문화권의 건강관리 신념이나 행위를 확인하고 존중하기 위해 매우 중요하다.

문화는 매우 다양하기 때문에 각 대상자의 문화적 건강신념이나 행위의 독특한 측면을 모두 아는 것은 불가능하다. 문화적 요구에 부응하기 위하여 간호사와 같은 건강전문가는 대상자를 사정하고 문화적으로 적절한 중재를 계획하고 수행하기 위한 개념적 · 이론적 틀을 개발하여야 한다. 가장 널리 활용되는 횡문화 이론의 틀은 간호 모델인 Leininger의 'Sunrise Model'이다(Leininger, 1988).

간호학 분야에서 Leininger의 문화 이론(Leininger, 1988)이 개발된 후, 간호사를 위한 몇 가지 횡문화적 기틀이나 모형이 제안되었고, 여기에는 문화적 사정 체계와 모형이 포함되었다(Giger & Davidhizar, 2002; Purnell, 2002). 문화적 돌봄 역량이 건강에 긍정적인 결과를 가져온다고 보고한 연구가 다수 있다(Lagisetty, 2017; Leininger, 1988). 건강관리가 지역사회 중심으로 변화되어 감에 따라 간호연구자들은 문화적 돌봄 역량이 공중보건 성과에 미치는 영향을 확인하기 위하여 이러한 모델들을 확장해 왔다. Kim-Godwin 등(2001)은 문화적 역량, 건강관리 체계, 건강성과라는 세 구성개념을 기반으로 한 '횡문화 지역사회 돌봄(Culturally Competent Community Care, CCCC)' 모델을 제안하였다. 문화적 역량의 4가지 상호의존적 영역은 돌봄, 문화적 민감성, 문화적 지식, 문화적 기술이다. 근거중심 실무에 대한 요구가 증가하는 건강관리 환경에서 CCCC 모델은 지역사회 간호사가 문화적 역량을 개발하고 사정하며 다양한 문화의 대상자들의 건강관리 요구를 충족시키는 데 필요한 지침을 제공해 준다.

문화적 사정은 급성과 1차 의료 세팅에서 대상자 초기 사정의 표준이 되어가고 있다. 대상자의 문화적 요구를 사정하는 데 간호사정도구가 적절한지 검토해야 한다. Purnell(2012)이 개발한 문화적 역량 모델에서는 간호사가 확인해야 하는 문화적 요소를 제시하고 있다. 개인, 가족, 집단의 민족 문화적 속성을 사정하기 위한 12가지 기본 영역은 전반적 사정, 거주지역, 지형; 의사소통; 가족 역할과 조직; 직업과 관련된 쟁점; 생물문화적 생태; 고위험 건강 행위; 영양; 임신과 육아 행위; 죽음 의례(장례의식); 영성; 건강 행위 실천; 건강 전문가이다. 이 영역들은 서로 연결되어 건강에 영향을 미친다.

의사소통과 문화의 주요 요소
Key Aspects of Culture to Consider

Purnell의 문화적 역량 모델에 따르면 간호사가 사정해야 할 의사소통의 문화적 요소는 크게 언어, 의사소통 양상, 시간 개념, 호명의 형식 등이다(Purnell, 2012).

나이와 성별 또한 건강관리 상황에서 의사소통에 중대한 영향을 미치기 때문에 고려되어야 한다. 문화적 의사소통의 유사점과 차이점을 확인할 때 고정관념을 가져서는 안 된다. 모든 문화 집단은 공통된 의사소통 행위가 있지만 같은 문화 집단에 속한다고 해서 구성원들이 동일한 의사소통 특성을 공유할 것이라고 가정하는 것은 위험하다. 대상자의 요구를 충족시키려면 개별화된 평가가 필요하다.

언어
Dominant Language and Dialects

모든 대상자가 간호사가 사용하는 언어로 유창하게 말할 수 있기를 바란다면, 이는 민족중심적이며, 자신이 우월하다는 인식에서 비롯된 것이다. 다양한 문화와 민족 집단으로부터 이주해 온 사람들로 인구집단이 구성되어가고 있는 문화적 다양성은 오늘날의 현실이다. 21세기에 간호사는 이러한 대상자에게 건강관리서비스를 제공해야 하는 도전에 직면해 있다. 동일한 언어를 사용하지 않아 의사소통이 상당 수준 손상될 때 어떻게 대상자를 돌볼 것인가? 한 간호사는 이러한 상황을 이렇게 묘사하였다.

탈장 수술을 한 베트남 남자 환자가 있었다. 그는 치료를 위해 2주 정도 한국에 머물고, 바로 직장에 복귀해야 했다. 환자나 그의 가족은 한국어를 할 수 없었고, 통역자도 없었다. 유일한 수단은 바디랭귀지였고, 아주 어렵게 조금만 소통이 가능했다. 그에게 마취에 대해 설명하는 것은 무척 어려웠다. 그는 겁이 나 보였고 수술 전 준비를 하는 동안 눈을 감고 있었다. 그는 마치 자신이 거기 없는 것처럼 하려는 것 같았다. 수술준비과정은 빠르게 진행되었고, 마취유도까지 오랜 시간이 걸리지 않았다. 그에게는 회복 과정 역시 어렵고 두려울 것이라는 생각이 들었다.

이 시나리오에서 간호사는 한국어가 유창하지 않은 입원환자의 어려움과 불안을 예민하게 확인하였다. 일반적으로 대상자의 불안은 높은데, 더욱이 입원 자체가 위기 상황이라고 할 수 있다. 여기에 증상이나 지각, 요구, 질문을 소통할 수 없다는 불안이 더해지는 것이다. 해결방법은 의료통역자를 활용하는 것이며, 이는 문화적으로 역량 있는 돌봄을 제공하기 위해 필수적이다. 미국의 경우, 영어가 유창하지 않은 대상자에게 질 높은 건강관리를 보장하기 위한 방법으로 의료 통역자격위원회의 활동이 시작되었다(www.certified-medicalinterpreters.org/). Box 5-1은 언어 문제가 있는 대상자와 소통하는데 도움이 되는 지침을 제시하고 있다.

전문 통역자의 활용은 의학용어의 원활한 소통과 환자의 사생활과 비밀을 보장하는 데 도움이 된다. 반면, 가족 구성원이나 자원봉사자에게 통역을 요청하는 경우에는 환자가 자신의 민감한 정보를 친지나 친구가 알게 될까봐 불편해 할 수 있다. 통역자는 양쪽의 대화에 초점을 맞추어야 하며, 간호사의 질문을 환자에게 해석해 주고, 환자의 반응을 경청한 후 간호사에게 다시 전달해 준다. 응급실을 방문할 때와 같은 위기 상황에서 가족은 환자에 대한 정보를 전달할 수 있지만 건강전문가의 질문을 환자에게 직접적으로 전달하는 것은 어렵다. 훈련된 통역자를 활용하여 이러한 문제를 막을 수 있다(Juckett & Unger, 2014).

간호사는 다양한 문화권의 대상자를 간호하기 때문에 간호사와 대상자의 모국어가 동일하지 않을 수 있다. 전문적으로 훈련된 통역자를 활용하는 것이 가장 좋지만 쉽지는 않다. 언어 소통이 안 되는 대상자와 의사소통 할 때 간호사는 몰입할 수밖

Box 5-1 언어 문제로 소통이 되지 않는 대상자와의 의사소통 지침

1. 통역자가 있는 경우

- 가능하면 해당 언어의 사투리를 쓰는 통역자를 활용한다.
- 대상자와 통역자 모두에게 시간을 제공한다.
- 아이나 친지를 통역자로 활용하지 않는다.
- 대상자와 연령이 비슷하고 성별이 동일한 통역자를 활용한다.
- 통역자에게 질문하지 말고 대상자에게 질문한다.

2. 통역자가 없는 경우

- 대상자와 간호사가 사용할 수 있는 제3의 언어가 있는지 확인한다. 다문화 사람들이 여러 가지 언어를 아는 경우도 있다.
- 비언어적 의사소통이 언어적 의사소통보다 더 중요하다는 것을 기억한다.
- 간호사 자신과 대상자의 비언어적 메시지에 주의를 기울인다.
- 간단한 언어와 행동을 몸짓으로 한다.
- 그림은 천 마디의 말과 비슷한 가치가 있다. 종이와 연필을 사용하고 대상자에게도 이를 제공한다.
- 훈련받은 의료 통역자가 중요하다는 것을 행정관련자와 논의한다.
- 의료 통역자의 활용이 당장 가능하지 않은 경우라면 가능해질 때까지, 적절한 통역자를 배치하기 위하여 공식적·비공식적 네트워크를 활용한다. 다른 방법이 없다면 해당 민족이 운영하는 식당이나 식료품 가게 등의 주인을 통역자로 활용할 수도 있다.

Box 5-2 어느 정도 소통이 가능한 대상자와의 의사소통 지침

1. 대상자의 비언어적 · 언어적 의사소통을 사정한다.
2. 대상자의 눈높이에서 눈맞춤을 한다. 대부분의 경우 자리에 앉아야 할 것이다. 대상자가 눈맞춤을 편안하게 느끼는지 사정한다.
3. 천천히 말하며, 대상자가 청각에 문제가 없는 한 목소리를 높이지 않는다.
4. 그림은 말보다 더 많은 뜻을 가질 수 있으므로 만약 쓸 수 있다면 그림을 이용한다.
5. 전문용어를 피한다.
6. 피드백을 요청한다. 대상자에게 종이와 펜을 제공한다.
7. 대상자가 표현하는 것보다 이해하는 정도가 더 높을 수 있다는 것을 기억한다. 그들이 침묵하는 것은 자신들의 언어로 생각할 시간이 필요한 것일 수 있다.
8. 스트레스 상황에서는 대개 외국어로 생각하고 말할 수 있는 능력이 저하된다.

에 없다. 제스처를 쓰면서 소통하려고 해도 쉽지는 않을 것이다. 그러나 대상자도 간호사가 알아들을 수 있도록 말하기 위해 애를 쓰는 것이다. 대상자의 입장에서 보면 본인의 치료에 대한 책임을 가진 수많은 외국인들에게 둘러싸여 있는 것이 두려울 수 있다. Box 5-2는 간호사와 동일한 언어로 어느 정도 말할 수 있는 대상자와 의사소통할 때 유용한 지침이다.

언어의 의미를 이해하는 것은 단어의 뜻을 아는 것 이상이다. 의사소통에서 톤과 소리의 크기는 매우 중요한 요소이다. 예를 들면, 유럽계 미국인은 일반적으로 태국인에 비해 크게 말한다. 태국 사람들은 말을 많이 하는 것이 어리석고 무지함을 나타내며, 생각을 많이 하지 않는 것을 나타낸다고 믿는 경향이 있어 아주 조용한 편이다. 쿠바계 미국인들은 크고 빠르게 말하기 때문에 흔히 시끄럽고 활기찬 사람으로 보인다. 그들에게 스페인어는 자랑거리이고, 가족이나 친구들과 함께 어울리는 것을 좋아한다. 간호사는 음성의 톤이나 크기가 문화와 관련되기 때문에 그 차이를 잘못 해석하면 안 된다.

만약 통역자가 건강전문가에게 통역뿐만 아니라 문화적 맥락에 대해서도 알려줄 수 있다면 도움이 된다. 지역사회에 특정 문화 집단의 비율이 높다면 지역사회로부터 추가적으로 문화 통역자를 모집할 수도 있다. 지역 리더가 자원봉사자를 찾고 그들을 훈련하는 과정에 참여하도록 격려할 수 있다(Green-Hernandez et al., 2004). 지역사회에서 존경받는 이주자를 통역사로 채용하여 해당 지역에 살고 있는 이주민들을 위해 일하도록 하는 경우도 있다.

의사소통 양상
Cultural Communication Patterns

의사소통 양상은 모든 문화권에서 중요한 부분이다. Box 5-3은 횡문화 의사소통을 향상시키는 데 유용한 일반적인 지침을 제시한다.

간호사는 자신의 것과는 "다른" 건강신념이나 행위를 보이는 대상자를 피하는 것이 마음 편하겠지만(Box 5-4), Box 5-3에 제시된 지침을 실무에서 적용하며 대상자와 상호작용해야 한다.

생각이나 감정을 나누고자 하는 의도도 문화에 따라 차이가 나타날 수 있다. 유럽계 미국인은 대부분의 주제에 대해 감정을 표현하는 데 꽤 개방적이다. 반면, 아시아계 미국인들은 강한 감정이

Box 5-3 횡문화 의사소통 향상 지침

- Listen: 문제에 대한 대상자의 지각을 연민으로 이해하면서 경청하기
- Explain: 문제에 대한 자신의 지각을 설명하기
- Acknowledge: 차이점과 유사점을 인식하고 논의하기
- Recommend: 치료를 권유하기
- Negotiate: 의견을 협상하기

출처: Buchwald, D., Caralis, P., & Gany, F., et al. (1994). Caring for patients in a multicultural society: five vignettes of crosscultural care. *Patient Care, 28,* 105.

Box 5-4 나와 '다른' 대상자를 피하는 것

"간호사들은 자신들과 다른 사람을 무시한다는 것을 알게 됐어요. 그들이 일부러 그렇게 한다고 생각하지는 않지만 소통이 안 된다는 것에 실망하고, 병실 밖으로 나가 버리죠. 최근에 우리는 스페인어만 할 수 있는 쿠바 여성을 만난 적이 있었죠. 그녀는 병원 음식을 먹지 않고 이상한 목초를 먹었어요. 말이 통하는 사람은 그녀의 딸뿐이었는데, 그 딸이 그녀와 함께 있을 때는 간호사와 상호작용하는 것이 쉬웠어요. 그런데 그 딸이 없으면 간호사와 그녀는 상호작용을 전혀 하지 못했죠. 그 쿠바 여성은 눈을 크게 뜨고 간호사를 쳐다보았죠. 간호사는 병실 안에서 무력감을 느끼는 것보다는 밖으로 나와 버리는 게 더 편했던 거죠."

나 신념을 드러내는 것을 중요하게 생각하지 않으며, 개인적인 생각은 아주 가까운 친구나 가족하고만 나누어야 한다고 믿는다.

문화에 따라 접촉에 대한 수용 정도는 상당히 다르다. 아랍과 히스패닉 문화에서 남자 의료인은 여자 환자의 몸에 접촉하거나 검진하지 않는다(Andrews & Boyle, 2011). 반면, 프랑스에서는 남자와 여자가 인사할 때 뺨에 키스를 하기도 하고, 인도의 젊은 남자들은 서로 어깨동무를 하고 길을 걷는다.

문화에 따라 친밀감의 정도를 표현하는 사적 공간의 정도도 다르다. 일반적으로 영국, 캐나다 또는 중산층의 미국인들은 잘 모르는 사람과 가까이 서 있게 되는 상황에서 불편감을 느낀다. 미국은 땅이 넓은 나라이기 때문에 미국인들은 넓은 공간에 익숙하다. 라틴 아메리카인, 아프리카계 미국인, 인도네시아인, 아랍인, 프랑스인 등은 신체적 접촉을 편안해 한다(Luckmann, 2000).

눈맞춤의 경우, 어떤 문화권에서는 중요하지만 다른 문화권에서는 그렇지 않을 수도 있다. 미국 문화에서는 흔히 눈맞춤이 안 되는 것을 자존감의 결핍과 관련되는 것으로 보는 경향이 있지만 그렇지 않은 문화도 있다. 즉, 눈맞춤은 문화적 행위이다. 예를 들면, 아시아인이나 미국 원주민은 계속 눈맞춤을 하는 것이 상대에게 무례한 것이라고 생각한다(Luckmann, 2000). 무슬림의 아랍 여성들은 남편을 제외한 남성과 눈맞춤을 하지 않으려고 할 것이며, 하시드 유대인 남성은 여성과의 눈맞춤에 대해 문화적 규범을 가지고 있다(Andrews & Boyle, 2011).

인사법도 문화마다 다르다. 동인도의 여성들은 손바닥을 빠르게 터치하면서 악수한다. 대부분의 동인도 사람들은 머리를 숙여 인사하고 악수를 하며, '당신 안의 신을 존경합니다. 나는 당신을 존경하기 때문에 두 손을 모아 기도합니다'라는 의미로 "나마스테."라고 말한다. 다른 문화에서는 단단하게 손을 잡아 악수하며 인사를 하기도 한다.

문화마다 다른 의사소통 양상은 가정간호를 하는 간호사에게 특히 중요하다(Narayan & Scafide, 2017). 간호사의 의사소통이 무례하고 적절하지 않은 것으로 비추어지면 대상자들은 가정 방문을 거절할 것이다. 예를 들면, 간호사는 대상자를 방문할 때 그의 문화에 적합한 사회적 관습을 잘 알아야 한다. 이것은 대상자에 대한 존중의 표현으로 매우 중요하다. 집은 대상자의 영역이고, 본인이 완전히 통제할 수 있는 곳이다. 간호사는 대상자의 문화에 대한 존중을 어떻게 표현할 것인가? '대상자의 집에 들어가기 전에 신발을 벗어야 하는가', '인사를 할 때 고개를 숙여야 하는가', '악수를 해야 하는가', '악수할 때 손을 강하게 잡는 것, 살짝 잡는 것, 살짝 가볍게 손바닥이 닿게 하는 것 중 어떤 것이 적합한가' 등에 대해 명심해야 한다.

시간 개념 Temporal Relationships

미국인들은 '시간이 돈이다'라고 생각하기 때문에 시간 엄수를 기대하고, 일반적으로 늦는 것에 대해 부정적으로 본다.

어떤 민족들은 현재라는 시간을 중요시하며, 결과적으로 자신의 과거 활동과 현재 질병 간의 관련성을 이해하지 못하는 경우가 있다(Flowers,

2005; Nelson, 2018).

미국인에 비해 다수의 다른 문화권에서는 시간에 대해 비교적 유연하다. 때때로 필리핀 사람들은 어떤 일을 할 때 시간을 정하지 않는 경우가 있으며, 다른 사람의 집을 방문할 때도 시간 약속을 하지 않고 그냥 들르는 것이 그 문화에서는 받아들여지기도 한다.

호명의 방식 Format for Names

대상자가 선호하는 이름을 부르는 것은 중요하다. 대부분 미국인은 성이 아닌 이름을 부르는 것을 편안하게 느낀다. 그러나 일부에서는 이것이 상대를 존중하지 않는 것으로 여겨지기도 한다. 간호사는 대상자의 이름을 알아야 하고, 이름을 부르는 형식에도 문화적 차이가 있으므로 대상자에게 어떻게 불러주기를 선호하는지 물어보는 것이 중요하다.

나이 Age

전 세계적으로 노인 인구는 빠르게 증가하고 있고, 미국의 경우 소수 민족 노인들의 비중은 더 빠르게 증가하고 있다(Ortman, 2014).

아시아 문화권에서는 나이가 들면서 지식과 경험이 높아지기 때문에 나이 듦에 대해 가치를 두고 노인의 의견을 존중한다. 인도의 힌디어 중 Buddha라는 단어는 '지혜'와 '나이 듦'을 의미한다. 인도나 태국에 너싱홈이 거의 없다는 것은 이러한 관점을 반영하는 것이다. 노인들은 가족들과 함께 살면서 돌봄을 받는다. 그러나 대부분의 국가에서 노인 인구를 평가절하하는 노인 차별 문제가 존재한다.

노인은 일반 인구집단에 비해 2배 정도 더 많이 의료기관을 방문하고 있으며, 의료비 지출이 높다. 노인과 나이 어린 건강전문가 사이에는 세대 차이 때문에 의사소통 문제가 흔히 발생한다. 건강전문가들은 보호하는 듯한, 또는 선심 쓰는 듯한 말투를 쓰거나 노인들이 자신들의 말을 이해하지 못할 것이라고 가정한다. 간호사는 다른 건강전문가들에 비해 많은 시간을 대상자와 보내기 때문에 세대 간 의사소통을 촉진하는 돌봄의 역할모델이 될 수 있다. Box 5-5는 노인 대상자에게 건강관리서비스를 잘 전달하기 위해 전문가들이 활용할 수 있는 의사소통 전략을 제시하고 있다.

일반적으로 노인은 보호받아야 하는 사람으로 여겨진다. 간호사들은 흔히 노인 대상자들에게 무례하게 반말을 하거나 보호하는 말투를 사용한다. 노인들은 돌봄제공자의 부적절한 행동이나 말을 학대로 해석하는 경우가 있다(Mouton et al., 2005). Chasteen(2002)의 연구에 의하면 노인들도 비난하기, 부모처럼 말하기 등으로 젊은 사람들을 대하는데, 나이 많은 건강전문가들이 젊은

Box 5-5 노인 대상자와의 의사소통 전략

- 노인 대상자 간 상호작용에서 노화에 대한 자신의 고정관념에 대해 자각하기
- 각각의 상호작용에 대해 의사소통의 오해를 감소시키기 위한 협상으로 바라보기
- 대상자와 특별한 관계를 발달시키기(관계에 연관된 문화적 독특성)
- 전문용어, 진단, 치료방법 등에 대한 이해를 돕기 위해 반복과 자세한 질문 사용하기
- 의학 용어와 과정을 설명하기 위해 대상자의 관심에 적합한 은유나 예를 사용하기
- 대상자들의 만족과 치료 이행을 유지시키기 위해 정서적 상호작용을 향상시키기
- 대상자의 삶의 이야기, 역사적 사건을 경청함으로써 대상자 개인에 대한 전인적 이해를 발달시키기
- 대상자 방문 전 의료정보시스템을 통해 대상자의 개인력을 파악하기
- 노인세대에 대한 인식이 건강전문가와 대상자 간 상호작용에 대한 기대에 미치는 영향 이해하기

출처: Bethea L, Balazs A: Improving intergenerational health care communications, J Health Commun 2(2):129, 1997.

대상자의 건강관리를 하는 경우에도 유사한 의사소통 문제가 발생할 수 있다. 이처럼 고령사회가 되어 감에 따라 건강전문가와 대상자 간의 복잡한 의사소통 문제가 발생할 위험은 증가하고 있다. 간호사는 나이가 언어적 · 비언어적 의사소통 패턴과 건강관리 서비스 전달에 영향을 주는 요인이 된다는 것을 명백히 인식해야 한다.

성별 Gender

대부분 문화적 의사소통의 문제는 성별과 관련되어 발생한다. 남자와 여자는 다르게 사회화되어, 의사소통의 형태와 내용에 차이가 나타나는 것이다.

사회화의 차이로 인해 여자는 표현이 많고 관계지향적인 경향이 있다고 여겨지는 반면, 남자는 권력과 사회적 지위를 중요시하고 정보 수집과 처리에 관심이 많다고 여겨진다. 남녀의 가치와 의사소통 스타일의 차이 때문에 갈등이 나타나는 경우가 많다. 연극이나 영화에서 남자와 여자가 소통이 되지 않아 서로 다투며 벌어지는 사건들이 자주 등장하는 이유이다.

남녀 관계를 향상시키는 방법에 대한 저서의 인기가 높은 것은 사람들이 남녀 간 의사소통을 향상시키는 데 대한 관심이 높다는 것을 보여준다.

의사와 간호사 사이의 전통적인 성 역할의 차이와 가정은 의사소통의 장벽을 만들어 조직적 힘의 불균형을 심화시킬 수 있다. 과거에는 의사의 대다수가 남자였으나, 최근 여자가 점점 증가하고 있다. 그러나 여전히 일부 진료 환경과 전문 분야에서 남자 의사의 수는 여자보다 많다. 간호는 성별 격차를 극복하는 데 큰 성공을 거두지 못했다. 미국 간호사의 약 90%가 여자이다. 일부 조직에 존재하는 지속적인 성별 차이를 고려할 때, 성별이 의사소통에 미치는 영향에 대해 알고 있는 것이 중요하다. 조직적 특성과 결합된 성별 문제는 간호사와 의사 사이의 의사소통에 문제를 일으킬 수 있고, 이는 간호사의 직업 유지에도 영향을 줄 수 있다.

Siedlecki와 Hixon(2015)은 마그넷 인증 병원의 간호사와 의사를 대상으로 조사를 실시했는데, 조사의 목적은 간호사와 의사가 정의하는 존중 행동이란 무엇인지 확인하고, 임상 환경에서 간호사와 의사의 관계에 대한 인식을 조사하며, 간호사–의사 관계가 간호행위 결정에 미치는 영향을 분석하는 것이었다. 연구 결과, 의사가 간호사보다 전문직 간 관계를 더 높게 평가한 것으로 나타났다. 간호사와 의사는 업무적 상호작용을 다르게 인식했으며, 두 그룹 모두 자신들의 업무 환경을 최적으로 인식하지 않았다. 또한 의사의 행동과 태도는 간호사의 간호활동에 직접적으로 영향을 주어 결과적으로 환자의 건강 성과에 영향을 미쳤다.

병원에서 의사와 간호사 간의 의사소통은 환자 사망률에 영향을 미치는 중요한 예측 인자이다. 미국 마그넷 인증 병원이 갖는 특성 중 하나는 건강한 간호사–의사 간 관계인 것으로 나타났고, 이들 병원은 그렇지 않은 병원에 비해 환자 사망률이 낮았다(Shen et al., 2011).

건강관리와 관련된 업무 환경에서 젠더 이슈를 다루는 방법에 대해 배우는 것은 포괄적인 간호를 하는데 중요하다. 다음은 간호사–의사 간의 의사소통을 향상시키기 위한 5가지 전략이다.

1. 일터의 규범에 맞추기: 전문적 의사소통의 규칙을 이해하고 적용해야 한다. 규칙은 다음과 같다.
2. 핵심에 도달하기: 간략한 대화가 권장된다. '사실'이 중요한 의사소통 전략이다. 필요한 정보에 계속 초점을 맞추려면 SBAR(situation, background, assessment, recommendation)(Institute for Healthcare Improvement, 2017)를 사용한다. 자신의 시간과 동료의 시간은 소중하다. 목표에 집중한다.

3. 강력한 단순함 활용하기: 간호사는 공격적으로 비춰질까 봐 걱정하며 상대의 상황에 대해 명확하게 말하는 것을 꺼린다. 상대와의 관계에서 '확실하지 않다'나 '아마'와 같은 용어는 '난 그렇게 생각한다'나 '알고 있다'와 같은 용어보다 강렬하지 않다. 형용사나 부사, 질문으로 문장을 끝내는 간호사는 자신이 하는 말에 대해 확신하지 못하는 것으로 보여질 수 있다.
4. 전문성이 묻어나오게 하기: 간호사는 다른 건강관리팀의 구성원들에게 필요한 대상자 정보를 가지고 있다. 이러한 정보가 공유되는 방법은 중요하다. 자신 있게 말하고 대상자의 상황과 요구에 대해 본인이 이해한 것을 분명하게 표현한다. 모든 건강전문가들은 개인의 가치, 동기와 인식에 차이가 있음을 인정해야 한다. 이러한 관점을 수용하면 성공할 가능성이 높아진다. 의료팀의 각 구성원은 의사소통의 차이에 대한 해법을 고안하는 데 있어 서로를 파트너로 생각해야 한다(Siedlecki & Hixon, 2015).
5. 존중을 기대하기: 남자는 여자에 비해 대화 중간에 끼어드는 경우가 많다. 이때 여자의 전형적인 반응은 말을 멈추는 것이다. 만약 간호사가 그들이 말해야 하는 것이 중요하다고 생각한다면 이때 해야 할 것은 전략을 바꾸어 계속 말을 하는 것이다. 간호사는 존중을 기대하는 것으로 모든 상호작용을 시작해야 한다.

남자와 여자의 사회화가 다르다는 전제 하에 간호에서 이러한 차이를 활용할 수 있는 방법은 무엇일까? 성별과 무관하게 간호사로서의 성공은 상황에 가장 적합한 행동을 얼마나 잘 선택하고 대상자의 요구를 충족시키기 위한 확실하고 긍정적인 접근 방식에 얼마나 초점을 잘 맞추는가에 따라 결정될 것이다. 성별이 다른 건강전문가는 서로를 통해 더 배울 수 있다.

끝으로 침묵에 대해서는 어떠한지 살펴보고자 한다. 표현이 많은 문화에서 침묵은 문제가 있는 것으로 여겨질 수 있다. 침묵의 의미는 모호할 수 있다. 대상자가 만족했다는 것일 수도 있고 불만을 억누르고 있는 것일 수도 있다. 반면, 어떤 문화에서는 침묵이 높이 평가되는 것으로 보아 침묵은 문화적인 것이다. 대화를 서두르는 것이 무례한 것으로 여겨지는 문화도 있는데, 이런 문화에서 침묵한 후에 하는 말은 중요한 의미가 있을 수 있다(Andrews & Boyle, 2011).

맺음말
Closing Thoughts

간호사가 다양한 문화권에 속한 대상자들의 건강관리신념과 행위를 올바르게 인식하고 평가하는 것은 중요하다. QSEN은 대상자와의 경험을 통해 인간의 다양성에 대해 학습하는 것을 격려한다(QSEN, 2010). 간호사는 자신의 문화적 역량을 지속적으로 성장시키는 방법에 대해 고려해야 하는데, 간혹 간호대학의 교육과정에 다른 국가를 여행하는 것이 포함되는 경우도 있다. 이런 경우 학생들은 더 넓은 세계관을 경험하는 것으로 나타났다(Larson et al., 2010). 해외에서 학업하는 프로그램에 참여한 학생들의 경험을 탐색한 질적 연구에서는 학생들의 자기효능감과 다문화에 대한 인식이 증가되었다고 보고하였다(Edmonds, 2010). 간호사로서 우리는 다른 문화에 몰입하고 횡문화적 의사소통 기술을 훈련할 수 있는 국가적 · 국제적 의료 활동에 자원할 수 있다.

지역사회에서의 임상 경험은 다양성에 대해 배우는 기회를 제공한다. 지역사회를 사정하고 관련 쟁점에 대해 탐색하는 경험은 문화적 간호 역량을 향상시킨다(Amerson, 2010). 차이를 다루는 것도 중요하지만 인간으로서 공유하는 공통점을 확인하는 것도 중요하다. 공통점을 인식하는 것은 연대감을 준다. 예를 들면, 우리는 모두 건강과 가족을 중요하게 여기고 아이들에게 더 좋은 세상을 만들어 주고 싶어 한다. 공통점에 대해 고려하는 것은 인간으로서의 동일성을 강조한다. 차이와 공통점을 인식하고 올바르게 평가하는 것은 인간에 대한 총체적 관점을 제공한다.

성찰과 적용

공감, 존중과 진정성

간호사는 태국의 산악지역에서 온 83세 여성을 담당하게 되었는데 그녀의 진단명은 간암이었다. 통역은 그녀의 두 딸이 해 주었다. 불교는 그녀 인생에서 중심이 되어 왔는데, 그녀의 종교생활(예: 아침 기도, 오후 명상, 저녁 기도)을 위한 시간이 투약이나 검사 시간과 겹치게 되는 일이 있었다. 이럴 때는 종교적 상징을 대상자 곁에 둘 수 있도록 하였다. 그녀는 식사로 나온 것 중에서 차나 주스만 마셨다.

의사의 권고 하에 딸들이 만든 전통음식을 가지고 올 수 있도록 협의가 이루어졌다. 간호사는 식사가 변경되는 것에 대해 긍정적이었다. 딸들은 병동의 직원을 위해 큰 과일 바구니를 가지고 왔다. 얼마 전에 가족과 이야기할 때 간호사가 아시아 음식과 불교에 대한 관심을 언급했던 것 때문에 딸들은 그 간호사를 위해 만두와 향기 나는 쌀도 가지고 왔던 적이 있었다. 잠깐만에 병동은 과일 바구니로 가득 찼고, 그 간호사는 병실로 불려가 그들이 특별히 준비해 준 과일을 받게 되었다.

그 간호사는 대상자와 그들 가족과의 마지막 만남을 이렇게 묘사했다. "그 날은 그녀의 마지막 밤이었다. 그녀는 내게 다가와 손을 잡았다. 이전에는 한 번도 그런 적이 없었다. 나는 가족을 보았고 그들이 울고 있는 것을 알아차렸다. 나는 먹먹해져 눈물을 흘렸다. 나는 그녀에게 인사하고 나오면서 인생에 대해 나보다 훨씬 더 많이 아는 누군가와 함께 있는 것이 무엇인지 알게 되었다."

서로에 대한 이해: 의사소통과 문화 연습
Practicing Understanding Each Other: Communication and Culture

연습 1 문화의 차이 탐색하기

플로리다 지역의 간호 학생들이 소통과 공중 보건에 대한 경험을 쌓기 위해 코스타리카의 산악 지역을 여행하며 현지 가족과 함께 지냈다. 학생들은 홈스테이에 대해 알고 있었지만, 이것이 전체 여행에서 가장 불편한 부분이라는 데는 의문의 여지가 없었다. 많은 호스트 가정은 몇 년 동안 홈스테이 일을 해 왔지만 영어로 말하는 것이 제한적이라고 했다. 가족들은 비언어적 의사소통과 매우 기본적인 스페인어를 사용하는 데 익숙했지만, 학생들은 자신들의 요구를 전달하기 위해 뭔가를 해야 하는 것에 익숙하지 않았다. 또한 이 지역의 주택은 매우 작고 평범했다. 이것은 간단하고 순수하며 행복한 삶을 사는 "푸라 비다"의 라이프 스타일을 반영한 것이다. 샤워실은 작고 매우 기본적인 것만 갖추어져 있었고, 샤워 중에 온수를 제한하는 스위치가 있었다. 몇몇 학생들은 이것 때문에 극도의 스트레스를 경험했다. 그들은 원하는 만큼 뜨거운 물로 길게 샤워하는 데 익숙했다. 학생들은 샤워 중에 전기 스위치를 뒤집으면 충격을 받을 수도 있다고 걱정했고, 녹이 있거나 전선이 끊어졌기 때문에 스위치가 항상 제대로 작동하지 않는다는 것도 발견했다. 온수가 불충분한 적이 가끔 있었지만 냉수는 충분했다. 이러한 문제를 호스트 가정과 의사소통하면서 학생들은 이 지역에서는 뜨거운 샤워를 매일 하는 것이 우선순위가 아니라는 것을 알게 되었다. 학생들은 이 문화적 규범에 적응하는 것이 여행의 가장 어려운 측면 중 하나라고 표현했다.

질문:

1. 다른 문화의 나라로 여행하면서 자신의 생활 습관 중 어떤 습관과 일과가 가장 방해받을 것인지, 어떻게 그 문제에 적응할 것인지 생각해본다.
2. 다른 언어를 사용하는 외국에 방문하기 위한 준비는 무엇일지 생각해본다.
3. 구성원의 상당수가 간호사와 다른 언어를 사용하는 조직에서 간호사가 직책을 맡게 된다면, 해당 언어를 발전시키는데 있어 간호사의 책임은 무엇인지 생각해본다.

연습 2 문화와 의사소통 탐색하기

문화의 차이점에 대해 읽은 내용을 생각해본다. 자신의 문화와 의사소통 양상에 대해 알고 있는 것을 반영해본다. 자신의 문화에서 어떤 측면이 다른 문화의 대상자와 의사소통하는 데 장애가 될 수 있을지 생각해본다.

연습 3 나이와 의사소통 탐색하기

노인 대상자를 간호하도록 배정받았다고 가정할 때 가장 먼저 떠오르는 단어가 무엇인지 적어 본다. 자신의 기대가 상호작용에 어떻게 영향을 미칠지에 대해 생각해본다.

연습 4 성별과 의사소통 탐색하기

성별의 차이로 인해 발생하는 직장 내 상호작용과 의사소통 문제를 생각해본다. 간호사와 의사 간 의사소통을 향상시키기 위한 5가지 전략을 검토하고 직장 내 문제를 해결할 수 있는 접근법을 확인해본다.

연습 5 문화와 건강실천의 관련성 탐색하기

다른 나라에서 태어나 그 곳에서 아동기를 보낸 사람과 인터뷰를 시행한다. 문화와 경험에 대한 개인적 반응의 특성, 문화와 관련된 건강실천, 건강의 증진, 유지, 보존을 위해 그 나라에서 사용한 치료법에 대해 논의한다. 감기, 통증, 가벼운 병을 위한 치료법에 대해 질문하고 그 사람의 건강에 대한 관점을 논의한다. 이 사람을 대상으로 지금 사는 곳에서 경험하는 의료에 대한 관점에 대해 토론해 보고, 이 경험을 바탕으로 반영적 저널을 작성해보자.

연습 6 Q.S.E.N- 다양한 문화권에 속한 건강전문가들의 협력

질 높은 안전 간호를 제공하는 데 가장 중요한 역량은 의사소통이다.

건강관리팀 직원들도 다양한 문화적 배경을 가지고 있을 수 있다. 다수 집단의 사람들은 자신들과 다르게 입고 말한다는 이유로 다른 문화권의 사람들에 대해 팀의 일원이 될 수 없다는 가정을 하기도 한다. 이것이 간호사 간 상호작용이나 임상교육 등에서 어떤 영향을 미치겠는가?

간호사는 임상교육에 참여하고 있는 사우디아라비아 출신의 두 명의 학생이 다과시간에 한 번도 참석한 적이 없다는 것을 알게 되었다. 다과 시간에 학생들은 스카프로 머리를 가리는 두 학생의 행동에 대해 수근거렸다. 간호사는 이 두 학생이 학기 내내 점점 더 위축되고 집담회에서 질문에 대한 답 이외에는 말을 하지 않는다는 것을 알아차렸다. 간호사는 이것이 무례하다고 생각했기 때문에 학생들의 상호작용을 변화시키고자 한다.

- 팀 구성원이 가진 가정과 그들의 행동이 어떻게 두 학생을 배척하고 있는지 인식하도록 돕기 위해 어떻게 말할 수 있겠는가?
- 학생들이 그들의 가치와 신념에 따라 스카프를 하는 이유에 대해 팀원들이 탐색하고 이해할 수 있도록 돕는 방법은 무엇인가?
- 정중함이 의사소통과 안전 문화에 미치는 영향에 대한 문헌을 탐색한다. 문화적 배경에 대해 오해하며, 무례하게 따돌리려고 하는 학생들의 집담회를 어떻게 구조화할 것인가?
- 두 학생을 팀 활동에 포함시키기 위해 자신의 활동을 어떻게 변화시킬 수 있는가?

참고문헌

Amerson, R. (2010). The impact of service learning on cultural competence. *Nursing Education Perspectives, 31*(1), 18.

Andrews, M., & Boyle, J. (2011). Transcultural concepts in nursing care. Philadelphia, PA: J. B. Lippincott.

Chasteen, A., Schwarz, N., & Park, D. (2002). The activation of aging stereotypes in younger and older adults. *The Journals of Gerontology: Series B, Psychological Sciences and Social Sciences, 57*(6), 540–547.

Colby, S., & Ortman, J. (2015). *Projections of the size and composition of the U.S.* population: 2014 to 2060. Washington, DC: US Department of Commerce.

Cook, L., & Peden, A. (2017). Finding a focus for nursing: The caring concept. *Advances in Nursing Science, 40*(1), 12–23.

Edmonds, M. L. (2010). The lived experience of nursing students who study abroad. *Journal of Studies in International Education, 14*(5), 545.

Flowers, D. L. (2005). Culturally-competent nursing care for American Indian clients in a critical care setting. *Critical Care Nurse, 25*(1), 45.

Giger, J., & Davidhizar, R. (2002). The Giger and Davdhizar transcultural assessment model. *Journal of Transcultural Nursing, 13*(3), 185–188.

Green, Z. D., & Reinckens, J. (2013). Cultural competency in health care: What can nurses do? *Maryland Nurse News and Journal.*

Green-Hernandez, C., Quinn, A., Denman-Vitale, S., Flakenstern, S. K., & Judge-Ellis, T. (2004). Making nursing culturally competent. *Holistic Nursing Practice, 18*(4), 215.

Humes, K. A., Jones, N. A., & Ramirez, R. A. (2011). *Overview of race and Hispanic origin: 2010.* Washington, DC: US Census Bureau.

Institute for Healthcare Improvement. (2017). *SBAR: Situation, background, assessment, recommendation.* <http://www.ihi.org/resources/Pages/Tools/SBARToolkit.aspx>Accessed 12.05.18.

International Council on Active Aging. (2011). *Changing the way we age.* <http://www.changingthewayweage.com/> Accessed 01.08.18.

Juckett, G., & Unger, K. (2014). Appropriate use of medical interpreters. *American Family Physician, 90*(7), 476–480.

Kim-Godwin, Y. S., Clarke, P. N., & Barton, L. (2001). A model for the delivery of culturally competent community care. *Journal of Advanced Nursing, 35*(6), 918.

Lagisetty, P., Priyadarshini, S., Terrell, S., Hamati, M., Landgraf, J., Chopra, V., & Heisler, M. (2017). Culturally targeted strategies for diabetes prevention in minority population. *Diabetes Educator, 43*(1), 54–77.

Larson, K. L., Ott, M., & Miles, J. M. (2010). International cultural immersion: En vivo reflections of cultural competence. *Journal of Cultural Diversity, 17*(2), 44–50.

Leininger, M. (1988). Leininger's theory of nursing: Culture care diversity and universality. *Nursing Science Quarterly, 1*(4), 52.

Leininger, M. (2002). Culture care theory: A major contribution to advance transcultural nursing knowledge and practices. *Journal of Transcultural Nursing, 13*(3), 189.

Luckmann, J. (2000). *Transcultural communication in health care.* Toronto, Canada: Delmar/Thomson Learning.

Matveev, A. (2017). *Intercultural competence in organizations: A guide for leaders, educators and team players.* Cham, Switzerland: Springer.

Mouton, C. P., Larme, A. C., Alford, C. L., Talamantes, M. A., McCorkle, R. J., & Burge, S. K. (2005). Multiethnic perspective on elder mistreatment. *Journal of Elder Abuse and Neglect, 17*(2), 21.

Narayan, M., & Scafide, K. (2017). Systematic review of racial/ethnic outcome disparities in home health care. *Journal of Transcultural Nursing, 28*(6), 598–607.

National Board for Certification of Medical Interpreters. <www.certifiedmedicalinterpreters.org/> Accessed 01.08.18.

Nelson, M. (2018). *Navajo wellness model: keeping the cultural teachings alive to improve health.* <https://www.ihs.gov/newsroom/ihs-blog/january2018/navajo-wellness-modelkeeping-the-cultural-teachings-alive-to-improve-health/> Accessed 10.05.18.

Ortman, J. M. (2014). *An aging nation.* <https://www.census.gov/library/publications/2014/demo/p25-1140.html> Accessed 27.05.2019.

Purnell, L. (2002). The Purnell model for cultural competence. *Journal of Transcultural Nursing, 13*(3), 193.

Purnell, L. (2012). *Transcultural health care: A culturally competent approach.* Philadelphia, PA: FA Davis.

Quality and Safety Education for Nurses (QSEN) (2010). QSEN Competencies. 2010. <http://qsen.org/competencies/pre-licensure-ksas/> Accessed 12.05.18.

Reeves, J. S., & Fogg, C. (2006). Perceptions of graduating nursing students regarding life experiences that promote culturally competent care. *Journal of Transcultural Nursing, 17*(2), 171.

Salter, F. K. (Ed.), (2002). Risky transactions: Trust, kinship, and ethnicity. New York: Berghahn.

Shen, H. C., Chiu, H. T., Lee, P. H., Hu, Y. C., & Chang, W. Y. (2011). Hospital environment, nurse-physician relationships and quality of care: questionnaire survey. *Journal of Advanced Nursing, 67*(2), 349–358.

Siedlecki, S., & Hixon, E. (2015). Relationships between nurses and physicians matter. *The Online Journal of Issues in Nursing, 20*(3).

Sobralske, M., & Katz, J. (2005). Culturally competent care of patients with acute chest pain. *Journal of the American Academy of Nurse Practitioners, 17*(9), 342.

US Department of Health and Human Services. (2019). *National Culturally and Linguistically Appropriate Service Standards.* <https://www.thinkculturalhealth.hhs.gov/clas/standards> Accessed 05.27.19.

Waite, R., Nardi, D., & Killian, P. (2014). Examination of cultural knowledge and provider sensitivity in nurse managed health centers. *Journal of Cultural Diversity, 21*(2), 74.

Part 2

대상자 중심의 의사소통 태도와 기술

Honoring Your Fellow Travelers along the Journey

Chapter 06

온정으로 대하기

Demonstrating Warmth

학습목표

1. 온정에 대하여 설명한다.
2. 온정을 행동으로 표현한다.
3. 의사소통 시 사용된 온정의 의미를 분석한다.
4. 인간 상호작용에서 온정을 표현하는 여러 가지 방법을 설명한다.
5. 일상생활 속에서 대상자와 동료에게 온정을 표현한다.
6. 온정을 표현하기 위한 다양한 기술을 습득한다.

간호학생의 견해 공유
a Student Nurse Shares

이 장은 특히 나의 눈길을 끌었는데, 그 이유는 내 얼굴표정이 무뚝뚝하여 내가 다가가는 것이 겁난다는 말을 들어왔기 때문이다. 온정이란 내면의 편안함과 상대방에게 주의를 집중한다는 것을 전달하는 것으로 주로 비언어적인 방식으로 드러난다. (이제 나는) 대상자의 얼굴을 마주보며 눈을 마주치는 것과 같은 온정을 보여 줄 수 있는 행동들에 집중할 수 있다. 나는 이러한 행동들에 공을 들이고 있다.

온정을 어떻게 보여줄 수 있을까? 온정을 보여준 누군가를 생각해보자. 사회심리학자이며 하버드 경영대학원 연구원인 Amy Cuddy는 온정을 보여주는 행동과 단서들을 규명하였다: 적절한 자기노출, 유머, 자연스러운 미소, 상대를 향해 몸을 앞으로 기울이기, 동일한 물리적 평면에서 의사소통하기, 신체적으로 가까이에 있기, 문화에 따라 이상적인 거리를 유지해야 한다는 것을 기억하기 (Lambert, 2010).

간호사이자 환자인 Healy는 수술하기 전 오래 기다려야 했던 자신의 경험을 설명하며, 간호사의 돌봄 행동에 대하여 다시 생각해보고, 연민의 주요 특징인 온정과 환자의 말을 진심으로 경청하는 것에 대하여 명확히 설명하였다(Kimble & Bamford-Wade, 2013). "따뜻하고 자상한 목소리로 말한다."(Lee-Hsieh et al., 2004). 함께 하는 이 순간에 당신을 돌보겠다고 하는 어조로 이야기한다(Pullen & Mathias, 2010). 온정은 사람들 사이를 연결하는 접착제 같은 것이며, (자력이 쇠를 끌어당기는 것처럼) 다른 사람과 가깝게 만드는 친밀감을 끌어내는 매력이다. 온정은 인간관계에서 특별한 요소로서, 촉매제이기도 하다. 온정은 또한 "당신에게 위로가 있기를, 한숨처럼 따뜻하고 부드러운 위로가 있기를"이라고 말하는 기도문의 문구처럼, 위안이 된다."(Tabron, 2001). 온정의 표현은 우리에게 환영받는 느낌을 주고, 편안함과 즐거움을 느끼게 해준다. 비록 대상자가 간호사의 지적능력, 자격증이나 학위를 판단할 수는 없어도 대상자 곁에서 간호사가 보여준 진심어린 온정과 간호를 느낄 수 있다(Carver, 1998). 주사술기가 어려워 대상자 간호에 자신감이 떨어진 한 간호학생은 '주사술기만큼이나 진정한 온정은 중요하다.'라고 생각하게 되었다(O'Connor, 2005).

온정은 상담치료사에게 특히 중요하다. 공감, 진실성과 함께 온정은 내담자의 마음을 개방하게 만들며, 치료적 관계를 향상시켜 치료 효과를 높일 수 있다. 대상자에 대한 무비판적인 온정적 표현은 정서를 고양시켜 건강과 치료 효과에도 긍정적인 영향을 미친다. 온정과 진실한 돌봄행위는 암 환자에게 삶의 희망을 줄 수도 있다(Koopmeiners et al., 1997). 다양한 연령층과의 관계에서 돌봄제공자의 상호성의 차원을 규명하고 타당화하는 연구에서 온정과 수용이 중요한 요소임이 확인되었다(Carruth, 1996). 온정적인 간호사라고 느끼는 순간 대상자는 마음을 열고 대화를 시작하며, 자신의 건강문제와 관련된 정보를 제공하고, 간호사는 대상자를 위한 간호진단, 간호계획과 간호수행을 할 수 있게 된다.

미국보건의료연구품질원(Agency for Healthcare Research and Quality, 2017)이 "온정적 업무인계(warm handoff)"라고 정의를 내린 온정을 표현할 수 있는 창의적인 방법이 있다. 이는 "환자, 환자 가족, 치료 팀과의 쌍방향(혹은 세 방향) 의사소통을 장려하는 전략이다… 환자 앞에서 의료팀이… 안전 점검!이라고 하듯이 대화하는 것으로 바꾸는 것이다…." 이처럼 전문직 간의 의사소통을 혁신적으로 적용하는 것에 대하여 사례 관리 책임자인 간호사 Nancy Trumbo와 원격의료 분야의 임상 간호교육자인 Jean과 McComick이 오레곤 보건과학대학의 온정적 업무인계에 대한 프로젝트에서 소개하였다. 병원에 있는 간호사와 환자가 이송될 예정인 시설 사이에서의 환자 간에 이루어지는 대화를 태블릿 비디오를 사용하여 발표하였다(Trumbo & McCormick, 2015). 환자들은 참여하게 되어 기쁘다고 보고했다. 여러 가지 만성질환이 있는 나의 친구는 농양을 몇 번 앓은 후 세 번의 수술을 받고 회복 중이다. 그녀는 3일 동안 인공호흡기를 착용했고 중환자실(ICU) 간호사들은 그녀를 "기적의 환자"라고 불렀다. 그녀는 집중간호를 위해 일종의 확장 치료 시설로 옮겨졌고 아직 급성기 간호를 받고 있다. 그녀는 통상적인 방식으로 이송되었고 옮겨진 확장 치료시설에서 받은 돌봄에 대하여 "조금 못 미치지만 (the same with less) 똑같다."고 묘사하였다. 만약 "온정적 업무인계"가 그녀에게 소개되었다면 그녀는 좀 더 환대와 신뢰감을 느낄 수 있었을까?

핸드오프는 스포츠 용어로서 럭비경기에서 자기 팀의 다른 선수에게 지시를 전달하거나 공을 넘기는 것을 말한다. 여기서는 (병원에서 시설로 환자가 옮겨가는 과정에서) 두 기관의 의료진이 의사소통을 하면서 환자나 가족이 함께 참여할 수 있는 세 방향 의사소통으로 (이송에 따른) 업무인계가 이루어지는 것을 예를 들고 있다.

- 환자, 환자 가족, 돌봄 팀 간 함께 쌍방향 (또는 세 방향) 의사소통을 장려하기 위한 전략
- 환자 앞에서 대화하는 의료 팀원 간 대화(세 방향 의사소통으로)로 바꾸기.
- 안전 점검!

온정은 또한 직장 내 동료들과의 친밀감을 증진시켜 쾌적한 근무환경을 만들어 준다. 미국경영인협회(American Management Association)에 따르면(Ekeren, 1994), 승진에 실패한 사람들의 8가지 특성 중 2가지는 동료들에게 '무감각함'과 '오만함'이었다. 동료들과 온정을 나누는 것은 서로를 더욱 친숙하게 만들어주며, 의사소통 능력을 향상시켜 대상자에 대한 중요한 메시지를 정확하게 전

달해주고, 병원 업무 처리도 수월하게 해준다. 온정이 있는 지도자는 동료들과의 상호관계 속에서 자신의 능력을 효과적으로 발휘하며, 지도자의 온정은 동료 간 라포 형성에도 매우 중요한 영향을 미친다(Reese, 2013).

온정은 그 자체로 소통이 될 수는 없다. 이는 나중에 학습하게 될 존중하기, 진실하기, 공감하기 등과 함께 강화될 수 있다. 온정은 그 자체만으로는 관계를 향상시키고 상호존중감을 발달시키며, 문제를 해결해주지는 못하지만 관계 형성, 상호존중감, 문제해결력 등을 강화시켜준다.

Levine과 Adelman(1982)의 연구 결과에 의하면, 메시지는 단지 7%만이 말로 전달되고, 나머지 93%는 목소리 톤이나 얼굴표정에 의해 전달된다고 한다. 따라서 우리는 말이나 언어보다 태도나 감정을 통한 비언어적 표현을 중요시해야 한다. 왜냐하면 온정은 아주 강한 비언어적 표현방식이기 때문이다.

온정을 표현하는 방법

Ways to Display Warmth to Your Clients and Colleagues

온정은 비언어적 표현방법으로, 미세한 얼굴표정이나 몸짓(손, 눈썹, 눈의 작은 움직임)을 사용하여 다른 사람을 내적으로 편안하게 배려하는 것이다(Box 6-1).

얼굴표정으로 온정을 표현하는 방법은 다양하다. 누군가와 대화를 할 때 상대방은 주로 얼굴표정에 초점을 맞추게 되므로 얼굴표정을 통해 온정을 최대한 표현할 수 있는 방법을 익혀두는 것이 매우 중요하다.

상호작용하는 동안 얼굴은 그 사람의 성격, 관심, 반응, 감정상태 그리고 관련된 정보까지 전달해 준다. 대화는 얼굴표정에 의해 지속될 수도, 차단될 수도 있으며, 대화의 내용을 변화시킬 수도 있다. 온정의 표현방법은 매우 다양하고 개인의 특성이나 문화 간 차이가 있다. 대상자와 동료들 간의 관계에서, 비록 다른 문화권의 사람들이 그들의 감정(예: 온정)을 드러내지 않는다 해도, 그것은 정서적 경험이 없었다는 것만을 의미하지는 않는다. 미국 문화권에서는 표정을 많이 사용하나, 다른 문화권에서는 다른 의미를 가질 수도 있다. 미국 내 특정 민족의 사람들은 그들의 손, 몸 그리고 얼굴을 다른 사람들보다 더 많이 사용하기도 한다. 온정 역시 다양한 방법으로 표현될 수 있지만, 무표정은 대개 의심스러운 표정으로 여겨진다. 대상자를 너무 과도하게 응시하거나 눈길을 주지 않는 것도 소통에 방해가 될 수 있다. 눈의 움직임에 특정한 제한은 없으나, 처음 보는 사람을 빤히 쳐다보는 것은 무례한 행동일 수 있다. 눈 접촉은 서로 다른 문화에 있어서 서로 다른 의미를 가질 수 있는 것이다.

자세로 온정을 전달할 수 있다. 자세나 몸을 가볍게 움직여 대상자에게 흥미와 즐거움을 표현하거나 대화를 더 부드럽게 만들어 줄 수도 있다(Box 6-2). Box 6-2는 저녁 식사 때 똑바로 앉

Box 6-1 온정을 나타내는 얼굴표정

얼굴표정	온정을 표현하는 방법
이마	근육을 이완시킨다. 이마를 (찡그리지 않고) 매끄럽게 한다. 눈썹을 찡그리지 않는다.
눈	눈맞춤을 편안하게 유지한다. 눈동자를 크게 한다. 시선을 고정시키지 않고, 흔들리지 않으며, 노려보지 않는다.
입	입술은 오므리지 않고 편안하게 한다. 입술을 깨물거나 억지 미소를 짓지 않는다. 적절하게 미소를 짓는다.
표정	얼굴 표정을 부드럽고 편안하게 한다. 걱정스럽고 괴롭고 초조한 표정을 하지 않는다. 흥미 있고 관심 있는 모습을 보인다.

Box 6-2 온정을 표현하기 위한 자세

자세	온정을 표현하는 방법
신체 위치	상대방의 얼굴을 바라보며 어깨 높이를 맞춘다.
머리 위치	상대방의 머리 높이와 같게 하며, 주기적으로 고개를 끄덕여 흥미를 표현한다.
어깨	어깨는 구부리거나 편안하게 한다.
팔	팔은 부드럽게 움직이며 경직되지 않게 한다.
손	손은 너무 꽉 쥐거나 주먹을 쥐지 않고, 볼펜을 똑딱거리지 않고, 차트나 다른 물건을 만지작거리지 않는다.
가슴	호흡은 편안하게 하며, 상대방 쪽으로 살짝 기울여 흥미가 있음을 표현한다.
다리	다리를 꼬든 꼬지 않든 편안하게 유지하며, 서 있는 동안 무릎을 살짝 구부려 긴장을 풀어준다.
발	발을 꼼지락거리거나 두드리거나 톡톡 치지 않는다.

으라고 말하는 엄마의 잔소리처럼 들릴 수도 있지만, 당신이 불안을 느낄 때, 온정적인 의사소통을 할 수 있도록 상세한 지침을 제공해준다.

온정은 대상자를 향한 자세, 미소, 눈맞춤, 가만히 있는 손 등으로 표현될 수 있다. Knapp(1980)의 연구에 의하면, 병실을 한번 휙 둘러보는 것, 손가락을 톡톡 치는 것, 우울하게 쳐다보는 것은 도움이 되지 않는다. 대화하는 동안, 온정의 표현과 함께 중간 중간 "음~, 네……."와 같이 언어적으로 표하는 것은 대상자의 대화를 더 잘 이끌어내는 데 효과적이다. 반면, 언어적 표현만으로는 충분하지 않다. 간호에 영향을 미친 초기 연구 결과에 의하면, 상담을 통해 대상자들에 대한 많은 정보를 수집한 것을 볼 수 있다.

Purtilo와 Haddad(2002)는 전신의 위치나 자세, 몸의 사지를 포함(손가락 하나의 움직임도)한 제스처도 의미 있는 메시지를 보여줄 수 있는 것이라고 강조하였다.

다음의 제스처가 당신의 온정의 메시지에 어떻게 영향을 미칠지 생각해 본다. 만약 팔짱을 끼거나, 어깨를 으쓱거리거나, 손가락을 꼼지락거리거나, 주먹을 쥐거나, 발을 질질 끄는 자세로는 온정을 표현할 수 없으며, 신체의 어떤 부분들이 온정을 전달하는 데 초점을 맞춘다고 해도, 이러한 부분들은 당신이 보내고자 하는 따뜻함의 메시지를 최소화하거나 지워 버릴 수도 있다.

또한 기억해야 할 것은, 모든 제스처가 보편적인 의미를 가지고 있지는 않다는 점이다. 윙크나 손짓이 언제나 온정을 의미하지는 않는다. 미국인들이 사용하는 'OK' 표시가 일본에서는 화폐를 의미하며, 일부 라틴문화권 국가에서는 외설적인 의미로 표현된다.

대상자와의 공간적 거리 또는 근접성 역시 온정에 영향을 미칠 수 있다. 미국인들에게 있어서, 사회적 대화의 거리는 팔 길이 정도에서 4피트(120cm)정도 된다.

온정을 풍부하게 표현하려면 이러한 공간적 상황을 고려해야 한다. 모든 대상자나 동료들이 이런 제스처를 통해 위안을 받는 것은 아니며, 오히려 어떤 사람들은 방해받는 것으로 느낄 수도 있고, 또 다른 사람들은 위협을 느끼고 방어적으로 행동할 수도 있다.

신체접촉 역시 온정을 표현하는 또 다른 방법이다. 어깨에 가볍게 손을 얹는 것, 가벼운 포옹, 손을 내미는 것 등의 접촉은 대상자에게 편안함을 주든, 불편함을 주든, 온정을 표현하는 대화의 한 방법이다. 손을 이용한 부드러운 접촉은 따뜻함, 배려, 편안함을 전달한다(Gleeson, 2004; Reynolds, 2002).

온정은 언어적으로나 비언어적으로 전달될 수 있다. 목소리의 음량 역시 온정을 표현하는 하나의 방법으로, 편안한 목소리는 시끄러운 소리보다 분위기를 더 편안하게 만들어 준다. 말의 속도, 적절한 억양도 중요하다. 압박감을 주고, 아는 척하거나, 절제하는 듯한 말투는 화자의 자연스러운 말투에 의해 전달될 수 있는 온정을 방해한다. 메시지 전달 시 사용되는 단어도 매우 중요하다. 애정을 담은 부드러운 단어들이 거칠고, 사려 깊지 못한 단어보다 더욱 온정을 느끼게 해준다. “전에는 운동을 해 본 적이 없지만, 지금은 당신이 ‘슈퍼 영웅’이 되어 조깅을 할 수 있다고 생각하세요?”라는 표현은 “당신의 체력을 증진시켜서 새로운 삶을 살고 조깅을 배우는 것이 좋을 것이라고 생각하시는군요.”에 비해 냉정하고 비판적인 표현이다.

온정을 표현하기 위해 편안해져야 하는 것도 맞지만, 편안한 사람들이 온정을 잘 표현하는 편이다. 진심 어린 관심을 상대방에게 나타내는 것과 편안함과 친밀감을 주고 싶다는 마음도 중요하다.

온정적이고자 하는 마음은 당신이 만나는 사람들이 당신의 온정을 받아들이고 편안함을 느낄만한 가치가 있다는 믿음에 바탕을 두고 있다. 당신이 온정을 잘 나타낸다면 동료와 대상자를 이해하고 존중하는 데 집중하고 있다는 것이다. 그러나 반대로 행동한다면 대상자들에게 무관심이나 반감을 느끼게 한다.

간호와 온정 이야기
Stories of Warmth in the Actions of Nurses

다음의 이야기에서는 전문가들이나 개인의 여정을 통해 배운 교훈을 담은 일련의 상황들을 보여주며, 온정이 간호행위에서 매우 중심이 됨을 설명해준다.

온정을 방해하는 요인
Extension and Withdrawal of Warmth

온정을 전달하는 방법에는 얼굴표정, 자세, 촉감 외에도 언어적 · 인지적 · 정서적 능력을 활용하는 것이 있다. 반대로 온정을 방해하는 요소에는 어떤 것들이 있는가? 주의를 산만하게 하는 어떤 생각이나 감정은 온정을 방해하는 요인이 된다. 성급하게 서두르거나 감정적으로 행동하는 것, 타인의 행동에 비판적인 태도 등은 모두 온정을 방해하는 요소이다. 바쁠 때 역시 주변이나 타인들에게 신경 쓸 수가 없다. 따라서 심호흡을 하고 주변에 신경 쓸 수 있도록 노력해야 한다.

동료나 대상자 중 그 누군가에게 화가 나 있을 때도 온정을 표현하기 어려우며, 온정을 표현하는 것이 오히려 부적절하게 보일 수 있다. 그런 경우에는 온정을 충분히 표현할 수 있을 만큼 여유를 가지는 것도 좋다.

반면, 온정을 표현하는 것이 불편한 경우도 있다. 때로는 매우 부정적이고 냉랭하고 무례한 대상자를 만나기도 한다. 이런 경우 온정적일 수만은 없으며, 나 자신을 보호해야 한다는 생각을 하게 되고 온정을 베풀기가 불편해진다. 따라서 대상자에게 온정을 전달하고자 하는 진실된 마음이 중요하다.

성찰과 적용

내가 사랑하는 사람과 당신이 사랑하는 사람의 최후의 순간을 위하여

아버지는 2016년 가족과 멀리 떨어진 병원에서 갑자기 돌아가셨다. 내가 할 수 있는 것은 오로지 따뜻한 손길로 아버지의 손을 잡아 줄 수 있는 친절한 간호사가 옆에 있었기를 기도하는 것이었다. 나도 내 환자들의 손을 잡아주고 기도해 주고 싶다. 그래서 그의 가족들도 사랑하는 가족 옆에 친절한 사람이 있었다는 것을 확신할 수 있도록.

성찰과 적용

통증 관리: 진통제보다 효과가 큰 온정

나는 약물 투여를 거부하는 대상자를 맡게 되었다. 몇 번의 대화 시도 후 그가 3개월 전 교통사고로 외아들을 잃었다는 것을 알게 되었고, 대화할 상대를 필요로 한다는 것을 알게 되었다. 바쁜 근무시간 속에서도 시간을 내어 그와 대화를 하며 손도 잡아주었다. 그는 점점 편안함을 표현하였다. 나는 병실을 나오며 누군가에게 베풀 수 있는 재능과 능력을 주신 신께 감사했다.

성찰과 적용

베개, 수건, 그리고 나

"수술실 간호사로서 근육이영양증 환자를 맡은 적이 있다. 그녀의 수술은 연기되었고 그녀와 30분 가량 시간을 보냈다. 그녀는 이십대였으며 우리는 웃고 농담도 하였다. 나는 그녀의 팔과 다리 자세를 제대로 잡아주고(그녀는 이미 불구상태였다), 베개와 젖은 수건을 건네주었다. 우리가 보낸 시간은 그녀에게 의미가 있었으며, 그녀는 수술이 끝난 후 우리가 다시 볼 수 있는지 물었다. 다시 만나게 되었을 때 그녀는 전율을 느끼며 나를 잘 보기 위해 모자를 벗어보라고 하였다. 병원에 올 때마다 그녀는 나를 찾아왔다. 나중에 그녀가 어머니와 단 둘이 살았다는 것을 알게 되었다. 나를 만나기 전까지 그녀는 어떠한 친구도 없었다. 이러한 안위의 방법은 단지 내 업무의 부분이었지만 그녀에게는 대단한 의미를 가진 것이었다."

온정을 전달할 수 있는 요인들은 얼굴, 자세, 촉각, 온정의 언어적 지표, 온정을 전달하는데 반하는 인지적 혹은 정서적 영향을 극복하는 능력이다. 온정을 표현하는데 반하는 요인들은 무엇일까? 온정을 표현하는데 당신의 주의력을 산만하게 하는 생각이나 감정은 무엇인가? 다급함, 강한 감정을 극복하는 것, 충격을 받거나, 다른 사람의 행동을 판단하는 것은 주의력을 흩트린다. 급할 때는 자신에게 집중하기만 할 뿐 주변에 있는 사람과 즐길 수 없다. 심호흡을 하고 사람에게 다시 주의를 집중할 것을 기억한다.

성찰과 적용

두려움 속에 있는 대상자를 위해

암병동에서 근무할 때 육종으로 고통스러워하는 여자 환자를 알게 되었다. 그녀는 통증 완화를 위해 많은 약을 요구했다. 어느 날 밤, 그녀는 통증으로 몹시 공포스러워 하였다. 나는 약물 효과가 나타날 때까지 그녀의 손을 잡고 가볍게 쓰다듬어주었고, 어깨를 부드럽게 감싸 주었다.

다음의 연습 문제를 통해 온정에 대해 잘 알 수 있게 될 뿐 아니라 어떻게 하면 온정을 잘 전달할 수 있는지에 대한 지침을 얻을 수 있다.

온정을 표현하기 위한 연습
Practicing Demonstrating Warmth

연습 1 온정 표현 관찰과 기록

자신의 행동을 변화시키거나 관찰하기 전에, 동료들이나 친구들이 표현하는 온정을 며칠 동안 관찰한다. 관찰한 내용과 그에 대한 생각을 기록한다. 다음에서 주목한 것은 무엇인가?

- 얼굴표정
- 자세
- 언어 표현
- 접촉

좋다고 느낀 것은 무엇인가? 모방하고 싶은 온정적 표현은 어떤 것인가? 관찰한 내용을 친구들과 비교해 본다. 온정을 표현하는 방법을 통해 서로에게 배운 것은 무엇인가?

연습 2 온정 전달

며칠 동안 온정을 전달하는 것에 집중한다. 사랑하는 사람에게 당신이 돌보고 있다는 것을 보여주는 것은 무엇인가? 이러한 표현은 동료나 대상자에게 보여주는 온정과 무엇이 다른가? 이러한 표현이 어떻게 동일한가? 당신이 표현하는 것보다 더 많은 감정을 다른 사람들에게 보여주고 싶은가? 더욱 온정적이 되기 위해서 변화시키고 싶은 것에 대해 기록한다. 교실에서 짝을 찾아서 당신이 작성한 자기관찰 기록을 교환한다.

연습 3 온정 표현 연습하기

전신거울에 자신을 비추어 본다. 거울에 비친 자신의 모습에서 온정적인 면을 서술한다. 얼굴에서 온정이 느껴지는가? 얼굴근육은 부드러운가, 눈빛은 반짝거리는가, 차가운 눈빛인가, 입술은 부드럽게 움직이는가, 굳게 다물었는가? 좀 더 온정적인 표정을 지어본다. 어떤 표정을 지었는지 기록한다. 얼굴표정을 부드럽게 하기 위해 어떻게 하였는가? 누군가에게 온정을 표현하고자 할 때 이러한 내용들을 기억한다.

이번에는 거울을 보지 않고 온정적인 얼굴표정을 지어본다. 그런 다음 거울을 본다. 머리가 기울었는가, 미소를 활짝 지었는가, 눈을 찡그리지는 않았는가? 온정을 표현하고 싶다면 대상자들이 온정의 메시지를 느낄 수 있도록 비언어적 표현을 연습해야 한다.

연습 4 누군가를 떠올리기

여러분을 웃음 짓게 만들었던 상황이나 누군가를 떠올려 본다. 아이가 뛰어 놀다 잠이 든 모습을 떠올려 본다. 다음 같은 시가 그려질 것이다.

내 어깨에 머리를 기대고
잠든 아기의 따스한 체온은
엄마에게 기쁨으로 전해지네

연습 5 온정 표현 평가하기

다음을 온정 기술에 대한 내용이다. 이 연습을 통해 당신은 온정 기술을 발달시키는데 도움을 받을 수 있으며, 온정 기술에 대한 피드백을 받을 수 있다.

소그룹으로 나누어 연습하기(만약 시간이 있다면, 각각 교대로 면담자 역할을 해보거나 학생 두 명이 평가를 하기 위해 자원할 수 있다.) 각자 면담자가 되어 상대방이 관심 있는 것으로 간주하는 무언가에 대해 면담을 한다. 면담자는 온정 표현 척도(그림 6-1)를 재검토하고 면담에서 온정을 표현하였는지에 초점을 둔다. 면담자가 시연한 온정 행동에 대하여 온정 표현 분석표(Warming Content Analysis Sheet)를 사용하여 나머지 부분을 체크한다(그림 6-1).

대상자 ______________________ **평가자** ______________________

온정을 표현하는 방법	**1분 간격**										**Total**
	1	2	3	4	5	6	7	8	9	10	
1. 눈맞춤을 하는가?											
2. 시선은 정면을 향하는가?											
3. 대상자를 향하여 살짝 기울이고 있는가?											
4. 팔은 열린 자세를 취하는가?											
5. 다리는 열린 자세를 취하는가?											
6. 편안한 자세로 인터뷰를 하는가?											
7. 관심을 표현하며 고개를 끄덕거리는가?											
8. 미소를 짓는가?											
9. 농담을 하는가?											
10. 목소리는 부드러운가?											
11. 주의 깊은 관심을 표현하는 얼굴표정인가?											
12. 말의 내용에서 관심이 나타나는가?											

온정 표현 척도

4.0 ☐ 온정 정도가 매우 높음
3.5 ☐
3.0 ☐ 온정 정도가 높음
2.5 ☐
2.0 ☐ 온정 정도가 낮음
1.5 ☐
1.0 ☐ 온정 정도가 매우 낮음

그림 6-1 온정 표현 분석표

출처: Gerrard, B., Boniface, W., & Love, B. (1980). *Interpersonal skills for health professionals*. Reston, VA: Reston Publishing.

온정 표현 분석표(Warming Content Analysis Sheet)에 대한 지침

체크리스트는 10분 동안에 해당한다는 것을 유의한다. 면담하는 동안 1분 간격으로 리스트에 있는 온정 행동 항목들에 대하여 면담자가 시연하는 것을 관찰하고 적절한 칸에 표시를 한다. 예를 들어, 처음 1분 동안 면담자가 미소를 짓는지, 온화한 목소리 톤을 내는지, 몸을 살짝 앞으로 기울이는지에 대해 1분이라고 표기된 줄(열)의 해당 칸에 표기한다. 1분 간격 범위 안에서 면담자가 여러 번 보인 행동에 대하여 한 번만 표시를 한다. 매 간격 동안 행동이 일어났는지를 표시하는 것이지 얼마나 자주 일어났는지는 중요하지 않다. 1분이 지나면, 그 다음 분에 해당하는 칸으로 이동하여 그 간격 동안 일어난 행동에 대하여 표기한다. 이런 식으로 매 분마다 시연된 행동에 대한 평가를 표기한다. 면담이 끝나면, 각 줄의 표기된 점수를 더하고 마지막 세로 칸에 전체 점수를 기록한다.

그룹 구성원 모두가 온정 내용 분석표의 점수를 합산한 후, 그림 6-1의 두 번째 온정 표현 척도를 사용하여 면담자의 행동이 전반적으로 얼마나 온정을 느끼게 하였는지 평가한다.

이 두 가지 척도는 온정의 다른 면을 측정한다. 온정내용 분석표는 면담 동안 일어난 구체적인 행동에 대한 정보를 준다. 표현 척도는 전반적으로 면담자가 제공한 온정의 질적인 측면을 전반적으로 평가할 수 있도록 한다.

평가를 마친 후, 그룹 구성원들은 서로 온정 점수에 대하여 피드백을 주고받는다. 이러한 피드백에는 전반적인 온정 점수와 온정을 소통하는 데 사용된 구체적인 행동이 포함된다. 그룹 구성원이 피드백을 마치게 될 때 면담자에게 온정을 보이기 위해 최선을 다했다는 말을 하면서 끝내도록 한다.

연습 6 온정 능력 향상시키기

온정을 표현하는 것에 진전이 있는지 평가할 수 있는 방법들을 찾아보자. 온정을 측정할 수 있는 가장 중요한 지표 중 하나는 내면의 감정이다. 보다 느긋하게 대상자와 동료를 돌보는 느낌이 드는가? 더욱 감정표현이 풍부해지고 다른 사람과 충분히 연관되어 있다는 느낌이 드는가? 감정표현이 자유롭게 흘러가는가?

외적으로 볼 수 있는 평가에서, 대상자로부터 언어적 · 비언어적 피드백을 모니터링할 수 있다. 대상자가 말을 더 많이 하고, 당신을 더 많이 바라보고, 당신에게 질문하고, 의자에 앉은 자세가 편안해보이고, 당신에 의해 돌봄을 받는다고 느끼는 것처럼 보이는가?

나의 온정 능력에 대하여 더욱 구체적인 피드백을 받기를 원할 수 있다. 이러한 피드백을 얻는 방법의 하나는 내가 대상자와 동료와 상호작용하는 것을 지켜 본 동료에게 상호작용에서 온정을 전달하기 위하여 향상시켜야 할 분야가 무엇인지 물어보는 것이다.

연습 7 온정을 표현하는 문구

건강 돌봄 관계에서 친절함과 온정의 가치는 고객 서비스 관리에서 중요하다. 환자, 환자 가족이 불평을 할 때 방어하기보다 온정을 보여주는 것에 대한 중요성을 토론한다. 온정을 실제로 보여주려면 이 문구를 염두에 둔다. "당신의 관심사를 말해보세요.", "당신이 더 나아지도록 하려면 우리가 무엇을 할 수 있을까요?"

참고문헌

Agency for Healthcare Research and Quality. (2017). *Warmand-off: Patient and family engagement in primary care (a slide presentation). https://www.ahrq.gov/professionals/qualitypatient-safety/patient-family-engagement/pfeprimarycare/interventions/handoff-slides.html*. Accessed 07.07.18.

Carruth, A. K. (1996). Development and testing of the Caregiver Reciprocity Scale. *Nursing Research, 45*(2), 92.

Carver, I. (1998). Healthcare with a human touch. *Nursing Spectrum, 8*(18), 7.

Ekeren, G. V. (1994). *Speaker's sourcebook, II: Quotes, stories, and anecdotes for every occasion*. Englewood Cliffs, NJ: Prentice Hall.

Gleeson, M. (2004). The use of touch to enhance nursing care of older persons in long-term mental health care facilities. *Journal of Psychiatric and Mental Health Nursing, 11*(5), 541.

Healy, L. (2013). Warmth is the hallmark of compassion. *Nursing Standard, 27*(25), 28.

Kimble, P., & Bamford-Wade, A. (2013). The journey of discovering compassionate listening. *Journal of Holistic Nursing, 31*(4), 285.

Knapp, M. L. (1980). *Essentials of nonverbal communication*. New York, NY: Holt, Rinehart & Winston.

Koopmeiners, L., Post-White, J., Gutknecht, S., Ceronsky, C., Nickelson, K., Drew, D., & Kreitzer, M. J. (1997). How health-care professionals contribute to hope in patients with cancer. *Oncology Nursing Forum, 24*(9), 1507.

Lambert, C. (2010). *The psyche on automatic: Amy Cuddy probes snap judgments, warm feelings, and how to become an "alpha dog." In Harvard Magazine*. November-December. https://harvardmagazine.com/2010/11/the-psyche-on-automatic. Accessed 17.06.19.

Lee-Hsieh, J., Fang, Y., Kuo, C., & Turton, M. A. (2004). Patient experiences in the development of a caring code for clinical nursing practice. *International Journal of Human Caring, 8*(3), 21.

Levine, D. R., & Adelman, M. B. (1982). *Beyond language: Intercultural communication for English as a second language*. Englewood Cliffs, NJ: Prentice Hall Regents.

O'Connor, K. (2005). A dose of genuine warmth is as essential as skill with a syringe. *Nursing Standard, 19*(32), 28.

Pullen, R. L., & Mathias, T. (2010). Fostering therapeutic nurse–patient relationships. *Nursing Made Incredibly Easy! 8*(3), 4.

Purtilo, R., & Haddad, A. M. (2002). *Health professionals and patient interaction*. Philadelphia, PA: WB Saunders.

Reece, B. (2013). *Effective human relations: Interpersonal and organizational applications*. Independence, KY: Cengage Learning.

Reynolds, M. (2002). Reflecting on paediatric oncology nursing practice using Benner's Helping Rose as a framework to examine aspects of caring. *European Journal of Oncology Nursing, 6*(1), 30.

Sitzman, K., & Watson, J. (2017). *Watson's caring in the digital world: A guide for caring when interacting, teaching, and learning in cyberspace*. New York, NY: Springer.

Tabron, S. (2001). A prayer. In B. Knight (Ed.), *Blessed are the caregivers: A daily book of comfort and cheer*. Albuquerque, NM: Hartman Publishers.

Trumbo, N., & McCormick, J. (2015). *The warm handoff, presented at the Northwest Regional Telehealth Resource Center. https://www.nrtrc.org/education-article-70*. Accessed 07.07.18.

Chapter 07

존중하기

Showing Respect

학습목표

1. 돌봄에서 존중의 이점을 파악한다.
2. 존중의 의미와 중요성을 설명한다.
3. 직장 내 괴롭힘의 의미를 정의한다.
4. 존중을 표현하기 위한 다양한 방법을 습득한다.

존중의 이점 인식하기

Recognizing the Benefits of Respect

존중에 관한 철학, 심리학, 사회학, 사업, 신학, 간호학 분야의 문헌을 고찰해보면 세 가지 주제가 등장한다: 각 개인이 타고난 존엄성을 지닌 가치 있는 존재라는 것을 인식할 때 등장하는 개인의 가치에 대한 존중; 개인의 정체성에 기여하며 "에너지를 고양시키고 자신감을 증진시키는" 심사숙고하는 과정에서 등장하는 존중; 탄복을 자아내는 사람을 대할 때 등장하는 존중(Rewakowski, 2018, p. 195). 돌봄 제공 시 대상자를 존중하는 태도는 간호사-대상자 관계 형성에 매우 중요하다(Dinc & Gastmans, 2013). 간호중재 시 존중은 대상자의 의견, 느낌, 경험 모두를 수용한다는 의미가 된다(Haber et al., 1997). 대상자를 소중하게 여기며, 매우 중요한 사람이라는 메시지를 전달하는 것이다. 함께 함, 온정, 존중은 모두 무조건적인 긍정적인 태도라고 평가된다(Stuart, 2012). 조력자가 무조건적으로 환자를 돌볼 때 환자는 무조건적인 긍정의 표시를 보낸다. 즉, 의료진의 행동이나 성격으로 그들을 판단하는 것이 아니라, 의료진 그 자체를 인정한다는 것이다. 환자를 존중하는 것은 한 사람의 존엄을 지켜주는 것이다(Griffin-Heslin, 2005; Milika & Trorey, 2004). 환자의 가족들에게 존중을 표하는 것이 얼마나 중요한지 고려해보자. 급성치료병동에서 노인 환자들에게 표하는 존중 관련 연구 결과, 존중받고 있다는 느낌을 받은 환자와 가족들은 질문을 편안하게 하고, 자신의 요구를 표현하는데 더 자유롭다(Koskenniemi et al., 2012).

다음의 예를 통해 대상자들이 느끼는 존중의 의미를 살펴볼 수 있다.

"새로운 주치의가 정말 좋아요. 주치의와 상담을 하다 보면 나 자신 스스로 '나는 중요한 사람이구나.'라는 생각이 들게 해줘요. 약속 시간을 정확하게 지키고, 제 이름을 기억하고, 제 요구를 받아주려고 노력해요."

"간호사들은 당연히 바쁘겠지만, '안녕하세요'라고 인사하고, 남편에 대한 새로운 이야기를 나한테 말할 시간은 있어 보였어요. 나를(우리를) 더욱 특별하게 느끼게 만들어주는 작은 손길을 줄 시간이 없을 정도로 간호사들이 정말로 바빠 보이지는 않았어요. 간호사에게 무엇인가를 요구하는 듯한 인상을 주었을 때, 인상을 찡그리며 당신에게 할애할 시간이 없다는 인상을 주었던 그런 곳과 남편이 예전에 입원했던 병동은 달랐어요."

예를 들어, 한 중년 여성은 바쁜 병원 병동의 의료진에 대해 다음과 같이 불평하였다.

"내가 의료진에게 아버지 병실이 어디인지 물어보았을 때 그 의료진은 얼굴을 들고 나를 쳐다보며 말해야 하는 기본적인 예의조차 보이지 않았어요. 거기 가지도 말 걸 그랬어요."

간호사는 자신이 겪은 무례함에 대해 불만을 보고했다.

"아~ 전, 제가 거기서 일하지 않아서 기뻐요! 제가 주사기를 빌리러 내려갔을 때 두 간호사는 저를 무시했고 계속 이야기를 하고 있었어요! 제가 거기에 있는지조차, 제가 얼마나 급한지, 급하게 물건이 필요하다는 것조차 알지 못했어요." 사람들은 그들이 존중받지 못하고 있다고 느낄 때, 화를 내고 거절당했다고 느끼게 된다. 상담심리치료를 할 때도 의료인들의 존중, 온정, 공감적 태도는 성공적인 치료를 위해 서로 밀접하게 연관되어 있다는 것을 경험을 통해 알아야 한다. 또한 대상자는 필요할 때마다 주치의와 상담할 수 있는 것, 편안한 병원환경을 제공받는 것, 진료 대기 시간이 단축되는 것, 최적의 진료를 제공하기 위해 노력하는 것 등을 통해 존중감을 느낀다는 것을 명심해야 한다.

성찰과 적용

결혼생활에서 신성한 관계 유지를 위한 존중

나는 임종 환자를 돌보는 가정간호사였다. 여자 환자였으며, 그녀의 남편이 주로 돌보고 있었다. 그들은 결혼 생활 50년 동안 한 침대에서 잠을 잤지만, 얼마 전부터 그녀는 환자용 침대에서 지냈다. 어느 날 그녀의 남편이 몹시 언짢아 보였다. 무엇 때문에 그런지 언짢은 이유를 물어보았다. 그녀의 남편은 부인의 체온을 느낄 수 없어 슬프다고 하였다. 나는 부인의 침대에 함께 누워보라고 제안했지만 오히려 부인이 불편해 할까봐 걱정하였다. 그러나 나는 부인도 역시 당신이 옆에 함께 누워 있기를 원할 수도 있다고 설명해주었다. 다음 방문했을 때, 그녀의 남편은 밤 동안 침대에서 부인과 함께 지냈으며, 그날 밤 그녀는 진통제 투여 없이 편안하게 잠을 잘 잤다고 하였으며, 간호사의 제안에 매우 감사하다고 했다.

존중을 표현하는 방법
Showing Respect to Your Clients

존중은 기본적으로 간호사들이 대상자 중심으로 간호를 제공할 때 잘 전달된다. 또한 존중은 총체적 간호 제공을 위한 철학적 개념이기도 하다. 인간은 신체적 · 정신적 · 영적인 부분의 합 그 이상이기 때문에 한 부분씩 분류할 수 없으므로 질병을 가지고 있는 대상자라 하더라도 겸손하게 대해야 한다. 모든 것이 조화를 이룰 때 존재감 역시 균형을 맞출 수 있듯이, 인간도 우주 속에서 타인과의 역동적 관계 속에서 균형을 맞출 수 있다. 질병이 있든 없든 안녕하다고 할 수 있으며 건강 또한 다양한 영역(신체적 · 사회적 · 정서적 · 인지적 · 영적)으로 설명할 수 있지만, 진정한 건강은 행복감을 느낄 때이다(Erickson, 2007).

대상자에게 간호중재를 하고, 약물을 투여하며, 다양한 치료요법을 제공하는 것은 기본적인 의학적 처치이다. 그러나 어떤 사람은 좀 더 슬프고 비관적으로 느끼며 마음을 열지 않을 수 있다. 자신의 삶을 긍정적으로 받아들이는 사람은 모든 상황을 소중하게 여기지만, 생명과 관련된 신체적 질병을 가지고 있는 사람은 그렇지 않을 수 있다. 질병은 대상자에게 남아 있는 삶의 시간이나 중요한 사람들과의 의미 있는 시간이 제한되어 있다는 것을 의미하는 것이기 때문이다.

대상자를 존중하기 위해서 우리는 '대상자가 지각하는 것처럼 대상자의 세계관에 대한 관점과 이미지를 이해하기 위해 노력'해야 한다(Erickson et al., 1983). 이러한 '모델링' 과정을 통해 대상자의 가치관 또는 세계관에 대한 이해도를 높일 수 있다. 간호사는 대상자의 세계관에 근거한 목표지향적인 간호중재를 통해 건강을 유지, 증진할 수 있도록 촉진하고 돌봄을 제공할 수 있어야 한다(Erickson et al., 1983). 대상자를 존중한다는 것은 그 대상자가 성장할 수 있는 타고난 능력이 있고, 자신의 능력 안에서 최고 수준을 발휘할 수 있으며 자기 내면의 목소리와 지혜를 가지고 있고, 자가간호를 할 수 있는 지식을 가지고 있는 것을 인정하는 것이다. 또한 대상자의 요구를 경청하고, 간호에 필요한 회의를 거쳐 간호를 제공하는 것이다.

대상자를 존중한다는 것은 Watson(2011)이 말한 '돌봄의 장(caring field)'을 수립할 때 간호사–대상자 관계에서 간호의 영향력을 인식하는 것이다. 간호사와 대상자의 관계가 원만하게 잘 형성되었을 때 간호는 Erickson(2007)이 말한 "건강한 삶을 위한 새로운 가능성을 창출"할 수 있게 된다.

존중은 태도에서부터 시작하는 것이지만, 존중을 표현하기 위해서는 이러한 정신적 관점을 행동으로 옮겨야 할 필요가 있다.

대상자를 인정해 주기
Acknowledging Clients

대상자를 존중한다는 감정만으로는 충분하지 않다. 대상자는 다음과 같이 명확하고 직접적인 메시지를 전달받을 때만 자신을 존중한다는 것을 느낄 수 있다.

대상자에게 존중을 보여줄 수 있는 구체적인 행동은 다음과 같다.

- 대상자를 바라본다.
- 대상자에게 집중한다.
- 지속적으로 눈맞춤한다.
- 적절하다면, 미소를 지어 보인다.
- 몸은 대상자를 향한다.
- 다른 사람들이 어떻게 표현해 주었을 때 좋았는지 파악한다.
- 대상자의 이름을 불러주고 간호사 자신을 소개한다.
- 악수를 하거나 가벼운 접촉을 한다.

인정한다는 것은 대상자를 한 인간으로 인식하고 있다는 것을 의미한다. 다음은 중환자실 간호사가 경험한 내용이다.

중환자 보호자 대기실에 매우 슬픈 모습을 하고 앉아 있는 한 남자를 보게 되었다. 간호사는 그 옆으로 다가가 무슨 일이 있는지 도와줄 일이 있는지 물었다. 그 남자는 아무런 반응도 하지 않았다. 간호사는 조용히 그 남자 옆에 앉아 있었다. 한 동안 침묵이 흐른 후 그 남자는 말하기 시작했다. 그는 교통사고로 부인과 아들을 모두 잃었다고 하였다. 그런데 병원으로부터 아들의 장기를 기증해 달라는 연락을 받았고, 고민하고 있는 중이라는 이야기를 힘들게 털어 놓았다. 이 시간이 그 남자에게는 너무나 힘든 시간일 것이라는 것을 알고 그 남자 옆에 있어 주겠다고 하였다. 침묵의 시간이 좀 더 흐른 후 그 남자는 마음의 결정을 내렸다며 슬픈 표정으로 간호사를 쳐다본 후 그 자리를 떠났다.

성찰과 적용

임종의 순간을 존중한다

나는 외래 통증센터에서 근무하는 간호사이다. 어느 날 특수기계가 필요하여 중환자실에 기계를 빌리러 갔다. 간호사는 방금 임종한 환자 병실에서 가져가라고 했다. 내가 그 병실에 들어갔을 때 그 가족들은 임종환자를 위해 조용히 기도를 드리고 있었고, 나 역시 그들 옆에서 조용히 침묵을 지켰다. 얼굴은 슬프고, 우울했지만 그 침묵 속에서 임종환자에 대한 존중과 명복을 빌고 있는 마음을 느낄 수 있었다.

위의 상황에서처럼, 말없이 간단한 제스처만으로도 우리의 감정을 전달할 수 있다(Taylor, 1994). 중환자 보호자 대기실은 간호학생들이 돌봄을 실습하고, 사랑하는 가족들이 회복되기를 간절히 바라는 사람들에게 무엇을 해줄 수 있는가를 배울 수 있는 매우 적절한 곳이다(Copp, 1993).

존중은 언어적 · 비언어적 방법을 사용하여 모두 표현할 수 있다. 대상자(동료)가 이야기를 할 때 주의 깊게 그들을 쳐다보는 것도 하나의 표현 방법이지만, 진정한 존중은 얼굴표정으로 나타난다. 미국에서는 자신을 소개할 때 손을 꽉 쥐고 짧게 악수를 하지만, 이 같은 행동이 모든 나라에서 동일한 의미를 가지는 것은 아니다. 다른 문화권의 경우, 악수할 때 손을 너무 빨리 떼는 것은 거부반응으로 오해 받을 수 있기 때문이다. 이런 근거로, 대상자가 악수를 종료할 수 있도록 허용하는 것이 가장 좋다. 또한 서로 간단하게 첫인사를 나눈 다음에는 어색한 분위기를 전환하기 위하여 날씨 같이 사생활과 관련이 없는 주제나 사소한 대화를 어느 정도 하게 되는데, 어떤 문화권에서는 이러한 대화의 기간이 더욱 긴 경우도 있다.

관계의 본질 설정하기
Establishing the Nature of the Contact

간호사는 대상자를 만난 초기에 다음과 같은 행동을 통해 존중을 전달할 수 있으며 상호작용을 지속시킬 수 있다.

첫 만남에서:

- 나는 누구이며, 나의 역할은 무엇인지 분명하게 설명한다.
- 이름표나 신분증을 착용한다.
- 필요한 것이 무엇인지 무엇을 원하는지 정확하게 질문한다.
- 어떤 도움을 줄 수 있는지 분명하게 말한다.
- 개인의 비밀을 보장할 것임을 정확하게 설명한다.

관계를 지속하기 위하여:

- 내가 누구이며 나의 역할이 무엇인지 대상자가 기억하는지 확인한다.
- 대상자가 지금 필요로 하는 것은 무엇인지 파악한다.
- 대상자의 세세한 부분도 기억하고 있다는 것을 알게 해준다.
- 비밀유지에 대하여 다시 한 번 언급해준다.
- 타 대상자에 대하여 언급하지 않는다.
- 대상자가 요구한 도움을 받을 수 있도록 적절한 방법을 제안한다.

간호사인 우리는 다음을 기억해야 한다. 질병과 위기가 닥쳤을 때 대상자의 가장 중요하고 강한 인간적인 측면이 나타난다는 것이다. 또한 대상자들이 간호사에게 제공해 준 정보는 개인의 비밀이라는 것을 기억해야 한다. 때로 개인의 비밀이라도 치료계획을 위해 의료진들이 함께 공유해야 하는 경우도 있다. 그러나 법적으로 요구되지 않거나 대상자가 허락하지 않는다면 반드시 비밀유지를 해야 할 의무가 있다. 대상자를 방송매체에 노출시키거나 사진을 찍는 것, 투여 약물이나 대상자의 이름을 공개하는 것 모두 사생활을 침해하는 것이다. 개인의 비밀을 유지해주는 것 역시 개인의 권리에 대한 존중을 나타내는 것이다(Erlen, 1998).

비록 정신과 간호 전문가들을 위해 비밀 유지를 위한 다음의 윤리 지침이 쓰여졌지만, 이러한 원칙은 간호사가 의뢰인의 비밀을 보호함으로써 그들을 존중하려고 노력하는 상황에서 적용 가능한 지침이 될 수 있다(Colorado Society of Clinical Specialists in Psychiatric Nursing, 1990).

- 모든 대상자의 기록을 안전하게 유지한다.
- 기록할 내용을 신중하게 고려한다.
- 법률에 따라 정보 공개가 요청되는 경우를 제외하고, 문서화된 동의서와 공유할 정보에 대한 충

분한 논의가 이루어진 후에만 정보를 공개한다.
- 동의서를 문서화하고 정보를 제공한다. 다만, 법적으로 동의되어진 것을 제외하고, 정보에 대하여 충분히 논의한다.
- 대상자가 자기 자신이나 다른 사람들에게 위험성이 있을 때는, 비밀유지를 할 것인가에 대하여 전문적인 판단을 한다. 비밀을 지키겠다고 대상자와 약속하지 않는다. 대상자나 다른 사람에게 잠재적인 피해를 줄 수 있음을 시사하는 정보를 알게 되었을 때 (정보를 관련 기관이나 인물과 공유하는 것에 대해) 전문적인 판단을 하여야 한다.
- 미성년자인 대상자와의 비밀유지 방법을 결정하고자 할 때는 사려 깊게 전문적인 판단을 한다. 부모나 보호자의 권리도 반드시 고려해야 한다.
- 임상적 자료를 교육과 집필을 위해 전문적으로 사용하고자 할 경우에는 가명을 사용한다.
- 연구대상자의 익명성을 유지한다.
- 교육과 학습 상황에서 학생들이 비밀유지를 할 수 있도록 옹호한다.

편안한 분위기 제공하기
Establishing a Comfortable Climate

다음에 제시된 항목은 대상자에게 편안한 환경을 제공하기 위해 필요한 내용들을 제시한 것이다.
- 대상자가 활용할 수 있는 시간이 어느 정도인지 알려주어 대상자가 토론시간을 조절할 수 있도록 한다.
- 대상자에게 제공된 시간이 부족하면 다음에 가능한 시간을 배정해 준다.
- 토론 전에 대상자 개인의 비밀을 보호할 것임을 약속한다.
- 대상자가 전화 또는 타인에 의해 방해되지 않도록 주의한다.
- 대화를 가로막는 장애물을 없애고, 휠체어를 이용하는 대상자와는 눈높이를 맞추며 대화한다.
- 대상자가 편안하게 느낄 수 있는 공간을 제공하기 위해 온도와 조명을 설치하고, 개인 소지품, 코트 등을 걸 수 있도록 한다.
- 약속시간을 정확히 지키고, 약속을 변경하여 대상자가 불편을 느끼지 않도록 해야 한다.
- 만약 약속시간에 늦거나 변경을 해야 한다면 대상자가 이해할 수 있는 분명한 이유로 설명해야 한다.

대상자와의 약속은 절대적으로 중요하며 꼭 지켜져야 한다. 시간은 '만들 수 있는 시간', '쓸 수 있는 시간', '낭비한 시간', '절약한 시간', '잃어버린 시간' 등과 같이 실제로 존재하는 것이다. 문화권에 따라 시간에 대한 개념은 다를 수 있지만 대상자와의 상호작용을 위해 시간 약속을 매우 중요하게 인식해야 한다. 또한 상담자 의자 높이를 대상자의 의자 높이와 같게 하여 대상자와 평등한 관계임을 느끼게 한다. 상호작용 시 의자높이의 작은 차이라도 대상자에게는 복종을 요구하고 상담자는 권력을 행사하게 하는 잠재의식이 작용할 수 있다(Purtilo et al., 2013).

민감한 주제 토론하기
Discussing Sensitive Subjects

미국에서 급속히 확산하고 있는 비만과 같은 일부 건강문제들은 오명과 관련이 있거나 판단을 불러일으킨다. (미국에서) 21세기 첫 10년 동안의 국가의 건강목표를 상세히 기술하고 있는 Healthy People 2020에서 과체중이나 비만은 주요한 건강지표로 분류된다(U.S. Department of Health and Human Services, 2010). 비록 대상자와 그 가족에게 이러한 건강 문제를 언급하지 않는 것이 더 쉽지만, 예의를 지키며 책임을 지는 방법들이 있다. 한 간호사는 120kg 체중이 나가는 11세 소년에 대한 자신의 신중한 간호중재에 대한 내용을 기록하였다. 그녀는 그 소년의 존엄성을 보존하고 책임감 있게 이 중대한 건강상의 문제를 해결하고자 하였다. 그녀는 라포를 형성한 뒤 현재 그 소년에게 닥친 건강문제를 알려주고, 비만일 때 힘든 점들을 존중과 함께 알려주면서, 체중감량 방법과 적합한 식단 및 운동법을 알려주었다(Bollinger, 2001).

종결 시 존중 표현하기
Terminating Contact

대상자와의 상호작용 종결 시 다음 지침을 활용하여 존중감을 표현할 수 있다.

- 간호사가 자리에서 먼저 일어나야 할 경우, 대상자에게 미리 설명해 주어 대비할 수 있도록 한다.
- 대상자와의 토론 내용을 요약한다.
- 대상자의 의견을 표현할 수 있도록 시간과 공간을 허용한다.
- 대상자에게 해 줄 수 있는 것이 무엇인지 설명한다.
- 다음 약속을 위해 기억해야 할 사항에 대하여 기록한다.

간호사와 대상자 관계를 유지하기 위해 다음과 같이 수행한다.

- 대상자와의 관계를 종결하기 전에 여러 번 방문하여 퇴원을 준비할 수 있도록 한다.
- 간호사와 대상자 사이의 관계가 언젠가 종료된다는 것에 대한 느낌에 대하여 말할 수 있는 시간과 공간을 대상자에게 제공한다.
- 대상자와의 관계의 종료에 대한 우리의 생각과 느낌을 우리가 보여준 간호방식대로 표현한다.
- 만약, 일정 기간 떨어져 있어야 한다면, 대상자가 적절한 간호를 받을 수 있도록 미리 준비하고, 대상자에게 이러한 준비가 적절한지 반드시 확인한다.

대상자의 자가간호 관리 능력을 인정해 주는 것 역시 존중의 의미가 된다. 미국의 경우, ㅇ 재원 일수가 줄어들면서 퇴원 후 가정간호 혜택을 받는 대상자들이 증가하고 있다. 건강관리 프로그램을 제공하고, 대상자들의 요구에 따른 개별화된 간호를 제공하며, 대상자 스스로 건강문제를 해결할 수 있도록 돕는 것 역시 대상자에 대한 존중의 의미가 된다.

언어의 장벽을 극복하려는 시도는 대상자에게 존중을 표하는 또 다른 방법이다. 따라서 대상자의 옹호인이나 통역사, 통역 서비스 등을 이용할 수 있는 방법을 숙지해 두어야 한다.

동료에게 존중 표현하기
Showing Respect to Your Colleagues

동료들에게 존중을 표현하는 방법 역시 위에서 언급한 내용들을 활용할 수 있다. 공손하고, 세심하게 배려하는 것은 동료들에게 존중을 표현하는 방법이 된다. 직장 내 괴롭힘은 어떤 대상을 한 사람이나 여러 사람이 반복적으로 위해를 가함으로써 건강상의 문제를 일으킨다. 언어폭력과 함께 비도덕적이고, 위협적이어서 직장 내 괴롭힘을 받은 사람은 굴욕감을 느껴 자신의 역할을 할 수 없게 된다. 2014년 직장 괴롭힘 조사(2014 Workplace Bullying survey)에 의하면 미국인들의 27%가 직장에서의 폭력 행위를 겪고 있고, 21%는 직장을 잃었으며, 72%는 직장 내 괴롭힘을 당하고 있다고 한다. 이것은 연구기관에서 세 번째 실시한 연구이고, 참가자들에게 가장 심각한 직장 내 괴롭힘의 형태만을 언급하도록 한 첫 번째 연구 결과이다.

의료기관평가위원회(The Joint Commision, TJC)는 병원조직 관리기관으로 동료의 일에 지장을 주거나 무례한 행동을 규제하기 위한 정의와 정책을 책정하였다. Maimonides Medical

Center(Brooklyn, N.Y.)는 상호 존중의 규정을 만들었다. 이 규정은 무례함이 일반적으로 나타나는 수술실에서 시행되었다. 수술실에서 '생산성 측정법, 효율성, 안전한 환자 관리' 등은 건강관리 제공자들이 서로 존중할 때 더 높아진다는 것이다(Kaplan et al., 2010).

동료들에 대한 존경심 부족은 미국 직장에서의 의욕과 생산성 문제에 한몫을 하였으며, 감정적 흥분과 폭력과 관련된 높은 수준의 스트레스의 원인이 될 수 있다. 정중함은 사람들에 대한 존중의 윤리적 원칙이다. 불공손함은 '도덕적으로 자멸적인 패턴이고, 냉담하며, 조작적이고, 우리 자신조차 인식하지 못하는 일상적인 행동에 깊이 뿌리내린 물질만능주의'와 같은 것이다(Peck, 1994). 당신이 존중의 중요성을 성찰할 때, 직장 내 다른 사람들에 대한 존중 부족과 관련된 당신의 반응을 고려해야 한다. 공격적인 행동에 대한 대처전략에 대한 내용은 27장을 참조한다.

간호대학에서는 학생들의 무례함을 다루고 있다. 교수진과 다른 학생들에 대한 무례한 행동은 인간의 존엄성에 대한 가치관의 결여, 전문직 간호를 위해 필수적인 질적 제공이나 이타주의적 행동 등의 부족을 반영하는 것이다. 무례함과 예의에 어긋남은 불공손함이다. 교실에서의 무례함의 예는 수업 시간에 늦거나, 일찍 떠나는 것, 주의집중하지 않는 것, 위협적인 언어를 사용하는 것, 신체적인 폭력을 사용하는 것 등과 같은 것이다(Luparell, 2005). 일부 간호대학에서는 학생들의 행동을 제지하기 위한 정책을 시행하고 있다.

존중한다는 것은 적극성에 대한 표현이다. 우리가 존중을 표할 때 다른 사람을 존엄하게 대하는 것이 되며, 대상자의 권리를 옹호하게 되는 것이며(Carson & Koenig, 2008), 질적으로 우리의 역할을 수행할 수 있으며, 간호제공을 위해 우리에게 주어진 시간을 낭비 없이 효과적으로 관리할 수 있게 된다. 존중한다는 것은 간호사들의 능력과 시간의 범위 내에서 대상자들의 요구에 집중해주고, 이해해주고, 도와주는 것을 인정하는 것을 의미한다.

우리는 간호사로서, 모든 만남에서 우리가 사람들에게 미칠 수 있는 영향을 이해해야만 한다. 존중한다는 것은, 우리가 다른 사람들의 안녕에 영향을 미칠 수 있다는 것을 충분히 깨달으면서 그들에 대해 우리의 아주 섬세한 민감성까지 보여주는 것을 의미한다. 간호사로서 우리는 대상자나 동료에게 선의를 가지고 지속적으로 대해야 하며, 보다 중요한 것을 그들이 간호를 제공받고 있다고 느끼게 해주어야 하는 영향력이 우리에게 있음을 인식해야 한다. 대상자를 존중하는 것은 간호의 탁월함의 한 부분이다. 가족 기능에 문제가 있는 간호사들이 간호행위를 능숙하게 할 수 있도록 어떤 도움을 줄 수 있는지에 대한 연구가 수행되었다. 연구의 결과는 그 간호사들이 자신들의 환경에 적응하는데 도움이 되었던 특정 행동들이 대상자와 대상자 가족에게 매우 섬세한 민감성으로 작용하여 가치 있는 행동으로 작용한 것으로 나타났다. 어떤 간호사는 대상자와 그들의 가족에게 그녀가 어렸을 때 열망했던 것들, 즉 자기 자신의 있는 그대로를 보여준 것이 존중으로 나타났다고 설명하였다(Biering, 1998).

간호사들이 대상자를 존중하는 이유는 모든 대상자가 가치 있고, 존중받을 존재라는 것을 알고 있기 때문이다. 이렇게 생각하지 않는 간호사들은 존중을 표현하는 것이 어려울 수 있다. 만약 존중을 표현하기 어렵다면, 어떤 가치들이 충돌하고 있는지 검토해 보아야 한다. 존중하고자 하는 당신의 바람보다 당신의 행동에 더 강하게 영향을 미치는 것은 무엇인가?

존중을 표현하기 위한 연습
Practicing Showing Respect

연습 1 존중 관련 추천 영상

5분 동안 시간을 내어 우리가 제시하는 다양한 환자들에게 존중을 표하기 위한 구체적인 방법을 시연하는 훌륭한 비디오를 보기 바란다. 여기에 나오는 구체적인 예시들은 삶에 대한 연민과 존중을 불러일으킨다. 어떻게 건강 돌봄 팀이 함께 일할 수 있는지 기록해본다. 유튜브(YouTube)에서 Compassion, Dignity, and Respect in Health Care(The Health Foundation, 2014) 혹은 https://wwww.youtube.com/watch?v=HVF0273iHUS. 링크를 연결하면 시청할 수 있다. 비디오를 보고난 후, 어떻게 연민과 존중을 표현할 수 있는지를 기록하거나, 실제로 본인이 행동했던 한 가지 예를 개인 기록지에 작성한다. 수업에서 이 비디오를 활용한다면, 소그룹 안에서 이 비디오에 대한 당신의 반응과 당신의 예시를 다른 사람과 공유한다.

연습 2 무례했던 순간

잠깐 시간을 내어 누군가에게 무례했던 순간을 떠올린다. 그 상황에 대하여 간략하게 서술한다. 무슨 일이 일어났는가?, 어떠한 방식으로 당신은 무례하게 굴었는가? 그 결과는 어떠했는가? 어떤 느낌이었는가? 그 사람이라면 그 상황을 어떻게 느꼈을까 생각해보며 상대방의 입장이 되어본다. 이 일이 다시 일어난다면 어떻게 할 것인가? 이 사건에서 당신이 배운 것은 무엇인가?

연습 3 다른 의견 존중하기

상황: 간호사인 이○○은 암 환자인 김○○님을 간호해왔다. 김○○님은 더 이상의 항암요법을 거부하고 병원을 떠나 호스피스 병동으로 전출해 갔다. 이○○ 간호사는 이러한 김○○님의 결정에 동의할 수 없었다.

토론: 이런 경우 자신의 삶을 스스로 결정하고 선택한 김○○님의 권리에 대하여 간호사는 어떻게 존중을 표할 수 있을 것인가에 대하여 의견을 제시해본다.

연습 4 노인과 존경

우리는 나이가 들어가면서 신체적 변화를 느끼고, 늙어간다는 것에 슬퍼지기도 한다. 문화권에 따라 그들이 살아온 삶의 경험에 경의를 표하거나 조언을 구하기도 한다.

토론: 노인들은 왜 존경 받기를 원하는지, 존경은 왜 중요한지, 여러분은 어떤 방식으로 노인들에게 존경을 표현했었는지 토론해 본다. 구체적으로 어떻게 행동했는지 기술해본다.

연습 5 간호실무와 존중

간호 실무의 윤리적 기초를 이해하고, 우리가 다른 사람을 어떻게 대하는지, 우리는 어떤 대우를 받기를 기대할 수 있는지 알고 싶으면, 미국간호협회(ANA)가 비도덕성, 집단 따돌림 그리고 직장 폭력에 대하여 표방한 전체 입장문을 검토한다.

https://www.nursingworld.org/practice-policy/를 방문하여 링크를 다운로드받을 수 있다. 당신이 독서하면서 성찰하게 되었거나 주변에서 관찰하거나 경험하였던 행동들의 예를 다른 사람과 나누어본다.

연습 6 Q.S.E.N - 병동에서 환자에게 존중 표현하기

환자와 환자 가족에게 존중을 표현하는 방법들 중 하나는 매일 시행하는 의료전문직 순회(라운딩)시간에 그들을 포함시키는 것이다. 눈 맞춤을 하고, 얼굴을 마주 보며, 어떤 느낌인지를 묻고, 회복하려면 무엇이 필요한지를 묻는 것은 환자들이 자신들을 스스로 돌볼 수 있도록 돕는 것이다.

- 임상에 있는 치료진끼리 한 사람은 환자 역할을 하면서 근무조가 바뀔 때 침상 곁에서 인수인계하며 보고하는 대본을 가지고 역할극을 한다.
- 환자에게 존중을 표현하는 치료진 구성원의 비언어적 방식을 관찰한다.
- 환자들은 종종 자신을 부르는 방식 중 더 선호하는 것이 있다. 환자가 선호하는 것을 어떻게 이끌어낼 것이며 다른 모든 의료진에게 전달할 수 있을까? 마찬가지로, 의료팀은 환자를 존중하기 위하여 스스로를 환자에게 어떻게 소개할 수 있을까?
- 매일의 간호 목표를 설정하기 위하여 환자로부터 이끌어내야 할 핵심 정보에 대한 질문을 기록한다. 그 날의 간호계획에 대한 합일에 도달하기 위해 환자와 어떻게 팀워크를 이룰 것인가?
- 많은 병동에서 환자와 가족들을 위하여 핵심 정보를 기록할 수 있도록 병실에 화이트보드를 제공한다. 존중을 표현할 수 있고, 환자 돌봄에 포함시켜야 하는 정보의 초안을 몇 명이 모여 작성해보자.
- 결정적인 정보를 공유할 수 있도록 병실에서 화이트보드를 사용하는 것의 효율성을 입증하기 위한 품질 향상 프로젝트를 어떻게 디자인할 수 있겠는가?

참고문헌

American Nurses Association. (2015). *American Nurses Association position statement on incivility, bullying, and workplace violence.* https://www.nursingworld.org/practicepolicy/nursing-excellence/official-position-statements/id/incivility-bullying-and-workplace-violence/. Accessed 08.07.18.

Biering, P. (1998). Codependency: A disease or the root of nursing excellence? *Journal of Holistic Nursing, 16*(3), 320.

Bollinger, E. (2001). Applied concepts of holistic nursing. *Journal of Holistic Nursing, 19*(2), 212.

Carson, V. B., & Koenig, H. G. (Eds.). (2008). *Spiritual dimensions of nursing practice.* West Conshohocken, PA: Templeton Foundation Press.

Colorado Society of Clinical Specialists in Psychiatric Nursing (1990). Ethical guidelines for confidentiality. *Journal of Psychosocial Nursing, 28*(3), 43.

Copp, L. A. (1993). Teaching site: The waiting room. *Journal of Professional Nursing, 9*(1), 1.

Dinc, L., & Gastmans, C. (2013). Trust in nurse–patient relationships. *Nursing Ethics, 20,* 501.

Egan, G. (2006). *The skilled helper: A problem-management and opportunity-development approach to helping* (7th ed.). New York, NY: Brooks/Cole.

Erickson, H., Tomlin, E., & Swain, M. A. (1983). *Modeling and role-modeling: A theory and paradigm for nursing.* Englewood Cliffs, NJ: Prentice Hall.

Erickson, H. L. (2007). Philosophy and theory of holism. *Nursing Clinics of North America, 42,* 139.

Erlen, J. A. (1998). The inadvertent breach of confidentiality. *Orthopedic Nursing, 17*(2), 7.

Griffin-Heslin, V. L. (2005). An analysis of the concept of dignity. *Accident and Emergency Nursing, 13*(4), 251.

Haber, J., Krainovich-Miller, B., & McMahon, A. L. (1997). *Comprehensive psychiatric nursing.* St. Louis, MO: Mosby.

Kaplan, K., Mestel, P., & Feldman, D. L. (2010). *Creating a culture of mutual respect. AORN Journal, 91*(4), 495.

Koskenniemi, J., Leino-Kilpi, H., & Suhonen, R. (2012). Respect in the care of older patients in acute hospitals. *Nursing Ethics, 20*(1), 5.

Luparell, S. (2005). Why and how we should address student incivility in nursing programs. *Annual Review of Nursing Education,* 3, 23.

Milika, R. M., & Trorey, G. (2004). Perceptual adjustment levels: Patients' perception of their dignity in the hospital setting. *International Journal of Nursing Studies, 41*(7), 735.

Peck, S. (1994). *A world waiting to be born: Civility rediscovered.* New York, NY: Bantam Books.

Purtilo, R., Haddad, A. M., & Doherty, R. F. (2013). *Health professional and patient interaction* (8th ed). Philadelphia, PA: WB Saunders Philadelphia.

Rewakowski, C. (2018). Respect: An integrative review. *Nursing Science Quarterly, 3*(2), 190.

Rohr, R. (2018). *Daily meditations: From the center for action and contemplation.*

Stuart, G. W. (2012). *Principles and practice of psychiatric nursing* (10th ed.). St. Louis, MO: Mosby.

Taylor, C. (1994). *Communicating without words: What's left unsaid can make a difference.*

The Workplace Bullying Institute (2014). http://www.workplacebullying.org/individuals/problem/definition/ and http://www.workplacebullying.org/wbiresearch/wbi-2014-ussurvey/Accessed 07.08.18.

US Department of Health and Human Services. (2010). *Leading Health Indicators.* http://www.healthypeople.gov/2020/Leading-Health-Indicators Accessed 08.07.18.

Watson, J. (2011). *Human caring science: A theory of nursing* (2nd ed.). Burlington, MA: Jones & Bartlett Learning.

Chapter 08

genuine, caring, competent, listening, wa

진실하기

Being Genuine

학습목표

1. 진실한 행동과 가식적 행동의 차이점을 구분한다.
2. 대상자와 동료와의 관계에서 진실성이 왜 중요한지 논의한다.
3. 진실성을 표현하기 위한 다양한 방법을 습득한다.

진실의 의미

Benefits of Genuineness in Interpersonal Relationships

진실한 미소로 시작하여 당신이 다가가기 쉽고, 협력적이며, 친근하다는 것을 나타내야 한다. Middaugh(2017)는 간호관리자들을 위한 비언어적 의사소통 방법을 몇 가지 제안하였다. "진실한 미소는 천천히 시작되고, 얼굴을 밝게 하며, 서서히 사라진다. 얼굴표정은 그에 상응하는 감정을 유발하기 때문에 답례로 미소를 짓는다면, 웃음을 다시 불러 일으키는 긍정적인 신호가 된다."

우리가 누군가가 진실하다고 말한다면, 진실성이란 무엇이고, 그 의미는 무엇인가? 인간관계에서 '자신의 진실한 모습'이 왜 중요한가? 간호사는 대상자를 사려 깊고 진솔하게 대하며, 매순간 집중하고 몰입하며 함께 함으로써 대상자와 가까워지고 그를 진정으로 대할 수 있다(Robinson, 2014). 간호사에게 필요한 진실성은 어떤 것일까? 인디아나 대학에서 실시한 연구 결과에 따르면, 이상적인 간호사가 갖추어야 할 두 가지 중요한 특성은 '진실성'과 '인내심'으로 나타났다(Cleveland Clinic, 2014). 치료적 상호작용(therapeutic reciprocity)의 개념을 기술한 Gilhooley(2017, p. 92)에 따르면, 대상자는 간호사의 어조, 접근 방법, 정직성, 인간미로 진실성의 지표를 확인한다고 하였다. 2017년 갤럽 여론조사에 의하면, 간호사는 16년 연속으로 가장 신뢰받는 직업이다(Gallup Poll, 2017).

암 진단을 받은 한 여성은 간호사들이 진실한 관심을 보여주는 것이 무엇인지 알 필요가 있다고 생각하며 그녀의 생각을 공유하였다. 그녀는 간호사가 대상자의 병실에 들어갔을 때 멈추어 서서 대상자를 먼저 보는지 질문하였다. 대상자 치유에 도움이 되는 것은 바로 이런 것이다. 잠깐이면 된다(Guilmartin, 2010). "저를 볼 때 당신의 시선을 좀 부드럽게 해주겠어요? 당신이 제 침대에 다가올 때, 제가 하루에 두 가지 이상의 힘든 치료를 해야 한다면, 부드러운 손길과 긍정적인 생각을 하도록 도와주실 수 있나요?" Guilmartin(2010)은 이 이야기를, '잠시멈춤의 힘'과 관련지어 설명한다. 아마도 한 번의 심호흡을 하기 위해 잠시 멈추는 몇 분은 당신이 해야 하는 업무 방식을 재구성하고 진정성을 전달해준다.

Carl Rogers(1980)는 의사소통 연구의 선구자로, 그는 진실성을 설명하기 위해 동의어인 진솔(realness)과 일치(congruence)를 사용하며, 이것이 최선의 의사소통을 위한 가장 기본이 되는 것이라고 주장하였다. Rogers의 관점에서 볼 때 진실성의 근본적인 특징은, 다른 사람에게 언어적이든 비언어적이든 우리의 솔직한 생각이나 느낌을 표현하는 것이다. 그것은 당신이 말할 때 사용하는 단어 또는 어떻게 말을 하는지뿐만 아니라 진실성을 보여주는 당신의 얼굴표정과 몸짓을 의미한다. 진실하다는 것의 의미는, 자신의 진실된 생각이나 감정의 왜곡됨이 없이 자신의 진짜 모습을 다른 사람에게 보내는 것을 의미한다. 진실함은 개인의 경험을 전달하는 자연스러운 표현이다(Haberetal, 1997).

삶에 대한 자연스러운 반응을 억제하는 자기소외(self-alienation)와는 반대되는 것이다(Stuart, 2012). 간호사가 진실되게 대상자와 함께하고, 대상자 간호 제공을 위한 간호사의 의도가 진정성이 있을 때, 대상자의 요구를 충족시켜줄 수 있는 새로운 가능성이 열리게 된다(Bruce & Davies, 2005).

『The Velveteen Rabbit』(Bianco, 1996)이라는 고전 동화에서 진짜가 된다는 것이 무엇인지 장난감이 이야기하고 있다.

어린이가 당신을 오랜 시간 동안 사랑한다는 것, 단지 놀이가 아닌, 진정으로 당신을 사랑 한다는 것, 그것은 당신이 진짜가 되는 것이죠…. 당신이 진짜인 그 시간, 사랑 받아왔던 당신의 머리카락도 대부분 빠지고, 당신의 눈도 빠지고, 관절은 힘을 잃게 되고 매우 초라해지죠. 그러나 이러한 것들은 전혀 중요하지 않아요, 왜냐하면 당신의 진정한 모습은 초라해질 수 없으니까, 그것을 이해하지 못하는 사람들을 제외하고….

진실해지기
To Be Real Is to Be Yourself

대상자와의 조력적 관계나, 직장 동료와의 상호지지적 관계에서 진실하기란 충동적으로 타인에 대한 당신의 반응을 비우라는 의미가 아니다. 대상자와 동료들의 감정을 건드리고 빠르게 달아나는 것은 공격적이다. 치료적 관계에서 진솔하게 여러분의 생각과 감정을 다른 사람들에게 보여주는 것은 현명하고 체계적으로 이루어져야 한다. 우리는 간호사로서, 우리의 생각과 감정을 대상자와 공유하는 것에 대해 매우 중요하고 신중하게 여겨야 한다. 대상자의 개인적 비밀에 대한 언급이 필요할 때, 적절한 노출 시기와 진실성은 매우 중요하게 연결되기 때문이다.

간호사는 진정으로 본인 내면의 생각과 느낌을 다른 사람들과 함께 나누고자 할 때 매우 신중해야 한다. 문헌에서는 간호사들에게 "그렇게 하는 것이 적절한 시기라고 판단될 때 진실하게 하라."라고 충고한다. 적절함은 우리의 진실함을 드러냄이 대상자 또는 동료들과의 관계에 도움이 되는지의 여부와 관련되어 있다. 진실에 대한 Peck(1997)의 조언을 진심으로 주의 깊게 읽어본다.

자신의 감정, 생각, 의견, 아이디어를 표현하고자 할 때도 시간과 상황을 고려해야 할 것이다. 그렇다면 진실하기 위해서는 어떤 것에 신중해야 하는지 살펴본다. 첫 번째, 절대 거짓말을 하지 않는다. 두 번째, 진실을 숨기는 행위는 항상 잠재적으로 거짓이라는 것을 명심해야 하며 진실을 숨길 때마다 중요한 도덕적 결정이 필요하다. 세 번째, 진실을 숨기고자 하는 결정이 단지, 권력이나 사적인 감정 등의 요구에서 비롯되어서는 안 된다. 네 번째, 진실을 숨기는 결정은 대상자의 의견을 절대적으로 존중해주어야 한다. 다섯 번째, 대상자 요구를 사정하는 것은 대상자를 진심으로 사랑하는 마음이 있을 때만 지혜롭게 수행할 수 있는 매우 복합적인 책임감 있는 행위이다. 여섯 번째,

대상자 요구를 사정하는데 가장 중요한 요소는 영적 성장을 위해 진실을 이용할 수 있는 대상자의 능력에 대한 사정이다. 마지막으로, 영적 성장을 위해 진실을 활용할 수 있는 대상자의 능력을 사정할 때 우리는 일반적으로 이러한 능력을 과대평가하기보다는 과소평가하는 경향이 있다는 점을 명심해야 한다.

때로 진실성은 부정적 생각을 표현하고 우리의 반응이 다른 사람들과 부딪치는 것과 관련이 있기 때문에, 서로의 입장 차이에 의해 진실성이 본의 아니게 부정적으로 표현될 수도 있다는 것을 알고 있어야 한다. 우리가 진실하다고 할 때, 부정적 표현이든 긍정적 표현이든 우리가 대상자와 동료에게 주는 메시지는 '당신은 가치 있는 존재로서, 나는 당신과 함께 한다.'라는 메시지를 줄 수 있어야 하며, 우리는 이때 대상자의 말을 경청하는데 세심한 주의를 기울여야 한다. 또한 우리가 열심히 경청하기 위해 자신을 확장하고 한 걸음 더 나아가며, "나태함의 관성과 두려움의 내성"에 맞서게 된다(Peck, 1997). 또한 우리가 대상자에 대해 읽거나 들은 정보가 진실해지기와 대상자를 고유한 존재로 바라볼 수 있는 능력에 영향을 미칠 수 있다는 점을 자각하면서 새로운 관점으로 대상자와의 관계를 맺는다. 대상자의 행동을 사려 깊게 관찰한다면, 우리가 가지고 있던 대상자에 대한 고정관념이나 낙인이 감소될 수 있다(Sundeen et al., 1998).

대상자들에게 진실한 간호사는 자신이 하는 말이 정확히 어떠한 의미인지 알고 있으며, 그에 수반하는 정서적 행동과 말이 일치되게 업무를 수행한다(Arnold & Boggs, 2011). 만약 언어적 메시지와 얼굴표정, 자세, 목소리 톤, 몸짓 등이 일치하지 않으면, 대상자가 정보와 메시지를 서로 다르게 분리해서 받아들이기 때문이다. 모순되고 엇갈린 메시지의 부조화는 갈등을 유발하며 신뢰감을 떨어뜨린다. 신뢰감을 한 번 상실하게 되면 더 이상 의미 있는 관계를 맺기는 어렵다. 간호사로서 우리는 문화에 따라, 성별에 따라, 상황에 따라 대상자들이 기대하는 행동과 주어진 역할을 수행해야 한다.

간호사는 자신에게 맡겨진 역할에 수반되는 행동에 관한 기대를 받고 있다. 간호사회의 기대되는 역할들은 현행 규범에 근거하여 충분한 간호를 제공하고, 질적 간호를 보장하기 위한 위원회를 운영하며, 건강을 회복, 유지 또는 증진하기 위해 대상자가 이용하는 모든 서비스를 조정하는 것이다. 우리가 가정하는 역할은 문화적, 성별, 상황적 수행에 대한 기대를 가지고 있다. 이런 역할들은 수행에 대한 지침을 제공하기 때문에 위안이 된다. 진실해지기는 고유한 성격, 방식, 생각을 가진 개인들이 각자의 역할을 수행한다는 점을 기억하는 것을 의미한다(Nuwayhid, 1984). 진실성(realness)은 역할의 구속이 없고, 역할의 허울 뒤에 숨지 않는 것을 의미한다. 사람이자 간호사가 되는 것은 자연스러운 일이다. 우리는 마치 정해진 대본처럼 우리가 하는 모든 말 하나하나를 심사숙고할 수는 없다. 일치(congruence)란 우리의 메시지를 왜곡하지 않고, 내면에서 일어나고 있는 일에 대해 질문을 받으며, 직접 표현하는 것을 기다리지 않고 항상 공유하는 개방성을 포함한다.

진솔함은 '당신이 본 것이 곧 알게 된 것'이라는 현상이며, 당신의 진실을 경험한 사람들은 당신을 신뢰할 수 있다. 왜냐하면 그들은 당신이 거짓 신호를 보내거나 무엇을 숨기려고 하지 않는 것을 알고 있기 때문이다. 상호 간에 신뢰를 형성하는 것은 진실함을 위해 가장 중요한 요소이다(Box 8-1). 우리가 생활 속에서 누군가를 믿을 수 있다고 생각할 때, 긴장을 풀고 편안한 관계를 유지할 수 있다. 우려하거나 걱정스러워하는 마음과 생각을 멈추고, 오히려 그 에너지를 더 나은 관계형성을 또는 새로운 관계형성을 위해 사용한다. 진실함은 대상자의 신뢰를 얻기 위한 가장 중요한 요

Box 8-1 대상자를 위한 간호사의 진실성

간호사의 진실함
- 변명하지 않고 깊이 있는 대화를 한다.
- 지금 여기에서 경험하는 생각, 느낌, 감정을 표현한다.
- 자연스러운(spontaneity) 모습을 보인다.
- 솔직하게 표현한다(convey openness).

진실함이 대상자에게 주는 이점
- 대상자는 자신의 생각과 감정을 자연스럽게 표현할 수 있다.
- 간호사에 대한 신뢰감이 증가된다.
- 현재 관계에서 대상자가 이용할 수 있는 정보를 제공받는다.
- 편안한 분위기 속에서 긴장을 풀 수 있다.
- 진실된 분위기를 즐기게 된다.

소라는 것을 간호사는 꼭 기억해야 한다.

불일치 인식하기
Incongruence

간호사의 경험과 대상자의 생각, 감정과 인식이 서로 일치하지 않을 때 이것을 불일치라고 하며, '인식의 부정 또는 방어'라고 한다(Rogers, 1995). 예를 들어, 동료 한 명이 매우 화가 난 것처럼 행동한다. 발을 쾅쾅거리고, 손가락질을 하고, 얼굴을 붉히고, 비난하는 말투가 점점 거세진다. 그때 왜 그렇게 화를 내냐고 되물으면, 그 동료는 자신의 감정을 다스리며 화를 낸 감정을 부정한다. 간호사들의 생각, 감정과 이러한 내적 경험에 대한 그들의 의사소통이 일치하지 않으면 대개 거짓이나 기만으로 간주된다(Rogers, 1995). 또 다른 예로, 만약 병원의 구조조정 정책에 의해 두 병동을 통합해야 하는 사실에 대해 개인적으로 반대의 의견을 가지고 있지만 분노를 숨기고 상사에게는 좋은 인상을 주기 위해 아주 훌륭한 의견이라고 제시하는 경우 또한 스스로를 기만하는 것이다.

만약 우리의 생각과 감정을 실제와 다르게 표현한다면, 다른 사람은 우리가 말한 것을 믿을 수 없게 된다(Rogers, 1995). 실제로 그런 생각과 느낌을 가지고 있지 않으면서 그런 것처럼 행동한다면, 우리에 대한 잘못된 인상을 주는 것이고 잘못 유도하는 것이다. 이와 반대로, 하나의 이슈에 대한 우리의 생각과 감정을 진실하게 표현한다면, 대상자나 동료들에게 우리의 의지나 의견이 무엇인지 분명하게 보여 줄 수 있다. Rogers(1957)와 Shapiro 외 연구진(1969)의 연구에서는 치료자의 진실성이 치료에 긍정적인 결과를 가져오는 것을 확인하였다.

언어적 표현을 사용하여 우리의 생각과 감정을 속일 수는 있을지라도 비언어적 단서들까지 속일 수는 없다(Knapp, 1995). 오히려 비언어적 행동은 우리가 정보를 숨기고 속이려 한다는 것을 드러내 보여준다(Knapp, 1995). 얼굴표정과 자세를 언어적 메시지와 능숙하게 일치시킬 수는 있지만 우리의 발, 다리, 손의 움직임까지 일치시킬 수는 없다. 발과 다리를 공격적으로 차거나, 경박스럽게 움직이거나, 긴장된 자세를 취하거나, 잠시도 가만히 있지 못하거나, 다리를 쉴 새 없이 흔들거나, 얼굴을 손에 파묻거나, 손톱을 물어뜯거나, 얼굴은 웃지만 손은 무릎을 감싸 쥐는 등의 행동을 한다는 것이다. Knapp는 우리가 손과 발의 행동을 제지하거나 감추는데 크게 애쓰지 않는 이유 중 하나는 오랫동안 내면의 피드백을 무시하는데 익숙해졌고, 외부 피드백을 거의 받지 못하는 우리 몸을 조절하는 법을 배우지 않았기 때문이라고 밝혔다(Knapp, 1995). 불일치를 드러내는 또 다른 방법은 언어적 메시지에 관습적으로 수반되는 비언어적 행동을 포함하지 않는 것이다. 이러한 불일치는 대상자와 동료들에게는 무엇인가 잘못되었다는 신호이다(Box 8-2).

우리는 진솔하기 위해서 어떻게 행동해야 하는가라고 스스로 자문해봐야 한다. 때때로는 우리가 생각하고 느끼는 것을 다른 사람에게 드러내는 것

Box 8-2 간호사의 불일치가 대상자와 동료들에게 미치는 부정적 영향

간호사의 불일치

- 가식적이고 허세적이다.
- 생각이나 경험을 노출하지 않는다.
- 언어 및 비언어적 표현이 일치하지 않는다.
- 준비된 대본을 읽는 것처럼 경직되고 부자연스런 느낌을 준다.

대상자와 동료들에게 미치는 부정적 영향

- 간호사를 불신하게 한다.
- 간호사를 의심하게 한다.
- 부자연스럽고 긴장된 관계가 형성된다.
- 상호작용을 위한 중요한 정보를 생략하게 된다.
- 메시지를 서로 다르게 해석한다.
- 혼돈을 느낀다.
- 비언어적 메시지만 믿게 된다.
- 간호사의 신뢰성에 의문을 갖게 된다.
- 메시지를 복잡하게 받아들이며, 의미 있는 대화를 유지하기 어렵게 된다.
- 진실한 사람과 소통한다고 믿지 않는다.
- 대상자와 관계를 맺으려 하기보다는 깊은 인상을 주려한다고 느끼게 된다.

이 위험하다고 느낀다. 예를 들면, '우리의 제안에 동의하지 않는다면', '우리의 의견을 무시한다면', '우리의 생각을 거부한다면', 또는 '우리를 비웃고, 폄하하고, 험담하지는 않을까' 걱정한다. 또한 간호사가 너무 정직한 경우, 동료 간호사들이 함께 일하기를 싫어할 수도 있고, 대상자는 다른 간호사에게 도움을 청하기도 할 것이다.

우리는 거부당한다는 느낌이 들 때 다른 사람들이 더 잘 수용할 수 있도록 우리의 생각과 느낌을 변화하려고 한다. 상대방이 무엇을 듣기를 원하는지, 상대방이 원하는 것을 주기 위해 변화를 시도한다. 그렇게 함으로써 우리의 거짓된 표현은 복잡하게 얽히게 되고, 상대방의 반응에 따라 반복하게 되며, 우리 스스로 덫에 걸리게 된다. 우리는 계속 거짓된 행동을 시도하거나 아니면 거짓을 실토할 수도 있다. 우리가 진실하지 못하다는 것을 알게 되면 다른 사람들은 우리를 신뢰하지 못하고, 우리의 말에 의문을 가지거나 다른 의견을 요구할 것이다. 거절을 피하기 위해 우리가 거짓되게 행동하게되면 거절에 대한 우리의 최악의 두려움이 현실이 될 수 있다는 점은 역설적이다.

대상자나 동료들이 인정해줄지 보장할 수는 없지만, 우리가 진실하다면, 그들은 진솔하고자 하는 우리의 의지에 감동받을 것이다. 정직은 용기를 심어주고, 불안감을 없애준다. 만약 상대방이 우리의 진솔함에 소극적인 태도를 보인다고 해도, 그들은 우리가 정직하다는 것을 알고 있다. 진솔함은 적극적이어야 한다. 그것은 우리의 관점을 표현하는 우리의 합법적 권리를 옹호하는 행동이다. 우리가 진정성을 가질 때, 우리 자신이 적극적인 간호사라는 생각은 강화된다.

진실하게 표현하기
Demonstration of Genuineness

다음과 같이 임상에서 발생할 수 있는 예를 한 번 살펴보자. 병동에 입원하고 있는 환자 최○○은 자신의 담당인 김○○ 간호사에게 개인 전화번호를 알려달라고 한다. 은밀한 눈빛을 보내기도 하고, 마치 우연인 것처럼 종종 간호사에게 접촉을 시도하고 지나가면서 의도적으로 툭툭 치기도 한다.

김○○ 간호사의 생각: 김○○ 간호사는 환자를 돌보는 간호사로서 책임감 있게 행동해야 한다고 생각한다. 이러한 상황에서 현명하게 대처해야 하며, 최○○ 환자를 위해 최선의 간호를 제공해야 한다고 생각한다. 사회적 관계는 대상자의 욕구를 충족시킬 수 있는 능력을 바꿀 수도 있다.

김○○ 간호사의 감정: 김○○ 간호사는 최○○ 환자에게 호감을 가지고는 있지만, 그의 행동이 매우 부적절하다고 생각하며, 환자에게 필요한 간호를 제공하는데 있어 저해요소가 된다고 생각한다.

김○○ 간호사는 이러한 행동이 환자나 자신을 당황하게 하지는 않을까 우려하는 마음을 가지고 있다. 진실한 의사소통은 간호사와 대상자가 사회적 관계가 아니라 전문적 관계라는 것을 설명하는 것이다.

> *진솔한 반응:* 이러한 상황에서 "우리는 환자와 간호사의 관계입니다. 당신에게 필요한 간호를 제가 제공할 수 있는 방법이 무엇일지 생각해보라고 말씀드리고 싶습니다."

간호사의 생각과 느낌을 정확하게 표현하는 것은, 간호사 개인의 가치와 전문적 가치를 모두 신뢰하게 만드는 방법이 될 수 있다. 만약 김○○ 간호사가 자신의 관점에 대하여 표현하는 것을 자제했다면 그녀는 주장적이지도 않고 진실하지도 않은 방식으로 의사소통을 했을 것이다.

> *진실하지 않은 비주장적 반응:* "음. 글쎄요, 나는 당신이랑 데이트할 수도 있죠…. 다음에 봅시다."

이러한 메시지는 관계형성에서 필요한 전문적 특성을 명확하게 구분해 줄 수 없다. 그것은 김○○ 간호사가 피하고자 하는 연애 농담을 더 많이 하게 할 지도 모른다.

> *진실하지 않은 공격적 반응:* "당신 같은 사람들은 다 똑같아요. 당신은 남성 우월주의자이죠…. 당신은 간호사들을 장난감처럼 취급하는군요. 그만 좀 하세요. 저는 일을 하고 있다구요."

이러한 접근 방법은 나쁜 감정을 만들어 내고, 아마도 김○○ 간호사의 능력을 방해하게 될 것이다. 진실하다는 것은 주장적 행동이다. 우리의 생각과 감정을 표현하는 것은 명확하고, 직접적이며, 존중하는 태도로 대상자를 돌보기 원한다는 것을 말한다.

진실함에 영향을 미치는 요인들
Factors Influencing Genuineness

진솔함에 중요한 세 가지 요인은 자신감, 타인에 대한 지각력 그리고 환경적 영향이다. 자신감이 꽉 차 있을 때 우리는 자신의 본성이 드러날 수 있다고 해도 그것을 충분히 감당할 수 있다고 느끼게 되지만, 자신감이 위축될 때는 상대방이 중요하게 느끼고 생각하는 것을 의식하며 그들이 원하는 인상을 심어주려고 노력한다.

자신감은 타고나는 것이 아니라 노력을 통해 키워야 하는 것이다. 우리는 자신의 생각과 느낌에 진솔해질 때 진정 편안함을 느낄 수 있으며, 이 편안한 감정은 자신감으로 변화될 수 있다. 우리는 우리보다 강하고 영향력 있는 상대 앞에서는 자신의 진정한 모습을 감추려 한다. 만약 다른 사람들이 더 똑똑하고, 더 자격이 있고, 더 가치 있다고 판단되면 우리는 자신의 생각과 감정에 부합하는 방식으로 타인과 관계하기보다는 이 사람들에게 과시할 가능성이 크다. 책임감을 배우고 자신의 반응을 신뢰할 수 있도록 스스로에게 권한을 부여하는 것은 우리가 다른 사람들을 우리의 진실한 생각과 감정을 드러낼 수 있는 동등한 존재로 인식하도록 돕는다.

환경 역시 우리의 진솔함에 영향을 미치는 중요한 변수가 된다. 많은 사람들 앞에서 자신의 생각과 느낌을 표현하는 것을 부끄러워하는 경우가 많으며, 제한된 시간에 자신의 진솔함을 보여주는 것도 쉽지 않다. 따라서 우리는 우리 자신을 좀 더 진솔하게 표현하기 위해 시간을 투자하거나 유용하게 활용해야 한다. 특히 간호사는 환자를 위한 간호제공 시간보다 서류 작업 등의 행정적 업무 처리에 더 많은 시간을 소비한다. 이러한 요인들은 환자들과의 관계 발전의 저해요인이다. 환자와 간호사 모두 서로의 이름을 불러주거나 별명을 기억하는 것과 같은 "사소한 일"을 가치 있게 생각하였다(Cohen et al., 1994).

일치를 이루기 위해서 우리는 우리의 생각과 감정을 인식할 필요가 있다(Rogers, 1995). 자기 자신에 대하여 좀 더 잘 알수록 자아개념이 심화되고, 자기인식이 확장될 수 있다. 자기인식이 더 확장될수록 타인과 좀 더 진실하게 관계를 맺을 필요가 있다는 것이다(Rogers, 1980).

사람과의 만남에 대한 놀라운 통로: 문신-피부에 쓴 영혼의 글
A Surprising Doorway to Human Encounters: Tattoos-The Soul's Writing on the Skin?

성직자인 나의 아들이 『신과 문신』이라는 책을 권해 주었다. 이것은 한 성직자가 문신을 한 300명 이상의 사람들에게 질문하고 대답한 면담 내용에 대한 것이다. "사람들이 왜 자신의 몸에 글씨를 쓰는가?" 그는 아무런 판단 없이 존중과 인내심을 보여주었을 때, 그가 "말 할 수 없는 고통, 잃어버리거나 찾은 사랑의 표시, 사랑받으려는 탐색, 어쩌면 신에 의해 혹은 의미 있는 다른 사람을 찾는 것"에 관한 진실한 이야기를 듣게 된다는 것을 발견하게 되었다."(Dayhoff, 2016, p. 10). 내 아들은 간호사들이 "당신의 문신에는 어떤 이야기가 있나요?"라고 물어볼 수 있어야 한다고 제안했다.

다른 학생들이 교실에 들어오길 기다리면서, 나는 이것을 먼저 온 몇몇 학생들과 공유했었는데, 뒤따르는 대화는 매우 진지하고 이것이 고려해야 할 중요한 질문이라는 것을 확인시켜 주었다. 한 학생은 그녀의 아버지가 군대에 있었고 어린 시절에 여러 번 배치되었다고 말했다. 그녀는 아버지에 대해 잘 알지 못한다고 느꼈지만, 아버지의 "넌 항상 내 마음 속에 있어."라고 서명된 편지를 소중히 여겼다. 그녀는 그것을 그의 필체로 써서 그녀의 심장 근처에 문신을 새겼다. 이 스토리텔링 경험을 탐색하려면 연습 2를 참조한다.

말기암환자에 대한 완화 간호: 간호의 진실성에 대한 요구
Palliative Care: a Call to Authenticity

간호사와 대상자, 가족과의 관계에 상당한 영향을 미치는 완화 간호에 사용되는 접근방식은 모든 간호사에게 적용되며, 간호사가 진정한 돌봄제공자로서 진실하게 반응할 수 있는 친밀한 기회를 제공한다.

말기암환자를 위한 완화 간호는 치료에 반응하지 않는 대상자의 적극적이고 총체적 간호를 말하며, 통증, 고통을 유발하는 다른 증상 및 정신적 스트레스의 조절이 가장 중요하다(Ferrell & Coyle, 2010). 제2차 세계대전 후 태어난 세대, 즉 베이비 붐 세대는 지금 60대가 되었으며, 대상자이든 간호사이든 그들 모두 자신들의 삶의 질이나 죽음에 대한 생각이 변화하고 있다. 간호사와 대상자 그리고 간호사와 대상자 가족 사이의 관계가 중요한 영향을 미치는 완화 간호에서 사용되었던 접근법은 모든 간호에 적용가능하며, 진정한 돌봄제공자로서 진실하게 반응하는 간호사가 되는 데 사용될 수 있다. 신체, 마음, 정신의 치유(치유란 단어는 '온전하게 만드는' 것을 의미한다.)는 대상자의 임종과정에서 발생할 수 있다. "다른 사람들의 치유 과정을 촉진하기 위해서는 자기 자신의 내면의 치유자를 일깨우는 것이 필요하다." (Wells-Federman, 1996).

대상자와 그 가족들의 취약성은 간호사로 하여금 진실, 공감, 연민을 갖고 있는 한 인간으로서 자신이 갖고 있는 진정성을 표현하게 한다. 만약 우리가 진실한 감정의 하나인 자신의 취약점을 보호하려고 한다면, 대상자를 인격적으로 대하기 어려울 것이다. 우리 자신의 고통과 슬픔은 다른 사람에게 연민을 느끼게 해주고, 치유과정에 참여하게 해주기 때문에 통증과 고통이 지혜로 바뀌게 된다(Mulder, 2000).

진실함 평가하기
Evaluation of Your Genuineness

자신의 진실함을 평가하는 것은 매우 중요하다. 자신의 진실한 생각과 느낌대로 행동한다면 스스로 편안해지고 자신감도 생길 것이다. 편안함은 스스로를 조화롭게 살아가게 하며, 자유로움을 느끼게 이끌어 준다. 진실함은 그 자신을 통합할 수 있게 하는 권리를 보호해 주고, 결국 스스로를 존중하게 된다. 진실함은 의사소통 시 상대방의 반응을 긍정적으로 이끌어주며, 신뢰할 수 있는 관계를 형성해 주고, 결국 상대방이 느낌과 생각을 진솔하게 드러내게 한다.

성찰과 적용

진정한 슬픔은…

나의 가장 값진 경험들 중 하나는 환자의 장례식에 가 본 것이다. 가족들은 그들의 사랑하는 가족을 돌봐 준 간호사인 나에게 와 부둥켜 안고 서로의 슬픔을 함께 나누었다. 진심어린 마음으로 적극적으로 간호를 제공해 주고 돌봐 준 것을 알기 때문이다. 간호사들이 자신이 돌본 모든 환자의 장례식에 가는 것은 아니다. 간호 제공이 모든 환자에게 긍정적인 결과를 가져다주는 것 또한 아니다. 그러나 더 친밀하게 마음을 다하고 서로에게 도움이 되고자 했던 것들을 기억한다고 느꼈다. 좀 더 나은 간호 제공은 때때로 대상자와 그의 가족 그리고 간호사와의 관계를 좀 더 의미있게 연결시켜주는 능력을 가지고 있다.

진실을 표현하기 위한 연습
Practicing Being Genuine

연습 1 진솔한 표현하기

2~3일간 여러분이 매일 만나는 상대방의 행동에서 진솔함을 관찰해본다. 상대방의 행동이 진솔하다고 판단되면, 관찰을 멈추고, 진솔하다라고 결론을 내리게 만든 내용은 무엇인지 스스로 자문해본다. 반대로, 가식적이고 신뢰할 수 없게 만드는 것은 무엇이었는지 평가해본다. 관찰 내용을 동료들과 비교해 본다. 반복된 연습을 통해 여러분은 좀 더 진솔한 사람이 될 수 있으며 여러분의 능력을 확장시켜 나갈 수 있게 될 것이다.

연습 2 문신에 대해 이야기하기

학급에서 작은 그룹으로 나누어 문신을 한 사람이 있는지 물어보고, 문신과 관련된 하고 싶은 이야기가 있는지 질문한다. 만약 그렇지 않다면, 누군가 문신을 고려해 보았는지와 그것에 관한 어떤 이야기를 할 것인지 질문한다. 한 사람을 고려해 보도록 하고, 그리고 어떤 이야기를 할 것인지 물어본다. 당신이 문신에 대해 가지고 있을 수 있는 판단을 보류하고, 이것을 존재감과 진실성을 위한 기회로 활용해야 한다는 것을 기억한다. 기회가 있고 그것이 적절해 보인다면, 대상자에게 질문을 던져보자: "당신의 문신에 관한 이야기를 ○○와 공유해 주실 수 있나요?"

참고문헌

Arnold, E., & Boggs, K. (2011). *Interpersonal relationships: Professional communication skills for nurses* (6th ed.). Philadelphia, PA: WB Saunders.

Bianco, M. W. (1996). *The velveteen rabbit*. New York, NY: Avon/Camelot. (Reprinted from Williams, M (1922). The velveteen rabbit, or how toys become real. London: Heinemann.).

Bruce, A., & Davies, B. (2005). Mindfulness in hospice care: Practicing meditation-in-action. *Qualitative Health Research, 15*(10).

Cleveland Clinic. (2014). *Image is more than a uniform. http://consultqd.clevelandclinic.org/2014/08/image-is-more-than-auniform/*. Accessed 09.07.18.

Cohen, M. Z., Hausner, J., & Johnson, M. (1994). Knowledge and presence: Accountability as described by nurses and surgical patients. *Journal of Professional Nursing, 10*(3), 177.

Dayhoff, A. (2016). *God & tattoos: Why are people writing on themselves?* Fairfax Station, VA: Evangelize Today Ministry.

Ferrell, B. R., & Coyle, N. (Eds.). (2010). *Oxford textbook of palliative nursing*. New York, NY: Oxford University Press.

Gallup Poll 2017. *Most Trusted Profession in Gallup Poll 2017 is Nursing*. <http://nursesarena.com/news/most-trustedprofession-in-gallup-poll-2017-is-nursing!/> Accessed 09.07.18.

Gilhooley, M. (2017). Therapeutic reciprocity: A concept synthesis. *International Journal of Human Caring, 21*(2), 91.

Guilmartin, N. (2010). *The power of pause: How to be more effective in a demanding, 24/7 world*. San Francisco, CA: Jossey-Bass.

Haber, J., Krainovich-Miller, B., & McMahon, A. L. (1997). *Comprehensive psychiatric nursing*. St. Louis, MO: Mosby.

Knapp, M. L. (1995). *Essentials of nonverbal communication*. New York, NY: International Thomson Publishing.

Middaugh, D. (2017). Watch your language. *Nursing Management, 26*(1), 64.

Mulder, J. (2000). Transforming experience into wisdom: Healing amidst suffering. *Journal of Palliative Care, 16*(2), 25.

Nuwayhid, K. A. (1984). Role function: theory and development. In S. C. Roy (Ed.), *Introduction to nursing: An adaptation model*. (2nd ed.). Englewood Cliffs, NJ: Prentice Hall.

Peck, M. S. (1997). *The road less traveled and beyond: Spiritual growth in an age of anxiety*. New York, NY: Simon & Schuster.

Robinson, S. G. (2014). True presence: Practicing the art of nursing. *Nursing, 44*(4), 44.

Rogers, C. R. (1957). The necessary and sufficient conditions of therapeutic personality change. *Journal of Consulting Psychology, 21*(2), 95.

Rogers, C. R. (1980). *A way of being*. Boston, MA: Houghton Mifflin.

Rogers, C. R. (1995). *On becoming a person: A therapist's view of psychotherapy*. New York, NY: Mariner Books.

Shapiro, J. G., Krauss, H. H., & Truax, C. B. (1969). Therapeutic conditions and disclosure beyond the therapeutic encounter. *Journal of Counseling Psychology, 16*(4), 290.

Stuart, G. W. (2012). *Principles and practice of psychiatric nursing* (10th ed.). St. Louis, MO: Mosby.

Sundeen, S. J., DeSalvo Rankin, E. A., Stuart, G. W., & Cohen, S. A. (1998). *Nurse–client interaction: Implementing the nursing process*. St. Louis, MO: Mosby.

Wells-Federman, C. (1996). Awakening the nurse healer within. *Holistic Nursing Practice, 10*(2), 13.

Chapter 09

공감하기

Being Empathetic

학습목표

1. 공감을 정의한다.
2. 공감의 언어표현 전(preverbal), 언어적 · 비언어적 특성을 구분하여 설명한다.
3. 대상자와 동료들과의 공감의 긍정적인 면을 설명한다.
4. 공감적 의사소통의 6단계를 확인한다.
5. 나쁜 소식을 전하는 단계를 확인한다.
6. 센터링 기법(자신에게 집중하는 법)을 연습한다.
7. 공감을 표현하기 위한 다양한 기술을 습득한다.

공감의 의미

What Empathy Is

"건강관리란 대상자의 삶 전체를 인정해야 하는 예술이다(Center for Health Care Progress, 2018)". 콜로라도 주 주민들의 건강관리를 위한 사회적 결정요인에 대한 10분짜리 영상인 '건강관리 예술'은 다른 사람의 건강관리 접근 경험을 진정으로 이해하는 것이 무엇을 의미하는지 생각하게 한다(https://centerforhealthprogress.org/blog/publications/artof-health-care-video/).

당신은 정기적으로 다른 사람들에게 어떤 상황에 대한 그들의 관점이나 감정을 물어보는 시간을 가지는가? 이것은 공감 기술을 개발하는데 좋은 훈련이며(McNamara, 2014) 간호사-대상자와의 관계에서 신뢰를 형성하는데 중요한 부분이다(Dinc & Gastmans, 2013). 공감은 상대방의 세계에 대한 그 무엇인가를 이해하기 위해 소통하는 행위이다(Dunne, 2005). 왜 공감에 대한 연례 회의(annual conference)를 주최하는가? 공감에 관한 연구는 공감과 의료결과 간에 상관관계가 있음을 제시하고 있다(Riess & Reinero, 2014). 총 20,961명의 당뇨병 환자를 돌보는 주치의 242명을 대상으로 한 이탈리아 연구에서 공감 검사로 가장 높은 점수를 받은 의사들의 환자들은 급성 당뇨병 합병증이 현저히 적었다(Butterfield, 2013).

간호사로서 당신의 연습은 인간의 행동에 대한 이해를 반영한다. 어떻게 경청하고, 어떻게 말하고, 어떻게 공감하고 관심을 보여주는가에 집중하는 것은 타인과 관계를 맺는 매우 효과적인 방법이다(Gallagher, 2009). 간호사는 대상자에게 항상 의사소통자의 역할모델로 간주된다(Keefe, 2006). 간호사는 교육이나 경험을 통해 자기인식, 자신감, 경청 능력, 무비판적인 태도 등을 키워갈 수 있다(Davis, 1990). 간호사가 대상자 중심이라기보다 업무 중심으로 행동할 때 대상자는 공감 결여를 경험한다는 점을 유의해야 한다(McCabe, 2004). 대상자가 어떻게 지내는지 시간적 여유를 가지고 질문하고, 느긋하게 보이며, 시계를 계속 보지 않음으로써 공감을 표현할 수 있다(McCabe, 2004).

당신은 연민과 공감적 의사소통의 역할 모델과 함께 배우고 일해 본 경험이 있을 것이며, 이상적인 환경에서 간호사와 일하기 위해 협상을 하게 될 것이다. 공감을 경험할 수 있는 능력은 발달적 성숙 과정의 결과라는 이론이 있다(Davis, 1990; Alligood & May, 2000; Olsen, 2001). 간호학생이나 신규간호사들은 당신은 '공감을 막고 치유를 방해하는 '편견, 자기 몰두, 지나치게 긴장한 대화, 부족한 경청과 약한 자기주장, 낮은 자존감' 등으로 인해 치료적 공감능력을 갖추지 못하는 경우가 있다(Davis, 1990). 자기정체감, 개인의 가치, 경계가 발달될수록 대상자와의 관계에서도 자기정체감을 유지하여 판단없이 대상자의 감정을 있는 그대로 받아들일 수 있게 된다. 곧 질병이나 상황, 낙인과 상관없이 타인의 인간성과 개성을 인식하게 되는 공감의 최고 수준에 이르게 된다. 공감은 지금까지 익힌 다른 대인관계 의사소통 행동보다 훨씬 더 복잡하다. 본 장을 마치면 공감이란 무엇인지 이해하고 대인관계 의사소통에서 공감의 중요성을 설명할 수 있을 것이다. 따라서 본 장에서는 공감능력을 향상시키고 실천할 수 있는 여러 가지 방법을 제공할 것이다(Davis, 1990). 그러한 연습은 대상자와 동료들에게 이익이 되는 공감적 성숙으로 가는 여정을 제공한다.

다음의 세 단계로 공감을 생각해 볼 수 있다. 첫 번째, 자기심취(self-transposition)는 대상자에게 주의 깊게 귀 기울이며, 자신을 대상자의 입장에 두려고 노력하는 것이다. 두 번째, 정서적 전환(emotional shift) 단계는 사고에서 느낌으로 전환되고 상대에 대한 이해가 깊어지며 대상자의 경험을 인식하게 되는 것이다. 이 단계는 '나-너(I-Thou) 관계(Buber, 1955)' 또는 '의미의 공유'를 하게 되는 단계이다. 세 번째, '자아'를 되찾는 단계로, 앞서 공유한 경험에 대해 진심어린 마음으로 대상자와 함께 해 주는 것이다(Davis, 1990).

다음은 미국의 심리학자 Carl Rogers(1980)의 저서 『A way of Being』에서 인용한 글로, 공감능력을 확대하고자 할 때 중요하게 고려되어야 한다.

> 상대와 공감한다는 것에는 여러 측면이 있다. 그것은 타인의 사적인 지각세계로 들어가고, 타인의 내면에 흐르는 의미의 변화, 타인이 경험하고 있는 두려움, 분노, 다정함, 혼돈 등 그 무엇이든 타인이 경험하는 것에 매 순간마다 민감하게 되는 것을 포함한다. 일시적이지만, 아무런 판단 없이 타인의 삶을 사는 것을 의미한다. 아주 정교하고 감각적으로 타인이 스스로 자각하지 못하는 것까지 느끼는 것이다. 때로, 그것은 상대도 스스로 의식하기 어려운 의미에 민감해지는 것인데, 이는 드러내기에는 너무 위협적인 무의식적 느낌을 전부 알려고 하는 것은 아니다. 상대가 두려움을 느끼고 있는 요소에 대해 새롭고 두려움이 없는 눈으로 타인의 세상을 경험하고 있는 자신의 감각과 소통하는 것을 포함한다. 당신은 타인의 내면 세계에서 믿음직스러운 동료가 되는 것이다.

공감은 이해의 소통이라고도 한다. 사람들은 자신의 행동이나 느낌에 대해 평가나 판단 없이 상대가 자신을 충분히 이해한다는 확신이 들 때 수용되었다고 느끼게 된다. 공감한다는 것은 어떤 것이든 무조건적으로 수용하는 것이다(Pike, 1990).

무조건적 수용을 경험한 경우, 그 사람은 편안함과 자유로움을 느끼게 되어 자신의 생각을 전달하려고 애쓰거나 자신의 반응을 해명하려고 하지 않는다. 또한 사람들은 공감을 느낄 때 오해나 거부에 대한 두려움 대신 이완됨을 느낀다. 자신의 감정을 인정받는다는 것은 있는 그대로의 자신이 될 수 있다는 것이다. 상대가 나의 감정을 이해한다고 언어적으로 인정해주는 것만큼 수용되는 느낌을 주는 것은 없다.

공감의 또 다른 방법은 적극적인 경청이다. 수동적 경청은 눈맞춤이나 고개를 끄덕이는 등의 비언어적인 것과 "네, 네", "아, 음" 등의 언어적 표현을 활용하는 것이다. 이러한 표현법에 의한 수동적 경청은 이해하고 있으며, 소통하고 있다고 착각하게 만들 수 있다. 따라서 수동적 경청은 상대방의 감정을 분명하게 이해하고 있다고 볼 수 없다. 상대방으로 하여금 이해하고 있는 척하며, 희망을 갖게 한다. 적극적 경청은 이러한 '척'을 제거한다. 우리가 어떻게 느끼며, 왜 그렇게 이해하는지 깨닫게 해주며, 상대방 역시 그것을 느끼게 한다.

진정한 공감은 자연스럽고 본능적인 특성으로 설명된다. 그것은 타인의 감정을 이해하는 본질적인 능력이다. 공감은 치료적 중재를 위해 계획된 간호기술이나 방법과는 다른 것이다(LaRocco, 2010; Pike, 1990). 공감의 목적은 관계형성을 돕는 것이며, 공감을 통해 서로에게 어떠한 이익을 추구하는 것은 절대 아니다. 공감적인 간호사는 대상자의 아주 기본적인 욕구를 이해할 수 있으며, 이는 건강한 간호사–대상자 관계 형성을 위해 매우 중요한 부분이다(Davis, 2009).

만약 공감이 정말 치료적으로 중요한 요소라면 대상자에게 어떻게든 소통되고, 전달되어야 한다. 또한 공감은 마음 상태나 태도 그 이상의 것이다. 단순하게 생각하면, 공감은 상대방을 능숙하고 교묘하게 다루기 위한 수단으로 사용될 수 있다. 그러나 공감은 치료나 치유를 위해 상대방의 경험을 수용하고 인정하고, 도울 수 있는 방법으로 활용되어야 한다.

의료환경 내에서 간호사의 돌봄 양상은 대상자의 만족도 향상을 위해 매우 중요한 필수 요소가 되었다. Patten(1994)은 치료적 병원 환경에 관한 연구에서 "간호사의 상호작용능력은 간호술기보다 환자 만족도와 더 밀접한 관련이 있다."라고 결론 내렸다.

공감적으로 소통하기
How to Communicate Empathically

공감은 온정과 진실성을 전달하는 비언어적 행동과 함께 대상자나 동료가 경험하는 것이 무엇인지를 말로 정확하고 구체적으로 반영하는 능력을 포함한다.

공감의 언어표현 전 측면
Preverbal Aspects of Empathy

공감의 정신적 과정에 대하여 Pike(1990)는 다음과 같이 말하였다. 공감은 '나'라는 존재 없이 상대방의 세계로 옮겨가는 것은 아니다. '공감하는 사람은 일시적으로 자신의 감정을 포기할 수는 있지만, 상대방과 분리된 개체로서 대상자의 감정과 자신의 감정을 분별할 수 있는 시각을 꼭 가지고 있어야 한다.' 임상적으로 치료적 공감은 주관적이지 않다. 간호사는 대상자의 개인 세계를 경험한 후, 대상자의 상황을 조율하며 객관적 입장을 취할 수 있어야 한다. 대상자가 처해진 상황을 이해한다고 해도, 간호사 역시 긴장과 불편함을 느끼게 되고, 그러한 감정이 행동으로 나타날 수 있기 때문이다.

공감은 대상자를 돕기 위한 목적으로 대상자와의 언어적 관계로 전환된다(Pike, 1990). 이러한 정신적 변화 과정을 위해 자아경계를 유연하게 할 수 있어야 한다. 따라서 간호사는 자신의 세계에서 대상자의 세계로 들어가 대상자에 관한 정보를 파악하고, 자신의 세계로 되돌아와 대상자에게 최선이 될 수 있는 말과 행동을 계획하고 실행할 수 있어야 하는 것이다.

공감의 언어적 측면
Verbal Aspects of Empathy

공감의 언어적 단계에서는 간호사는 대상자가 보이는 정서적 반응과 그 정서적 반응의 이유에 대해 이해한다는 것을 반영한다. 언어적 반영은 과장하거나 축소하지 않고, 대상자가 무엇을 말하고자 했는지를 정확하고 명확하게 제공하는 것이다. 이상적으로는 간호사가 사용한 감정 단어와 대상자의 의도가 일치해야 하며, 감정의 뉘앙스와 강도까지 표현해야 한다. 대상자가 표현하고자 하는 것이 무엇인지에 대한 감정의 구체적인 근거까지 명확하게 반영해야 한다. 즉, 언어적 공감의 필수 요소는 정확성과 구체성이다.

그러나 짧은 시간 동안 대상자를 알고 난 후에, 간호사가 이러한 목표를 달성할 수 있다고 생각하는 것은 비현실적이다. 공감하기는 상대방의 말을 반복하는 것을 의미하지 않는다. 앵무새처럼 단순히 했던 말을 되풀이하는 것은 오히려 상대방을 짜증나게 하며, 상대방의 어떤 상황이나 그로 인한 반응을 진정으로 이해하지 못한다는 것을 의미한다. 공감적으로 반응한다는 것은, 간호사 자신의 스타일과 어휘를 사용하여 정확하고 구체적으로 표현하는 것이다. 다음의 예를 살펴보자.

> 결혼 6개월 차인 젊은 부인이 자궁에 용종이 있다는 진단을 받았다. 간호사는 그녀가 얼굴을 찡그리고, 눈물이 핑 돌며 머뭇거리는 것에 주목하였다. "잠깐 이야기할 수 있나요……. 나는 정말… 나는 정말 남편을 사랑해요……. 남편과 사랑도 하고 싶고… 그런데 이 용종 때문에……."

간호사라면 이 젊은 부인에게서 몇 가지 반응을 파악할 수 있어야 한다. 그녀의 말투가 떨리고 더듬거린다면, 남편과의 성생활에 대하여 의논하는 것이 난처하다는 것을 의미한다. 이런 경우, 간호사는 솔직담백한 태도로 그녀의 난처함을 치료적으로 다루어야 한다. 그녀의 주 관심사는 남편과의 성관계를 정상적으로 할 수 있느냐 하는 것이기 때문에, 간호사는 다음과 같이 공감하며 반응할 수 있어야 한다.

> "제가 보기에 자궁에 생긴 용종이 남편과의 성생활에 방해가 될까 봐 걱정하시는 것 같군요. 제가 자궁 용종에 대하여 설명해 드릴게요. 설명을 듣고 나면 좀 안심이 되실 거예요."

위의 예에서, 간호사가 표현한 '걱정'이라는 단어는 언어적 · 비언어적 단서를 정확하게 반영하고 있다. 만약, '두려움'이라는 단어를 사용하였다면 너무 강한 표현이 될 것이며, '궁금한'이라는 단어를 사용하였다면 그녀가 표현하고자 하는 감정 수준을 너무 약화시켰을 것이다. 또한 간호사는 대상자가 전달하고자 하는 말의 뉘앙스를 분명하게 반영할 수 있어야 한다(Box 9-1). '자궁에 생긴 용종이 남편과의 성생활에 방해가 될까 봐'라고 한 간호사의 반응은 대상자의 걱정에 대한 이유를 구체적으로 보여주고 있다. 간호사 자신의 말과 스타일로 표현함으로써 앵무새처럼 반복하는 것을 피하고 분명하게 대상자의 걱정을 이해하고 있음을 보여준다. 그녀는 자신이 간호사에게 이해받았다는 생각에 간호사가 제공하는 교육에 더 잘 응할 것이다. 타인이 자신을 이해했다는 것을 듣게 되면 사람들은 안도감을 느끼게 되고, 공감해주었던 사람이 말하는 것을 진심으로 믿게 된다.

공감의 비언어적 측면
Nonverbal Aspects of Empathy

공감의 비언어적 측면 역시 언어적 측면만큼이나 중요하다. 만약 가수가 노래가사 전달력은 정확하지만 노랫말의 의미를 전달하지 못한다면 그 노래는 생명력을 잃게 된다. 관객은 감정 없는 노래를 통해 정서적 유대감을 느끼지 못하는 것처럼, 공감 역시 따스함과 진실함 없이는 그 의미가 온전히 전달되기 어렵다. 정확성과 구체성에 따라 언

Box 9-1 '적절한' 공감 용어 선택하기

다음에 제시되어 있는 형용사를 활용하여 자신의 감정을 표현해본다.

걱정하는	침착하지 못한	깜짝 놀란	경악스러운
고통스러운	두려워하는	덜덜 떨리는	떨리는
놀라운	망설이는	떨리는	불안정한
불안한	거북한, 불편한	안절부절못하는	불편한
우려되는	식은 땀 나는	무서워하는	경계하는
조심스러운	초조한	충격을 받은	유감스러운
염려되는	조마조마한	긴장된	
방해되는	예민한		
죽을 것 같은	못 견디는		
공포스러운	어쩔 줄 모르는		

출처: Hills, M., & Coffey, M. (1982). On delivering care: An interpersonal skills training manual for nurses. Unpublished manual.

어적 공감반응을 완벽하게 할 수는 있지만, 상대방에게 긍정적인 영향을 주지는 못한다.

공감이 온정, 진실성과 동반될 때 대상자의 경험을 마주할 수 있으며, 진실된 간호를 제공할 수 있게 된다. 공감은 동정(sympathy)처럼 판단을 하지 않고, 상대방의 관점을 이해한다는 가치판단적이지 않은 메시지를 보여주는 것이 중요하다. 온정이 공감과 함께 표현될 때, 입에 발린 불성실함이 아닌 진실한 간호가 전해질 수 있다. 다음은 따스함에 대한 예시이다.

병동에서 같이 근무하는 간호사가 임신을 하여 더 이상 근무를 할 수 없을 것 같다고 우울해하고 있다. 만약 너무 세심하게 배려하듯 강하게 껴안아준다면, 오히려 이런 행동은 동정으로 전달될 수 있는데, 동정은 상대방의 감정보다는 자신의 감정에 초점을 맞추는 것이다. 이런 상황에서 온정이 너무 지나치면 당신이 상대방의 곤경을 절망적이라고 생각한다는 것을 암시할 수 있다. 적절한 온정을 갖춘 공감, 즉 관심어린 얼굴표정이나 어깨를 부드럽게 감싸 안아주는 행위 등은 상대방을 이해하고 있다는 것을 말해주는 것이다. 이렇게 한다면 동료 간호사는 부담감 없이 자신의 문제를 의논하기 위해 다가올 것이다.

타인에 대한 진정한 공감을 느끼는 것은 필수적이다. 만약 당신이 대상자나 동료들이 어떻게 느끼는지 신경쓰지 않는다면, 공감적 반응을 하는 것은 도움이 되지 않을 것이다. 언어적으로 공감을 적절히 표현했다 해도, 비언어적 행동으로 돌봄의 부족한 부분을 더 채울 수 있다. 일반적으로 대상자의 감정에 대해 진실하게 신경 쓰지 않으면 온정의 표현 역시 감소된다. 이렇게 온정이 감소되면 언어적 공감반응을 한다고 해도 상대방은 돌봄이 없는 것으로 받아들일 것이다.

요약하면, 공감적 의사소통은 진정한 돌봄과 받아들일 만큼의 온정을 동반하여 구체적이고 정확한 언어적 반응이 있을 때 가능하다. 간호사는 공감을 표현하기 위한 개인만의 자연스런 화법을 익히고 연습해야 한다. 다음은 암을 경험한 한 여성이 쓴 글이다. '다른 사람의 괴로움을 인식하고 반응할 수 있는 능력은, 한 사람의 기질에 깊게 스며들어 있는 것이다. 공감 능력이 있는 사람들은 색깔에 대한 지각과 완벽한 음조를 지닌 사람들이 색맹이나 음치의 상태를 상상하지 못하는 것과 비슷하게 공감 능력이 없을 수 있다는 것을 이해하기 어려울 것이다(Charon, 1995).'

성찰과 적용

적절한 장소와 적절한 시간

간호학생으로서 소아과 병동에서 실습할 때, 나는 구순 구개열을 가진 아기가 있는 미혼모를 돌보게 되었다. 아기가 3개월이 될 때까지 그녀는 아기를 찾아오지도 않았고 안아주지도 않았다. 나는 그녀와 이야기를 나누며 아기에 관해서도 몇 가지 질문을 하였다. 그녀는 아기의 구개열 상처를 보면 마음이 너무 불편해진다고 말하였다. 또한 그녀의 부모는 그녀가 미혼모가 된 죄로 이런 아기가 태어난 것이라고 말한다고 하였다. 아기에게 바라는 것이 있느냐는 나의 질문에 그녀는 아기가 잘 자라서 노래를 부를 수 있었으면 한다고 대답했다. 나는 따뜻한 느낌이 들어 그 아이가 무엇이든 할 수 있을 것이라고 말해 주었다. 그리고 나서 나는 아이를 위한 노래를 불러 주었다. 신은 용서하는 분이시기 때문에 은총을 느낄 수 있을 것이라고 말해 주었다. 그 후, 그녀는 아기를 찾아가 수유를 하고, 돌보아 주기 시작했다. 그 아기는 3개월 후 교정수술을 받았다.

공감 소통에 적절한 시기
When to Communicate Empathically

Rogers(1980)는 어떤 상황에서는 공감형성이 가장 우선적인 태도의 요소이며, 성장을 촉진하는 인간관계를 형성한다고 주장하였다. 특히 사람들은 다쳤거나, 혼란스럽거나, 고통스럽거나, 불안하거나, 소외되어 있거나, 공포스럽거나, 자신의 가치나 정체성에 대한 회의를 느낄 때 이해받기를 원한다.

우리가 대상자들의 사생활을 위해 해야 하는 것만큼, 사적인 문제에 대한 감정을 표현하고자 하는 대상자들의 욕구에 대한 책임감도 가져야 한다. 우리는 스스로에게 다음과 같이 물을지도 모른다. "대상자들이 나에게 얼마나 많은 것을 말하도록 격려해야 하는가? 내가 (공감하면서) 의사소통을 촉진하는 것과 그들의 사적인 반응을 공격적으로 추구하는 것 사이에서 선을 넘을 위험에 처해 있는가?" 공감하기는 도움이 될 수도 있고, 침해될 수도 있으며, 간호사로서 우리는 도움이 되려는 의도를 가지고 공감 능력을 활용하기 위해 노력해야 한다.

공감은 사람들이 타인과 생각이나 감정을 공유하고자 할 때 도움이 된다. 공감적 반응은 그 자체로 유용하고, 다른 메시지나 의사소통 전략과 함께 사용될 수도 있다. 다음과 같은 공감 방법을 살펴보고자 한다.

- 진술: "당신이 혈압 체크를 받으러 올 수 있는 저녁 시간에는 진료센터가 문을 열지 않아 답답하다고 느끼셨죠. 진료시간 연장에 대한 요청이 여러 차례 있었습니다. 그래서 이 문제를 책임자에게 말하려고 합니다." 불편사항에 대한 간호사의 계획을 알게 되고, 간호사가 대상자의 상황과 그 감정을 인정해 주는 경우, 대상자는 안정감을 얻게 된다.
- 질문: "네, 예정보다 더 일찍 퇴원하게 되어 행복해하시는 것 같습니다. 혹시 베이비시터가 큰 아이와 신생아를 같이 돌보아 줄 수 있도록 준비할 시간이 있었나요?" 간호사가 공감적으로 말을 시작하여 대상자의 퇴원 계획에 더 좋은 결과가 나타날 것이다.
- 대안적 관점: "당신의 할아버지가 담배를 피우며 95세까지 사셨기 때문에 하루에 한 갑을 피우는 당신의 흡연 습관이 건강에 해롭지 않을 거라고 생각하시는군요. 저는 최근에 폐암으로 사망한 몇몇 대상자들에 대해 알게 되어 흡연에 대한 다른 관점을 가지고 있어요. 통계에 의하면 흡연과 폐암 사이에 높은 상관관계가 있다고 합니다." 대부분의 대상자들은, 자신들의 관점이 동등하게 인정되는 경우 간호사의 관점에 귀 기울여 듣게 된다.
- 설명: "다인실로 옮기는 것에 대해 화가 나셨군요. 사생활이 침해당했다고 느낄 것입니다. 정말로 방을 바꾸는 것은 우리의 마지막 대안이었습니다. 감염 환자를 위한 격리술을 수행하고 이 병실의 모든 사람들이 보호받을 수 있도록 하려면 1인실이 필요합니다." 먼저, 대상자

의 감정을 인정해주면 대상자가 간호사의 결정을 받아들일 가능성은 증가될 것이다.

또 다른 예를 참조한다.

- 대상자와의 관계에서: "당신은 신장 부위의 날카로운 통증을 걱정하고 있습니다. 최근에 다른 이상한 징후나 증상이 있었나요?"
- 동료와의 관계에서: "새로운 차트 작성 시스템이 복잡하고 상당히 불편하다고 생각하시는군요. 간호기록지 기록 방법을 간소화하기 위한 제안이 있나요?"

대부분의 사람들은 자신들이 말한 것에 대해 상대가 이해한다고 하는 말을 들었을 때는 추가적인 정보 요구에도 적극적으로 참여하게 된다.

공감을 전할 기회를 놓치면 말하는 사람과 듣는 사람 사이에 격차가 생기고 말하는 사람은 무시당하는 것처럼 느낀다. 우리가 다른 사람들의 말에 귀 기울여 듣지 않는다면, 이는 새로운 힘든 상황을 만들게 되는 것이다. 이들은 이해받지 못한 상황에 대해 실망하고, 결국 상처 입은 감정에 위축되어 돌아서거나 자신의 감정을 상대에게 확신시키기 위해 싸우게 된다. 공감이 제공되지 않으면 대상자나 동료들은 기만, 좌절, 무시를 당한 느낌을 갖게 된다. 다른 의사소통 전략에 공감을 더함으로써 대상자와 동료들은 당신이 자신의 말을 경청하고 이해했다는 것을 의심의 여지없이 알게 된다.

치료적 관계에서, 대상자가 보살핌을 받고 있다고 느끼게 해주는 것은 중요하다. 대상자-간호사 관계에서 간호사는 조력자의 역할을 한다. 조력자란 우리가 다른 사람들을 지지하고 싶은 욕구를 인정하고 알리는 것을 의미한다. 조력자로서 간호사의 돌봄을 보여 주는 구체적인 방법은 바로 공감이다.

때때로 스트레스 수준이 높을 때, 우리는 자신의 걱정에 빠져 동료들도 그들 나름의 걱정거리가 있다는 사실을 잊게 된다. 간단한 행동은 우리가 본 궤도에 다시 오르도록 도와준다.

공감의 이점: 대상자와 동료
How Empathy Benefits Clients and Colleagues

대상자나 동료는 이해받고 싶은 마음에 자신의 생각과 느낌을 나누겠지만, 때때로 스스로를 드러내는 것은 불편한 일이다. 청자로서 우리가 명확하고 정확한 공감적 이해를 언어적으로 표현하지 않고 대상자나 동료가 느끼는 감정을 이해하는 것은 충분하지 않다. 우리의 이해를 소통하는 것은 대상자나 동료에게, 그리고 그들과 우리의 관계에 많은 이점이 있다.

공감은 타인과 연결되는 느낌을 증가시켜 준다. 이러한 긍정적인 소속감은 외로움과 소외감을 감소시켜 준다. 인생의 여정은 궁극적으로 홀로 가는 것이라고 하여도, 공감은 사람 사이를 연결해주고 확신과 희망을 제공한다. 동료들 간에 서로 혼자가 아니라는 것을 알고, 공감으로 서로 반응한다면 격변하는 도전의 시기에도 편안함을 느낄 수 있다. 신이 대상자와 동료들을 이해한다는 사실은 그들의 감정이 정상적인 인간의 반응으로 인정받았다고 안심하면서 자신의 길을 계속 갈 수 있도록 도와준다. 아무리 짧은 만남이라도 공감을 통해 강화된 교제(companionship)는 대상자나 동료의 개인적 강점을 더해주는 인간적 유대감을 형성한다. Rogers(1980)는 간단히 말해서 공감은 소외감을 해소한다고 하였다. 당신이 만나는 가족보호자, 가정에서 돌봄을 제공하거나 병원에서 대상자의 침상에서 밤샘 간호를 제공하는 사람을 생각해 보자. 이들을 숨겨진 환자(hidden patients)라고 부른다. 개인시간 부족, 돌봄을 제공받는 사람의 행동과 관련된 문제 및 자신의 업무 요구도로 인한 소진의 징후를 찾아보자. Curry(1994)가 제시한 공감경험을 살펴보자.

> 나는 환자를 볼 때면, 질병과 고통 속에서 싸우고 있는 나의 친구나 사랑하는 사람을 보게 된다. 그의 얼굴에서 나는 뇌종양으로 더 이상 말조차 할 수 없으면서도 손주들이 찾아왔을 때는 두 눈이 반짝이던 아버지를 보았다. 알츠하이머병에 걸려 기억을 잃어 가는 노부인의 손에서 나의 엄마를 느꼈다. AIDS에 걸려 가족과 친구로부터 버림받은 야윈 청년에게서 나의 남동생을 본다.

공감은 대상자의 자존감을 증가시키는데 기여할 수 있다. 간호사인 당신이 시간을 들여 대상자나 동료가 말하는 것을 듣고, 처리하고, 반영하는 것 자체가 그들 스스로를 중요하고 가치있다고 느끼게 한다. 당신이 이해한다는 것을 보여줄 수 있을 만큼의 충분한 돌봄은 다른 사람들이 의미 있고 가치 있다고 느끼게 한다. 대상자나 그의 세계를 가치 있게 생각하지 않고 대상자의 지각세계를 정확하게 감지하는 것은 불가능하다.

따라서 가치 있게 여긴다면 다음과 같이 전달될 수 있다. "사람들은 저를 믿고 저를 가치있는 사람이라고 생각해요. 아마도 나는 가치 있는 사람인 것 같아요. 아마도 나는 내 자신을 소중히 여길 거 같아요. 아마도 나는 내 자신을 돌볼 수 있을 거예요."(Rogers, 1980).

공감을 통해 대상자나 동료가 느끼는 것을 간호사가 수용하고, 보여주고, 있는 그대로 받아들인다면 이는 대상자가 간호사를 신뢰할 수 있도록 도와준다. 판단이나 조언은 신뢰를 방해한다. 대상자를 있는 그대로 무조건적으로 수용해 줄 때 대상자는 긴장을 풀 수 있고, 있는 그대로의 진정한 자기 자신이 될 수 있다.

공감적 이해의 결과로, 대상자는 존엄하게 여겨지고, 돌봄을 받으며, 있는 그대로 수용된 느낌을 갖게 된다(Rogers, 1980). 진정한 공감은 어떠한 평가나 진단적 요소도 없다. 대상자는 이에 대해 놀라기도 한다. '내가 평가되지 않는다는 것은 아마 내가 그렇게까지 악하거나 비정상은 아니라는 것인가? 스스로 나를 그렇게 혹독하게 할 필요는 없을지도 모르겠다'라고 생각하면서 자가수용이 점점 증가될 것이다. 타인에 의해 섬세하게 조율된 이해를 받는 경우, 개인의 정체감이 향상된다.

당신의 공감은 당신의 대상자와 동료들이 새로운 감정으로 나아가고 그들의 행동을 변화하도록 도울 수 있다.

공감과 수용이 이루어지면 대상자나 동료들은 자신들의 감정을 옹호하거나 합리화할 필요가 없어진다. 결과적으로, 방어적인 감정에 집착하지 않으면서 대안적 반응을 경험할 수 있게 된다. 간호사가 공감하지 않으면, 대상자와 동료들은 그들의 감정을 정당화해야 한다고 믿게 된다.

공감을 받게 되면, 그들은 마음을 열고 여러 방식의 공감을 경험하게 된다. 새로운 정보가 처리되거나 오래된 자료가 새로운 시각에서 재조명되는 것처럼 사람들의 반응이 변화되는 것은 매우 당연한 일이다. 공감을 통해 수용이 전달되면 대상자와 동료들은 새로운 자각을 할 수 있을 정도로 유연함을 유지하게 된다.

> 우리의 사생활과 전문직의 삶에서, 우리는 흔히 어려운 결정을 내려야 하는 사람들과 관계를 맺게 된다. 사람들은 더 많은 정보를 필요로 하지는 않으며, 확실히 판단적인 존재를 필요로 하지도 않고, 해답이나 결정권을 뺏기고 싶어 하지도 않을 것이다. 그들이 우리에게 요구하는 것은, 그들을 지지하고, 권한을 주고, 결정할 수 있는 용기를 줄 수 있는 진정한 존재로서의 우리일 것이다 (Marsden, 1990).

존재함은 단순히 나타나는 것이 아니라 그 이상을 의미한다. 이는 "공감하고, 듣고, 반영하고, 관찰하는" 능력이다(Potter & Frisch, 2007).

때로 간호사의 공감적 반영은 대상자나 동료 간호사의 반응에 대해 더 완벽하게 이해할 수 있도록 돕는다.

그들의 감정에 대한 간호사의 반영을 듣게 된다면, 그들의 자기인식은 증가될 것이다. 이러한 깨달음은 만족스러울뿐만 아니라, 상황에 대한 관점을 넓힐 수도 있다. 다음의 예를 살펴보자.

당뇨병을 가진 김○○에게 간호사는 김○○이 원하는 것을 먹고 마시고 밤새 파티를 할 수 있는 룸메이트에 반해 자신은 당뇨병을 가졌다는 사실이 공평하지 않다고 생각하는 것으로 보인다는 공감적 반영을 하였다.

> *김○○:* "네, 맞아요! 바로 그렇게 느끼고 있어요. 그는 나처럼 제한되는 것이 없다는 사실이 나를 기분 나쁘게 하는 것인지 몰랐어요. 제가 감당해야 할 치료는 말할 것도 없고, 장기간의 의료비 지출에 대해서도 생각한 것 같아요. 그가 좋은 시간을 지내는 것을 보면 나는 내가 부족한 사람이라고 느껴져요. 사실, 때때로 그에 비해 제가 참 불쌍하게 느껴질 때가 있어요. 이 상황을 통제할 수 없게 되면 안 되겠어요."

간호사의 공감적 반응은 김○○이 자신에 대해 더 잘 이해하도록 해 주었다. 공감에 대한 문헌에서, 공감, 진정성 그리고 온정이 높은 심리학자들은 그들의 대상자들이 자기탐색을 더 많이 하도록 이끌어낸다고 보고하고 있다(Shapiro et al., 1969).

이제 김○○은 룸메이트의 건강과 자유에 대한 자신의 감정을 자각하게 되었으니, 그가 이러한 자각을 이용해 자신의 상황을 잘 다룰 수 있도록 도울 수 있다. 김○○은 모든 가능성을 고려할 수 있었다. 자신의 상황을 변화시킬 수 있는 부분에서, 그는 만성질환을 가진 룸메이트를 구하면서 그러한 감정들을 상대할 필요가 없어지거나 그의 당뇨병 치료법의 제한을 최소화하는 방법을 브레인스토밍하면서 자신의 삶을 좀 더 자연스럽게 살 수 있게 되었다. 자신의 감정을 변화하는 부분에서, 그는 자신을 다른 사람과 비교하는 것을 멈추고 자신이 이끌 수 있는 생활방식에 대한 감사함이 커지거나, 또는 룸메이트가 더 이상 참지 못하고 떠나거나 맞서 싸우기로 결정할 때까지 룸메이트에게 적대적일 수 있다.

이해받는 것은 대상자가 경험하고 있는 것에 대한 자신의 반응에 대해 더 공감하면서 경청하는 것을 가능하게 한다. 이렇게 그들 자신들을 더 많이 이해하고 소중히 하는 것은 경험의 새로운 면을 열어줄 수 있고, 이러한 자각은 좀 더 정확한 그들 자신의 모습과 더 분명한 자기 개념을 갖도록 한다.

간호사들의 공감적 반응이 모든 대상자들의 치유와 안녕을 증진시킬 수 있을지에 대한 논쟁이 있을 수 있다. 외과, 내과, 산과, 정신과적인 건강 문제와는 별개로 질병과 입원은 두려움, 의존 그리고 일상생활과 관계의 격변을 야기시킨다. 공감적 간호사들은 도움이 되는 방식으로 대상자들의 감정에 귀를 기울일 수 있어야 한다. 의료전문가의 입장에서 공감은 대상자의 참여도를 증가시켜 임상적 문제를 해결하는 과정을 성공적으로 완결되도록 하고, 대상자의 이행을 향상시킨다.

실무 간호사들은 임상현장에서 공감의 이점을 확실히 보여 주게 된다. 통원 수술 학술대회에 참석한 67명의 간호사들을 대상으로 한 조사 결과에 따르면, 공감적 의사소통이 직장생활에 즐거움을 주고, 직원들이 자신의 일에 열정을 가지도록 한다고 했다(Box 9-2).

조직 내 불확실성의 충격을 완화시키는 역할을 하는 간호지도자들은 그들의 에너지를 재충전할 수 있으며, 대상자들과 직접 접촉하고, 그들의 이야기를 들어 주는 간호사들과 계속 접촉함으로써 공감할 수 있다(Kerfoot, 2002). 타인의 감정적 구성을 바탕으로 이해하고 상호작용할 수 있는 능력으로 정의되는 공감은, 직원 채용 시 고려하도록 권장되는 감정 지능의 주요 성격 특성 중 하나이다. 공감은 자기인식(자신의 감정과 동기 부여, 그리고 그것이 타인에게 미치는 영향을 인식하는 능

Box 9-2 간호사에게 공감이란

다음은 외래수술간호집담회에 참여한 간호사가 다음 두 문항에 답변한 것이다.

1. 여러분은 즐거운 직장생활이 될 수 있도록 무엇을 하시겠습니까?
2. 직장에 출근하는 것을 기대하게 하는 동료들의 행동은 무엇입니까?

워크숍 참가자 중 98%가 답하였고, 두 질문의 답변이 유사하여 구분하지 않고 제시하였다.

- 미소
- 서로를 인정하는 것
- 긍정적인 면에 초점을 맞추는 것
- 업무성과에 감사를 표시하는 것
- 협력하고 돕는 것
- 험담을 듣지 않는 것
- 험담을 하지 않는 것
- 부정적 의견이 상대방에게 어떻게 영향을 주는지 알려주는 것
- 더 많이 들어주는 것
- 불필요하게 동료를 방해하지 않도록 조심하는 것
- 아침형 인간이 아니라 해도 즐겁게 일하는 것
- 새로운 동료에게 긍정적으로 대하는 것
- 스케줄이 변경되어도 불평하지 않는 것
- 아침 회의를 즐겁고 긍정적으로 끝내는 것
- 동료들의 서로 다른 의견을 인식하고 수용하는 것
- 감사 표현을 위한 메모를 보내는 것

력), 자기 조절(문제가 있는 충동이나 감정을 통제하거나 재조정하는 능력), 동기(일에 대한 열정과 에너지, 끈기로 목표를 추구하려는 것), 그리고 사회 기술(관계와 네트워크를 형성하는데 필요한 능숙함)을 바탕으로 한다(Connolly, 2002).

공감의 이점: 간호사
How Empathy Benefits the Nurse

당신이 다른 사람들을 이해하고 수용되었다고 느끼도록 당신이 도움을 주었을 때, 당신이 느낀 따뜻한 연민을 생각해보자. 공감은 대상자에게 이익이 되지만, 간호사에게도 그러하다. 분명한 것은 상대가 이해와 수용되었다는 느낌을 받도록 도울 때 간호사 자신도 따뜻한 느낌을 받게 된다는 것이다. 또한 이는 간호사의 만족감과 자신감을 증가시킨다.

간호사는 대상자에 대한 정보를 수집하고 정확하게 평가하여 그들의 건강문제를 해결하기 위한 간호진단을 내리고, 최상의 간호계획을 세우고 간호를 수행한다. 대상자가 수용되고 있다고 느끼면, 간호사가 상황을 평가하기 위해 필요로 하는 정확한 정보를 제공할 것이다. 정확한 간호진단을 내리기 위해 충분한 자료를 확보하는 것은 체계적인 문제해결 접근과정에서 가장 중요한 단계이다. 대상자가 가지고 있는 문제가 신체적 · 정서적 또는 이 둘의 조합이든 아니든 상관없이 공감은 충분하고 포괄적인 자료를 얻는 데 도움이 된다.

공감은 문제해결과정의 모든 단계에서 보여질 수 있다. 간호계획을 세울 때, 제안된 치료 일정에 대해 대상자들이 어떻게 느끼는지 파악하고, 간호사가 이해한 것을 공감적으로 반영하는 것은 매우 중요하다. 치료 계획에 대한 대상자의 반응을 인정하고, 만일 그에 따라 계획을 조정할 수 있다면, 대상자의 치료적 행동을 증가시킬 수 있을 것이다.

간호사는 간호행위의 효과에 대해 알고 싶을 것이다. 많은 객관적인 척도들이 있지만, 대상자들이 자신의 치료 결과에 대해 느끼는 것이 중요한 척도가 된다. 대상자들은 충분히 만족할 수 있고, 치료가 완결되기를 원할 수도 있으며, 원하는 결과를 얻기 위한 대안을 시도하려고 할 수도 있다. 대상자들의 참여 정도는 대상자-간호사의 관계 진전에 영향을 미친다. 공감을 보여 주는 것은 간호사가 그들의 평가과정을 이해하고 인정한다는 것을 대상자가 알도록 해준다.

직무 관계에서 동료와의 공감은 응집력을 강화시켜준다. 공감을 통해 서로에 대한 이해력이 증

가되고, 일터에서 즐거움이 많아지며, 동료 관계에서 발생할 수 있는 문제를 예방하고, 해결할 수 있게 된다.

성찰과 적용

눈물이 날 때…

나는 소아과 간호사이며, 좀 예민한 편이다. 내가 너무 눈물을 많이 흘리는 것에 대해 신경 쓰고 있었다. 아주 작은 아이를 돌볼 때였는데, 나는 울면서까지 혼신을 다해 아기를 간호했지만, 결국 아기가 죽었다. 아기가 죽은 후, 그 가족들이 나를 찾아와 내가 울었던 것이 그들에게는 큰 의미가 되었다고 말했다. 그들은 다른 간호사에게서는 돌봄을 받는다는 느낌이 없었다고 했다. 나의 예민함에 대해 더 이상 걱정하지 않으려 한다.

공감의 장애요인을 극복하는 방법
How to Overcome Blocks to Empathy

공감은 대상자들과 동료들에게 많은 이점을 가져다주고, 간호사 자신에게도 보상을 해준다. 만약 간호사가 대상자나 동료와의 관계에서 적절한 기회에 공감을 전달해주지 않는다면, 그 관계는 도움이 되지 않는 관계일 것이다.

공감표현을 방해하는 몇 가지 행동 중 하나는 대상자나 동료를 판단하는 것이다. 만약 간호사가 대상자의 생각과 감정이 적절한지에 대해 의문이 든다면, 의사소통을 편견없이 받아들이는데 방해가 된다. 진정으로 공감한다는 것은 자신의 의견을 제쳐두고 다른 사람의 감정에 맞추는 것을 의미한다.

모든 판단적인 생각들을 없애야 한다는 제안은 불합리할 수 있다. 인간은 선호와 의견을 가질 수 밖에 없다. 인간은 살면서 음식, 예술, 의복, 사람에 대한 취향을 선택하도록 배워왔다. 분별하는 행동은 우리 대부분에게는 제2의 천성이다. 아침에 무엇을 입을지, 업무 문제를 해결하기 위해 어떤 전략을 선택할 것인지 혹은 저녁으로 무엇을 먹을지 등 삶의 매 순간 선택한다. 우리들 대부분이 대인 관계에서 판단적인 생각을 떨쳐 버릴 수 없는 이유이다.

판단은 삶에서 유용하다. 그러나 다른 사람들의 생각과 감정에 대한 판단을 말로 표현할 때, 사람들은 비난받고 낙인이 찍힌 것으로 느낀다.

대상자와 동료들은 자신이 평가받았을 때 소외감을 느낄 수 있고, 수용이 불가능하다고 생각할 것이다. 판단은 거절과 방어의 감정을 유발시킨다. 대상자와 동료들은 자신들을 보호하기 위해 위축되거나, 그들의 생각과 감정을 방어하기 위해 거칠어진 음성으로 공격할 수 있다.

어떤 반응이 일어나든, 언어로 표현된 판단은 치료적 의사소통의 진행을 막게 된다. 다음의 예는 공감적 의사소통의 이점과 판단에 의한 부정적 영향을 설명해 준다. 대상자가 대장 내시경 검사를 받기 위해 진료실에 와서 다음과 같이 말했다.

> "이 대장 내…이 무서워 죽겠어…요. 당신도 그렇게 생각하시나…요? …검사… 이 모든 상황이 나를 겁나게 해…요."

치료자는 다음과 같이 응답할 수 있다.

> *비공감적 반응:* "아! 걱정할 것 없어요. 괜찮을 거예요. 많은 환자들이 한 번씩은 다 해요. 그런데, '대장 내시경'이라고 해야 합니다."

이 반응은 대상자의 두려움을 무시하고, 잘 모르는 검사에 대해 가지는 불안을 하찮게 여긴 것이다. 이런 반응은 치료자가 대상자의 감정을 심각하게 받아들이지 않는다고 생각하게 한다. 인정받는다는 느낌 대신에, 대상자는 치료자의 판단적 반응에 의해 무시되고, 오해를 받고 있다고 생각할 수도 있다.

치료자는 다음과 같이 응답할 수도 있다.

> *공감적 반응:* "대장 내시경 검사를 받는다는 것이 정말 두려운 일일 것입니다. 검사에 대한 두려움을 가라앉힐 수 있게 제가 어떻게 도와드리면 좋을까요?"

이러한 공감적 시작으로 검사에 대한 대상자의 두려움을 인정하고, 제안을 통해 대상자의 두려움을 완화시키고자 하는 치료자의 바람을 보여 주는 것이다. 대상자는 자신의 감정이 아무 판단 없이 받아들여져 아마도 안심할 것이다. 치료자의 공감을 경험하고 대상자는 자신이 궁금한 것을 질문하거나 감정을 드러내는 것이 괜찮은 것이라고 믿게 된다. 판단적인 반응은 의사소통을 막는 반면에, 공감적인 반응은 이를 열리게 한다.

다음은 동료관계에서 나타나는 예이다.

당신이 며칠간의 휴가를 마치고 저녁 근무를 위해 병동으로 돌아와 근무를 시작하려고 할 때, 낮번 근무 간호관리자가 다음과 같이 언급한다.

이러한 예제를 잘 기억해 두면 조력 전문가로서 당신 자신을 돌보는 데도 도움이 될 것이다.

간호사: "안녕하세요~. 지난 3일간 휴가를 갔던 것은 행운이었어요. 여기는 정말 힘들었어요. 두 명이 사망했고, 다섯 명이나 입원했어요. 내내 인력이 부족했고, 녹초가 되었어요.

반응 1: "글쎄요, 바빴으면 시간은 빨리 지나갔겠네요. 간호사들은 그렇게 하도록 훈련받았고 그래서 우리가 월급 받는 거잖아요."

반응 2: "정말 힘드셨겠어요. 사망자에 입원 환자까지 평소보다 3배나 많은 업무량에……. 적은 인원으로 말만 들어도 얼마나 일이 많았을지 느껴지네요. 선생님 휴가는 언제쯤 시작되나요?"

반응 1은 비공감적 반응이다. 이러한 대답은 오히려 동료의 감정을 악화시킨다. 당연히 상황에 대처해야 한다고 한 판단적 발언은 상대의 감정을 하찮고 부적절한 것으로 묵살한 것이다. 동료를 적대적이고 방어적이게 만들뿐만 아니라, 서로의 관계를 경직되게 만들 수 있다.

반응 2는 공감적 반응으로써, 자신의 얘기를 들어 주고 있다고 느끼게 하는 반응이다. 동료간호사가 휴가를 떠나 있는 동안 병동에서 무슨 일이 있었는지에 대해 듣는 사람이 확실히 이해했다는 것을 전달하고 있다. 이는 매우 적합한 반응이다.

상대방을 판단한다는 것은 그들의 관점을 무시하고, 자신의 느낌, 지각이나 생각에 초점을 두는 것이다. 상대방을 무시하고 불쾌하게 만들면 자신의 감정 역시 불쾌해진다. 배려하면서 소통하려는 욕구는 공감을 활용하려는 동기부여이다. 공감은 비판단적이어야 하며 상대방의 요구에 초점을 두고 수용하는 모습을 보여주는 것이다.

이러한 점을 기억해서 조력적 전문가로서 자신을 잘 돌볼 수 있도록 해야 한다. 공감은 간호사 자신을 위해서도 필요한데, 이를 위해서는 용기가 있어야 한다(Pike, 1990). "환자의 세계에 자신의 것처럼 들어가면 간호사는 그들의 고통, 절망, 분노, 공포를 경험할 수 있다. 용기는 특히 간호사가 환자의 고통, 통증, 괴로움을 치유할 수 있는 힘이 없는 상황에서 절실히 요구된다."

간호사의 성숙과 경험이 깊어질수록 공감을 향상시키는 데 필요한 지식, 태도, 실무에 대한 자원은 더 많아진다. 그러나 그 자원을 활용하는 데 필요한 열쇠는 '감정에 대한 접근'이다(Pike, 1990).

공감은 타인의 생각과 감정을 중요하게 여기면서, 간호사가 배려하며 소통하는 권리를 보호하기 때문에 그 자체로서 적극적이다. 대상자가 간호과정의 모든 단계에 참여할 수 있다고 확신할 수 있게 하는 것은 공감이며, 따라서 공감은 간호사의 책임이다.

공감형성을 위한 6단계
Six Steps to Help You Communicate More Empathically

어떻게 하면 공감을 지속적으로 확실하게 전달할 수 있는 능력을 기를 수 있을까? 다음은 공감능력을 향상시키고 체계적인 문제해결을 하기 위한 접근법이다. 진심으로 공감하고 싶다면 다음 6단계에 따라 진행해본다.

1. *1단계: 여러 가지 복잡한 일에서 생각을 비운다.* 바쁜 삶 속에서 개인적인 걱정이나 업무에 대한 압박감, 대상자나 동료들과의 관계에서 발생되는 여러 가지 불편한 대화나 느낌 등 여러 가지 복잡한 상황들에서 할 수 있는 한 벗어난다. 그래야 함께 있는 사람에게 초점을 맞출 수 있고, 물 흐르듯 대화를 유지할 수 있다. 초점을 맞추면 대상자의 상황을 좀 더 철저하고 보다 효과적으로 다룰 수 있는 기회가 증가된다. 공감적 경청은 완전한 정보를 얻기 위해 상호작용하는 것이 아닌, 간호사가 해야 할 여러 업무에도 불구하고 꼭 해야 하는 것이다. 간호사는 스스로 집중할 수 있도록 노력한다(Raudsepp, 1990).
2. *2단계: 대상자에게 집중하도록 노력한다.* 간호사는 이해한 것을 구두로 전달할 수 있도록 대상자의 말을 경청하는 것이 우선이라는 점을 기억해야 한다. 간호사의 목적은 대상자가 하는 말에 맞추려는 것임을 스스로 상기시켜야 한다. 안경을 벗거나 확실한 경청 자세를 취하는 것과 같은 신체적 몸짓은 집중하도록 일깨워준다.
3. *3단계: 대상자의 언어적 · 비언어적 메시지에 집중한다.* 대상자가 자신이 어떻게 느끼는지 설명하기 위해 사용하는 단어에 귀를 기울이고, 비언어적 표현을 관찰한다. 그리고 간호사에게 전달하고자 하는 모든 메시지를 수용한다.
4. *4단계: '이 대상자가 나에게 하고 싶어 하는 말은 무엇인가?'를 자문한다.* 전달하고자 하는 가장 중요한 메시지가 무엇인지 집중한다. 가장 뚜렷한 주제는 무엇인가? 가장 힘들게 하는 것이 고통인가? 기쁜 감정이 대부분인가? 중요한 것은 간호사는 대상자가 하고 싶어 하는 말을 들었다는 것을 대상자에게 말해주어야 한다. 이 반응은 공감을 위한 씨앗이 된다.
5. *5단계: 공감을 전달한다.* 대상자의 느낌이 언어적으로 반영될 수 있도록 정확하고 구체적으로 표현한다. 간호사의 비언어적 의사소통에 유의해야 한다. 적절하다고 생각되는 만큼 온정을 전달하고, 그 표현이 간호사가 이해하고 수용하고 있다는 의도와 일치하는지 확인한다.
6. *6단계: 공감반응이 효과적이었는지 확인한다.* 공감의 목적은 대상자를 편안하게 느끼게 해주며 돌보는 것이다. 간호사의 말에 대상자가 고개를 끄덕이는가? 이해받았다는 것을 기뻐하며 미소로 또는 다른 방법으로 표현하는가? 긴장을 풀고 편안해 하는 것이 보이는가? 더 많은 대화를 나누기를 원하는가? 등을 확인해 봄으로써 공감 표현이 적절했었는지를 파악할 수 있다.

만약 대상자에 대한 공감이 잘 이루어지지 않았다면, 대상자는 여러 가지 방법으로 표현할 것이다. "내가 느끼는 것은 그게 아니고 이런 거예요." 라고 하거나, 위축되어 더 이상 자신의 감정 표현을 하지 않으려 할 것이다. 간호사의 공감이 적절했는지 대상자에게 확인해 볼 수 있다. "당신이 이렇게 느꼈다는 것인가요?", "제가 제대로 이해했나요?" 등의 표현을 통해 확인할 수 있다.

당신이 공감하는 청자로서 당신의 기술을 세밀하게 조율하는 데 시간을 보낸다면, 대상자는 이야기하기 시작한다. 사람들의 삶과 대처 능력에 대해 더 많이 알게 되면서, 당신은 그가 이러한 질병 이상의 여전히 그 자신이며, 이 여정에 적용할 수 있는 강점을 가지고 있다는 점을 상기시켜 줄 수 있다. 당신은 위기에 직면해 있는 인간 정신의 강인함을 더 알게 되면서, 당신의 지지에 자신감을 가질 수 있게 된다(Ragan & Kanter, 2017).

나쁜 소식 전하기
How to Break Bad News

간호사는 가족의 죽음과 같이 대상자나 그 가족이

나쁜 소식을 듣게 될 때, 명확하고 정확하게 설명해야 하는 입장에 놓이게 된다. 죽음에 대해 말하는 것은 매우 어려운 일이다. 주로 의사가 나쁜 소식을 처음으로 전한다고 해도 간호사 또한 지지를 제공해야 한다. 나쁜 소식을 전하는 과정에서 간호사가 숙지해야 하는 행동에 대하여 Box 9-3에서 설명하고 있다.

자신에게 집중하기
How to Center Yourself

매일 매일 간호사에게 요구되는 업무는 매우 다양하고 복잡하며, 대상자들은 간호사의 돌봄을 필요로 한다. 간호사 자신에게 다시 집중하도록 하루 종일 간단한 센터링 기법을 연습함으로써 대상자와 동료에게 자신을 온전히 보여줄 수 있다(Box 9-4).

Box 9-3 나쁜 소식 전하기

1. 무슨 말을 먼저 할 것인지 미리 생각하고 계획한다. 가족구원성들이 물어볼 수 있는 질문들을 예측한다. 가족이 이전에 사용했던 대처 체계에 대해 파악하면 의료팀이 보여야 할 반응을 계획하는 데 도움이 된다.
2. 라포를 형성한다. 만약 그렇게 하지 못했다면, 가족들과 라포 형성이 된 팀원들에게 참석하도록 요청한다.
3. 전화나 TV를 끄고 소식을 전달하기 위한 적절한 시간을 계획하는 등 분위기를 조성하고 차분히 앉아서 먼저 경청한다.
4. 대상자와 가족들이 이미 알고 있는 것이 무엇인지 확인한다.
5. 개개인이 누가 얼마나 알고 싶어 하는지 파악한다. 이것에 대해 추측하지 않는다.
6. 대상자와 가족이 이해할 수 있는 용어를 사용하여 설명한다. 또한 문화적 이슈에 대해 세심하게 존중한다.
7. 공감적 접근법을 사용하여 대상자와 가족들의 반응에 응답한다. 대상자와 가족들의 정보에 대한 이해를 지속적으로 평가하고 재평가한다.
8. 적절할 때, 치료 계획과 예후를 설명해 주고 요약한다.

출처: American Association of Colleges of Nursing and City of Hope National Medical Center. (2000). *Training program facility guide*. Duarte, CA: End-of-Life Nursing Education Consortium; Matzo, M. L., & Sherman, D. W. (2001). *Palliative care nursing: Quality care to the end of life*. New York, NY: Springer Publishing; Buckman, R. (1992). *How to break bad news: A guide for health professionals*. Baltimore, MD: Johns Hopkins Press.

Box 9-4 센터링 기법

간호업무의 신성한 특성을 매우 소중히 생각하며, 매일 자신의 업무에서 자신만의 목적과 연결되는 시간을 갖는다.

1. 대상자나 가족들과 상호 작용하기 전 잠시 업무를 중단한다.
2. 방해되는 요소나 걱정거리는 잠시 잊는다.
3. 잠깐 눈을 감고 심호흡을 한다.
4. "나는 여기 있는 모든 사람에게 도움이 되고 싶다. 그러기 위해 나는 나에게 모든 에너지를 집중시켜야 한다."라고 자신에게 조용히 혼잣말을 한다.
5. 사랑과 연민의 감정을 불러일으키는 누군가를 떠올려본다.
6. 사랑과 연민의 감정을 느끼며, '나는 지금 이 순간에 존재한다.'라고 스스로 반복한다.
(이 모든 과정은 30초 미만이 걸린다).

출처: Dossey, B. M., & Keegan, L. C. (2008). *Holistic nursing: A handbook for practice* (5th ed.). Sudbury, MA: Jones &Bartlett.

공감을 표현하기 위한 연습
Practicing Being Empathetic

연습 1 공감적으로 표현하기

대상자가 여러분에게 어떠한 생각과 느낌을 표현했다는 가정 하에 연습한다.

각각의 예에 대한 자신의 반응을 작성한다. 정확성과 구체성이라는 기준에 따라 작성해야 한다. 작성한 내용을 평가하고 좀 더 공감적으로 표현할 수 있는 대안을 제시한다. 제안된 내용을 자신이 말하는 스타일의 문장을 만들어 본다.

〈보기〉

대상자: "나는 어젯밤에는 진통제 없이 잠을 잘 잤어요. 진통제 없이 숙면을 취한 건 요통 치료 4일만에 처음이었어요."

- 첫 번째 시도: "잘 됐네요! 잘 잤다니 다행이군요!"
- 공감에 대한 평가: 이 진술은 대상자의 감정을 반영한 것이라기보다는 오히려 판단한 것이다. 함축되어 있는 감정은 '진통제 없이'라는 안도와 '잘 잤다'라는 기쁨이다. 따라서 감정과 이런 감정을 불러일으키는 이유가 포함된 공감적 반응이 필요하다.
- 대안 제안: "장○○님! 당신이 진통제 없이 편안하게 지낼 수 있게 되었다니 정말 안심이 되겠군요. 잘 주무셨다는 것에 정말 기뻐하시는 것 같습니다."

이제 연습해본다. 각각의 상황에 대한 각자의 공감 반응을 작성한 후, 공감 시도를 평가하고 개선될 수 있는 대안을 제안해 본다.

예제 1:

대상자의 표현: "제 첫 아이는 정신지체아예요. 저는 둘째 아이를 갖고 싶어요. 그렇지만… 둘째도 정신지체아로 태어나면 어쩌죠?"

- 첫 번째 시도:
- 공감에 대한 평가:
- 대안 제안:

예제 2:

대상자의 표현: "오늘 하루가 나에게는 정말 끔찍하고 공포스러웠어요. 흉부 엑스레이 사진에서 이상한 점이 하나 발견되었는데, 그게 무엇인지 전문의에게 의뢰를 해봐야 알 수 있대요. 다른 검사결과를 통해 확인될 때까지는 암인지 아닌지 알 수 없다고 해서 너무 걱정돼요."

- 첫 번째 시도:
- 공감에 대한 평가:
- 대안 제안:

연습 2 경청의 차이점 파악하기

본 연습은 수동적 경청과 능동적 경청의 차이점을 파악하는 데 도움이 될 것이다. 파트너를 정한 후 한 사람은 듣는 사람이 되고, 다른 한 사람은 말하는 사람이 된다. 듣는 사람은 자신이 강렬한 감정을 경험했던 주제에 대하여 설명한다.

먼저, 듣는 사람은 수동적으로 듣는다. 비언어적 경청을 하며 중간에 "예", "아", "네~". 정도의 반응만 보인다. 이 연습을 4분 정도 진행한 후 다음 단계로 간다. 두 번째 단계에서는 능동적으로 들으며 상황에 따른 공감을 표현하며 적극적으로 경청한다. 두 번째 단계의 연습을 4분 정도 진행한다. 듣는 사람과 말하는 사람의 입장을 바꾸어 다시 한 번 실시한다.

연습이 끝난 후 다음의 질문에 답해본다.

말하는 사람 입장에서: 수동적 경청과 능동적 경청에서 어떤 차이점을 발견하였는가?

듣는 사람 입장에서: 수동적 경청과 능동적 경청에서 어떤 차이점을 발견하였는가?

연습이 끝난 후 모든 학생이 모여 본 연습을 통해 파악할 수 있었던 공감은 무엇이었는지에 대해 생각을 나누어 본다.

연습 3 공감 연습하기

공감 연습을 위해 4명이 한 조가 된다. 한 명은 말하는 사람, 또 한 명은 듣는 사람, 나머지 두 명은 관찰자 역할을 한다. 말하는 사람은 자신에게 강렬한 감정을 일으켰던 주제를 선택하고 표현한다. 듣는 사람은 말하는 사람이 표현하는 동안 공감적으로 듣는 역할을 하며 4분간 실시한다. 관찰자는 그림 9-1에 제시된 척도를 이용하여 듣는 사람의 공감능력을 평가한다. 영상을 촬영하여, 자기관찰을 위한 도구로 활용해도 좋다.

연습 4 경험 나누기

대상자들의 경험으로부터 간호사가 배우는 것이 무엇인지 고려해본다. "만약 내가 사지마비 환자라면 또는 어떤 질병이나 장애가 있다면 나의 느낌은 어떨까?, 나는 무슨 생각을 하게 될까?, 나는 어떻게 대처해야 할 것인가?" 등을 자문해 본다.

연습 5 공감 공유하기

당신은 간호사로서 어떻게 공감능력을 확장시킬 것인가? 시나 책을 읽고, 음악을 듣고, 예술 작품을 감상한다. 이 모든 것은 인간의 경험을 표현한 것이다. 여러분 마음에 남아 있는 실습이나 임상경험을 시로 써 본다. 분명 대상자와 해결되지 않은 문제가 있을 것이다. 작성한 시를 동료와 함께 공유한다. 시는 자신과 타인을 이해하고 고통을 참을 수 있는 능력을 키우게 도와주며, 대상자와의 공감능력을 형성하고 증가시키는 데 매우 큰 작용을 할 것이다. 또한 당신이 더 완벽한 존재가 될 수 있도록 도와줄 것이다(Akhtar, 2000; Connelly, 1999; Goldner, 2005; Raingruber, 2004).

이제 간호 경력에서 출판을 고려해 보자. 논문에 실릴 인용구나 시는 전국학생간호사협회(https://www.nsna.org/get-published-inimprint.html 참조)의 출판물을 참조한다(Brown, 2010).

반응 번호	정확성	구체성	자연스러움	온정성	진실성
1					
2					
3					
4					
5					
6					
7					

공감척도 기준

1. 정확성: 상대방이 표현하려는 메시지의 강도와 일치되는 용어를 사용하는가?
2. 구체성: 상대방이 표현하려는 감정의 근거를 제시하는가?
3. 자연스러움: 자연스러운 언어를 사용하여 말하는 사람의 메시지를 반영하는가?
4. 온정성: 언어적 · 비언어적으로 온정적인 반응을 하는가?
5. 진실성: 상대방이 표현한 것에 대해 관심과 돌봄을 전달하는가?

그림 9-1 공감척도

참고문헌

Akhtar, S. (2000). Mental pain and the cultural ointment of poetry. *International Journal of Psychoanalysis, 81*, 229.

Alligood, M. R., & May, B. A. (2000). A nursing theory of personal systemempathy: Interpreting a conceptualization of empathy in King's interacting systems. *Nursing Science Quarterly, 13*(3), 243.

Brown, D. L. (2010). Using art and literature in the clinical setting: an innovative assignment. *Nurse Educator, 3*(2), 53.

Buber, M. (1955). *Between man and man*. Boston: Beacon Press. Butterfield, S. (2013). New research links empathy to outcomes, American College of Physicians Internist. http://www.acpinternist.org/archives/2013/03/empathy.htm?print¼true.Accessed 17.06.19.

Center for Health Care Progress. The art of health care. (2018). <https://centerforhealthprogress.org/blog/publications/art-ofhealth-care-video/>. Accessed 17.06.19.

Charon, R. (1995). Connections that heal. *Second Opinion, 2*(1), 38.

Connelly, J. (1999). Being in the present moment: Developing the capacity for mindfulness in medicine. *Academic Medicine*, 74, 420.

Connolly, K. H. (2002). The new IQ. *Nursing Management, 33*(7), 17.

Curry, M. C. (1994). What it takes to be a nurse. *Nursing, 24*(5), 33.

Davis, C. M. (1990). What is empathy, and can empathy be taught? *Physical Therapy, 70*(11), 707.

Davis, M. (2009). A perspective on cultivating clinical empathy. *Complementary Therapies in Clinical Practice, 15*(2), 76.

Dınc, L., & Gastmans, C. (2013). Trust in nurse–patient relationships. *Nursing Ethics, 20*, 501.

Dunne, K. (2005). Effective communication in palliative care. *Nursing Standard, 20*(13), 57.

Everson, N., Levett-Jones, T., & Pitt, V. (2018). The impact of educational interventions on the empathetic concern of health professional students: A literature review. *Nursing Education in Practice, 31*, 104.

Gallagher, R. S. (2009). *How to tell anyone anything: Breakthrough techniques for handling difficult conversations at work*. New York, NY: AMACOM.

Goldner, V. (2005). The poem as a transformational third. *Psychoanalysis Dialogues, 15*(1), 105.

Goleman, D. (2007). *Social intelligence: The new science of social relationships*. New York, NY: Bantam.

Keefe, S. (2006). Understanding human behavior. *Advances in Nursing, 7*(5), 29.

Kerfoot, K. (2002). Warming your heart: The energy solution. *Nursing Economics, 2*(20), 74.

Ketola, J., & Stein, J. V. (2013). Psychiatric clinical course strengthens the student–patient relationships of baccalaureate nursing students. *Journal of Psychiatric and Mental Health Nursing, 20*, 23.

LaRocco, S. A. (2010). Assisting nursing students to develop empathy using a writing assignment. Nurse Educator, 35(1), 10.

Marsden, C. (1990). *Real presence. Heart & Lung, 19*(6), 540.

McCabe, C. (2004). Nurse–patient communication: An exploration of patients' experiences. *Journal of Clinical Nursing, 13*(2), 41.

McNamara, C. (2014). *How to develop skills in empathy. Free Management Library*. http://managementhelp.org/interpersonal/empathy-skills.htm. Accessed 09.08.14.

Olsen, D. P. (2001). Empathetic maturity: Theory of moral point of view in clinical relations. *Advances in Nursing Science, 24*(1), 36.

Ostwald, S. K. (1997). Caregiver exhaustion: Caring for the hidden patients. *Advanced Practice Nursing Quarterly, 3*(2), 29.

Patten, C. S. (1994). Understanding hospitality. *Nursing Management, 25*(3), 80A.

Pike, A. W. (1990). On the nature and place of empathy in clinical nursing practice. *Journal of Professional Nursing, 6*(4), 135.

Potter, P. J., & Frisch, N. (2007). Holistic assessment and care: Presence in the process. *Nursing Clinics of North America, 42*, 213.

Ragan, S. L., & Kanter, E. (2017). Learning the patient's story. *Seminars in Oncology Nursing, 33*(5), 467.

Raingruber, B. (2004). Using poetry to discover and share significant meanings in child and adolescent mental health nursing. *Journal of Child and Adolescent Psychiatric Nursing, 17*(1), 13.

Raudsepp, E. (1990). Seven ways to cure communication breakdowns. *Nursing, 20*(4), 132.

Riess, H., & Reinero, D. (2014). *Can empathy be as effective as aspirin?* The patient–clinician relationship affects medical outcomes. http://humanizingmedicine.org/can-empathy-beas-effective-as-aspirin-the-patient-clinician-relationshipaffects-medical-outcomes/. Accessed 16.08.14.

Rogers, C. R. (1980). *A way of being*. Boston: Houghton Mifflin.

Shapiro, J. G., Krauss, H. H., & Truax, C. B. (1969). Therapeutic conditions and disclosure beyond the therapeutic encounter. *Journal of Counseling Psychology, 16*(4), 290.

Webster, D. (2010). Promoting empathy through a creative reflective teaching strategy: A mixed-method study. *Journal of Nursing Education, 49*, 87.

Wiseman, T. (2007). Toward a holistic conceptualization of empathy for nursing practice. *Advances in Nursing Science, 30*(3), E61.

Chapter 10

자기노출 이용하기

Using Self-Disclosure

학습목표

1. 조력관계에서의 자기노출을 정의한다.
2. 조력관계에서의 즉시성(immediacy)을 정의한다.
3. 간호사의 적절한 자기노출에 대한 지침을 확인한다.
4. 임상현장 시나리오에서 도움이 되는 자기노출과 도움이 되지 않는 자기노출을 비교한다.
5. 적절한 자기노출의 기술을 구축하기 위한 연습에 참여한다.

자기노출은 간호사가 대상자나 동료를 이해하고 있음을 보여주기 위해 사용할 수 있는 또 다른 대인관계적인 의사소통 행동이다. 자기노출은 상대와의 공통적인 목표를 향한 노력을 용이하게 한다(Grover, 2005). 조력관계를 형성해가는 창조적 과정에 간호사가 독특한 선물을 가져오는 것을 전통적으로 '치료적 자기 이용'이라고 언급해왔다(Varcarolis & Halter, 2010). 즉시성(immediacy)은 조력관계를 활성화시키는 자기노출의 한 형태이다. 이 장의 마지막에서 여러분은 자기노출을 통해 전달되는 의미를 이해할 것이며, 이 기술이 대상자나 동료들과의 관계에서 어떻게 적절하게 사용될 수 있는지 평가할 것이다. 여러분은 자기노출 기술을 향상시킬 수 있는 기회를 갖게 될 것이며, 연습활동을 통해 전문적인 경계를 유지하기 위한 전략을 탐구할 수 있을 것이다(NCSBN, 2014).

개인적인 관계와 전문적인 관계에서의 자기노출

Self-Disclosure in Personal and Professional Relationships

자기노출은 '여는 것' 또는 '개방하는 것'을 의미한다. 즉, 자기노출을 한다는 것은 타인에게 자신을 개방하는 것을 뜻한다. 우리가 자기노출을 할 때 우리의 생각이나 감정을 보이며, 우리의 개인적인 경험들을 타인이 알도록 한다. 또한 자기노출은 타인과의 친밀한 관계를 발달시키는 데 사용해 온 방법이다.

자기노출은 다양한 형태로 할 수 있다. 예를 든다면, 불평을 하거나 자랑을 하거나 험담을 하거나, 정치적 또는 종교적인 관점을 표현하거나, 애정 어린 말이나 비밀 혹은 꿈에 대해 공유할 때에 자기노출을 할 수 있다. 사회적 관계에서도 상호간에 동의에 도달할 때까지 자기노출을 할 수 있다. 친밀한 관계는 피상적인 관계보다 좀 더 사적인 것을 노출한다. 자기노출을 주고받는 것은 형식적인 규칙에 따라, 혹은 규칙 없이 발생할 수 있다. 좀 더 깊은 친밀감에 대해 특정한 요청을 하거나 통상적인 공유를 중단하는 것은 상대방과의 관계에 영향을 끼치며, 형성되어 있는 친밀감 수준에 재적응하도록 한다. "간호는 본질적으로 우리가 돌보는 사람들의 삶에서 탄생, 죽음, 질병 및 성장과 같은 이정표적인 사건들을 통해 타인과 연결하고자 하는 열망을 갖는 것이 본질적인 특성이다."(Drew, 1997). 연결에 대한 요구가 있을 때, 간호사는 자기노출을 하는 쪽으로 움직인다. 만성질환을 가진 대상자나 그의 가족과 공유할 수 있는 유용한 정보의 한 예는 만성적인 슬픔이 될 수 있다. 만성적인 슬픔은 '만성질환이나 장애가 있는 개인의 삶에 주기적으로 영향을 주는 형태 중 하나이다. 그리고 그것은 간헐적으로 발생하며, 즐거움과 만족감의 순간이 있는 견딜만한 슬픔'이다(Rosenberg, 1998). 간호사가 대상자나 그 가족의 경험(만성적 슬픔)을 외상 상처로 발생한 갑작스런 슬픔이나 우울을 동반하는 만성적인 절망과 구별되는 경험으로 이해하는 경우, 대상자의 말을 더 경청할 수 있다.

성찰과 적용

나의 어머니도 역시 암을 앓았었다

"제 어머니가 말기 상태로 요양원에 계실 때 제 마음은 어머니에 대한 동정심과 당황스러움으로 몹시 아팠었어요. 간호사인 딸로서, 저는 어머니의 불평이나 호소로 인해 의료진이 제 어머니를 고립시키지 않을까 걱정을 했어요. 저는 어머니의 행동이 두려움에 대한 반응이라는 것을 이해했음에도 불구하고 어머니가 좋은 환자이고 협조적인 환자이기를 원했어요. 한 간호사가 저를 옆으로 데리고 가서 제 손을 잡았어요. 그리고 '일 년 전에 제 어머니가 암으로 돌아가셨어요. 당신의 어머니는 사랑스러운 분이세요. 우리는 당신의 어머니를 잘 간호해드릴 것입니다.'라고 말했어요. 그 간호사가 자신의 경험에 대해 공유를 한 것은 그 간호사가 제 고통과 제 어머니의 고통을 이해하고 있다는 것을 알도록 하는 데 도움이 되었어요."

조력관계에서의 즉시성
Immediacy in the Helping Relationship

즉시성은 조력관계에서의 대인관계에 대한 직접적인 상호 간의 이야기이다. 대상자-치료자 관계에서 즉시성을 적용하는 데 주의를 요구한다. 건강과 관련한 서비스를 제공하고자 할 때 대상자와 어떻게 관계를 맺을 것인가에 주의를 기울이는 것이 필요하다. 대상자가 치료를 위해 상담자와 계약을 맺고자 할 때, 대상자들은 대인관계 문제를 가질 수 있으며 그 문제는 상담자와의 관계에서도 발생할 수 있다. 치료자는 대상자의 대인관계 문제를 인식하고, 대상자와 이야기를 하면서 이를 확인하고 분석한다. 이는 치료 상황 밖에서 대상자가 관계형성에 필요한 기술을 구축하는 데 도움이 될 것이다. 간호사는 대상자에게 건강 관련 서비스를 제공하는 과정에서 상호관계적인 문제를 해결하는 데 관여한다. 간호사는 대상자가 자신의 건강관리에 전적으로 참여하지 못하거나, 계획하지 못하도록 하는 관계의 문제들을 제기할 수 있다.

Egan(2013)은 즉시성이 도움이 되는 상황을 규명하였고, 다음에 열거한 사항은 간호사-대상자 관계에서 즉시성이 적절한 경우이다.

1. 긴장감(tension): 간호사가 대상자와의 대화에서 긴장감을 느끼고 있다면, "우리가 지금 이야기하고 있는 것에 대해 당신이 편안한지 확인하기 위해 잠시 쉬도록 합시다. 우리 둘 간에 어떤 긴장감이 있는 것 같습니다."라고 말하도록 한다.
2. 신뢰감(trust): 대상자가 간호사와의 관계에서 신뢰감을 느끼지 못하는 것처럼 여겨질 때, "우리에게 필요한 이야기를 물어보는 질문에 대해 대답하기를 주저하고 있는 것처럼 보입니다. 당신이 말하는 것이 비밀보장이 될지 걱정하고 있습니까?"라고 말한다. 대상자가 간호사와 공유한 정보가 어떻게 사용될 것인가에 대해 대

상자가 알아야 한다는 것을 간호사가 인식하는 것은 중요하다. 예를 들면, 대상자가 자신이 말한 것에 대해 비밀을 지켜 줄 것을 약속하도록 간호사에게 요청한다면, 대상자 혹은 다른 사람이 위험에 처한 것에 대해서는 비밀을 유지할 수 없음을 대상자에게 알려야 한다. 대상자가 자살 생각을 말하기 전에 대상자로부터 이와 같은 질문을 먼저 할 수 있다. 하지만 이러한 정보는 대상자의 안전을 위해 반드시 공유되어야 한다. 때로는 간호사가 자신에게 관심을 가지고 있으며, 필요한 도움을 줄 수 있다는 것을 아는 것만으로도 안심하게 된다.

3. 다양성(diversity): 간호사와 대상자 간에 문화, 나이, 성별이 다르다는 것이 대상자와의 상호작용 과정을 저해할 수 있음을 감지해야 한다. "당신은 나보다 인생의 경험을 더 많이 하신 것 같아요. 그 점이 제가 당신을 돕는 과정에 방해가 되나요?"라고 말할 수 있다. 혹은 남자 대상자와 이야기를 나누던 여자 간호사는 "강○○님에게는 이런 주제에 대해 여자와 이야기하는 것이 당황스러운 것 같습니다. 맞나요? 이것은 당신의 건강을 위해서 논의되어야 할 정보들입니다. 그리고 우리는 그것을 잘 해낼 수 있을 겁니다."라고 말할 수 있다.
4. 의존성(dependence): 대상자가 결정을 하지 못하고 간호사에게 조언을 구한다면, 다음과 같이 말한다. "당신은 제가 답을 말하거나 방향을 제시하기를 원하는 것 같습니다. 당신에게 정보를 줄 수 있지만, 마지막 결정은 당신의 몫입니다."
5. 매력(attraction): 대상자가 치료적 관계를 사회적 관계로 전환하려고 할 때 다음과 같이 말한다. "당신이 가능한 최상의 간호를 받기 위해서는 이 관계를 전문적인 관계로 유지해야 합니다." 문제가 지속되는 경우 혹은 간호사가 대상자에게 사적으로 끌린다면 지원을 받거나 상담을 통하여 대상자와의 관계를 전문적인 관계로 유지하고, 간호사로서 의무를 달성하도록 해야 한다.

조력관계에서 자기노출을 위한 지침
Guidelines for Self-Disclosing in the Helping Relationship

간호사에 의한 자기노출은 흔히 있는 일이지만 논란의 여지가 있다(Unhjem et al., 2018). 대상자-간호사 관계에서는 자기노출을 사용함에 있어서 특별한 점을 고려하는 것이 요구된다. 조력관계는 대상자에게 이득이 되기 위해 수립하는 것이다. 다른 말로 하면, 조력관계는 대상자 중심 관계이다. 간호사가 자신에 대한 사항, 즉 자신의 생각, 감정, 경험 등에 대해 노출하는 것은 대상자의 이익을 위해서 이루어져야 한다. 관계의 초점은 대상자이다. 건강한 경계와 전문적인 관계의 특성을 유지하기 위해 대상자에게 자기노출을 할 때, 왜, 무엇을, 언제, 어떻게 하는지에 대해 고려해야 한다(Stuart, 2012).

간호사는 왜 대상자에게 자기노출을 사용하는가?
Why Nurses Should Use Self-Disclosure with Clients?

사회적 관계에서는 타인이 당신을 더 잘 이해하도록 하기 위해 자기노출을 하는 반면, 대상자와 간호사 간의 전문적인 관계에서는 그 반대이다. 전문적인 관계에서 자기노출은 간호사가 대상자와 비슷한 생각과 감정을 경험했기 때문에 간호사가 얼마나 대상자를 잘 이해했는지 보여주는 것으로 간호사와의 상호작용으로 대상자들이 편안함을 느낄 수 있도록 사용하는 기술이다. 예를 들어, 유방자가검진에 대해 문의하고 있을 때, 간호사가 다음과 같이 말할 수 있다. "어떤 때는 저도 참 바쁩니다. 몇 월에 유방검진을 해야 하는지 기억하기가 쉽지 않네요. 당신도 기억하는 데 어려움이 있습니까?"라고 말하고 나면 대상자가 간호사의 말에 동의하는 것이 편안할 것이다. 그렇게 되면 간호사가 자가검진 알림 시스템에 관한 정보를 대상자에게 소개하기가 더 수월해질 것이다. 자기노출을 하는 의도는 공감적으로 대하기 위함이며, 간호사가 대상자와 유사한 경험을 했기 때문에 대상자를 잘 이해할 수 있음을 보여주기 위함이다.

자기노출은 대상자와 간호사의 개인적인 자아의 모습을 공유하는 것이기 때문에 대상자와의 결합을 강화시킨다. 비록 전문적인 조력관계이지만 간호사의 자기노출은 대상자가 간호사도 보통 사람임을 알도록 하며, 대상자가 자신의 깊은 감정을 탐색하도록 한다(Dossey & Keegan, 2012). 치료적인 자기노출은 편안함, 정직성, 개방성과 대상자에 의한 위험 감수를 증진시킬 수 있지만 당신의 문제와 관련하여 대상자에게 부담을 주지는 않아야 한다(Keltner et al., 1999). Corbett와 Williams(2014)는 지방에 거주하고 있는 노인 대상자와 가정간호사와의 의사소통에 관한 질적 연구를 수행한 연구 결과에서, 대상자와 간호사 간에 공유하는 비임상적 정보는 공동체 의식을 갖도록 돕고, '사회적 연결성'을 갖도록 하며, 노인 대상자의 안녕감을 증진시킨다는 것을 발견하였다. 연구자들은 간호사가 환자와의 친밀한 관계에서 자기노출의 적절성을 구별하기 위해서는 관리자나 동료들의 도움을 구해야 함을 강조한다.

성찰과 적용

고통 속에서 의미를 만듦… 간호학생의 자기 이용에 있어서의 여정

"몇 년 전 암센터에서 인턴십에 참여했을 때, 나는 골육종의 진단을 받고 당일 입원한 19세 된 환자를 접하게 되었다. 그녀는 포트 삽입 후 그날 밤 화학요법을 시작해야 했다. 암 생존자로서 나는 환자에게 도움이 될 것이라는 믿음이 있을 때만 나의 이야기를 나눌 정도로 자기노출에 대해 신중한 편이었다. 그 젊은 환자는 앞으로 벌어질 상황에 대해 무척 두려워하고 불안해하는 한편, 호기심이 있었다. 여기에 있는 환자들은 대부분 나이가 드신 분이다. 그 환자의 방에 들어갔을 때, 나는 즉각적으로 내가 16세 때 암을 진단받고 화학요법을 받았을 때 느꼈던 그 감정을 다시 느끼게 되었다. 환자와의 경계선을 넘기를 원치 않았기 때문에, 나의 이야기를 그 환자와 그녀의 가족과 공유를 해도 괜찮은지 나의 지도 선생님께 질문하였다. 나의 지도 선생님은 그들과 나의 이야기를 나누는 것이 도움이 될 것이라고 말하였다. 나는 그 환자에게 5년 전에 내가 암을 앓았으며 지금은 잘 지내고 있음을 말하였다. 그리고 하루 종일 나는 여기에 있을 것이며 궁금한 것이 있으면 질문해도 좋다고 말했다. 그 환자는 언제 머리카락이 빠지며 머리카락이 다시 나기까지는 시간이 얼마나 걸리는지 질문하였다. 나의 이야기를 그 환자에게 하고 났을 때, 암을 앓고 있을 때 일반적으로 중요하다고 생각하는 것들에 대해 우리가 모두 중요하다고 느끼고 있음을 알았다. 그녀의 어머니는 내가 나의 이야기를 나눔으로써 그들에게 희망을 주었다고 말하였다. 그리고 이러한 특별한 기회를 가질 수 있어서 나 역시 감사한 마음이 들었다."

자기노출에 있어서 간호사는 대상자에게 무엇을 노출해야 하는가?

What Nurses Should Reveal to Clients in Self-Disclosures?

간호사로서, 우리가 대상자에게 왜 노출할 것인가에 대해 판단할 필요가 있다. 자기노출을 하기 전에 답을 생각해 보아야 하는 두 가지 질문이 있다. '내가 대상자를 이해하고 있음을 대상자에게 알리기 위해 내가 계획하고 있는 것은 무엇인가?' 그리고 '대상자에게 이러한 정보를 노출하는 것에 대해 나는 편안함(그 이야기를 함으로써 발생되는 영향이나 당황스러움에서 안전하고, 법적으로나 도덕적으로 안전함)을 느끼는가?' 자기노출을 하기 전, 두 질문에 대한 답을 간호사는 확실하고 긍정적으로 해야 한다.

간호사가 자기노출을 할 때 대상자와 간호사 모두에게 win-win 상황을 수립하는 것이 중요하다. 대상자가 성공(win)한다는 것은 간호사의 자기노출로 자신이 이해받았음을 느끼게 되는 것이다. 간호사가 성공(win)한다는 것은 대상자가 긍정적으로 느끼도록 하는 데 간호사로서 능력이 있다는 것을 보여주는 것이므로 간호사는 좋은 감정을 느길 것이다. 만약에 결과적으로 대상자에게 긍정적인 경험이 되지 못했다면(lose), 그 이유는 간호사의 자기노출이 부적절하기 때문일 것이다. 그로 인해 대상자는 주요 관건으로부터 멀어질 것이며, 이해받지 못한 상태로 머무르게 될 것이다. 만일 당신에게 자기노출이 부정적이었다면, 자기노출로 인해 불편함이나 당황스러움을 느꼈기 때문일 것이다.

언제 간호사는 대상자에게 자기노출을 사용해야 하는가?

When Nurses Should Use Self-Disclosure with Clients?

치료적 자기노출의 목적은 대상자가 자신들이 이해받고 있음을 알도록 하는 것이다. 자기노출은 공감적인 반응을 향상시키며, 간호사와의 관계에서 신뢰감을 증진시킨다. 간호사가 대상자의 이해수준을 높이고 신뢰감을 강화하기를 원하며, 간호사의 자기노출에 편안함을 느낀다면, 자기노출은 옳은 선택이 된다.

인류학자인 Mary Bateson(1994)은 다양한 문화에서 가진 경험을 성찰하는 이야기에 관한 책을 저술하였다. '우리 인간이라는 종은 은유적으로 생각하고 이야기를 통해 배운다.' 인간은 서로 다른 점이 있지만 결합하고 의사소통하면서 배울 수 있다. 전에 한 번도 만난 적이 없는 사람을 만났을 때, 또는 위기상황에 있는 사람에게 의사소통기술을 적용하려고 할 때, 간호사는 책임감과 애정으로 그 상황을 다루어야 한다. 간호사가 의사소통기법을 선택하고, 적절한 말을 하며, 적절한 사건과 적절한 양의 정보를 노출하면서 자기몰입에 빠지지 않도록 하기 위해서는 다음 사항들을 고려해야 한다. '게임을 하기 전에 게임에 대해 아는 것과 컴퓨터에 옮기기 전까지 매뉴얼을 모두 기억하는 것은 가능하지 않다. …… 우리는 우리가 행하는 모든 것을 학습하는 과정을 계속 진행해야 한다. 모호함은 삶의 한 요소이지, 제거해야 하는 것이 아니다. 우리가 어려운 상황에 부딪쳤을 때 답은 없지만 계속 수행해야 한다는 것을 배운다. 우리는 관여하고 반응하는 것이 중요하기 때문에 상대방의 속도에 대해 배워야 하며 그 춤에 합류해야 한다. 불확실한 상황에서도 우리는 자신의 걸음걸이에 책임이 있다.'

의사소통기술을 배우려고 노력하며 실행해 보도록 하는 것이 중요하다. 의사소통은 간호사로서의 여정의 한 부분이다. 인간은 경험으로부터 배우기 때문에 의사소통은 간호사의 개인적이거나 전문적인 삶에 상처를 줄 수 있으며, 또한 즐거움도 줄 수 있다.

조력관계에서 어떻게 자기노출을 할 것인가?

How to Self-Disclosure in the Helping Relationship?

자기노출을 성공적으로 하기 위해, 이전의 장에서 언급한 공감을 전달하기 위해 제시한 지침을 따라야 한다. 자기노출의 단계에 대해 구체적으로 나열하면 다음과 같다.

1. 주위를 분산시키는 사항을 깨끗이 정리한다.
2. 화자에게 집중하도록 자신을 환기한다.
3. 대상자의 언어적 · 비언어적 메시지에 집중한다.
4. 스스로에게 질문한다. '이 사람은 내가 무엇을 경청하기를 원하는가?'
5. 공감의 반응을 한 후, 자기노출을 하면서 당신이 공감하고 있음을 전한다. 일반적으로 간호사는 공감의 반응을 한 다음에 자기노출을 하는 것이 좋다. 우선 공감의 반응을 하는 것은 주의집중이 당신에게 오기 전에 타인에게 집중을 유지하도록 한다. 간호사의 자기노출은 공감적인 성찰을 증진시킨다. 공감의 반응으로 시작하고 자기노출을 하는 것은 대상자들이 이해받고 있음을 좀 더 확신하게 한다.
6. 간호사의 공감적인 반응과 자기노출이 효과적인지 확인한다.

성찰과 적용

우리의 노력으로 우리는 타인에게 편안함을 준다

"우리를 보살펴 주는 사람은 신에게 있다는 것을 늘 알고 있지만, 내 자신의 노력이 만성통증 클리닉의 환자에게 편안함을 줄 수 있다는 것을 깨달은 지 10년이 되었다. 나의 배우자는 신장이식을 받았으며, 양측 고관절 복원 수술을 받았다. 나의 어머니는 섬유근육통과 외상 후 스트레스를 겪었으며, 우울해졌고 비활동적이 되었다. 최근에 나는 추간판 탈출증을 앓게 되었으며, 경막하 스테로이드 주사를 2번 맞아야 했다. 남편은 자신의 신체적 시련에도 아주 잘 대처하고 있다. 나의 어머니는 목표를 세워 노력하면서 병상에서 일어나려고 하고 있다. 나는 나의 경막하 주사와 수술 등의 경험을 통해 불안해하는 환자를 편안하게 해줄 수 있었다. 나는 영적으로나 신체적으로 완전히 회복할 수 있게 되었다. 역경에도 불구하고 편안함과 연결됨은 치유의 길에 들어설 수 있게 해준다."

간단하게 자기노출을 수행하기 위해 다음의 단계를 적용한다.

1. 경청한다.
2. 공감적으로 대답한다.
3. 자기노출을 한다.
4. 확인한다.

당신은 삶을 살아가면서 자신의 이야기뿐만 아니라 타인이 경험한 것에 대한 이야기들이 축적되어 형성된 관점으로 삶을 보기 시작한다는 것을 발견할 것이다. 대상자, 가족, 다른 동료직원들의 경험들이 미래에 자신에게 도움을 줄 것임을 인식하면서 경청한다.

다음의 임상 실무의 예는 자기노출을 통해 대상자와 연결되는 상황을 보여준다(Box 10-1).

도움이 되는 자기노출과 도움이 되지 않는 자기노출

Examples of Helpful and Nonhelpful Self-Disclosures

바람직한 공감적인 반응과 비효율적인 자기노출의 제한점을 나열하고, 수용될 수 있는 완전한 반응을 제시하고자 한다.

Box 10-1 임상 실무(노인 대상자)에서 경험을 나누기 위한 제안사항

- 연결은 역동적임을 이해한다. 대상자는 자신의 경험을 공유할 수 있는 간호사를 좋아하며 신뢰한다. 한 인간으로서 간호사를 지각하는 것은 조력관계를 형성하는 데 도움이 된다. 한 간호사가 요양원에 입주한 한 대상자의 아내와 도자기에 대한 관심사를 나누었다. 이러한 주제는 그 아내가 대처하는 것을 도와주기 위해 간호사가 관계를 수립할 수 있는 편안한 기반을 제공한다.
- 간호사는 대상자들이 얼마나 많은 정보를 나누기를 원하는지 파악해야 한다. 또한 간호사는 대상자에게 간호사와 높은 수준의 친밀감을 형성해야 한다는 부담감을 주지 않고, 대상자가 간호사에 대해 알 수 있도록 하는 방법을 인지하고 있어야 한다.
- 간호사가 대상자와 어떤 경험을 공유한다는 것은 대상자의 불안 수준을 낮추며, 질병과 치료에 대한 스트레스를 감소시킨다.
- 각자 경험한 것에 대해 직관적으로 공유하는 것이 유용할 수 있지만, 마음 속에 치료적인 목적으로 미리 준비한 중재로서의 자기노출이 치료적인 의미를 지닌다.
- 노인들의 경우 자신의 인생사건을 간호사와 공유하도록 하는 좋은 방법은 회상이다. 예를 들면, 명절 때 행하는 전통에 대해 말하도록 하고, 그것에 대해 대상자에게 질문한다.

상황 1: 대상자와 함께

Situation 1: With a Client

박○○ 부인은 방금 다음과 같은 정보를 간호사에게 제공하였다.

"저는 남편이 주말에 병원에서 퇴원해서 집으로 돌아오는 것이 매우 무서웠어요. 그는 기침을 하더니, 얼굴이 붉어졌어요. …… 그러더니 격렬한 가슴 통증으로 몸을 숙였어요. 그가 죽을지도 모른다는 생각이 들었어요. 다행히도 그가 먹던 니트로글리세린이 바로 창틀에 있었어요. 남편에게 그 약을 주자마자 상태가 나아졌어요. 남편의 통증은 몇 분이 지나 사라졌어요. 감사하게 생각해요!"

1. **경청**

박○○ 부인은 그녀의 남편의 통증 때문에 겪었던 두려움과 그의 남편이 회복되었을 때의 안도감에 대해 말하고 싶어한다.

2. **공감적 반응**

간호사는 자기노출을 사용하기 전에 다음과 같은 공감 반응을 한다.

"저런! 남편 분께서 가슴 통증 때문에 몸을 웅크렸을 때 남편 분에게 치명적인 심장마비가 온 것이 아닌지 얼마나 두려웠을지 짐작이 갑니다. 게다가 병원의 응급처치 도구도 없는 집에 있었기 때문에 그 두려움이 더욱 강했을 것입니다. 니트로글리세린의 효과가 나타났을 때 당신이 얼마나 안도했을지요."

이와 같이 만족스러운 공감적인 말을 한 이후 자기노출이 뒤따른다.

3. **자기노출**

다음의 예는 만족스러운 자기노출과 만족스럽지 않은 자기노출을 구별할 수 있도록 도와준다.

만족스럽지 않은 반응 1: "나도 흉통이 있었던 할아버지에 관해 들었던 이야기가 생각납니다. 할머니가 머리카락이 쭈뼛해지는 순간을 경험했었다고 하셨어요. 할머니와 할아버지는 시골에 사셨는데, 전화조차도 되지 않았었답니다."

위에 나타난 자기노출은 간호사가 개인적으로 가졌던 경험이 아니며, 부연 설명이 박○○ 부인을 혼돈시키고 산만하게 하고 있기 때문에 적절하지 않다.

자기노출은 간략해야 하며, 간호사의 경험과 대상자의 경험이 유사한 경우에만 사용하여야 한다. 만약에 간호사가 그런 경험을 하지 않았다면 자기노출을 사용하지 않는 것이 좋다. 두 사람이 같은 방식으로 사물을 경험하지 않는다는 것과 자기노출은 단지 대상자를 지지하기 위한 방법임을 기억해야 한다.

만족스럽지 않은 반응 2: "그런 두려움은 정말 힘들었겠네요. 저도 주말에 무서운 일이 있었어요. 화재 경고음이 울렸는데, 복도에는 저 혼자 있었어요. 저는 거의 패닉 상태였어요. 하지만 당신처럼, 차분함을 유지하려고 했고 다행히 경보음은 오작동인 것으로 밝혀졌어요."

이 반응은 박○○ 부인의 경험에 견줄만하다. 그러나 자기노출의 중요한 특성은 환자의 상황과 유사해야 한다는 것이다. 간호사의 자기노출 내용이 대상자의 경험과 다르다면, 혹은 더 좋지 않은 것이라면 혹은 관계가 없는 것이라면, 박○○ 부인이 받은 메시지는 간호사가 그녀의 상황을 실제로 이해하지 못했다는 것이 될 수도 있다. 또한 박○○ 부인이 남편과 있었던 불안한 순간과는 관련성이 낮다. 이와 같이 대상자가 가졌던 경험과 관계없는 이야기를 하면서 주의를 분산시킴으로써, 간호사가 박○○ 부인의 관심사를 외면하고 있다는 메시지를 전달하게 되는 것이다. 결국 박○○ 부인은 간호사가 겪었던 어려운 상황으로 관심을 돌리게 되고, 박○○ 부인은 도움을 받는 사람이 아니라 도움을 주는 사람이 되고 말 것이다.

만족스럽지 않은 반응 3: "맞아요. 당신의 눈 앞에서 어떤 사람이 흉통으로 고통스러워하는 것을 지켜보는 것이 얼마나 힘든 것인지 알아요. 지난 주일, 병동에 극심한 흉통으로 고통스러워하는 한 여자 환자가 있었어요. 당신처럼 저도 불안했고 걱정이 되었어요. 그 여자 환자에게는 세 명의 자녀가 있었는데, 만약 환자가 사망한다면 그 자녀들은 어떻게 살아야 할지 걱정이 되었어요. 그녀는 한부모 가정이었죠. 아마도 그녀의 남편은 몇 년 전에 사망한 것 같아요, 제가 듣기로는 심지어 생전에 그녀를 학대했다고 합니다…."

이 반응은 너무 모호하고, 박○○ 부인이 겪은 경험에서 벗어났으며, 이야기 재료가 부적절하다. 자기노출의 중요한 목적은 간호사가 대상자와 유사한 경험을 했기 때문에 대상자의 고충을 이해한다는 것을 대상자가 확신하도록 하기 위한 것이다. 자기노출은 간략하고 상대방이 겪은 상황과 유사한 것이어야 한다. 박○○ 부인에게 그녀가 겪었던 두려움과 안도감을 간호사가 명확히 이해했다는 것을 보여주는 것이 중요하다. 간호사가 자기노출에 집중하게 되면 대상자에 대한 간호사의 이해는 점점 감소한다.

만족스러운 반응: "우리 아버지도 심한 협심증을 앓았어요. 흉통이 악화되기 시작하면 아버지의 얼굴이 잿빛이 되고 마치 고문을 받는 사람처럼 되었어요. 제가 할 수 있는 일은 단지 지켜보면서 니트로글리세린이 작용하기를 희망하는 것이 전부였을 때, 저는 절망감과 자포자기에 빠지고는 했어요. 이번 주에 당신도 이렇게 느꼈었나요?"

간호사는 사랑하는 사람에게 있었던 유사한 경험을 공감적으로 이야기했으며, 간호사의 자기노출이 대상자의 상황과 유사했기 때문에 이 반응은 효율적인 자기노출이다. 위의 자기노출은 간략하며 초점이 맞추어져 있기 때문에, 대상자는 혼자서 아픈 남편과 있었을 때 느꼈던 것에 관해 간호사가 절대적으로 집중하고 있음을 느끼게 된다.

4. 확인

"이번 주에 당신도 이렇게 느꼈었나요?"라는 질문은 박○○ 부인에게 자신이 느꼈던 감정을 표현하도록 이끈다. 이 질문은 박○○ 부인이 다시 집중하도록 하며, 그녀가 느낀 감정을 확인하도록 한다. 이와 같은 질문으로 간호사는 자신의 자기노출이 중요한 부분을 다루었는지 확인하는 것이다. 박○○ 부인이 말하도록 함으로써 간호사는 상호작용의 초점을 대상자가 그 상황에서 어떻게 반응을 했는지에 대해 두면서 주의를 전환하였다.

박○○ 부인에게 바람직한 자기노출을 다음과 같이 할 수 있다.

"저런, 남편의 흉통이 심해져서 웅크리고 있을 때 남편에게 치명적인 심장 문제가 발생할지 모른다는 생각에 얼마나 무서웠습니까? 병원에 있던 응급 도구도 없는데, 집에 당신 혼자 있게 되어서 두려움은 더욱 컸을 것 같아요. 그런데 니트로글리세린 효과가 나타나기 시작하면서 얼마나 안도했을까요. 우리 아버지도 역시 심한 협심증을 앓았어요. 그에게 흉통이 악화되기 시작하면 얼굴이 잿빛이 되고 마치 고문을 받는 사람처럼 보였기 때문에 저도 무척 불안했었어요. 제가 할 수 있는 일은 단지 지켜보면서 니트로글리세린 효과가 나타나기를 바라는 것밖에 없었기 때문에 절망감과 자포자기에 빠지고는 했어요. 이번 주에 당신도 이렇게 느꼈었나요?"

이 반응은 경청하기, 공감적으로 반응하기, 자기노출하기, 확인하기 등의 단계를 통합한 것이다. 그리고 이 말은 간호사가 박○○ 부인을 이해하고 있으며, 그녀의 상황에 대해 관심이 있다는 것을 명확히 보여준다.

상황 2: 동료와 함께
Situation 2: With a Colleague

강○○ 간호학생은 동료 간호학생에게 다음과 같이 이야기하였다.

> "나는 흥분이 북받쳐 올랐어. 내가 실습을 하고 있었던 신경과 병동에서 가장 멋진 하루를 보냈어. 나는 어떤 젊은 환자의 동공반응과 혈압에 주의를 기울이고 있었어. 활력징후를 측정했을 때 혈압이 올라가고 있음을 감지했었고, 동공반사가 느려지고 있었어. 회진 시간에 병실에 회진을 온 신경외과 의사에게 내가 관찰한 사항을 알렸더니, 의사는 내가 염려하고 있던 관찰사항을 점검하였고, 즉시 수술실로 환자를 옮겼어. 수술실에서 의료진들은 치명적일 수 있는 혈종을 제거하였어. 내가 주의 깊게 관찰한 것

이 그의 생명을 구할 수 있어서 기뻤어. 그날은 힘든 하루였지만 매우 의미 있는 날이었어."

1. **경청**

   동료에게 들려주고 싶은 메시지는 자신의 민첩함이 자랑스럽고, 성실함 덕분에 환자의 목숨을 구했다는 것에 기쁘다는 것이다.

2. **공감적 반응**

   자기노출을 하기 전에 다음과 같은 공감의 반응을 한다.

   "와우! 너는 대단히 민첩했구나! 환자의 생명을 구한 너의 조심성에 감탄해. 너의 민첩성이 드라마틱해서 굉장히 흥분되었겠다. 환자의 활력징후에서 미묘한 변화를 알아챈 것은 바로 삶과 죽음을 결정짓게 한 아주 중요한 것이었네."

   이와 같이 만족스러운 공감의 말로 시작하고 난 다음 자기노출을 할 수 있다.

3. **자기노출**

   다음의 예는 만족스러운 자기노출을 생각해 보게 해 준다.

   만족스럽지 않은 반응 1: "내 동생도 간호학생이었을 때 비슷한 경험을 가졌었어. 5년 전의 일이었고, 그 당시 그녀가 얼마나 흥분했었는지 여전히 이야기를 하고는 해. 환자의 방에 들렀는데, 환자가 질식 상태인 것을 발견했다고. 그래서 Heimlich 방법을 적용했고 환자의 생명을 살렸던 것이었어."

   이 이야기는 자신의 개인적 경험이 아니고, 강○○ 간호학생이 성취한 그 순간을 이해하고 있다는 것을 보여주는 것이 아니므로 이와 같은 자기노출은 치료적인 자기노출로 보기 어렵다. 자신의 동생에 관한 이야기는 강○○ 학생이 놓여져 있었던 상황이나 그때 가졌던 경험과 유사한 것이라고 확신할 수 없다. 강○○ 학생은 이런 반응을 경쟁적인 이야기, 즉 자신의 관심을 가로채려는 이야기로 받아들일 수 있다. 그러나 자신에 대한 개인적 노출은 강○○ 학생을 이해하고 있음을 보여주는 방법으로 활용되어야 한다.

   만족스럽지 않은 이야기 2: "네가 어떻게 느꼈는지 알겠어. 나도 역시 멋진 날을 보냈어. 내가 해야 할 일을 마쳤고 처방된 것도 점심 전에 모두 다 마쳤어. 그래서 환자들에게 잠깐 산책을 나가자고 했고, 환자들은 휴식과 신선한 공기를 즐겼어. 그래서 나도 역시 오늘 무언가 성취감이 느껴졌어."

   이 상황은 삶과 죽음에 관한 것이 아니며, 강○○ 간호학생의 상황과 비교할 수 없다. 이러한 반응은 이 간호학생이 강○○ 학생을 이해함으로써 가까워지는 것이 아니라 이 학생과 강○○ 학생 간에 격차만 야기하기 때문에 부적절하다. 강○○ 학생은 환자의 생명을 구한 것에 직접적으로 한 몫을 했기 때문에 위의 간호학생의 성취감은 강○○ 학생의 그것과 동일하지 않다.

   간호사의 자기노출은 대상자의 말의 의미를 포착했음을 보여주기 위해 환자의 상황과 연관되어야 한다. 간호사의 자기노출이 위의 반응에서처럼 초점을 벗어난다면, 그녀가 당신에게 말하고자 하는 것을 진실로 이해하지 못했음을 뜻하게 된다.

   만족스럽지 않은 반응 3: "어떤 사람의 생명을 구하는 것은 무척 감동적인 일이야. 지난 여름에 내가 지내던 집 앞바다에서 보트를 보았어. 머리 위로 앞에서 뒤로 두 팔을 흔들고 있는 사람들을 발견했었어. 나는 팔을 흔드는 것은 위급상황을 알리는 국제 신호라는 것이 기억났지. 나중에 그들은 젊은 여자들로 밝혀졌고, 부모의 모터보트를 타고 있었는데 연료가 다 떨어졌었던 거야. 그들 중 한 명은 당뇨가 있어서 꽤 아팠어. 더구나 어느 정도 맥주를 마셨고, 햇볕을 너무 많이 쐬었고, 절박하게 인슐린이 필요했었어. 우리는 그들을 해안가로 인도했고 안전하게 조치했어. 그래서 다른 사람의 생명을

구하는 것이 어떤 것인지 알아."

강○○ 학생은 자신이 이해받았음을 느끼는 대신, 지루함을 느꼈을 것이다. 이 반응은 중요하지 않은 상세한 이야기를 나열하며, 관련이 없는 회상을 하고 있기 때문이다. 따라서 가능한 한 간략하고 명확하게 자기노출을 해야 한다. 간단명료하게 말함으로써 상대방이 당신의 메시지를 나중이 아닌, 현재 가능한 빨리 이해하도록 해야 한다.

만족스러운 반응: "내가 4층에 있었을 때 심근경색증 환자를 발견했어. 나는 Code를 불렀고 CPR을 시작했는데, 결국 그 환자는 살아났어. 만약에 그 자리에 내가 없었다면 그 환자는 살지 못했을 거라는 것을 아니까, 나 자신에게 자부심이 느껴졌어.…… 내가 공부한 것을 기억해내고 그리고 실제 상황에서 그것을 올바르게 적용할 수 있었다는 것을 말하는 것이겠지?"

이 반응은 이 간호학생이 가진 경험이 강○○ 학생의 경험과 유사하기 때문에 효율적인 자기노출을 위한 지침을 충족하고 있다. 이 자기노출은 간략하며 초점을 두고 있기 때문에, 강○○ 학생은 그녀가 이해받고 있다는 메시지를 즉각 받았을 것이다.

4. 확인

마지막 단계에서 질문하기는 간호사의 자기노출이 대상자에게 잘 전달이 되었는지 확인하기 위한 효율적인 기법이다. 즉, 질문을 통해 강○○ 학생에게로 관심사를 돌리며, 집중해야 한다. 또한 이 질문은 강○○ 학생 자신이 어떻게 느끼고 있는지에 대해 확인할 기회를 가질 수 있게 한다. 이러한 반응은 그녀의 흥분을 가로채지 않고 오히려 증가시킨다. 이 간호학생은 강○○ 학생이 겪은 상황과 관련 있는 경험을 공유함으로써 그녀가 이해받고 있음을 느끼도록 한 것이다.

4단계를 포함하는 완벽하고 정확한 자기노출은 다음과 같이 표현할 수 있다.

"와우! 너는 대단히 민첩했구나! 환자의 생명을 구한 네 조심성에 감탄해. 네 민첩성이 드라마틱해서 굉장히 흥분되었겠다. 환자의 활력징후에서 미묘한 변화를 알아챈 것은 바로 삶과 죽음을 결정짓게 된 아주 중요한 것이었네. 내가 4층에 있었을 때 심근경색증 환자를 발견했어. 나는 Code를 불렀고 CPR을 시작했고 그 환자는 살아났어. 만약 그 자리에 내가 없었다면 그 환자는 살지 못했을 거라는 것을 아니까 나 자신에게 자부심이 느껴졌어. 내가 공부한 것을 기억해내고 그리고 실제 상황에서 그것을 올바르게 적용할 수 있었다는 것을 말하는 것이겠지?"

이 반응은 경청하기, 공감적인 반응하기, 자기노출하기, 확인하기의 단계를 모두 포함하고 있다. 간호사가 공감하면서 적극적으로 경청하며 자기노출을 하고, 그런 다음에 자신의 경험으로 전환하여 친밀해질 때, 대상자나 동료는 간호사가 자신의 이야기를 경청하고 있으며, 자신이 이해받으며 존중받고 있음을 느낄 것이다. Picard 등(2004)은 암을 극복한 경험이 있는 간호사들이 임상실무를 좀 더 잘 하기 위해 동료들이나 대상자에게 열정적인 자기노출을 한다고 보고하였다. 자기노출은 간호사가 대상자와의 상호작용으로 자신의 관련 경험을 가져오는 것이기 때문에 간호사에게 책무성이 있는 것이다. 간호사가 자기노출을 하는 것은 이해받고자 하는 타인의 권리를 보호하는 것이며, 돌봄의 방식으로 의사소통하고자 하는 간호사의 권리를 보존하는 것이다.

자기노출의 연습
Practicing Self-Disclosure

연습 1 자기노출과 전문적인 경계선

적절한 자기노출은 전문적인 경계선을 유지하기 위해 필요한 부분이다. A Guide to Professional Boundaries(NCSBN 2014a; https://www/ncsbn.org/ProfessionalBoundaries_Complete.pdf)를 읽고, 전문적인 경계선에 대해 학습한 것을 성찰해본다. 그리고 당신의 학생이나 동료들과 질문사항이나 경험들에 대해 토의해본다.

연습 2 자기노출 경험 나누기

며칠 동안 어떤 이가 당신에게 자기노출을 했는지 생각해 본다. 이러한 자기노출이 적절한지, 간략한지, 개인적인 것인지? 그들은 당신이 이해받고 있다는 메시지를 전달하는지? 동료나 상인이나 교사나 친구로부터의 자기노출에 대한 당신의 반응을 주목해 본다. 그들의 자기노출의 어떤 특성들이 당신이 돌봄을 받고 있다고 느끼도록 하는지, 어떤 특성들이 당신에게 신선한 자극을 주며, 자기노출에 대한 진지한 관심사를 갖도록 하는지 생각해본다.

누구에게 당신의 관심사에 대해 자기노출을 할 것인지 스스로에게 질문해본다. 간호사는 소진에 취약하며 신뢰하는 사람과의 공유를 통해 자신이 지지된다는 것을 인지하면서, 당신이 도전하고자 하는 사항이나 좌절감 등에 대해 당신이 신뢰하는 사람과 이야기를 나누어본다.

개별적으로 이러한 연습을 해본 다음, 동료들과 함께 자기노출 의사소통 행동에 대해 자신이 발견한 것을 비교해본다.

참고문헌

Adair, C. (2017). Who are you talking to? The important connection between disclosure and well-being, a relational perspective on Healthy Nurse. *The New Mexico Nurse, Oct*, Nov, Dec, 4.

Bateson, M. C. (1994). *Peripheral visions: Learning along the way*. New York, NY: HarperCollins.

Corbett, S., & Williams, F. (2014). Striking a professional balance: Interactions between nurses and their older rural patients. *British Journal of Community Nursing, 19*(4), 162.

Dossey, B. M., & Keegan, L. (2012). *Holistic nursing: A handbook for practice*. Burlington, MA: Jones & Bartlett.

Drew, N. (1997). Expanding self-awareness through exploration of meaningful experience. *Journal of Holistic Nursing, 15*(4), 406.

Egan, G. (2013). *The skilled helper: A problem-management and opportunity-development approach to helping* (10th ed.). Independence, KY: Cengage Learning.

Grover, S. M. (2005). Shaping effective communication skills and therapeutic relationships at work: The foundation of collaboration. *AAOHN Journal, 53*(4), 177.

Jourard, S. M. (1971). *The transparent self*. New York, NY: Van Nostrand Reinhold.

Keltner, N. L., Schwecke, L. H., & Bostrom, C. E. (1999). *Psychiatric nursing*. St. Louis, MO: Mosby.

National Council of State Boards of Nursing. Professional boundaries in nursing (brochure).(2014a). <https://www.ncsbn.org/ProfessionalBoundaries_Complete.pdf> Accessed 09.07.18.

National Council of State Boards of Nursing. Professional boundaries in nursing (video). (2014b). <https://www.ncsbn.org/464.htm> Accessed 19.07/18.

Picard, C., Agretelis, J., & DeMarco, R. F. (2004). Nurse experiences as cancer survivors: Part II—professional. *Oncology Nursing Forum, 31*(3), 537.

Rosenberg, C. J. (1998). Faculty–student mentoring. A father's chronic sorrow: A daughter's perspective. *Journal of Holistic Nursing, 16*(3), 399.

Stuart, G. W. (2012). *Principles and practice of psychiatric nursing* (10th ed.). St. Louis, MO: Mosby.

Unhjem, J. V., Vatne, S., & Hem, M. H. (2018). Transforming nurse-patient relationships—A qualitative study of nurse self-disclosure in mental health care. *Journal of Clinical Nursing, 27*, e798.

Varcarolis, E. M., & Halter, M. J. (2010). *Foundations of psychiatric mental health nursing: A clinical approach*. St. Louis, MO: Saunders.

Chapter 11

구체적으로 말하기

Being Specific

학습목표

1. 구체성을 정의한다.
2. 의사소통에서 구체성의 유용성과 효과를 확인한다.
3. 구체성을 적용한 의사소통 전략을 규명한다.
4. 간호의 인계 보고에 있어서의 팁에 관해 토의한다.
5. 플라세보(placebo) 효과와 노세보(nocebo) 효과를 구별한다.
6. 구체성 기술을 구축하기 위한 실습에 참여한다.

구체성이 유용하게 사용되는 상황을 인식하기

Recognizing When Specificity Is Useful

운전을 하다 불명확하거나 구체적이지 않은 방향 지시를 받고 길을 찾다가 결국은 방향을 잃어버린 적이 있는가? 자세한 설명, 거리, 주변 명소, 전화번호 등은 모두 방향을 찾는 데 도움이 된다. 구체적으로 말하기는 자세하게 묘사하는 것을 말하는데, 언어의 내용이 명확하며 의사소통에 초점이 있고 논리적이기 위해서는 구체적이어야 함을 의미한다. 이와는 대조적으로 모호함은 좌절감을 주며, 명료함이 결핍되는 경우 의사소통을 시도하고 있는 사람들 간에 거리감을 만든다. 잘못된 의사소통은 최대 17억 달러의 비용 지출을 유발하고, 2,000명의 생명을 좌우한다고 보고된 바 있다. 심지어 이것은 시작에 불과하다. CRICO(Controlled Risk Insurance Company) 전략에 의해 발표된 연구에 의하면, “2009년에서 2013년 기간에 미국에서 발생한 의료과실 사례의 30%를 조사한 결과, 잘못된 의사소통은 공통적으로 정보의 불충분한 양, 잘못된 기록, 환자의 호소에 공감적이지 않은 반응을 포함하고 있었다.”(Kern, 2016)고 보고되고 있다.

구체성의 결핍은 잘못된 의사소통을 가져온다. 명확히 말하는 것보다 구체적으로 말하는 기법은 더 광범위하고, 논의가 초점을 맞추기 어려울 때 논의의 범위를 좁히며, 관심사를 정확히 포착하도록 돕는다. 환자의 정보에 대한 요구와 이해 수준을 사정하는 것은 간호사가 제공할 정보의 상세 정도와 적절한 언어를 결정하는 데 도움이 된다(Black, 2014).

구체적인 의사소통은 대인관계 상황에서 특히 유용하다. 구체적으로 말하기가 중요한 상황은 다음과 같다.

- 자신의 생각과 감정을 설명할 때
- 타인의 생각과 감정을 반영할 때
- 질문할 때
- 정보나 피드백을 줄 때
- 평가할 때

이 목록은 간호사가 반복적으로 대상자나 동료들과 만날 때의 상황들을 포함한다. 구체적으로 말하는 것은 다음 세 가지 측면에서 유용하다(Arnold & Boggs, 2011; Stuart, 2012).

1. 자신이 의사소통하고 있는 상대와 '같은 주파수'로 의사소통하도록 하며 의사소통 과정을 좀 더 만족스럽게 한다.
2. 의사소통을 하는 사람들은 자기 자신의 생각을 좀 더 명확하게 이해할 수 있으며, 타인의 생각도 전적으로 이해할 수 있게 된다.
3. 문제를 해결할 수 있는 기반이 완벽해지고 정확해진다. 또한 그 기반은 대상자나 동료들과의 관계에서 의사소통이 성공하도록 해 준다.

자신의 생각과 감정을 설명할 때 구체적으로 말하기

Being Specific When Explaining Your Thoughts and Feelings

만약에 감정을 의사소통하고 있다면, 듣는 사람에게 전달하고픈 바로 그 단어를 선택하는 것이 중요하다. 만약 화가 났다면, 격노나 좌절감, 격분, 흥분을 느끼고 있을 것이다.

만약 환자가 진료 약속에 늦어서 의사가 환자에게 분노를 느끼고 있는 상황에서 의사가 분노를 느끼는 정도에 비해 그 상황을 과장되게 말한다면 환자와 거리감이 생길 수 있다.

만약 당신이 슬프다면, 울적함, 우울감, 자포자기, 낙심 등을 느낄 수 있다. 만약 생활비 지원금을 아직 받지 않았는데 세금 마감일이 되어 무척 절망하고 있는 사람이 직장동료에게 단지 자신이 몸이 좀 아프다고만 말하면서 감정을 최소화해서 말한다면 상대방과의 친밀감과 신뢰감이 감소할 것이다.

자신의 생각이나 감정을 구체적으로 표현하지 않으면 결국 오해를 부르게 된다. 의사소통의 목적은 두 사람 간의 이해를 향상시키는 데 있으므로, 간접적이거나 명확하지 않은 의사소통은 도움이 되지 않는다.

자신이 그렇게 느끼게 된 것이 무엇 때문인지 감정을 구체적으로 표현하는 것이 자신의 감정을 좀 더 명료하게 하는 방법이다. 예를 들어, 대상자가 스스로 저칼로리 식단과 하루에 3km씩 걷기를 시작했다는 이야기를 해서 간호사가 행복감을 느꼈다고 가정해 본다면, 간호사는 다음과 같이 말하면서 자신의 기쁨을 전달할 수 있다.

> "김○○님, 당신이 식이조절과 운동을 하면서 건강을 관리하려는 노력을 한다는 것이 기쁩니다. 그렇게 하는 것이 어려운 것임을 압니다. 그러나 자기 자신을 위해 시간을 투자할 때 좀 더 많은 에너지가 생긴다는 것을 발견할 것입니다."

간호사가 자신의 감정에 대한 근거를 구체적으로 말하는 것은 간호사의 메시지에 대한 진실성을 더욱 보여준다. 간호사의 설명은 김○○에게 보상을 주는 것이 된다. 이런 반응은 다음과 같이 말하는 것보다 김○○에게 훨씬 더 의미가 있다.

> "김○○님, 대단합니다. 잘하고 있다니 참 좋습니다."

이 예에서는 간호사가 기뻐하는 이유가 명확하지 않다. 대상자가 지켜야 하는 건강행위를 잘 지켜서? 당신이 그에게 식사를 잘해야 하고 운동을 해야 한다고 상기시키는 시간을 소비하지 않아도 되기 때문에?

직장에서 일어날 수 있는 또 다른 예를 살펴보자. 밤 근무를 했던 동료가 환자들에게 실시했던 병리검사 중 비정상으로 나온 결과를 표시하고 명확히 정리해 둔 덕분에 당신이 근무시간에 왔을 때 검토를 잘 할 수 있도록 해 주어 기뻤다고 하자. 당신은 동료에게 다음과 같이 말할 수 있다.

> "최○○ 간호사님, 당신이 이렇게 준비한 차트를 보고 정말 놀랐어요. 덕분에 낮 근무를 하는 우리가 시간을 아낄 수 있었어요. 당신이 이렇게 표시해 놓아서 의사에게 알리는 과정이 체계적으로 간소화되었고, 어떤 환자가 체온 측정이 필요하고 병리검사를 다시 해야 하는지 파악하게 해 주었어요. 감사합니다."

당신이 왜 기뻤는지 이와 같이 구체적으로 말하는 것은 당신이 느낀 감정에 대한 깊이와 확신을 더해준다. 이렇게 말하는 것은 단지 "대단하다" 혹은 "감사하다"라고 말하는 것보다 당신이 감동했다는 것을 더 잘 전달해준다.

어떤 간호사나 대상자, 가족이나 동료들은 논리적이고 합리적인 사고과정을 선호한다. 이들은 평가에 능숙하며, 사실에 대해 구체적으로 말한다. 반면, 그들은 감정을 쉽게 고려하지 않거나 감정을 편안하게 다루지 못할 수 있다. 그들의 강점은 논리적이고 객관적인 사고에 있기 때문에, 감정을 논의할 때에는 구체적인 어휘를 사용하여 표현하지 못할 수 있다. 감정보다 사고를 선호하는 사람은 개인을 염두에 두지 않고 사물을 결정하는 경향이 있으며, 좀 더 분석적이고, 다른 사람의 생각에 좀 더 수월하게 반응한다. 개인적인 감정과 인간의 가치에 기반을 둔 결정을 선호하는 간호사나 대상자, 가족이나 동료들은 다른 사람의 감정을 좀 더 조율하려고 하며, 감정을 말하기 위해 언어를 좀 더 많이 사용하고, 감정표현에 편안함을 느낀다. 이들은 사실적이고 객관적인 정보보다는 의사소통에 있어서 인간적인 감정과 가치에 관심을 가지려는 경향이 있다(Myers & Myers, 1995).

13장에서 생각이나 감정표현과 관련된 구체성에 대해 좀 더 배울 수 있다.

타인의 생각과 감정을 반영할 때 구체적으로 말하기

Being Specific When Reflecting Others' Thoughts and Feelings

경청은 단순히 침묵하는 것이 아니라 적극적으로 말이나 소리를 통해 표현하는 것이다. 이는 당신이 온정과 존중의 모습으로 당신의 동료가 말하는 것에 귀 기울이고 있음을 보여줄 수 있다. 구체적으로 말함으로써 당신이 상대방이 말하는 것을 듣고 있으며, 상대방 대화의 의미를 이해하고 있음을 확신시킬 수 있다.

타인의 생각과 감정을 반영한다는 것은 마치 기록한 것을 말하듯 하면서 상대방에게 자신이 무엇을 말하고 있는지에 대해 듣게 해 주는 것이다. 조력자가 상대의 관심사에 대해 명확하고 구체적으로 상세하게 말하면서 반응하는 경우, 그 반응은 문제를 가진 사람이 자신의 문제를 명확히 인식하는 데 도움을 준다.

예를 들어, 한 대상자가 아들의 뇌전증에 대해 다음과 같이 길게 말했다고 하자.

> 강○○: "아들이 약을 복용하는 것을 잊어버릴까봐 걱정돼요. 나는 가끔 보건교사에게 그 아이가 약을 먹었는지 확인해 줄 것을 부탁하기도 했었어요. 그리고 그 아이가 집에 늦게 오는 날이면, 아이가 경련을 하며 쓰러져 있는 것은 아닌지 걱정되어서 죽을 지경이에요. 아이가 축구를 할 때는, 나는 사이드라인에서 아이가 달리다가 경련하는 일이 일어나지 않게 해 달라고 기도를 하느라 그 순간을 즐기지도 못하지요."

여기에 구체적인 반응의 한 예가 있다.

> *구체적인 반응:* "아들이 정상적인 삶을 살 수 있을지 그리고 아이의 건강과 안전에 대한 걱정으로부터 당신이 벗어날 수 있을지 궁금해 하는군요."

상대방이 자신의 생각과 감정에 몰두하고 있을 때 구체적으로 말함으로써 그들의 말 속에 있는 의미의 핵심을 포착하도록 한다. 이 기법은 그들이 자신의 말 속에 있는 감각과 의미 둘 다 파악하도록 도와준다.

이 반응을 구체적이지 않은 대화와 비교해보자.

구체적이지 않은 반응 1: "당신은 아들 때문에 무척 긴장하고 있으며, 조마조마해하는 것 같습니다."
구체적이지 않은 반응 2: "당신이 많은 시간을 걱정하며 보내고 있는 것으로 들립니다."

이 두 가지 대화 모두 강○○이 전달하고자 하는 정확한 의미를 포착하지 못하고 있다. 정확하고 구체적으로 대답하는 것은 당신이 상대방을 전적으로 이해하고 있음을 보여준다.

질문할 때 구체적으로 말하기
Being Specific When Asking Questions

면담자로서 간호사는 대상자가 말하는 것을 격려하기 위해서 의도적으로 구체적으로 말하기를 하지 않을 수 있다. 이와 같은 개방형 전략은 면담의 초기("제가 당신에게 도움이 될 수 있을까요?" 혹은 "통증은 어떠합니까?")나 면담 중에 좀 더 정보가 필요할 때 사용할 수 있다("당신의 가족에 대해 좀 더 이야기해주시겠어요?" 혹은 "당신의 운동 습관에 대해 말해줄 수 있습니까?").

임상가로서 간호사는 대상자의 구체적인 정보가 필요할 때가 있다. 간호사가 원하는 것을 정확하게 얻기 위해 구체적으로 질문해야 한다. 예를 들면, 대상자 가족의 건강력에 대해 알기를 원할 수 있다. 만약에 "당신 가족들의 건강에 대해 좀 더 이야기해주시겠어요?"라고 질문한다면, "괜찮아요!"라는 대답이 아니라 "네. 1901년에 증조부가 항해하셨을 때 편찮으셨어요."라고 이야기를 시작하도록 할 것이며, 간호사가 원하는 정보를 얻을 수 있을 것이다. 간단하게만 반응하는 경우, 대상자는 간호사에게 아무런 정보를 주지 못한다. 상세하게 반응하는 것은 본질적인 세부사항을 살펴볼 수 있도록 돕는다.

때로 대상자의 연대기적인 이야기가 뒤섞이거나 혼란스러울 수 있다. 이는 날짜나 세부사항에 대해 확실히 기억나지 않거나 건강상태 변화로 인해 경험한 정서적인 반응 때문에 명료성이 흐려질 수 있기 때문이다. 대상자의 연대기적인 이야기 중에 이러한 상황이 발생하는 경우에는, 방향이 모호한 회상을 중단하고 구체적인 포인트를 재설정하는 것이 도움이 된다. 이 과정은 대상자의 생각이 좀 더 명확하고 초점화되도록 해 준다.

간호사는 대상자의 가족력에 대한 구체적인 사항, 예를 들면, 암 병력, 심혈관 질환 병력 등을 파악하여야 한다. 핵심을 파악하고, 구체적인 정보를 요청하는 것은 간호사가 원하는 것을 단순화시켜 대상자로부터 그러한 정보를 얻을 기회를 증가시킨다. 구체성이라는 기술을 사용함으로써 의사소통 상황에서의 좌절감이나 무력함 등을 방지할 수 있다. 간호사로서 당신이 명료함을 달성하지 못한다면, 대상자는 혼란상태에 머물게 될 것이며 의사소통에 대한 당신의 능력을 의심할 수 있다. "제가 그것을 이해하는지 확실하지 않아요." 혹은 "그것에 대해 다시 검토해 보시겠어요?"와 같은 말은 대상자로 하여금 간호사가 대상자에게 관심을 두고 있다는 것과 간호사가 알아주기를 원하는 것이 무엇인지를 이해하기 위해 대상자의 도움이 필요하다는 것을 알도록 한다.

정보나 피드백을 구체적으로 하기
Being Specific When Giving Information or Feedback

간호사로서 우리는 가끔 대상자에게 그들의 치료, 검사, 치료약물, 건강행위 등에 대한 교육을 할 때가 있다. 대상자에게 새로운 것들을 제공하고, 그들에게 무례하게 대하는 것을 예방하기 위해, 대상자들이 특별히 알기 원하는 사항에 초점을 두는 것이 중요하다. 대상자에게 사용할 수 있는 일반적인 검진 질문은 "당신의 치료(검사, 치료약물, 식이)에 대해 알기를 원하십니까?"이다. 대화를 시작할 때 이러한 질문은 대상자에게 가장 중요한 것이 무엇인지 말하도록 격려한다. 시간을 낭비하는 연대기적인 설명은 적절하지 않으며, 대상자들이 두려움을 느끼게 하는 사항에 초점을 두게 할 수도 있다.

당신에게 피드백을 듣기를 원하는 대상자나 동료에게 동일한 접근방법이 사용될 수 있다. 대화를 시작할 때 그들이 요청하는 사항을 명확히 하는 것은 당신의 피드백이 그들에게 중요한 사항에 초점을 두고 있음을 확고히 한다.

예를 들어, 졸업한지 6개월 된 신입 간호사가 지난 5일간의 근무 동안 팀 리더로서 자신이 수행한 것에 대한 피드백을 요청한다고 생각해 보자. 이 시점에서 당신은 칭찬과 충고를 퍼부을 수 있다. 하지만 그녀에게 그와 같은 말들을 퍼붓기 전에 잠시 멈춘다. 대신 "당신의 팀 리더십 능력에 대해 의견을 주게 되어 기뻐요. 당신은 어떤 구체적인 면에 대해 초점을 두기를 원하세요?"라고 피드백에 대한 요청에 반응할 수 있다. 이 피드백을 통해 신입 간호사는 자신이 예측할 수 없는 위기 상황에서 업무를 위임하며 다루는 본인의 능력에 대해 이야기를 나누고 싶어 한다는 것을 명확히 할 수 있다. 구체적으로 말하도록 요청하는 것은 당신의 피드백에 초점을 두며 결과적으로 상대에게 도움을 주는 것이다.

성찰과 적용

절대로 가정하지 말라, 명료화를 해라!

"나는 호지킨 질병(Hodgkin's disease)을 앓고 있는 16세 청년 환자를 간호하고 있었어요. 그 청년 환자는 지금 막 의사로부터 불임이 될 것이라는 말을 들었다고 해요. 의사가 병실을 떠난 후 그 환자의 얼굴 표정은 무척 황망해 보였어요. 나는 그 환자에게 불임이라는 말이 어떤 것을 뜻하는 것으로 알고 있는지 질문하였어요. 그는 '제가 섹스를 할 수 없을 것입니다'라고 말하였어요. 나는 불임이 무엇을 의미하는지 명확히 말해 주었고, 그 환자를 편안하게 해주었어요. 그 환자는 이후 편안하게 지냈고, 호전되어 대학에 들어갔어요. 우리는 언어를 사용하는 데 있어서 구체적으로 할 필요가 있어요."

성찰과 적용

불안을 감소시키고 정보를 제공한다

"한 환자가 대상포진 후 신경통으로 극심한 통증을 앓고 있었는데, 6주 동안 앉지도 침대에 눕기도 어려울 정도였어요. 그 환자는 지쳐갔고 두려워했어요. 나는 4일 동안 연속적으로 그 환자를 만나러 병실을 방문하였으며, 경막외 주사가 어떻게 시행되는지 그리고 그 주사가 어떻게 통증을 조절하는지 설명해주었어요. 그 환자는 드디어 이해할 수 있게 되었고, 주사를 맞는 것이 도움이 될 것이라는 것을 믿게 되어 주사 요법에 동의하였어요. 주사가 주입된 5분 후에 그 환자는 잠이 들었어요. 그 환자가 잠에서 깨어났을 때 이제까지 이렇게 깊은 잠을 자본 적이 없다고 말하였으며, 나를 포옹하며 삶의 질이 이렇게 달라지게 된 점에 대해 감사해했어요. 그 환자는 2번의 주사요법을 받았으며 더 이상 주사요법이 필요 없게 되었어요."

구체적으로 평가하기
Being Specific When Evaluating

간호사의 간호행위 결과를 평가하는 것은 중요하다. 간호사는 교육이나 훈련을 실시하거나 처치행위 등을 할 때 간호사가 수립한 목적을 달성했는지 확인할 필요가 있다. 평가하기 위한 질문을 할 때 구체적으로 표현할 수 있다. "그것은 어떠했습니까?" 혹은 "지금 당신은 그것을 이해하게 되었습니까?"라고 모호하게 질문을 하는 대신, 간호사의 간호행위를 필요로 하는 목적을 반영하는 질문을 하는 것이 좋다.

예를 들면, 자신의 팀 리더십에 대한 피드백을 요청한 동료에게 다음과 같이 질문할 수 있다. "위기에 대처한 당신의 능력에 대한 제 피드백이 도움이 되었습니까?" 수술이 있던 그 주에 자신이 직면해야 하는 것들에 대해 알기를 원했던 대상자라면, 간호사는 "개심 수술 후 회복 과정에 대해 당신이 알고 싶어 하는 모든 사항을 제가 알려드린 것이 맞나요?"라고 질문할 수 있다. 난생 처음 아빠가 되어 아이를 목욕시키는 것에 대해 어색하고 불안해하는 아기 아빠에게 다음과 같이 질문할 수 있다. "아이를 목욕시키는 방법에 대한 제 설명이 당신의 자신감을 높여주었나요?" 이와 같이 구체적이고 초점이 있는 질문은 간호사의 도움이 유용하였는지 평가하는 데 사용될 수 있다. 이와 같은 추후 질문은 간호과정을 완성하게 해 준다.

구체적으로 기록하기
Providing Specific Documentation

대상자의 구체적인 정보 수집에 체계적인 기록 자료가 보완적으로 사용될 수 있다. 명확한 기록은 대상자가 최선의 간호를 받을 수 있는 가능성을 높인다. 최근 법정에서 간호행위에 대한 법적 책임을 물을 때, 4가지 소송 중 한 가지는 환자 차트에 있는 간호기록에 의해 결정된다. 명확하고 논리적인 방식으로 간호기록을 완성하는 것은 2가지 이유로 중요하다. 바로 올바른 간호를 하게 하고 의료과실을 예방하기 때문이다(Mosby, 2007). 간호기록은 간호행위가 간호계획을 따른 것이고, 대상자의 구체적인 요구에 반응한 것이며, 특정한 간호진단과 의학진단에 적절하다는 것을 보여준다. 간호문서가 특정 문제와 결과를 염두에 두고 작성될 때, 간호사의 기록은 대상자의 경과에 대한 간결하고 연대기적이며 사실적이고 감사하기 쉬운(easy-to-audit) 정보를 제공한다(Mosby, 2007). 주의 깊은 기록은 의료 서비스에 대한 보험금 상환에도 영향을 미친다. 정밀함과 세부사항 묘사는 법적 보호를 위해 요구된다(Krantz, 1998). '만약에 기록하지 않았다면, 행해진 것도 없다.'라는 옛날 속담이 있다. 이것이 문자적으로는 진리가 아닐 수도 있지만, 의료기관의 서류 작성 작업은 간호사정과 간호행위가 수행되었음을 제시하기 위해 필요하다. 기관의 서류화 절차는 간호사가 수행한 것을 가능한 구체적으로 보장할 수 있도록 이루어져야 한다.

Philpott(1985)는 22가지의 합리적이고 신중한 간호기록 정책과 실무 체계를 제시하였다. 구체성 기술에 관해 Philpott가 제시한 중요한 포인트는 다음과 같다.

- 대상자 건강문제의 복잡성과 대상자 스스로에 의해, 대상자의 상태에 의해, 또는 의학적인 치료와 간호중재 또는 다른 치료에 의해 발생한 위험의 수준에 대해 상세하게 문서로 기록해야 한다.
- 특정한 대상자에게 위험이 많이 노출될수록, 좀 더 포괄적이며 깊이 있고 빈번하게 간호기록을 해야 한다.
- 효율적인 간호기록은 사실적이고 정직해야 하고, 시각적 · 언어적 · 후각적 단서와 촉각에 의해 수집된 정확한 자료에 근거해야 한다.
- 효율적인 기록은 편견, 선입견, 환자에 대한 명명화 경향이 없어야 한다.
- 효율적인 문서기록은 모호한 일반화를 피하면서 양적인 표현을 하도록 한다. 예를 들면, 수면문제가 있는 대상자에게 '평상적인 밤' 혹은 '괜찮은 밤'이라고 기록한 것은 환자의 문제를 이해하는 데 유용하지 않으며, 차트와 간호 시간을 낭비하며, 심각한 문제를 초래할 수 있다. '02:00시부터 03:00시까지 수면 취함, 그녀가 잘 잤으며, 상쾌함을 느낀다고 말함'과 같은 구체적인 기록은 대상자의 상황에 대해 명확하고 정확하며 구체적인 그림을 제공한다. 구체적인 기록은 간호사의 기록에 대한 신뢰성을 향상시킨다.

인수인계 시 구체적으로 말하기
Specificity in the Handoff

환자 인수인계는 환자에 대한 책임이 의료팀의 한 일원에게서 다른 일원에게로 전환될 때를 말한다. 인수인계에서의 잘못된 의사소통은 간호수행에서의 심각한 실수의 80%를 차지하는 것으로 보고되었다(The Joint Commission Center for Transforming Care, 2010).

인수인계 기술을 능숙하게 하기 위해 노력해야 한다. "인계 기술은 그날의 우선적인 간호수행을 계획하는 것을 도와주고, 환자의 간호계획을 요약하는 것을 학습하도록 하며, 다학제팀 간의 의사소통을 안내한다"(Anderson, 2018, p.60). 캐나다 간호사인 R. Beuthin의 연구에서는 인수인계의 내러티브적인 수행을 강조하였다. 즉, "대면은 환자와 우리를 안전하도록 하며, 우리의 간호업무의 정신을 배양하는 데 도움이 된다"(Beuthin, 2015).

6장에서 우리는 환자를 다른 시설로 전실할 때에 있어서 의료진, 환자, 가족을 포함하는 "온화한 인수인계"에 대해 다루었다. 병원 환경에서 간호사에게 일상적으로 발생하는 것은 업무 시간이 바뀔 때의 인계이다. "가장 최선의" 인수인계에 관한 한 연구는 4가지 면모에 대해 보고하였다. 즉, 정보 주기; 정보 찾기; 정보 확인하기; 그리고 관련된 의사소통, 신뢰감과 온화함, 관심을 전달하기이다(Streeter & Harrington, 2017; Box 11-1).

Box 11-1 인수인계 보고 시 팁

가장 최선의 인계

- 적절하고 정확한 환자 정보를 제공한다.
- 질문을 하도록 격려하며 답변한다.
- 명료화와 정확성을 위한 정보 확인을 격려한다.
- 환자 간호에 대한 목표를 공유하면서 신뢰하고 존중하는 관계를 창조한다.
- 환자의 침상 옆에서 한다.

인계 간호사

- 관계있는 적절한 환자의 정보를 조직화한다(필요하다면 병실 단위 체크리스트 이용).
- 인수 간호사가 질문을 하며 명료화하고 확인하도록 격려한다.
- 인수 간호사가 환자와 긍정적인 관계를 맺을 수 있도록 촉진한다.

인수 간호사

- 주의 깊게 경청하며 집중한다.
- 기록한다.
- 적절한 질문을 하고 명료화하며 확인한다.
- 유용한 정보를 제시한다.
- 존중하고 감사하는 마음을 가지며 지지적인 태도를 취한다.

출처: Streeter and Harrington, 2017, p 542.

플라세보 효과와 노세보 효과를 이해하기
Understanding the Power of the Placebo Effect and the Nocebo Effect

대상자의 치유를 지원할 수도, 약화시킬 수도 있는 언어 선택의 위력을 고려해본다. 플라세보 효과는 의료진들의 언어나 기대가 암시가 되어 대상자의 질병과정에 긍정적으로 영향을 미치는 것을 말한다. 노세보 효과는 부정적인 반응을 가져오는 것을 말한다. 플라세보 효과와 노세보 효과 둘 다 '실제적인 약물이나 생리치료적인 중재에 기인하지 않는 임상적인 결과이며, 주의집중이나 기대, 암시, 조건화 등의 영향을 받아 초래된 결과이다.' (Lang, 2005; Schenk, 2008) 노세보 효과는 간호사나 다른 건강관리 제공자가 언어 혹은 단어, 목소리 톤을 통해 부정적인 메시지를 전달할 때 발생한다.

특히 생명의 위협을 지각하는 상황에 있는 환자들은 다음과 같은 상황에서 더욱 오해하기 쉽다.

문자적 해석–"우리는 지금 당신을 잠들게 하고 있습니다. 곧 끝날 것입니다."(마취 전).

부정적인 것을 강조함-"당신은 고위험 환자입니다."

환자의 걱정을 경시함-"당신은 걱정할 필요가 없습니다."(개심 관상동맥 수술 절차를 받은 환자에게, Häuser et al., 2012.)

어떤 의미를 내포한 언어를 선택한 예들은 다음과 같다.

> "여기 진통제가 있습니다."(통증이 예상된다는 것을 암시함)라고 말하기보다는, "이 약은 당신이 좀 더 편안해지도록 도와줄 것입니다."(치료약물이 편안함을 증진시킬 것임을 암시함)라고 말한다.
>
> "이 약물의 용량을 잊지 마세요."(환자가 치료 용량을 잊어버릴 것이라는 것을 암시함)라고 말하기보다는 "이 약을 규칙적으로 복용하는 것과 처방된 시간에 복용하는 것이 중요합니다."(대상자가 이행할 것임을 암시함)이라고 말한다.
>
> 어림짐작하거나 조심성 없이 생각한 대로 말하기: "때로는 성형수술 후에 끔찍한 흔적이 생기기도 합니다."라고 말하기보다는 "담당 의사는 당신의 회복을 위해 사용할 수 있는 크림을 처방했습니다."라고 말한다(Schenk, 2008).

부주의하거나 생각나는 대로 가볍게 말하는 것은 상대방으로 하여금 실제로 강한 분노를 일으키거나 놀라게 할 수 있다. 심장외과 의사가 관상동맥 우회술을 수행한 후에 환자의 침상에서 다음과 같이 말하였다. "우리가 방금 해내지 못한 한 개의 혈관이 있어요. 당신도 아시다시피 우리는 당신에게 해가 되지 않도록 노력하였어요. 그 혈관을 수술하나, 안 하나 마찬가지일 거예요……." 이 상황에서 의사는 자신의 마음속에서 수술 절차를 되짚어보고 있다. 하지만 이는 대상자에게 필요 이상의 많은 정보를 주고 있는 것이다. 동일한 환자가 그 후 수술에 대해 설명을 해주는 새로운 의사가 방문했다고 하자. 어떤 의사는 "음, 이식이 유지되고 출혈이 생기지 않는다면, bypass 수술은 성공한 것입니다."라고 말할 수 있다. 아마도 의사의 이러한 의견은 다른 환자의 죽음에 대한 고통스러운 기억에서 나왔을 것이다.

대상자들은 건강관리 제공자들을 전문가로 보기 때문에 그들의 말을 문자 그대로 받아들여야 한다고 믿는다. 건강을 위협받는 상황이 되면 정상적으로 불안해하는 대상자도 과도하게 경각심을 가지게 되어, 건강관리 제공자의 비언어적 행동의 뉘앙스에 주의를 집중한다. 간호사가 처음으로 절개나 상처 부위를 보았을 때 혹은 환자의 증상이 다소 놀라울 때에도 간호사는 사실에 근거해야 한다. 차분한 접근과 적절한 중재가 대상자에게 지지가 될 것이다.

구체적으로 말하기 연습
Practicing Being Specific

연습 1 간략하며 구체적으로 말하기

간호관리자와 의사 간의 의사소통을 용이하게 하기 위해, 한 정신과 간호사 컨설턴트가 중환자실로 가게 되었다. 의사는 매우 바빴고 병동의 문제에 대해 간략하고 구체적인 의사소통을 원하였다. 의사는 그 간호관리자가 항상 지나치게 상세한 정보를 준다고 느꼈고, 이것은 그 간호관리자와 의사소통을 꺼리게 만들었으며, 결국 효과적인 의사소통을 저해하게 되었다. 컨설턴트는 몇 가지 중요한 포인트를 정리할 수 있는 3×5 인치의 인덱스를 사용하도록 권하였다. 이러한 카드를 준비하는 것은 관련 사안을 간소화하도록 한다. 구체적으로 말하는 것은 간호사가 한밤중에 의사를 호출할 때 유용할 수 있다. 더 간단하고 간결하게 요약해야 하는 임상상황을 식별해보자. 색인 카드를 이용한 의사소통의 특수성을 연습하기 위해 몇 가지의 중요한 포인트를 정리해본다.

연습 2 Q.S.E.N – 팀원과의 의사소통: SBAR 연습

팀원과 의사소통할 때, 간결하고 명확하며 요점을 명확하게 하되, 중요한 정보를 정확하고 시기적절하게 전달하는 것이 중요하다. 표준화된 의사소통 전략을 활용하여 효율적으로 정보를 전달할 수 있다. SBAR(Situation, Background, Assessment, and Recommendation) 기법은 안전한 팀 중심의 의사소통을 향상시키기 위해 널리 사용되고 있다. 환자 상황을 생각해 보며 SBAR을 실습해 본다. 도움이나 중재를 요청하기 위해 어떻게 의사에게 전화할 것인지 기록해 본다.

- **S**ituation: 어떤 일이 일어났는지 상황을 서술한다("45세 된 김○○ 씨에 관해 알리고자 합니다……").
- **B**ackground: 관련된 상황 설명을 위해 임상적인 배경에 대해 서술한다("그의 혈압이 떨어지고 있습니다, 140/90에서 …로").
- **A**ssessment: 무엇이 발생할 것인지 간호사가 생각하는 문제 혹은 결론을 말한다("그가 …할 것이라고 저는 생각합니다").
- **R**ecommendation: 권장사항이나 필요한 도움에 대해 말한다("의사가 …을 확인하는 것이 필요해 보입니다").

참고문헌

Anderson, A. (2018). *Getting and giving report. AJN, 118*(6), 56.

Arnold, E., & Boggs, K. U. (2016). Interpersonal relationships: *Professional communication for nurses* (7th ed.). St. Louis, MO. Elsevier.

Beuthin, R. E. (2015). Cultivating a narrative sensibility in nursing practice. *Journal of Holistic Nursing, 33*(1), 98.

Black, B. P. (2014). *Professional nursing: Concepts & challenges*. St. Louis, MO. Elsevier.

Häauser, W., Hansen, E., & Enck, P. (2012). Nocebo phenomena in medicine: Their relevance in everyday clinical practice. *Deutsches Arzteblatt International,* (26), 109.

Joint commission center for transforming Healthcare (2010). Facts about hand-off communications. https://www.healthcareit-news.com/news/joint-commission-confrontsdeadly-miscom-munications. Accessed 30.06.19.

Kern, C. (2016). Healthcare miscommunication costs 2000 lives-and $1.7 billion. https://www.healthitoutcomes.com/doc/healthcare-miscommunication-costs-lives-and-billion-0001Ac-cessed 30.06.19.

Kleine-Borgmann, J., & Bingel, U. (2018). Chapter Fifteen–Nocebo effects: Neurobiological mechanisms and strategies for-prevention and optimizing treatment. *International Review of Neurobiology, 138,* 271.

Konnikova, M. (2013). *Mastermind: How to think like Sherlock Holmes*. New York, NY: Viking.

Krantz, J. (1998). Taming the new E&M guidelines. *Physicians Management, 38*(3), 41.

Lang, E. V., Hatsiopoulou, O., Koch, T., Berbaum, K., Lutgendorf, S., Kettenmann, E., & Kaptchuk, T. J. (2005). Can words hurt? Patient–provider interactions during invasive procedures. *Pain, 114*(1–2), 303.

Mosby (2007). *Mosby's surefire documentation: How, what, and when nurses need to document*. St. Louis: MO: Mosby Publishing.

Myers, I. B., & Myers, P. (1995). *Gifts differing*. Palo Alto, CA: Consulting Psychologists Press.

Paintner, C. V. (2018). *Eyes of the heart: Photography as a Christian contemplative practice*. Notre Dame, IN: Ave Maria Press. Quote in email newsletter from subsciption from www.abbeyofthearts.com, 2018.

Philpott, M. (1985). *Legal liability and the nursing process*. Philadelphia, PA: WB Saunders.

Schenk, P. W. (2008). "Just breathe normally": Word choices that trigger nocebo responses in patients. *American Journal of Nursing, 108*(3), 52.

Sherrod, D., Sherrod, B., & Sherrod, T. (2009). Expand your communication style. *Nursing, 39*(3), 18.

Streeter, A. R., & Harrington, N. G. (2017). *Nurse handoff communication, Seminars in Oncology Nursing*. *33*(5), 536.

Stuart, G. W. (2012). *Principles and practice of psychiatric nursing* (10th ed.). St. Louis: MO: Mosby.

Sundeen, S. J., Rankin, E. A. D., & Stuart, G. W. (1998). *Nurse–client interaction: Implementing the nursing process* (6th ed.). St. Louis: MO: Mosby.

Chapter 12

질문하기

Asking Questions

학습목표

1. 효과적인 질문 기술의 중요성에 대하여 토의한다.
2. 닫힌, 열린, 간접 질문에 대한 정의를 내린다.
3. 질문을 할 때 고려해야 할 6가지 사항을 확인한다.
4. 질문할 때 흔히 발생하는 실수와 이를 방지할 수 있는 전략을 확인한다.
5. 질문하기 기술을 연습한다.

간호에서 효과적인 질문의 중요성

Importance of Asking Questions Effectively in Nursing

질문(question)이라는 단어는 '찾는 것'이라는 의미의 라틴어 'quaerere'에서 유래되었다. 이 점이 바로 좋은 질문의 힘이다. 시간을 들여 질문을 하는 것은 일종의 관심과 존중의 표시이다(Gallagher, 2009). 생각을 자극하는 질문을 하는 것은 대상자에게 자신의 건강과 자기돌봄에 대하여 비판적으로 생각하도록 할 수 있다(Nickitas, 2012). 대상자에게 질문을 하도록 격려하는 것은 공유하고 있는 의사결정을 지지하고, 대상자의 만족도를 증진시킬 수도 있다(Judson et al., 2013).

효과적인 질문은 간호사정과 대상자와의 관계 형성에 있어서 기본이 된다(Box 12-1). 예를 들어, 대상자에게 가슴에 통증이 있는지를 묻는 닫힌 질문을 한다면, "당신의 통증에 대해 저한테 설명해주시겠어요."라는 열린 질문을 하는 것보다 적은 양의 정보를 얻을 것이다.

대화를 시작하기 위해, 우리는 "저는 오늘 당신이 무슨 일로 오셨는지 알고 싶습니다."와 같은 간접적인(완곡한) 질문을 선택할 수 있을 것이다. 대상자를 처음 만났을 때, 대상자는 우리가 자신들의 기대에 미치는지에 대하여 자신만의 기준으로 우리를 평가한다는 것을 생각해야 한다(Sundeen et al., 1998). 질병은 대상자를 나약하게 느끼게 만들고, 대상자는 치유과정에서 경험하는 삶의 두려움을 극복하며 버텨나가는 과정을 시작하기 위해 종종 낯선 사람에게 의존할 수밖에 없다. 대상자는 우리가 찾는 정보가 대상자의 건강증진, 존엄성, 사생활 보호를 위해 적절하고 분별력 있게 사용될 것이라고 믿어야 한다(Carter, 2009; Matiti & Trorey, 2008). 질문하는 기술을 습득하는 데에는 각별한 노력이 필요하다. '상대방이 말한 것'과 '말하지 않았으나 이면에 감춰진 것'에 대하여 귀 기울여야 한다는 것을 명심하자.

Box 12-1 닫힌 · 열린 · 간접 질문

닫힌 질문은 '예' 혹은 '아니오'로 간단한 답변만을 유도하며, 다음과 같은 정보를 거의 제공하지 않을 수 있다.

기분은 괜찮으세요? 통증이 있으신가요? 제가 당신의 질문에 제대로 대답을 했습니까?

열린 질문은 세부적인 사항을 요청한다:

기분이 어떠신지요? 오늘은 무슨 일로 응급실에 오셨나요?

우리가 이야기한 정보를 어떻게 이용할 수 있을까요?

간접적인(완곡한) 질문이 대화에 좀 더 편하게 참여할 수 있게 한다.

저는 당신의 기분이 어떤지 알고 싶습니다. 오늘 무슨 일로 오셨는지 말씀해 주실 수 있으신지요?

제가 당신의 질문에 모두 대답했는지 궁금합니다.

더 효과적으로 질문을 할수록, 자신과 타인을 위한 시간을 더 많이 절약하게 되고, 수집하는 정보가 더 적절하고 유용하며, 면담도 더 효과적이게 된다. 효과적인 질문을 통해 양질의 간호 서비스를 제공하는 데 필요한 자료를 수집할 수 있다. 우리가 간호실무에 대한 질문에 익숙해질 때, 근거기반 실무를 지지하기 위한 연구를 촉진하는 질문을 제기함으로써 전문직에 기여할 수 있는 기반을 마련하게 된다.

출처: From Knoll, S., & Leifso, G. (2009). Asking questions—improving practice. *Canadian Operating Nursing Journal, 27*(3), 6.

성찰과 적용

식상함을 벗어나는 데 도움이 되는 질문들

"제가 극심한 통증으로 힘들어하는 31세의 여성 척수염 대상자를 간호할 때였습니다. 아침에 간호사정 시 대상자의 통증에 대하여 이야기를 나누었는데, 대상자가 울기 시작하였습니다. 좀 더 깊은 이야기를 나누기 시작하자, 대상자가 통증 때문이 아니라 더 큰 고민이 있다고 말하였습니다. 제가 지지를 해드리자 임종을 앞둔 할아버지와 더 이상 차도가 없는 암에 걸린 할머니에 대한 이야기를 시작하였습니다. 대상자는 할아버지께 할아버지가 자신의 인생에서 어떤 의미인지 직접 만나 뵙고 말씀드리지 못할까 봐 두려워하였습니다. 저도 비슷한 경험이 있어서 대상자의 이야기에 깊은 감정의 동요가 있었습니다. 저는 대상자가 자신의 상황을 조절할 수 있도록 도와주기 위해, 할아버지께 전화드릴 수 있도록 도와주었습니다."

간호를 시작할 때부터 끝날 때까지, 우리는 대상자에게 질문을 할 것이다. 정확한 간호진단을 내리기 위해 대상자가 염려하는 것의 본질에 대하여 물어볼 것이다. 대상자가 우리에게 원하는 간호가 무엇인지 알기 위해서는 효과적으로 질문하는 것이 필요하다. 대상자에게 치료계획이 마음에 드는지, 치료 효과가 어떠한지에 대하여 자주 물어볼 것이다. 간호사와 대상자 간의 관계를 종결하기 위한 준비와 퇴원 후 대상자가 자신의 건강을 관리하기 위한 준비를 결정하기 위해서는 명확하고 초점을 둔 간호사의 질문이 필요하다. 또한 간호사, 의사, 기타 보건의료팀 구성원에게 질문하는 방법에 대하여 대상자에게 알려주는 것이 대상자의 건강을 관리하는 보건의료팀에게 필수적인 부분이라는 것을 명심하자.

대상자의 의사소통 방식이 어떻게 의사의 의사소통에 영향을 주는지에 관한 연구에 의하면, 의사는 자신의 치료에 대하여 질문하고 정보를 제공하며 적극적으로 치료에 참여하는 대상자를 치료할 때 더욱 대상자 중심의 의사소통을 하는 것으로 나타났다(Cegala & Post, 2009).

간호사의 역할에서 질문을 하는 중요한 이유는 대상자에게 양질의 간호를 제공하는 데 필수적인 정보를 얻는 것이다. 우리에게 필요한 사실들을 얻기 위해서는 다음의 6가지 질문을 이용한다.

왜, 무엇을, 어떻게, 누가, 언제, 어디서 질문할 것인가?

Why, What, How, Who, When, and Where of Asking Questions

원하는 정보를 수집하는 것이 중요하다면, 이러한 정보를 더욱 잘 수집하기 위한 시간 계획 전략을 세우는 것은 의미 있는 일이다.

왜 질문하는가 Why of Asking Questions

질문하기 전에 그 정보가 왜 필요한지에 대하여 확인해야 한다. 관련이 없는 질문은 우리가 집중하지 않았다는 메시지를 전달하는 것이다(Gallagher, 2009). 사적인 호기심에 의한 질문은 대상자의 기분을 상하게 할 수도 있다. 말하기 전에 마음속으로 다음의 질문에 대답해보자. "내가 지금 얻고자 하는 정보가 어떻게 나에게 대상자를 도울 수 있도록 방향을 제시해 줄까?" 만약 이 질문에 충분한 근거를 제시할 수 있다면, 그 다음에 대상자에게 물어보자!

만약 대상자가 우리의 질문의 이유에 대해 이해할 수 있을지 우려되면, 그 이유에 대하여 미리 설명한다. 다음의 예시를 고려해보자.

사다리에서 떨어진 대상자를 사정하던 중, 우리는 추후에 가정에서 위험한 사고가 또 발생할지 여부에 대하여 확인하기 위해 대상자의 일반적인 안전습관에 대해 확인하기를 원한다. 대상자에게 관련이 없는 것처럼 보일 수 있는 질문을 하기 전에 다음과 같이 말하여 우리의 목적을 명료하게 할 수 있다.

> 사다리 사용에 관한 당신의 안전수칙과 일반적인 가정 안전장치에 대하여 몇 가지 여쭤보려고 합니다. 사고의 80% 정도가 가정에서 발생합니다. 제가 드릴 질문들은 당신이 일하고, 살고 계시는 집을 더욱 안전하게 만들 수 있을 수 있는 아이디어를 떠올리게 할 수도 있습니다. 이러한 사항에 대하여 저와 함께 생각해보시겠어요?

여기 또 다른 예시가 있다.

79세의 노인 대상자가 실신하여 지난 1년 동안 응급실에 세 번 이송되었다. 실신의 원인이 밝혀지지 않은 상태였는데, 간호사는 대상자의 깡마른 몸과 기운이 없는 것을 관찰하였다. 이는 실신의 근본적인 원인이 부적절한 영양에 의한 것인지에 대한 의문을 갖게 하였다. 다음의 진술은 질문의 목적을 명료하게 한다.

> 우리는 환자분께서 실신하신 이유를 아직 모릅니다. 가능한 모든 원인에 대하여 조사하려고 합니다. 생활하시는 데 반드시 필요한 필수 영양소의 부족이 하나의 원인이 될 수 있습니다. 환자분께서 드시는 음식에서 필요한 영양소를 섭취하고 계신지 확인하기 위해 환자분의 식단에 대해 몇 가지 여쭤보려고 하는데 괜찮으시겠습니까?

위의 두 예시 모두 어떻게 대상자에게 질문을 받을 준비를 갖게 할 수 있는지 보여준다. 대상자는 우리가 질문하는 의도를 잘 모르기 때문에 대상자가 우리의 목적을 이해할 때, 대상자는 스스로를 방어하기보다는 더 많은 정보를 개방하고 제공하기 쉽다.

무엇을 어떻게 질문하는가
What and How of Asking Questions

우리의 전략에서 다음으로 고려해야 할 사항은 무엇을 묻고, 어떻게 물어보는가 하는 것이다. 우리가 왜 그 정보가 필요한지에 대하여 결정한 다음에는 우리의 질문 의도를 명확하게 하기 위하여 무엇을 물어봐야 하는지에 대한 계획을 반드시 세워야 하고, 대상자가 질문에 대답을 하게끔 질문을 어떻게 구성해야 하는지 알아야만 한다. 명확하게 말하고, 논리적으로 질문하는 것이 도움이 된다. 대상자의 사생활과 개인정보를 존중하는 것을 보여주는 방식으로 질문해야 한다. 대상자의 반응에 대한 우리의 어떤 판단도 말로 표현하지 않도록 해야 한다.

예를 들어, 어떤 대상자에게 결장절제술의 위생관리를 할 수 있게 하기 위해 대상자의 전반적인 활동 정도와 일상 스케줄에 대한 정보를 요청한다고 가정해보자. 우리의 목적을 설명하고 대상자의 동의를 얻은 후, 다음 단계에서 우리의 질문을 진행할 수 있다. 다음과 같이 체계적인 순서로 진행한다.

> 우리 같이 환자분의 아침에 대하여 이야기를 시작해 볼까요. 일어나셔서 점심시간까지 보통 주중 아침에 매 시간마다 무엇을 하시는지 대략적으로 간단하게 설명해주실 수 있으신가요?

이 질문은 대상자에게 우리가 알고자 하는 것이 무엇인지 정확하게 설명한다. 대상자가 아침에 중점을 둘 수 있고, 우리가 대상자의 주중 일과 중 다른 시간들에 대해서도 질문할 것이 분명하게 드러난다.

또 다른 예시를 고려해 보자.

방금 외과외래에 도착한 대상자의 건강력을 작성하고 있다. 대상자가 마취를 받을 것이어서, 대상자의 과거 건강상태, 질병 유무, 가족건강병력에 대한 정보가 필요하다. 동료가 대상자에게서 광범위한 정보를 효과적으로 얻기 위하여 수술 전 사정도구를 이용하여 물어보려고 한다. 먼저 질문의 목적에 대하여 설명한 후 대상자의 동의를 구하려면 다음과 같이 진행한다.

> 환자분이 알고 계신 것처럼, 확인해야 할 정보들이 많습니다. 이를 간소화하기 위해 이러한 모든 것이 포함되어 있도록 저희 병동에서 개발한 체크리스트를 이용할 것입니다. 제가 말씀드린 내용 중에서 혹시 명확하게 이해가 되지 않는 것이 있으시면 제게 물어보세요. 어린 시절부터 여쭤보겠습니다. 혹시 디프테리아나 백일해 혹은 류마티즘 열을 앓으신 적이 있으신가요?

대상자에게 간호사의 질문 양식을 설명하는 것은 대상자가 관계없는 질문 공세를 받는 것처럼 느낄 수도 있는 질문들에 대하여 수용할 수 있게 도와준다.

대상자가 제공한 어떤 정보는 개인적이고, 또 어떤 부분은 다른 것들보다 예민하다. 어떤 대상자의 경우 자신의 성적 활동이나 피임에 대하여 말하는 것을 어려워할 수도 있다. 또 다른 사람에게는 개인위생이나 주량에 대한 이야기가 당황스러울 수도 있다. 또한 어떤 대상자는 자기돌봄에 대하여 말하는 것을 불편하게 느낀다. 또 다른 대상자는 가족이나 직업에 관한 이야기를 밝히기 꺼려한다. 대상자가 생각하는 곤란한 주제가 무엇인지 미리 알 수 없을 수도 있기 때문에 대상자가 이야기하는 자기 자신, 대상자들에 관한 어떤 정보든 그들에게는 민감한 문제일 수 있다는 것을 명심해야 한다.

대상자가 이러한 정보를 좀 더 편안하게 이야기하도록 돕기 위해서, 인터뷰 초반이나 가능한 빨리, 기밀유지에 대한 이야기를 하여 대상자가 안심하고 좀 더 편안하게 이야기할 수 있도록 도와야 한다. 만약 간호사가 이러한 단계의 시기를 늦춘다면, 중요한 정보를 수집할 수 있는 기회를 놓칠 수도 있다.

기밀유지에는 다양한 의미가 있으므로, 대상자가 기밀유지에 대해 명확하게 이해하기 위해서 간호사는 정직하고 명확한 태도를 보여야 한다. 기밀유지는 대상자들이 말한 것을 단지 누설하지 않는다는 것을 의미하는 것일까? 신뢰할 만한 동료들에게 구두로 정보를 전달은 했지만 서면으로 전달하지는 않는다는 것을 의미하는 것일까? 대상자에 관한 회의에서 다른 보건의료팀원에게 정보를 전달할 것이라는 것을 의미하는 것일까? 아니면 다른 팀원이 읽을 수도 있는 대상자 기록지에 기밀유지에 관한 정보를 기록할 수도 있다는 것을 의미하는 것일까? 대상자가 심사숙고해서 우리에게 말한 정보로 우리가 무엇을 할 것인지에 따라 대상자가 어느 정도까지 정확하게 말할 것인지가 결정될 것이다.

우리와 우리의 대상자가 기밀유지 의미에 대하여 동일하게 이해하는 것이 필수적이다. Sundeen 등(1998)은 대상자가 간호사와의 관계에서 기밀유지가 잘 지켜진다고 느꼈으나, 자신이 이야기한 개인적인 내용이 다른 보건의료팀원에게 알려졌다는 것을 알게 되거나, 의료기록에 쓰여 있다는 것을 알게 된다면, 대상자는 간호사에게 배신감을 느낄 수도 있다고 하였다.

대상자의 안위를 증가시킬 수 있는 또 다른 방법은 대상자를 존중하며 전문가다운 토의를 통해 모든 분야를 다루는 것이다. 대상자에게 사생활을 보장해주고 대상자가 개방적이고 충분히 대답할 수 있도록 서두르지 않는 분위기를 조성하도록 노력해야 한다. 대상자의 성과 관련된 문제, 가족에 관한 건강력, 배변 습관이나 양상에 대하여 말할 때조차 대상자와 간호사가 동등하게 편안한 상태에서 솔직하게 말하는 것은 대상자를 편안하게 해 줄 수 있다. 만약 우리의 얼굴이 빨개지거나, 엉덩이를 들썩이며 의자에 앉거나, 눈을 마주치지 못하거나, 목소리를 낮춘다면, 대상자는 자신이 말한 내용에 대하여 우리가 다소 민감하게 느끼고 있다는 인상을 바로 느끼게 되어, 더욱 당황스러워할 수도 있다. 다양한 분야에 관한 질문을 할 때 차분함을 유지하기 위한 능력을 키우기 위해서는 친구나 동료들과 사전에 연습을 하는 것이 도움이 될 수도 있다.

누구에게 질문할 것인가
Who of Asking Questions

누구에게 질문할 것인지 역시 중요한 고려사항이다. 만약 대상자가 스스로 말할 수 있다면, 접근이 가능한 대상자라고 할 수 있다. 하지만 우리에게 필요한 정보를 대상자가 제공할 수 없을 때, 대상자와 가까운 사람들이 관찰을 통하여 대상자의 상황을 설명해 주는 경우도 있다. 예를 들어, 대상자가 기분조절약을 복용하고 있다면, 대상자가 느끼는 약의 효과뿐만 아니라 대상자의 변화에 대하여 배우자가 관찰한 사실도 물어볼 수 있다. 혹은 다발성경화증 대상자의 가정방문간호를 하는 동안 가정에서 대상자가 할 수 있는 것에 대한 가족들의 관점을 확인할 수도 있다. 우리가 대상자의 가족이나 친구들과 상담을 할 때마다, 대상자가 함께 있는 경우, 다른 사람들의 관점에 대하여 물어볼 때는 예의를 갖추고 존중하는 태도로 대한다. 어떤 보건의료시설의 경우, 대상자와 가까운 사람들과 이전 혹은 현재의 보건의료제공자에게 대상자에 관한 질문을 하기 전 대상자에게 먼저 서면동의를 받도록 규정하고 있다. 대상자의 기밀유지를 존중하고, 우리의 행동에 대한 법적 보호를 받기 위해서 관련 정책들에 대하여 아는 것이 중요하다.

대상자가 질문에 대답할 수 없는 경우가 있다. 예를 들어, 무의식 상태, 실어증 혹은 정신병적 상태의 대상자의 경우 질병회복에 중요할 수도 있는 정보를 제공할 수 없다. 이러한 경우에 우리는 대상자에 관한 정보를 제공할 수 있는 가까운 사람들을 반드시 찾아야 한다.

언제 어디서 질문할 것인가
When and Where of Asking Questions

다음 고려사항은 질문의 시기와 장소이다. 많은 병원들이 물리적 구조상 대상자와 상담할 수 있는 완벽한 사적인 장소를 제공하기 어렵다. 그러나 전화, 소음, 다른 대상자, 병원의 여러 활동이나 방문객들의 방해를 받지 않을 수 있는 시간과 장소를 선택하기 위해 많은 노력을 기울여야 한다. 적절한 시간과 장소를 정하는 것은 대상자와 우리 모두 예정된 혹은 예기치 못한 일정들이 발생하므로 둘 모두의 인내심이 필요하다. 여기서 말한 인내심이란 상담을 서둘러 하거나, 개방된 공간에서 민감한 주제에 대하여 이야기하기 위해 지불해야 하는 대가를 의미하는 것이 아니다. 대상자는 사생활 보호와 재촉받지 않을 권리를 갖고 있다.

질문하기에 관한 6가지 사항을 염두하여 상담에 임하면 체계적이고 섬세하게 상담을 할 수 있어 상담의 효과를 향상시킬 것이다.

질문할 때 발생하는 흔한 실수와 대처방법
Common Tactical Errors in Asking Questions and What to Do about Them

앞서 설명한 광범위한 전략은 일반적인 방법으로서, 우리의 궁금증을 해결하는 데 도움이 된다. 질문을 하는 데 있어 다소 부족한 기술을 사용하지 않거나 극복하는 데 도움이 될 만한 제안이 다음에 제시되어 있다.

장황한 설명
Long-Winded Buildup

대상자나 동료에게 질문의 목적을 설명할 때, 가끔 말이 장황해진다. 우리가 장황하고 자세한 설명으로 시작하면 다른 사람에게 혼란을 주거나 자칫 지루하게 만들 수 있는 위험이 있다. 질문에 대한 합리적 이유에 대하여 설명할 때는 KISS(Keep It Short and Simple) 원칙을 사용하는 것이 최선이다. 즉, 짧고 간단하게 말하자!

잘못된 방법은 다음과 같다.

> *장황하게 말하는 접근방법:* "이○○님, 이○○님의 알레르기에 대하여 몇 가지 질문을 하려고 합니다. 이러한 질문을 함으로써 이○○님을 짜증나게 하는 다양한 물질들로 인한 힘든 스트레스 반응을 피하거나 최소화할 수 있는 생활방식을 결국 찾아낼 수 있을 것입니다. 환자분도 잘 아시다시피, 신체기능을 정상으로 돌리기 위해서 우리 몸은 끊임없이 외부 물질과 계속해서 싸워야 하는데, 반복적인 알레르기 반응은 신체에 스트레스를 줄 수 있습니다. 알레르기 반응이 활동기 상태일 때 이○○님의 몸은 경고단계로서 정상으로 되돌아가기 위한 일들이 신체에서 일어납니다. 알레르기 때문에 너무 힘들면, 긴장이나 불안한 감정을 느끼고, 아마도 때로는 알레르기 반응을 통제하지 못할 수도 있다는 두려움을 느낄 수도 있을 것입니다. 환자분의 알레르기 유발물질을 피하기 위한 최선의 방법을 계획하기 위해 필요한 관련 모든 정보에 대하여 알아야만 합니다. 자, 시작해볼까요?"

이와 같이 장황하게 말하는 것은 질문 목적을 이해하여 대답할 준비가 되어 있는 대상자를 지치게 만들 수도 있다. 장황하고, 불필요하며, 지나치게 상세한 서두의 말들은 질문의 요지를 불명확하게 하는 우회적인 것들이다.

올바른 방법은 다음과 같다.

> *초점화된 접근방법:* "이○○님, 이○○님의 알레르기에 대하여 몇 가지 질문을 하려고 합니다. 이러한 질문을 함으로써 이○○님을 짜증나게 하는 다양한 물질들로 인한 힘든 스트레스 반응을 피하거나 최소화할 수 있는 생활방식을 결국 찾아낼 수 있을 것입니다. 환자기록지를 확인해 보니 음식과 환경에 관한 알레르기를 모두 갖고 계시더군요. 우선 어떤 음식이 이○○님에게 알레르기를 유발하나요?"

이러한 간결한 시작은 우리의 목적과 우리가 왜 이 대상자에게 특정한 질문들을 하는지 알 수 있게 해준다. 이러한 진술의 명료함과 간결성은 대상자를 지루하게 하거나, 놀라게 하거나, 모욕적이게 하거나 혼란을 주지 않을 것이다.

대상자의 견해를 물어보지 않고 일방적으로 진행하는 상담
Thunder Stealer

우리는 때때로 대상자에게 건강문제의 원인과 선호하는 효과적인 치료방법, 대상자들이 개인적으로 치료 혹은 완화되길 바라는 문제에 대하여 대상자의 의견을 물어본다. 특히, 대상자의 견해를 물어봤을 때 대상자에게 생각을 말할 수 있는 기회를 주는 것이 매우 바람직하다. 어떤 경우 우리가 상담을 너무 열정적으로 하여, 대상자에게 말할 기회를 주기도 전에 우리의 견해를 말해버리기도 한다. 우리의 이러한 경솔함은 대상자를 몰아세우는 것일 수도 있고, 대상자가 자신의 솔직한 생각을 표현할 기회를 차단해 버릴 수 있다. 대다수의 대상자들이 자신들의 건강상태에 대한 견해를 듣고자 하지만, 대상자의 견해를 존중하지 않는 태도로 질문을 하고, 우리의 견해만을 말하며 상담을 진행하면 어떤 대상자는 상처를 받거나 화를 낼 수도 있다.

잘못된 방법은 다음과 같다.

대상자에게 자신의 견해를 말할 기회를 주지 않는 접근방법: "김○○님, 환자분 얼굴의 반점들을 최소화하기 위해 대상자분이 하실 수 있는 6가지 단계에 대하여 우리 모두 동의하였습니다. 저는 환자분이 각각의 선택사항에 대하여 어떤 생각을 갖고 계신지 알고 싶습니다. 여기 제가 추천해 드릴 사항이 있습니다. 환자분이 갖고 있는 피부미용 제품들 중 오일에서 추출한 성분이 들어 있는 제품들을 확실히 피하시고, 오일이 함유되지 않은 제품을 사용하기 시작하세요. 이러한 변화가 환자분의 피부 모공을 막는 일을 방지해 줄 것이라고 생각하지 않으세요? 그리고 의사들이 가장 좋다고 추천한 특정한 이 비누를 꼭 사야 하는 것에 동의하실 것 같습니다. 그렇지 않나요? 제 생각에 이제 두 번째 선택사항으로 넘어가도 될 것 같습니다."

위의 예시에서 대상자는 금방 우리가 대상자의 견해에 관심이 없다는 메시지를 전달받을 것이다. 대상자가 말할 수 있는 모든 기회를 빼앗는 것은 대상자에게 좌절감을 주고, 우리가 말하는 것을 가장 중요하게 생각한다는 메시지를 보낼 수도 있다. 이는 대상자가 자신의 건강에 대한 공동 책임을 가지고 정보를 제공하는 의료소비자가 되는 것을 지지하기보다는 의존성을 키운다.

올바른 방법은 다음과 같다.

대상자의 견해를 고려한 접근방법: "김○○님, 김○○님 얼굴의 반점들을 최소화하기 위해 본인이 하실 수 있는 6가지 단계에 대하여 우리 모두 동의하였습니다. 저는 김○○님이 우리가 함께 의논해야 할 각각의 선택사항에 대하여 어떤 생각을 갖고 계신지 알고 싶습니다."

한 번에 여러 가지 질문을 하는 것
Multiple Choice Mix-Ups

우리는 가끔 면접관처럼 대상자를 몰아세우고, 질문 공세를 퍼붓는다. 대상자는 일련의 질문들을 받은 이후, 혼란스러워하며 우리가 찾고 있는 정보가 무엇인지 어디서부터 대답을 시작해야 할지 알 수 없다.

잘못된 방법은 다음과 같다.

질문 공세 접근방법: "박○○님, 우리가 환자분의 진통, 분만과 산후입원 전반을 도와드리기 위해 알아야 할 몇 가지 사항이 있습니다. 혹시 선호하는 분만방법에 대하여 의논해본 적이 있으신가요? 남편분과 함께 의사를 만나 모든 선택사항에 대하여 고려해 본 적이 있나요? 제 말씀은, 혹시 무통분만을 원하시는지, 아니면 진통 중에 다른 어떤 마취방법을 원하는지 결정하셨는지요? 전신마취, 척수마취, 신경차단술 등 다양한 마취방법에 대하여 알고 계신지요? 그리고 모유수유에 대한 계획에 대해 말씀해주세요. 아직 결정 안하셨나요?"

올바른 방법은 다음과 같다.

명확한 접근방법: "박○○님, 우리가 박○○님의 진통, 분만과 산후입원을 도와드리기 위해 알아야 할 몇 가지 사항이 있습니다. 진통으로 인한 통증 관리와 모유수유에 대한 박○○님의 계획에 대하여 검토하려고 합니다. 지금 이 두 가지 사항에 대하여 편안하게 이야기를 나눌 수 있을까요?" 대상자가 준비되었는지 확인하기 위해 잠시 멈춘다. "첫 번째 질문은, 진통과 분만과정 중에 통증완화 약물을 사용할 계획이신가요?"

위의 예시에서 대상자는 1개의 질문만을 받았다. 대상자도 물론 앞으로 몇 개의 질문이 더 있을 것이라는 것을 알고 있지만, 한 가지 질문만을 명확하게 받았기 때문에 대상자는 우리가 알고자 하는 것이 무엇인지 정확하게 알고 있다.

이해하기 어렵고 암호화된 코드
Incomprehensible and Cryptic Codes

간호사로서 우리는 의학용어와 약어들에 익숙해져 있다. 이러한 특수용어들을 전문가들끼리 사용하는 것은 괜찮으나 대상자에게 사용하는 경우 혼란을 줄 뿐이다.

잘못된 방법은 다음과 같다.

암호화된 접근방법: "제가 신○○님의 디곡신(digoxin)을 갖고 왔습니다. 이 약을 드리기 전에 환자분의 심첨맥박과 요골맥박을 재고 부종을 평가해야 합니다. 혹시 오늘 아침에 협심증 증상, 심계항진, 혹은 SOB를 느낀 적이 있으신가요? 우리는 화학독성을 예방하려고 합니다."

의학용어의 사용은 대상자에게 자신이 어리석다고 느끼게 하거나 불편하게 만들 수도 있다. 가장 안 좋은 것은 대상자가 당황하거나 햇갈리기 때문에 질문을 이해하지 못하여 대상자로부터 잘못된 정보를 얻을 수도 있다는 점이다.

올바른 방법은 다음과 같다.

명확한 접근방법: "신○○님, 심장약인 디곡신(digoxin)을 갖고 왔습니다. 이 약을 드리기 전에 먼저 청진기로 심박동수와 손목에서 맥박을 재봐야 합니다. 혹시 오늘 아침에 가슴통증이 있었나요?" 대상자의 대답을 듣기 위해 잠시 멈춘 후 다시 물어본다. "혹시 오늘 아침에 심장이 불규칙하게 두근거리거나 빨리 뛰는 것 같은 느낌이 있으셨나요?" 대상자의 대답을 들은 후, 다시 물어본다. "혹시 오늘 아침에 숨이 찬 적이 있으신가요?"

위와 같이 평범한 단어를 사용하여 물어보면, 대상자는 질문이 무엇인지 이해할 것이고, 적절한 대답을 할 것이다.

'왜'의 오용
Offensive Misuse of "Why"

간호사로서 우리는 대상자가 왜 아픈지, 왜 화가 났는지, 왜 그 치료방법을 따르지 않았는지 알기 위해 세밀하게 확인한다. 이러한 '이유'는 모두 필요한 질문이지만, 우리가 대상자에게 물어볼 때 대상자가 위협을 받는 것처럼 느낄 수 있기 때문에 '왜'를 너무 자주 사용하지 않는 것이 바람직하다. 이러한 공격적인 단어의 사용을 피하기 위해서는 보다 부드럽고 수용 가능한 단어나 구문으로 고쳐서 물어보는 것이 좋다.

잘못된 방법은 다음과 같다.

위협적인 접근방법: 어떤 대상자가 자신의 베개를 침대 틀에 세게 던지고 있다. "왜 그러시나요? 최○○님?"

어떤 청소년이 목발을 잘못 사용하고 있다: "왜 목발에 체중을 실어서 더 기대지 않나요?"

당뇨병을 앓고 있는 어떤 여성 대상자가 왼쪽 발가락 세 개를 절단하게 되었다. "왜 발 관리를 좀 더 잘하지 않으셨나요?"

남편과 사별한 부인에게 다음과 같이 말하였다. "당신의 삶을 다시 찾지 않고 왜 당신의 삶을 그렇게 내버려 두셨나요?"

위에 나온 질문 모두 어떠한 방식으로든 대상자를 방어적이게 하고, 위축되거나 적대적으로 만드는 원인이 되며, 결국 개방적이고 솔직한 반응을 할 수 없게 한다.

올바른 방법은 다음과 같다.

부드러운 접근방법: 베개를 침대 틀에 세게 던진 대상자에게 다음과 같이 말한다. "최○○님, 무슨 일이 있으신지 말씀해주실 수 있나요?"

목발을 잘못 사용하고 있는 청소년에게 다음과 같이 말한다. "체중을 목발에 더 실을 수 있는 방법이 무엇이 있을까요?"

왼쪽 발가락 세 개를 절단하게 된 당뇨병을 앓고 있는 여성 대상자에게 다음과 같이 말한다. "발을 관리하는 데 어떤 점이 어려우신가요?"

남편과 사별한 부인에게 다음과 같이 말한다. "어떤 부분이 당신을 슬프게 하고, 이전에 즐겁게 하곤 했던 것들을 하지 못하게 했나요?"

위의 질문들은 앞서 말한 잘못된 방법의 질문과 마찬가지로 같은 대답을 구하고 있지만, 덜 공격적인 표현방법이다. 이런 질문들은 대상자를 몰아세우지 않고, 대답을 할 수 있도록 유도한다.

열린 질문과 닫힌 질문의 오용
Misuse of Open and Closed Questions

닫힌 질문은 대상자에게 명확하고 간결한 대답을 들을 수 있고, 열린 질문은 대상자가 원하는 방향으로 구체적으로 대답할 수 있게 해준다. 노련한 상담자는 열린 질문과 닫힌 질문을 언제 사용해야 할지 알고 있다.

잘못된 사용은 다음과 같다.

닫힌 질문 접근방법: 어떤 대상자가 바륨 관장을 끝내고 지금 막 방사선실에서 돌아왔다. 대상자는 이 과정을 매우 걱정했었다. 이때 간호사가 다음과 같이 말한다. "바륨 관장을 하셨나요? 괜찮으셨나요?"

이러한 질문은 대상자에게 단지 "예" 혹은 "아니오" 대답만을 요구하는 것이고 대상자에게 자신의 경험을 자세히 말할 수 없게 한다. 또 다른 예시는 다음과 같다.

대상자에게 처음으로 건강력을 물어볼 때, 다음과 같이 물어본다. "균형잡힌 식사를 하시는지요?

이러한 질문에 "예" 혹은 "아니오"의 대답으로는 대상자의 영양학적인 섭취상태에 대해 알 수 없다. 또 다른 예시는 다음과 같다.

63세의 대상자를 장기요양시설로 옮기려고 할 때 대상자에게 다음과 같이 물어본다. "그 시설에 가는 것을 기대하고 계신가요?"

이러한 접근방법은 대상자에게 어떻게 대답을 해야 할지 말할 기회를 주지 않는 것이다.

올바른 방법은 다음과 같다.

열린 질문 접근방법: 어떤 대상자가 바륨 관장을 끝내고 지금 막 방사선실에서 돌아왔다. 대상자는 이 과정을 매우 걱정했었다. 이때 간호사는 다음과 같이 말한다. "바륨 관장이 어떠하였는지 말씀해주세요."

대상자에게 처음으로 건강력을 물어볼 때, 다음과 같이 물어본다. "오늘 아침에 무엇을 드셨나요?"

63세의 대상자를 장기요양시설로 옮기려고 할 때 대상자에게 다음과 같이 물어본다. "이곳을 떠나 그 시설에서 사셔야 하는데 기분이 어떠신가요?"

위의 세 개의 질문은 열린 질문으로 대상자의 구체적인 대답을 요구하는 것이다. 이러한 질문을 이용하여 얻은 정보는 간호사에게 대상자의 생각을 더욱 잘 이해할 수 있게 해준다.

우리는 간호실무에서 열린 질문을 사용하면 더욱 유용한 정보를 얻을 수도 있는 상황에서 닫힌 질문을 더욱 자주 사용한다. 반면, 때때로 좀 더 구체적으로 질문해야 하는 경우에도 너무 일반적인 질문을 하기도 한다. 그렇기 때문에 질문을 좀 더 구체적으로 해야 하는 상황이 언제인지 알 수 있도록 적절한 질문방법에 대해 연습해야 한다.

미스터리 인터뷰
Mystery Interview

우리가 대상자에게 질문할 때, 대상자는 자신을 숙련된 의사라고 믿고 대답하며, 우리는 간호계획에 도움이 되는 정보들을 분류하고, 분석한다. 우리가 문제해결 과정에 대한 피드백을 대상자에게 제공할 때 대상자는 우리와 의미 있는 관계가 형성되었고, 존중받는다고 느낀다.

잘못된 방법은 다음과 같다.

갑작스러운 접근방법: 간호사가 매우 급작스러운 체중 감소로 인하여 입원한 대상자에게 첫 건강사정을 하고 있다. 예정된 상담시간이 다 되자 대상자에게 다음과 같이 말한다. "제가 지금 가야 합니다. 다음에 다시 뵈어요. 상담은 그때 다시 할 수 있습니다."

건강사정 결과에 대한 어떠한 말도 없이 이렇게 상담을 끝내면 대상자는 홀로 남겨진 기분이 든다.

올바른 방법은 다음과 같다.

명확한 접근방법: 건강사정을 끝내기 전에 상담을 마쳐야 한다면, 다음과 같이 말할 수 있다. "오늘 우리는 ○○○님의 체중 감소 문제에 대해서 이야기를 나누었습니다. 체중 감소의 원인을 찾기 위해 다음 상담에서 이와 관련된 사항에 대해 다시 여쭤보려고 합니다. 오늘 오후에 다시 뵐 때까지 처음 체중이 감소되었을 때 평소와 다른 것이 어떤 것이 있었는지 생각해보시고 말씀해 주시겠어요?"

비록 위와 같은 말로 상담을 정리하는 것이 명확하게 상담을 요약하지는 않았지만, 건강문제에 관한 우리의 임상적 평가를 최신 상태로 유지하고 있음을 보여준다. 우리의 계획과 다음 상담에서 이야기할 내용에 대하여 대상자에게 말하는 것은 대상자에게 자신의 진행상황을 생각하게 해주고, 잘못된 가정에 대한 근심을 최소화해준다.

질문하기 기술의 지속적인 향상
Continuing to Build Your Skills in Asking Questions

대상자와 가족에게 보다 편안하게 질문하기 위해서 이 장에서 지금까지 말한 사항들을 고려하자.

1. 대상자에게 다음에도 더욱 많은 정보를 얻기 위해 다음의 질문으로 상담을 마무리한다. "제가 ○○님께 어떤 질문을 더 해야 할까요? (이러한 질문은 어떤 서비스를 계약하거나, 물건을 살 때도 소비자의 입장에서 유용하다.)"
2. 때로는 '침묵이 금이다.' 잠시 멈추는 것은 우리와 다른 사람에게 보다 비판적으로, 진행상황에 대한 정보에 대해 생각할 시간을 주고, 불안한 마음 때문에 놓친 정보들에 대해 기억해낼 시간을 준다. 자신에게 집중하고, 다른 사람의 걱정에 대하여 진심으로 기꺼이 의사소통하기 위해 잠시 숨을 고른다. 다른 사람이 중요하고 민감한 정보에 대해 말할지 말지 결정을 하거나, 문제가 될지도 모르는 사항에 대해 질문할 때, 우리가 침묵을 유지하면, 더욱 심도 있는 의사소통을 할 수 있는 의미 있는 여유를 만들어준다.

이 장에서 제시한 사항들을 적용한다면, 우리의 질문이 더욱 분명하고 신뢰할 수 있게 될 것이다. 간호과정을 위해 필요한 정보를 수집하였지만, 대상자의 존엄성 역시 유지하기 위해 대상자가 말한 정보에 대한 비밀을 유지해야 할 것이다. Box 12-2에 나온 질문들을 고려하여, 대상자가 치료과정에 적극적으로 참여할 수 있도록 도와줄 수 있는 자신만의 대화방법을 찾아보자. 또한 대상자와 가족 역시 우리에게 질문할 수 있다는 것을 기억하자. 가끔은 심한 불안을 겪고 있거나 죽음을 앞둔 가족을 돌보는 경우, 우리 역시 같은 질문에 대하여 대답해야 할 수도 있고, 반복적으로 똑같은 대답을 해야 할 때가 있을 수 있다(American Association of Colleges of Nursing, 2000). 존중하는 태도로 질문하고 존중하는 태도로 대답하자.

Box 12-2 치유관계를 심화시킬 수 있는 질문

1. 무엇을 도와드릴 수 있을까요?
2. 바로 지금 당신이 느끼는 마음에 대하여 말씀해주세요.
3. 확신이 없어 보이세요. 무엇에 대한 것인가요?
4. 제가 틀릴지도 몰라요. 하지만, 당신은 걱정거리가 있어 보이네요. 무엇 때문에 신경이 쓰이시나요?
5. 제게 물어보고 싶은 것이 무엇인가요?
6. 당신의 기분이 나아지려면 무엇이 필요한가요?
7. 당신의 기분을 나아지게 하기 위해 사용하는 방법이 있나요?
8. 당신의 기분을 좀 더 편안하게 하기 위해 도움이 될 만한 것이 무엇이 있나요?
9. 말기 대상자를 담당하는 간호사를 위해: 친근하게 이 대상자에게 이야기를 해야 한다. 대상자가 나에게 이야기 하도록 무엇을 하고 있는지? 만약 나의 지인이나 사랑하는 사람이 죽음을 앞두고 있다면, 나는 그 사람을 위해 간호사가 어떤 간호를 해주기를 바라는지?

질문하기 연습
Practicing Asking Questions

연습 1 '질문하기' 첫걸음

간호사들이 환자들에게 물어봐야 할 한 가지 질문은 무엇인가? "오늘 당신을 더 기분 좋게 만드는 한 가지는 무엇인가요?" 이 질문을 성찰한다. 이 질문을 여러 환자에게 물어볼 기회를 가지도록 한다. 이 질문을 제기하는 것과 이러한 욕구를 충족시키는 것에 대한 환자의 반응을 관찰한다. 성찰에 대한 일기를 쓰고 다른 학생이나 동료들과 함께 여러분이 발견한 점에 대해 토론한다.

연습 2 사례를 통한 '질문하기'

정형외과 병동에서 근무하는 간호사인 당신은 알츠하이머병과 왼쪽 고관절 골절 진단을 받고 새로 입원한 노인 여성 대상자를 간호하고 있다. 저녁에 그녀의 아들, 며느리와 대상자가 입원을 하기 전까지 함께 살았던 허약하고 나이 든 대상자의 남편이 대상자를 방문하기 위해 병동에 왔다. 여러분은 대상자가 어떻게 넘어져 고관절 골절이 생겼는지를 알아봐야 한다.
여러분이 처음에 해야 할 세 가지 질문이 무엇일지 스스로 선택하고 적어보도록 한다.

- 왜 이러한 질문들을 선택했는가
- 정확하게 무엇을 물어봐야 하는가
- 어떻게 이러한 질문을 할 것인가
- 누구에게 물어봐야 하는가
- 언제 질문을 해야 하는가
- 어디서 질문을 해야 하는가

세 가지 질문을 다 적었으면, 여러분의 접근법과 다른 학생들의 접근법 간의 유사점과 차이점을 비교해본다. 이 연습은 질문하는 능력과 문제해결 능력에 초점을 맞춘 것이다. 이 연습은 여러분에게 질문하는 것과 문제해결 간의 관계에 대해 무엇을 가르쳐 주었는가?

연습 3 Q.S.E.N-자기주도학습 '질문하기'

성찰 연습은 끊임없이 자신에게 "내가 한 것을 나는 왜 했을까"라고 묻고, 알고 있는 것을 다양한 관점으로 적용하며, 추후 유사한 상황에서 취할 수 있는 최선의 행동을 결정하는 기술이다. 질과 안전 역량을 위해 적용하는 성찰 질문은 실무 능력을 향상시킬 수 있는 탐구 정신의 기본이다. 여러분의 경험에 대한 질문을 통해 끊임없이 배우는 것은 초보자에서 전문가가 되기 위해 중요하다. 환자 간호에서 이러한 성찰적인 질문에 초점을 두도록 한다. 이것이 여러분이 환자들에게 묻는 질문들에 초점을 맞추는 데 어떻게 도움을 줄 수 있는가?

- 환자중심 간호: 지금 당장 환자를 위해 내가 할 수 있는 가장 중요한 일이 무엇인가?
- 팀워크와 협력: 환자에 대한 정보를 알기 위해 누가 필요한가?
- 근거중심 연습 : 이 환자의 간호에서 내 행동의 근거는 무엇인가?
- 질 개선: 최상의 실무로부터 어떻게 간호 결과를 개선할 수 있는가?
- 안전: 어디에 실수를 초래할 수 있는 잠재적인 안전에 대한 위험이 있는가?
- 정보학: 기술이 간호관리 방법을 어떻게 개선할 수 있는가?

참고문헌

American Association of Colleges of Nursing. (2000). *City of Hope National Medical Center: The-End-of-Life Nursing Education Consortium (ELNEC) faculty guide, Module 9: Preparation and care for the time of death*. Duarte, CA: Medical Center.

Andrews, A. (2011). *The noticer: Sometimes all a person needs is a little perspective*. Nashville, TN, Thomas Nelson.

Burr, A. (2012). *The one question nurses should ask every patient*. http://scrubsmag.com/the-one-question-nurses-should-askevery-patient/. Accessed 11.07.18.

Carter, M. A. (2009). Trust, power, and vulnerability: A discourse on helping in nursing. *Nursing Clinics of North America, 44*(4), 393.

Cegala, D. J., & Post, D. M. (2009). The impact of patients' participation on physicians' patient–centered communication. *Patient Education and Counseling, 77*(2), 202.

Gallagher, R. S. (2009). *How to tell anyone anything: Breakthrough techniques for handling difficult conversations at work*. New York, NY: AMACOM.

Guilmartin, N. (2010). *The power of pause: How to be more effective in a demanding, 24/7 world*. San Francisco, CA: Jossey-Bass.

Halm, M. A., & Crusoe, K. (2018). Keeping the Magnet® flame alive with appreciative inquiry. *JONA, 48*(6), 323.

Judson, T. J., Desky, A. S., & Press, M. J. (2013). Encouraging patients to ask questions. *JAMA, 309*(22), 2325.

Knoll, S., & Leifso, G. (2009). Asking questions—improving practice. *Canadian Operating Room Nursing Journal, 27*(3), 6.

Matiti, M. R., & Trorey, G. M. (2008). Patients' expectations of the maintenance of their dignity. *Journal of Clinical Nursing, 17*, 2709.

Nickitas, D. (2012). Asking questions and appreciating inquiry: A winning strategy for the nurse educator and professional nurse learner. *Journal of Continuing Education in Nursing, 43*(3), 106.

Plews-Ogan, M., Owens, J., & May, N. (2012). *Choosing Wisdom: Strategies and inspiration for growing through life-changing difficulties*. West Conshohocken, PA: Templeton Press.

Ryan, J. (2017). *Wait, what?: And life's other essential questions*. New York, NY: HarperOne.

Stoker, J. (2013). *Overcoming fake talk: How to hold real conversations that create respect, build relationships, and get results*. New York, NY: McGraw-Hill.

Sundeen, S. J., Rankin, E. A. D., & Stuart, G. W. (1998). *Nurse–client interaction: Implementing the nursing process* (6th ed.). St. Louis, MO: Mosby.

Chapter 13

의견 제시하기

Expressing Opinions

학습목표

1. 조언하기와 의견 제시하기를 구분한다.
2. 자기주장의 방식으로 의견을 제시할 수 있는 전략을 확인한다.
3. 타인을 긍정적으로 수용하는 것을 공유하는 예에 대하여 토의한다.
4. 의견을 제시하는 역량에 미치는 영향요인을 확인한다.
5. 의견을 제시하는 기술을 연습한다.

서론

Introduction

간호사로서 의견을 제시하는 것은 대상자와 동료에게 영향을 주는 보건의료 상황에 대하여 무엇을 생각하고 느끼는지에 대하여 표현하는 행동을 말한다. 전문직종 간 의사소통에서 캐나다 병원간호사의 역할에 관한 연구에 의하면, 간호사와 의사는 위중한 상황에서 환자 돌봄에 대한 각자 자신의 전문직 역할과 신념에 뚜렷한 차이를 보이는 것으로 나타났다. 즉, 간호의 중심가치인 '돌봄'에 따른 간호사의 태도는 전문직종 간 협력을 지지하는 핵심 역할을 하였다(Strachan et al., 2018, p.26).

조언하기와 의견 제시하기의 차이점

How to Differentiate between Giving Advice and Expressing Opinions

의견을 제시하는 것은 주장적 행동이다. 의사소통 능력이나 자기효능감에 대하여 자신감을 갖는 것은 입원 환자들의 안전을 심각하게 위협하는 의사소통의 오류를 미연에 방지할 수 있다(Raica, 2009). 의료기관평가위원회는 전문가들의 의사소통을 증진시키기 위한 조직 차원의 방안을 마련할 것을 지시하였다(Thomas et al., 2009). 전문영역에서 간호사의 의견은 대상자와 동료들이 문제를 해결하고 의사를 결정하는 과정에서 부가적인 정보를 제공한다. 이와는 대조적으로 조언을 하는 것은 문제를 해결하거나 결정을 내리는 일방적인 과정이다. 조언을 하는 것은 대상자가 독립적으로 되는 것을 방해하고, 간호사가 자신의 동료들이 자기주도적으로 실행하기 어렵다고 느끼는 아이디어를 제시할 수도 있다.

의견을 제시하는 것은 대상자들에게 자신들의 건강과 치료 계획에 대하여 선택할 수 있도록 제공하는 정보들 중 하나일 수 있다. 대상자는 정보에 대한 도덕적 권리를 갖고 있고, 우리는 간호사로서 정보를 제공해야 하는 의무가 있다. 의견을 제시하는 것은 다른 사람에게 무엇을 해야 할지 알려주는 것이 아니라, 우리의 관점에서 이득을 제공하는 것이다. 의견을 제시하는 것은 대상자의 건강관련 의사결정을 도와주고, 간호사에 대한 대상자의 의존성을 방지하고, 대상자가 간호사의 조언을 거절할 때 생길 수 있는 분노와 원망을 피하게 한다.

간호사의 의견 제시
When to Express Your Opinions as a Nurse

대상자들과 동료들이 아래의 사항에 대하여 결정을 내려야 할 때 간호사에게 자문을 요청할 수 있다.

정보제공 혹은 보류 여부: 예를 들어, 대상자들이 자신들의 건강상태에 대한 정보를 의사나 다른 가족 구성원에게 알려야 할지에 대하여 궁금할 수 있다. 동료들은 대상자 또는 가족들에게 혹은 동료나 상급관리자에게 정보를 공개할지 여부와 같은 난감한 상황에 직면할 수도 있다. 간호학생은 담당 간호학 교수에게 개인적인 문제를 의논할지 여부에 대하여 결정하지 못할 수도 있다.

치료 계획을 따를지 혹은 거부할지 여부: 어떤 대상자들은 자신들의 건강문제에 대하여 상반되는 두 입장인 의심과 희망을 동시에 갖고 있을 수도 있고, 치료계획을 따를지 아니면 치료를 받지 않을지에 대하여 망설일 수도 있다. 동료 간호사들은 가정방문을 하는 동안 자신들이 수행할 수 있는 업무에 대한 제한들을 지켜야 하는 것에 대하여 복잡한 감정을 느꼈을지도 모른다. 간호학생들은 자신의 개인 문제를 담당 강사에게 털어놓을지 말지 고민하며 결정을 내리지 못하고 있을 수도 있다.

원하는 결과를 달성하기 위한 실천 전략: 자신들이 기대하는 건강상태에 대하여 알고 있는 대상자들은 어떤 치료방법을 따라야 할지 결정할 수 없을지도 모른다. 직장 동료들은 자신들이 원하는 결과에 대하여 정확히 알고 있을 수도 있지만, 자신들의 목표를 달성하기 위해 필요한 행동을 결정하는 데 도움이 필요할 수도 있다. 동료들과 친구들은 다음 번 과제에서 높은 점수를 받으려면 어떻게 해야 할지 모를 수도 있다.

대상자 혹은 동료들은 위에서 언급한 의사결정 상황들 중 어떤 것이 되었든 우리의 의견을 참고하고 싶을 수 있다. 우리의 의견은 다른 사람들에게 의사결정에 통합될 수 있는 정보를 제공한다.

또한 우리의 의견을 표현하는 것은 소진을 방지하는 데 도움이 될 수 있다. 사회복지사가 진행하는 성찰 디브리핑 회기는 중환자실 간호사들이 환자에게 이득이 없는 간호를 제공하는 것과 같은 문제들로 도덕적 고뇌를 느끼는 것 등에 대한 문제해결을 돕기 위해 시행되었다. 이러한 필요에 따라 이 디브리핑 회기는 간호사들이 환자와 가족에게 사실을 알리는 건설적인 직면을 하는 데 도움을 주었는데, 이는 전문직 간 협력의 한 예이다(Browning & Cruz, 2018). 언제나 그렇듯, 우리는 혼자가 아니다. 우리는 많은 동료들과 함께 있다.

의견 제시와 관련된 감정
Your Feelings about Expressing Opinions

이야기를 더 진행하기 전에 다음 질문에 대한 자신의 답변을 적어보자.

1. 우리가 요구하기도 전에 다른 사람이 먼저 자신의 의견을 당신에게 제시한다면 어떤 기분이 드나요?
2. 우리가 다른 사람에게 조언을 요청하였으나 그 사람이 조언해주기를 꺼린다면 어떤 기분이 드나요?

위의 질문에 대한 우리의 감정을 표현한 후 다른 동료들의 대답과 비교해보자.

우리는 우리가 원했던 견해보다 원하지 않았던 의견에 대하여 더욱 다르게 느낀다. 법적으로 인간으로서의 선택과 행동의 자유에 대한 가치를 최

우선으로 하는 우리 문화권에서, 다른 사람이 우리의 동의 없이 우리에게 영향을 줄 때 화가 날 것이다. 대체로 우리는 우리가 받아들이기로 한 의견에 대하여 더욱 흔쾌히 고려한다. 이러한 인간의 본성에 대한 지식은 의견 제시의 원칙을 뒷받침해준다. 가능할 때마다 우리의 의견이 필요한지 물어본다. 우리는 다른 사람의 결정에 대하여 반대 의견을 가질 수 있다. 그러나 우리가 그 사람의 동의 없이 우리의 의견을 고수한다면 시간낭비가 될 수 있고 관계를 위태롭게 할 수 있다.

위의 질문에 대한 대답에서, 우리들 대다수가 의견을 부탁했던 사람에게서 의견을 들을 것으로 기대하기 때문에 만약 상대가 의견을 주지 않으면 속은 것 같은 느낌을 받을 것이다. 변호사, 의사, 교사에게 전문가로서의 조언을 부탁할 때, 그들이 지침을 제공할 것으로 기대한다. 그렇기 때문에 대상자들과 동료들이 우리에게 전문직 간호사의 관점을 요청할 때 그들과 함께 의견을 나누어야 한다. 사람들은 때때로 자신의 실수를 통해 배울 권리가 있다는 것을 기억하자. 우리 의견이 다른 사람에게는 최선이 아닐 수도 있다. 다른 사람들이 스스로 결정을 내릴 때, 결정에 대하여 비난을 받거나 혹은 칭찬을 듣는 것은 모두 그들 자신의 몫이다.

다음은 의견 제시하기에 대한 두 가지 질문이다.

1. 우리에게 의견을 요청한 대상자(또는 친구, 가족, 동료)가 우리가 제시한 의견에 따라 행동하지 않을 때 어떤 기분이 드나요?
2. 대상자(또는 친구, 가족, 동료)가 자신의 행동에 우리의 의견을 반영할 때 어떤 기분이 드나요?

다른 사람들이 우리의 의견에 따라 행동을 하든 하지 않든 별 다른 감정이 생기지 않을 수도 있다. 그러나 다른 사람들이 우리의 조언을 따르면 우리는 자부심과 안도감을 느낄 수도 있고, 따르지 않으면 상처를 받거나 실망할 수도 있다. 감정의 강도는 우리가 얼마나 힘이 있다고 느끼는지, 다른 사람의 행동을 통제할 수 있는지와 관련이 있을 수도 있다. 간호사로서의 자존감 정도는 대상자나 동료들이 의사결정 시 우리가 제시한 의견에 근거하여 적절한 정보를 습득하여 우리의 의견에 따라 행동하는지에 따라 달라진다.

우리의 의견을 존중하기보다 다른 사람들의 자율성과 행복을 가치 있게 여기는 것은 다른 사람들이 자유롭게 자신만의 결정을 할 수 있게 한다. 간호사로서 우리는 대상자가 우리에게 의견을 구하는 것에 대해 어떤 기대를 가지고 있는지, 그리고 더 중요한 것은 우리가 의견을 제시하는 것에 대해 어떤 계획을 가지고 있는지를 명심해야 한다.

주장적 의견 제시하기
How to Express Your Opinions in an Assertive Way

우리는 전문직 간호사로서 대상자와 동료들에게 의견을 제시할 것이다. 우리는 교육을 받은 전문직 간호사이기 때문에 대상자, 친구 또는 다른 가족의 건강을 걱정하는 가족들이 우리의 의견을 듣길 원한다. 만약 우리가 의견을 제시하는 몇 가지 원칙을 실천한다면 이러한 상황들을 더욱 자신감 있게 다룰 것이다. 다음에서 의견을 제시하는 것에 관한 몇 가지 지침을 살펴보자.

의견 제시에 대한 상대방의 동의 구하기
Get the Consent before Expressing Your Opinions

대상자나 동료에게 적대감이나 분노를 일으키는 것을 방지하기 위해, 우리의 견해를 듣는 것에 관심이 있는지 물어본다. 대화가 자연스럽게 진행될 수 있도록 몇 가지 문구를 사용할 수 있다.

> "예전에 어떤 분이 당신이 처한 것과 같은 상황을 극복할 수 있는 좋은 방법을 알려줬어요. 그 제안을 말씀드려도 될까요?"

"저는 당신의 문제를 해결할 방법에 관한 멋진 아이디어를 뉴스 기사에서 읽은 적이 있어요. 어떤 내용이었는지 말씀드려도 될까요?"

"작년에 저도 당신이 지금 겪고 있는 어려움을 똑같이 경험했어요. 시행착오를 통해, 저는 그 문제를 해결하는 데 괜찮은 방법들을 배웠어요. 제가 어떻게 이 일을 해결했는지 말씀드려도 될까요?"

"제가 당신과 비슷한 문제를 가진 사람을 많이 봐왔어요. 그런 경험을 통해 얻은 조언이 몇 개 있어요. 한 번 들어 보시겠어요?"

"오랫동안 이 문제에 대해 생각해 봤는데요. 제게 의견이 몇 개 있는데, 말씀드려도 될까요?"

우리에게 도움이 될 만한 정보가 있다고 생각할지라도, 다른 사람은 우리의 의견을 듣고 싶지 않을 수도 있다. 정신과 간호사인 한 친구가 다음과 같은 주목할 만한 말을 한 적이 있다. "만약 나에게 곧 닥칠 생의 발달위기에 대해 알고 있더라도, 나에게 말하지 말고 혼자만 알고 있어요."

대상자나 동료에게 의견을 제시해도 되는지 물어보면, 우리의 생각을 듣고 싶은지에 대하여 알려줄 것이다. 단도직입적으로 말하는 사람들은 분명하게 "그렇다" 혹은 "아니다"로 대답할 것이다. 그렇지 않은 사람들은 우리가 의견을 제시하는 것을 계속 할지 여부에 대해 비언어적인 신호를 보내거나, 우리의 결정을 공유하기 싫어할 것이다. 만약 상대방이 고개를 돌리거나, 주제를 바꾸거나, 자신의 상황이 매우 독특하다고 주장한다면, 우리와 거리를 두고 자신의 의견을 고수할 것이라는 일종의 경고이다. 만약 상대방이 관심이 있는 제스처를 보이면, 계속 진행해도 된다는 단서이다.

타인의 고유성을 인정하기

Make Allowances for the Uniqueness of Your Client or Colleague

우리는 우리와 비슷한 환경에 처한 사람을 보면 자신이 효과적이라고 생각하는 의견을 제시한다. 그러나 우리에게 의견을 요청한 사람의 환경과 개인적인 영향요인을 모두 파악하는 것은 불가능하다. 결과적으로, 우리의 의견을 표현할 때 독단적으로 행동하는 것을 피해야 한다. 우리가 다른 특별한 상황들도 고려하고 있다는 것을 보여주기 위해서는 설득력 있게 말해야 한다.

다음의 예시에 나온 의견과 같은 강한 어투를 피하도록 한다. "나는 당신이 정말로 그렇게 해야 한다고 생각해요…", "당신은 정말로 그것을 해야만 해요." 혹은 "이것이 당신이 선택해야 할 방향이라는 것이 명확해요." 이와 같은 강한 어투를 피한다면, 상대방이 우리의 견해를 더욱 수용적으로 받아들여 그들의 문제해결 과정에 이용할 수 있다. 우리의 의견을 제시할 때, 다음 문장을 이용하여 제시할 수 있다. 다음의 문장을 이용하면 다른 사람에게 우리의 생각을 수용할 수도 혹은 거절할 수도 있는 공정한 기회를 줄 수 있다.

"이 생각이 당신의 상황에 도움이 될까요?"

"이러한 권고사항에 대해 어떻게 생각하시나요?"

합리적 근거에 따른 견해

Include the Rationale for Your Viewpoint

대상자와 동료는 우리에게 건강과 업무 혹은 학교와 관련된 문제들에 대한 의견을 구할 것이다. 합리적 근거를 제시하는 것은 우리의 의견을 책임감 있게 제시하는 방법이다. 합리적 근거에 따라 의견을 제시하는 것은 대상자와 동료가 충분한 정보를 이용하여 최종적인 의사결정을 할 수 있게 해준다.

다음은 대상자에게 합리적 근거에 따라 의견을 제시하는 표현들이다.

"제가 보기에, 두 번째와 네 번째 선택이 당신이 기대하는 가장 좋은 결과를 얻을 수 있을 것으로 생각됩니다."

"만약 경제적으로 여유가 되신다면, 그 병원이 당신에게 가장 좋을 것 같아요. 만약 경제적인 상황이 어려우시다면 자조모임 중 하나를 고려하는 것이 좋을 거예요. 어떻게 생각하세요?

"제가 당신처럼 절박한 심경이라면, 천천히 하는 것보다 빨리 시작할 거예요. 일단 증상을 호전시킨 다음, 일반적인 치료를 받는 것이 어떨까요? 이 계획이 어떠세요?"

"최선의 계획을 제안하는 것이 조금 망설여지네요. 왜냐하면, 당신을 도와줄 사회적 지지 자원과 가족이 다른 지역에 있기 때문이에요. 차선책은 당신이 자가간호 방법을 배우는 동안 정기적으로 간호사에게 점검을 받을 수 있게 하는 것이에요. 둘 중 어떤 계획이 더 괜찮으신가요?"

"제 임상경력에 비추어 보았을 때, 기존의 치료계획이 어떤 한 대상자에게만 적용했던 치료법보다 더 성공적이라는 것이 증명되고 있어요. 이것이 제 의견이에요. 결정을 내리는 데 도움이 되셨나요?"

"저는 당신에게 어느 쪽이 더 좋을지 모르겠어요. 제 경험상 환자들이 두 가지 치료 모두 만족스러워했거든요. 모든 면에서 두 가지 치료 모두 괜찮기 때문에 최종선택은 개인의 선호에 달려 있어요. 제가 드릴 수 있는 말씀은 당신이 좋아하는 것을 선택하시면 된다는 것입니다."

위의 예시에서 간호사는 자신의 견해와 이유를 밝히고 최종 결정은 대상자가 하도록 하였다. 대상자에게 자신의 건강에 대한 책임을 갖게 하려면, 우리는 전문가적 의견을 제시할 수는 있어도 선택에 대한 궁극적인 책임은 대상자에게 있음을 분명히 할 수 있다.

다른 보건의료전문가와 함께 아래에 제시된 예시를 사용하여 합리적 근거를 제시할 수도 있다.

"김○○님이 호전되기 시작했어요. 그래서 지금 바로 환자를 이동시키는 것은 좋은 의견이 아닌 것 같아요. 한 주 더 물리치료를 받은 후 옮기는 것이 어떨까요?"

"내 생각에 시험 전에 교수님께 신경해부학 부분을 한 번 더 강의 해주시기를 부탁드리는 것이 어떨까? 이 부분은 시험에 40%나 나오는데 이번 강의에서 한 번밖에 강의를 안 하셨어. 너희 생각은 어떠니?"

"이번 달에 이 병동에 2개 대학의 간호학생이 실습을 나옵니다. 두 대학의 간호학생들의 실습시간이 다르겠지만, 환자들이 동일한 질문에 반복해서 대답을 해야만 합니다. 이것이 문제가 될까요?"

"제 생각에 2학년 학생대표와 함께 1학년 학생대표도 교육위원회에 임원으로 포함시켜야 한다고 생각해요. 교수님들께 우리의 의견을 전달할 학생이 필요하기 때문이에요."

"김○○ 선생님께서 환자 상태에 대하여 여쭤보신 이후부터, 제가 환자의 담당 간호사로서 지난 10일 동안 환자를 간호하였습니다. 제 생각에 환자는 선생님께서 말씀하신 것보다 더 빨리 퇴원이 가능할 것으로 생각됩니다. 환자의 상태가 안정되었고, 가정방문 간호사가 환자에게 매일 주사 치료와 상처부위 소독을 해줄 수 있을 것입니다. 환자가 일상으로 돌아가서 다시 생계를 책임져야 한다는 것에 매우 불안해하고 있습니다. 특히 컴퓨터에 간단한 글을 쓰는 것조차 불안해하고 있습니다. 선생님의 의견은 어떠신지요?"

위의 예시들은 우리의 의견을 적극적으로 제시하면서 동시에 동료들의 견해를 고려하는 것을 보여주고 있다. 의견을 제시하는 것은 동료에게 우리의 의견을 강제로 주입하는 것이 아니다. 우리의 견해에 대한 합리적 근거를 제시하고 다른 사람의 의견을 수렴하는 것은 협의과정을 거쳐 의사를 결정할 수 있게 해준다.

최고 간호관리자와 관리자에 의해 조성된 의사결정에 관한 풍토는 대상자와 함께 의사를 결정하는 일반 간호사의 의사결정 방식에 영향을 미칠 것이다. 조직의 구성원들이 공유하는 조직관리체계 모형은 간호사를 병동관리에 참여하도록 장려한다(Watson, 2002). 간호실무의 임상, 행정, 연구와 교육 분야를 관리 감독하기 위하여 간호사가 위원회 위원이 될 수도 있다(Miller, 2002). 대상자와 상호협력하여 문제를 해결하는 방식을 추구하는 간호사는 근무환경에서도 참여형 관리체계에서 하는 것과 마찬가지로 상호 존중과 배려를 받길 바란다. 간호사의 지속적인 관심은 의사결정 과정에 영향을 미치고, 간호사의 의견은 의사결정 과정에 있어 중요한 정보로 활용될 수 있다. 건강관리, 간호, 노인 인구 집단과 같은 특정 인구집단을 위한 옹호와 관련된 쟁점에 대한 지방, 시, 국가의 의제 설정에 관여하는 것이 좋다(Watson, 2002). 보건의료체계의 변화의 시기에 불확실성과 함께 기회가 생긴다. 간호사들이 보건의료정책과 대상자 옹호에 더욱 많은 참여를 할 수 있는 위치에 있다. 간호사가 자신의 의견을 제시하는데 필요한 기술을 개발하는 것은 자신이 중요하다고 믿는 문제들을 분명하게 표현할 수 있는 정치 분야에서의 간호사의 역할을 뒷받침한다. 간호의 긍정적 결과와 보람을 찾는 간호사는 대상자 옹호와 보건의료 정책에 관한 교육을 더 원할 수 있다(Stokowski et al., 2010).

의견을 제시하는 것은 적극적일뿐 아니라 책임감 있는 행동이다. 의사결정에서 의견을 제시하는 것은 자신의 견해를 말할 권리를 지키는 것이고, 우리의 생각에 대한 타인의 알 권리를 존중하는 것이다. 우리의 견해를 포함시킴으로써, 우리는 의사결정자들이 또 다른 정보를 이용할 수 있도록 해준다.

다른 사람에게 긍정적인 관심을 공유하는 방법
How to Share Your Positive Regard for Others

우리의 의견에 대한 대상자, 가족, 동료의 주목할 만한 특정 행동을 알아차릴 수 있다. 구체적으로 긍정적인 피드백을 주는 것은 우리의 적극적인 의사소통을 표현해주는 의견 제시하기의 또 다른 형태이다. Berent과 Evans(1992)는 다른 사람의 행동에 대하여 칭찬하는 방법과 의견을 말하는 방법의 예시를 제시하였다.

"당신은 항상 기꺼이 도와주네요."
"당신은 새로운 생각에 항상 개방적이네요."
"~에 있어 더 나아진 것으로 생각되네요."
"용기를 내어 그 일을 하셨군요."

함께 해낸 일에 대한 자신의 의견을 말하라.

"우리가 이것을 위해 열심히 일했네요."
"우리가 좋은 아이디어를 생각해냈네요."

직장이나 함께 일을 하는 곳에서, 유머러스한 긍정적인 의견을 나누는 것은 에너지를 만들고 호의적인 분위기를 조성한다.

"우리는 정말 훌륭한 팀이에요."
"우리는 정말 멋져요. 어쩌면 이렇게 멋질 수가 있죠!"
"우리에게 적절한 보상이 필요해요. 왜냐하면 우리가 정말 잘 했거든요."
"우리에게 정말 대단하다고 말해주세요."

긍정적인 의견을 공유하는 것은 다른 사람들이 편안함을 느낄 수 있는 분위기를 조성하여 친근하고 수용적인 분위기에서 서로의 의견을 공유하게 한다. 긍정적인 의견을 공유하는 것은 개인의 프라이버시를 침해하지 않고, 비용 효과적인 방법으로 창의성과 팀워크를 증진시킨다.

의견 표출을 자제하는 기술
How to Master the Art of Not Expressing Your Opinions

우리 중 일부는 의견을 제시하기 위한 어떤 도움도 필요 없겠지만, 언제 자신의 의견을 공유하지 말아야 할지와 자신의 의견을 제시하는 것이 옳지 않을 때도 있다는 것에 대하여 알 필요가 있다. 어떤 사람이 완전히 틀린 사실을 말할 때, 정확성의 유무가 중요한지 고려한다. 예를 들어, 어떤 사람이 어제 날씨가 37.8℃였다고 말하였다. 하지만 일기예보에 의하면 37.2℃였다. 이 경우 이 사람에게 틀렸다고 말할까? 결과를 생각해보자. 다른 사람에게 정확한 답을 말하는 것은 다른 사람에게 무안을 주는 반응일 수도 있기 때문에 관계형성을 방해한다. 잠깐이라도 상황에 대하여 생각할 시간을 갖는다.

의견 제시와 임파워먼트
How to Empower Yourself by Expressing Opinions

간호사로 근무하면서 때때로 우리의 의견을 고려하지 않거나 우리가 동의하지 않는 의사결정이 이루어질 때 무기력감을 느낄 수도 있다. 만약 어쩔 수 없이 결정된 사항에 따르더라도 동의하지 않는 부분에 대하여 공유할 수 있는 자리를 만들 수 있다.

예를 들어, 우리가 생각하기에 위험하지는 않지만, 불합리한 것처럼 보이는 새로운 정책이 시행된다면, 다음과 같이 말할 수 있다.

> "이곳의 새로운 정책에 대하여 이해하고 따르겠습니다만, 다음의 이유 때문에 이 정책에 동의하지 않는다는 것을 분명히 밝히고 싶습니다. 저는 새로운 정책대로 하려고 노력할 것이고, 어떻게 잘 진행이 될지 지켜보겠습니다. 하지만 만약 문제를 발견하면 바로 당신에게 보고하겠습니다."

천식을 앓고 있는 10대 환자가 담배를 피우기로 결정하였다. 이 경우 다음과 같이 말할 수 있다.

> "김○○님, 담배를 피우기로 결정한 것은 물론 김○○님의 선택이지만, 흡연이 얼마나 김○○님의 건강에 영향을 미칠 수 있는지에 대한 저의 걱정에 대하여 말하고 싶습니다. 만약 제 이야기에 귀를 기울여 주신다면, 흡연이 당신의 건강에 미칠 영향에 대하여 좀 더 구체적으로 말하고 싶습니다."

우리가 동의하지 않는 것을 표현할 수 있는 것이 가끔은 우리를 보다 더 진실하고 단호하게 느끼게 해준다. 자신의 생각을 주장하는 것은 선택의 문제이지 모든 상황에서 항상 필수적이거나 적절한 것은 아니다. 우리가 공정함을 갖고 있을지라도, 만약 수퍼마켓에서 어떤 사람이 아무렇지도 않은 듯 무례하게 우리 앞으로 새치기를 한다면, 아마도 공정함에 대한 우리의 생각을 그 사람과 공유하지는 않을 것이다. 이런 결정이 주장적이지 못한 것을 의미하지는 않는다. 오히려 잘한 결정이다. 우리는 누구와 언제, 어떤 의견에 대하여 공유할지에 대하여 결정한다. 우리의 결정 중 일부는 과거의 경험에서 불쾌했던 결과에 근거한다. 모든 사람들이 때로는 어렵게 배우기도 한다는 것을 명심하자. 우리가 의견을 제시해야 할 때를 알고 대상자와 동료들이 우리를 존중하게 될 때, 우리가 기꺼이 다른 사람의 의견을 받아들이는 진실한 사람으로 여겨지기 때문에 대상자와 동료들이 우리에게 의견을 구하게 될 것이다.

의견 제시하기 연습
Practicing Expressing Opinions

연습 1 '의견 제시하기' 첫걸음

자신의 의견을 제시하여 기뻤던 경험을 적어보자. 또한 자신의 의견을 다른 사람과 공유하지 않아서 후회했던 경험을 적어보자. 이러한 경험을 통하여 배운 것을 전문가로서의 삶에 적용할 수 있는지에 대하여 생각해보자.

연습 2 일기를 통한 '의견 제시하기'

일기에 다음 질문들에 대한 자신의 성찰을 써보자. 그리고 기회가 된다면, 친구들과 당신의 성찰을 비교해보자.

1. 남들이 당신의 의견을 구하지 않고 자기 의견을 말할 때 기분이 어떠한가?
2. 당신이 다른 사람들에게 조언을 구했을 때 그들이 자신의 의견을 말하는 것을 피할 때 당신은 어떻게 느끼는가?

연습 3 일상에 적용하는 '의견 제시하기'

하루 동안, 다른 사람들에 대한 긍정적인 의견을 표현할 수 있는 기회를 관찰한다. 과감히 나서서 평소에는 표현하지 않는 칭찬을 한 번 해보도록 하자. 그 사람은 어떻게 반응했는가? 일주일 동안 매일 한 번씩 칭찬을 하고, 동료 한 명에게도 그 실험을 해보도록 하자. 특정 시간에 앉아서 그 경험을 공유하도록 한다.

연습 4 '나와 의견이 다른 사람에게 나의 의견을 고집하지 않으려면 어떻게 해야 할까?'

자신의 의견을 다른 사람들과 공유하지 않는 연습을 해보자. 자신과 다른 생각을 하는 사람의 생각을 고칠 필요성을 느낀 적이 있는가? 일주일 동안 이런 일이 언제 일어나는지 적어 두자. 그 사람을 바로잡는 것이 중요한지 스스로에게 물어보자. 생사가 걸린 문제가 아니라면 옳아야 한다는 충동이 생기는 것을 참아보자. 이것은 분명 자신과 다른 사람들의 스트레스를 줄이는 행동이 될 수 있다.

연습 5 명확하게 의견을 제시하기 위한 자기인식 훈련

자신에게 중요한 신념은 무엇인가? 일기장에는 이 간단한 형식을 사용하여 목록을 작성하고 각 줄은 "나는 더 좋아…."로 시작해서 시를 만들어보자. 더 이상 생각이 나지 않을 때까지 계속하자. 이 작업은 호스피스에서 큰 성공을 거두며 사용했던 표현예술 과정이다. 과정을 심화하려면 "나는 믿는다."라고 써본다.

예시

나는 내 무릎에 앉는 고양이를 더 좋아해.
나는 공기가 차가운 가을을 더 좋아해.
나는 긴 머리보다는 짧은 머리를 더 좋아해.
나는 초콜릿을 더 좋아해.
나는 손으로 쓴 편지를 더 좋아해.
나는 아침에 커피를 마시며 조용한 대화를 하는 것을 더 좋아해.
나는 춤추는 것을 더 좋아해.

(Riley, 2012)

연습 6 Q.S.E.N – 자기주도학습 '의견 제시하기'

안전 개선은 공유된 팀 리더십과 모든 팀원의 기여를 강조한다. 공유 의사결정은 간호 품질 및 안전 교육(Q.S.E.N) 역량에서 확인된 핵심 팀워크 및 협업 기술이다. 팀의 각 개인은 팀이 가장 좋은 최선의 결정을 내릴 수 있도록 자신들의 분야의 관점에서 중요한 정보를 제공해야 한다. 간호사들은 팀의 모든 구성원과 정보를 공유하는 기술을 연습할 필요가 있다.

- 환자들은 건강관리팀의 활동적인 구성원이다. 지식과 교육을 환자와 공유하면서 동시에 환자에게 중요한 피드백을 제공하는 방법은 무엇인가?
- 팀워크 및 협업 기술을 더욱 발전시키기 위해 11장 연습 3의 Q.S.E.N. 전략에 명시된 대로 S.B.A.R(상황, 배경, 평가, 권장사항)을 사용하여 정보를 조직화하여 다른 제공자와 주요 평가 정보를 공유하는 연습을 한다.
- 간호는 근거기반 표준을 기본으로 해야 한다. 환자에게 중요한 것을 다른 팀원들과 공유함으로써 어떻게 환자를 옹호할 수 있는가?
- 질 개선 프로젝트 팀의 일원으로서, 질 평가 데이터의 설계에 영향을 주는 중요한 정보를 어떻게 공유하겠는가?
- 안전은 각 팀원이 보고 관찰하는 것에 대해 목소리를 높이는 것에 달려 있다. 안전하지 않다고 생각되는 관행을 어떻게 보고할 것인가?
- 정보학은 전자적 형태의 의사소통을 제공한다. 이메일에 표현된 의견이 정확하고 적절하게 전달되는 데 있어서 취약한 점은 무엇인가?

참고문헌

Berent, I. M., & Evans, R. L. (1992). *The right words: The 350 best things to say to get along with people*. New York, NY: Warner Books.

Browning, E. D., & Cruz, J. S. (2018). Reflective debriefing: A ocial work intervention addressing moral distress among ICU nurses. *Journal of Social Work in End-of-Life & Palliative Care, 14*(1), 44.

Miller, E. D. (2002). Shared governance and performance improvement: A new opportunity to build trust in a restructured health care system. *Nursing Administration Quarterly, 26*(3), 60.

Raica, D. A. (2009). Effect of action-oriented communication training on nurses' communication self-efficacy. *Medsurg Nursing, 18*(6), 343.

Riley, J. B. (2012). *Art in small spaces: Art at the bedside. llenton.* In FL: CSP.

Stokowski, L. A., Sansoucie, D. A., McDonald, K. G., Stein, J., Robinson, C., & Lovejoy, A. (2010). Advocacy: It is what we o. *Advances in Neonatal Care, 10*(2), 75.

Strachen, P. H., Kryworuchko, J., Nouvet, E., Downar, J., & You, J. J. (2018). Canadian hospital nurses' roles in communication and decision-making about goals of care: An interpretive description of critical incidents. *Applied Nursing Research, 40*, 26.

Watson, D. S. (2002). The perfect storm (president's message). *AORN Journal, 75*(6), 3.

Chapter 14

유머 사용하기

Using Humor

학습목표

1. 치료적 유머를 정의한다.
2. 긍정적 혹은 부정적인 유머를 구분한다.
3. 보건의료에서 사용할 수 있는 적절한 유머의 세 가지 기준을 확인한다.
4. 보건의료에서 유머의 기능에 대하여 논의한다.
5. 보건의료에서 유머를 적용하기 위한 전략을 확인한다.
6. 보건의료에서 긍정적인 의사소통을 증진하기 위해 사용 가능한 유머의 세 가지 방법을 확인한다.
7. 스트레스를 완화하고 관계를 형성하며 창의성을 향상시키기 위해 유머와 활동을 추가하는 창의적인 방법을 논의한다.
8. 웃음이 건강에 미치는 이로운 점에 대하여 확인한다.
9. 적절한 유머 사용기술을 습득하기 위한 실습에 참여한다.

치료적 유머에 대한 소개

Introducing Therapeutic Humor

이론 물리학자이자 우주학자인 Stephen Hawking은 어려서부터 진행성 신경퇴행성 질환인 루게릭병(LouGehrig's disease)을 앓다가 76세에 사망했다. 그는 한 다큐멘터리에서 "21살이 되었을 때, 아무런 기대를 하지 않게 되었어요. 중요한 것은 인생이 아무리 힘들어도 화를 내지 않고 내가 가진 것에 감사하는 것이었습니다. 내 자신의 삶에서 웃을 수 없다면 모든 희망을 잃을 수 있기 때문입니다."(Sears, 2018, p. 5)라고 말했다. 간호사는 치료적 유머를 사용하여 간호사 자신과 대상자가 삶의 어려움에 대처할 수 있도록 도울 수 있다. 유머치료응용협회(Association for Applied and Therapeutic Humor, AATH)에서는 유머를 '삶의 모순과 불일치에 대한 적극적인 발견, 표현 혹은 평가를 촉진하여 건강과 안녕을 증진시키는 모든 중재활동'이라고 정의한다. 이러한 중재활동은 건강을 증진시키고, 신체적 · 정서적 · 인지적 · 영적 문제를 해결하거나 고통을 완화시켜주는 질병의 보완치료로서 이용될 수도 있다(AATH, 2000). 40명의 혈액 투석 환자를 대상으로 한 연구에서, 8주 동안 일주일에 2번, 30분의 유머 CD를 재생해주는 유머 치료 중재가 혈압을 감소시킨 것으로 나타났다(Eshg et al.,2017). 이란에서는 유머 치료 중재가 양로원에서 만성 통증을 앓고 있는 노인의 통증 강도를 감소시키는 데에 효과적인 것으로 밝혀졌다(Behrouz et al., 2017).

유머는 인간행동과 일상생활의 중요한 부분으로, 어려운 상황에 처했을 때 당혹스러운 일면을 이해하기 위한 능력을 제공한다. 잘 짜여진 유머이든, 특정 대상자를 위해 보다 구조화된 방법을 사용한 유머이든, 유머는 보다 인간적이고 총체적인 접근이 될 수 있으며 안위와 배려의 간호를 제공할 수 있다(Tremayne, 2014). 간호에서 우리가 유머를 성공적으로 사용하기 위해 반드시 농담을 하거나 코미디언이 될 필요는 없다. 한 간호사는 간호학생도 아동의 기분을 좋게 해줄 수 있다고 보고하였다. 간호학생이 "비록 저는 간호학생이지만 장난스러운 표정으로 웃긴 노래를 부르고, 바니와 같은 인기 캐릭터를 흉내낼 수 있어요."라고 말하였다(Starr, 2009). 이 장을 통하여 우리가 편안하게 느끼는 유머를 임상에 적용해 볼 수 있다. 유머를 사용할 때 반드시 기억해야 할 것은 대상자의 관심과 상황에 맞는 유머를 사용해야 한다는 것이다(McGhee, 1998). 치료적 상호 호혜성에 대한 문헌고찰 연구에 따르면, '간호사–대상자 관계에서 상호 교류가 발생하고 공유된 의미가 발전하는 생각, 감정, 경험의 진정한 공유'가 일어나는 환자들은 유머를 사용하는 간호사를 친근하고 다가갈 수 있는 간호사로 본다고 언급했다(Marino, 2017, p. 92). 완화의료 간호사들에게 다른 문제 중심의 대처 전략도 필수적이지만, 유머를 사용하여 슬픔과 관련된 스트레스원에 대처하는 것도 중요하다(Nunes et al., 2018). 노화, 위기중재, 재난과 관련된 보건의료상황에서의 유머 사용에 관한 연구 역시 이를 뒷받침한다(Adamle et al., 2008).

힘든 상황에서 웃을 수 있는 능력은 두려움과 걱정으로부터 일시적인 안도감을 준다. 이것은 스트레스 사건에 대한 인식을 바꾸고, 자신의 태도나 반응을 선택할 수 있는 힘과 같은 통제감을 더해 준다. 예를 들어, 폐경기의 어려움을 경험한 간호사는 대상자의 상황을 재구성하거나 바꾸기 위해 자신만의 유머를 사용할 수도 있다. 폐경기 여성의 안면홍조는 '갑작스런 에너지 상승(power surges)'으로 볼 수 있다. 이러한 관점은 중년기의 긍정적인 측면에 대한 토론으로 이어질 수도 있다.

또한 유머는 간호사들이 대상자 및 동료와의 관계를 형성하는데에도 도움을 줄 수 있다. 암 치료 병동의 간호사와 대상자 사이의 상호작용을 관찰하여 분석한 결과를 보면, 사회적 교류, 신뢰, 유머가 대상자와 간호사 사이에서 얼마나 중요한지를 알 수 있다(Lotzar & Bottorff, 2001). 간호사와 대상자 그리고 직원들 간의 유머에 대한 연구에 의하면, 간호사와 대상자 사이의 유머는 간호사와 대상자 모두가 불쾌한 과정이나 절차를 다루는데 도움이 되었다고 하였다. 호스피스 간호사들의 대처전략에 관한 연구에서, Harris(2013)는 사회적 지원, 유머 그리고 기도와 명상의 세 가지 주요 대처전략을 발견했다. 캐나다의 연구원들이 중환자실과 통증완화 치료실의 모든 사람들을 관찰하고 인터뷰한 결과, 유머가 팀의 관계를 긍정적으로 증진시키고, 위중한 병을 앓고 있는 대상자들과 가족들을 지지하고 돌보기 위한 인간적인 접근을 향상시킬 수 있는 것으로 결론 내렸다(Dean & Major, 2008). 유머는 다음의 4가지를 가능하게 해준다(Green, 1994).

- 상호관계를 활성화시킴
- 다른 사람들을 편안하게 해줌
- 좋은 감정을 갖게 함
- 스트레스와 두려움을 대처할 수 있게 도와줌

우리가 자신의 단점에 대해 관대하게 대하고, 실수를 통해 배울 수 있다면 창의적일 수 있다. 창의적인 것은 실패할 위험을 감수하는 것을 의미한다. 직원의 개인적인 실수를 용서해 주는 간호관리자는 직원들이 자신의 창의성을 과감하게 발휘할 수 있는 안전한 환경을 조성한다. 유머를 효과적으로 사용하고 적절하게 사용할 수 있는 관리자가 있는 곳의 보건의료직원은 업무를 보다 효과적으로 수행하고, 보다 높은 직무 만족도를 보고하였다(Cansler College, 2008).

긍정적인 유머와 부정적인 유머
Positive Versus Negative Humor

긍정적인 유머와 부정적인 유머를 구별하는 것이 중요하다. 긍정적인 유머는 '건설적이고 공감적인 유머'로서, 사랑, 희망, 기쁨, 창의성 또는 가벼운 농담과 관련이 있다(Fry & Salameh, 1987). 긍정적인 유머의 목적은 사람들을 더욱 친밀하게 하는 것이다. 부정적인 유머는 사람들을 방어적으로 만들고, 의기소침하게 만든다. 부정적인 유머는 비꼬는 것이거나, 인종차별적이거나, 성차별적이거나, 연령차별적이거나, 다른 문화, 특정 연령 집단 또는 조건에 대한 부정적인 고정관념을 강화시킬 수 있다. 부정적인 유머는 우리를 고립시키고 다른 사람들을 위협한다.

간호사가 유머를 어떻게 사용하느냐에 따라 유머가 간호전문직에 부정적인 영향을 미치는 경우도 있다. 풍자적이거나 심각한 상황에서 빈정거리는 유머는 임상현장에서 스트레스를 받을 때 동료들 사이에서 사적으로 공유될 수 있다. 인터넷상의 '간호사'에 관한 유머는 재미가 있더라도 긍정적이지 않은 경우가 있으며, 간호사의 윤리적 토대를 깎아내릴 수 있다. 간호사가 팔을 하늘로 높이 들고 "감사합니다, 하느님. 드디어 귀찮았던 가족이 떠났어요."라고 말하거나 "저한테 잘 하시는 게 좋을 거예요…. 언젠가 제가 환자분의 담당 간호사가 될 수도 있으니까요. 환자분의 카테터와 바늘 크기는 제가 선택한다는 것을 기억하세요."라고 말하는 밈(meme)을 생각해보자(Wright, 2017). 다른 사람에게 공유 또는 전송 버튼을 누르기 전에, 자신의 직업이 어떻게 판단되기를 원하는지 스스로에게 질문을 던져보아야 한다.

긍정적인 유머는 상대방이 처한 상태를 서로 공유하고 있음을 전달한다. 즉, 누구나 문제를 갖고 있고, 어느 누구도 완벽하지 않다는 것을 공유하는 것이다. 최고의 유머는 우리 스스로를 웃게 하는 능력이다. 격언에 따르면, "당신이 하는 일을 가볍게 여기지 말고 진지하게 일하라. 그러나 당신 자신에 대해서는 너무 진지하게 받아들이지 말고 가볍게 대하라."라고 말한다. 어릿광대 분장을 하고 자원봉사를 하는 어느 호스피스 병동 간호사가 질병으로 인하여 몸의 움직임이 느려진 한 남성 노인과 유머를 주고받았다. 아침에는 대상자의 행동이 느리다는 것을 간호사가 잘 알고 있기 때문에 대상자와 간호사가 이에 대해 자주 농담을 하였다. 간호사가 대상자에게 단추 한 개를 주었다. 거북이가 그려진 단추를 누르면, "내가 느린 편이죠. 하지만 경주에서는 이겼어요."라고 소리를 낸다. 대상자는 간호사가 준 단추 선물을 정말 좋아했고, 간호사가 방문할 때마다 단추를 착용하였다. 긍정적인 유머는 협력을 유도함으로써 대상자, 가족, 동료와의 관계를 더욱 친밀하게 한다(Box 14-1).

다른 사람의 유머에 대한 우리의 반응은 우리

Box 14-1 창의적인 유머

- 휴일을 기념한다. 예를 들어, 병동이나 사무실을 장식한다. 어떤 중환자실 직원은 크리스마스 날 직접 만든 종이 눈을 천장에 매달았다.
- 대상자를 위한 교육책자나 뉴스레터에 만화나 재미있는 그림을 삽입한다.
- 검사실 벽이나 검사 테이블 위의 천장에 만화를 확대하여 붙여놓는다.
- 과정이나 절차가 끝난 후 성인이나 아동에게 스티커를 준다. 헌혈을 할 때 주는 스티커는 인기가 많다.
- 아이들을 위로하기 위한 풍선을 만들려면 장갑모양 풍선에 바람을 넣은 후 그 위에 재미있는 얼굴을 그린다.
- 수공예품을 이용한다. 검사테이블 발걸이에 코바늘뜨기로 '장화'를 만들어 놓는다.
- 기념일 액세서리, 머리핀, 귀걸이, 타이 등을 착용한다.

가 누구인지 알 수 있게 해준다. 자신이 갖고 있는 유머러스한 관점을 다른 사람과 공유하고 함께 웃음으로써 긍정적인 유머를 강화하고, 다른 사람을 폄하하는 유머에 웃지 않고 조용히 있거나 "그건 별로 재미없네요."라고 말하는 것 역시 우리가 갖고 있는 신념에 대한 확고한 표현이다. 다른 사람을 폄하하는 유머에 대하여 참여하기를 거절하는 것이 어려울 수도 있지만, 이런 행동은 다른 사람을 폄하하는 유머에 대하여 책임감 있게 행동하는 것이며, 분위기를 깨지 않고 다른 사람을 폄하하는 유머를 더 이상 하지 못하게 한다. 그러나 유머는 긴장을 완화시키는 데 도움이 되기도 하므로, 어떤 사람의 경우 부정적인 유머가 자신이 처한 힘든 상황에 대한 대처기전일 수도 있음을 기억해야 한다. 직원끼리 주고받는 병원 유머나 심각한 상황에서 긴장을 완화시키는 유머들은 직원들 사이의 불만을 공유하고 집단 결속력을 높이기 때문에 직원끼리 건넬 수 있다(Simon, 1988).

부정적인 유머는 말하는 사람의 긴장을 완화시킬 수 있지만, 부적절하게 사용한 경우 다른 사람을 폄하하거나 말하는 사람의 신뢰를 훼손시킬 수 있다. 후천성면역결핍증(AIDS)에 대한 정보가 대중에게 처음 공개되었을 때, 몇몇 라디오 방송국들은 이 병에 대한 섬뜩한 농담을 반복적으로 방송하였다. 후천성면역결핍증에 대하여 사람들은 가끔 성적인 것, 대인관계, 죽음과 같이 불안을 느끼게 하는 주제에 대하여 농담을 하기도 한다. 후천성면역결핍증은 위의 세 가지 모두와 연관이 있는 이슈이다.

우주 왕복선 참사와 같은 국가적 비극 역시 농담의 주제가 될 수 있다. 유머는 안도감을 제공하기 위한 카타르시스로써 사용되기도 한다. 이러한 농담에 대한 연구에서, 유머는 '개인적인 긴장이나 통증 치료제'로써 '국가의 고통을 중화시키는 데 도움이 되었다'고 밝혔다(Green, 1994).

말기환자를 위한 간호교육 컨소시엄 커리큘럼(American Association of Colleges of Nursing and City of Hope National Medical Center, 2000)에 의하면, 유머는 말기 질환에 대한 일종의 적응반응이다. 죽음과 임종과정에 대한 전문가로 유명한 Joy Ufema는 유머가 말기질환의 심각성을 덜어주지만, 대상자로부터 조언을 받을 것을 제안하였다. Joy Ufema는 백혈병에 걸린 여성 환자와 환자의 장례식 준비에 대하여 상담하였다. 상담 전 1시간 정도 이루어지는 상담에 대하여 환자에게 동의를 얻었다. Joy Ufema는 환자가 보여준 용기에 대하여 기술하였다. 환자는 장례식 오르간 연주를 친구에게 부탁할지, 아니면 교회 연주자에게 부탁해야 할지 고민하였다. 만약 상황이 반대였다면, 즉 환자의 친구가 환자에게 오르간 연주를 부탁한다면 연주를 하였을 것이라고 상담자가 말하였다. 그러나 환자는 친구들이 그런 요청을 자신에게 하지 않을 것이라고 반박하였다. 왜냐하면 자신은 오르간을 연주하는 방법을 모르기 때문이었다(Ufema, 2002).

유머는 매우 개별적이다. 사람들은 서로 다른 것에 대하여 재미를 느낀다. 대상자의 농담이나 유머러스한 이야기에 관심을 가져야 한다. 대상자의 농담이나 유머러스한 이야기는 대상자의 관심사에 대한 실마리를 제공한다. 대상자가 수술 전에 "음, 전 죽지 않을 거예요."라며 툭 던지듯 말한다면, 이는 죽음에 대한 두려움을 말로 표현하기 위해 막간을 이용하여 말한 것이다. 때로는 어떤 유머는 타이밍이나 주제에 적절하지 않은 것처럼 보일 수도 있다는 것을 주의해야 한다. 이러한 경우, 대상자나 동료들과 좀 더 진지한 토의를 하는 것이 유머를 사용하는 것보다 더 나을 수 있다. 대상자가 적대적인 혹은 타인을 비하하는 유머를 사용할 수도 있지만, 간호사는 이러한 유머에 참여하지는 않는다. 간호사가 싫은 내색을 하지 않고 이러한 유머를 들어주는 것은 대상자의 개인적인 대처행동을 받아주는 것이다. 부정적인 유머에 기반한 것은 문제를 일으킬 수도 있다. 우리가 가족이나 친한 친구에게 화를 내는 상황을 생각해보자. 우리는 긴장을 풀기 위해 부정적인 평가나 농담을 한다. 만약 친구나 배우자가 끼어들면, 우리는 기분이 상할지도 모르고, 이렇게 말할 수도 있다. "내가 우리 엄마에 대하여 농담하는 것은 괜찮아요. 하지만 당신은 그렇게 하면 안 돼요!"

인간면역결핍바이러스(HIV)에 양성반응을 보이는 대상자들을 위한 유머 워크숍에서 참가자들이 간호사에게 "우리가 우리식의 유머를 하게 내버려 두세요. 우리도 우리 유머가 블랙 유머라는 것을 알아요. 우리에게 화내지 말고, 제발 우리를 따뜻하게 이해해주고, 같은 공간에 우리와 함께 있을 때 잠시도 함께 같이 있기 힘들다는 식으로 행동하지 마세요."라고 제안하였다. 비록 이들의 유머를 간호사가 부정적인 유머로 보더라도, 이는 대상자들이 불안을 대처하기 위한 방법인 것이다. 대처방법은 다양하며, 대상자들은 자신의 질병 극복과정을 이해하고 수용해주는 누군가를 필요로 한다.

만약 대상자의 유머가 불쾌하게 느껴진다면, 주제를 바꿀 수도 있다. 혹은 대상자에게 필요한 유머이지만, 때로는 간호사를 당혹스럽게 할 수도 있다는 것을 표현할 수도 있다.

적절한 유머 사용
Criteria for the Appropriate Use of Humor

'모든 것에는 적절한 시간과 장소가 있다.'라는 속담을 들어 본 적이 있을 것이다. 중재방법으로 의도적인 유머를 사용하기 위해서는 타이밍, 수용성, 내용에 집중해야 한다(Leiber, 1986).

타이밍(Timing): 대상자가 응급실과 같은 급성진료시설에 입원할 때, 대상자와 가족들은 효율적이며, 집중적인 간호와 치료를 원한다. 대상자나 가족이 참여하지 않는 유머는 부적절할 수 있다. 대상자와 가족들은 긴장을 풀어주는 가벼운 농담과 저급하거나 냉소적인 농담을 구분할 수 있을 것이다. 만성질환에서 유머는 필수적인 대처방법이 될 수도 있다. 관절염을 앓고 있는 한 여성이 자신의 상태에 대하여 '늙은 아서 왕(Old Arthur)'으로 표현하기도 한다.

수용성(Receptivity): 어떤 사람들은 유머를 사용하는 것은 품위 없는 것으로 굳게 믿고 있기 때문에, 유머를 중재방법으로 인정하지 않을 수도 있다. 만약 우리가 건넨 유머가 대상자의 기분을 상하게 하였다면, 사과한 후 도움이 되고자 하였음을 설명한다.

내용(Content): 성차별적이거나 인종차별적이거나 냉소적인 유머는 피한다. 어떤 사람이 대수롭지 않게 비만과 같은 문제를 가볍게 다룬다고 해서 상대방에게 개인적인 문제들에 대해 농담하는 것을 허용하는 것은 아니라는 것을 명심해야 한다. 우리의 유머를 비웃음으로 해석할 수도 있다.

간호사와 대상자 간의 관계 때문에 유머가 반복되거나 문맥에서 벗어나게 되어 유머가 재미없을 수도 있다. 이야기를 할 때 나 자신의 판단력을 믿고, 뛰어난 유머감각을 지닌 동료를 관찰한다. 유머의 사용방법과 적절성에 대하여 궁금한 경우 동료에게 확인한다.

보건의료에서 유머의 기능
Functions of Humor in Healthcare

간호에서 유머의 대가로 불리는 Robinson(1990)은 병원에서 사용하고 있는 유머의 기능에 대하여 조사하였다. 연구에 의하면, 유머는 사회와 심리적 기능 모두를 제공한다.

사회적 기능에는 다음 사항이 포함된다.

- *병원 관습을 방해하는 행위에 대처하기*: '에어컨이 설치된' 병원 가운과 같은 농담을 고려해 보세요.

- 관계 수립: 외모가 다소 특이한 대상자는 다른 사람이 자신의 모습을 보고 놀랐을 때 분위기를 전환할 이야기 거리를 준비할 수도 있다.
- 사회적 갈등 대처: 의사와 좋은 라포 관계를 형성한 한 간호사가 어느 날 의사의 짜증스러운 태도에 놀랐다. 이 의사는 일진이 좋지 않은 하루를 보내고 있었고, 자신의 행동에 따른 결과에 대하여 전혀 알지 못하고 있다는 것을 간호사가 알게 되었다. 간호사가 의사에게 "김 박사님, 오늘 아침식사로 손톱을 드셨나요?"라고 말하였다. 의사는 웃음을 터트리며 사과하였다.
- 연대의식 증진: 병동마다 똑같은 약 카트를 사용하는 두 팀의 간호사들이 휴일마다 자신들의 약 카트에 서로 다른 봉제동물 인형을 붙여서 표시하였다.

심리적 기능에는 다음 사항이 포함된다.

- 긴장 완화: 원격진료실의 어떤 관리자는, 직원들이 짜증스러워 보일 때 커다란 광대 선글라스를 착용하고 복도를 따라 걸어 다닌다.
- 적대감과 분노 표출: 직원 휴게실 내 간이 농구대 설치와 훌라후프 완비, 가볍게 던질 수 있는 작은 고무공 등이 도움이 된다.
- 현실 부정: 다른 곳에서는 불쾌할 수도 있는 수술실의 유머가 직원의 긴장감 해소에 도움이 된다.
- 장애와 죽음에 대한 대처: HIV에 감염된 사람들은 '죽음의 올가미'를 연습해 보기도 하고, 웃어넘기기도 한다.

유머는 세 가지 측면으로 효과가 있다.

1. *예방(Prevention)*: 직원들의 긴장감이 높은 직장에서 어떤 위기가 오기 전에 유머를 사용하면 직원들이 서로 잘 지낼 수 있다. 직원들에게 아기 사진 콘테스트를 연다. 기분이 언짢은 날을 위해 '기분 나쁜 날을 위한 사탕'이라고 표시된 사탕 통을 가져다 놓는다. 동료들과 함께 전통적인 크리스마스 파티를 함께하는 공동체 프로젝트를 구성한다.
2. *지각(Perception)*: 유머의 사용은 최악의 상황이기 때문에 해결할 수 없다는 생각을 바꾸어 준다. 책상 위에 마법 지팡이를 두어보자. 너무 일이 많을 때에는, 마법 지팡이를 쥐고 일이 끝나는 장면이 눈앞에 펼쳐질 것이라고 주문을 외워본다.
3. *관점(Perspective)*: 유머는 사람들에게 상황을 너무 심각하게 생각하지 않게 해주고, 큰 그림을 볼 수 있게 해준다. 자신만의 이상한 버릇을 심각하게 생각하지 말고, 다른 사람이 웃을 때 함께 웃는다(Riley, 2004a).

노년기 여성의 건강자원에 대한 질적 연구에 의하면, 노년기 여성은 신체와 정신건강을 유지하기 위하여 유머, 미용, 문화 활동을 하는 것으로 나타났다. 연구의 인터뷰에 의하면 연구참여자들은 심각한 질환에도 불구하고 이러한 건강자원들이 자신들에게 어떤 도움이 되었는지에 대하여 확실하게 알고 있었다. 다른 사람들과 농담하는 것은 그들의 사회적으로 낮은 지위의 직업, 고통 그리고 결혼생활의 어려움을 극복하는 데 도움이 되었다. 연구참여자들이 겪은 돌봄제공자와 주부로서의 생애 경험은 노인의 건강을 증진시킬 수 있는 것이 무엇인지에 대한 정보를 제공하였고, 노인들을 돌볼 때 필요한 지혜를 제공하였다(Forssen, 2007).

연구에 의하면, 입원한 환아들의 기분을 나쁘게 하고, 신경질 나게 하고, 걱정스럽게 만드는 스트레스 요인들을 해결하기 위해 유머, 웃음, 놀이를 사용하는 것으로 나타났다. 음악뿐만 아니라 유머, 웃음, 놀이는 불안과 통증을 분산시켜주고, 상해와 항암치료에 대한 두려움을 줄여준다. 아이들은 익살, 농담, 수수께끼 게임, 꼭두각시 인형놀이, 어린아이에게 하는 까꿍놀이, 음악 듣기, 구연동화, 간호사로부터 받는 스티커 등에 반응한다(Dowling, 2002). 플로리다 주의 게인스 빌에 위치한 플로리다 대학의 '의학에서의 예술' 과목의 담당 댄서인 Jill Sonke는 아이들의 기운을 북돋아 주기 위해 춤과 신체 움직임을 통한 에너지를 사용한다. Jill의 수업에서는 아이들이 종이비행기를 만들어 날릴 수 있도록 하여 아이들의 사기와 에너지를 한층 높였다. 같은 프로그램의 강사인 예술가 Mary Lisa Kitakis는 골수이식병동의 환아에게 티셔츠와 그림물감을 가져다주었다. 이 환아는 Mary가 오기를 기다리며 창가에 서 있었을 것이다(Samuels & Lane, 1998). 간호사이자 예술가이기도 한 어떤 간호사가 호스피스 병동의 89세 환자에게 그림을 그리게 하자, 환자는 "정말 정말 재미있어요!"라고 감탄하였다(Koff-Chapin, 2018). 돌봄에 관한 문헌고찰에 의하면, 유머는 대상자를 위한 정서적 돌봄의 한 부분이라고 말하였다(Watson, 2011).

간호사와 대상자 - 간호 중재로서의 유머 사용하기

Nurses And Clients… Using Humor Together In Health Caring

보건의료환경에서 유머를 사회적 중재법으로 사용할 수 있다. 아동병동의 직원이 이름표 옆에 추가로 테디베어 인형의 단추를 달 수도 있고, 심장센터의 간호사가 "천천히 말씀해주세요. 저는 타고난 금발입니다."라고 소리가 나는 단추를 달고 있을 수도 있다. 이러한 단추는 대상자와의 어색한 분위기를 바꾸어준다.

보건의료환경에서 간호사가 유머를 사용하는 것에 대하여 간호사에게 물어본다면, 다음과 같이 대답한다.

- 유머는 자신의 관심이 무엇인지를 표현하는 것이다.
- 사람들은 유머감각이 있는 간호사에게 더욱 수용적이다.
- 유머는 대상자의 방어기제가 무엇인지 알 수 있게 해준다.
- 유머는 긴장을 줄여주고 일을 원활하게 해준다.
- 모두 같은 상황에 대하여 함께 웃기 때문에 유머는 우리를 동등하게 느끼게 해준다.

대상자들은 자기표현의 주요 수단으로서 유머를 사용하기도 한다. 만약 유머가 대상자의 삶 전체에 걸쳐 주요한 대처방법이라면, 유머는 훨씬 더 중요할 것이다. 심각한 질병에 직면할 때, 유머는 질병에 의해 변하지 않는 유일한 개인적 특성이고, 대상자의 통제력을 표현하는 하나의 요소일 수도 있다. 대상자가 먼저 건넨 유머에 대한 종양 간호사들의 반응에 관한 연구에서 간호사들은 구어적 유머나 억양, 음조 또는 말투에 대하여 보다 잘 인식하여 반응하였다(Adamle et al., 2008). 우리가 대상자의 유머를 인식하고 반응하는 것은, 대상자가 인식하고 있는 질병경험에 대하여 이해하고 있음을 보여주는 것이다. 유머를 사용하는 대상자는, 설령 간호사가 대상자의 유머에 대하여 꼭 유머를 사용하여 반응하지 않아도 간호사에게 어떤 반응이라도 보여지길 기대한다. 자신의 유머를 인정해주지 않으면, 대상자는 당황하고, 위축되며, 창피스러워할 수도 있다. 대상자의 유머에 아무런 반응도 하지 않는 것은 의사소통의 장벽이 될 수 있고 '신체적 및 심리적 기능은 물론 대상자가 질병을 극복하기 위해 반드시 필요한 간호사에 대한 신뢰에 영향을 미칠 수 있다.'(Adamle et al., 2008).

대상자들은 창의적인 대처 기술을 보여주는 유머를 사용하기도 한다. 예를 들어, 요양시설의 재활병동에 있는 83세의 여성 노인이 크고 색깔이 화려한 귀걸이를 착용하는 것을 매우 좋아하였다.

이 대상자는 남부 플로리다에 살고 있으며 물리치료를 받으러 갈 때 '휴양지에서나 할 수 있을 법한' 장신구를 착용한다. 이제 치료사도 과감한 귀걸이를 착용하기 시작하였다. 간호사가 대상자에게 귀걸이를 선물하며 두 사람 사이의 경쟁을 응원하였다. 대상자의 딸이 대상자에게 발목이 긴 보라색 농구화를 선물하였다. 대상자의 한쪽 발이 약하기 때문에 휠체어를 타는 동안 약한 발을 지지해줄 수 있는 신발을 신도록 하였다. 간호사의 격려로, 대상자의 딸이 보라색 신발에 보석을 달았다. 대상자가 흥분해서 다른 사람들에게 신발을 보러 방으로 오라고 전화하였다. 대상자는 풍부한 유머감각을 갖고 있었고, 딸도 엄마의 유머감각을 물려받았다. 복도를 걷다 보면, 대상자와 딸이 웃으며 말하는 것을 들을 수 있었다. 물리치료사와 간호사는 이 가족의 긍정적인 대처전략으로써 유머와 장난기 있는 태도를 이해하였고, 도와주었다. 이러한 행동은 대상자와 간호사와의 관계를 강화시키고, 대상자가 자신을 이해해주는 사람들에게 자신의 심각한 걱정거리를 말할 수 있는 환경을 조성해준다.

한 호스피스 병동의 대상자가 삶의 회고, 의미 찾기, 유산에 대한 표현예술치료를 받았다. 이 대상자가 표현예술치료에서 매 5년마다의 자신의 삶에 대하여 콜라주를 만들었다. 그는 비행청소년을 위한 사회복지사로 일을 했었다. 사회복지사로서 일하면서 얻은 교훈을 다른 사람과 공유하는 것이 그의 꿈이었다. 우리는 그가 출판할 수 없었던 장문의 글들에서 핵심 주제로 대표될 수 있는 단어들로 콜라주를 만들었다. 이 단어들을 연결하자, 하나의 시가 만들어졌다. 그의 시에는 웃음과 익살이 포함된 그의 삶의 가치관, 웃음, 기발한 생각들이 녹아 있다. 그는 이러한 유서 깊은 작업들이 완성된 직후 죽음을 맞이하였다.

유머 전략
Humor Strategies

가벼운 농담 Try Gentle Banter

'가벼운 접촉이 적절할 수도 있다.'(Green, 1994). 유머는 긴장과 걱정을 느낄 때 코믹한 웃음을 선사한다. 장난기 많고 친근한 말을 건네는 농담은 때로는 효과가 있고 때로는 효과가 없지만, 적절하다고 판단되는 상황에서는 시도해볼 만한 가치가 있다(Bates, 2017).

다음의 예를 살펴보자.

이른 아침 산부인과 병동에 응급으로 입원한 대상자에게 간호사가 인사를 하며, "축하합니다. 당신이 이겼어요. 당신이 여기 제일 처음 왔어요."라고 말한다. 이 대상자는 웃으며 자신이 어떻게 제시간에 올 수 있었는지 자신이 겪은 '힘들었던' 아침 상황에 대하여 말하였다.

한 대상자가 다리 수술을 받은 후 직물로 만든 커다란 보호 신발을 신고 있었다. 한 간호사가 말하기를 "저는 당신이 매력적인 방법으로 신발을 신길 바래요. 아마 아스펜에서 스키를 탈 수도 있고?" 대상자는 웃으며 자신의 이야기를 하였다[아스펜(Aspen): 미국 서부 콜로라도 주 중서부 도시로서 겨울 스포츠로 유명한 도시].

한 가정간호사가 노부부의 부인에게 인슐린 주사를 놓는 동안 노부부와 있었던 일에 대하여 보고하였다. 노부부가 매일 가는 패스트푸드 음식점에서 어떻게 건강한 음식을 선택할 수 있는지에 대한 농담을 주고받았다. 간호사가 떠나기 전 부인에게 "오늘은 소시지 과자는 안 돼요, 아셨죠?"라고 말하였다. 노부부와 간호사는 "소시지는 안 돼요."라는 말과 함께 유쾌한 농담을 주고받으며 웃었다. 간호사는 대상자를 교육하기 위해 노부부에게 패스트푸드점을 가는 것이 그들에게 매우 중요한 것임을 알고 이를 유머에 이용하였다.

유머감각 앞세우기
Let Humor Take the Lead

Green(1994)은 유머를 이끌어 내는 것은 '상황을 가볍게 만드는 기술'이라 하였다. 대상자에게 어떤 일이 일어나고 있는지 관찰하고 우리가 어떻게 해결할 수 있을지 알아야 한다. '좋은 소식과 나쁜 소식을 동시에 전달하기' 접근법을 이용한다.

"나쁜 소식은 검사를 위해 저와 함께 검사실에 가셔야 한다는 것입니다. 좋은 소식은 가는 도중에 우리가 멋진 대화를 나눌 수 있다는 것입니다."

Green은 상황을 조금 가볍게 만드는 기술의 예를 다음과 같이 제시하였다.

의사가 말하길, "김○○님, 정상적으로 곧 다시 활동하실 수는 있겠지만, 이번 시즌의 승리 투수가 되실 수는 없습니다."

"이 주사약은 어린 시절 처음으로 벌에 쏘였던 느낌과 비슷하실 것입니다."

스스로를 웃게 하는 것이 유머의 멋진 재료가 될 수 있다. 대상자와 의미 있는 관계를 형성하기 위해 우리는 우리가 경험한 당황스러웠던 순간 모두를 고려한다. 병원에 처음 온 목사가 대상자를 방해할까 두려워 대상자에게 다가가기 어렵다고 말하였다. 어느 날, 이 목사가 예전에 이미 여러 번 방문을 했던 대상자의 방에 들어가는 순간이었다. 앞으로 넘어지려고 하자, 목사는 넘어지지 않으려고 커튼을 잡았다. 그러나 결국, 대상자 침대 옆에 엎드려 넘어졌다. 목사가 대상자를 위로 올려다보며 말하길, "제가 분위기를 확 바꾸었죠, 맞죠?" 대상자는 웃으며, 병원생활의 불편함에 대하여 이야기를 시작하였고, 얼마나 힘든지에 대하여 말하였다. 매우 인간적인 관계가 시작되었다!

긍정적으로 생각하기 Look for the Positive

간호사는 대상자가 긍정적인 태도를 갖도록 격려한다. 대상자에게 "인생에서 즐거움을 느끼셨나요?", "무엇에 대해 즐거움을 느끼셨나요?"라고 물어본다. 또한 오늘 하루를 잘 지냈는지에 대하여 물어본다. 간호사도 자신의 긍정적인 순간들에 대해서 함께 이야기한다.

"오늘 우리 집 정원에서 첫 번째 장미를 봤어요."

"우리 집에 놀러 온 손자가 오늘 아침에 제가 면도하는 것을 봤어요. 그 애 아빠가 전기면도기를 사용해서 그런지, 손자는 제게 '할아버지, 얼굴에 왜 휘핑크림을 바르세요.'라고 물어봤어요."(Green, 1994).

"오늘 폭풍이 지나간 뒤에 무지개가 떴었어요."

"오늘 아침 출근길에 열기구 풍선을 봤어요."

대상자와 직원이 서로 자신들의 이야기를 공유하는 것이 좋다. 대상자의 관심의 주안점이 무엇인지 잘 찾으면 긍정적인 대화 주제에 도움이 된다. 자녀나 손주들에 대한 질문 역시 좋을 수 있다.

코믹한 시각: 유머와 놀이 그리고 창의성
Comic Vision: Humor and Play and Creativity

여러 색깔의 바구니 안에 있는 유머 키트는 가벼운 터치에 유용할 수 있다. 직원들이 긴장했을 경우 웃고 있는 광대인형을 사용할 수 있다. 광대 코를 착용하여 코믹한 안도감을 조금 더할 수 있다. Green(1994)은 병원에 입원한 아버지를 방문하는 동안 재미있는 안경을 쓰는 것에 대한 이야기를 나누었다. 아버지는 그 안경을 매우 좋아하여 의사에게 인사할 때 착용하였다. 어떤 병원들은 즐거운 시간을 보낼 수 있는 소품들이 구비된 유머 카트나 유머 룸을 갖추고 있다.

자신의 관점을 유지하면서 놀이를 하듯 문제를 다루면 창의적으로 문제를 해결할 수 있다. Pink (2005)는 정보의 시대에서 개념의 시대로 변화하는 요즘과 같은 업무환경의 변화 속에서 6개 기술 혹은 능력이 우리를 발전시켜 준다고 말하였다. 잘 노는 것, 유머감각을 키우는 것, 웃음의 가치를 인정하는 것은 6개의 기술 중 하나이다(Carlson, 2005). 개념의 시대에서 우리는 상호인간관계, 프로그램, 제품의 디자인에 대한 진보적인 사고, 감성적 의미, 미학적 스타일을 적용하기 위하여 우뇌의 사고를 '재방향화'할 것이다. Carlson은 간호사들이 이미 개념중심적 시대로 나아가고 있다고 말하였다. Carlson이 이렇게 결론을 내린 이유는 그가 말한 나머지 세 가지 기술이 공감, 돌봄, 상상력이기 때문이다. 간호사는 이야기, 이해하기, 의사소통 그리고 자기인식을 이용한다. 간호사는 자신의 직업에서 의미를 만들고, 영적인 만족감을 갖는다(Carlson, 2005; Pink, 2005).

Pink(2005)는 게임을 하고, 유머를 건네고, 기쁜 마음을 표현하는 것과 같은 놀이는 직장과 개인적인 삶에서 중요하다고 말하였다. 미국인의 58%는 비디오 게임을 한다(Galarneau, 2014). 이 결과는 비디오 게임이 문제를 해결하는 데 필요한 패턴을 인식하기 위해 사용하는 우뇌의 능력을 강화시킨다는 것을 뒷받침한다. 군 조직이나 보건의료 환경에서도 게임을 이용하는 것으로 알려져 있다. 비디오 게임은 건강교육에서(Thompson, 2012) 공포증과 불안장애를 치료하기 위한 가상현실 기술에도 사용된다.

놀이는 머리를 식히기 위한 활동이다. 시험이나 논문을 준비하는 과정을 생각해보자. 마음을 비우고, 공부를 좀 더 효율적으로 하기 위한 '노는 시간'을 계획에 넣어보자. 한 학생이 해부학 시험공부를 일주일 내내 하겠다고 다짐하였지만, 결국 너무 많은 시간을 할애하여 공부하는 것은 시간 낭비라는 것을 알았다. 이 학생은 공부에 대한 보상으로서 일정시간을 정하여 영화를 보러가는 것으로 계획을 짰는데, 다시 돌아왔을 때 훨씬 더 효율적으로 공부하였다는 것을 알게 되었다.

유머는 놀이의 일부분으로, 상황에 맞는 뇌의 능력을 일깨우는 것이고, 큰 그림을 보는 것이고, 문제에 대한 새로운 인식을 탐색하는 것이다. 유머는 일에 몰두한 근로자에게 필요한 감성지능 중 하나이다. 유머는 팀 회의에서 상황을 명확히 하는 데 도움을 줄 수 있다. 유머는 직원들의 화합을 도모하고, 적대감을 줄이고, 사기를 높일 수 있다. 기발한 아이디어를 인정하고, 어떠한 아이디어도 검열을 하지 않음으로써 창의력을 증진시켰을 때, 브레인스토밍이 엉뚱한 반전을 갖고 올 수 있다. 우리가 상기하기 위해 사용하는 포스트잇이 어떻게 발명되었는지 생각해보자. 유머와 놀이는 우리의 코믹한 시각을 발전시켜주고, 우리 자신을 너무 심각하게 생각하지 않는 관점을 갖게 해준다. 코믹한 시각을 개발하기 위한 전략들이 Box 14-2에 있다.

Box 14-2 코믹한 시각을 발전시키기 위한 전략

1. 자신부터 시작한다. 자신을 위해 웃는다. 인간미가 있는 사람이 되도록 한다. 여행을 한다면, 소리 내어 크게 웃는다.
2. 재미있는 영화와 코미디 클럽을 즐기고, 전통 코미디 비디오를 대여한다.
3. 직장 동료들과 함께 나눌 수 있는 짧은 유머 한 토막을 모은다.
4. 삶의 모순점을 발견했을 때 다른 사람들과 함께 웃는다.
5. 자신의 내면의 목소리에 집중한다. 부정적인 생각은 긍정적인 생각으로 바꾼다.
6. 스스로에게 물어본다. "내가 복도를 걸어가는 모습을 정말 보고 싶어 하는 사람이 있나?"
7. 다른 사람을 웃게 하는 나의 코믹한 시각을 공유한다. 웃음은 전염성이 있고, 우리 모두의 삶에 기쁨을 가져다준다.

창의력을 갖기Be Creative

우리 개개인은 각기 다른 재능을 가지고 있다. 우리는 자주 자신의 개인적 자아를 전문적인 자아로부터 분리시킨다. 동물을 사랑하고 키우는 사람들에 대하여 생각해보자. 인사부서의 어떤 부장이 8마리의 달마시안 강아지를 데리고 출근하였다. 그 부서의 직원들은 그 동안 어떤 주제에 대해서도 이처럼 기뻐하며 하나가 되어 단결한 적이 없었다! 가정방문 간호사가 예전에 개에게 물린 경험이 있어서 개를 두려워하기 때문에 어떤 가정에 방문하기 전 주인이 개를 다른 곳에 데려가도록 가정방문국에 요청하였다. 그래서 그 가족은 개를 훈련소에 보낸 후, 훈련증명서를 가정보건국에 보냈다. 정말 멋지게도, 간호사가 개의 훈련소 졸업을 축하하며 졸업 선물로 개 사료를 보내주었다.

광대복장을 한 직원과 자원봉사자가 소아병동이나 노인시설을 방문하면서 자신들의 재능을 공유할 수 있다. 특별한 경우, 악기를 연주하거나 노래를 부르는 직원이 다른 직원을 위해 연주할 수 있다. 또한 광대와 이 광대에게 훈련받은 '웃음 사장님들'이라는 단체가 호주의 정부인가 노인요양시설의 35명의 입소노인에게 유머요법을 실시하였다. 그 결과, 직원들의 직무만족도와 열정이 증가되었다(Chenoweth et al., 2014).

어떤 병원은 식물로 가득 찬 아트리움을 병원 중앙 홀에 마련하였다. 이 시설의 유지보수를 담당하는 직원은 고무로 만든 커다란 도마뱀을 식물 사이에 두기도 하고, 위치를 자주 바꾸어 주었다. 또한 특별한 날에는 고무 도마뱀에게 허리를 숙여 인사를 하였다. 이러한 소박한 유머는 병원에서 아름다움을 느낄 수 있는 순간이 되어 사람들에게 시각적인 안도감을 준다.

직원과 대상자의 사기를 북돋아 주기 위해 직장에서 소소한 즐거움을 느끼려면, 우리가 가진 재능과 아이디어를 어떻게 이용해야 하는지 생각해보자. Box 14-1에 긍정적인 의사소통을 형성하기 위한 간호 중재에 대하여 열거하였다.

웃음의 치유능력
The Healing Power of Laughter

웃는 기분이 얼마나 좋은지 생각해보자. 웃음을 멈출 수 없었던 때를 생각해보자. 안부인사 카드를 파는 가게에서 어떤 카드 한 장을 보고 웃음이 나자, 그 카드 때문에 다른 카드들을 보고 더욱 웃었던 경험이 있을 것이다. 웃음생리학(Gelotology)은 웃음의 생리학을 연구하는 학문이다. 이 분야의 연구에서 저명한 William Fry 박사는 웃음이 건강에 유용하다는 근거를 제시하고 있지만, 아직도 연구할 것이 많다(Bennet et al., 2003). William Fry 박사의 연구에 의하면 웃음은 다음을 생성할 수도 있다.

- 웰빙에 대한 감정과 통증의 내성을 강화하는 카테콜라민과 호르몬 생성 촉진
- 불안 감소
- 심장박동과 호흡수 증가
- 신진대사 증진
- 근긴장도 이완
- 점차 더 편안해지는 느낌과 스트레스 및 긴장이 완화되었다는 인식은 웃음이 끝난 뒤에도 45분간 지속
- 바이러스성 감염과 몇몇 암세포를 퇴치하는 자연세포독성세포(natural killer cell, NK cell) 증가
- 감염에 대항하는 T 세포(T 림프구)의 증가
- 상기도 호흡기계 감염에 대항하는 Ig A(면역 글로불린 A) 항체 증가
- 감마 인터페론 증가로 인한 면역체계 활성화 (Riley, 2004b)

인도 뭄바이의 의사인 Madan Kataria 박사는 '세계 웃음 클럽'을 만들었고, 이 그룹에게 정기적으로 웃음을 연습하도록 한다. Kataria 박사는 웃음이 요가 운동과 비슷한 효과가 있다는 것을 발견했다. 지금은 웃음요가클럽이라고 불리는 수천 개의 클럽이 전 세계에 있다(Kataria, 2019). Steve Wilson(www.worldlaughtertour.com)은 웃음트레이너에게 자격증을 수여한다. Kataria 박사가 만든 클럽의 목적은 사람들이 좀 더 재미있고 창의적일 수 있도록 돕는 것이다. 연구에 의하면, 웃음

의 이점에 대한 믿음은 신체건강에 긍정적인 영향을 미친다(Wilkins & Eisenbraun, 2009).

웃음의 지속성
He Who Laughs, Lasts

대상자와 함께하는 여정의 첫 단계는 약간의 미소를 보여주는 것이다. 이후 점점 더 미소를 짓고, 다음에는 웃고, 더 웃는 것이다(Feeg, 2002). R. Dale Leichty(1987)는 "유머와 외과의사"라는 발표에서 다음과 같이 말하였다.

> 유머는 인간의 삶의 본질적인 부분이지만 무너지기도 쉽다. 그리고 무서운 세상이 때로는 유머를 약화시킬 수 있다. 웃음이 주는 선물을 잘 갖고 있으려면, 반드시 2개의 능력을 발전시켜야 한다. 첫 번째 능력은 우리의 존재를 이해하는 것으로, 우리는 가장 작고 무한한 미스테리 사이 어딘가에 존재한다는 사실을 아는 것이다. 두 번째 능력은 유머러스한 세계관을 갖는 것으로서, '세상은 제정신이 아니야.'라고 생각할 수도 있지만, 인간의 허영심과 가식도 이런 세상에서 만들어진 것임을 이해하는 것이다. 이러한 2개의 능력을 잘 키운다면 다른 사람에게 미소를 짓거나 웃음을 보여줄 수 있을 것이다.

성찰과 적용

마법의 손길

한 간호사가 어떤 작가의 워크숍에서 마법 지팡이를 받았다. 간호사는 마법 지팡이 사용 경험을 이야기로 썼다. 간호사가 유방절제술 수술을 방금 막 받은 친구를 방문하였다. 간호사는 친구에게 위로선물과 마법 지팡이를 주었다. 친구는 지팡이 사용법에 대하여 물어보았다. 간호사는 친구가 필요할 때마다 지팡이를 휘두르면 간호사가 올 것이라고 말하였다. 이 무렵, 방문이 열렸고, 간호사가 들어와 대상자에게 필요한 것이 있는지 물어보았다. 두 친구는 서로를 쳐다보며 웃음을 터트렸다. 잠시 후, 문이 또 열리고 다른 간호사가 들어오며 간호사를 불렀는지 물어보았다. 이제 두 사람은 지팡이의 힘을 진짜로 믿게 되었다. 이제 간호사의 친구는 자신의 두려움에 대하여 이야기할 수 있었고, 외과의사가 수술부위를 재건할 때 살을 집어서 들어 올린 것에 대한 농담도 할 수 있었다. 지팡이는 분위기를 전환시켜주었고, 함께 웃음으로써 대상자는 자신의 걱정을 편안하게 나눌 수 있게 되었다(Riley, 1999).

유머 사용하기 연습
Practicing Using Humor

연습 1 '유머 사용하기'의 첫걸음

자신의 일기장에 자신을 웃게 만드는 5가지를 써 본다.

연습 2 소그룹 활동을 통한 '유머 사용하기'

소그룹 안에서 오직 재미를 위해서 할 수 있는 것 10가지 목록을 작성해보자. 이제 2주 이내에 한 가지 재미있는 일을 하기로 약속한다. 다음을 작성해보자 "오늘부터 2주 뒤까지, 나는 ________ 할 것을 약속합니다."

연습 3 나의 '유머 사용하기' 경험

자신이 경험한 부정적인 유머를 떠올려 보자. 기분이 어떠하였는지 설명한다. 긍정적인 유머감각을 갖고 있는 사람에 대하여 설명해보자. 이 사람과 함께 있을 때 어떤 느낌을 받았는지 설명한다.

연습 4 다른 사람들의 '유머' 관찰일지

임상 경험 안에서 대상자가 유머를 받아들일 준비가 되어있는지 확인해본다. 대상자와 가족 또는 방문객이 유머를 사용하는지, 그리고 그 유머를 어떻게 받아들이는지 주목한다. 미소로 대상자를 맞이하는 것을 기억해야 한다. 다른 직원이 대상자와 서로 유머를 사용하는 것을 유심히 관찰한다. 부정적인 유머와 긍정적인 유머의 차이를 기억하면서 유머를 사용하고, 일기에 그 경험을 적어보자.

참고문헌

Adamle, K. N., Ludwick, R., Zeller, R., & Winchell, J. (2008). Oncology nurses' responses to patient-initiated humor. *Cancer Nursing, 31*(6), E1.

American Association of Colleges of Nursing and City of Hope National Medical Center. (2000). Module 6, *Communication. In The-End-of-Life Nursing Education Consortium (ELNEC) faculty guide*. Duarte, CA: Medical Center.

Association for Applied and Therapeutic Humor (2000). *Official definition of therapeutic humor*. https://www.facebook.com/pg/healthyhumor/about/. Accessed 30.06.19.

Bates, J. (2017). Humor: A bit of banter can lift the spirits—and it's not always annoying, opinion. *Nursing Standard, 32*(7).

Behrouz, S., Mazloom, S. R., Kooshiar, H., Aghebati, N., Asgharipour, N., & Behnam, H. (2017). Instigating the effect of humor therapy on chronic pain in the elderly living in nursing homes in Mashhad. *Iran Evidence Base Care Journal, 7*(2), 27.

Bennet, M. P., Zeller, J. M., Rosenberg, L., & McCann, J. (2003). The effect of mirthful laughter on stress and natural killer cell activity. *Alternative Therapies in Health and Medicine, 9*(2), 38.

Canisius College (2008). *Laughter is the best medicine*. http://www.sciencedaily.com/releases/2008/01/080124200913.htm. Accessed 13.07.18.

Carlson, K. (2005). A red hat and a new mind. *Journal of Perianesthesia Nursing, 20*(6), 453.

Chenoweth, L., Low, L., Goodenough, B., Liu, Z., Bordaty, H., Casey, A. N., Fleming, R. (2014). Something to SMILE about: potential benefits to staff from humor therapy with nursing home residents. *Journal of Gerontological Nursing, 40*(2), 47.

Dean, R. A. K., & Major, J. E. (2008). From critical care to comfort care: The sustaining value of humour. *Journal of Clinical Nursing, 17*(8), 1088.

Dowling, J. S. (2002). Humor: a coping strategy for pediatric patients. *Pediatric Nursing, 28*(2), 123.

Dutton, J. (2012). *In the lab with the world's leading laugh scientist*. http://mentalfloss.com/article/30329/lab-worlds-leadinglaugh-scientist. Accessed 13.07.18.

Eshg, Z. M., Ezzati, J., Nasiri, N., & Ghafouri, R. (2017). Effect of humor therapy on blood pressure of patients undergoing hemodialysis. *Journal of Research in Medical and Dental Science, 5*(6), 85.

Feeg, V. D. (2002). Laugh a little—it might help. *Pediatric Nursing, 28*(2), 92.

Forssen, A. S. (2007). Humour, beauty, and culture as personal health resources: Experiences of elderly Swedish women. *Scandinavian Journal of Public Health, 35*(3), 228.

Fry, W.F., Jr., & Salameh, W. A. (Eds.). (1987). *Handbook of humor and psychotherapy: Advances in the clinical use of humor*. Sarasota, FL: Professional Resource Exchange.

Galarneau, L. (2014). *Global gaming stats: Who's playing what and why?* http://www.bigfishgames.com/blog/2014-global-gaming-stats-whos-playing-what-and-why/. Accessed 20.07.18.

Green, L. (1994). *Making sense of humor: How to add joy to your life*. Manchester, CT: Knowledge, Ideas, and Trends.

Harris, L. J. M. (2013). Caring and coping: Exploring how nurses manage workplace stress. *American Journal of Hospice and Palliative Care, 15*(8), 446.

Kataria, M. (2019). *History of Laughter Yoga*. https://laughteryoga.org/history-of-laughter-yoga/. Accessed 30.06.19.

Koff-Chapin, D. (2018). *The Center for Touch Drawings: Resources for creative awakening*. http://www.TouchDrawing.com. Accessed 21.07.18.

Leiber, D. B. (1986). Laughter and humor in critical care. *Dimensions in Critical Care Nursing, 5*(3), 162.

Leichty, R. D. (1987). Humor and the surgeon. *Archives of Surgery, 122*(5), 519.

Lotzar, M., & Bottorff, J. L. (2001). An observational study of the evelopment of a nurse–patient relationship. *Clinical Nursing esearch, 10*(3), 275.

Marino, M. G. (2017). Therapeutic reciprocity: A concept synthesis. *International Journal of Human Caring, 21*(2), 91.

McGhee, P. (1998). *RX: laughter. RN, 28*(7), 50.

Nunes, I., Jose, H., & Vapelas, M. L. (2018). Grieving with humor and professional grief in palliative care nurses. *Holistic Nursing Practice, 32*(2), 98.

Pink, D. H. (2005). *A whole new mind: Moving from the information age to the conceptual age*. New York, NY: Riverhead Books.

Riley, J. B. (1999). *From the heart to the hands: Keys to successful healthcaring connections*. Ellicott City, MD: Integrated Management and Publishing Systems.

Riley, J. B. (2004a). *Humor at work*. Ellenton, FL: Constant Source Press.

Riley, J. B. (2004b). Taking life lightly: Humor, the great alternative. In C. Eliopoulos (Ed.), *Invitation to holistic health: A guide to living a balanced life*. Sudbury, MA: Jones & Bartlett.

Robinson, V. M. (1990). *Humor and the health professions*. Thorofare, NJ: Charles B. Slack.

Samuels, M., & Lane, M. R. (1998). *Creative healing: How to heal yourself by tapping your hidden creativity*. San Francisco, CA: Harper San Francisco.

Sears, D. (2018). *Humor opens nursing spaces*. June, July, August: The Oklahoma Nurse.

Simon, J. M. (1988). Therapeutic humor: Who's fooling who. *Journal of Psychosocial Nursing and Mental Health Services, 26*(4), 9.

Starr, C. (2009). Lighten up!. *American Journal of Nursing, 109*(2), 72AAA.

Tremayne, P. (2014). Using humor to enhance the nurse-patient relationship. *Nursing Standard, 28*(30), 37.

Thompson, D. (2012). Designing serious video games for health behavior change: Current status and future directions. *Journal of Diabetes and Science Technology, 6*(4), 807.

Ufema, J. (2002). Communication: Lighten our souls (insights on death and dying column). *Nursing, 32*(4), 28.

Watson, J. (2011). *Nursing: Human science and human care: A theory of nursing*. Sudbury, MA: Jones & Bartlett.

Wilkins, J., & Eisenbraun, A. J. (2009). Humor theories and the physiological benefits of laughter. *Holistic Nursing Practice, 23*(6), 349.

Wright, D. K. (2017). *Nursing memes at odd with our values, Canadian Nurse*. https://www.canadian-nurse.com/articles/issues/2017/march-april-2017/nursing-memes-at-odds-withour-values Accessed 13.07.18.

Chapter 15

영성 수용: 의미 찾기

Embracing the Spiritual Journey of Healthcaring: Meaning Making

학습목표

1. 영성 간호를 정의한다.
2. 임상에서 사용하는 영적 사정도구를 검토한다.
3. 영적 배경을 파악하기 위해 FICA(Faith and Belief: Importance, Community, and Address in Care)를 사용한다.
4. 영성의 주제에 대하여 토론한다.
5. 영적 능력을 키우기 위한 방법에 대하여 토론한다.
6. 대상자와 가족의 영적 요구를 충족하기 위한 간호중재 방법을 규명한다.
7. 희망적인 관점을 적용하여 희망을 제공하는 간호사 행동의 특징에 대하여 설명한다.
8. 질병에 대하여 대상자가 의미를 찾을 수 있도록 도와주는 간호사의 역할에 대하여 토론한다.
9. 건강과 관련된 영적 요구들을 충족시키는 기술을 익히는 연습을 한다.

영성의 정의
Definition of Spirituality

영적으로 더 편암함을 느끼는 간호사들이 영적 간호를 더 잘 제공할 수 있다는 연구 결과가 있다(Cone & Giske, 2016). 영적 간호는 질적 간호의 필수적인 부분이며, 환자의 만족도 및 건강증진과 관련이 있다(Ellington et al., 2017, p. 517). 미국간호사협회(American Nurses Association, ANA)는 영적 간호를 '전체성, 건강, 개인적, 영적 및 사회적 복지, 신체, 마음 및 영성의 통합, 자신과 타인 및 더 높은 힘에 대한 연결감을 달성하는 개인 또는 그룹의 능력을 지원, 육성 또는 장려하기 위한 존재, 안내, 개입 및 개인이나 공동의 실제표현'으로 정의한다(ANA, 2012, pp. 57-58 in Abell et al., 2018).

이 장에서는 대상자에게 관심과 연민을 갖고, 대상자와 함께 하는 간호실무를 제공하기 위해 '우리의 신발을 벗고, 다른 사람의 신발을 신어보라.'(O'Brien, 2017)는 관점에 대하여 설명하고자 한다. 비록 간호사의 영적 간호에 대한 기술 및 편안함에 영향을 미치는 것은 영적 삶과 임상 경험이지만, 스스로 배우면 영적 요구를 사정하고 이와 관련된 대화에 편안함을 느끼는 데 도움이 된다는 것을 기억한다(Cone & Giske, 2016).

영성은 '삶의 숨결(breath of life)'이라는 라틴어 단어에서 유래되었다(Brillhart, 2005). 간호실무에서 영성은 '사랑, 기쁨, 돌봄, 연민, 삶의 어려움 속에서도 의미를 찾는 것 등을 할 수 있는 독보적인 능력을 실행하는 것'이다. 간호사의 영적 간호중재는 '돌봄, 사랑, 정직, 지혜, 상상력, 더 큰 힘에 대한 믿음, 상위의 절대적인 존재나 영적 지도자, 우리 주변에 있는 어떤 것, 개개인의 간호사나 대상자를 초월한 어떤 것에 대한 인간의 특성'을 반영한다(Dossey, 1998b). 영성은 '무조건적인 사랑, 믿음, 용서, 희망, 상상력, 인생에 대한 경외심'을 포함한다(Brillhart, 2005). 이라크와 아프가니스탄 전쟁에서 돌아와 외상 후 스트레스 장애를 앓고 있는 미국의 참전용사들에게 집단 영적 중재를 적용하였는데 긍정적인 결과를 보고하기도 하였다(Bormann et al., 2008).

> 영성은 멋진 과학이다. 약 250편 이상의 연구에서, 종교의 종류와 상관없이 종교는 인간의 건강과 장수와 높은 연관성을 나타내고 있다. 흔히 의사는 영적 가이드 역할을 하지 않는다고 말한다. 그렇다고 해서 특별히 간호사에게 영적 상담자의 역할을 요청하지도 않는다. 그러나 많은 사람들이 간호사가 총체적인 접근을 통합하여 적용하고, 간호가 있는 곳에는 언제나 사랑, 연민, 공감을 많은 사람들에게 실천하기를 기대한다(Dossey, 1998a).

듀크 대학의 종교, 영성과 건강연구센터(Duke University's Center for the Study of Religion/Spirituality and Health)의 의사인 Harold Koeing은 보건의료 영역에서의 영성에 관한 70편 이상의 논문을 발표하였다. 연구 결과에 의하면, 종교활동에 정기적으로 참여한 사람이 그렇지 않은 사람에 비하여 면역체계가 더욱 건강하고, 스트레스 정도가 낮으며, 고관절부 골절이나 개심수술에서도 빠르게 회복하였다. 종교적 신념을 갖고 있는 노인들이 심혈관계 질환과 암 발생률이 더욱 낮을 수 있으며(Koenig, 1999), 영성은 후천성면역결핍증(HIV) 감염자와 함께 사는 사람의 삶의 질에도 지대한 영향을 미칠 수 있다(Tuck et al., 2001). 척추손상 대상자에 관한 연구에서, 영성이 증가할수록 삶의 만족도가 높았다(Brillhart, 2005). 유방암을 극복한 대상자의 경우, 삶의 의미를 탐색하고 기도하는 것이 대상자의 높은 심리적 안녕감과 연관이 있음을 나타냈다(Meraviglia, 2006). 영성은 Florence Nightingale 시대 이후 오늘날까지 간호학적 관점의 일부분이었다(Calabria & Macrae, 1994). Harold Koenig 박사는 지속적인 문헌고찰과 연구를 통해 다음과 같은 결론을 내렸다. '임상에서 영적인 문제를 언급하는 것은 대다수의 대상자들의 삶을 우리의 전문영역으로 갖고 올 수 있고, 희망, 의미, 치유를 발견하여 대상자가 자신의 삶을 다시 회복할 수 있도록 도와줄 수 있다.' (Koenig, 2007). 영적으로 민감한 간호를 실천하는 목적은 우리 자신의 의견이나 가치를 주입하지 않고도 대상자가 스스로 삶의 의미와 위안을 찾을 수 있도록 도와주기 위한 것이다(Lackey, 2009).

Erickson과 그의 연구팀(2010)은 인간관계가 여러 개의 하위체계를 가지고 있다고 말하였다. '인간관계의' 하위체계는 기본적으로 유전 및 영적 욕구가 내재되어 있다. 우리의 '영적인 욕구는 생물학적 존재이기 전부터 시작되었고, 우리의 삶을 통하여 지속되었으며, 변화를 통하여 성장한다. 우리가 의식적으로 인식하지 못할지라도 영적 욕구는 항상 존재하며, 우리를 이루는 하부체계에 포함되어 있다. 영적 욕구는 우리가 인생의 목적을 추구하도록 영감을 준다.'(Erickson, 2006). 간호사로서, 대상자들과 공유하는 모든 상호작용은 대상자의 영적인 본질과 욕구를 성장시키고 촉진시킬 수 있게 해 준다. 간호사가 대상자의 삶의 경험을 공유함으로써, 간호사와 대상자는 자신들의 삶의 목적이나 이유에 대하여 더욱 폭넓게 이해하는 일종의 과정, 즉 영성을 찾아가는 과정을 함께 해나간다(Erickson, 2006).

영적 연결의 핵심은 대상자의 순탄한 삶에 찾아온 불행한 순간에 대상자와 함께 있어주는 것이다. 이와 같은 주장은 어떠한 종교에 의한 것이라기보다 질병이나 고통을 경험하면서 개인이 자신만의 의미를 찾거나 대상자와 가족이 의미를 찾아가는 영적 과정에 의한 것이다(Travelbee, 1970).

영적 간호에 대한 여정의 시작
Beginning Your Journey of Spiritual Care

어디에서부터 시작해야 할까? Elington과 동료들(2017)은 스스로의 영적 인식을 바탕으로 일하고, 영적 의사소통을 시작하며, 영적 배경을 사정하는 것과 같은 신규 간호사들을 지원할 수 있는 종양간호사를 위한 의사소통 전략을 제안했다.

Box 15-1을 참고하여 자신의 영성을 사정할 수 있다. 이 도구를 사용하여 자신의 영성에 대한 관점을 반영함으로써 대상자와 편안하게 대화할 수 있다(Booth & Kaylor, 2018).

영적 관심사에 대해 대화를 시작할 때 배려, 따뜻함, 진실성, 존재감, 경청과 같은 당신이 학습한 기술을 사용할 수 있다. 다양한 배경을 존중하는 간호사는 대상자의 관점에 개방적이고, 개인적 신념을 강요하지 않는다. 전인적 인간에 대한 정보를 제공할 수 있는 질문은 "당신에게 가능한 최상의 간호를 제공하기 위해 한 인간으로서 당신에 대해 제가 알아야 하는 것은 무엇입니까?"이다. 이것은 환자 존엄성 질문(Patient Dignity Question, PDQ)이다(Chochinov et al., 2015, p. 972).

영적 배경을 파악하는 것은 당신이 심도 있는 대화와 영적 간호를 제공할 수 있도록 한다(Box 15-2).

신념과 믿음: 중요성, 공동체, 그리고 건강문제 해결: 영적 배경에 대한 질문
Faith and Belief: Importance, Community, and Address in care: Taking a Spiritual History

의료기관평가위원회(The Joint Commission, TJC)는 급성치료병동이나, 간호요양원에 입원한 환자들에게 문서화된 영적 배경질문을 하도록 권고하였다(Koenig, 2007). 영적 질문을 시작하는 것은 영적 관련 문제에 대한 대화를 하는 것이며, 환자가 간호사에게 영성에 대하여 이야기할 수 있도록 도와준다(Koenig, 2007).

FICA는 신념(Faith)과 믿음(Belief), 중요성(Imprtance), 공동체(Community), 건강문제 해결(Address in Care)을 의미한다. 이 도구는 영성과 건강 조지 워싱턴 연구소(Geroge Washington Institute for Spirituality and Health)의 설립자이자 책임자인 의사 Christina M. Puchalski가 개발하였다. 이 간단한 도구는 영적 사정 결과를 간호에 반영하기 시작하는 데 좋은 방법이다. 영적 배경에 관한 질문을 시작하기 전에 우리가 왜 이런 질문을 하는지에 대해 설명하는 것이 도움이 된다. 대상자들은 이런 질문들을 듣는 경우 자신이 불치병을 진단받은 것으로 예측할 수도 있기 때문에 대화를 하면서 불안을 느낄 수도 있다. 대상자에게 질문 내용에 대하여 미리 알려주는 것은 대상자가 갖고 있을 수도 있는 영적 요구에 대하여 우리를 더욱 민감하게 해 줄 것이다.

영적 배경의 본질
The Essence of the Spiritual History

영적 배경과 관련한 질문을 할 때, "건강에 관한 영적 필요성을 느끼거나 건강에 관한 걱정거리가 있나요?"라고 질문할 수 있다. 대상자의 배경에 관한 위와 같은 간단한 질문은 종교나 영성에 관심이 없는 대상자와 질병 극복을 위해 영성을 사용하지 않는 대상자의 경우에 적합하다. 이러한 상황에서, 우리는 다른 방향으로 질문할 수도 있고, 질병의 극복과정에서 의미와 목적을 부여하는 것, 유용한 사회적 지원, 치료에 영향을 미칠 수도 있는 문화적 신념과 같이 대상자가 사용하는 다른 대처 방법에 대하여 질문할 수도 있다. 이러한 질

Box 15-1 영적 사정도구

자신을 되돌아보는 다음의 질문은 우리 자신과 다른 사람의 영성을 사정하고, 평가하고, 더욱 잘 이해할 수 있도록 해줄 것이다.

의미와 목적

다음의 질문은 인생의 의미와 이룩한 업적을 확인하고, 희망을 표현하고, 모호함과 불확실함을 수용하는 데 필요한 개인의 능력을 평가하기 위한 것이다.

- 무엇이 당신의 삶에 의미를 주나요?
- 삶의 목적이 무엇인가요?
- 당신의 질병이 인생의 목표를 방해하나요?
- 건강을 회복하고 싶은 이유가 무엇인가요?
- 건강이 좋아지는 것에 대하여 얼마나 희망을 갖고 있나요?
- 당신은 자신의 건강 유지에 책임감을 느끼나요?
- 당신의 건강을 유지하기 위해서 삶에 변화를 줄 수 있나요?
- 건강을 회복하려는 동기를 갖고 있나요?
- 당신의 삶에서 가장 중요하고 강력한 것은 무엇인가요?

내적 강점

다음의 질문은 기쁨을 표현하고, 강점, 선호, 목표와 신념을 인식하기 위한 개인의 능력에 대한 것이다.

- 당신의 삶에 기쁨과 평화를 가져온 것은 무엇인가요?
- 무엇이 당신을 기운 나게 하고, 영적으로 충만하다고 느끼게 해주나요?
- 당신이 좋아하는 당신의 기질은 무엇인가요?
- 당신의 장점은 무엇인가요?
- 건강회복을 위해 당신이 할 수 있는 것은 무엇인가요?
- 스스로 세운 인생의 목적이 무엇인가요?
- 당신의 질병의 원인은 스트레스 때문이라고 생각하나요?
- 아프기 전에 당신은 당신의 몸 상태에 대하여 어떻게 알고 있었나요?
- 무엇을 믿나요?
- 당신의 삶에서 신념이 중요한가요?
- 당신의 질병이 당신의 신념에 어떻게 영향을 주었나요?
- 당신의 건강을 이해하는 데 신념이 영향을 주었나요?

상호연결

다음의 질문은 개인의 긍정적인 자기개념, 자아존중감, 자기의식(소속감, 개인적 관심을 추구하는 위한 능력, 자신을 사랑하고 용서하는 능력)을 평가하는 것이다.

- 지금 당신 자신에 대한 기분이 어떠한가요?
- 당신은 자신의 본 모습을 알게 되었을 때 기분이 어떠한가요?
- 개인적인 관심을 추구하나요?
- 당신 자신을 사랑하는 것을 표현하기 위해 무엇을 하나요?
- 당신 자신을 용서할 수 있나요?
- 당신의 영성을 치유하기 위해 무엇을 하나요?

다음의 질문은 가족, 친구, 사회집단들과 관계를 형성하고, 다른 사람을 용서하는 개인의 능력을 평가하는 것이다.

- 당신의 삶에서 중요한 사람들은 누구인가요?
- 당신이 사는 곳에 당신을 도와줄 가족이나 친구가 있나요?
- 당신과 가장 가까운 사람은 누구인가요?
- 당신이 속한 그룹이 있나요?
- 당신이 도움이 필요할 때 도움을 요청할 수 있는 사람이 있나요?
- 당신의 감정을 다른 사람과 나눌 수 있나요?
- 다른 사람이 당신에게 해준 것 중에서 가장 좋아하는 것이 무엇인가요?
- 당신이 다른 사람에게 해준 것 중에 가장 좋아하는 것이 무엇인가요?
- 다른 사람을 용서할 수 있나요?

다음의 질문은 종교의식, 종교 활동과 신과의 관계에서 의미를 찾는 개인의 능력을 평가하는 것이다.

- 당신에게 종교의식이 중요한가요?
- 당신의 삶에서 가장 중요한 종교 활동은 무엇인가요?
- 종교 활동에 참여하나요?
- 신이나 다른 영적 존재를 믿나요?
- 기도가 영향력이 있다고 생각하나요?
- 미래에 일어날지도 모르는 것을 잊으려고 노력한 적이 있나요?
- 완화요법이나 심상요법을 사용하나요?
- 명상을 하나요?
- 기도를 하나요?
- 당신의 기도는 무엇인가요?
- 당신의 기도에 대하여 어떻게 답을 구하나요?
- 소속감을 갖고 있나요?

다음의 질문은 삶과 자연의 연속성, 삶과 삶의 안녕에 미치는 환경의 영향에 대한 이해, 환경의 상태를 이해하고 고려할 수 있는 개인의 능력을 평가하는 것이다.

- 당신이 세상이나 우주와 연결되어 있다고 느끼고 있나요?
- 당신 주변 환경이 당신의 안녕상태에 어떻게 영향을 주나요?
- 직장이나 가정에서 당신의 환경적 스트레스 원인은 무엇인가요?
- 당신의 환경적 스트레스 요인들을 감소시키기 위한 전략이 무엇인가요?
- 당신은 당신이 직면한 환경에 대해 무슨 근심이 있나요?
- 당신은 가정, 직장, 당신이 속한 공동체에서 재활용품 활용과 같은 환경적 문제를 고려하나요?
- 당신은 지구 환경 보존에 대하여 고려하나요?

출처: Dossey, B. M. (1988). Holistic modalities and healing moments. *American Journal of Nursing, 98*(6), 44.
Burkhardt,M. A. (1989). Spirituality: An analysis of the concept. *Holistic Nursing Practice, 3*(3), 69; Dossey, B. M., &Keegan, L. (Eds.), (1995). *Holistic nursing: A handbook for practice* (2nd ed.). Gaithersburg, MD: Aspen Publishers.

Box 15-2 FICA-영적 배경에 관한 질문

F(Faith and Belief): 신념과 믿음

"당신은 자신을 영적이거나 종교적이라고 생각하나요?" 혹은 "당신은 스트레스를 극복하는 데 도움이 되는 영적인 믿음이 있나요?" 만약 대상자가 "아니요"라고 대답하면 간호사는 다음과 같이 질문할 수도 있다. "무엇이 당신의 삶에 의미를 주나요?" 때때로 대상자들은 가족, 직업 혹은 자연이라고 대답한다.

I(Importance): 중요성

"당신의 인생에서 당신의 신념이나 믿음이 얼마나 중요한가요?", "질병과정에서 당신의 신념이 자신을 어떻게 돌볼지에 대하여 영향을 미쳤나요?", "당신의 신념은 당신의 건강을 회복하는데 어떤 역할을 하나요?"

C(Community): 공동체

"영적, 종교적 혹은 신앙심이 깊은 공동체의 일원이신가요?", "이런 공동체 활동이 도움이 되셨나요? 그렇다면, 어떻게 도움이 되셨나요?", "당신이 정말 사랑하는 사람들이나 중요한 사람들과 함께 하나요?" 교회나 절 혹은 마음이 통하는 친구들과의 모임과 같은 공동체는 어떤 사람에게는 강력한 지지체계의 역할을 한다.

A(Address in Care): 건강문제 해결

"담당간호사인 제가 당신의 건강문제에 대하여 어떻게 해결하길 원하나요?"

문은 영적 배경의 본질을 알 수 있게 해준다(Koenig, 2007).

위기에 처한 대상자가 대처할 수 있는 전략이 없다고 느끼는 것 같으면, 이전에 비슷한 경험을 한 적이 있는지 물어본다. 만약 있다면, 그때 도움이 된 것이 무엇이었는지 물어본다. 예를 들어, "당신에게 힘이 되는 자원은 무엇인가요?" 그리고 "이전에 이야기를 나누었을 때 도움이 되었던 사람이 누구인가요?"라고 물어본다. 이러한 질문들은 위기상황에서 도움이 될 수 있는 것이 무엇인지 찾을 수 있도록 도와준다.

영성의 주제

Themes of Spirituality

Nagai-Jacobson과 Burkhardt(1989)는 영성의 개념을 확장해주는 문헌에 나타난 영성의 일반적인 주제에 대하여 고찰하였다. 연구에 의하면 영성은 다음과 같은 특징을 가지고 있다.

- 영성은 종교보다 더 폭넓은 개념이다.
- 영성은 삶의 의미와 목적에 대한 개인적인 요구와 관련이 있다.
- 영성은 개인의 내적 본성과 관련이 있다.
- 영성은 자신, 타인, 자연, 신과 조화를 이루며 상호 연결되어 있는 감각이다.
- 영성은 인간을 통합시켜주는 요소이다.

영성에 관한 간호학적 논의에 따르면, 간호사와 대상자 간의 상호작용은 둘 모두의 영성과 관련이 있기 때문에 삶의 의미를 찾는 과정에서 둘 사이의 관계가 변할 수 있다고 말한다. 이러한 관점에서 볼 때, 대상자와 간호사 관계의 본질은 신성한 것이다. Newman(1989)이 말한 건강의 위기로 인하여 발생한 '선택의 순간'에서 대상자와 간호사가 만나는 것은 신성한 땅을 함께 걸어가는 것이다. 이러한 선택의 순간 혹은 사건은 우리 삶의 양식의 현실을 경험할 수 있는 기회인 것이다. 이 시기는 이전의 삶의 대처방법과 이해방식으로는 해결할 수 없다. 우리가 질병에 걸리면 삶의 양식, 행동방식, 의미를 찾는 과정 등 모든 면에서 새로운 방법을 모색하는 행동이 반드시 나타난다. 예를 들어, 중증 알츠하이머 질환을 진단받은 남편을 돌보는 아내가 있었다. 아내는 남편을 돌보는 것에 대한 부담감이 자신의 건강에 영향을 미친다는 것을 깨달았다. 운전을 하거나 친구와 함께 다닐 수 없었기 때문에, 아내는 사람들이 만지기 꺼려 하는 야생의 떠돌이 고양이와 친구가 되었다. 시간이 흘러 어미 고양이가 새끼 고양이들을 데려왔다. 남편의 고통을 공유하고 있는 아내의 삶에 있어서 새끼 고양이들에게 먹이를 주고, 고양이들과 함께 시간을 보내는 것은 아내에게 삶의 목적과 즐거움을 주었다. 아내는 "신이 제게 이 고양이를 보내주셨어요. 우리는 서로에게 필요한 존재였어요."라고 말하였다. 이후 아내는 삶의 속도를 늦추고, 현재에 집중하게 되었다.

질적 연구 결과에 의하면 건강한 성인의 영성을 강화시키기 위한 방법을 6가지로 분류할 수 있다: (1) 자신, 타인, 자연, 우주와 그 외 영적 존재들과의 유대감, (2) 신, 선과 악에 대한 신념, (3) 행동이나 태도에 영향을 주는 내적동기, (4) 신의 섭리에 대한 믿음, (5) 삶의 의미와 목적을 찾는 '미스터리'를 이해하기, (6) 삶의 여정에 필요한 내적 자원들을 이용하여 살기(Cavendish et al., 2000). 연구의 결론에 의하면, 더욱 정확한 간호진단을 내리고 의미 있는 방법으로 간호중재를 제공하기 위해서는 간호사가 대상자의 생에서 일어난 중요한 사건에 대하여 좀 더 알 필요가 있다고 제언하였다. 대상자의 대처전략, 내적 자원, 신념을 지지하고, 간호사가 대상자의 삶의 영적 측면에 있어 사소한 변화라도 일으킬 수 있는 대상자의 영성을 이해하는 것은 대상자의 삶에 지대한 영향을 미친다(Cavendish et al., 2000).

영적 조언자와 돌봄제공자로서의 간호사
The Nurse as a Spiritual Person and Caregiver

삶은 여행하는 것과 같다. Peck(1998)은 우리는 삶이 복잡하다는 사실을 인정해야 한다고 말하였다. 이러한 사실은 '모든 것을 단순화시키려고 하거나, 쉽게 답을 구하려 하지 말고, 다각적으로 생각해야 한다.'는 것을 의미한다. 간호실무를 단순화하려는 사람들은 간호학생에게 '그것(치료, 기술, 절차)'을 어떻게 하는 것인지에 대하여 가르친다. 얼마나 정확하게 혹은 신속하게 절차가 이루어졌는지에 의해 간호의 질이 양적으로 측정될 수 있다면 얼마나 쉬울까? 다음을 생각해보자. '간호의 본질은 무엇을 하는 것이 아니라 대상자와의 상호관계에서 발생하는 것이 무엇이 되었든지 간에 모두를 수용하는 것이다.' 즉, 대상자의 경험에 대하여 무조건적으로 수용하는 것을 온전히 나타내는 것이다(Newman, 1989). 우리의 삶은 해야만 하는 숙제라기보다 풀어야 할 미스터리라고 할 수 있다.

간호사와 함께 시작하는 영적 돌봄
Spiritual Care Begins with the Nurse

간호사가 되는 것은 모든 이로부터 숭고한 신뢰를 부여받는 것이다. 대상자와 가족들은 자신들의 인생에서 가장 어두운 시기에 혹은 자신의 죽음에 직면하여, 자녀의 출생 경험, 새롭게 발생한 상황에 대한 불안을 겪을 때 생기는 두려움에 가득 차서 간호사를 찾는다. Burkhardt와 Nagai-Jacobson(1994)은 간호실무에서 '영성을 다시 일깨워 주는 것'에 대하여 언급하였다. 타인의 경험을 지속적으로 함께 하는 능력을 갖기 위해서는 우리의 영적 능력을 함양하는 데 주력해야 한다. Moore(1998)는 영혼이나 정신을 돌보기 위해서는 나의 삶을 보다 풍요롭게 만드는 것이 필요하다고 말하였다. 삶을 보다 풍요롭게 만드는 방법은 다음과 같다.

- 잠시 멈춤-바쁜 것과는 반대의 의미로 멈추고, 성찰하여 그 순간을 음미하여 우리 주변에 있는 것들에 대하여 호기심을 갖는다.
- 자기 자신, 다른 사람들과의 모든 인간관계와 존재하는 모든 것들에 대하여 생각하는 시간을 갖는다. 어렵더라도 관계를 형성하고 유지하기 위해 시간을 할애하는 것은 우리의 이해와 평가를 더욱 깊이 있게 해준다.
- 우리 주변에 발생하는 일들에 대하여 관심을 갖

는 것은 미래나 과거를 생각하기보다, 멈추어 지금 이 순간에 집중해야 할 필요성에 대하여 인식할 수 있게 해준다.

그러나 복잡하고 다양한 간호요구들을 고려할 때, 어떻게 여유를 갖고 행동할 수 있을까? 이 책의 다른 장에서 완화요법이나 명상과 같은 방법들에 대하여 언급하였다. 이러한 기술들을 연습하는 것은 우리의 영적 능력을 유지하게 하고, 주도적으로 우리의 영적 능력을 함양할 수 있게 해준다. 영적 능력을 주도적으로 함양하는 과정은 우리를 지금 이 순간에 집중할 수 있게 한다. 휴식, 아무것도 하지 않는 시간, 즐거운 여가시간에 대한 가치를 기억하자. 우리가 먹는 음식의 맛과 질감과 향을 진심으로 즐기고, 강아지와 고양이를 쓰다듬는 시간을 갖고, 새소리를 듣고, 소음 대신 음악을 감상하고, 의견을 제시하기보다 다른 사람의 말을 경청하고, 친구를 안아주고, 웃음소리를 듣고, 농담을 건네기 위한 순간들에 집중하는 것은 우리의 삶에 여유를 갖고 행동하는 것이다. 암환자와 가족을 위한 공동체 강의에서, 한 남자가 암에 걸린 후 삶에 대한 관점이 변했다고 말하였다. 즉, 삶의 중심이 '직업에서 인생의 아름다움'으로 바뀌었다고 하였다. 앞서 언급한 휴식시간을 갖고 주변을 돌아보는 등의 단순한 행동들이 마음을 풍요롭게 해주는 정신적인 활동이다. 이러한 경험 역시 힘든 시기에 경험한 자신의 삶에 관한 것들인 것이다. 이러한 경험들은 삶을 더욱 가치 있게 만들어준다. 간호사의 영성을 지지하는 연구에 의하면, 간호사들은 마음 챙김과 기타 영적 자기관리(예: 명상, 자연요법, 요가, 음악 감상)를 통해 잠시 일상에서 벗어난다고 말하였다(Bay et al., 2010). 이러한 활동은 업무에 필요한 에너지를 다시 채울 수 있도록 해줄 것이다.

의사소통은 언어적 · 비언어적 행동 그 이상이다. 의식적으로 계속 집중해야 하는 상황에 계속 있어야 하는 것은 때때로 무척 어려운 일이다. 너무 힘들 때는 잠시 멈추고 자신이 감사하게 느끼는 것들에 대하여 집중하는 시간을 갖는다. 두려움을 느낄 때, 다음 시의 구절을 기억하자. '어려움에 처하여 잠이 오지 않을 때는, 양의 숫자를 세는 대신 나에게 감사한 것들을 세어보자.' Emmons(2007)는 감사에 관한 연구를 수행하였다. 정기적으로 매주 감사 일기를 쓰도록 연습한 연구참여자(실험군)의 경우, 일상적인 사건에 대해서만 일기를 쓴 연구참여자(대조군)보다 신체에 대한 불평을 덜 하였고, 삶을 더 좋게 여겼으며, 긍정적으로 생각하였다. 매일 감사 일기를 쓴 사람의 경우, 다른 사람에게 정서적 지지를 더욱 잘 하는 경향을 보였다. 감사함을 느끼는 사람은 삶 전체가 서로 연결되어 있다고 믿었고, 다른 사람에게 감사함을 표현하는 경향이 있다. 우리도 감사일기를 한번 써보자. 우리가 감사하게 느끼는 것에 대하여 매일 몇 단어만이라도 써보거나, 잠자기 전 감사한 것들에 대하여 감사하다고 말하는 시간을 짧게나마 갖거나, 고마운 사람들에게 감사하다고 말해보자.

두려움을 느끼거나 영적인 고통을 느낄 때 FEAR를 생각해보자.

우리에게 효과가 있는 FEAR(Forgetting that Everything is All Right: 모든 것이 괜찮다는 것을 잊어버린 것은 아닌지)의 전략들은 대상자에게도 유용할 수 있다.

대상자의 영적 요구 충족하기
Meeting the Spiritual Needs of the Client

영적 돌봄은 모든 영역의 간호와 관련이 있다. Watson의 간호에 대한 개념적 모델에서 영성은 주요 개념이다. '인간의 영성은 인간을 존재하게 하는 가장 강력한 힘이며, 내적 조화의 성취와 영적 성숙을 통하여 자기초월적 능력을 달성하는 자원이다. 인간의 영성을 고려한 간호실무는 외부의 건강문제, 나이 혹은 개인적인 삶의 상황들과 상관없이 인간의 신체, 마음, 정신을 더욱 조화롭게 해준다.'(Touchy, 2001).

간호에서 돌봄은 의도, 상호관계, 행위가 필요하다(Touchy, 2001). 영적 돌봄은 인간이 처한 상황에 대한 경험을 공유하는 태도, 즉 개방적인 태도를 갖는 것이다. 대상자에게 아침 간호를 제공할 때, 용변기를 제공할 때, 체온을 잴 때, 용변을 조절하지 못하는 대상자를 목욕시킬 때와 같이 일상적 간호를 제공할 때, 진심으로 최선을 다하는 것이 영적 돌봄이다. 일상생활의 영적 충만함에 관한 책에서 Fields와 동료들(1984)은 일상생활을 하는 것은 삶과 죽음의 자연스러운 순환을 경험하는 것이라고 말하였다.

다음의 호스피스 가정간호에 관한 질적 사례연구를 통하여 영적으로 민감한 의사소통 전략을 살펴보자: 영성에 대한 감정과 신념을 표현할 수 있는 공간을 만들기, 경험에서 의미를 찾을 수 있도록 지지하기, 자신을 돌봐준 사람에 대하여 감사한 마음을 갖도록 격려하기, 부정적인 경험을 재구조화하기(Reblin et al., 2014).

의미를 찾고자 할 때, 대상자의 영적 · 심리적 문제를 확인하고, 종교적 느낌이나 이와 관련되어 부족한 것들이 무엇인지에 대하여 말하고 싶을 수도 있다. 대상자는 충고나 의견을 부탁하는 것이 아니라, 불확실성, 두려움, 고통을 그저 표현하고, 느낌에 대하여 말할 수 있는 시간을 원한다. 종교적 신념이 강한 대상자일지라도 위기상황에서는 격려가 필요할 수도 있다. 종교적 신념을 가진 대상자에게 기도나 명상을 제안하여 지지해줄 수 있다(Narayanasamy, 2004). 건강관리 신념에서 영성, 종교, 문화의 역할이 무엇인지 고려해보자. 당뇨 자가관리에서의 미국 흑인들의 영적 행동에 관하여 조사한 연구에 의하면, 연구참여자들은 기도, 성경봉독, 기독교 방송 청취 및 시청, 예배참석, 다른 당뇨대상자들의 조언 경청을 통하여 영적 활동을 하였다(Casarez et al., 2010). 건강에 좋은 음식을 선택하기 위해 성서의 한 구절을 선택하여 아침 기도를 하거나, 다른 사람의 성공적인 영적 활동 경험을 듣는 것은 건강에 좋은 음식을 선택하거나 걷거나 더 나은 다른 방법들을 선택하기 전에 '넛지(강압적이지 않은 부드러운 개입)'의 역할을 한다(Donnelly, 2010; Thaler & Sustein, 2008). 대상자가 자신의 신념체계와 같은 민감한 정보를 공유하는 것을 꺼려하거나 불편해 할 수 있다. 개인의 신념체계에 대한 선택의 자유를 존중하고, 우리의 개인적 관점을 대상자에게 설득하거나 강요하지 않는 것이 중요하다(Buswell et al., 2006).

투병기간 동안 영적 요구가 더 커질 수도 있고, 일상적인 영적 활동 혹은 종교적 활동이 단절되는 것이 스트레스의 원인이 되기도 한다. 영적 배경에 관한 질문과 사정은 대상자의 영적 요구를 충족시킬 수 있는 방법을 찾기 위한 정보를 제공한다(Delgado, 2007).

함께 있어 주기Being Fully Present

간호사가 하는 일상생활 간호가 대상자에게는 일상이 아닐 수도 있다. 대상자와 충분히 함께 있어주는 것이 중요한 이유는 '함께 있어주는 것'은 대상자의 두려움과 고통을 이해하는 것이기 때문이다. 우리에게는 평범하게 느껴지는 말이나 과정들이 대상자에게는 두렵게 느껴질 수도 있다. 예를 들어, 자신이 회사의 최고경영자이지만, 회사를 더 이상 경영할 수 없다는 느낌을 받은 최고경영자의 마음과 유사하다. 차분하고 자신감 있는 것처럼 보이는 대상자의 겉모습만 보고 판단하지 않는다. 대상자와 가족들이 우리를 자신들의 삶의 일부로 생각하는 것으로 가정하고 간호를 제공한다.

'영적 돌봄은 함께 있는 것부터 시작된다. 우리가 어떤 상황에 처하든지 간에 본질적으로 사랑이 우리가 영성을 돌봄에 통합시키는 근본이다.'(Burkhardt & Nagai-Jacobson, 2002). 함께 있는 것은 우리가 어떻게 일을 하는지, 우리가 누구인지, 우리가 다른 사람과 어떻게 함께 있는지에 대한 것이다. 매 순간이 새롭고, 매 순간이 변한다. 9장에서, 가장 높은 수준의 '온정'에 대하여 읽었을 것이다. 가장 높은 수준의 온정을 가지려면 질병, 직면한 상황 혹은 편견과 상관없이 다른 사람이 갖고 있는 인류애와 인간적 특성을 이해해야 한다. 우리는 모두 연결되어 있다는 사실을 잘 알 것이다. 이러한 순간들을 생각해보자. 우리가 수행한 모든 간호를 신성한 행위로 볼 수 있는가? 그리고 매일 같이 성스러운 곳에 있다는 것을 느끼고 있는가?(O'Brien, 2017). 매일 일을 시작할 때 의도를 설정하는 것은 어떤가? 영적 돌봄을 제공하는 것은 추가로 시간이 필요한 것이 아니다. 단지 우리가 이미 갖고 있는 모든 것들의 일부일 뿐이다.

대상자를 위해 기도하기 Offering Prayer

2,000명이 넘는 미국인을 대상으로 하는 국가연구에서 응답자의 75%가 질병을 예방하기 위한 기도를 하고 있고, 22%는 가망이 없는 위중한 질병을 낫게 해달라고 기도하는 것으로 나타났다(McCaffrey, 2004). 기도는 우리와 신 사이의 친밀한 대화이다. 기도란 '영적 표현으로써 내면의 자아와 신성한 신들의 영역을 연결해 주는 기본적인 방법이기도 하다.'(Burkhardt & Nagai-Jacobson, 2002). '영적 표현은 간절히 바라는 마음 깊은 곳으로부터 나오거나, 복잡하게 얽혀있는 삶으로부터 나온 인간의 본질인 것이다. 또한 기도는 신이나 절대자와 소통하길 간절히 바라거나 직접 소통하는 것을 의미한다(Dossey & Keegan, 2012). 간호중재로서의 기도는 대상자의 영적 요구에 대한 사정에 근거한다(간호중재로서의 기도의 예: 대상자와 함께 기도하기, 대상자와 함께 있으며 큰 소리로 기도하기, 기도를 위한 조용한 시간을 제공하기, 기도를 지지하기 위한 환경 조성하기, 홀로 조용히 있는 시간에 기도하기). 시간을 보내기 위해 기도를 하거나, 서둘러서 기도하는 것은 오히려 대상자를 무시하는 행동으로 보일 수도 있고, 대상자에 대한 복잡한 감정을 끝내기 위한 수단이나, 대화를 단절하는 방법으로 보일 수도 있다(Bayfront Medical Center, 2002). 적절한 경우, 대상자에게 기도에 감정적으로 반응할 수 있는 시간을 허용하는 것을 고려하자. 기도를 할 때 고려할 사항을 Box 15-3에 제시하였다.

Box 15-3 기도할 때 고려사항

- 모든 사람이 꼭 기도를 원하는 것은 아니며, 기도하는 것에 대하여 수용적이지는 않다.
- 기도에 대한 전통은 사람마다 다양하다.
- 대상자가 구두설교, 영적 혹은 종교적인 읽기 자료들, 종교적 물건들에 대하여 수용적인 태도를 보이는 것은 기도에 대한 대상자의 태도를 알 수 있는 좋은 단서이다.
- 고립감을 느끼는 대상자에게 기도가 도움이 될 수도 있다.
- 대상자에게 기도하고 싶은지, 무엇에 대하여 기도하고 싶은지 물어보는 것이 좋다.
- 기도는 대상자가 기도할 수 있었다면 기도했었을 내용을 표현하게 해준다.
- 기도는 대상자의 희망, 두려움, 원하는 것에 대한 간단하고 단순한 진술일 수 있으며, 어려운 시기에 대상자와 함께 있어주는 신의 능력이라고 볼 수 있다.
- 대상자와 관련된 모든 사람들의 최고의 행복을 위한 포용적인 기도를 할 수도 있다.
- 기도는 내용을 공개하지 않아도 친밀감을 느끼게 해준다.

Bayfront Medical Center. (2002). Pastoral care volunteer training manual: The use of prayer. St. Petersburg, FL: Bayfront Medical Center (handout).

성찰과 적용

어디서부터 시작해야 할까?

"제가 처음 기도를 시작한 것은 21살, 1년차 신규간호사로서 오후 근무 중이었을 때였습니다. 임종 준비 중인 대상자를 간호하는 데 제가 혼란과 무기력감을 느낀다는 것을 어떤 경력 간호사 선생님이 알게 되었습니다. 저는 도움을 구하지 않았습니다. 결코 구하지 않았습니다. 대상자에게는 가족이 없어서 전적으로 제가 모든 것을 다 해야 했습니다. 그 선생님은 저를 대상자의 방으로 데려갔습니다. 선생님은 대상자에게 "안녕하세요."라고 인사를 하였고, "우리가 당신 곁에 있습니다. 당신은 혼자가 아닙니다."라고 말하였습니다. 선생님은 대상자와 나에게 말을 건네었습니다. 저는 선생님이 무엇을 말하고자 하는지 그 의미를 이해하기까지 몇 년이 걸렸습니다. 신의 은총으로 우리는 결코 혼자만의 존재가 아니라는 것을 깨닫게 되었습니다. 지금은 이러한 저의 신념을 다른 사람과 나눌 수 있게 되었습니다."

침묵하기Being Silent

잠시 멈춰서 침묵의 편안함을 느끼고, 답이 없거나, 더욱이 말조차 없는 상황을 수용하고 이해하는 사람은 자연스럽게 내성적인 사람(말하기 전에 생각하는 사람)이 된다. 외향적인 사람의 경우, 즉 생각한 것을 말로 표현하는 사람에게는 위의 사실에 대한 깨달음이 인격의 성장을 갖고 올 수 있다. 매우 외향적인 한 치료사가 자신의 생각과 말을 멈출 수 있는 유일한 방법은 명상을 배우는 것이었다고 말하였다. 조용히, 그대로, 아무것도 안 하고 멈추는 것은 수용적일뿐 아니라 심지어 치료적이라고까지 말할 수 있다. 30년 전에 한 간호학 강사가 다음과 같은 말을 하였다. "만약 무슨 말을 해야 할지 모르겠다면, 그저 그렇게 조용히 거기 있으면 됩니다. 그리고 '제가 무슨 말을 해야 할지 모르겠습니다. 하지만 곁에 있어 드리겠습니다.'라고 대상자에게 말하려고 노력하세요." 이 강사의 말은 지금도 여전히 도움이 되는 조언이다.

한 심리학자가 대상자로서의 자신의 경험에 대하여 다음과 같이 말하였다. "아플 때의 나는 이전의 내가 아니라는 것을 이해해주는 간호사가 필요했습니다. 나는 바깥 세상에 있는 사람이 아닙니다. 간호사가 나의 이런 개인적인 것들을 이해해주고, 나라는 사람과 나의 행동에 대하여 판단하지 않았습니다. 간호사에게 감사한 마음을 전합니다. 나는 간호사가 나의 문제를 고치려고 노력하는 것을 원하지 않습니다. 내가 원하는 것은 간호사가 나의 고통을 이해해주고, 나에게 무언가를 체크하러 왔을 때 그저 상냥하게 나를 쳐다봐주는 것입니다."

침묵은 수용을 의미한다. 또한 대상자는 간호사가 반드시 모든 답을 다 갖고 있다고 기대하지 않는다. 대상자와 관련된 모든 측면을 더 증진시키는 완벽한 간호계획을 글로 쓰거나, 정답을 말로 표현하는 것은 불가능하다. 이러한 현실을 인정하고 살아가는 것이 모든 간호사들의 도전과제이다.

"네…?", "음…", "정말인가요?"와 같은 음성언어와 감탄사 사용하기
Using "Oh…?", "Hmm…", and "Really?"

고통을 겪고 있는 사람에게 질문을 하는 것은 고통을 말로 표현하는 것이 좋은 격려 방법인 것처럼 보일 수도 있지만, 때로는 질문이 공격, 강요 혹은 요구로 비춰질 수 있다(Bogia, 1985). 병원에서 자원봉사를 하는 목사들을 위한 교육에서, 유대교 목사인 Kate Fagan는 대상자가 계속 말할 수 있도록 격려하는 신호로써 격려하는 혹은 질문하는 듯한 음성이나 몸짓언어의 사용을 권장하였다. 대상자가 할 말이 더 있는 것처럼 보였으나 하지 않는 것으로 보이면 "음…?"을 사용해보자. 기다리는 것이 항상 쉬운 것은 아니지만, 중요하다. "네…?" 혹은 "정말인가요?"라고 다시 물어볼 수도 있다. 이러한 전략들은 언어적인 반응보다 훨씬 많은 대화를 효과적으로 이끌어 낼 수 있다. 그러나 상황에 맞게 사용해야 하고, 과도하게 사용해서는 안 된다.

또 다른 전략은 대상자가 위기상황에 처했을 때 유용하다. 대화를 하는 도중 일어난 신체반응을 잘 관찰하자. 대상자가 울 때, "당신의 눈에서 눈물이 흐르네요."라고 말하는 것은 간호사가 대상자의 눈물에 대하여 알고 있다는 것을 보여주는 것이기 때문에 대상자가 자신의 상황에 대하여 더욱 자세히 말할 수 있게 해준다. '나' 진술법을 사용하는 경우, 예를 들어, 대상자가 당혹스러운 자신의 경험에 대하여 이야기 할때, "저는 그것에 대한 당신의 생각이 궁금합니다."라고 말할 수 있다. "저에게는 ~인 것처럼 보입니다."도 유용하다. 예를 들어, "당신은 화가 난 것처럼 보입니다."라고 말할 수 있다. 과도한 질문은 피해야 하는데, "그러한 사실 때문에 당신이 어떤 기분이 들었나요?" 라고 물어보는 것은 대상자로 하여금 간호사가 자신을 분석하려고 한다고 생각하게 만들 수 있다(Bogia, 1985). 대상자가 균형을 찾고, 의미를 찾으려고 할 때, 유머는 영적인 대처방법 중 한 요소가 될 수 있다. 유머가 대상자와의 관계를 보다 깊이 있게 해주고, 대상자와의 신뢰관계를 보다 돈독하게 해준다는 것을 기억하자(Johnson, 2002).

진실한 관계를 형성하고 공유가능한 기회를 인식하기

Recognizing Opportunities for Moments of Connection

Martin Buber(1958)는 '나와 그것의 관계'와 '나와 너의 관계'를 구분하였다. 나와 그것의 관계는 간호사가 대상자를 간호할 때 경험할 수 있다. 대상자를 돌보고 교육시키는 것은 일상의 과정이 될 수 있기 때문에, 아무리 방법이 훌륭해도 대상자와 진실한 관계를 형성하기에는 부족할 수도 있다. '나와 그것의 관계'는 경험하기와 이용하기로서 주체와 객체를 개별적인 존재로 보는 관점에 의한 관계이다. '나와 너의 관계'는 총체적인 존재에 대한 인식이 있을 경우에만 형성될 수 있다. 나와 너의 관계는 상호적, 정직성, 현존성, 깊이 있는 관계형성의 특성을 갖고 있다(Friedman, 1966). '그것'이란 영원히 나비가 될 수 없는 유충을 말하고, '너'는 불멸의 나비를 말한다.(Buber, 1958).

간호사의 세계관은 대상자와 진실한 관계를 형성할 수 있는 가능성을 좌우한다. 예를 들어, 간호사가 수술과 질병으로 인한 잠재적 위기상황에 처한 대상자 혹은 가족과 진실한 관계를 형성할 때, 간호사의 세계관이 '나와 그것의 관계'에서 '나와 너의 관계'로 변하게 할 수 있다.

수술이나 질병에 대한 간호사 개인의 경험이나 가족의 경험은 대상자와 가족의 요구를 더욱 심층적으로 이해할 수 있게 해준다. 수술로 인한 외상을 경험한 대상자와 가족에게 간호사가 그들의 개인적인 반응을 진심으로 수용해줌으로써, 대상자와 가족 역시 자신들의 경험을 더 이상 불평하지 않고 지금의 상황을 이해하게 된다면, 이때 간호사가 실천한 간호는 숭고한 믿음에 의한 것이라고 할 수 있다. 인간의 고통을 진심으로 이해하는 간호사의 능력은 '나와 너의 관계'를 형성할 수 있는 자원 중 하나이다. 대상자와 진실한 관계를 형성하는 것은 간단하지만, 위기 상황을 통하여 대상자와 가족을 지지해주고, 간호사가 대상자와 함께 삶의 의미를 찾을 수 있게 해준다.

이용 가능한 자원들을 확인하기

Tapping Resources

다양한 전통을 이용하여 대상자에게 영적 간호를 제공할 수 있다. 영적 사정 내용 중 하나로써, 대상자의 허락을 대신 받아 줄 수 있는 사람, 즉 아는 성직자가 있는지 확인할 수 있어야 한다. 간호사는 자신이 근무하는 곳에 영적 돌봄을 부탁할 만한 목회자가 있는지 확인하고, 대상자가 갖고 있는 신념의 전통이 무엇인지 확인한다. 간호사는 다양한 전통의 의식, 교리집, 경건한 글, 기도문, 경건한 음악을 배워야 할 책임이 있다(O'Brien, 2017). Martin은 요양원에서 영적 안녕을 증진시키기 위하여 다음의 세 가지 전략을 제언하였다: 종교적 활동을 시설에서 제공한다. 대상자에게 동의를 구한 후, 대상자의 입원 사실을 지역의 대상자 종교에 맞는 교회나 절 혹은 종교시설에 알린다. 대상자가 자신의 신념을 표현할 수 있는 기회를 제공한다. "노인이 요양시설에 입소하는 것은 인생의 새로운 막이 다시 시작되는 것이고, 입소와 동시에 노인들이 이전에 누렸던 삶과 소유물들을 포기해야만 한다. 이전 삶의 많은 것들을 포기해야 하더라도 노인의 영성은 유지되어야 한다" (Martin, 2004).

온라인 접속이 가능한 가족구성원들이 존스 홉킨스 병원을 통하여 인터넷에 기반을 둔 '췌장암을 앓고 있는 사람들의 이야기' 채팅방에 접속하여 영적인 편안함을 느꼈다(Nolan et al., 2006). 간호 경력으로서 컴퓨터에 대한 개인적인 관심과 기술을 모두 사용하기 위한 방법을 찾는다면, 대상자와 가족들에게 정보와 지지를 제공하는 웹사이트를 만들 수 있을 것이다.

임종 전 영적 돌봄Nearing Death

임종을 앞둔 대상자에게, 간호사는 영적 간호를 제공하기 위한 팀의 일원으로서 돌봄을 제공한다. 적절한 시기는 언제일까? 간호사는 대상자가 걱정하고 있는 것에 대하여 이야기하기에 적절한 시기를 판단하기 위해 자신의 직관에 따르는 법을 배운다. 간호사는 대상자를 따뜻한 손길로 만지고, 조용히 곁에 있고, 기도자의 역할을 하며, 대상자가 원하는 경우, 성직자와 이야기할 수 있도록 해준다. 어떤 대상자들은 시설에 있는 종교 활동의 전체 혹은 일부에 참석할 수 있다는 사실을 기억하자. 가족들로 하여금 과거에 대상자가 편안함을 느꼈던 경건한 음악을 틀 수 있도록 격려한다. 어떤 대상자의 경우 녹음된 설교나 성경을 듣는 것을 좋아한다. 간호사는 인생의 성장과 번영을 위한 희망적 분위기를 조성한다(Box 15-4). 자신의 주변 상황을 정리하기 원하는 대상자를 위해 대상자가 갖고 있는 메시지나 특별한 추억거리에 대하여 물어볼 수 있다(Piemme, 1998).

Box 15-4 희망에 관한 단상

희망은 믿음과 확신이다. 희망은 인내하는 것이다. 희망은 우리의 삶에 열정을 가져다주고 활기를 불어 넣어준다. 희망은 우리를 계속 나아갈 수 있게 해주는 활력소, 에너지 보충제, 전진하는데 필요한 원동력이며 영혼의 양식이다. 현재보다 미래에 중점을 두는 기대와는 대조적이다. 기대를 갖고 있다가 계획했던 대로 되지 않으면 실망할 수 있다(Brussat & Brussat, 1998). '희망은 상처와 고통스러운 삶에서 살아나갈 수 있다는 믿음이다.' 즉, '고통을 해결할 수 있는 희망, 좋은 일이 생길 것 같은 희망, 질병 회복에 대한 희망, 만약 치료가 안 될 경우, 남은 생애 시간을 연장하는 희망, 자신의 죽음 이후 가족의 안정된 삶을 위한 희망, 우리의 존엄성을 지키기 위한 희망, 죽음 이후 생에 대한 희망'이다(Hampton, 1998).

희망을 가질 수 있다는 희망을 가져야 한다. 희망찬 모습을 유지하기 위해서는, 자신의 실수를 용서하는 법을 배운다. 즉, 미래를 위해 여지를 남겨두는 법을 배우고, 잘 웃고, 유머감각을 키우고, 신을 믿고, 우리의 상상력을 소중히 여기고, 꿈을 그리고, 비전을 세우고, 목표를 세우는 법을 배운다. 어려운 상황에 직면할 경우, 어떤 문제를 경험할 때마다 교훈이 있다는 것을 기억하자. 교훈을 수용하고, 문제를 해결하자. 삶의 불확실성을 마주하기 위해 '나의 미래에 대하여 알 수 없지만, 긍정적일 것이라고 확신한다.'라는 것을 기억하자.

희망을 키워나가기 위해서 다음을 이용하여 희망을 표현한다: 얼굴을 통해 상냥하고 긍정적인 말로 표현하고, 문제의 핵심을 확인하기 위해 다른 사람을 진심으로 대하는 능력을 이용하여 희망을 표현한다. 또한 회피하지 않고 맞서고, 고통을 피하지 않고 견디며, 절망스러운 말을 수용하며, 기도를 통해 희망을 표현한다. 대상자에게 마음을 담은 카드를 쓰도록 격려하고, 가족들에게 사진을 갖고 오게 하거나 자녀 혹은 손자, 손녀가 만든 작품을 가져올 수 있게 한다. 가족에게 제안하여 대상자가 좋아하는 음악을 들을 수 있게 한다. 가족이 대상자의 삶과 연결되어 있음을 상기시키는 꽃이나 식물이 있으면 갖고 오게 한다.

삶의 회고와 보완 도와주기
Helping in Life Review and Life Repair

임종을 앞둔 대상자는 삶의 회고와 보완을 통해 평안을 구하려 할 수 있다. 일기 쓰기를 제안하여 자신을 성찰할 수 있도록 도와준다. 삶의 회고는 용서와 관련된 문제들을 떠올린다. 자신에 대한 용서와 수용이 필요할 수도 있다. 최근의 연구에서 '결정적 용서'와 '감정적 용서'를 구별하였다.

'결정적 용서'는 행동을 용서하는 것이고, '감정적 용서'는 부정적이고, 용서할 수 없는 감정에서 긍정적인 감정으로의 변화를 의미한다. 감정적 용서가 건강과 안녕 상태에 더욱 긍정적인 영향을 미치는 것으로 보고하였다(Horrigan, 2008). 호스피스와 완화간호에서 간호사는 대상자와 개방적이고 깊은 관계를 형성할 수 있다. 호스피스와 완화간호에서 간호사들은 다음의 질문을 통하여 삶의 회고과정을 도와줄 수 있을 것이다. "만약 인생을 다시 살 수 있다면 무엇을 바꾸고 싶으신가요?"(Kemp, 2001). 만약 대상자에게 지금은 말할 수 있는 완료하지 못한 삶의 과업이 있다면 위의 질문이 도움이 될 수 있다. 한 호스피스 병원의 대상자가 자신이 딸을 얼마나 진심으로 자랑스러워하는지 딸에게 미처 말하지 못하였다고 하였다. 간호사는 대상자가 딸에게 이 사실을 말할 수 있도록 자리를 마련해주었고, 대상자가 말하기 어려워했지만, 말할 수 있도록 도와주었다. 말을 끝낸 다음, 대상자는 보다 평안해 보였다. 영적노화협회(Spiritual Eldering Institute)의 설립자인 Rabbi Zalman Schachter-Shalomi(2014)는 자신의 연구와 책(From Age-ing to Sage-ing)에서 대상자의 삶의 회고와 보완을 도와주는 과정에 대하여 심도 있게 설명하였다.

다음의 사례는 간호사가 대상자와 친밀감을 나눌 수 있는 시간에 간호사가 다양한 형태의 의사소통을 이용하여 대상자와 가족을 지지할 수 있음을 보여준다.

성찰과 적용

대상자와 기도를 함께하는 용기

"입원하는 동안 3번이나 급성통증치료를 받았던 적이 있었던 대상자가 복부수술 후 회복실(postanesthesia care unit, PACU)에서 치료를 받고 있었어요. 대상자가 극심한 통증을 느껴 대상자에게 자신이 조절할 수 있는 통증완화제(patient-controlled analgesia, PCA)를 처치해 주었어요. 저는 대상자에게 통증이 조절될 때까지 곁에 있겠다고 말했어요. 이후 2시간 동안 대상자에게 다양한 양의 통증완화제를 주었지만, 대상자가 괜찮다고 느낄 정도로 통증이 좋아지지 않았어요. 대상자를 간호하는 동안 저는 대상자의 이마를 쓰다듬어 주었고, 입술에 물을 축여주었어요. 대상자에게 더 필요한 것이 있는지 묻자 대상자는 자신을 위해서 기도를 해줄 수 있는지 물었어요. 저는 회복실에서 대상자 곁에 계속 있었는데, 몇몇 간호사들이 우리를 쳐다보고 있었어요. 저는 대상자와 함께 주기도문을 암송했어요. 대상자의 통증이 곧 완화되었고, 편안해 보였어요."

성찰과 적용

소망과 꿈

"봄이었습니다. 백혈병을 진단받은 어린 소녀였는데, '하늘나라로 가는 것' 외에는 병원을 벗어날 수 없는 상태였어요. 아이와 저는 며칠 동안 아이의 소망과 꿈에 대하여 이야기를 하였어요. 아이는 한 번도 서커스를 구경하거나, 파랑새를 보거나, 놀이공원에 가본 적이 없다고 말했어요. 몇몇 간호사들이 저를 도와주었어요. 어느 날 미키마우스가 아이의 병실을 방문하였고, 저는 광대 옷을 입고, 서커스 동영상을 갖고 갔어요. 반려동물 가게 주인이 파랑새 2마리를 갖고 와서 오후 시간을 함께 보냈어요. 아이는 웃기도 하고 울기도 하였어요. 아이는 간호사가 이런 모든 일을 할 수 있다는 것을 전혀 몰랐었다고 말했어요. 아이에게 행복한지, 만족하는지 물어봤어요. 아이는 다음과 같이 말하였어요. 선생님, 이제 제가 유일하게 보지 못한 것은 신뻔이네요. 곧 보게 되겠죠. 천사를 본 적은 있어요."

성찰과 적용

저는 그 분의 존재를 분명히 느꼈습니다.

"제가 호스피스 간호사로 근무할 때였어요. 매우 독립적인 대상자였는데 의자에 앉아서 모든 것을 항상 자신이 통제하기를 원했어요. 대상자의 통증이 심해질수록 제가 더욱 자주 대상자에게 갔기 때문에, 대상자를 더욱 자주 돌보았어요. 제가 마사지 치료사이기도 해서, 대상자가 와상상태가 되었을 때 대상자에게 자주 마사지를 해주었어요. 대상자가 자기 동생을 위해 마사지 상품권을 구입해 주고 싶다고 부탁했어요. 이 분이 돌아가신 날 병실에 가보니 차갑게 식어 전혀 미동 없이 누워 있었어요. 저는 이 대상자에게 제가 친구이자 간호사가 될 수 있어서 감사했어요. 저는 이 대상자의 존재와 사랑을 분명히 느꼈어요. 한 달 후, 대상자의 동생이 언니를 잃은 극심한 상실감을 겪은 후 치료를 받으러 저희 병원에 입원했는데 저희 병동으로 입원을 해서 저를 만나게 되었어요. 이것은 우리 둘 모두에게 놀라운 경험이었어요. 지금도 그분의 동생이 저를 찾아와요. 제게 찾아올 때마다 우리는 함께 대상자와 대상자가 우리에게 준 선물을 회상해요."

의미 발견하기Finding Meaning

간호사가 대상자와 가족이 느끼는 고통의 의미를 이해하는 것은 그들이 언제 자신들의 고통을 간호사와 공유하길 원하는지 알 수 있게 해준다. 어떤 경우, 대상자가 간호사에게 말하길 원한다는 단서를 간호사에게 알려주기도 한다. 다음의 예시는 대상자가 자신의 경험에 대한 생각을 간호사와 공유하도록 도와주는 중재들에 관한 것이다.

대상자 1: "짧은 시간 동안에 너무나 많은 일이 발생했어요. 이렇게 많은 일들을 처리할 수 있다는 것을 전혀 몰랐어요."

간호사: "당신이 경험한 모든 것에 대하여 생각 중이시군요. 제게 말씀해 주시겠어요?"

대상자 2: "후천성면역결핍바이러스질환(AIDS)을 진단받은 것은 저에게 더욱 가치 있는 삶을 살 수 있도록 해주어요."

간호사: "당신의 인생에 대한 관점을 지금 저와 나눌 수 있나요?"

대상자 3: "한 아이를 잃었지만 나머지 자녀들이 더욱 소중하다는 것을 알게 될 것 같아요."

간호사: "이번 일이 당신과 자녀들 사이의 관계를 어떻게 변화시킬 것 같나요?"

Hannaford와 Popkin(1992)은 가족의 죽음으로부터 배우는 것들에 대하여 Box 15-5와 같이 보고하였다. Hannaford와 Popkin이 쓴 『창문(Windows)』이라는 책은 애도기간 동안 대상자와 가족을 지지해야 하는 돌봄제공자들을 위한 교육의 교재로 이용되었다. Hannaford와 Popkin은 슬픔에 빠진 사람을 격려하여 가족의 죽음을 의미 있는 삶의 경험으로 변화시킬 수 있도록 해주는 질문과 진술을 제시하였다. Box 15-6에는 이를 위해 유용한 질문과 진술에 대하여 제시하였고,

Box 15-5 질병과 고통에 의미 부여하기

나는 다음과 같은 것을 배웠습니다.

- 나는 사랑할 수 있다는 것을
- 질병과 고통은 사랑스런 상처라는 것을
- 나는 극복할 수 있다는 것을
- 치료될 것이라는 것을
- 내가 성장하고 있다는 것을
- 내가 용서할 수 있다는 것을
- 나 자신을 스스로 용서할 수 있다는 것을
- 고통과 질병이 나에게 많은 것을 가르쳐 주었다는 것을
- 내가 보살핌을 받는 사람이 될 수 있다는 사실을
- 변화가 인생의 필수적인 한 부분이라는 것을
- 내가 갖고 있는 많은 것들에 대하여 감사함을 갖게 되었다는 것을
- 당신이 제게 중요했던 적이 없었다면 나는 절대 당신을 그리워하지 않았을 것이라는 것을
- 내가 모든 것을 다 통제할 수 없다는 것을
- 내가 돌볼 수 있다는 것을
- 내가 관련되었다는 것을
- 나에게 의미 있는 사람이 필요하다는 것을
- 나에 대하여 스스로 재평가할 수 있다는 것을
- 나에게 새로운 삶의 페이지가 쓰여질 것이라는 것을
- 나는 변해야만 한다는 것을
- 나는 다시 시작할 수 있다는 것을
- 내가 더욱 현명해졌다는 것을
- 이전에 없었던 용기를 발견했다는 것을
- 내가 보다 개방적이라는 것을
- 내가 혼자서 새로운 사람들을 사귈 수 있다는 것을
- 나는 도움을 요청할 수 있다는 것을
- 나는 더욱 강하고, 독립적이고, 즐겁고, 행복하다는 것을
- 나에게 선택권이 있다는 것을
- 나는 결코 혼자가 아니라는 것을
- 현재의 가치와 중요성을
- 새로운 방식으로 나의 일상을 채우는 것을
- 나의 인생에 이러한 혼란을 극복하기 위한 동기를 부여해 주어 감사하다는 것을
- 외로움을 즐기는 것을
- 삶에 대하여 더욱 많은 것을 평가한다는 것을

출처: Hannaford, M., & Popkin, M. (1992). *Windows: Healing and helping through loss* (pp. 77–78). Atlanta, GA: Active Parenting.

Box 15-6 유용한 질문이나 진술

- 당신이 이번 경험을 되돌아 볼 때, 다른 사람과의 관계에서 이전에는 몰랐던 새로운 의미를 발견할 수 있나요?
- 가족의 죽음으로 인한 변화에 대하여 당신이 성장하였다고 생각해본 적이 있나요?
- 어떻게 그 경험이 당신의 삶을 변화시켰나요?
- 어떻게 그것이 당신의 삶의 목적과 신념체계에 영향을 주었나요?
- 어떤 긍정적인 행동을 하였나요? 혹은 어떤 긍정적인 행동으로 인하여 당신이 그것을 교훈의 결과로 받아들였나요?
- 우리가 통제할 수 없는 것이 많다는 것을 배운 것 같아요.
- 당신은 위기를 극복할 수 있는 자신의 능력에 대한 자신감이 높아졌어요.
- 당신은 모든 것을 잃었다고 느끼겠지만, 당신이 원하던 독립심과 같은 것들을 얻게 될 것이에요.
- 나는 당신의 웃음소리를 듣는 것이 좋아요. 최근에 경험한 가족의 죽음 이후로 당신의 감정을 보다 잘 표현할 수 있는 것 같아요.

출처: Hannaford, M., & Popkin, M. (1992). *Windows: Healing and helping through loss* (pp. 129–130). Atlanta, GA: Active Parenting.

Box 15-7 해가 될 수 있는 조언

- 이번 일로, 당신은 다시는 하지 않을 것이라는 것을 배웠다고 확신하고 있네요.
- 인생에서 교훈을 얻기는 어려워요. 당신 때문에 인생에서 교훈을 얻기 어려워졌어요.
- 당신이 실수하면, 항상 이에 대한 대가를 치러야 해요.
- 당신이 돌아가신 분께 연락을 계속 했다면, 당신이 이렇게까지 속상하지는 않았을 거예요.
- 당신은 이번 일로 다른 사람에게 더욱 다정해야 한다는 것을 배우게 될 거예요.
- 당신이 교훈을 얻었기를 정말로 바래요.
- 모든 것이 다 잘 될 거에요.

출처: Hannaford M, Popkin M: *Windows: healing and helping through loss*, Atlanta, GA, 1992, Active Parenting, pp 129-130.

Box 15-7에는 해가 될 수도 있는 조언들에 대하여 열거하였다.

바쁜 일상 속에서 신을 찾기
Finding God in the Busyness

간호사는 자신의 삶의 속도에 맞춰 스스로 어떻게 신을 찾을까? 작가이자 인류학자, 화가인 Hanrahan은 '바쁜 일상 속에서 신을 찾기'에 대하여 말하였다. S. Hanrahan은 신을 찾기 위해서 고요함과 침묵을 갈망하는 것과 '한발 뒤로 물러서는 것'이 필요하다는 가정에 대하여 설명하였다. Hanrahan은 침묵과 철회가 영적 건강에 반드시 필요한 것은 아니며, 바쁘다는 것이 꼭 신과의 단절을 의미하는 것은 아니라고 말하였다. Hanrahan은 캐나다의 원주민에 대하여 연구하였는데, 원주민들은 그들의 신을 어디서나 만날 수 있고, 모든 것에 신이 깃들어 있다고 생각한다. "나는 유콘(캐나다의 서북부 지방)에 사는 노인의 얼굴에서 신을 보았고, 모임을 시작할 때 드리는 노인의 기도에서 신의 목소리를 들었다. 나를 공항까지 데려다 준 열정적인 터키 남자에게서 신을 만났고, 멕시코 출신의 교수, 택시운전사, 난민들에게서 신을 만날 수 있었다."(Hanrahan, 2006). Hanrahan은 공무여행에서 호텔에 머무르는 동안 머리를 베개에 댈 때에도 신의 존재를 느꼈다. Hanrahan은 감사한 마음을 갖거나 신과 연결되는 것을 느끼는 순간을 갖기 위해서 '느리게 사는 삶'을 조언하였다.

간호사보다 더 좋은 곳에서 더 훌륭한 자격을 갖고 영적 돌봄을 제공할 사람은 없다는 사실을 기억하자(Kemp, 2001). 우리의 삶에서 이따금씩 영성을 키워나가는 것이 가장 좋은 방법이라는 것을 명심하자.

우리는 인생의 완벽한 원 위에 있다. 영적 돌봄은 돌봄제공자와 함께 시작되고 종결된다. 우리가 우리 자신의 영성을 키우면, 총체적인 관점을 갖고 진심으로 대상자의 경험을 수용하게 된다. 대상자에 대한 경험은 우리의 영성을 풍부하게 해주고, 다시 재수립할 수 있게 해준다.

영성 수용: 의미 찾기 연습
Practicing Embracing the Spiritual Journey of Healthcaring... Meaning Making

연습 1 '영성 수용'의 첫걸음

영적 사정도구를 사용하여 나의 영성에 대하여 알아본다(Box 15-2). 영적 사정도구를 사용하여 자신의 영성을 사정해본 후, 질문들 중 대상자에게 편안하게 물어볼 수 있는 질문들을 체크한다. 나의 영성사정 결과를 다른 사람들과 공유한다. 우리가 이 도구를 어떻게 사용할 수 있을지 혹은 우리가 현재 근무하고 있는 임상현장에서 도구의 일부분을 어떻게 사용할 수 있을지에 대하여 토의한다.

연습 2 일기를 통한 '영성 수용'

이번 장에서는 우리의 영성을 키우는 방법을 제안하였다. 영성을 키우기 위한 계획을 일기에 작성해보고, 세운 계획을 우리의 삶과 일에 통합시키기 위한 목표를 설정하여 기술해본다.

연습 3 사례에 적용하는 '영성 수용'

파킨슨병에 걸린 아내를 둔 John Paul Lederach는 갈등 전환과 평화 구축에 관해 20여 권 이상의 책을 쓴 작가로, Jarem Sawatsky의 저서인『코끼리와 춤추기: 치매, 만성질환 또는 뇌 노화를 앓고 있는 사람들을 위한 마음챙김 훈련(Dancing with Elephants: Mindfulness Training for Those Living with Dementia, Chronic Illness or an Aging Brain; Sawatsky, 2017)』에 다음과 같이 인용되어 있다: 믿음은 우리가 태어난 세상과 생명이라는 특별한 선물의 신비 속에 포착된 경외감에 대한 것이다. 나는 자연을 통해 종종 경외감을 느낀다. 우리는 매일 비타민에 대한 경외심이 필요하다. 어떻게 자연 그대로의 모습으로 돌아가 매일 비타민에 대한 경외감을 느낄 수 있을까?

이 시를 사용하여 영적 연결의 원천으로서 자연에 대한 토론을 시작한다.

연습 4 영성 발전을 위한 '감사하기'

3분 동안 조용히 앉아 감사한 것들에 대해 생각해본다. 당신이 큰 감사를 느끼고 있는 살아있거나 혹은 세상을 떠난 누군가를 생각하고 그 사람에게 감사 편지를 쓴다. 감사함을 표현하고 성찰한 경험을 이야기해본다. 어쩌면 당신은 더 자주 감사할 수 있지 않을까?

연습 5 '영성 수용'을 위한 의식

손의 축복은 간호사의 회복과 명예를 기리기 위해 시행되는 비종교적 혹은 종교적 의식절차이다. 국제 간호사의 날에서 종종 실시된다. 또한, 간호학교 축하행사에서 시행되기도 한다. 이 전통에 대해 온라인으로 조사한 후, 다른 학생 및 교직원과 함께 임상이나 간호학교 축하 행사에서 이러한 의식을 수행하는 것에 대해 흥미로운 점이 있는지 논의해본다(Wolpert, 2010).

연습 6 Q.S.E.N – 자기주도학습 '영성 수용'

환자 중심 간호는 '인간 경험의 다양성에 대한 민감성과 존중으로 환자 중심간호를 제공'하는 기술을 포함한다. 질병 경험은 환자와 가족 모두에게 취약한 시기이다. 건강과 질병의 의미에 대한 그들의 가치와 믿음을 이해하는 것은 영적 간호를 제공하는 데 중요하다. 환자에게 반영적 질문을 하는 것은 환자의 가치, 신념 및 생활 환경의 맥락에서 질병을 이해하는 데 도움이 될 수 있다.

- 환자들이 건강하고 살아있다고 느꼈던 때를 말하도록 이끌어낸다. 환자가 그 때 어떤 일이 일어났는지, 어떻게 느꼈는지, 누가 함께 했는지를 설명하도록 유도하는 것이 도움이 된다.
- 무엇이 환자들의 건강에 대한 느낌에 영향을 미쳤을까?

환자들이 가장 건강하다고 느꼈던 시간을 회상하도록 도와줌으로써, 간호사들은 그들의 가치와 신념 그리고 그들이 현재 상황에서 문제를 어떻게 받아들이는지를 보다 잘 이해할 수 있다. 그들의 이야기를 들으면서 간호사들은 환자가 간호의 영적인 면을 확인하고, 그들의 삶에서 더 강한 힘의 역할을 확인하며, 삶의 의미를 부여하는 것이 무엇인지, 그리고 현재 느끼는 위협에 대한 인식을 확인하도록 이끌 수 있다. 간호사는 환자의 가치와 신념을 이해함으로써 환자들이 질병에 대한 반응을 탐색하고, 회복에 영향을 미칠 수 있는 치료에 대한 적극적 참여에 장애가 될 수 있는, 해결되지 않은 영적 욕구를 해결하는 자원들을 찾는데 도움을 줄 수 있다.

- 환자의 가치와 신념을 확인하고 인식하는 것이 질적인 안전한 간호의 중요한 측면인 이유는 무엇인가?
- 환자의 가치와 신념을 존중하기 위해 근거기반 표준에 예외를 적용하는 것은 언제 중요한가?

참고문헌

Abell, C. H., Garrett-Wright, D., & Abell, C. E. (2018). Nurses' perception of competence in providing spiritual care. *Journal of Holistic Nursing, 36*(1), 3.

American Nurses Association. (2012). *Faith community, nursing* (2nd ed.). Silver Spring, MD: American Nurses Association.

Bay, P. S., Ivy, S. S.,&Terry,C. L. (2010). The effect of spiritual retreat on nurses' spirituality. *Holistic Nursing Practice, 24*(3), 125.

Bayfront Medical Center. (2002). *Pastoral care volunteer training manual: The use of prayer (handout)*. St. Petersburg, FL: Bayfront Medical Center.

Bogia, B. P. (1985). Responding to questions in pastoral care. *Journal of Pastoral Care, 13*(4), 357.

Booth, L., & Kaylor, S. (2018). Teaching spiritual care within nursing education: A holistic approach. *Holistic Nursing Practice, 32*(4), 177.

Bormann, J. E., Thorp, S., Wetherill, J. L., & Golshan, S. (2008). A spiritually based group intervention for combat veterans with posttraumatic stress disorder. *Journal of Holistic Nursing, 26*(2), 109.

Brillhart, B. (2005). A study of spirituality and life satisfaction among personswith spinal cord injury. *Rehabilitation Nursing, 30*(1), 31.

Brussat, F., & Brussat, M. A. (1998). *Spiritual literacy: Reading the sacred in everyday life*. New York, NY: Touchstone Books.

Buber, M. (1958). *I and thou*. New York, NY: Charles Scribner's Sons.

Burkhardt, M. A., & Nagai-Jacobson, M. G. (1994). Reawakening spirit in nursing practice. *Journal of Holistic Nursing, 12*(1), 8.

Burkhardt, M. A., & Nagai-Jacobson, M. G. (2002). *Spirituality: Living our connectedness*. Albany, NY: Delmar/Thomson Learning.

Buswell, J., Clegg, A., Grout, G., Minardi, H. A., & Morgan, A. (2006). Ask the experts: Spirituality in care [gerontological care and practice]. *Nursing Older People, 18*(1), 14.

Calabria, M. D., & Macrae, J. A. (Eds.), (1994). *Suggestions for thought by Florence Nightingale: Selections and commentaries (a volume in the Studies in Health, Illness, and Caregiving series)*. Philadelphia, PA: University of Pennsylvania Press.

Casarez, R. L. P., Engebretson, J. C., & Ostwald, S. K. (2010). Spiritual practices in self-management of diabetes in African Americans. *Holistic Nursing Practice, 24*(4), 227.

Cavendish, R., Luise, B. K., Horne, K., Bauer, M.,Medefindt, J., Gallo, M. A.,...Kutza, T. (2000). Opportunities for enhanced spirituality relevant to well adults. *Nursing Diagnosis, 11*(4), 151.

Chochinov, H. M., McClement, S., Thompson, H. T., Dufault, B., & Harlos, M. (2015). Eliciting personhood within clinical practice: effects on patients, families, and health care providers. *Journal of Pain and Symptom Management, 49*, 974.

Cone, P. H., & Giske, T. (2016). Nurses' comfort level with spiritual assessment: A study among nurses working in diverse healthcare settings. Journal of Clinical Nursing, 26, 3125.

Delgado, C. (2007). Meeting clients' spiritual needs. *Nursing Clinics of North America, 42*(2), 279.

Donnelly, G. F. (2010). Health choices and heightened awareness: The art of the nudge!. *Holistic Nursing Practice, 24*(4), 179.

Dossey, B. (1998a). Body-mind-spirit: Attending to holistic care. *American Journal of Nursing, 98*(8), 35.

Dossey, B. (1998b). Holistic modalities and healing moments. *American Journal of Nursing, 98*(6), 44.

Dossey, B. M., & Keegan, L. (2012). *Holistic nursing: A handbook for practice*. Burlington, MA: Jones & Bartlett.

Ellington, L., Bilitteri, J., Reblin, M., & Clayton, M. F. (2017). Spiritual care communication in cancer patients. *Seminars in Oncology Nursing, 33*(5), 517.

Emmons, R. A. (2007). *Thanks: How the new science of gratitude can make you happier*. Boston, MA: Houghton Mifflin.

Erickson, H. (Ed.) (2006). *Modeling and role-modeling: A view from the clients' world*. Cedar Park, TX: Unicorns Unlimited.

Erickson, H., Tomlin, E., & Swain, M. A. (2010). *Modeling and role-modeling: A theory and paradigm for nursing*. Cedar Park, TX: Unicorns Unlimited.

Fields, R., Taylor, P., Weyler, R., & Ingrasci, R. (1984). *Chop wood, carry water: A guide to finding spiritual fulfillment in everyday life*. Los Angeles, CA: JP Tarcher.

Friedman, M. S. (1966). *The life of dialogue*. New York, NY: Harper & Row.

Hampton, C. (1998). *Hope and healing after traumatic illness*. [Paper presented to the Case Management Society of America, Georgia chapter, September 26, 1998.].

Hannaford, M., & Popkin, M. (1992). *Windows: Healing and helping through loss*. Atlanta, GA: Active Parenting.

Hanrahan, M. (2006). *Finding God in the busyness. The social edge: A monthly social justice and faith website. http://www.thesocialedge.com/columns/maurahanrahan/index.shtml. Accessed 19 June 2006.*

Horrigan, B. (2008). Matters of Note: New forgiveness research looks at its effect on others. *Explore, 4*(1), 11.

Johnson, P. (2002). The use of humor and its influences on spirituality and coping in breast cancer survivors. *Oncology Nursing Forum, 29*(4), 691.

Kemp, C. (2001). Spiritual care interventions. In B. Ferrell & N. Coyle (Eds.), *Textbook of palliative care*. New York, NY: Oxford University Press.

Kidd, S. M. (2005). *The mermaid chair*. New York, NY: Penguin Books.

Koenig, H. G. (1999). *The healing power of faith: Science explores medicine's last great frontier*. New York, NY: Simon & Schuster.

Koenig, H. G. (2007). *Spirituality in patient care: Why, how, when, and what*. West Conshohocken, PA: Templeton Press.

Lackey, S. A. (2009). *Opening the door to spiritually sensitive care. Nursing, 39*(4), 46.

Martin, I. (2004). Nurturing that old-time religion. *Vibrant Life, 20*(5), 14.

McCaffrey, A. (2004). Prayer for health concerns: Results of a national survey on prevalence and patterns of use. *Archives of Internal Medicine, 164*(8), 858.

Meraviglia, M. (2006). Effects of spirituality in breast cancer survivors. *Oncology Nursing Forum, 33*(1), E1.

Moore, T. (1998). Care of the soul. New York, NY: HarperCollins.

Nagai-Jacobson, M. G., & Burkhardt, M. A. (1989). Spirituality: Cornerstone of holistic nursing practice. *Holistic Nursing Practice, 3*(3), 18.

Narayanasamy, A. (2004). The puzzle of spirituality for nursing: A guide to practical assessment. *British Journal of Nursing, 13*(19), 1140.

Newman, M. A. (1989). The spirit of nursing. *Holistic Nursing Practice, 3*(3), 1.

Nolan, M. T., Hodgin, M. B., Olsen, S. J., Coleman, J., Sauter, P. K., Baker, D.,...Hruban, R. H. (2006). Spiritual issues of family members in a pancreatic cancer chat room. *Oncology Nursing Forum, 33*(2), 239.

O'Brien, M. E. (2017). *Spirituality in nursing: Standing on holy ground*. Sudbury, MA: Jones & Bartlett.

Peck, M. S. (1998). *Further along the road less traveled: The unending journey toward spiritual growth*. New York, NY: Touchstone Books.

Piemme, J. A. (1998). Discussing end-of-life decisions. *Innovative Breast Cancer Care, 4*(1), 31.

Reblin, M., Otis-Green, S., Ellington, L., & Clayton, M. F. (2014). Strategies to support spirituality in health care communication: A home hospice caregiver. *Journal of Holistic Nursing, 32*(4), 269.

Sawatsky, J. (2017). *Dancing with elephants: Mindfulness training for those living with dementia, chronic illness or an aging brain*. Rosemary Beach FL: Red Canoe Press.

Schachter-Shalomi, Z. (2014). *From age-ing to sage-ing: A profound new vision of growing older*. New York, NY: Grand Central Publishing.

Thaler, R. H., & Sustein, C. R. (2008). *Nudge: Improving* decisions *about health, wealth and happiness*. London, UK: Penguin Books.

Touchy, T. A. (2001). Nurturing hope and spirituality in the nursing home. *Holistic Nursing Practice, 15*(4), 45.

Travelbee, J. (1970). Interventions in psychiatric nursing. Philadelphia, PA: FA Davis.

Tuck, I., McCain, N. L., & Elswick, R. K., Jr. (2001). Spirituality and psychosocial well-being in HIV+ adults. *Advances in Nursing, 33*(6), 776.

Wolpert, N. S. (2010). Blessing of the hands. *Nursing Management, 41*(5), 29.

Part 3

의사소통 역량 개발과 성장

Developing Road-Worthy Practices along the Journey

Chapter 16

지지 요청하기

Requesting Support

학습목표

1. 사회적 지지와 건강 간의 연관성을 논의한다.
2. 지지체계를 사정한다.
3. 주장적, 비주장적 및 공격적 지지 요청을 구별한다.
4. 주어진 상황에 맞게 지지 요청을 연습한다.

간호업무를 수행하기 위해 지지가 필요한 경우가 많다. 이 장에서는 성공적으로 지지를 요청하는 방법을 논의할 것이다. 자신의 요구를 구체적으로 하는 방법과 주장적인 전략을 계획하는 방법을 배울 것이며, 주어진 상황에 맞게 주장적으로 지지를 요청하도록 연습할 것이다.

사회적 지지의 중요성

Recognizing the Importance of Social Support for Health and Work Life

사회적 지지와 건강 및 질병의 대처 사이에 긍정적 연관성이 있다(Komblith et al., 2001). 재향군인에 대한 연구에서, 개인이 지각한 사회적 지지가 외상 후 스트레스 장애의 발생 빈도 감소와 관련이 있음이 증명되었고(Duax et al., 2014), 사회적 지지 수준을 더 높게 지각한 뇌졸중 환자가 건강 관련 삶의 질에서 점수가 더 높게 측정되었다(Kruithof et al., 2013). 중고등학교 교사의 근무환경에 대한 연구에서 불안과 우울은 동료의 지지와 반비례하였다(Mahan et al., 2010). 병원 경영자는 간호사들의 스트레스를 줄이고 채용 및 근속 유지를 촉진하기 위하여 지지 방법을 찾고 있다. 미국 간호사 자격심사센터(American Nurses Credentialing Center, ANCC; 2014)에서는 간호의 전문성을 지원해주는 마그넷 병원 인증 프로그램에서 간호의 우수성을 인증기준으로 제시하고 있다. 또한 지도자는 연민의 감정을 표현해야 한다. 사회적 외상이 발생한 경우, 지도자가 기관을 대표하여 애도를 표현하는 것이 긍정적인 결과를 가져오기도 한다.

직장이나 학교에서 필요한 지지 결정하기

Determining the Support You Need at Work or School

일반적으로 지지는 좀 더 효율적으로 일을 할 수 있게 하고, 더 나은 감정을 갖도록 돕는다.

지지는 인지적 · 정서적 · 물리적으로 개념화

될 수 있고, 간호업무를 효율적으로 수행하는 데 필요한 요구를 파악하고 자원을 확보하는 데 도움이 된다. 인지적 지지는 업무에 대하여 현명하게 생각하게 하며, 문제 접근방식을 결정하고 업무를 수행하는 특정 방법과 그 근거를 확인하는 데 도움을 준다. 또한 업무를 수행하기 위한 중요한 기준을 제공한다. 간호사는 멘토를 통해 인지적 지지를 제공받기도 한다. 멘토십 모델(mentorship model)을 적용한 연구에서 신규 간호사 평가 점수는 멘토가 있는 경우가 그렇지 않은 경우에 비해 더 높은 것으로 나타났다(Komaratat & Oumtanee, 2009). 신규 간호사에게 실시한 집단 멘토링은 비용 효과적인 '모범 사례 모델'로서 성공적이었다(Kostovich & Thurn, 2013). 멘토링은 소속감, 경력, 전문적 성장, 역량에 대한 긍정성, 능력 및 안정감을 증가시키는 것으로 나타났다(Weese et al., 2015). 정서적 지지는 업무에 대한 인정과 돌봄, 배려에 대한 느낌을 지지하는 것이다. 간호실무는 변화하고 대상자들은 더욱 민감해지면서, 간호사 채용과 고용 유지라는 새로운 이슈에 직면하게 된 시점에 간호관리자들은 지속적으로 자신의 중요한 역할을 지지하고 형성해 나가야 한다(Sala, 2002).

긍정적 성과에 대한 인정으로 관리자에 대한 존경, 명예와 감사는 자주 표현되어야 한다. 감사와 고마움을 표현하는 것은 간호사들 간에 친근감과 돌봄 및 배려의 느낌을 갖게 할 수 있다. 이것은 직업 만족의 한 형태로, 직장, 대상자 및 동료에 대한 더 나은 감정을 만들게 한다(Doherty, 2002). 멘토링은 정서적 지지를 제공할 수 있다. Fox(2010)는 멘토링 프로그램을 실시한 병동의 간호사 이직률이 의미 있게 감소되었고, 다른 부서로 확장한 경우에도 유사한 결과가 나타났다고 보고하였다.

물리적 지지는 업무를 수행하는 과정에 필요한 인력과 물품을 제공하는 것이다. 물리적 지지에서 직원 배치에 대한 요구는 필수 요소로 많은 논문에서 논의되었다. 소모품, 장비 및 환경 편의와 관련된 요구 사항은 기술, 전산화 및 엄격한 산업재해 및 안전 규정 준수를 통해 대부분의 간호업무에서 대부분 충족되었을 것이다.

간호사들은 주장적인 태도로 필요한 지지를 확보하여, 직장에서 보다 편안하고 자신감 있게 지내야 한다. 간호사들은 환자의 건강상태를 향상시키기 위해 많은 노력을 하고 있다. 업무를 수행하는 데 필요한 지지를 확보하는 것은 간호사들이 자신의 건강을 유지하고, 일과 동료들 모두에 대한 감정을 긍정적으로 변화시키게 도울 것이다.

개인의 지지 사정을 위한 기본 틀을 조직하기 위해서는 인지적 · 정서적 · 물리적 지지에 대한 개념화가 이루어져야 한다. 체계적 접근을 위한 첫 번째 단계에서는 지지의 질적 · 양적 측면에 대한 결정이 이루어져야 한다. 질은 지지에 대한 본질과 특성을 고려하는 것이며, 양은 지지의 수량을 고려한다.

다음으로 Box 16-1의 체크리스트에서 해당되는 칸에 플러스(+) 또는 마이너스(−)를 표기하도록 한다. 표기한 후에는 직장이나 학교에서 지지가 필요한 분야를 기록하도록 한다. 지지를 받는 것이 당연한 것처럼 느끼게 되지만, 이점을 확인하게 되면 이를 감사하게 느낄 수 있다.

다음으로는 원하는 지지가 제공되지 않은 영역을 찾아보고, 지지의 양 또는 질적 측면에 만족하지 않는 경우 다음 질문에 답하도록 한다.

- 지지의 양 또는 질에 대해 불만을 느끼는 것은 정확히 무엇인가?
- 선택권이 있다면, 필요한 지지를 받을 수 있도록 어떻게 변화시키겠는가?

이러한 질문에는 최대한 구체적으로 답하도록 한다. 직장 또는 학교에서의 지지체계에 대한 차이를 좀 더 명확하고 세밀하게 알수록 상황을 변화시킬 수 있는 가능성이 커지게 된다.

Box 16-1 개인 지지체계의 만족도 평가

각각의 인지적 · 정서적 · 물리적 지지 항목에서는 다음을 질문하고 있다.

- 업무를 수행하는 데 제공되는 지지의 '질' 부분에 만족하고 있는가?
- 업무를 수행하는 데 제공되는 지지의 '양' 부분에 만족하고 있는가?

번호	문항	만족 정도			
		질적 측면		양적 측면	
		만족	불만족	만족	불만족
	인지적 지지				
1	영감: 간호 수준을 향상시키는 데 도움이 되는 지식과 기술을 가진 사람들과 일하고 있다.				
2	정보: 간호 절차에 대한 적절한 지침을 제공할 수 있는 유용한 자원(예: 책, 절차 매뉴얼, 각서, 온라인 정보)이 있다.				
3	조언: 동료들은 전문 지식을 제공하며, 가이드나 지시를 통해 기꺼이 도움을 준다.				
4	도전: 동료들은 제공된 간호에 대하여 확인, 질문, 비평을 통해 격려함으로써 지적으로 교류한다.				
5	지도: 동료들은 간호에 대한 그들의 철학 및 믿음을 표현하거나 자유롭게 공유하며, 이는 유익하다.				
	정서적 지지				
6	공감: 동료들은 관심을 갖고 나의 말에 경청하고 있으며, 나는 존중받고 이해받고 있다고 느낀다.				
7	인정: 동료들은 나의 지식과 기술을 인정하고 있으며, 나는 독립적 결정을 할 수 있고 재능을 적절하게 사용할 수 있다.				
8	칭찬: 동료들은 나의 업무와 칭찬에 감사해하며, 나의 간호수행에 대하여 진정한 관심과 흥미를 갖고 있다.				
9	안심: 태만을 보이거나 임무를 완성하지 못했을 경우, 이에 대한 용서는 지속적으로 최선의 간호를 제공하기 위한 격려와 함께 이루어진다.				
10	관심: 동료들은 온정과 돌봄으로 나에 대한 관심을 표현하며, 나는 그들이 나와 함께 일하기를 원하고 있다고 느낀다. 동료들은 나를 간호사 또는 학생이 아닌 한 개인으로서 걱정하고 있다.				
11	피드백: 업무에 대하여 정직하고 솔직한 평가가 제시되며, 또한 필요할 때 요청할 수 있다. 올바르고 명확한 방법으로 제공된 건설적인 비평만이 수용 가능하다.				
12	협력: 동료들과 아이디어를 서로 공유한다. 경쟁하고자 하는 마음보다는 대상자 간호를 향상시키기 위하여 간호사들은 즐기면서 함께 일을 한다.				
13	열정: 간호사들은 동기 부여가 되어 있고 분위기는 활기차다. 간호를 향상시키기 위한 생산적인 제안들이 격려된다.				

Box 16-1 개인 지지체계의 만족도 평가(계속)

번호	문항	만족 정도			
		질적 측면		양적 측면	
		만족	불만족	만족	불만족
물리적 지지					
14	적절한 인원: 간호를 수행하는 데 필요한 전문적인 지식과 기술을 갖춘 직원이 충분하다.				
15	공유: 동료들은 주어진 상황에 맞게 업무를 공유하고 서로 돕는다. 동료가 도와주지 않거나 거절하는 일이 거의 없다.				
16	물품: 간호나 행정 물품이 충분하고, 이를 지속적으로 사용함으로써 원활한 업무를 수행할 수 있다.				
17	장비: 병동에 있는 장비는 업무를 수행하는 데 유효하며, 정상적으로 작동하고, 쉽게 접근할 수 있다.				
18	환경: 업무 환경의 디자인과 실내 장식은 업무를 수행하는데 불편하거나 번잡하지 않고 산만하지 않게 조성되었다.				

출처: Smith SP: Need support at work? Think CAPs, *Canadian Nurse, 81*(8):40, 1984.

직장이나 학교에서 필요한 지지 요청하기

Requesting the Support You Need at Work or School

첫 번째 단계는 지지에 대한 필요성을 확인하는 것이다. 그리고 그 다음은 지지를 얻고자 하는지에 대한 여부를 결정하는 것이다. 지지 없이 관리가 가능한가? 또는 지지가 있다면 당신의 근무 환경을 개선할 수 있는가? 지지를 얻기로 결정했다면 다음으로 전략을 수립해야 한다. 전략을 수립하기 위해서는 다음 질문에 대한 대답이 필요하다.

- 이 지지를 부탁할 수 있는 적임자는 누구인가?
- 이 지지를 요청할 수 있는 가장 좋은 방법은 무엇인가?
- 상황을 어떻게 표현해야 직장이나 학교에서 지지를 받을 확률이 높아질 수 있는가?

세 개의 성공스토리: 당신이 필요한 지지를 요청함에 있어서 어떤 역할을 해야 하는지, 주목해야 할 것이 무엇인지 파악하기

Three Stories of Success: Read What Works and What Does not in Seeking Support you need

인지적 지지 요청하기: 학장을 찾아간 학생

Making a Request for Cognitive Support… a Student Approaches the Dean

글쓰기에 소질이 없는 간호학생이 있다. 문장 구조는 불량하고 문법적 오류가 있으며 내용이 잘 정리되지 않는다. 비록 대학에서는 글쓰기를 위한 특별 과정이 개설되어 있지만 학생들의 글쓰기 기술을 도와줄 수 있는 공식적인 지지는 제공되지 않는다. 다른 여러 대학에 글쓰기를 도와주는 센터가 있다는 것을 알게 되면서 학생은 학장에게 도움을 요청하기로 결심한다.

학장과 약속을 잡은 이후, 학생은 전략을 준비한다. 학장과의 허가된 20분 안에, 글쓰기 능력이 수업활동에 얼마나 중요한 영향을 미치고 있으며, 또한 간호실습에서 글쓰기 능력이 주는 이점에 대하여 학장에게 인식시켜야 한다. 학생은 학장이 자신의 제안을 충분히 검토하여 다른 학생들과 함께 충분한 지지를 받기를 원한다.

간호학생은 인근 지역에 있는 비슷한 규모의 대학으로부터 정보를 수집하였고, 이러한 대학 중 많은 곳에서 글쓰기 교사와 함께 글쓰기 센터를 운영하고 있음을 알았다. 다음으로 글쓰기 기술 향상이 필요한 학생이 얼마나 되는지 조사하였으며, 좀 더 구체적으로 글쓰기 능력이 부족하여 과제 점수가 감점된 빈도가 얼마나 되는지 조사하였다.

이러한 정보를 가지고 간호학생은 학장과의 면담을 준비한다. 학생은 편안하고 차분하게 마음속으로 자신의 주장을 분명하고 올바르게 표현하는 것을 그려보기도 하며, 자신이 말하는 것에 학장이 좀 더 주목할 수 있는 방법을 고민하기도 한다. 또한 학장이 자신의 견해에 관심을 보이고 글쓰기 센터의 설립 가능성을 타진해 보겠다는 약속을 하는 장면을 떠올려보기도 한다.

다음은 간호학생이 학장과의 면담에서 주장적인 접근을 사용한 예문이다.

주장적인 접근 Assertive Approach

학장을 만났을 때 어떻게 면담을 진행하는 것이 좋은지에 대한 예가 제시되어 있다.

> *간호학생:* "뵐 수 있게 해주셔서 감사드립니다, 학장님. 저는 학생들의 관심분야인 글쓰기 기술에 대한 학생들의 걱정과 이러한 문제가 수업활동에 미치는 영향에 대하여 말씀드리고 싶었습니다."
>
> 학장: "오? 그래요? 상황에 대해 더 말해 줄 수 있습니까?"
>
> *간호학생:* "네, 말씀드리겠습니다. 비록 우리 대학에도 글쓰기 집중 과정이 있고 교수진들은 학생들에게 글쓰기 능력이 중요하다고 말씀하시지만, 개인지도를 위한 센터가 없습니다. 저는 우리 지역 내에서 우리 대학과 규모가 비슷한 다른 대학을 조사하였고, 캠퍼스 내에 글쓰기 센터가 있는 대학의 목록을 작성하였습니다. 그리고 우리 대학 학생을 대상으로 조사를 실시하였고 그 결과, 많은 수의 학생들이 글쓰기 문제에 영향을 받고 있다는 결과를 얻게 되었습니다. 여기 이러한 정보를 편집한 사본을 드립니다(학장에게 조사보고서를 전달한다). 우리는 현재 대학에서 받고 있는 교육에 감사하고 있습니다만, 좀 더 지지해 줄 수 있는 자원이 필요하다고 생각합니다."
>
> *학장:* "저는 학생이 조사한 결과를 반박할 수 없을 것 같군요. 학생은 분명하게 조사를 해 왔어요. 학생의 제안이 현 상황에 좋은 해결방안을 제시할 수 있을 것 같군요. 저도 학생들이 글쓰기 기술을 향상시킬 수 있는 방법을 갖기를 바랍니다. 다음 교수회의에서 그 문제를 제안하도록 하겠습니다. 교수들은 온라인 글쓰기 강좌에 대하여 이야기도 해왔고 개발하려고도 하였습니다. 필요한 지지를 요청하는 학생의 걱정과 주도적인 행동은 매우 인상적입니다. 이번 주에 교수회의가 있습니다. 제가 학생이 준 자료를 함께 공유하고 일주일 안에 돌려드리겠습니다. 내 관심사였던 이 중요한 문제를 의논해 주어서 감사합니다."

주장적인 접근방식으로 간호학생의 제안은 학장의 주목을 받게 되었다. 처음 만남에서 감사를 표현함으로써 일정이 바쁜 학장에 대한 존경심을 표현하였다. 또한 학장을 방문하기 전까지 자신의 생각을 보강하였다. 대학의 교육적 측면에 대한 감사를 표현함으로써 학생의 제안이 단지 불평하는 것이 아님을 학장에게 분명하게 표현하였다. 간호학생은 현 상황에 대하여 확실하게 설명하였으며, 정중하게 가능한 해결책을 제시하였다. 학생의 조사와 접근방법, 자료의 제공은 인지적 지지 요청으로, 결과적으로 학장이 학생을 돕도록 하였다.

주장적인 접근과 달리 비주장적이거나 공격적인 접근이 사용될 수도 있다. 다음은 이에 대한 예문이다.

비주장적인 접근 Nonassertive Approach

어떤 상황이든 비주장적인 행동은 자신감이 없어 보이며, 불확실하고 결정되지 않는 것처럼 보인다. 이러한 속성은 다른 사람에게 원하는 것을 얻을 것이라는 기대가 없는 것처럼 보여진다. 이러한 메시지는 잠재적 제공자들로 하여금 요청에 대한 의구심을 품게 한다. 다음은 비주장적인 접근에 대한 예문이다.

간호학생: "당신을 만날 수 있게 해주셔서 감사드립니다. 저는 낮은 과제 평가 점수에 대한 이야기를 하고자 합니다. 혹시 학장님 학생들이 글쓰기 과제에 대하여 어려움을 갖고 있다는 것을 알고 계십니까?"
학장: "낮은 점수에 대한 무엇을 말하는 거죠? 무슨 문제가 있나요?"
간호학생: "글쎄요, 문법 점수가 낮은 학생은 저만이 아닙니다. 당신이 보시기에도 이 문제는 꽤 중요한 문제고… 제가 의미하는 것은… 제가 무엇을 말하려는지 모르겠지만, 저는 글쓰기를 할 수 있다고 생각했었습니다."
학장: "글쎄요, 얼마나 큰 문제인가요?"
간호학생: "음, 저는 지난주에 과제 점수로 'C'를 받았습니다. 다른 학생들도 물론 불평하고 있구요."
학장: "만약 도움이 필요하다면 나는 얼마나 많은 학생들이 이 문제로 인해 영향을 받고 있는지 좀 더 알고 싶고, 어떠한 조치가 필요한지 요청 드리고 싶어요. 학생이 그러한 정보를 제공했을 때 이 문제를 좀 더 신중하게 바라볼 수 있을 것 같습니다."

주장적이지 않은 태도로 요청된 지지는 무시되었다. 이 예문에서 보면 학생은 문제의 중요성을 확신시킬 만한 필요한 정보를 갖고 있지 않았으며, 학생의 제안은 올바르고 객관적으로 전달되지 않았다. 비주장적인 학생의 스타일, 전달력과 준비성의 부족으로 인해 문제의 본론을 잃게 되었다.

다음은 공격적인 접근에 대한 예문이다.

공격적인 접근 Aggressive Approach

공격적인 접근의 경우, 다른 사람을 화나게 하거나, 경멸 또는 위협의 방식으로 원하는 것을 추구하게 된다. 우리가 원하는 것을 얻기 위해 다른 사람을 공격하게 되면 불쾌한 감정이 생기게 되고, 그것을 극복하기 위해 상당한 에너지와 시간이 필요하다.

다음은 공격적인 접근법에 대한 예문이다.

간호학생: "저를 만나 주셔서 감사합니다. 학장님, 학장님은 글쓰기 과제에서 떨어진 점수를 올리기 위해서 중요한 것을 해 주셔야 합니다. 저는 도움이 안 되는 이런 상황에 지쳤습니다. 다른 대학에서는 학생을 위해 개인 교사를 두고 있으며, 글쓰기 센터를 운영합니다. 저희는 많은 수업료를 지불합니다. 도움을 받을 수 없다는 게 너무 불공평합니다. 학장님, 해결방법을 모르는 것으로도 징계를 받을 수 있습니다."
학장: "이 문제로 학생이 무척 화가 났다는 것을 알겠습니다. 그리고 매우 중요한 문제로 보입니다. 학생이 진정하고 이 문제에 대해 합리적으로 말할 수 있을 때 다시 만나면 좋을 것 같군요."

공격적인 접근으로는 원하는 것을 얻을 수 없었다. 그리고 학장과 학생 사이에는 불쾌한 관계가 형성되었다. 본 사례를 통해서 이 두 가지 문제점을 확인할 수 있었다. 공격적인 접근이었을 경우에는 흔히 자제력을 잃게 되고, 논리적이고 분명한 방법으로 논쟁할 수 없게 된다. 합리적으로 잘 계획된 주장적인 접근만이 필요한 지지를 확보하고 유지할 확률이 높아지며, 도움을 줄 수 있는 사람과의 좋은 관계가 유지된다.

정서적 지지 요청하기…
성적에 대해 극단적으로 경쟁하는 상황에서 동급생들과의 대화를 시도하는 학생

Making a Request for Affective Support…
a Student Approaches Classmates about Toxic Competition for Grades

간호학생 양○○은 3학년이다. 양○○은 학기가 시작될 때마다 학생들이 성적에 대하여 더욱 경쟁적이 된다는 것을 인식한다. 성적이 게시되면 학생들은 점수를 확인한다. 만약 B+보다 적은 점수를 받게 될 경우, 일부 학생들은 매우 화를 내거나 하루 종일 우울해 한다.

학생들은 과제를 수행하는 데 도움이 되는 논문, 아이디어 및 자료에 대한 공유를 거의 하지 않는다. 자료를 수집하면서 다른 학생들이 이 자료에 쉽게 접근하지 못하여 과제를 잘 해내지 않길 기대한다. 학문적 우위를 얻기 위한 행동이었으나 결국 서로 간의 말다툼과, 비우호적이고 험담하는 결과를 초래하였다. 양○○은 동료 간에 협력이 상실되었다는 것을 깨달았다. 이러한 상황으로 고립감과 상실감을 갖게 되었고, 다른 친구들도 그러한 감정을 느낄 것이라고 생각한다.

양○○은 이러한 상황을 바로 잡아 되돌리려고 한다. 한참을 생각한 후에 가장 좋은 전략은 친한 동료 학생들과 함께 자신의 관심사를 나누는 것이라고 생각하였다. 동료 학생 집단을 통해 접근하는 것이 개별적으로 접근하는 것보다 더 큰 영향을 줄 수 있을 것이다. 양○○은 동료 학생 집단을 초대하여 자신이 세운 계획을 나누기로 한다.

양○○은 초대를 준비하면서 이 쟁점에 대해 어떻게 접근해야 할지 생각을 한다. 동료학생들 모두가 다시 친숙해지기 위해서 가벼운 사담을 나누는 시간이 필요하다고 생각하였고, 그 시간을 위해 간식을 준비하기로 하였다. 토론의 내용을 계획하면서 동료 학생들과 만나기 위한 자신의 정서적 준비를 하였다. 양○○은 편안하게 자신과 동료 학생들을 마음속으로 생각한다. 양○○이 협력적인 지지가 부족한 부분에 대한 문제를 제기했을 때, 동료 학생들이 이러한 상황에 대한 문제에 관심을 갖고 동의하는 것을 상상해본다. 양○○은 동료 학생들이 서로에게서 좀 더 협조적인 방법을 되찾기를 간절히 원하고 있으며, 동료 학생들이 이러한 제안을 해주기를 기대한다. 양○○은 자신의 계획을 수행하기 위해 준비해 왔다. 다음은 양○○이 지지를 요청하는 주장적인 접근방식이다.

주장적인 접근법 *Assertive Approach*

동료 학생들과 다시 친숙해진 후 다음의 방법으로 주제를 제안한다.

양○○: "옛날처럼 너희들과 다시 함께 볼 수 있어서 즐거웠어. 나는 학기를 시작하면서 우리가 성적에 좀 더 집착하고 있다는 사실을 알게 되었어. 아이디어 및 자료를 사용하는 방법을 서로가 공유하지 않는다는 사실은 나를 정말 힘들게 했어. 이것은 마치 각자 고립된 상태에서 생활하는 것 같았어. 나는 매주 스터디 그룹을 다시 시작해서 우리의 아이디어나 지식뿐만 아니라 교과서와 논문을 공유했으면 좋겠어. 서로에게 도움이 될 수 있을 거라 생각해. 그리고 경쟁 대신 함께 하게 되면 더 나은 기분을 느낄 수 있을 거야. 너희들은 어떻게 생각해?"

동료 학생 1: "좋은 생각이야. 나도 그 시간 동안 외로움을 느꼈어. 오히려 너야말로 우리의 지지가 필요하지 않은 것처럼 생각되었지. 나는 다시 스터디 그룹을 시작하기를 원해."

동료 학생 2: "나도 우리가 공부하고 서로 나누어야 하는 과제 목록을 작성하는 것이 좋은 아이디어라고 생각해. 그런 다음 다른 누군가의 주제에 관한 자료를 찾게 되면 그것을 필요로 하는 사람에게 알려줄 수도 있어야 해. 그렇게 되면 더 이상 과제를 하는 데 많은 시간을 소비하지 않을 거고 정말로 서로에게 도움이 될 수 있을 거야."

동료 학생 3: "나는 형 집에 살고 있어. 형은 커다란 식당 테이블을 갖고 있는데 필요하다면 우리 스터디 그룹에서 사용할 수 있어."

양○○의 주장적인 전략은 효과가 있다. 모임을 통해 노력을 기울임으로써, 동료 학생들은 서로가 얼마나 많은 것을 놓치고 살았는지 깨닫게 되는 기회가 되었다. 감정을 표현함으로써 다른 사람들로부터 비난을 피할 수 있었으며, 제안을 포함함으로써 동료 학생들은 자신의 생각을 표현할 기회를 갖게 되었다.

양○○이 주장적이지 않은 접근을 선택했다면 어떻게 되었을지 생각해 보도록 한다.

비주장적인 접근 Nonassertive Approach

비주장적인 접근을 했을 때, 어떤 면에서는 자신이나 자신의 생각을 별로 믿지 않는다는 느낌을 전달하게 된다. 만약 말하고자 하는 것에 대하여 강한 믿음을 전달할 수 없다면 어떤 사람도 그 제안에 확신을 갖지 못할 것이다. 비주장적이라는 의미는 사전에 준비가 덜 되었고, 긍정적 결과에 대한 확신이 없다는 것을 포함한다.

다음은 비주장적인 전략을 사용한 예시이다.

양○○은 동료 학생들을 커피 타임에 초대하고 곧 대화의 내용을 학교생활과 성적으로 옮긴다. 순간 모든 사람들은 경쟁적인 불편한 분위기에 싸여 과제를 수행하는 방법에 대하여 비교하게 된다. 다음은 비주장적인 접근을 사용한 예시이다.

> *양○○:* "음. 이게 내가 실망스러운 일 중 하나야. 이제까지 우리는 성적이나 누가 A를 받았는지에 대해서만 이야기했어."
> *동료 학생:* "글쎄, 그건 당연한 거 같은데. 학점은 학생에게 가장 중요한 거니까."
> *양○○:* "그래, 모두에게 중요한 거지, 나도 동의해, 그렇지만 기분 좋은 일들을 우리가 같이 공유하면 좋잖아."
> *동료 학생:* "그래, 그렇지만 우리가 좋은 학점을 받게 되는 것도 기분 좋은 일이야."
> *양○○:* "글쎄, 나는 우리가 이전처럼 서로에게 도움이 될지 의문이 들어. 너희들은 스터디 그룹을 함께 하는 것에 대해 생각해 본적 없니?"
> *동료 학생:* "재미있는 시간이었지. 그래도 우리가 동일한 교과목을 선택하지 않았잖아. 오히려 나는 우리가 함께하고 시간을 보내면서 얻는 것보다 더 많은 시간과 에너지가 필요할까 봐 사실 걱정돼."

비주장적인 접근으로 실망스러운 상황이 되었다. 동료 학생들의 불만에 대한 긍정적이고 구체적인 해결책을 제시하지 않았기 때문에 상황을 바라보는 동료 학생들에게 자신의 견해를 전달할 수 없었다. 동료 학생들과 공유함으로써 얻어지는 이점은 강조되지 않았고, 결과적으로 동료학생들은 모임에 대한 부정적 측면만을 논의하게 되었다. 양○○은 동료 학생으로부터 협조를 얻지 못했을 뿐 아니라 부족했던 자기주장에 대한 실망감을 갖게 되었다.

다음은 공격적 접근을 사용한 예시이다.

공격적인 접근 Aggressive Approach

공격적 접근으로 원하는 것을 얻을 수 있지만 우리 자신들과 다른 사람 간의 좋은 감정을 잃게 된다. 공격성으로 인해 형성된 나쁜 감정을 다시 회복하기 위해서는 많은 시간을 투자해야 한다.

다음은 공격적 접근을 사용한 예시이다.

> *양○○:* "자, 애들아, 학교 생활과 학점에 대하여 이제 그만 얘기해. 충분히 얘기하지 않았니? 공부 이야기만 하다 보면 즐길 시간이 없어. 난 너희들과 함께 그룹 활동을 즐겁게 한 기억이 있어. 지금 나는 누군가가 좋은 학점을 얻게 되면 그건 다른 친구의 점수를 훔치는 것 같다는 느낌이 들어. 우리가 너무 소원해지고 있다는 걸 너희들은 언제 깨닫고 정신을 차릴까?"
> *동료 학생 1:* "글쎄, 너는 성적에 별로 신경 쓰지 않는 것 같구나. 그렇지만 난 신경이 쓰여. 나는 앞으로 대학원에 진학할거라서 좋은 학점이 필요해. 너는 그런 생각이 없을지 모르지만."
> *동료 학생 2:* "만약 네가 우리에게 학점이 얼마나 중요한지 이해하지 못한다면 우리가 함께 할 수 없어. 우리는 추구하는 것이 다른 것 같아."

공격적으로 접근하였기 때문에 양○○은 동료 학생들로부터 더 멀어지게 되었다. 동료 학생이 학교생활에 부여하는 가치에 대해 무감각하게 표현한 결과, 협력은 어렵게 되었고 동료 학생들의 관점에서 생각하지 않았기 때문에 지지를 제공할 수 있는 가치 있는 자원을 잃게 되었다.

물리적 지지 요청하기…
신임 간호관리자의 도움 요청

Making a Request for Physical Support…
a New Nurse Manager Needs Help

일반 병원의 한 외과 병동에 새로운 간호관리자가 부임하였다. 수간호사는 2주 내에 20명의 직원을 평가해야 한다. 또한 직원이 근무 습관을 개선할 수 있도록 가능한 자세한 피드백을 주어야 한다. 개선하기 위해서는 목표와 계획을 함께 토의하는 것이 필요하다. 수간호사는 다른 수간호사들과 사무실을 함께 사용하고 있어 평가를 수행하기 위한 사적인 공간은 없다. 카페테리아나 공공장소에서 평가회의를 하는 경우 개인 프라이버시를 침해할 수 있다. 평가회의를 성공적으로 수행하기 위해서는 적합한 사적인 공간에 대한 물리적 지지가 요구된다.

수간호사는 사적인 공간이 부족한 것에 대하여 불만이 있다. 수간호사가 이 문제를 변화시키고자 한다면 지금 결정해야 한다. 예산 삭감 때문에 공간을 얻을 수 있는 가능성은 희박하다. 평가를 위해 미리 예약할 수 있고, 또 다른 목적을 위해 사용할 수 있는 방이 있을까? 병동에는 송○○ 박사가 휴식을 취하기 위한 방이 있다. 그녀는 아침마다 병동 라운딩을 하고 가끔씩 그 방을 사용하지만 그 외에 그 누구도 사용하지 않는다. 수간호사는 송○○ 박사의 사무실을 직원 평가의 목적으로 확보해야 한다고 결심한다. 사적인 공간을 갖는 것은 매우 중요하며, 수간호사는 직원들과 조용한 분위기에서 평가를 진행할 수 있다고 확신한다.

지지를 요청하기로 결정한 다음 단계는 그것을 얻는 방법을 결정하는 것이다. 관리자가 지지를 요청하는 데 사용하는 접근방식은 그 성과에 중요한 영향을 미칠 것이다. 온순하거나 비주장적인 접근은 오해의 소지를 낳거나 무시될 수 있다. 공격적이거나 과도한 대립은 다른 사람들로 하여금 방어적으로 반응하게 하고, 거부하게 할 것이다. 다른 사람에게 상처를 주지 않고 지지에 대한 자신의 권리를 균형 있게 말하는 것이 필요하다.

이미 사적인 공간이 필요하다는 것에 대해 다른 수간호사들도 동의하고 있다. 공식적인 의사소통의 단계로 간호팀장에게 보고하도록 되어있다. 수간호사는 간호팀장이 자신의 제안에 대하여 인식하는 것이 필요하다고 판단한다. 따라서 수간호사는 간호팀장에게 자신의 제안에 대해 논의하기 위해 면담 시간을 요청하기로 한다. 그리고 찾아가서 다음과 같이 간단하고 올바르고 명확하게 만남을 요청한다.

> *수간호사:* "팀장님, 저는 직원 평가를 수행하기 위한 사적인 공간의 필요성에 대하여 얘기하고 싶습니다. 평가회의를 시작하기 전까지 3일이 있습니다. 그 동안 제가 그 문제를 팀장님과 논의할 수 있도록 15~20분 정도의 시간을 내 주실 수 있을까요?"

만남이 준비된 경우에는 전략을 수립해야 한다. 수간호사는 간호팀장에게 15분의 면담 시간을 요청하였고, 그 시간 동안 간호팀장에게 사적인 공간의 중요성을 확신시켜야 한다. 수간호사는 자신과 동료들이 갖고 있는 사적인 공간에 대한 요구와 이와 관련된 모든 사항을 항목별로 요약하여 준비해야 한다. 합리적인 해결책을 충분히 준비할수록 수간호사의 요청은 좀 더 성공적으로 받아들여질 것이다. 그 외에도 송○○ 박사가 쓰고 있는 사무실을 사용해야 하는 근거도 제시해야 한다.

수간호사는 입증할 사실만을 갖고 간호팀장과의 만남을 준비한다. 수간호사는 간호팀장과 편안하고 자신감 있게 대화하는 것을 상상한다. 간호팀장이 열정적으로 자신에게 집중하고 자신이 이야기하는 것에 맞추어 고개를 끄덕이는 것을 마음속으로 그려 본다. 송○○ 박사의 사무실 사용에 대하여 송○○ 박사와 부딪치지만 성공적으로 그 의견에 대응하는 것도 상상한다. 이렇게 함으로써 회의에 대한 심리적 연습을 성공적으로 마무리하고 수간호사의 자신감은 향상되었다.

다음은 수간호사가 간호팀장과의 면담 시간에 주장적인 접근을 한 예문이다.

주장적인 접근 Assertive Approach

수간호사: "간호팀장님, 면담을 위해 시간을 내주셔서 감사합니다. 저는 신중하게 직원 평가를 수행하기 위해서 사적인 공간이 필요하다고 말하고 싶습니다. 이 주제에 대하여 다른 수간호사들과도 의견을 나누었으며, 평가회의가 직원들에게 가치 있는 정보와 리더십을 제공할 수 있다는 것에 동의를 했습니다.

그러나 저희는 중요한 한 가지 문제에 직면하게 되었습니다. 평가를 수행하기 위한 공간이 없다는 것입니다. 그래서 복도, 간호사실 또는 커피숍을 고려하기도 하였습니다. 그런데 이 모든 장소는 다른 고객 및 직원들에 의해 대화가 노출될 수 있습니다. 저희는 일부 직원이 그 장소를 당황스러워하고 비밀유지의 문제로 자신의 정보를 말하지 않을 수 있다는 걱정을 하게 되었습니다. 그래서 회의를 할 수 있는 사적인 공간을 갖길 원합니다.

확인해 본 결과, 송○○ 박사는 오후에 그녀의 사무실을 사용하지 않는다는 것을 알게 되었습니다. 다른 수간호사들과 저는 송○○ 박사의 사무실을 저희가 사용할 수 있는 장소로 제안합니다. 간호팀장님은 어떻게 생각하십니까?"

간호팀장: "당신이 말하고자 하는 사적인 공간에 대한 문제점을 알 수 있을 것 같습니다. 저도 가능한 편안한 상황에서 직원의 평가가 이루어지길 바랍니다. 송○○ 박사가 그 사무실에서 지도하고 가르치기 때문에 간호사들에게 사무실을 맡기길 원하지 않는다면 그대로 둘 수밖에 없습니다. 그렇지만 당신의 말을 들어보니 송○○ 박사는 더 이상 그런 목적으로 사무실을 사용하지 않고 있군요. 저는 오늘 오후에 송○○ 박사에게 평가회의 때 그 사무실을 사용할 수 있도록 이야기하겠습니다. 선생님의 관심과 제안에 감사드립니다."

주장적인 전략은 효과가 있었다. 사적인 공간을 요구하는 수간호사의 이유는 분명했다. 송○○ 박사의 진료에 관한 자료가 포함된다면 제안은 더욱 신뢰를 받을 것이다. 간호팀장의 의견을 정중하게 요청함으로써 제안을 마무리하였고, 이미 간호팀장과 약속을 했기 때문에 서두를 필요가 없었다.

다음은 비주장적인 접근으로 사적인 공간을 요구한 예문이다.

비주장적인 접근 Nonassertive Approach

비주장적으로 접근할 경우 요청에 대한 신뢰를 줄 수 없다. 만일 소심하게 행동한다면 이 문제를 가볍게 여기는 것으로 받아들여질 것이다. 분명하고 솔직하게 표현하지 않는다면 합법적인 권리를 포기하게 된다.

이런 상황에서 비주장적인 간호사는 간호팀장과 약속을 하지 않을 것이며, 사전 통보 없이 간호팀장이 이 문제에 대해 관심을 갖기를 희망할 것이다. 비주장적인 간호사는 효과적인 전략을 계획하지 못할 것이며, 성공적인 상태를 마음에 그릴 수 없을 것이다. 간단히 말하자면 비주장적인 접근은 지지부진하여 분명하지 않고 신념과 확신을 전달하지 못한다. 다음은 비주장적인 상황에 대한 예시이다.

수간호사: "간호팀장님, 혹시 몇 분 정도 시간이 있으신가요?"

간호팀장은 수간호사가 그녀에게 무엇을 말하고 싶은지 또는 얼마나 시간이 걸리게 될지에 대한 정보가 없다. 업무가 바쁘다면 그 순간 다른 업무를 계획할 수도 있다.

간호팀장: "잠깐이라면 가능합니다. 무슨 일인가요?"
수간호사: "네. 직원들의 평가와 관련된 얘기입니다. 제 생각에는 좀 어렵습니다. 그 뜻은 많은 사람들이 주위에 있다는 겁니다. 사적인 공간이 없어서 직원들과 얘기하는 것이 어렵습니다. 제 이야기를 이해하실 수 있을까요? 제 생각에는 이젠 이야기를 끝내야 할 것 같네요."

이러한 접근은 간호팀장이 방어적으로 나오게 할 가능성이 있다. 또한 말을 정확하게 끝내지 않았기 때문에 수간호사가 평가를 완전하게 끝내지 못한다는 인상을 줄 수 있다. 수간호사는 사적인 공간의 핵심적 이유를 합리적으로 설명하지 못하였다. 분명하게 논점을 설명하지 못했기 때문에 간호팀장은 이해할 수 없었으며, 결과적으로 문제에 대한 공감대를 형성할 수 없었다.

간호팀장: "글쎄요, 평가를 하는 것이 어려울 수도 있다는 것을 알고 있지만 회의가 정확한 시기에 개최되는 것이 필수적입니다. 대상자 관리는 효과적인 직원에 달려 있습니다."
수간호사: "네, 그렇습니다…. 중요합니다. 알고 계시듯이 주위에 다른 사람들이 있을 때 직원들이 얘기하는 것은 어렵습니다. 우리가 사용할 수 있는 조용한 장소가 없겠죠? 혹시 송○○ 박사의 사무실은 어떤가요?"
간호팀장: "글쎄요, 송○○ 박사에게 그 사무실이 필요하다는 것을 당신도 알고 있습니다. 만약 당신이 직원과 만나길 원한다면 광선치료실의 조용한 구석을 사용하거나 대상자에게 그 방에서 나갈 것을 요청할 수 있습니다."
수간호사: "네…. 저도 그렇다고 생각은 하지만, 이전까지 시도해본 적은 없습니다. 아마도 가능할지도… 고객에게 떠날 것을 요청하는 것이 싫지만, 시도해보겠습니다."

수간호사는 원하는 것을 명확하게 전달하지 않았고 자신의 제안을 방어하지 못했기 때문에 간호팀장은 제안을 간과하고 확실한 문제점을 이해할 수 없었다. 좀 더 주장적으로 말하는 준비를 했더라면 요청한 지지를 확보했을 것이다.

공격적인 접근법 Aggressive Approach

공격적으로 행동할 경우 상대방의 권리를 존중하는 것을 잊어버리게 된다. 원하는 것에 집중할수록 다른 사람을 밀어붙이는 경향이 생긴다. 다음은 사적인 공간을 확보하기 위한 공격적 접근의 예문이다.

수간호사: "간호팀장님, 평가 문제로 가능한 한 빨리 당신을 만나야 합니다. 언제쯤 만날 수 있죠? 오늘?"

이렇게 성급한 행동은 간호팀장에게 숨 쉴 틈도 제공하지 않는다. 수간호사는 간호팀장에게 자신의 요구가 긴박함을 강조하였을 뿐이다. 수간호사는 간호팀장의 일정과 계획을 존중해 주지 않았다. 아마도 간호팀장은 이미 방어적인 태도를 취하게 될 것이다. 수간호사는 간호팀장을 만났을 때 다음과 같이 행동한다.

수간호사: "만약 간호팀장님이 올바른 평가를 원한다면 이 평가를 할 수 있는 조용한 장소를 얻을 수 있도록 뭔가 하셔야 했어요. 모든 사람들이 말하는 것을 듣고 있는 장소에서 평가한다는 건 불가능해요. 환자들과 직원이 들을 수 있는 곳에서 업무에 대한 개선이 필요하다고 말할 수 있겠습니까? 만약 간호팀장님이 조용한 공간을 제공하지 않는다면 평가회의는 잘 이루어지지 못할 겁니다. 왜 송○○ 박사의 사무실을 사용할 수 없습니까? 그녀는 그녀가 없을 때도 그 사무실을 혼자 갖고 있어요."
간호팀장: "병동 내에 사무실 공간을 어떻게 배정하는지에 대해 당신이 관여할 부분이 아닙니다. 당신이 적절한 예절과 절차를 배웠더라면 이러한 제안에 대하여 토의하는 것이 즐거웠을 겁니다. 앞으로 최선을 다해 일하세요. 그것이 오늘의 답입니다."

수간호사는 자신의 불만을 분명하게 표현하였다. 그러나 그런 과정에서 간호팀장은 방어적이 되었고 상대방과 거리를 두게 되었다. 여기에는 프라이버시의 부족과 둘 사이의 불화라는 해결해야 할 두 가지 문제가 존재한다. 공격적으로 다른 사람을 대할 경우, 사람들은 어떠한 제안보다도 상처받은 자신의 감정에 더 집중하게 된다. 또한 공격적인 접근을 사용하면 물리적 지지를 확보할 가능성이 줄어든다.

지지요청을 위한 주장적 전략
Planning an Assertive Strategy for Making Requests

위의 예문에서는 인지적 · 정서적 또는 물리적 지지를 위한 주장적인 전략의 계획과 수행의 중요성을 설명하였다. 지지를 요청하는 것이 중요하다고 판단된다면 다음은 그것을 확보하기 위한 시간과 에너지를 투자하는 것이 필요하다. 간호사들은 지지가 필요한 대상자들의 요구를 충족시키기 위해 상당한 에너지를 소비한다. 만약 직장이나 학교에서 필요한 지지를 좀 더 확보하게 된다면 대상자와 동료들에게 좀 더 많은 지지를 제공할 수 있게 될 것이다. 적절한 인지적 · 정서적 또는 물리적 지지 없이 간호를 제공하는 것은 간호사를 소진시킨다. 간호사들은 대상자가 그들의 건강을 잘 돌볼 수 있도록 많은 시간을 할애한다. 다음의 예문은 간호사로서 필요한 지지를 확보하는 데 도움이 된다.

단지 주장적인 접근을 사용했기 때문에 지지를 얻을 수 있었다는 의미가 아니다. 때때로 사용된 전략과 상관없이 지지를 얻지 못하는 경우가 있다. 동료들은 서로에게 관심이 없거나 지지를 제공할 수 있는 기술이 부족할 수 있다. 지지가 제공되지 않는 체계에서 일한다면 지속적으로 일을 할 수 있을지의 여부를 결정해야 한다. 만약 직장이나 학교로부터 필요한 지지를 확보할 수 없다면 친구나 가족으로부터 지지를 구할 수 있다. 또한 그 지지가 적당한지의 여부에 대하여도 결정할 수 있다. 간호사는 수혜자인 동시에 제공자이기 때문에 지지에 대한 인식은 매우 중요하다.

직장과 학교에서 지지 제공하기
Providing Support at Work and School

CAPS(Cognitive, Affective, Physical Support: 인지적 · 정서적 · 물리적 지지) 체계는 직장과 학교에서 필요한 지지를 즉각적으로 분명히 하는 데 도움이 된다. 또한 지지가 필요한 동료들을 확인하는 지침으로 사용할 수 있다. 지지는 모호한 개념이지만 인지적 · 정서적 그리고 물리적 요소들은 지지가 필요한 동료들에게 구체적인 도움을 제공할 수 있다. 지지를 얻기 위한 하나의 방법은 다른 사람에게 그것을 제공하는 것이다. 그렇게 할 경우, 서로 주고받게 되는 협력이 형성된다. 직장과 학교에서 견고한 지지체계를 형성하기 위해 노력함으로써 확신과 자신감이 더해질 것이다. 자신이 필요한 지지를 요청하는 주장적인 방법을 배우는 것은 매우 가치 있는 노력이다.

멘토 찾기
Looking for a Mentor

멘토가 되기 위해 필요한 사항은 Box 16-2를 참조한다. Murray는 간호학적 입장에서 멘토를 지식, 기술 및 능력 면에서 탁월한 사람으로 설명한다. 또한 멘토에게는 정서적 요소로 따뜻함, 수용, 친절

Box 16-2 멘토가 되기 위해 필요한 사항

지식, 기술, 경험으로부터 나오는 지혜, 간호에 대한 애정
당신의 성장을 지지하는 신뢰할만한 환자
코칭, 동기, 에너지, 지지, 보살핌
열정과 관대함
자원의 공유
여러분의 성공을 축하하는 것

함, 공감, 동정심, 인내심, 많은 자원으로부터 배우려는 자발성이 추가되어야 한다고 하였다. McMahon(2005)은 그녀가 신규 간호사로서 지낸 첫 6개월에 대해 지지가 없는 적대적 환경에서 자신을 증명해야 하는 어려운 시간이었다고 설명한다. 그러나 그녀가 존경하는 리더십을 가진 다른 병동의 간호사에게 어려움을 털어놓았을 때, 첫 번째 멘토링 상황에 놓여 있는 자신을 발견하게 되었다고 한다. 그녀는 자신의 생각과 감정을 표현하고 새로운 역할로 성장하기 위해 필요한 지지를 얻기로 결심한다. 그녀는 어떻게 하였을까? 그녀는 자신의 문제를 파악하고 자신의 생각과 감정을 표현하고 환기시킬 수 있는 안전한 사람을 사정하여, 멘토가 될 수 있는 그 사람과 친밀감을 형성하였다.

신입간호사는 전문가 협회나 모임을 통해 멘토를 찾아보아야 한다(American Sentinel University, 2018). 당신이 존경할만한 업무와 실무를 하는 간호사에게 주의를 집중한다. 나는 학생이자 전문가로서 동급생 혹은 동료들로부터 배우고 또 지속적으로 타인에게 도움을 제공해왔다. 기업인으로서는 내가 필요로 하는 것이 무엇인지 질문하고 적절한 조직에 합류하는 것이 나를 도왔다. 내가 어딘가로 옮겨갈 때마다 그 지역사회의 American Holistic Nursing Association에서 간호사들을 찾아 점심식사를 같이 하곤 했다. 거기에서부터 간호사업의 발전, 연설 참여, 교수직 그리고 호스피스 업무에서 나의 표현예술을 이끄는 접촉 등으로 확장되어 나갔다. 당신이 요청하기 전까지는 절대 알지 못한다. 기회가 있을 때 당신 자신을 알려야 한다는 것을 명심해야 한다.

마찬가지로 당신이 가지고 있고 개발할 수 있는 무엇인가가 당신을 전문가의 경력을 개발시켜 줄 수 있는 좋은 멘토로 만들어줄 것이다. 당신이 다른 누군가를 교육하는 데 이용할 수 있는 "가르치기에 좋은 순간"을 찾는다. 당신이 지식과 기술면에서 변화하고 성장해나갈 때, 당신은 신입간호사들에게 어떻게 지지를 제공해줄 것인가를 고려하게 된다. 전문가협회 모임에 동료를 초대한다. 근거중심의 실무나 상호 관련된 주제를 논의할 수 있는 저널클럽에 참여하거나 새로 만든다. 다른 간호사가 논문을 제출하거나 학회 발표를 준비할 때 도와준다.

Ulrich와 Ulrich(2010)는 자신들의 저서 『The Why of Work』에서 일의 의미를 찾고 우리의 열망을 추구하기 위해서는 우리의 재능을 활용할 기회를 찾고, 작업현장에서 창조성, 극복력, 희망, 자원동원성을 가지고 다른 사람들과 협동하기 위한 도전을 해야 한다고 말한다. 이것이 가능하기 위해서, 당신은 자신이 최선을 다해 일하기 위해 필요한 것이 무엇인지, 지원이 필요한 것이 어떤 분야인지 알아야 한다. 당신이 조직화 기술이나 컴퓨터 기술이 있다면 문제를 해결하는데 도움이 될 것이다. 이러한 과정은 'job crafting'이라고 부르며 업무를 아름답게 표현할 수 있게 해준다.

성찰과 적용

고양이, 친구, 동료를 잃음

한 간호사가 일에 집중하기가 어렵고 눈물을 자주 흘리는 것을 알게 되었다. "나는 단지 너무 일이 많았을 뿐이야. 내 남편이 이혼하기를 요구했거든. 나는 한부모가 된다는 것과 경제적으로 내가 어떻게 살아남을지 걱정이 돼. 이 사실이 나를 압도했을 뿐이야. 그리고 우리에게는 심각한 암을 앓고 있어서 주로 잠을 자며 하루를 보내는 고양이가 있어. 나를 이해해 줄 수 있는 단 한 명의 사람이 있는데, 그 사람은 암병동의 감독이야. 내가 고양이에 대해 이야기하자 그녀는 즉시 반응했어. 그녀는 동물애호가야. 나는 그녀와 점심시간에 만나기로 약속했어. 그녀는 나의 슬픔을 이해하고 진실로 위로해주었어. 그것은 아이를 잃은 것과 같아. 그녀는 나를 놀리지 않았어. 그녀는 정말 특별했어."

지지 요청 연습
Practicing Requesting Support

연습 1 비디오를 통한 성찰

3분짜리 비디오 "도움을 요청하기"를 보고 나서 다른 학생이나 동료들과 함께 여러분이 개인적으로나 전문적인 부분에서 필요한 도움을 요청할 때 망설이게 되는 이유와 시점에 대해 숙고해본다.

연습 2 자기 사정과 성찰

개인 지지체계를 고려하여 지지를 요청할 수 있는 사람이나 친척 및 친구목록을 만든다. 이 목록에는 개인 지지체계에 대한 강점과 약점이 제시되어야 한다. 또한 필요한 지지와 다른 사람들에게 제공할 수 있는 지지를 확인하고, 만약 다른 사람에게 도움을 요청하기 어렵다면 다음의 말을 기억하도록 한다. "다른 사람들에게 도움을 청하기를 거절하는 것은 다른 사람을 도울 수 있을 때 얻는 즐거움을 거부하는 것이다."

연습 3 전문직 개발

여러분이 관심을 가지고 있는 전문간호 분야에 대해 규명한다. 그 분야와 관련된 논문이나 조직을 온라인에서 찾아본다. 지역의 미팅이나 전문적인 링크드인을 찾아본다. 당신이 네트워킹을 위해 이 자원들을 어떻게 사용할 것인지 고민해본다.

연습 4 Q.S.E.N - 간호사의 능력을 위한 질적이고 안전한 교육, 팀워크와 협동, 안전

당신의 약점과 능력에 대한 자각을 포함하여 환경에 대해 깨어 있어야 한다. 효과적인 팀은 "서로의 뒤를 봐준다." 상호지지는 중요한 팀워크 행위이며, 안전한 간호를 제공하고 팀 안에서 주의 깊게 관찰하는 눈을 유지하기 위해 자신의 약점을 아는 것이 필요하다. 여러분의 임상경험이 끝나갈 무렵 시행하는 성찰적인 사례연구는 다음과 같은 방법에 따라 진행한다.

- 당신에게 주어진 업무를 완수하는데 있어서 지원이 필요하다고 느꼈던 순간에 대해 규명한다.
- 당신은 누구에게 지원을 요청했는가?
- 이 사람에게 요청하기로 결정하는데 영향을 끼친 것은 무엇인가?
- 안전하게 간호를 제공하는 것만이 아니라 당신의 학습과 전문성을 확장시키는 것을 지속하는데 있어서의 한계를 인식하는 자각을 발달시키는 방법은 무엇인가?
- 다른 팀원이 지원이 필요하다는 것을 알게 되었을 때 당신은 어떻게 반응하는가?
- 상호지지라는 개념은 안전문화에 어떤 영향을 주는가?

참고문헌

American Nurses Credentialing Center (2014). *Magnet application manual*. Silver Spring, MD: American Nurses Credentialing Center.

American Sentinel University. (2018). *Finding a nursing mentor. The Sentinel Watch*. https://www.americansentinel.edu/blog/2018/01/16/find-a-nursing-mentor/. Accessed 16.01.18.

Dennison, S. (2010). Peer mentoring: untapped potential. *Journal of Nursing Education, 49*(6), 340.

Doherty, R. (2002). Tune up your employee retention efforts. *Healthcare Review, 15*(6), 11.

Duax, J. M., Bohnert, K. M., Rauch, S. A. M., & Defever, A. M. 2014). Posttraumatic stress disorder symptoms, levels of social support, and emotional hiding in returning veterans. *Journal of Rehabilitation Research and Development, 51*(4), 571.

Fox, K. C. (2010). Mentor program boosts new nurses' atisfaction and lowers turnover rate. *Journal of Continuing Education in Nursing, 41*(7), 311.

Komaratat, S., & Oumtanee, A. (2009). Using a mentorship model to prepare newly graduated nurses for competency. *Journal of Continuing Education in Nursing, 40*(10), 475.

Komblith, A. B., Herndon, J. E., II., Zuckerman, E., Viscoli, C. M., Horwitz, R. I., Cooper, M. R., & Cancer and Leukemia Group B. (2001). Social support as a buffer to the psychological impact of stressful life events in women with breast cancer. *Cancer, 91*(2), 443.

Kostovich, C. T., & Thurn, K. E. (2013). Group mentoring: A story of transition for undergraduate baccalaureate nursing students. *Nurse Education Today, 33*, 413.

Kruithof, W. J., van Mierlo, M. L., Visser-Meily, J. M. A., van Heugten, C. M., & Powt, M. W. (2013). Associations between social support and stroke survivors' health-related quality of life: a systematic review. *Patient Education and Counseling, 93*(2), 169.

Laskowski-Jones, L. (2018). Own your nursing career. *Nursing, 48*(1), 6.

Mahan, P. L., Mahan, M. P., Park, N., Shelton, C., Brown, K. C., & Weaver, M. T. (2010). Work environment stressors, social support, anxiety, and depression among secondary school teachers. *AAOHN J, 58*(5), 197.

McMahon, L. (2005). Mentoring: A means of healing new nurses. *Holistic Nursing Practice, 19*(5), 195.

Sala, R. D. (2002). A message from one of our sponsors, St. Joseph Hospital uses creative ways to retain nursing staff. *Healthcare Review, 15*(4), 23.

Ulrich, D., & Ulrich, W. (2010). *The why of work. New York*, NY: McGraw-Hill.

Weese, M. M., Jakubik, L. D., Eliades, A. B., & Huth, J. J. (2015). Mentoring practices benefiting pediatric nurses. *Journal of Pediatric Nursing, 30*(2), 385–394.

Wrzesniewski, A., Berg, J. M., & Dutton, J. E. (2010). Turn the job you have into the job you want. *Harvard Business Review, 88*(6), 127.

Chapter 17

평가불안의 극복

Overcoming Evaluation Anxiety

학습목표

1. 평가불안을 정의한다.
2. 평가불안의 특성을 기술한다.
3. 직무성과 평가를 위한 적극적인 전략을 확인한다.
4. 시험불안을 줄이기 위한 방법을 논의한다.
5. 비평의 이점을 확인한다.
6. 학생 성취도 평가에서 어려운 상황을 다루기 위한 적극적인 전략을 확인한다.
7. 평가불안을 극복하는 연습을 한다.

평가불안의 정의
Defining Evaluation Anxiety

만일 불안함을 느낀다면, 1분간 심호흡을 하고 당신의 가슴을 드나드는 공기의 흐름을 느껴본다. 당신 몸의 감각, 주변의 공기, 호흡소리에 주목해본다(Devney, 2018). 19장과 20장에서 이완과 심상법이 불안을 감소시킨다는 것을 알 수 있다.

'실수를 하는 것이 인간이다.'라는 속담은 우리 모두에게 적용된다. 사람들은 이러한 의미를 모두 알고 있지만, 여전히 완벽하려고 한다. 학생들은 시뮬레이션 수업에서 경험적 학습의 일환으로 역할극을 해야 한다. 이러한 수업은 학생들에게 불안감을 유발하여 비판적 사고를 방해할 수 있다(Hutchinson & Goodin, 2013; Diaz et al., 2014). 경쟁적인 문화에서는 개인의 성과, 결과 및 서비스의 우수성을 중요시한다. 실수는 우수성을 강조하는 문화적 표준과는 대치된다. 완벽에 대한 집착 때문에, 인간은 실수하는 것이 당연하다고 믿기 어렵다. 지식, 기술 및 행동을 평가해야 하는 상황에 처할 때마다 이러한 비현실적인 기대를 마주하게 된다. 이 장에서는 보다 긍정적인 방법으로 평가, 테스트 및 비판에 접근하여 학습할 수 있는 방법을 배운다. 이러한 접근은 학생 및 간호사에게 전반적으로 도움이 될 것이다.

평가불안은 자신의 성과를 판단하는 것에 대하여 화가 나거나 위협을 받았을 때 발생한다. 자신의 일에 대해 다른 사람들의 반응을 직접 통제할 수 없다는 것과 다른 사람들의 반응을 지나치게 중요하다고 생각하는 것은 불안을 유발하여 최선을 다하는데 저해요인으로 작용한다. 평가불안 중 하나인 시험불안은 학업 성적에 부정적인 영향을 미친다. 예를 들어, 간호학생의 경우 필기시험 및 임상 능력 평가 모두에서 시험불안이 발생할 수 있다(Boggs et al., 2011). 높은 시험불안을 가진 학생들은 자신의 과제와 관련된 부분에 집중하는 대신 다른 사람들이 어떻게 과제를 수행하고 있으며 잘하고 있는지에 더 관심을 갖는다(Meichenbaum, 1972). 높은 시험불안은 부적절한 감정에 몰두하게 하거나 처벌에 대한 예상, 자존감 상실과 같은 부적절한 생각을 갖게 한다.

시험불안에 이러한 인지적 측면이 동반되면, 정서적인 불안에 대한 반응으로 자율신경계가 항진되며 심장박동 증가, 근육긴장의 증가, 위장관의 변화, 호흡의 변화, 식이 및 수면 패턴의 장애를 포함한 다양한 신체적 증상을 발생시킨다(Meichenbaum, 1972). 이러한 생리적 증상은 고통을 유발하기 때문에 부정적인 사고 과정과 마찬가지로 완화되어야 한다. 이완되고 불쾌한 증상을 감소시키는 방법을 배우게 되면 부정적인 영향을 줄이는 데 도움이 될 것이다.

건강전문가들이 경험하는 중요하면서도 반복되는 문제 중 하나가 실수와 부정적인 평가에 대하여 두려움을 갖는 것이다. 임상실무에서 임상의들은 진단이나 치료에서 오류를 저지르는 것에 대해 두려움을 갖고 있다. 간호학생과 간호사 또한 실수하는 것을 두려워한다.

학생들의 불안을 유발하는 다른 간호상황의 예로는 병동에서의 첫 임상실습, 간호수행 절차, 병원 장비, 환자 시뮬레이터, 임상지도자의 관찰, 지각, 의사와의 대화를 들 수 있다(Kaplan & Ura, 2010; Moscaritolo, 2010).

간호사의 평가불안을 유발하는 근원적인 두 가지 주요 요인은 대상자의 안전(safety)과 우리 자신의 보호(security)와 관련되어 있다.

대상자 안전에 대한 우려
Concern for Client Safety

간호는 인간의 건강을 돌보는 것이다. 간호는 가치 있고 유용한 것이며, 간호수행의 실수는 환자의 건강에 부정적 영향을 미치거나 질병에 이르게 할 것이다. 이러한 책임감은 간호실무에서 실수를 유발하게 하는 불안감의 이유가 된다.

간호사 안전에 대한 우려
Concern for Our Own Security

환자가 의료 및 비용에 대해 더 많은 지식을 갖게 되면서 보건의료 및 그 비용에 대하여 비판적 입장을 취하게 되었다. 더 이상 수동적으로 치료를 받아들일 필요가 없기 때문에 보건의료 소비자들은 처방에 대한 근거를 알고자 다른 의사에게 견해를 요구한다. 극단적인 경우에는 환자가 간호사를 포함한 의사 및 다른 보건의료 전문가들을 효과가 없는 의료행위를 제공했다는 이유로 고소하기도 한다. 환자가 보건의료인을 고소할 수 있다는 잠재적인 위협은 의료인에게 승진에 대한 불이익 및 이미지 실추를 가져옴으로써 환자에 대한 강한 반감을 갖게 한다. 안전하지 않은 간호를 수행하는 것은 간호사에게 실직과 재정적 손실을 발생시킬 수 있다. 오늘날 간호사는 환자에게 제공되는 간호행위의 책임뿐만 아니라 제공된 간호가 법적인 절차에 따라 조사받을 수 있다는 것도 인식하고 있다.

평가불안은 간호사 및 기타 보건 전문가를 위협하고 불쾌하게 만드는 내재화된 현상이다. 간호사는 환자에게 긍정적인 변화를 주기 위해 노력하고 있다. 그러나 인력 부족, 급성화된 환자의 건강 상태, 기술적 복잡성, 정보 과부하 및 불확실한 보건의료 형태는 오늘날의 업무 환경에서 이러한 목표를 방해하는 잠재적인 장애요인으로 작용한다. 평가불안은 작게는 직장 생활의 즐거움을 감소시키거나, 크게는 간호사의 유능한 업무를 방해할 정도로 압도적이게 작용할 수 있다.

따라서 간호학생이나 간호사들은 평가불안을 최소화할 수 있는 방법을 개발하여 임상시험이나 필기시험, 직무 수행 평가, 일상적으로 접하게 되는 모든 비평에 대하여 자신 있게 대처할 수 있어야 한다.

평가불안의 특성
Characteristics of Evaluation Anxiety

평가불안으로 고통받는 사람들은 불안을 유발하여 적응적인 수행 능력을 방해하는 사고방식을 갖고 있으며, 그 특성은 다음과 같다(Dweck & Wortman, 1982; Wine, 1982).

- *자기중심적 사고 대 과업중심적 사고(Self-focus versus task focus).* 어떤 사람들은 실제 업무를 완수하는 것보다 자신의 성과를 생각하는 데 더 많은 시간을 소비한다. 성과에 대한 집중은 업무를 수행하는 데 필요한 집중력을 저하시킨다. 자기중심적 사고는 부정적이며, 자기 평가를 절하하고 자기를 의심하게 한다. 자기중심적 사고 대 과업중심적 사고의 형태는 업무 수행을 저하시킬뿐만 아니라 자신의 성과를 부정적인 측면에 둠으로써 불안을 유발시킨다.
- *자기 비난.* 평가불안을 가진 사람들은 상황이나 다른 외부요인을 비난하는 것보다 부족한 성과를 낸 자신을 비난하는 경향이 있다.
- *평가에 대한 걱정과 관심.* 높은 평가불안을 가진 사람들은 다른 사람들과 자신을 비교하여 다른 사람들은 어떻게 하고 있으며 그리고 심사자가 다른 사람들을 어떻게 평가하는지에 대하여 매우 관심이 많다.

평가불안이 낮은 사람들은 외적 요소, 상황적 요소, 과업중심적 사고를 고려하여 성과평가에 반응한다. 평가불안이 높은 사람들에게 실패란, 능력이 없다는 것을 의미한다. 평가불안이 낮은 사람들은 그 과업에 대한 해결책 또는 완벽성을 높이기 위해 과업이나 상황에 대한 사고를 하는 반면, 높은 평가불안을 가진 사람들은 쉽게 포기하고 자신을 실패의 주된 이유로 보는 데 사고를 한다.

높은 불안을 가진 사람들은 다른 전략을 시도해 보거나 외부에서 원인 요소를 찾는 등의 충분한 조사를 하지 않는다. 이러한 결과로 그들은 실패감과 불안감을 갖게 된다. 그들에게 실수는 최선의 해결책을 발견하기 위한 발판이 아니라 실패로 해석된다. 평가불안이 높은 사람들은 성공을 자신의 능력 이외의 다른 요인으로 돌리는 경향이 있지만 실패는 쉽게 자신의 실수라고 가정한다. 이러한 관점은 모든 새로운 성취 상황에서 압박감을 유발시킨다(Dweck & Wortman, 1982; Wine, 1982). 과거의 부정적인 경험들이 평가과정에 미치는 영향 또한 고려되어야 한다. 이전 직장생활에서 성과 평가를 통해 외상사건을 경험한 학생과 간호사는 성과평가에서 더 많은 불안감을 갖게 될 수 있으며, 그 과정에서 더 많은 감정을 소비할 수 있다(Marquis & Huston, 1998). 현실적인 판단을 할 수 있는 그들이 갖는 두려움과 걱정을 되짚어 볼 수 있는 시간을 부여하는 것이 필요하다.

일반적으로 실수할 때 자신을 비난하는 것은 쉽다. 또한 자기 처벌 외에도 가끔은 다른 사람들의 비난을 비판하거나 과장하기도 한다. 자신을 내적으로 평가하는 방법은 건설적이거나 파괴적일 수 있다.

표 17-1은 평가와 관련된 건설적인 사고와 파괴적인 사고의 예문이다.

평가불안에 대한 통제
Gaining Control over Your Evaluation Anxiety

펜실베니아 대학원 프로그램을 관리하는 교수 Knight(2011)는 평가가 두려운 학생들은 학습의 주제에 주의를 기울이지 못하며, 잘못될 것에 대한 두려움 때문에 여러 관점에서 볼 수 없다고 하였다. 평가불안은 인지적 · 정서적 · 정신 운동적 측면에 영향을 미치기 때문에 그것을 극복하는 데 다각적인 접근이 필요하다.

Box 17-1 건설적이고 파괴적인 자기 사고

건설적인 사고	파괴적인 사고
"나는 잘하고 있었어. 직원이 부족하기 때문에 오늘 환자에게 하고 싶은 모든 업무를 할 수는 없었지만 중요한 업무를 했다고 확신해."	"내가 모든 일을 완벽하게 하지 않으면 환자들과 간호팀의 모든 사람들이 실망할 거야."
"나는 환자들을 위해 할 수 있는 중요한 일을 했어. 지금은 저녁 근무자를 위해 인계장을 작성할 거야."	"내가 아침 근무 동안 모든 일을 마치지 못했다고 저녁 근무자에게 어떻게 설명하지? 그들은 내가 무능하고 체계적이지 못하다고 생각할 거야."
"저녁 근무자를 위해 제가 마치지 못한 일이 하나 있는데, 여분의 린넨을 준비하지 못했습니다. 지금에서야 오후 1시 이전에 린넨을 주문해야 한다는 사실을 알았습니다. 다음부터는 잊지 않겠습니다."	"그들은 여분의 린넨을 준비하지 않았다고 나를 호되게 비난할 거야. 이 실수로 며칠 동안 나에게 화를 내겠지."
"나는 오늘 최선을 다해서 일했어. 저녁에는 배우 바빴고 직원이 적었지만 그런 상황에서도 환자에게 최선을 다해서 간호를 했어."	"정말 지겨운 하루야! 아직도 내가 해야 할 일들이 생각이 나. 어떡해야 실수하지 않고 더 잘 할 수 있을까."

- 긍정적인 자기 독백(21장 참조)을 통해서 자기 패배적인 내적 대화를 극복할 수 있다. 내면의 소리를 통해 일상생활에서나 시험을 볼 때 또는 성과평가 시 안도감을 얻게 된다.
- 이완(19장 참조)은 일에 집중하여 보다 효율적으로 행동하게 돕는다. 기분은 좀 더 편안해지고 불안으로 인한 부정적인 생리적 영향은 감소한다.
- 심상(20장 참조)은 자신에 대한 긍정적인 감정을 갖게 하는 방법으로, 자신을 긍정적으로 상상하게 할 수 있다. 긍정적인 시각화는 최선을 다할 수 있도록 지속적으로 집중하게 하고, 긍정적인 감정을 발생시켜 불안으로 유발된 불쾌감을 감소시킨다.
- 피드백(18장 참조)은 성과평가를 준비하는 데 도움이 된다. 도움을 줄 수 있는 동료와의 다양한 상황에 대한 반복적인 연습은 자신감을 향상시킬 수 있다.

위 4가지 방법 외에도 실수를 피하기 위해서는 행동하기 전에 미리 사고하는 것이 요구된다. 안정된 근거를 기반으로 한 간호 과정을 사용하면서 간호 행위가 안전하고 윤리적이며 유용하다는 확신을 갖게 될 것이다.

성과 평가에 대한 적극적 대처
Handling Job Performance Appraisals Assertively

간호업무를 하는 동안에는 다양한 분야에서 공식적 · 비공식적 업무 평가를 받게 된다. 평가의 목적은 잘 수행하는 업무는 지속적으로 유지하게 하고, 부족한 부분은 배움을 통해 향상시키기 위해서이다. 고용주에게 평가는 고용인이 충분히 기대를 충족시키고 있는지 여부를 확인하기 위한 것이다. 평가는 고용주와 고용인 모두에게 도움이 되어야 하며 정기적으로 이루어져야 한다. 고용인은 평가에 적극적으로 임해야 하며, 이것은 불안을 감소시킬 수 있다.

다음 예문에서는 평가를 준비하는 몇 가지 적극적인 방법을 기술하고 있다. 이러한 예문은 서비스를 제공하는 간호사에게 해당한다.

학생간호사도 대학에서 이루어지는 평가에 대비하기 위하여 동일한 준비과정을 적용할 수 있다. 간호학과 교육과정 초기나 임상 경험 초반에 가이드라인을 잘 읽고 이해하지 못한 것을 명확히 하는 것은 성공적으로 과제를 완수하는 데에 유용하다. 대학의 교육과정과 임상 경험 초기에는 성공적인 성과를 올리기 위한 방법으로, 지침을 주의 깊게 읽고 이해하지 못한 부분을 명확히 하는 것이 유용하다. 각 임상실습 환경에서 요구되는 임상역량, 절차 및 기대되는 행동을 검토해야 한다.

각 임상실습 과정에서 요구하는 특정 과제를 완수했음을 기록하고, 이 기록을 평가회의에 지참해야 한다. 그리고 해당 교육과정의 강의계획서에 명시된 과제의 세부사항에 주의를 기울여야 한다.

평가 전 주의사항 *Before Your Evaluation*

1. 평가 일정을 확인한다. 많은 기관에서는 업무를 시작하고 3~6개월 이후부터 평가를 실시하며, 이후로는 매년 실시한다.
2. 평가 기준을 미리 확인한다. 이 정보를 통해 현재 위치에서 보편적으로 기대되는 표준을 확인할 수 있을 것이다.
3. 평가를 위해 표준화된 기준이 없다면 개발하도록 제안한다. 직무기술서 또는 간호협회의 간호표준을 이용해 성과수준을 결정하는 데 사용하도록 요청한다.
4. 유사한 간호업무를 하고 있는 간호사들의 실제 업무를 검토한다. 직무기술서를 가지고 시간과 업무 분배를 비교해보고, 평가 시 기관의 평가와 불일치되는 부분을 확인해본다. 직무기술서가 업데이트되지 않았다면 일상 업무에서 중요한 부분을 업무 성과로 인정받지 못할 수 있다.
5. 기관장과 면담 전, 업무 성과에 대한 평가를 준비하도록 한다. 업무에서 직무기술서에 대한 요구를 어떻게 충족하였는지에 대한 구체적인 예를 설명할 수 있어야 한다. 또한 개선이 필요한 부분과 지원이 필요한 부분에 대하여 인식함으로써 필요한 변화를 요구할 수 있다.
6. 업무 목적을 개발한다. 업무 목적은 가능한 명확하고 현실적이며 구체적으로 준비해야 성과평가에 명확하게 반영할 수 있다.
7. 만약 평가 일정이 지났다면, 기관장에게 평가를 요청하도록 한다. 평가는 전문적인 행동을 유지 또는 변화시키기 위한 지침인 동시에 보호하는 역할을 한다. 또한 평가를 통해 간호 행위가 기관의 법적 · 질적 기대 범위 내에 있는지 알기 위한 피드백이 필요하다.
8. 정신적으로는 평가 면담에 대응하기 위해 독백으로 격려하고, 평가받는 동안 편안해하고 자신감 있는 자신의 모습을 시각화해 본다.

평가 중 주의사항 *During Your Evaluation*

1. 면담하는 동안 기관장에게 자신의 목표에 대하여 논의하고 싶은 의사를 표현한다.
2. 기관장에게 자신의 업무에 대하여 제안할 수 있는 시간을 주도록 요청한다.
3. 이해되지 않은 점이 있다면 명확하게 설명을 요구한다. 기관장이 지적한 사항에 대해서는 구체적인 예를 요청한다. 이를 통해 기관장이 기대하는 행동을 분명하게 알 수 있다.
4. 기관장은 성과를 향상시킬 수 있는 방법을 제안할 수 있다. 자신의 시간과 잠재력 및 직장에서 사용할 수 있는 지원을 고려하여 기관장의 제안을 수용하도록 한다.
5. 성과 목표를 기관장과 공유하여 계획을 성취하는 데 필요한 지원을 요청한다. 또한 기관장에게 업무에서 달성해야 할 목록을 요청한다.
6. 업무 수행 방식에 대한 정확하고 공정한 평가가 이루어져 충분히 만족할 때까지 평가 결과에 서명하지 않는다.
7. 기관장에게 업무에 대한 감독과 피드백에 대한 감사를 한다.
8. 다음 평가 날짜를 확인한다.

평가 후 주의사항 After Your Evaluation

1. 평가에 어떻게 대처했는지 생각해본다. 적극적으로 대처한 부분에 대해서는 칭찬을 하고 다음 평가 면담 시 변화를 주고자 하는 행동은 기록해 둔다.
2. 기관장과 함께 정한 목표에 대하여 추후 일정을 계획한다. 목표를 달성하기 위한 전략을 수립하고, 중간 및 최종 기한을 정하여 시간을 배분하며, 능력 개발을 도울 수 있는 사람과 자원에 대하여 생각한다.
3. 다음 성과 평가에 대비하여 업무 성과를 기록한다.

'덜 약속하고, 더 해주어라.'라는 격언이 있다. 상대방이 언제쯤 프로젝트를 끝낼 수 있냐고 묻는다면, 예상보다 넉넉한 시간을 말해야 한다. 그래서 약속한 시간보다 미리 결과를 전달하면, 상대방은 당신에 대한 신뢰도가 높아지면서 칭찬을 할 것이며 당신은 좋은 평판을 받을 것이다. 그러나 좋게 보이기 위해 일을 끝내는데 걸리는 최소한의 시간보다 먼저 주려는 유혹은 피해야 한다.

프로젝트를 언제 마칠 수 있는지 묻는다면, 소요 시간을 길게 측정하여 말한다. 약속한 날짜 이전에 결과를 전달한다면 다른 사람의 능력과 차별화될 것이다. 그러나 좋게 보이기 위해 합리적인 날짜보다 먼저 주려는 유혹은 피해야 한다. 간호사는 임상 실무에서 평가를 받아야 하는 시간 때문에 불안감을 갖게 되서는 안 된다.

시험불안에 대한 대처
Coping with the Anxiety of Written Examinations

시험을 보는 것은 학생 생활의 일부이다. 면허를 가진 간호사일지라도 지속적으로 교육과정이나 학위 프로그램의 일부로 시험을 준비하기도 한다. 시험불안이 있다면 다음의 일반적인 팁이 도움이 될 것이다.

Box 17-2 4-7-8 이완호흡법

Dr Andrew는 이것을 들고 다니는 스트레스 해독제라고 불렀다.

1. 바로 선다.
2. 여러분의 혀끝을 앞니 뒤에 둔다.
3. 입으로 "후"소리를 내면서 숨을 완전히 뱉어낸다.
4. 입을 닫고, 마음속으로 4까지 세면서, 코로 숨을 들이 마신다.
5. 7을 셀 동안 숨을 멈춘다.
6. 입으로 "후"소리를 내면서, 8을 셀 동안 숨을 뱉어낸다.
7. 이 사이클을 3번 반복한다.

출처: Weill, A. Breathing exercises: 4-7-8 *breath*. (2018). <https://www.drweil.com/videos-features/videos/breathingexercises-4-7-8-breath/> Accessed 09.01.18.

준비한다!

숙면을 취한다.

건강한 아침식사를 한다.

일찍 도착한다.

"나는 할 수 있다."는 등의 말을 자신에게 하면서 긍정적인 태도를 유지한다.

호흡을 통하여 차분함을 유지한다. 호흡을 천천히 한다(Princeton Review, 2018; Box 17-2).

다음은 시험에 대한 불안감을 줄이기 위한 몇 가지 단계를 설명한다.

시험 전 Before Your Examination

1. 시험에서 테스트할 내용 또는 기술에 대하여 알아본다. 이러한 지식은 학습 범위를 좁히는데 도움이 된다.
2. 교육 과정의 목적을 검토하고, 이러한 목표와 직접적 연관성이 있는 내용에 초점을 맞춘다.
3. 시험 형식(복수 선택 또는 에세이)을 확인한다. 이러한 정보는 학습방법을 결정하게 한다.
4. 필요하다면 교사, 센터 또는 학습 가이드에게 자문을 구한다.
5. 스터디 그룹을 결성하거나 합류하는 것을 고려한다. 효과적인 스터디 그룹은 즐겁고 유익한 시험 준비를 하게 한다.

6. 시험 준비를 위한 현실적인 시간표를 만들어 시험에 집중하도록 한다. 일정에 맞추어 공부하는 것은 공부하는 자료를 통합하는 데 도움이 된다. 만약 시간이 없다면, 중요한 우선순위를 선정하여 계획표에 우선적으로 포함시키도록 한다.
7. 시험을 치르는 장소를 확인하도록 한다. 편안한 의자를 선택하고 시험 시간을 정확하게 확인한다.
8. 계산기, 뾰족한 연필, 시계, 티슈와 같이 시험에 필요한 도구가 있는지 모두 확인한다.
9. 시험 전 시험 장소에서 답을 알고 있기 때문에 질문지를 읽을 때 평온하게 웃으며 바라보는 자신을 시각화하여 정신적으로 대응할 준비를 한다. 또한 긍정적 자기 독백을 한다. 합리적인 방법으로 자료를 확인하여 공부하고 있다고 스스로에게 말하여 자신을 격려하고, 실패나 실수에 대한 자멸적인 생각을 내부 대화로 이어지지 않게 한다.
10. 시험에 대하여 총 연습을 한다. 필기시험인 경우 전년도의 시험을 지정된 시간 내에 완료하도록 한다. 기출 문제에 대한 정보가 없을 경우, 자신이 질문지를 만들고 시험 보는 상황을 설정하여 답을 해 보기도 한다. 간호술기를 평가받게 되는 경우에는 동료들의 앞에서 수행해 보기도 하고, 강사가 사용할 기준을 사용하여 스스로 평가해 보도록 한다.
11. 시험 이후 보상을 계획한다. 자신에게 기대하는 것을 제공함으로써 시험의 굴레에서 벗어나도록 한다.

시험 중 *During Your Examination*

1. 시험 장소에 도착할 시간을 미리 결정한다. 시험 전에 동료들과 이야기하기를 좋아하는 사람이라면 일찍 도착하도록 한다. 동료들과 함께 사전 검사를 받게 될 경우에는 불안감이 높아질 수 있으므로 도착시간을 미리 정하도록 한다.
2. 시험을 보기 전 진정할 시간을 갖도록 한다. 조용히 앉아서 깊은 호흡을 하도록 한다.
3. 시험 시간 동안 조용히 집중력을 유지한다. 만약 시험 문제에 집중하지 않고 합격 또는 불합격을 생각하게 되면 집중력이 떨어지게 된다. 또한 다른 일을 생각하게 되면 불안감이 생기고 질문에 집중하는 데 방해가 된다.
4. 만약 외부 간섭(예: 다른 시험 응시자나 시험감독관의 소음, 실내의 불편한 조건 등)으로 주의가 산만해진다면 상황을 정돈해줄 것을 적극적으로 요청한다. 만약 외부의 혼란함 때문에 아무것도 할 수 없다면, 자기 자신에게 다시 초점을 맞추도록 자기독백을 하고 시험 질문에 모든 집중을 기울이도록 한다.
5. 질문에 답하기 전에 먼저 시험 문제를 전체적으로 읽어본다. 이러한 방법을 통해 자신이 원하는 답을 알게 되고, 시험을 치르는 시간 동안 자신의 페이스를 조절할 수 있다.
6. 질문에 답하기 전에 적절한 수준의 답을 하기 위해서는 답과 관련된 부분을 이해하고 있는지 확인하는 것이 필요하다.
7. 먼저 답을 알고 있는 질문에 답을 하도록 한다. 이 전략은 자신감을 높여준다.
8. 어느 한 가지 질문(보통 할당된 점수로 결정됨)에 얼마나 많은 시간을 할애할 것인지 결정하고, 주어진 시간 동안 끝까지 서두르지 않도록 한다.
9. 할당된 시간보다 시험이 일찍 끝나게 될 경우, 제출하기 전에 답을 먼저 확인한다. 이러한 검토를 통해 모든 질문에 답을 할 수도 있다.

시험 후 *After Your Examination*

1. 시험이 끝난 후 동료들과 함께 할 것인지 결정하도록 한다. 때때로 시험이 끝난 후에 시험에 대해 검토하는 것은 불안을 증가시킬 수 있다.

2. 시험 후 계획을 구상한다. 재미있는 일을 하면서 마음이 정화되고 이완될 수 있도록 돕는다.
3. 결과가 발표된 이후에는 잘한 부분과 개선을 필요로 하는 부분을 확인한다. 내용을 더 공부해야 하는지 또는 질문을 해석하는 데 경험이 필요한지 또한 확인하도록 한다. 이러한 정보는 향후 시험 준비에 도움이 될 것이다.

비판의 수용과 대처 Dealing with Criticism

많은 사람들은 비판을 받게 되면 불안을 느낀다. 다음은 비판을 보다 긍정적으로 수용하는 예이다.

- 비판을 나쁜 소식이 아닌 선물로 생각한다. 비판은 성과를 재평가할 기회를 제공한다. 비판을 하는 데 시간을 소비하는 사람들은 당신이나 당신이 하는 일에 관심이 있다.
- 비판을 하는 사람으로부터 더 많은 정보를 구하도록 한다. 비판받고 있는 특정 행동에 대하여 구체적인 근거를 요청하도록 한다. 이 정보는 비판의 유효성을 결정하는 데 도움이 된다.
- 모든 비판에 동의할 의무는 없다. 시간을 내어 비판을 검토하여, 자기 평가에 맞는 것을 추출하고, 적합하지 않은 것은 폐기한다.
- 만약 이전에 들었던 비판을 받게 된다면 그것에 주의를 기울이도록 한다. 반복적으로 듣게 되는 비판에는 진실이 있을 수 있다.
- 부당하거나 공격적인 비판에 응하고, 그냥 넘기지 않는다. 부당하게 비판하는 사람과 직면하거나 맞서 해결한다면, 당신은 훨씬 편안해질 것이다. 어떤 사람들은 스스로를 더 강력하거나 우월한 것처럼 보이게 하기 위해 파괴적인 비판을 한다. 그러한 비판은 수용되지 않아야 한다. 자기 자신을 주장할 수 있어야 한다.
- 정중하게 대답하도록 한다. 인위적이거나 무례한 불쾌한 행동은 상호 존중의 바람직한 분위기에 위배된다(Clark et al., 2009).
- 비판은 당신에게 잘못된 것이 있다는 것을 의미하지 않는다. 비효율적이거나 부정확하게 행동한 경우에 대해 정확하게 비난받을 수도 있지만, 이러한 것이 나쁘거나 어리석은 사람이라는 것을 의미하지는 않는다.

실습평가에 대한 간호학생의 대처
Assertively Handling Difficult Situations in Nursing Student Performance Evaluations

어떤 상황은 평가불안을 증가시킨다. 평가자가 공격적이거나, 준비할 시간이 없는 평가를 받았거나, 증거 없이 심각한 주장이 제기되는 것과 같은 불편한 상황에 대비할 필요가 있다. 다음 사례는 어려운 평가 상황에 대한 몇 가지 예와 평가를 적극적으로 다루기 위한 제안이 제시된다.

가혹하게 전달된 비평 Harshly Delivered Criticism

임상 지도자는 당신에게 차트 작성과 간호처치가 훌륭하게 수행되었음을 알려주며 효과적인 무균기술에 대해 칭찬하였다. 반면, 당신의 조직력이 떨어지고 주변 환경이 어수선해 보인다고 지적하였다. "간호사나 환자가 그 혼란 속에서 필요한 것을 어떻게 찾을 수 있겠어요? 정오 이후까지 대다수의 침상이 정리되지 않았고 병실은 엉망이었습니다. 이것은 간호사로서 부끄러운 일입니다."

이러한 견해가 공격적인 방법으로 전달되었더라도 합법적인 내용임을 알 수 있다. 당신은 혼란스럽고 지저분한 경향이 있다. 다음은 임상 지도자의 평가에 대한 적극적인 답변이다.

> "간호기술에 대한 피드백에 감사드립니다. 저의 조직능력에 대해서는 어떻게 해야 할지 모르겠습니다만, 환경이 어수선한 부분은 간호사가 되기 이전부터 수년간 가지고 있는 나쁜 습관입니다. 저는 항상 일을 잘하면서도 동시에 작업 공간을 잘 정돈하는 간호사를 존경하였습니다. 저는 어디서부터 다시 시작해야 될지 모르겠습니다. 개선할

수 있는 방법에 대하여 몇 가지 제안을 해 주실 수 있습니까?"

이러한 답변은 임상지도자로부터 받은 칭찬과 비판을 모두 인정하는 것이다. 도움을 요청하는 것을 통해 조직력을 개선하려는 간호사의 개방성은 표현되었다. 진정으로 개선하고자 한다면 임상지도자가 제공하는 몇 가지 제안을 따라야 될 것이다.

예상치 못한 공격적인 비판 Unexpected Aggressive Criticism

당신은 지난 7주 동안 일반 병원의 원격 진료 병동에 배정되었다. 이번 주는 이 병동에 근무하는 마지막 주이기 때문에 수간호사에게 실습 동안 받은 도움에 대한 감사함을 전달하기 위해 간호사 사무실에 서 있었다.

수간호사에게 요청하지 않았으나, 수간호사는 다음과 같은 조언을 하였다. "당신과 함께 우리가 좋은 시간을 갖게 되어 기쁩니다. 당신이 떠나기 전에 차트 작성 방법을 개선할 것을 조언하고 싶습니다. 읽기 어려우니 개선하기 바랍니다. 언젠가 당신의 기록을 이해하기 위해 10분을 소비한 적이 있었습니다. 만약 당신이 수행한 일들을 어느 누구와도 소통할 수 없다면 당신은 결코 좋은 간호사가 될 수 없습니다."

당신 "저도 제가 작성한 차트의 내용이 너무 길고 읽기가 어렵다는 것을 알고 있습니다. 제 임상 지도자인 홍○○도 개선해야 할 필요가 있다고 지적하였습니다. 제가 차트 작성을 개선하는 데 도움이 될 수 있는 제안을 해 주실 수 있을까요?"

이러한 답변은 수간호사의 피드백을 인정하는 것이다. 수간호사의 피드백은 공격적이었지만 답변은 적극적인 태도를 유지하였다. 당신이 수간호사에게 부탁한 요청은 긍정적인 방식으로 개인의 발전에 기여할 것이다.

근거 없는 주장 Allegations without Evidence

당신의 임상 지도자는 지난 3주 동안 근무를 한 산부인과 병동의 실적에 대하여 최종 평가를 하였다. 임상지도자는 당신이 아기를 다루는 것과 산모와의 상호작용에 대한 몇 가지 부정적인 견해를 제시하였다. 그러나 임상지도자는 자신의 의견을 지지할 만한 구체적인 예시를 제공하지 않았고 직접적으로 당신을 관찰한 적도 없다. 당신은 자신의 간호 수행은 수용적이었고, 그 절차 또한 매뉴얼에 제시된 기준에 부합한다고 믿고 있다. 당신은 다음과 같이 답변을 한다:

"아기를 다루는 것과 산모와의 상호작용에 대한 제 자신의 평가는 제가 그들을 존경과 보살핌으로 간호했다는 것입니다. 간호성과에 대한 평가는 제 경력에 심각한 영향을 미치기 때문에 제가 그들을 거칠게 대하고 있다는 사실에 대하여 좀 더 구체적인 증거를 제시해 주시면 감사했을 겁니다. 저는 그동안 신생아실에서는 강○○과 병동에서는 양○○와 긴밀히 협력해왔습니다. 이 두 간호사들은 저의 업무 성과에 대하여 철저하게 평가할 수 있을 것이라 생각됩니다. 저는 제 업무 성과를 논의하기 위해 당신과 더불어 그 두 간호사와 함께 자리하고 싶습니다. 저는 그 회의가 개최될 때까지 이 평가서에 서명하지 않겠습니다."

이러한 적극적인 대응으로 임상지도자는 당신이 자신의 평판을 걱정한다는 사실을 알게 된다. 당신은 다른 평가에 대한 합당한 요청을 하였다. 임상 지도자에게 모욕적이거나 불손하지 않은 솔직한 방법으로 접근하였기 때문에 다른 평가가 주어질 가능성은 높아졌다.

능동적으로 행동하기
Moving from Reactive to Proactive Behavior

평가의 기회를 구하는 능력은 당신을 실수를 인식하지 못할 거란 생각을 가진 사람이 아닌 비전을 갖고 개선하려는 사람으로 생각하게 만든다. 행동, 반응, 편견 및 가치에 대한 통찰력을 얻기 위해서는 임상근무 후 매일 성찰적 저널 쓰기를 고려해봐야 한다. Lasater와 Neilsen(2009)은 학생 과제물로 주어지는 성찰적 저널 쓰기 모델에 대해 연구하였다. 당신은 이것을 적극적인 전략으로 사용할 수 있다. 상황에 대한 서술, 당신의 이전 경험, 당신이 주목하는 것, 당신이 관찰한 것을 어떻게 해석하는지, 어떻게 반응했고 환자간호의 목표를 세웠는지, 중재의 효율성에 대한 성찰 그리고 새롭게 알게 된 교훈 등에 대한 내용을 포함하면 된다. Covey(2004)는 사람들의 7가지 습관 중 첫 번째가 '능동적인 존재'라고 하였다. Covey에 따르면 능동적이라는 것은 "우리는 우리 자신의 삶에 책임이 있다."는 것을 의미하고 능동적인 사람들은 "자신의 행동과 관련하여 상황을 비난하지 않는다."라고 한다. 학생간호사의 경우, 적극적인 행동은 임상 과제를 사전에 준비하고 대상자 간호에 대한 질문과 대화에 개방적으로 대응하는 것이다. 평가받는 것은 비판으로 경험될 수 있으며, 변명을 구하는 자연스러운 행동을 불러일으킬 수 있다. 기술이 향상되고 자신감이 높아질수록 능동적으로 평가를 요구하게 된다. 그리고 다른 사람들의 피드백을 인정하게 된다. 또한 감정을 상하지 않으면서 올바른 행동에 대한 책임을 갖게 된다.

평가불안 극복 연습
Practicing Overcoming Evaluation Anxiety

연습 1 기술구축

이완을 위하여 4-7-8 호흡을 연습한다. 이것은 당신과 당신의 대상자를 위한 간단한 전략이다. 그것을 지금 당장 실행하는 것은 당신에게 선물이 될 것이다. Box 17-2를 보고 다음 비디오를 따라한다(https://www.drweil.com/videos-features/videos/breathingexercises-4-7-8-breath/.).

연습 2 기술구축

간호대학에서 당신의 동료가 아주 중요한 생리학 시험을 이틀 앞으로 앞두고 있다. 카페테리아에서 커피를 마시며 그녀는 다음과 같이 말한다.

예민한 수민: "이번 시험이 너무 끔찍해. 김교수님이 너무 힘들게 한다고 다들 그래. 나는 첫 번째 시험에서는 OK를 받았지만 그 다음부터 우리는 훨씬 복잡한 더 많은 걸 해야 해. 나는 실패해서는 안 돼. 그래서 나는 아주 많은 시간을 공부하는 데 쓰고 있어. 이게 끝나면 너무 좋겠다."

당신은 친구의 평가불안을 감소시키기 위해 무엇을 해줄 수 있을까? 당신의 전략을 준비하고 그룹 내에서 다른 사람의 의견과 비교해보자.

연습 3 기술구축: 소규모그룹 작업

당신은 수술실에서 일하는 간호사이다. 임상실습 중인 학생이 휴식시간에 당신에게 말하기를

불안한 영희: "내일이 오는 것이 너무 두려워요. 내일 나는 스크럽을 해야 하는데, 박 박사님이 학생들이 자신이 원하는 대로 정확하게 수행하지 못했을 때 학생에게 소리 지르는 것을 봤어요. 그것을 마무리하면 나의 임상지도자가 나를 평가할 거예요. 나는 내일 4시까지 완전히 깨질 거예요."

당신이 이 학생간호사가 평가불안에 대처하도록 도울 수 있는 방법은 무엇인가? 당신의 반응을 준비하고 그룹 내의 다른 사람들의 의견과 비교한다.

연습 4 Q.S.E.N-창조적인 표현/성찰/저널 쓰기/사진콜라쥬

원하는 대로 자신을 묘사한 콜라주를 만든다. 콜라주를 만들기 위해서는 배경에 적합한 여러 잡지(컬러 아트지, 매트 보드 또는 판지 사용), 가위 및 풀을 준비한다. 그리고 전문적으로나 개인적으로 자신이 최고인 상태가 되는 전체적인 그림을 구상한다. 많은 생각을 하지 않고 이미지와 단어 또는 구절만을 선택하도록 한다. 배경에 붙여서 콜라주를 만든다. 작업이 끝난 후 당신이 표현한 콜라주에 대하여 생각과 감정을 작성하도록 한다. 이러한 이미지를 유지하도록 자주 볼 수 있는 공간에 콜라주를 걸어 놓는다.

참고문헌

Boggs, C., Shields, D., & Goodin, H. J. (2011). Using guided reflection to reduce test anxiety in nursing students. *Journal of Holistic Nursing, 29*(2), 140.

Clark, C. M., Farnsworth, J., & Landrum, R. E. (2009). Development and description of incivility in nursing education. *Journal of Theory Construction and Testing, 13*(1), 7.

Covey, S. R. (2004). *The seven habits of highly effective people*. New York: Free Press.

Devney, A. M. (2018). Rapid anxiety reduction tools for nursing staff, faculty and students. *COJ Nursing & Healthcare, 2*(5), 1–2.

Diaz, D. A., Panosky, D. M., & Shelton, D. (2014). Simulation: Introduction to correctional nursing in a prison setting. *Journal of Correctional Health Care, 20*(3), 240.

Dweck, C. S., & Wortman, C. B. (1982). Learned helplessness, anxiety, and achievement motivation. In W. H. Krohne & L. Laux (Eds.), *Achievement, stress, and anxiety*. Washington, D.C.: Hemisphere Publishing.

Hutchinson, T. L., & Goodin, H. J. (2013). Nursing anxiety as a context for teaching/learning. *Journal of Holistic Nursing, 31*(1), 19.

Kaplan, B., & Ura, D. (2010). Use of multiple patient simulators to enhance prioritizing delegating skills for senior students. *Journal of Nursing Education, 49*(7), 371.

Knight, A. (2011). *Andrew Knight (in the Office of Graduate Studies)*. http://www.upenn.edu/grad/pennprize/2006/knight.html. Accessed 3 March 2011.

Lasater, K., & Nielsen, A. (2009). Reflective journaling for clinical judgment development and evaluation. *Journal of Nursing Education, 48*(1), 40.

Marquis, B. L., & Huston, C. J. (1998). *Management decision making for nurses: 124 case studies*. Philadelphia, PA: Lippincott-Raven.

Meichenbaum, D. H. (1972). Cognitive modification of test anxious college students. *Journal of Consulting and Clinical Psychology, 39*(3), 370.

Moscaritolo, L. M. (2010). Interventional strategies to decrease nursing student anxiety in the clinical learning environment. *Journal of Nursing Education, 48*(1), 17.

Princeton Review. (2018). *10 ways to overcome test anxiety*. https://www.princetonreview.com/college-advice/test-anxiety. Accessed 16 July 2018.

Weil, A. (2018). *Breathing exercises: 4-7-8 breath*. https://www.drweil.com/videos-features/videos/breathing-exercises-4-7-8-breath/. Accessed 1 September 2018.

Wine, J. D. (1982). Evaluation anxiety: A cognitive-attentional construct. In W. H. Krohne & L. Laux (Eds.), *Achievement, stress, and anxiety*. Washington, D.C.: Hemisphere Publishing.

Chapter 18

피드백을 통한 성장

Working with Feedback

학습목표

1. 의사소통에서 피드백의 중요성을 논의한다.
2. 피드백을 주기 위한 전략을 확인한다.
3. 자아성장을 촉진시키는 피드백 수용단계를 논의한다.
4. 상황에 맞게 피드백을 요청하고, 제공하고, 수용하는 방법을 실습한다.

피드백의 중요성
Why Feedback is Important

이 장을 읽고 나면, 스스로 인내심을 갖게 될 것이다. 건설적인 피드백을 받는다는 것이 당신이 이것을 수용한다거나 즉시 변화한다는 것을 보장하지는 않는다. Robinson-Walker(2017)는 나선형 학습에 대해 쓴 간호사 코치인데, Walker(2017)는 간호사 코치로서, 사람은 자신에 대해 자각을 하고 개인적 · 전문적 성장을 위해 한 번 이상 피드백을 받더라도 다시 원래의 행동으로 돌아간다는 나선형 학습에 대해 저술하였다. 건설적인 피드백을 주는 것은 타고난 기술이 아니다(Blatchley, 2017). 피드백은 받는 사람의 개선과 발달을 조장하기 위해 의도하는 것이다(Duffy, 2013). 피드백은 변화될 수 없는 성격이 아닌 변화될 수 있는 행동에 중점을 둔다(Greenfield, 2014). 피드백을 제공하는 방법으로는 긍정적 피드백과 부정적 피드백이 있다. 'feed'와 'back'이라는 두 단어를 비교해보면 'feed'는 영양을 공급하고 위로하거나 다른 사람의 필요를 충족시키는 것을 의미한다. 이 맥락에서 'back'은 뒤로라는 뜻으로 다른 어떤 것이 되돌아온다는 것을 의미한다. 이 두 개념이 결합된 피드백(feedback)은 다른 사람에게 영양을 되돌려준다는 것을 의미한다. 이러한 의미에서 피드백은 긍정적인 것이며, 다른 사람을 위한 선물이다. 긍정적인 접근 방식의 피드백을 사용함으로써 사람들은 안도감을 갖게 되고, 부정적인 피드백은 생산적인 대화로 변화하고 학습하는 환경을 조성하며 비판을 가치 있는 것으로 변화시킨다(Gallagher, 2009). 동료들이 특별히 중요하게 생각하는 인물 앞에서 동료들을 구체적으로 칭찬하는 행동은 그들을 긍정적으로 변화시킬 수 있다(Anderson, 2002). 가능한 경우, 즉각적인 피드백을 제공해주는 것이 좋다(Blatchley, 2017). 이 장에서는 하나의 상황을 다른 관점에서 관찰하거나 묘사하고 재구성의 기술을 사용하도록 하였다.

피드백은 자신의 행동을 다른 사람의 관점에서 볼 수 있게 한다. 이러한 반영을 통해 자신이 다른 누군가에게 어떻게 반응하는지를 알 수 있다. 그래서 같은 방식으로 계속 행동을 할 것인지, 아니면 변화할 것인지에 대한 결정을 내리게 한다. 이런 관점에서 보면 피드백은 자기 성장을 위한 발판이 된다. 행복하게 사는 것은 인생에서 가장 즐거운 경험 중 하나이다. 이러한 만족감은 자기가 좋아하는 것에 대한 인정으로, 자기 개념을 확고하게 한다. 행동 방식의 변화를 고민하면서 진정으로 새로운 자기 개념을 구상하게 된다. 피드백은 인간의 발전을 증대시키는 가능성을 가진다. 가장 효과적이기 위해서 피드백은 목표를 진행하는 과정에서 자주, 구체적으로 이루어져야 한다(Eisenberg & Goodall, 2001). 간호과정은 피드백이 작용하는 한 예이다. 사정, 계획 및 수행은 평가단계에서 환자로부터의 피드백과 지속적인 사정을 통한 정보를 기반으로 변경될 수 있다. Florence Nightingale 이래로 피드백은 간호의 한 부분으로서 간호를 개선하는 데 기초가 되었다. Continuous quality improvement(CQI)는 실제 데이터 중심의 문제해결과정으로 서비스를 개선하기 위해 간호전달체계를 조사하며, 우수성에 대한 정기적인 피드백을 신뢰한다. 피드백이 동료들과 관리자의 직접적인 관찰로부터 이루어지는 360° 피드백 혹은 다양한 근거를 가지고 수행되면 직원개발의 도구로 사용된다(Watkins & Leigh, 2009).

피드백을 주는 것은 조언하는 것과는 다르다. 피드백을 주는 것은 단지 다른 사람의 행동이 우리에게 어떤 영향을 주었는지에 대한 반영이지, 사람이 어떻게 변해야 하는지에 대한 조언은 아니다. 피드백을 받은 고객이나 동료들이 그들의 행동을 변화시키고자 희망할 수도 있다. 그들은 "변화를 위해 무엇을 해야 한다고 생각합니까?"라고 대답을 요청할 수 있다. 이럴 경우 때로는 조언을 할 수 있으나 주의를 기울여야 한다.

타인의 감정을 해치지 않고 존중받고 있다는 확신을 주기 위해서는 그들을 충분히 고려한 선택사항이 제시되어야 한다. 변화가 다른 사람에게 편안하거나 적합한지는 전혀 알 수 없다. 왜냐하면 개개인은 각자의 스타일과 우선순위에 맞는 것을 결정하기 때문이다. 만약 다음과 같이 제시될 경우, 제안은 보다 쉽게 수용될 것이다.

> "제가 시도해본 것은 이것입니다."
> "아마 이 변화를 추가한다면 도움이 될 것입니다."
> "제가 같은 방식으로 변화하려고 할 때, 제 동료는 이렇게 하도록 제안을 했습니다…. 제가 일했던 방법이 아마도 당신에게 도움이 될 것입니다."

이러한 예문은 조언을 듣는 사람이 수용하거나 거절할 수 있도록 허용한다.

잘 통합된 피드백을 주기 위해서는 수용할 수 있는 방식으로 전달되어야 하며, 수신자는 받은 피드백에 대해 개방적으로 생각해야 한다. 다음은 피드백을 수용할 확률을 높이기 위한 몇 가지 단계에 대하여 설명한다.

피드백 제공하기
How to Give Feedback

첫 번째, 피드백을 제공하고자 하는 이유를 확인하도록 한다. 피드백을 제공하고자 한 동기가 무엇인가? 피드백을 제공함으로써 성취하고자 하는 희망이 무엇인가? 피드백은 자기 성장의 기회를 증가시켜 다른 사람에게 이득이 된다는 믿음으로 제공되어야 한다. 피드백을 통해 다른 사람에게 복수를 하는 것처럼 몰아세우길 원하고, 존경심을 떨어뜨리기 위해, 자신의 우월한 지식을 보여주기 위해 또는 편협한 생각으로 대상자나 동료의 행동을 엄격하게 통제하고자 제공해서는 안 된다.

피드백 허락받기
Gain Permission to Give Feedback

다음 단계에는 대상자 또는 동료들로부터 피드백을

줘도 되는지 허락을 구해야 한다. 그러면 그들은 당신의 정보에 좀 더 개방적으로 될 것이다(Ambrose & Moscinski, 2002). 허락은 다른 사람의 피드백을 원하는지 묻는 것만으로도 요청할 수 있으며, 또는 비언어적인 점검을 통해 확인할 수 있다.

다음 예문에서는 피드백을 허락받기 위한 언어적·비언어적 방법을 제시한다.

이○○ 간호사는 신생아를 목욕시키기 위해 이제 막 아버지가 된 보호자를 교육하고 있으며, 그는 간호사가 시범을 보인대로 수행하고 있다.

> "저는 보호자께서 따님을 얼마나 안전하게 안고 있는지 알 수 있었습니다. 따님도 안심할 수 있다고 느낄 거예요. 또한 보호자께서 해주는 목욕을 즐기는 것처럼 보였어요. 그런데 좀 더 개선하기 위해 저는 한 가지 제안을 하고 싶습니다."

이○○ 간호사는 이 부분에서 잠시 멈추고 계속해서 말해도 좋다는 승인을 뜻하는 신생아 아버지의 끄덕이는 모습을 확인한다.

> "따님의 탯줄이 젖게 되면 감염될 확률이 높아집니다. 보호자께서 그 이야기를 듣길 원한다면 따님의 탯줄을 건조하게 유지하는 것에 대한 몇 가지 제안을 하고 싶습니다."

다시 간호사는 신생아의 아버지와 눈을 마주치며 그가 간호사의 제안에 관심을 보일 때까지 가만히 있었다.

> "탯줄을 건조하게 유지하는 방법으로는 욕조에 물을 거의 채우지 않고 약 45° 각도로 잡고 있는 방법이 있습니다. 또한 물이 실수로 탯줄에 떨어지지 않도록 수건을 짜는 방법도 있습니다."

구체적으로 제시하기 Be Specific

대상자나 동료에게 피드백을 주는 것은 자신이 좋아하거나 싫어하는 행동에 대해 공격하기 위한 것이 아니다. 영향력 있는 피드백을 제시하기 위해서는 구체적이고 관찰 가능한 행동에 중점을 두어야 한다. 다음은 두 간호사들 간에 이루어진 상황으로, 구체적으로 피드백을 제시하는 방법을 설명하고 있다.

서○○ 간호사는 현재 저녁 근무를 하고 있으며 병동 근무에 익숙하지 않다. 밤번 근무가 시작되기 전까지 서○○ 간호사는 지금까지 수행한 일을 기록해야 하며, 마무리 안 된 일들을 정리해서 인계해야 한다. 지난 4일 동안 밤번 담당 간호사들 중 한 명인 강○○ 간호사는 30분 일찍 출근하여 서○○ 간호사에게 사적인 대화를 시도하고 있다. 매 순간 대화할 시간이 없다는 서○○ 간호사의 반응은 무시되었고 서○○ 간호사는 강○○ 간호사의 데이트 이야기 및 그날 어떻게 수면을 취했는지에 대해 끊임없이 들어야 했다. 서○○ 간호사는 다음과 같이 그녀에게 접근한다.

> "강○○ 씨, 저는 당신이 일찍 출근해서 이야기하는 것이 저에게 어떤 영향을 미치는지에 대하여 이야기하고 싶어요."

이 시점에서 서○○ 간호사는 강○○ 간호사가 자신의 이야기에 대하여 동의해 줄 때까지 기다리고 다음과 같이 진행한다.

> "강○○ 씨, 저는 당신과 이야기하는 것을 좋아해요. 그렇지만 근무를 마무리해야 하는 제 상황에서 제 관심을 끌려는 당신의 행동은 무척 당황스러워요. 왜냐하면 저는 해결 안 된 일들을 마무리해야 하고 밤번 근무자를 위해 물품도 준비해야 해요. 저는 너무 긴장해서 당신이 저에게 하고자 하는 말에 충분히 집중할 수도 없고 제가 원하는 방향대로 업무를 완벽하게 정리할 수도 없었어요. 제가 무엇을 말하려 하는지 이해할 수 있겠어요?"

서○○ 간호사는 이 시점에서 말을 멈추고 강○○에게 반응할 기회를 주어야 한다. 그리고 다음과 같이 이야기할 수 있다.

> "저는 일을 마치고 퇴근하기 전에 당신과 이야기할 수 있는 시간을 갖고 싶어요. 그래도 될까요?"

관찰 가능한 행동을 제안한 피드백은 "근무가 끝날 때까지 말 걸기를 멈출 수 없나요?" 또는 "나를 이렇게 괴롭히는 너를 참을 수가 없어."와 같은 잔인한 말을 예방할 수 있다. 구체성을 갖는 피드백은 현실적으로 수용 가능하다.

관점 전달하기 Convey Your Perspective

피드백을 제시할 경우, 사물에 대한 자신의 관점을 다시 확인하는 것이 필요하다. 개인이 갖고 있는 관점은 선천적으로 타고나거나, 객관적으로 옳고 그름이 없다. 그것은 단순히 세상을 바라보는 방식이다. 그러나 동료와 대상자와의 관계는 중요하고 모두에게 영향을 주기 때문에 다른 사람에 대한 반응은 중요하다.

새로운 스타일로 머리카락을 자르고 난 후 거울을 보았을 때, 그 모습을 수용하게 되면 미소를 짓게 되고, 당황스러우면 얼굴이 붉어지거나 또는 터무니없는 머리 모양에 대해 돈을 지불하기를 꺼리게 된다. 미용사는 누군가에게 세련된 새로운 이미지로 즐거움을 불러일으킬 수도 있으며, 새롭게 머리를 손질한 누군가의 친구들은 그런 낯선 모습에 어리둥절한 반응을 보일 수도 있다. 이러한 반응들은 어느 것도 합법적이거나 다른 누군가의 반응보다 낫다고 볼 수 없다. 각각의 반응은 바라보는 사람들의 관점을 바탕으로 제시된 피드백일 뿐이다.

피드백을 제시할 때, 수신자가 피드백 제공자의 관점에 동의하지 않을 수도 있다는 것을 기억해야 한다. 피드백을 잘 전달하기 위해 다음과 같은 구절을 인용할 수 있다.

"내가 보기에…"
"당신이 박수를 쳤을 때(박수를 치지 않았을 때) 나는 행복했다(슬퍼했다)."
"내 관점에서…"
"내가 사물을 보는 방식은…

먼저, 생각과 감정을 전달하기 위해 일인칭을 사용하게 되면, 다른 사람의 행동을 비난하거나 편견을 갖는 것을 예방할 수 있다.

> 나는 병원에서 고객 서비스 교육을 담당하고 있기 때문에 고객 서비스가 부족하다고 관찰될 경우 피드백을 제공하는 것이 나의 업무이다. 고객의 입장에서 생각했을 때, 서비스의 질적 평가가 잘 이루어진다. 피드백을 제공할 때, 나는 그 장소에 함께 있는 사람들과 내 관점을 공유한다. 혈액을 채취하기 위해 검사실에 갔을 때, 한 여자가 검사실로 들어 왔고 신분증을 부착하지 않았기 때문에 나는 그녀가 누군지 확인할 수 없었다. 직원의 도움으로 그녀가 학생이며 아직 신분증을 제공받지 못했다는 것을 알았다. 나는 이러한 사실을 관리자와 공유하였고, 마치 누가 자신을 간호해주는지 모르는 환자와 같이 내가 얼마나 불편했는지를 지적하였다. 그녀는 학생들에게도 신분증을 제공하는 데 동의하였다.

상황을 교정하기 위해 피드백을 제공하는 것은 쉬운 일은 아니다. 그렇지만 다른 누군가에게는 도움이 된다. 위 사례를 통해 전문가로서의 직원의 이미지는 향상될 수 있다.

피드백받기
How to Receive Feedback

피드백은 자기 성장을 위한 기회이다. 피드백을 제공하는 것은 다른 사람의 감정과 당신과의 관계를 위험에 빠지게 할 수 있다. 그 위험에 대하여 앎으로써 대상자 또는 동료 중 한 명이 당신에게 피드백을 제공할 때 어떻게 행동해야 하는지 알게 된다.

집중하기 Get Focused

피드백을 받을 때 집중하는 것은 중요하다. 이것은 다른 문제에 대하여 생각하거나 걱정하지 않고 피드백만을 생각하며 정중하게 듣는 것을 의미한다. 피드백은 임상 및 대인관계 기술을 개발하도록 도우며, 자신감 및 자존감을 증진시키고, 지속적으로 자신에 대해 더 많은 것을 계속 배우게 하는 동기를 유발하게 한다(Clynes & Raftery, 2008).

충분한 시간 할애하기
Arrange to Have Enough Time to Receive the Feedback

피드백을 성급하게 주지 않는 것 또한 중요하다. 만약 서둘렀다는 것을 깨닫게 되면 다른 사람들의 아이디어를 배우는 것을 소중히 생각한다고 말하고, 또 다른 시간에 듣고 싶다고 말하도록 한다. 특히 약속시간을 따로 정하는 것은 중요한데, 이것은 다른 사람의 의견을 존중한다는 의미로 전달된다.

"저는 당신이 서비스를 받는 동안 제게 피드백을 제공하기 위해 노력하신 부분에 감동받았습니다. 당신의 견해를 들을 수 있는 편한 시간을 정할 수 있을까요? 오늘처럼 시간에 대한 압박이 없을 때, 당신의 이야기를 듣고 싶습니다. 그러면 모든 것을 받아들일 수 있습니다."

피드백의 의미 확인하기
Make Sure You Understand the Feedback

피드백 제공자들은 수신자들이 충분히 이해할 수 있는 시간을 가진 다음, 불명확한 점에 대하여 질문을 요청하게 한다.

임상지도자가 박○○ 간호사에게 무균술에 대한 피드백을 제공한 후, 박○○ 간호사는 다음과 같이 반응한다.

"저는 선생님의 의견을 이해합니다. 선생님은 제가 손을 씻기 전에 트레이를 열어 두어 씻는 동안 트레이를 공기에 노출된 상태로 두었다고 했습니다. 또한 대상자의 소지품을 제 마음대로 무균실에 보관하여 무균실을 전체적으로 오염시켰다고 했습니다. 제 생각에는 이런 문제들이 제가 개선해야 할 주요영역이라고 생각합니다. 맞습니까?"

피드백을 이해하였는지 확인하기 위해 반복하는 것은 존중의 태도로, 자신에게 주어진 조언을 다시 한 번 재인식하는 방법이다.

변화에 대한 지침 요청하기
Request Guidance on How to Change

피드백을 받은 행동에 대해 변화하기를 원한다면 변화의 방향에 대해 요청하도록 한다. 다음 예문을 고려해본다.

학생간호사가 팀 리더인 장○○ 학생에게 첫 주 동안의 리더십 스타일에 대하여 피드백을 제공했다. 학생간호사의 의견은 대부분 긍정적이었다. 그러나 장○○ 학생이 가끔은 대상자에 대한 간호를 결정할 때 일방적이었음을 지적하였다.

팀 리더인 장○○ 학생은 리더가 모든 책임을 져야 한다고 생각했기 때문에 동료의 반응에 매우 놀랐다. 그러나 장○○ 학생은 자신의 리더십 스타일로 인해 동료들이 중요하지 않고, 소홀한 감정을 느끼게 된 것 같아 기분이 상했다. 장○○ 학생은 팀 리더로서 좀 더 존경받는 리더십 스타일로 변화하고 싶었다. 그래서 동료들에게 다음과 같이 반응하였다.

"너희들의 의견에 감사해. 내가 잘하고 있는 부분이 있다니 참으로 기뻐. 그렇지만 나는 진정으로 독단적인 면을 극복하고 싶어. 내가 팀 리더로서 대상자에 대한 의사결정에 너희들과 함께 참여할 수 있는 다른 방법이 있을까?"

피드백에 대한 감사 표현하기
Show Appreciation for the Feedback

피드백을 제공한 사람들에게 감사를 표현해야 한다. 비록 변화하지 않더라도 행동에 대한 그들의 견해를 듣는 것은 유익하다. 그리고 이러한 정보에 대하여 감사할 수 있어야 한다. 다음은 그러한 예이다.

간호관리자인 정○○은 최○○ 간호사가 점심 시간으로 할당된 시간의 절반만 식사시간으로 소비하는 습관이 몸에 익숙해질까 봐 불안하다고 하며, 또한 최○○ 간호사의 건강을 걱정하고 있다고 말한다. 최○○ 간호사는 다음과 같이 반응한다.

> "제게 관심을 보여주셔서 감사합니다. 저는 내과 병동에서는 눈, 코 그리고 목을 간호하는 것보다 신체적 간호를 더 요구하는 것을 알게 되었습니다. 저는 이전에 있었던 병동에서 충분히 근무 경력을 쌓았습니다. 이 병동에 온지는 9일이 되었고 천천히 익숙해지고 있습니다. 곧 점심시간에 충분히 휴식을 취할 수 있을 만큼 적응할 수 있을 거라 생각됩니다."

피드백 숙고하기
Think about the Feedback You Receive

피드백을 받은 것에 대해 생각하는 것은 유익하다. 자신이 받은 피드백에 내재되어 있는 의미를 생각할 시간을 갖도록 한다. 다음은 그러한 예이다.

통증 때문에 불편한 환자는 다른 사람들에게 자주 화를 낸다. 한○○ 간호사가 환자를 목욕시키기 시작할 때, 그녀는 한○○ 간호사에게 빈정거린다.

> "아하! (빈정대듯), 다정스러운 한○○ 간호사. 당신이 짓는 미소는 이제 신물이 나. 오늘 아침엔 그 쾌활함이 너무 지나쳐. 나가서 다른 사람들에게나 나눠줘."

간호사는 첫 번째로 상처받은 느낌을 경험할 수 있다. 환자가 통증 때문에 못할 말을 했다고 자신의 행동을 표현할지라도 간호사는 믿지 않을 수 있다. 시간이 지남에 따라, 간호사는 환자의 말을 다시 떠올리며, 자신의 모습이 환자에게 너무 명랑하고 씩씩하게 보일 수 있다고 생각하게 된다. 자신을 공정하게 판단하기 위해서는 가능한 느끼지 못하는 부분까지도 직접 확인하도록 노력해야 한다.

간호사의 온정적이고 연민하는 능력을 스스로 평가함으로써, 대상자와 더 인간적으로 연결될 수 있는 강점에 대해 알게 된다. 피드백을 활용함으로써 간호사는 개인적으로나 전문적으로 더 성장하고 발전할 수 있다.

피드백 요청하기
How to Seek Feedback

피드백에 익숙해지면 피드백이 주어지기 전에 다른 사람들에게 피드백을 요청하게 된다. 또한 피드백을 요청하기 위해서는 자신이 성장할 준비가 되어 있음을 공표해야 한다. 그것은 자신의 강점을 보고 개선할 수 있는 자신감을 가지고 있음을 의미한다.

피드백을 받을 준비가 되었는지 확인하기
Be Sure You Are Ready to Receive Feedback

피드백을 받기 전에, 실제로 받을 준비가 되어 있는지 확인하도록 한다. 피드백을 받기 위한 개방이 충분치 않을 경우에 이러한 메시지는 언어적·비언어적으로 전달된다. 언어적으로 당신은 화를 내거나, 방어적이거나, 행동을 합리화할 변명을 만들 수 있다. 비언어적으로 당신은 눈 맞춤을 하지 않거나, 몸을 돌리거나, 팔을 접어 피드백이 통과하지 못하게 물리적으로 장벽을 형성하여 거부할 수 있다. 이러한 언어 및 비언어적인 반응은 피드백을 제공한 사람에게 매우 무례한 행동이다.

단순히 의견을 들을 준비가 되지 않은 때가 있다. 그러한 경우 자신을 보호해야 하며, 자신감이 충분히 들 때까지 다른 사람들의 반응을 요청하지 않아야 한다. 흔들리거나 불안할 때 변화에 대한 암시와 함께 피드백을 받게 되면 자신에 대한 감정을 더 나빠지게 할 수 있으므로 피드백을 요청하는 것은 위험하다. 그러므로 피드백을 받을 준비가 되었을 때 요구하도록 한다.

성찰과 적용

글로 적어주기

한 관리자가 어떻게 직원들의 기술을 익히도록 하는지에 대해 제안할 것을 요청받았을 때 그는 직원들이 대상자나 가족 혹은 동료들에게 뭔가 특별한 것을 하는 것을 관찰했을 때 직원들에게 감사카드를 쓰는 것에 대해 말했다. 이 관리자는 간호사 주간에는 각각의 직원들에게 그들이 사람들에게 기여한 것, 언급한 것 등에 대한 감사카드를 보낸다. 직원들은 그 카드나 메모를 자신들이 힘들 때 꺼내 본다고 하였다.

구체적으로 피드백 요청하기
Be Specific in Your Request for Feedback

피드백이 필요한 행동을 구체적으로 제시하도록 요청하여야 한다. 구체적으로 요청하면 대상자나 동료가 집중할 수 있으며, 필요한 정보를 얻을 수 있다. 예를 들어, 외과 환자에게 수술 전 교육을 마친 후 간호사는 다음과 같이 질문할 수 있다.

"교육에 대하여 어떻게 생각하나요?"

이 피드백 요청은 모호하여 환자가 특정 분야에 대하여 생각하는 데 도움이 되지 않는다. 다음의 요청은 대상자가 질문에 집중하는 데 도움이 될 것이다.

"나는 교육에 브로셔를 사용했습니다. 그리고 이것을 당신에게 주고 가겠습니다. 저는 당신이 외과수술 직후에 발생할 수 있는 일들을 충분히 예상할 수 있도록 검토하길 바랍니다. 다른 질문이 있습니까?"

돌봄 의사소통으로 피드백하기
Use Feedback as Caring Communication

이전에 제시한 지침에 따라 피드백을 제공하게 되면 적극적인 성향을 갖게 될 것이다. 피드백은 사용 가능한 모든 정보를 사용하게 하는 책임감 있는 과정이다. 대상자에게 간호를 제공하는 간호사는 '교환 및 상호연결의 순환 고리'(Jasmine, 2009)의 일부로서 피드백을 주고받으며, 다양한 간호기능과 돌봄 행위 간에 균형을 형성한다(Jasmine, 2009). 대상자들에게 그들의 목표에 도달하기 위해 개선되는 것을 당신이 볼 수 있게 해달라고 요청하고, 그들의 성취와 대처하고 치유할 수 있는 능력에 대해 자랑스럽게 느끼도록 격려한다.

행동 과학은 우리가 어떤 행동을 하든지 강화되거나 반복될 것이라고 말한다. 시간을 내어 동료의 업무에 대해 의견을 제시하게 되면 하루 일과가 편해진다는 것을 기억해야 한다. 간호관리자들은 직원들에게 감사의 말을 전하고, 잘 되어가고 있는 것을 찾고, 대상자들이 얼마나 감사하는지를 공유함으로써 직원들을 격려할 수 있다. 당신의 대인 간 의사소통 기술을 발달시키는 데 있어서 피드백은 핵심적인 요소이다.

피드백을 통한 성장 연습
Practicing Overcoming Evaluation Anxiety

연습 1 성찰과 토의

성과에 대한 피드백을 마지막으로 들었을 때를 생각해 본다. 그것이 제공된 방식에 대한 당신의 생각과 느낌은 무엇이고, 무엇이 개선되었는지 확인하도록 한다(Duffy, 2013).

연습 2 1:1 대화를 통한 기술구축

두 명이 조를 이루어 한 사람은 듣는 사람, 다른 한 사람은 말하는 사람의 역할을 맡는다. 말하는 사람은 주제를 선택하고 5분 동안 그것에 대해 이야기한다. 듣는 사람은 말하는 사람의 주제에 대한 관심을 전달하고 앞에서 학습한 의사소통 기술을 사용하도록 한다. 5분 후에 듣는 사람은 자신의 청취 기술에 대한 피드백을 얻기 위해 말하는 사람에게 구체적인 영역에 대한 피드백을 요청한다. 말하는 사람은 듣는 사람이 요청한 구체적인 영역에 대한 피드백을 제공한다. 말하는 사람은 듣는 사람의 청취 능력에 대해 추가적으로 피드백을 제공할 수 있다. 듣는 사람은 말하는 사람의 피드백에 응답한다.

이 연습을 마친 후 몇 분 정도 시간을 내어 아래의 질문에 답해본다.

말하는 사람:

1. 듣는 사람이 구체적인 영역에 대한 피드백을 요청하였는가?
2. 듣는 사람은 말하는 사람의 의견을 듣고 싶어 하는 것처럼 보였는가?

듣는 사람:

1. 말하는 사람에게 듣기 기술에 대한 피드백 요청을 얼마나 구체적으로 하였는가?
2. 동료의 의견에 얼마나 개방적으로 반응하였는가?
3. 말하는 사람의 피드백이 명확하였는가?

이 질문에 답한 후에 역할을 전환하고 반복하도록 한다. 의견을 찾고, 받고, 제공하는 것에 대해 배운 내용을 토의하도록 한다.

연습 3 Q.S.E.N-간호학습전략을 위한 질적이고 안전한 교육

피드백에 대해 학습하는 것은 간호의 질적인 개선을 위해 필수적인 요소이다. 동료들과 이 연습을 통하여 경험을 획득하도록 한다.

수면박탈은 간호의 안전에 영향을 미치는 인간의 요소이다. 피드백에 대한 정확한 정보를 수집하고 팀원들과 논의하는 기술을 연습하기 위해 일주일간 수면일기를 쓰도록 한다. 매일 밤 잠자리에 든 시간과 깬 시간, 총 수면 시간을 기록하고 여러분이 잠자리에 가는 것, 깨는 것에 영향을 미친 환경적 요소를 기록한다. 여러분 연령에 적당한 수면시간을 근거중심으로 결정하기 위해 데이터베이스를 이용한다. 정보를 그래프로 표현한다. 그룹에 이 프로젝트를 소개하고, 여러분이 얼마나 효과적으로 데이터를 수집하고 발표했는지에 대해 피드백을 요청한다.

- 경험을 성찰한다.
- 주제와 데이터를 얼마나 잘 제시하였는가?
- 피드백을 받을 때 기분이 어떘는가?
- 건설적인 방법으로 구체적인 피드백이 주어지는 과정이 효과적이었는가?
- 정보를 보다 효과적으로 의사소통하기 위해 이 경험으로부터 배운 것을 어떻게 적용할 수 있을까?
- 프로젝트를 개선시킨 것은 피드백의 어느 단계였는가?
- 질적인 개선의 관점에서 볼 때 근거중심 수면 기준을 어떻게 잘 측정하였는가? 당신의 수면패턴을 개선하기 위한 단계는 어느 것인가?

참고문헌

Ambrose, L., & Moscinski, P. (2002). The power of feedback. *Healthcare Executive., 17*(5), 56.

Anderson, K. (2002). Don't worry, be happy. *Nursing, 32*(1), 69.

Blatchley, A. (2017). A nurse manager's guide to giving effective feedback. *Nurse Leader, 15*(5), 331.

Carr-Ruffino, N. (2001). *The promotable woman: Advancing through leadership skills*. New York, NY: Career Press.

Clynes, M. R., & Raftery, S. E. C. (2008). Feedback: An essential element of student learning in clinical practice. *Nurse Education in Practice, 8*(6), 405.

Duffy, K. (2013). Providing constructive feedback to students during mentoring. *Nursing Standard, 27*(31), 50.

Eisenberg, E. M., & Goodall, H. L., Jr. (2001). *Organizational communication: Balancing creativity and constraint*. New York, NY: Bedford/St. Martin's Press.

Gallagher, R. S. (2009). *How to tell anyone anything: Breakthrough techniques for handling difficult conversations at work*. New York, NY: AMACOM.

Greenfield, J. (2014). Why every practice nurse should have an annual appraisal. *Practicing Nurse, 44*(9), 32.

Jasmine, T. (2009). Art, science, or both? Keeping the care in nursing. *Nursing Clinics of North America, 44*(4), 415.

Robinson-Walker, C. (2017). Learning spirals. *Nurse Leader, 15*(5), 298.

Watkins, R., & Leigh, D. (2009). *Handbook of improving performance in the workplace: Selecting and implementing performance interventions. Vol. 2.* San Francisco, CA: Pfeiffer.

Chapter 19

명상과 이완요법의 활용
Using Relaxation Techniques to Become More Mindful

학습목표

1. '마음챙김' 명상(mindfulness)을 정의한다.
2. 회복탄력성과 스트레스 관리를 위한 H.A.L.T.(hungry, angry, lonely, tired) 접근법에 대해 논의한다.
3. 간호사에게 이완기술이 매우 중요함에 대해 토론한다.
4. 간호 상황에서 발생하는 스트레스 요인을 파악한다.
5. 이완반응을 유도하기 위한 명상요법의 가이드라인을 설명한다.
6. 심층이완을 위한 점진적 이완요법의 단계를 파악한다.
7. 즉각적 이완을 위한 간단하고 실용적인 전략을 확인한다.
8. 이완을 증진시키기 위한 간단한 스트레칭 방법을 파악한다.
9. 이완요법을 실습한다.

돌봄에 있어서 마음챙김의 중요성
An Introduction To Mindfulness To Support Presence In Nursing Care

불안은 미지에 대한 두려움이며, 이는 학생들뿐 아니라 일반인들도 평생에 걸쳐 흔히 경험하는 감정이다. 이 장에서는 '환자에 관한 모든 것'을 있는 그대로 우리의 업무로 받아들일 준비가 되어 있음을 보여줄 수 있도록, 스스로를 이완할 수 있는 아이디어와 전략을 다룬다. John Kabat-Zinn (2017)은 메사추세츠 의과대학에 있는 의학 및 건강관리 분야 마음챙김센터의 설립자로서, '마음챙김 기반 스트레스 감소(mindfulness-based stress reduction, MBSR)' 프로그램을 교육하고 있다. 그는 마음챙김을 "특정한 방식, 즉 의도적이고 비판단적으로 현재라는 순간에 집중하는 방법"이라고 정의했다. Eckhart Tolle은 현재에 존재한다는 것이 말하거나 행동하는 것보다 훨씬 강력하다고 말했다(Tolle, 1999).

보스턴의 Dana-Farber 대체의학 암센터에 근무하는 Patricia Arcari(2017)는 마음챙김이 모든 사람의 일상생활에 잘 맞는 자연스러운 과정이 될 수 있다고 했다. 또한 그녀는 호흡에 주의를 집중하면서 지금 이 순간 무슨 일이 일어나고 있는지를 알아차리는 것과 감사를 훈련하는 것을 강조하였는데, 감사 훈련은 마음챙김의 자연스러운 부산물로 보았다. Ponte와 Koppel(2015)은 마음챙김

Box 19-1 마음챙김 훈련 시작하기

1. 의자에 곧게 앉아서, 발을 바닥에 평평하게 놓고, 팔과 다리는 꼬지 말고 자연스럽게 두세요.
2. 아무것도 하지 않은 채로, 오로지 숨쉴 때 코로 공기가 들어오고 나가는 것을 느끼면서, 자신의 호흡에 주의를 집중하세요.
3. 마음속에 떠오르는 어떤 생각에 대해서도 판단하지 마세요. 방황하는 자신의 마음을 알아차리고, 다시 호흡에 주의를 집중합니다.
4. http://marc.ucla.edu/mindfulmeditations(UCLA, 2018) 이 사이트에서 5분 스크립트 또는 오디오 호흡명상(5분 30초)으로 시작해보세요. 이는 간호학생을 대상으로 하는 모든 수업의 시작 시 사용하는 스크립트입니다.
5. 대상자를 만나러 가는 길에 마음챙김을 연습하는 시간을 가져 보세요. 무슨 일이 일어나고 있는지 판단하지 말고, 의식적으로 지금 이 순간과 자신의 호흡에 집중하면서, 대상자와 함께 있고자 하는 마음을 가져 보세요.

출처: Sheridan, C. (2016). *The mindful nurse: Using the power of mindfulness and compassion to help you thrive in your work.* Buffalo, NY: Rivertime Press; Torney, D. (2017). *Mindfulness for emerging adults: Finding balance, belonging, focus and meaning in the digital age.* Duluth, MN: Whole Person Associates.

프로그램을 시범적으로 운영한 결과, 간호사의 스트레스가 감소하고 환자 및 가족과의 관계가 개선되었다고 보고했다. 간호학과 학생들을 대상으로 마음챙김 훈련을 실시한 연구에서도 학생들은 스트레스 해소, 집중력 향상, 시간관리, 학업 및 시험에서의 향상을 보고하였다(Foster, 2018). Box 19-1을 참조하여 마음챙김을 연습해볼 수 있다. 보다 심층적인 내용은 이 장의 연습 6을 참조하여 온라인 마음챙김 훈련을 위한 무료 사이트를 활용할 수 있다.

H.A.L.T.!

Hungry, Angry, Lonely, Tired

당신은 스트레스에 압도되어 본 적이 있는가? 만일 간호학생들에게 그들의 스트레스 요인을 적어보게 한다면 우리 모두 압도될지도 모른다. 그러나 이것을 도울 방법이 있다. 간호학생과 신규 간호사가 성공적으로 자신의 일을 해내기 위해서는 이완기술을 습득하는 것이 매우 중요하다(Jameson, 2014). 최근 대체의학의 주축이 되고 있는 이완요법은 스트레스를 관리하는 효과적인 방법으로, 업무에 대한 책임감을 가지고 정서적으로나 신체적으로 건강을 유지하기 위한 적극적인 접근이기도 하다(Lee & Yeo, 2013). 회복탄력성(resilience)이란 변화에 적응하는 능력, 즉 '다시 회복하는 것(bounce back)'을 말한다. 이완요법은 완전히 고갈된 상태가 아닐 때 가장 효과적이다. H.A.L.T.는 배고픔(hungry), 분노(angry), 외로움(lonely), 피로감(tired)의 약어로서, 인간의 회복탄력성을 감소시키는 취약성을 상기시키기 위해 금주동맹(Alcoholics Anonymous)에서 소개된 용어이다(Friedmann et al., 2003). 이완요법을 최적으로 사용하기 위해서는 자신의 자기돌봄 요구에 관심을 기울여야 한다. 영양소가 풍부한 음식을 선택하고, 점심시간과 쉬는 시간은 병동 밖으로 나가서 생기를 회복하는 데 활용해본다. 분노로 이어질 수 있는 두려움, 좌절감, 상처와 같은 감정들을 잘 다루어야 한다(Herring, 2011). 전자기기(휴대폰, SNS, e-mail 등)를 통해 사람들과 연결되어 있다 할지라도 우리는 고립되어 있음을 깨닫고, 누군가와 함께 보내는 시간을 가짐으로써 타인과의 관계를 깊이 있게 유지해야 한다. 스트레스에 어떻게 반응하는지에 관한 연구에서 여성은 '배려와 친교(tend and befriend)'의 반응을 보인 반면, 남성은 '전투 또는 도피(fight or flight)'의 반응을 보였다고 보고했다. 이 연구는 여성들이 자녀를 양육하고 타인과의 교제를 추구하는 경향, 특히 다른 여성들과의 관계에서 우정을 추구하는데, 이는 옥시토신 호르몬과 관련이 있다고 설명하였다(Taylor et al., 2000). 아이러니하게도, 여성들은 자신의 이런 행동들을 꼭 해야 할 의무사항에 비해 덜 중요하다고 판단하며, 스트레스를 다루기 위한 건강한 방법이 아니라고 생각하여 다른 여성과 함께 보내는 시간을 우선순위 목록의 맨 아래에 두었다고 한다. 마지막으로, 가능하다면 8시간의 수면은 꼭 취하고, 휴식을 취할 수 있는 시간을 스스로에게 허용해야 한다.

신체이완의 중요성
Importance of Relaxing Your Body

스트레스를 관리하는 빠른 해결책은 없다. 스트레스는 부정적인 환경, 건강에 해로운 생활방식, 자기파괴적인(self-defeating) 태도와 신념 사이의 상호작용의 결과이기 때문이다(Micozzi, 2014). 소음과 인공적인 조명에 노출되는 것은 간호사에게 스트레스 요인일 수 있으며, 직업 만족도를 낮추는 결과를 초래한다(Applebaum et al., 2010). 간호사들의 직업환경에 대한 개입은 대상자의 안전에 중요한 영향을 미친다(McGillis Hall et al., 2010). 상해는 우리가 생각을 제대로 하지 못할 때 발생할 수 있다. 운전하는 동안 생각이 다른 곳에 가 있다는 것을 갑자기 깨닫고, 한 장소에서 다른 장소로 어떻게 이동했는지를 기억하지 못하는 경험을 할 때가 있다. Geller(2010)는 직장안전분석(job safety analysis, JSA)을 통해 산업장 사고를 예방하기 위한 즉각적인 반응을 촉진하는 마음챙김 명상요법을 사용하였다. 이 장에서는 신체의 부정적인 스트레스 축적을 방지하고 직장생활 중에 신체가 이완되도록 준비시키는 기술로서 매일 이완습관을 기르도록 권장한다. 축적된 신체적 스트레스는 신체에 장기적으로 부정적인 영향을 줄 수 있다. 이완은 긴장, 불안, 두려움을 완화시키고 전반적인 웰빙 감각에 기여한다.

만성적인 근육경직이나 긴장성 두통, 소화장애는 '질병' 상태를 반영하며, 건강의 적신호이다. 축적된 스트레스 반응은 귀중한 에너지를 빼앗아 대인관계를 저해할 위험이 있으며, 학습과 환자 돌봄에 필요한 집중을 방해한다.

간호전문직의 스트레스
Stress of Nursing as an Occupation

직업 스트레스는 간호사의 주요한 건강문제이다. 죽음과의 접촉, 대상자와 가족, 동료 및 관리자와의 갈등 그리고 돌봄의 효과에 대한 불확실성은 간호사의 건강관련 삶의 질에 부정적인 영향을 미치고, 환자의 건강에도 영향을 미칠 수 있다(Sarafis et al., 2016, p. 56). 간호사인 당신은 대상자의 건강을 돕기 위해 간호단체, 의료단체, 서비스 기관 등 여러 단체조직과 협력해야 한다. 이러한 복잡한 조직들 사이에서 일하기 위해서는 효과적인 의사소통 기술과 효율적인 관리기술이 필요하다. 대상자의 급성문제는 증가하고 인력구조는 더욱 복잡해져 간호사의 스트레스를 가중시키고 있다. 간호사는 간호학에 대한 전문지식뿐만 아니라 전문직 간 의사소통에도 능숙해야 한다.

간호전문직에서 스트레스의 근원으로 가장 자주 언급되는 것은 과도한 업무부담인데, 이는 간호사로 하여금 마치 시간과 경주를 하듯 늘 서두르는 느낌을 갖게 한다. 이러한 요소는 간호업무 압박에 시달리는 시간 속에서의 불충분한 자원뿐만 아니라, 매일매일 직면하는 고통과 불안을 유발하는 상황에서 더욱 심해진다. 당신이 직장과 동료, 대상자에 대해 갖고 있는 비전과 그 이미지는 당신이 건강 서비스 전문가로서 처한 현실과 동떨어져 있어, 실제 상황에 대비하지 못할 수도 있다. 이 장은 이완반응을 향상시키기 위해 당신이 가진 자원들을 스스로 개발할 수 있도록 도울 것이다.

우리는 영양식이, 규칙적인 운동, 적절한 수면, 지지적인 사회적 관계형성, 영적 묵상을 위한 시간의 마련 등과 같은 건강증진의 기초를 검토함으로써 대상자를 돕는다. 우리가 스스로 연습할 때, 웰빙 감각이 향상되고 간호사의 업무 스트레스를 다룰 수 있게 준비된다. 이 장에서는 명상, 점진적 이완, 즉각적인 이완 연습을 통해 업무에서 더욱 마음챙김이 잘 이루어지도록 도움을 줄 것이다. 이러한 기법들은 신체를 이완하도록 고안되어 있으므로, 각성상태에 대한 전투 또는 도피반응(fight-or-flight response)이나 방어적 경보증후군(defense-alarm syndrome)이 현저하게 감소되거나 제거되어, 효과적으로 의사소통할 수 있는 에너지를 제공할 것이다(Luskin & Pelletier, 2005).

이완반응을 극대화하는 명상요법

Meditation as a Way to Augment Your Relaxation Response

명상(meditation)은 '여러 가지 방법과 변형으로 실행되는 정신-신체 접근법으로서, 자비(compassionate)와 비판단적인 현재 순간의 알아차림을 침묵과 고요 속에서 이끌어내는 것'이다. 사색적인 명상요법이 비록 세계의 영적인 전통에 뿌리를 두고 있기는 하지만, 명상의 수행은 어떤 특정 종교나 문화에서 유래된 신념을 필요로 하지는 않는다(Fortney & Taylor, 2010). 명상은 정신과 신체를 이완하는 다양한 방법들을 일컫는 일반적인 용어가 되었다. 명상이라는 단어는 '생각하다' 또는 '무언가에 주의를 기울이다'라는 의미를 가진 라틴어 '메디타리(meditari)'라는 단어에서 유래하였다(Fontaine, 2014). 명상은 신체의 근육조직을 심층 이완하는 주관적인 느낌을 통해 자신에 의해, 자신을 위해, 자신이 스스로 행하는 경험적 훈련이며, 이를 통해 자기 자신에 대해 보다 완전하게 알게 된다. 명상은 신체적으로나 심리적으로 건강해지고 에너지를 회복하는 수행법이다(Luskin & Pelletier, 2005).

한 실험연구에서 명상요법이 꿈이나 수면보다 자율신경계 스트레스를 더 효율적으로 이완시키는 것으로 보고했다. 명상을 통한 신진대사율 감소, 분당 호흡수가 4~6회 감소, 뇌의 알파파 증가(초당 8~12 cycle)와 세타파 출현(초당 5~8 cycle) 그리고 고혈압 대상자의 혈압 20% 강하 등의 현저한 신체적 변화는 이미 여러 연구를 통해 증명되어 왔다(Luskin & Pelletier, 2005).

명상의 재생효과는 명상 그 자체를 수행하는 동안 경험되며, 일상생활에서도 계속 그 효과가 이어진다(Luskin & Pelletier, 2005). 명상을 수행하면서 각성수준이 낮아진 효과를 경험하게 되면, 스트레스 상황에서도 이러한 신경생리학적 기능상태를 계속 유지할 수 있게 되는 것이다. 어떤 순간에 이완되면서 동시에 긴장하는 것은 불가능하며, 대인관계 스트레스가 있는 상황에서 이완을 유지하는 능력이 향상된다면, 스트레스가 미치는 영향을 최소화하는 데 도움이 될 것이다. 또한 명상의 수행을 통해 근무하는 동안에도 필요한 만큼의 낮은 각성상태를 유지할 수 있게 될 것이다. 이러한 기전 자체만으로도 도움이 되며, 일상생활의 압박감에 대처할 수 있다는 느낌이 강해지면 기분 좋은 상태를 배가시키는 효과가 있다(Luskin & Pelletier, 2005). 스트레스 반응을 감소시키는 방법을 배우게 된다면, 대인관계의 측면에서도 에너지를 훨씬 가치 있게 사용할 수 있을 것이다. 긴장된 상태를 차분한 상태로 전환시킬 수 있는 능력은 대상자나 동료들과 보다 효과적으로 소통할 수 있게 해준다.

마음챙김은 명상요법의 한 측면으로서 '비판단적이고 비반응적인 방식으로 경험의 관련 측면에 참여할 수 있는 기본적이고 기초적인 인간 능력을 반영'하는 것이고, 이를 통해 명료한 생각과 평정심, 동정, 진솔함을 기를 수 있게 된다'(Fortney &

Taylor, 2010). 명상을 통해 발전된 마음챙김은 순간순간의 경험적 과정에서 당신으로 하여금 유동적인 알아차림(fluid awareness)을 유지하게 하여 신념, 사고, 감정 등에 강하게 유착된 것에서 벗어날 수 있게 한다. 이로 인해 정서적 균형과 웰빙에 대한 감각이 높아질 것이다. 이러한 근거기반 중재는 의료비용의 증가, 생활방식에 의한 만성질환, 의료인의 소진, 대상자 불만족감 그리고 대상자와 보호자의 스트레스와 같은 문제들에 대해서도 많은 건강상의 이익을 가져올 수 있다(Chiesa & Serretti, 2009; Deyo et al., 2009; Eckleberry-Hunt et al., 2009; Fortney & Taylor, 2010; Ludwig & Kabat-Zinn, 2008; McCray et al., 2008; Paul-Labrador et al., 2006). 명상은 한 주제에서 다른 주제로 빠르게 이동하는 습관에서 벗어나고, 오랜 시간 주어진 과제에 집중할 수 있게 해준다.

당신이 마음을 고요하게 진정시키려고 노력한 적이 있거나 또는 어떤 특별한 것이 아닌 여러 이미지들이 마구 떠올라 마음이 심란해진 경험이 있었다면, 왜 이러한 수행과 인내가 꼭 필요한지를 이해할 것이다. 당신의 생각이 어딘가로 헤매거나 달음질하는 것을 알아챈 적이 있는가? 머릿속에서 떠오르는 생각들을 잠재우는 것은 쉬운 일이 아니다. 마음을 진정시키고자 노력할 때 마음속에서는 많은 생각들이 빠르게 오갈 것이다. 이것은 예상되는 일이다. 이때 '아, 한 가지 생각이 떠올랐구나.' 하면서 그것을 흘러가게 내버려 둔다. 처음에는 명상의 시간을 10분으로 시작하고 점차 늘려서 1회에 20분 정도 실행해본다. 직접 실행해보고 당신에게 가장 적절한 시간을 결정하면 된다. 당신은 점차 자신을 위해 존재하는 것이 쉽게 느껴질 것이다. 이 시점에서 명상의 이점을 깨닫게 될 것이다(Luskin & Pelletier, 2005).

명상수행을 위한 가이드라인
Guidelines for Beginning to Practice Meditation

다음의 가이드라인은 명상에 관한 비종교적인 방식을 위한 것이다. 이것은 매우 간단해서, 조용한 장소에 편안하게 앉아서 한 가지 단어에 집중하며 수용적이고도 무심한 태도로 적용하면 된다. 이러한 조건들은 생리적인 활동을 감소시켜, 당신이 이완반응을 경험할 수 있도록 도와줄 것이다. 즉, 심박동은 느려지고 혈압은 낮아진 상태를 유지해준다. 당신은 평소보다 더 차분해진 것을 느낄 수 있을 것이고, 전체적인 감각은 쾌적한 상태가 될 것이다. 당신은 결코 의식을 잃거나 외부의 압력에 의해 통제 당하지 않을 것이다. 당신이 도달한 그 상태가 바로 당신 내면의 세계일 것이다(Payne & Donaghy, 2010; Benson & Proctor, 2010). 이밖에 명상의 다른 방식들도 있으며, 당신은 명상에 대해 더 살펴보거나 개별화된 명상 교육이나 훈련과정을 경험하고 싶어할 수도 있다.

명상을 위한 시간
Make Time to Meditate

명상으로부터 도움을 받기 위해서는 하루에 최소한 15~20분 정도 수행하는 것이 바람직하다. 그 시간을 지속적으로 정해놓고 할애하는 것이 필요하다.

사람들은 대부분 자신이 엄청나게 바쁜 스케줄 속에 살아가고 있으며, 매일 그렇게 긴 시간 동안 앉아 있을 여유가 없다고 말한다. 그 사람이 양심적이고 자신의 노력에 진지하기만 하다면, 사실 시간은 충분히 낼 수 있다. 어느 정도는 인생의 소소한 방향 전환이 명상을 성공적으로 이끈다. 인생의 우선순위와 행동방식 등을 다시 자리매김하는 것이다(Luskin & Pelletier, 2005).

명상을 위한 환경Set the Climate to Meditate

방해받지 않을 조용한 장소를 찾아본다. 그리고 명

상을 하는 동안에는 휴대폰을 꺼놓거나 무음으로 해 둔다. 다른 사람들에게 특정 시간 동안에는 방해받기를 원치 않는다는 것과 명상을 마친 후에 당신이 연락하겠다고 말해둔다. 이러한 예방책을 세워두는 것은 당신이 주변에서의 소리에 긴장하지 않고 이완할 수 있게 해준다. 대부분의 사람들은 자신의 집에서 조용한 아침 시간에 명상하는 것이 가장 적합할 것이다. 교대근무를 하는 간호사들에게는 다른 시간이 더 나을 수도 있다. 어떤 사람들은 병원 내에 있는 예배실과 같이 집 밖에 있는 조용한 장소를 선택하기도 한다.

명상을 위한 자세
Secure a Comfortable Position for Meditation

근육들이 최소한의 힘만으로 신체 자세를 유지하고 있는 상태여야 진정으로 편안한 자세라고 할 수 있다. 필요하다면, 등과 발은 어딘가에 기대어도 좋다. 가능하다면, 방의 온도도 당신에게 편안하게 조절한다. 온도가 충분히 따뜻해야만 이완이 더 잘 되고 주의가 흐트러지지 않는다.

수동적인 명상 태도 Develop a Passive Attitude

명상을 수행하는 동안 생각이 산만해질 수 있다. 특히 초기에 무언가에 집중하려고 할 때 이런 현상이 흔히 발생한다. 이렇게 자신도 모르게 생각들이 떠오르는 것을 너무 염려하거나 자신이 명상 능력이 없는 것이 아닌지 걱정하지 말고, 그 생각들이 흘러가도록 내버려 둔다.

마음속 장치 선택 Select a Mental Device

논리에 근거한 생각들이나 내면이 아닌 바깥 세상에 관한 생각들을 전환하기 위해서 마음속의 장치, 즉 어떠한 문구나 단어, 소리 등을 선택하여 명상하는 동안 반복한다. 이러한 소리는 일종의 주문(만트라, mantra)과 같은 것으로 생각의 흐름이 흐트러지는 것을 막아준다. 어떤 학자는 명상하는 동안 안(in), 밖(out), 하나(one), 줌(zum)과 같은 한 음절의 단어를 조용히, 낮은 톤으로 읊조리도록 권하기도 한다. 이때 만트라는 감정에 부담을 주지 않고 당신에게 위로가 되는 것을 선택한다. 당신이 선호하는 단어를 만들거나(Payne & Donaghy, 2010; Benson & Proctor, 2010), 당신의 신념체계에 근거하는 단어를 사용할 수도 있다. 종교가 없는 사람은 하나, 평화, 사랑과 같은 단어를 사용할 수도 있고, 기독교인의 경우 "여호와는 나의 목자시니…."와 같이 위안이 되는 기도 문구를 사용할 수 있으며, 유대 전통의 사람은 샬롬(shalom)이라는 단어를 사용할 수도 있다(Micozzi, 2014).

신체이완 Relax Your Body

명상을 시작할 준비가 되었다면 당신의 몸을 점검하면서(body scan) 신체를 이완함으로써 시작한다. 머리에 있는 근육들에서 시작하여 점차 발 쪽으로 내려간다. 스스로 이렇게 말하면서 수행한다. "얼굴을 이완한다. 이제 목 근육을 풀어준다. 머리를 이완시키고, 어깨의 긴장을 풀어본다. 가슴의 근육들을 느슨하게 하고 복부를 부드럽게 한다. 등 근육을 풀어주고 허벅지 근육의 긴장을 풀어준다. 종아리도 풀어주고 발들도 편히 쉬게 한다." 당신은 근육의 이완과 긴장의 차이를 조율해 나가면서, 굳어있는 몸을 빠르게 이완시킴으로써 명상을 준비하게 된다. 편안하고 헐렁한 옷차림은 이완하는 자세를 취하는 데 도움이 된다.

호흡에의 집중 Focus on Your Breathing

코로 숨을 쉬면서 호흡에 집중하고 그것을 알아차린다. 이러한 알아차림은 당신을 이완하도록 도와준다. 숨을 들이쉴 때마다 공기가 들어오도록 하면서 편안하고 자연스럽게 호흡한다(Payne &

Donaghy, 2010; Benson & Proctor, 2010). 폐 속의 공기가 밖으로 나가도록 하면서 천천히 내쉰다. 이렇게 호흡에 집중하는 것이 평화롭다는 것을 알게 될 것이다. 당신이 스트레스를 겪고 있다면 호흡은 보다 빠를 것이고, 호흡을 느리게 하고 그 리듬을 감지함으로써 긴장을 풀기 시작한다. 약간 어지러워질 수 있으므로 호흡을 통제하려 하지 말아야 함을 기억하자. 그저 편안하고 자연스럽게 호흡해 보자.

처음에 호흡에 집중할 때 들이쉬고 내쉬면서 조용히 마음속 장치(mental device)를 반복할 수 있다. 들이쉴 때 "나는 평화와 고요 속에 숨쉬고 있다." 그리고 내쉴 때는 "긴장감과 부정적인 것들을 밖으로 내보낸다."와 같이 읊조린다.

10분간의 명상 Meditate for 10 Minutes

처음에는 10분 정도로 시작한다. 안정되는 경험을 해나가면서 점차 15~20분으로 늘린다. 만일 명상을 하는 동안 눈을 감는 것이 호흡과 만트라에 집중하는 데 도움이 된다면 눈을 감고 해도 좋다. 이 정적의 시간에 일에 대해 생각하거나 문제를 해결하려 애쓰지 않는다. 명상시간은 바쁜 일상생활과 시간 관리, 사건 조정, 한 사람의 성인으로서 해야 할 업무들로부터 벗어나는 시간이다. 10~20분 정도의 이 정적의 시간에 그저 편안히 앉아서 숨을 쉬면 된다. 당신을 자극하는 어떤 생각에 대해 판단하거나 비난하는 데 에너지를 쏟지 말고, 그저 흘러가게 내버려 둔다. 현재에, 당신의 호흡에 그리고 마음속 장치에 집중해본다.

당신에게 떠오른 생각이나 이미지들이 자유롭게 흘러가도록 둔다. 당신이 읊조린 만트라는 당신에게 되돌아올 것이다. 명상을 하는 동안 너무 많이 노력하거나 집중하려고 애쓰지 말고, 이 고요하고 평화로운 경험을 즐겨보자. 시간을 확인하기 위해 눈을 떠야 한다면 움직일 필요가 없도록 시계를 보이는 곳에 두는 것이 좋다.

자기만의 고유한 명상
Experience Your Unique Meditation

명상을 하는 동안 당신이 무엇을 경험해야 한다든가 또는 지켜야 하는 규칙 같은 것은 없다. 다만 긴장을 풀고 이완된 감각을 경험하는 평화로운 순간을 즐기면 된다. 이전에는 너무 바빠서 미처 알아채지 못했던 신체감각을 명상 중에 발견할 수도 있다. 평화로움을 넘어서서, 삶이 통합되는 느낌과 기쁨으로 충만해지는 고요함의 경지에 이를 수도 있다. 이 강력한 감정은 죽음에 대한 공포와 같은 모든 두려움을 없애주고, 온정, 기쁨, 조화된 느낌이 흘러넘치게 한다(Luskin & Pelletier, 2005).

명상의 한 유형인 초월명상은 다음과 같은 효과가 있는 것으로 보고되어 왔다(Sheikh, 2002).

- 시간에 대한 지향을 '지금, 여기에(here and now)'로 변화시킨다.
- 행동에 대해 내적 동기를 갖게 한다.
- 욕구나 감정을 보다 민감하게 감지한다.
- 감정을 자연스럽게 표현하는 능력이 향상된다.
- 자신을 수용하는 능력(self-acceptance)이 증가한다.
- 자아실현의 수준이 높아진다.

그뿐만 아니라 간호사가 압도되지 않은 상태에서는 대상자 및 가족과의 관계를 유지하는데 필요한 관점을 배우고 지속하는 능력도 향상된다. 아동에게는 다양한 이완요법과 심상요법도 함께 활용할 수 있다(Allen & Klein, 2000; Klein & Holden, 2001).

평온한 마무리
End Your Meditation Peacefully

명상을 마칠 때에는 일어서거나 움직이기 전에 잠깐 멈춘다. 잠시 눈을 감고 앉아 있다가 천천히 눈을 뜨는 것이 좋다. 서두르지 말고 천천히 명상을 마무리한 다음, 재충전되고 이완된 세계로 들어가자.

점진적 이완요법
Progressive Relaxation

점진적 이완요법은 근육의 긴장도를 감소시켜 이완반응을 향상시키는 방법이다. 일련의 근육들을 체계적으로 점차 긴장시켰다가 이완하는 과정은 당신과 대상자에게 모두 유용하다(Box 19-2). 이 요법은 만성적인 긴장을 가진 대상자로 하여금, 근육이 긴장되었을 때와 이완되었을 때의 차이를 인지하게 해준다(Fontaine, 2014). 점진적 이완요법은 불안, 고혈압, 불면, 천식, 호흡곤란, 만성 폐질환에서의 불안, 류머티즘에 의한 통증 등의 문제가 있을 때 상당한 효과를 보인다(Payne & Donaghy, 2010; Yilmaz & Kapucu, 2017).

대인관계 스트레스 완화를 위한 즉각적 이완요법
On-the-Spot Relaxation Exercises to Relieve Tension Caused by an Interpersonal Stressor

매일 명상을 시행하면 좀 더 이완되고 직장이나 학교에서도 활력을 갖게 된다. 그러나 명상을 통해 안정을 되찾았다 할지라도, 간호 상황에서 혼란 상태에 있는 대상자나 격분한 가족, 감정적으로 흥분한 동료 등 긴장 수준을 높이는 일을 마주하게 될 것이다. 환자나 동료가 평온함을 깨뜨릴 때 잠시 병동을 떠날 수 있다면 좋겠지만, 그것은 현실적으로 불가능할 것이다. 그렇다면 당신이 이완반응을 되찾을 수 있는 즉각적인 방법은 무엇일까? 명상이나 기도 같은 방법은 복잡한 간호 요구에 직면하더라도 자신의 관점을 유지하도록 도와줄 것이다. 이 장은 과도한 스트레스 상황일 때 열을 식힐 수 있는 창의적인 방법들을 소개한다. 병동에 인력은 부족한데 환자수는 과다하고, 대인관계 스트레스에 직면하게 된다면, 이러한 상황에서 신체를 이완시킬 수 있는 몇 가지 방법들이 다음에 제시되어 있다.

Box 19-2 점진적 이완요법 지시문의 예시

- 방해되지 않을 정도의 부드러운 조명이 있는 조용한 방을 선택합니다.
- 편안한 의자에 앉아서 바닥에 평평하게 발을 놓고 양팔은 옆구리에 두세요.
- 호흡에 집중하면서 천천히 몇 차례 심호흡을 시작합니다.
- 얼굴 근육을 긴장시키고, 눈을 꼭 감고, 입을 꽉 다뭅니다.
- 마치 근육이 축 늘어진 것처럼 느끼도록 얼굴을 이완시킵니다.
- 오른쪽 주먹을 꽉 쥐고 오른쪽 팔의 근육에 힘을 주어 단단하게 조입니다.
- 오른쪽 주먹을 펴고 오른쪽 팔이 느슨해지고 무거운 듯한 느낌을 느끼며 팔의 근육을 이완시킵니다.
- 왼쪽 주먹을 꽉 쥐고 왼쪽 팔의 근육에 힘을 주어 단단하게 조입니다.
- 왼쪽 주먹을 펴고 왼쪽 팔이 느슨해지고 무거운 듯한 느낌을 느끼며 팔의 근육을 이완시킵니다.
- 오른쪽 다리의 근육을 단단하게 조이고 오른발의 발가락들을 꽉 쥐듯이 오므립니다.
- 오른쪽 다리 근육과 발가락을 이완시킵니다.
- 왼쪽 다리의 근육을 단단하게 조이고 왼발의 발가락들을 꽉 쥐듯이 오므립니다.
- 왼쪽 다리 근육과 발가락을 이완시킵니다.
- 엉덩이에 단단하게 힘을 줍니다.
- 엉덩이를 이완시킵니다.
- 온몸을 이완시킵니다. 온몸이 자유롭고 무거운 느낌을 느낍니다. 당신은 완전히 이완된 상태에 있습니다.
- 이렇게 이완된 상태에 5분 정도 머물러 있습니다. 이 상태에서 당신의 몸이 어떻게 느껴지는지 주의를 집중하세요.
- 차츰 눈을 뜨고 천천히 스트레칭을 합니다. 지금의 이완을 경험하세요.

출처: Eliopoulos, C.(1999). *Integrating conventional & alternative therapies: holistic care for chronic conditions*, St. Louis, Mosby.

급성 스트레스에 대한 신체이완 전략
Strategies for Relaxing Your Body When Your Stressor is Immediate

스트레스 상황은 예고 없이 일어난다. 이런 경우, 당신에게 즉각적인 신체이완방법의 레퍼토리가 있다면 유용할 것이다. 먼저 복식호흡을 하는 것으로 시작한다. 입으로 숨을 들이쉬며, 들이쉴 때 배가 부풀어지고, 코로 숨을 내쉴 때 배를 척추 쪽으로 잡아당긴다. 아동 환자에게 시행할 때에는 숨을 들이쉴 때 배가 풍선처럼 부풀어 오르는 것('belly breaths')을 상상하게 한다(Weiss, 1998). 이 간단한 심호흡이 부교감신경계를 자극함으로써 스트레스에 의한 교감신경계의 반응을 멈추게 한다. 이제 복식호흡을 몇 번 시행해보고, 이를 시행하기 전과 비교하여 어떻게 달라졌는지 느껴본다. 책 읽는 것을 멈추고 지금 바로 시행해본다. 많은 사람들이 머리가 약간 어지러움을 보고한다. 당신도 어지러움이 느껴졌는가? 우리는 대부분 얕은 호흡에 더 익숙하지만, 뇌에 더 많은 산소를 공급하면 문제해결 반응이 더 빨라질 수 있다.

아래와 같이 소개하는 간단한 이완요법은 모두 개인 공간이나 특별한 장비를 필요로 하지 않으며, 즉각적으로 사용이 가능하다. 복도를 걸어갈 때, 엘리베이터를 탈 때, 당신에게 스트레스를 주는 사람과 마주보고 있을 때에도 사용할 수 있다.

갑작스런 대인관계 스트레스에 대한 대처 연습

Exercises to Help Cope with an Unexpected Stressful Interpersonal Encounter

낮 12시쯤 정형외과 병동에서 근무하고 있다고 상상해보자. 점심식사가 아직 도착하지 않았고 환자들도, 당신도 배고픈 상태에 있다. 한 의사가 엘리베이터에서 뚜벅뚜벅 걸어와 당신 쪽으로 머리를 돌린다. 그녀의 단호한 걸음걸이, 노려보는 눈빛, 찌푸린 미간, 당신 쪽으로 뻗은 손가락은 뭔가 화가 났다는 것을 말해주고 있다. 당신 주변에 간호사라고는 당신밖에 없으므로 그녀의 분노를 혼자 고스란히 감당해야 할 것이다.

전투 또는 도피반응에서 긴장감이 당신의 근육을 조이기 전에 몸을 이완할 수 있는 몇 가지 방법들이 있다. 이 기법들은 격분한 의사가 다가오는 것을 기다리는 순간에 행해질 수 있으며, 심지어 이런 위협에 맞서 당당하게 의사소통하는 동안에도 사용할 수 있다.

샤워 명상 *Sprinkling Shower*

샤워기 노즐에서 물줄기가 당신의 머리 위로 쏟아지는 것을 상상한다. 물이 당신의 머리를 적시고 어깨에서 등쪽으로 따뜻하게 흘러내리는 것을 느낄 것이다. 움츠러진 어깨가 따뜻함으로 이완되어 축 처진다. 따뜻한 비눗물이 당신의 근육들을 어루만져주고 피부를 따뜻하게 해주는 것을 느낀다. 비누거품이 피부를 마사지하고 몸 아래로 흘러내려 당신의 다리와 발을 따뜻하게 적시고 배수구로 사라진다. 샤워기 노즐 쪽으로 얼굴을 돌렸을 때 깨끗한 물줄기가 당신에게 쏟아진다. 누군가는 물줄기를 세게 조정하여 얼굴과 목, 어깨에 짧고 날카롭게 쏘아준다. 당신은 이 물줄기가 편안하면서도 상쾌하게 느껴진다. 당신은 생기를 되찾는다. 당신은 몸에 닿은 물줄기로 인해 얻은 편안함을 느끼며 깊게 숨을 내쉰다. 물줄기는 상쾌한 빗방울이 될 때까지 점점 약해진다. 샤워기가 꺼지면 갑자기 몸의 물기가 마르고, 당신은 따뜻함과 상쾌함을 느낀다. 당신은 이완되고, 스스로에게 말한다. "이완되었어. 이것이 편안해지는 방법이야. 이것이 내가 원하던 상태야."

햇빛 명상 *Sunbeam*

당신의 몸 주변에 하나의 피라미드가 보호막에 싸여 있고, 그곳에서 밝은 빛줄기가 만들어져 당신의 머리 위로 내리쬐는 것을 상상한다. 그 빛줄기는 지름이 약 1m 정도인 원을 만들어 당신의 몸을 둘러싼다. 그 빛은 따뜻하며, 당신의 몸을 감싸고 관통하여 편안함을 느끼게 해준다. 당신은 얼굴을 들어 뜨거운 햇볕을 쪼인다. 그 빛이 당신의 몸에 스며들어 세포 하나하나까지 비추는 것을 느낀다. 그것은 당신에게 편안함을 주고, 그 빛은 당신의 머리부터 발끝까지 순환하면서 따뜻함을 느끼게 한다. 그 빛이 반짝거리며 당신의 피부를 스치는 순간 당신은 기운이 난다. 햇빛의 광채가 당신의 피부 위에서 춤을 추며, 당신을 긴장시켰던 모든 시름이 사라진다. 따뜻함과 상쾌한 느낌에 반응하여 당신의 에너지는 깨어난다. 당신은 이완되어, 당신만의 특별한 햇빛으로 근육들은 깊은 편안함과 안전감에 충만해 있다. 당신은 이완되고, 스스로에게 말한다. "이완되었어. 이것이 편안해지는 방법이야. 이것이 내가 원하던 상태야."

안전한 보호막 *Safety Shield*

당신이 위험을 느낄 때 당신 주변에 투명한 특수 아크릴 보호막이 세워져 있다고 상상한다. 그 보호막은 당신 몸에서 약 60cm 정도 떨어져 있어서 당신은 그 안에서 자유롭게 움직일 수 있다. 그 보호막은 투명해서 당신은 바깥쪽을 선명하게 볼 수 있다. 보호막의 안쪽 공기는 신선하고 몸 주변을 순환하기 때문에 당신의 피부를 시원하게 만든다. 이 공기는 당신에게 개인적으로 공급되는 것으로서, 당신이 숨을 쉴 때 그 공기는 폐를 관통하고 세포의 활기를 북돋운다. 당신은 이 보호막 안에서 특별한 공기를 주입받고 에너지를 되찾는다. 또한 당신은 그 보호막 안에서 차분해지고 잘 방어할 수 있게 되는데, 이는 그 보호막이 당신에게서 긴장감을 멀리 떨쳐버리게 해준다는 것을 깨닫기 때문이다. 당신은 보호막의 바깥쪽에 있는 모든 긴장감으로부터 이완되고 자유로워지며, 몸에서 이러한 확신이 느껴진다. 상쾌한 공기와 함께 당신의 호흡은 점차 느려지고 근육은 느슨해지며 자유롭게 움직인다. 당신이 안전하다는 것을 알기 때문에 편안함을 느낀다. 당신은 이완되고, 스스로에게 이렇게 말한다. "이완되었어. 이것이 편안해지는 방법이야. 이것이 내가 원하던 상태야."

청소 빗자루 *Sweeper*

어디선가 당신의 몸에서 긴장감을 깨끗이 청소해주는 마술 빗자루가 나타난다. 그 빗자루는 당신의 머리카락 사이를 샅샅이 살펴서 당신의 두피에 순환을 재생시키고 시원하게 해준다. 이러한 자극 이후에 당신의 머리는 따뜻해지고 긴장감에서 벗어난다. 목도 뻣뻣해지지 않고 이완되어 편안하게 움직일 수 있게 된다. 빗자루가 어깨로부터 스트레스를 쓸어갔기 때문에, 어깨는 이완되고 가벼워진다. 몸의 경직이 감소하고, 등 근육의 긴장이 풀어지는 것을 느낀다. 이 빗자루는 매우 강력해서 몸에서 스트레스를 완전히 털어내어 몸 밖으로 던져버린다. 복부와 다리의 앞뒷면에 있는 긴장감도 빗자루로 털어낸다. 발에 있는 긴장감도 털어내어 훨씬 발이 가볍게 느껴지고 움직이기 편안해진다. 이런 감각은 에너지를 북돋운다. 당신은 긴장감에서 벗어났다는 것을 알고 있고, 스트레스가 몸에서 쓸려나가 밖에 버려질 때 안정감을 느낀다. 당신은 스트레스나 긴장감의 부담 없이 무엇이든지 다룰 준비가 되어 있다. 청소 빗자루는 당신의 배터리를 재충전해주어 에너지를 북돋아주었다. 당신의 발은 새로운 에너지로 움직이면서, 일어서서 춤을 추고 싶은 마음까지 든다. 당신은 활기차고 자유롭다! 당신은 이완되고, 스스로에게 말한다. "이완되었어. 이것이 편안해지는 방법이야. 이것이 내가 원하던 상태야."

마사지 *Massage*

어디선가 강한 힘을 가진 두 손이 와서 당신 어깨 위에 놓인다. 크지만 부드러운 이 손은 아주 따뜻하여 당신의 등 위쪽에 온기를 북돋운다. 그 손의 움직임은 근육을 안정시키고 열감은 몸 안으로 깊이 스며든다. 이 편안한 손길이 긴장감을 떨쳐 버리도록 마사지해준 후에 당신은 어깨를 편안하게 돌릴 수 있게 된다. 서 있거나 움직이는 데에 아무런 힘이 들지 않는다. 당신은 이완되었다. 그 손은 위로 올라가서 당신의 목 근육의 마디마디를 주무른다. 손이 닿는 곳마다 마술처럼 긴장으로 인해 경직된 부위가 풀어진다. 그 손은 다른 부위로 움직이기 전에 당신의 몸에서 긴장을 털어내어 버림으로써 긴장이 더 이상 당신을 위협하지 못하도록 한다. 그 다음에 손은 등의 아래쪽으로 가서 척추의 굳은 근육을 마사지한다. 압력은 강하여, 그 손이 작게 원을 그리며 툭툭 치듯 마사지하면 당신은 호흡이 더 편안해진다. 호흡이 느려지고, 당신의 손에서 나오는 편안함과 열정으로 완전히 안정된다. 당신은 목, 어깨, 등에 혈액이 충만해지고, 마사지하는 손의 마술 같은 터치로 두려움과 긴장감을 떨쳐버리고 따뜻하고 유연해진다. 당신은 편안함과 자유를 느낀다. 따뜻함과 보호받는 것을 느낀다. 당신은 이완되고, 스스로에게 말한다. "이완되었어. 이것이 편안해지는 방법이야. 이것이 내가 원하던 상태야."

즉각적 이완요법의 장점
Advantages of On-the-Spot Relaxation Exercises

이처럼 간단하고도 강력한 이완요법들은 실행하는 데에도 얼마 걸리지 않는다. 짧은 시간 안에 당신은 긴장과 두려움에서 이완과 유능감으로 전환될 수 있다. 이러한 안정 기법들은 당신에게 내면의 자신감을 갖게 한다. 당신의 몸이 이완되었음을 지각하게 되면, 긴장 상황에 부딪혔을 때 스스로를 안정시키는 기술이 훨씬 더 향상될 것이다. 이완은 마음과 근육들을 조화롭게 하는 하나의 기술이며, 원하는 사람은 누구든지 기꺼이 시간과 노력을 들인다면 배울 수 있다(Percival et al., 1977).

대인관계 스트레스에 대한 이완 스트레칭
Stretches to Create Relaxation in Preparation for a Stressful Interpersonal Encounter

만일 당신이 앞으로 대인관계 스트레스 상황에 놓이게 된다면, 명상과 즉각적인 이완요법의 효과를 더 높이기 위해 스트레칭을 추가로 실행할 수 있다. 스트레스에 직면하기 전에, 또는 매우 바쁜 날 아무 시간에나 병동의 바쁜 일정을 잠시 멈추고 당신의 근육들을 이완시킬 수 있는 조용한 장소를 찾아본다. 프라이버시를 위해 화장실이나 아무도 없는 공간이 좋다. 좁은 공간에서 아무런 장비 없이도 서 있는 자세에서 수행할 수 있는 스트레칭 방법들이 있다.

이 훈련은 당신이 긴장과 이완 감각 간의 차이를 느끼고 의식적인 근육 이완과 긴장을 배울 때까지, 근육을 긴장시키고 이완하는 것을 포함한다. 근육이 이러한 이완과 긴장의 차이를 알게 되면 이완 반응이 점차 증가할 것이다(Percival et al., 1977).

높이 스트레칭하고 이완하기
High Stretch and Relax

똑바로 서서 양손을 깍지 낀 상태로 머리 위에 둔다. 심호흡을 하면서 깍지 낀 양손을 머리 위로 높이 올리는데, 이때 가슴을 위로 들어 올리며 머리는 약간 뒤쪽으로 보낸다. 손이 최대한 높이 가도록 천천히 스트레칭한다. 이 상태에서 3초간 멈춘다. 이제 팔을 양 옆으로 천천히 떨어뜨리면서 길고 편안하게 숨을 내쉰다. 어깨는 축 처지게 하고 고개를 앞으로 숙이며, 무릎은 이완하여 약간 구부러지게 한다. 이렇게 이완된 자세를 3~5초 정도 유지한다. 당신의 목과 팔, 어깨, 가슴 근육으로부터 모든 긴장감이 스며 나오도록 한다. 다시 업무로 돌아가기 전에 이것을 몇 차례 반복한다(Percival et al., 1977).

어깨 돌리기 Shoulder Rotation

어깨 돌리기 스트레칭은 어깨의 유연성을 높여주고 견갑골을 이완시켜준다. 양 발은 편안하게 벌리고 선다. 팔꿈치를 어깨 높이로 올리고 팔뚝과 손은 편안하게 늘어뜨린다. 손과 팔을 이완한 상태로 팔꿈치로 앞쪽에 큰 원을 그리며 적절한 속도로 돌려 보자. 가능한 한 큰 원을 그리며 어깨를 20회 정도 움직여본다(Percival et al., 1977).

어깨를 으쓱하면서 이완하기
Shoulder Shrug and Relax

어깨를 으쓱하는 이완훈련은 전화를 받는 동안에도 시행할 수 있다. 양발을 편안하게 벌리고 선다. 깊게 숨을 들이마시면서 어깨를 귀까지 올려 몸통 전체의 근육을 적당히 조여준다. 이 상태에서 3~5초간 멈춘다. 그런 다음 깊게 오랫동안 숨을 내쉬면서 어깨를 아래로 늘어뜨리고, 무릎이 약간 구부러지게 하며, 고개를 가슴 쪽으로 떨구어 근육들을 느슨하게 한다. 이것을 여러 번 반복한다(Percival et al., 1977).

팔을 옆으로 들어 올렸다가 이완하기
Arms Out, Up, and Relax

양 발을 편안하게 벌리고 똑바로 선다. 양 팔을 몸통 옆쪽에서 머리 위로 올리고, 동시에 배를 안으로 당기면서 가슴을 들어올린다. 양 팔을 가능한 한 높게 올렸다가 편안하게 늘어뜨린다. 턱이 가슴에 닿을 정도로 고개를 숙이고 무릎은 부드럽게 둔다. 최대한 축 처지고 이완되게 한다. 모든 긴장감이 밖으로 빠져나가는 것을 느낀다. 다시 업무로 돌아가기 전에 이것을 여러 번 반복한다(Percival et al., 1977).

명상과 이완요법의 연습
Practicing Using Relaxation Techniques To Become More Mindful

연습 1 마음챙김 훈련

Box 19-1을 참조하여 마음챙김을 연습해보자. 혼자서 오디오를 듣거나 스크립트를 다운로드하고 천천히 읽는 연습을 한다(http://marc.ucla.edu/mindful-meditations 참조). 자신의 경험을 토론해보자.

연습 2 호흡법

이 호흡법을 혼자서 시도해본 다음, 안정이 필요한 대상자에게 소개해보자.

A. 대상자를 위한 간단한 호흡 활동: 대상자가 심호흡 운동을 하도록 환자를 안내한다. '나는(들숨), 편안하다(날숨)'를 반복한다. 이렇게 하면 대상자가 호흡에 집중하고 속도를 늦추는 데 도움이 된다(Sheridan, 2016).

B. 4-7-8 호흡: 대체의학 의사인 Andrew Weil은 아래 링크된 비디오에서 4회에 걸쳐 호흡법을 연습하도록 권장한다. 하루에 두 번, 그리고 불안이 발생할 때마다 권장한다. 그는 이 호흡법이 수면과 폭식 욕구를 다루는 데 도움이 된다고 제안하였다. 이 호흡법은 경증에서 중등도의 불안에 도움이 되며, 경제적이고 부작용 없이 즉시 이용 가능한, 자기 관리를 위한 또 하나의 방법으로 사용될 수 있다(3분 비디오 시연: https://www.drweil.com/videos-features/videos/breathing-exercises-4-7-8-breath/). Weil은 이것을 미미하지만 실제로는 더 강력한 자연 진정제라 하였고, 한 번에 네 번의 호흡으로 시작하며 어지러운 느낌을 피할 것을 권장한다(자세한 내용은 비디오를 참조한다).

   1. 입을 다문 상태에서 속으로 4까지 셀 동안 코로 숨을 들이마신다.
   2. 숨을 참고 7까지 센다.
   3. 8까지 셀 동안 숨을 입으로 내쉰다.

연습 3 댄스와 운동

댄스와 운동은 치유 운동(healing movement)에 관한 표현 예술의 일부로 연구되고 있다. 댄스와 운동에 대한 자신의 경험을 떠올리며, 이것이 긴장을 풀 수 있는 능력과 어떻게 관련되어 있는지를 생각해보자. 걷기 명상을 해보자. 10분간 혼자 걸어보자. 음악 없이 모든 감각에 주의를 기울여야 한다. 걷기 명상 전후에 이완 정도에 차이가 있는지 느껴보자. 명상만으로 마음을 충분히 안정시킬 수 없는 경우에는 좋아하는 음악을 들으며 몸을 움직이는 것이 또 다른 이완요법이 될 수 있다.

연습 4 즉각적 이완요법

앞으로 며칠 동안 즉각적 이완요법을 시도해보자. 주의가 산만해질 때를 인지하고, 내적으로 안정시키는 요법에 다시 초점을 맞추는 방법을 찾아보자. 긴장했던 근육이 이완반응으로 변화되는 것을 구별할 수 있을 때가 언제인지 주목해보자. 연습해 가면서 그 차이를 더 쉽게 알아차리게 되며, 더 신속하게 이완시킬 수 있게 될 것이다.

연습 5 이완 스트레칭

임상에서 근무할 때, 이완을 도모하는 스트레칭 운동 중 하나를 시도해볼 시간을 가져보자. 스트레칭을 할 수 있는 장소를 찾고 스트레칭을 마치는데 시간이 얼마나 걸리는지 확인해본다. 스트레칭은 당신의 몸을 이완시키고, 병동으로 돌아왔을 때 더 집중이 잘 되는 경험을 할 것이다.

연습 6 마음챙김 기반 스트레스 감소 프로그램

http://palousemindfulness.com/selfguidedMBSR.html 이 사이트를 통해 8주 과정의 마음챙김 기반 스트레스 감소(MBSR) 프로그램을 무료로 이용할 수 있다. 오디오와 비디오 자료를 활용하여 마음챙김 훈련을 실행해보고, 논문자료를 통해서도 많은 정보를 얻을 수 있다.

참고문헌

Allen, J. S., & Klein, R. J. (2000). *Ready, set, relax: A research-based program of relaxation, learning and self-esteem for children.* Watertown, WI: Inner Coaching.

Applebaum, D., Fowler, S., Fiedler, N., Osinubi, O., & Robson, M. (2010). The impact of environmental factors on nursing stress, job satisfaction, and turnover intention. *Journal of Nursing Administration, 40*(7/8), 323.

Arcari, P. (2017). *Six ways to practice mindfulness.* https://blog.dana-farber.org/insight/2016/12/6-ways-to-practicemindfulness-infographic/. Accessed 09.09.18.

Benson, H., & Proctor, W. (2010). *Relaxation revolution: Enhancing your health through the science and genetics of mind body healing.* New York, NY: Scribner.

Chiesa, A., & Serretti, A. (2009). Mindfulness based stress reduction for stress management in healthy people, a review and meta-analysis. *Journal of Alternative and Complementary Medicine, 15*(5), 593.

Deyo, R., Mirza, S. K., Turner, J. A., & Martin, B. I. (2009). Overtreating chronic back pain, time to back off? *Journal of the American Board of Family Medicine, 22*(1), 62.

Eckleberry-Hunt, J., Lick, D., Boura, J., Hunt, R., Balasubramaniam, M., Mulhem, E., & Fisher, C. (2009). An exploratory study of resident burnout and wellness. *Academic Medicine, 84*(2), 269.

Fontaine, K. L. (2014). *Complementary & alternative therapies for nursing practice.* Boston, MA: Pearson.

Fortney, L., & Taylor, M. (2010). Meditation in medical practice: A review of the evidence and practice. *Primary Care, 37*(1), 81.

Foster, D. (2018). *Nursing Education Research Conference 2018 (NERC 2018) Effects of mindfulness training on perceived level of stress and performance-related attributes in BSN students* (2018). https://sigma.nursingrepository.org/handle/10755/623980. Accessed 09.09.18.

Friedmann, P. D., Herman, D. S., Freedman, S., Lemon, S. C., Ramsey, S., & Stein, M. D. (2003). Treatment of sleep disturbance in alcohol recovery: A national survey of addiction medicine physicians. *Journal of Addictive Diseases, 22*(2), 91.

Geller, S. (2010). *Industrial Safety and Hygiene News: Are you mindful or mindless when working?* http://www.ishn.com/articles/83646-are-you-mindful-or-mindless-when-working. Accessed 09.09.18.

Jameson, P. R. (2014). The effects of a hardiness educational intervention on hardiness and perceived stress of junior baccalaureate nursing students. *Nurse Education Today, 34*, 603.

Kabat-Zinn, J. (2017). *Mindfulness.* https://www. sychologytoday.com/us/blog/what-matters-most/201711/3-definitionsmindfulness-might-surprise-you? Accessed 09.09.18.

Klein, N. C., & Holden, M. (2001). *Healing images for children: Teaching relaxation and guided imagery to children facing cancer and other serious illness.* Watertown, WI: Inner Coaching.

Lee, E. O., & Yeo, Y. (2013). Relaxation practice for health in the United States: Findings from the National Health Interview Study. *Journal of Holistic Nursing, 31*(2), 139.

Ludwig, D. S., & Kabat-Zinn, J. (2008). Mindfulness in medicine. *JAMA, 300*(11), 1350.

Luskin, F., & Pelletier, K. (2005). *Stress free for good: Ten scientifically proven life skills for health and happiness.* New York, NY: HarperOne.

McCray, L. W., Cronholm, P. F., Bogner, H. R., Gallo, J. J., & Neill, R. A. (2008). Resident physician burnout, is there hope? *Family Medicine, 40*(9), 626.

McGillis Hall, L., Pedersen, C., & Fairley, L. (2010). Losing the moment: Understanding interruptions to nurses' work. *Journal of Nursing Administration, 40*(4), 169.

Micozzi, M. S. (2014). *Fundamentals of complementary and integrative medicine.* St. Louis, MO: Saunders.

Paul-Labrador, M., Polk, D., Dwyer, J. H., Velasquez, I., Nidich, S., Rainforth, M., & Merz, C. N. (2006). Effects of a randomized controlled trial of transcendental meditation on components of the metabolic syndrome in subjects with coronary artery heart disease. *Archives of Internal Medicine, 166*(11), 1218.

Payne, R. A., & Donaghy, M. (2010). *Payne's handbook of relaxation techniques: A practical guide for the health care professional.* Edinburgh, UK: Elsevier.

Percival, J., Percival, L., & Taylor, J. (1977). *The complete guide to total fitness.* Scarborough, Ontario: Prentice Hall.

Perkins, J. B., & Aquino-Russel, C. (2017). Graduate nurses experience the sacred during Transcendental Meditation®. *International Journal for Human Caring, 21*(4), 163.

Ponte, P. R., & Koppel, P. (2015). Cultivating mindfulness to enhance nursing practice. *AJN, 115*(6), 48–55.

Sarafis, P., Rousaki, E., Tsounis, A., Malliarou, M., Lahana, L., Bamidis, P., & Papastavrou, E. (2016). The impact of occupational stress on nurses' caring behaviors and their health related quality of life. *BMC Nursing, 15*, 56.

Sheikh, A. A. (Ed.). (2002). *Healing images: The role of imagination in health*. New York, NY: Baywood Publishing.

Sheridan, C. (2016). *The mindful nurse: Using the power of mindfulness and compassion to help you thrive in your work. Buffalo,* NY: Rivertime Press.

Taylor, S. E., Klein, L. C., Lewis, B. P., Gruenewald, T. L., Gurung, R. A. R., & Updegraff, J. A. (2000). Behavioral responses to stress in females: Tend-and-befriend, not fight-orflight. *Psychological Review, 107*(3), 411.

Tolle, E. (1999). *The power of now: A guide to spiritual enlightenment*. Novato, CA: New World Library.

Torney, D. (2017). *Mindfulness for emerging adults: Finding balance, belonging, focus and meaning in the digital age*. Duluth, MN: Whole Person Associates.

UCLA Health (2018). *Guided Mediations*. http://marc.ucla.edu/mindful-meditations. Accessed 09.09.18.

Weiss, S. (1998). Using relaxation imagery with children. *In Paper presented at the 22nd annual seminar of the Florida Association of Pediatric Tumor Programs*.

Yilmaz, C. K., & Kapucu, S. (2017). The effect of progressive relaxation exercises on fatigue and sleep quality in individuals with COPD. *Holistic Nursing Practice, 31*(6), 369.

Chapter 20

심상요법의 활용

Incorporating Imagery in Professional Practice and Self-Care

학습목표

1. 심상요법 또는 시각화를 정의한다.
2. 신 레몬 훈련을 이용하여 심상요법을 실습한다.
3. 심상요법 이용의 역사에 대해 토론한다.
4. 임상실습에서 심상요법을 사용하는 방법을 확인한다.
5. 스트레스 상황에 대처하는 간단한 심상요법을 파악한다.
6. 의사소통기술의 향상을 위해 심상요법을 사용하는 것에 대해 토론한다.
7. 의사소통에서의 자신감과 능력을 향상시키기 위해 심상요법의 기술들을 선택하여 연습한다.

심상요법의 정의
Definition of Imagery

심상을 떠올릴 때 당신은 성공하거나 건강한 상태의 장면들을 의도적으로 사용한다(Schaub & Burt, 2013). 이미지(심상)란, 정신적으로 그려낸 그림이라고 정의된다(Merriam-Webster Online Dictionary, 2014). 시각화(visualization)라는 용어는 심상이라는 용어와 동의어로 쓰인다. 시각화는 정신적으로 보거나 상상하는 것을 말한다(Merriam-Webster Online Dictionary, 2014). 우리는 볼 수 없거나 존재하지 않거나 추상적인 것에 대한 심상을 만들어낸다는 의미로 이 용어를 사용한다. 이 장을 읽으면서, 자신에 대해 자신감 있고 성공적인 간호사, 적극적인 의사소통을 하고 존경을 받으며, 환자 옹호에 헌신하는 간호사의 심상을 만들어 보자. Boehm과 Tse(2013)는 신규간호사들이 스트레스를 줄이고 능숙함을 높이기 위한 방법으로서, 심리적 연습을 통해 지시적 심상요법(guided imagery)을 하도록 권고한다.

심상요법이나 시각화는 현재나 미래에 일어나기를 바라는 사건을 정신적으로 그려보는 과정이다. 그것은 우리 마음의 눈에 포착된 그림을 실제로 경험하는 하나의 과정이다. 우리의 그림을 시각화함에 있어서, 우리는 맛보고 냄새 맡고 느끼는 여러 감각들을 통합하고, 그와 관련된 소리나 감정을 상상한다. 예를 들면, 갓 구워진 애플파이를 상상할 때, 실제로 그것의 냄새를 맡고 사과 맛을 느끼며, 파이를 먹는 것을 상상할 수 있다. 지금 눈앞에 존재하지 않는 사랑하는 사람의 이미지를 각별한 감정과 함께 생생하고 구체적인 감각으로 떠올릴 수 있다. 간호 절차에 대해서도 그것을 실제로 시행하기 전에 머릿속으로 연습할 수 있다. 피트니스 훈련의 일부로서, 성공적인 완주와 결승점에 도달한 장면을 상상하면서 5km를 뛰는 것을 마음속으로 연습할 수도 있다.

신 레몬 실험
Try This Experiment: The Tart Lemon

눈을 감고 당신이 집에 있는 모습을 상상해보자. 당신은 주방에서 걸어 다니다가 냉장고를 바라보고 있다. 마음의 눈으로 냉장고를 본다. 냉장고를 열고 과일과 채소가 들어 있는 서랍을 열어 본다. 당신은 크고 윤기 나는 노란 레몬을 본다. 그것을 집어 들고 노랗고 윤기가 나며 울퉁불퉁한 표면을 주의 깊게 바라본다. 손에서 레몬의 무게를 느껴본다. 이제 레몬을 도마 위에 올려놓는다. 그것을 자르기 전에 한 번 눌러 짜보자. 당신은 이미 시큼한 향기를 느낄 수 있다. 레몬을 자르고 신 향기를 들이마신다. 입을 벌리고, 혀에 차갑고 신 레몬 즙을 몇 방울 짜 넣는다. 눈을 떠보자. 당신의 입이 일그러졌는가? 당신은 레몬을 보고 냄새 맡고 맛보았는가?

주의: 모든 사람이 같은 방법으로 심상을 사용하는 것은 아니다. 어떤 사람들은 그 장면에 적극적으로 참여하고 보고하는 반면, 또 어떤 이들은 무대 위의 배우를 보듯이 경험하기도 한다. 또 다른 이들은 전반적인 감각은 느끼지만 분명한 이미지를 떠올리지는 않는다. 당신이 무언가를 볼 수 없더라도 너무 염려하지 않아도 된다. 실습해보면 도움이 될 것이다. 이 실험은 당신이 심상을 행동으로 적용하는 것을 이해하도록 도울 것이다.

당신이 만일 적극적인 경청을 하는 의사소통 장면을 떠올린다면, 스스로 공감적인 단어로 표현하는 것을 들을 수도 있고, 자신이 온정과 진실성, 솔직함을 가진 존재임을 느낄 수도 있으며, 당신 자신이 환자 및 동료와 긍정적인 상호작용을 하는 모습을 관찰할 수도 있다.

심상은 목적을 가지고 의도적으로 어떤 것에 초점을 맞춘 백일몽과도 같다. 그것은 단순한 환상, 그 이상이다. 심상요법의 성공 여부는 당신이 무엇을 원하는지를 분명히 하고 나서, 상상 속에서 그 행위를 얼마나 잘 수행하는가에 달려 있다. 이것이 성공적인 결과를 가져오기 위한 중요한 단계이다. 마음의 눈으로는 어떤 제한도, 제약도 할 필요가 없다.

심상을 떠올려본 경험이 어떠했는가? 뇌의 신경생리는 심상 및 상상 속의 공간에서의 경험과 실제 상황에서의 경험 간의 차이를 구분하지 못한다는 것이 뇌 영상 연구에서 보고되었다(Sternberg, 2010). '신체는 그 사람이 생각하는 것과 실제로 일어나는 것 사이의 차이를 알지 못한다. 심상이나 생각은 관련된 감정과 함께 하나 또는 그 이상의 감각으로 경험된다. 마음은 감정 상태와 신체를 연결시켜서, 그 결과 생리적인 변화를 가져온다.'(Reed, 2007). 예를 들면, 시험에 관한 걱정을 하고, 시험을 잘 보지 못할 것을 생각하며, 그 결과에 대해 생각하는 것은 아드레날린 및 코티졸과 같은 스트레스 반응의 화학작용에 신체가 반응하도록 만들어 면역기능과 대처기능을 방해한다(Reed, 2007).

이 장은 당신의 대인관계 의사소통에 긍정적인 영향을 미치도록 심상을 사용하는 방법에 초점을 둔다. 따라서 환자 및 동료들과 소통하는 상황 속에서 당신이 원하는 장면을 분명하게 설정하기 위해서 필요한 단계들을 배우게 될 것이다. 그런 다음 해당 심상을 이용하여 실제로 당신이 상상하는 것을 실현할 수 있다.

심상요법은 오랫동안 신체적인 치유를 위해 사용되어 왔다. 다음은 의학에서 심상요법이 사용되어 온 역사이다.

심상요법의 역사
History of Imagery

심상요법은 인류가 사용한 치유기법 중 가장 오래된 것이다. 이 기법에 대한 초기의 기록은 고대 바빌로니아와 수메리아, 그리스, 이집트의 설형문자판에서 발견되었으며, 고대 인도 문명에서 심상요법을 사용한 것을 볼 수 있다. 오늘날까지도 나바호 족 인디언과 캐나다의 에스키모인들은 치유의 목적으로 심상요법을 시행하고 있다(Johnston, 2002).

이들 문화권에서는 질병을 초자연적인 힘에 의한 것으로 보고, 이를 아픈 사람의 존재 안으로 통합하고자 했었다. 샤먼(주술사)이나 의사-성직자는 의식이나 제사를 통해 긍정적인 힘으로 질병을 일으키는 악마에 대적하고 환자로부터 악마를 쫓아내어 치유하려고 하였다. 샤먼은 높은 권위를 가진 신이나 영혼 등의 심상으로부터 힘을 이끌어 냈다. 그 당시에는 의학이 종교나 신비주의, 주술 등에 의해 통제되고 있었다(Johnston, 2002).

르네상스 시대의 의사인 파라켈수스(Paracelsus)는 의학과 현대 약물치료의 아버지로 알려져 있다. 그는 치유과정을 정신으로부터 분리하여 생각하지 못하던 시대에 다음과 같이 말했다. '정신은 주인이며, 상상은 도구이고, 몸은 가짜의 물질에 불과하다. 상상의 힘은 의학에서 매우 중요한 요소이다. 그것은 사람과 동물에서 질병을 만들어 내기도 하고, 인간을 치유하기도 한다. 신체의 질병은 물리적인 방법으로 또는 영혼을 통해 이루어지는 정신의 힘으로 치유될 수 있다.'(Hartmann, 2007). 파라켈수스는 신이나 영혼뿐만 아니라 사람의 생각에도 치유시키는 힘이 있다고 믿었기 때문에 초기 샤먼들의 견해와는 차이가 있었다(Samuels & Samuels, 1975).

정신-신체의 이분화는 르네상스 시대에 처음으로 대두되었다. 프랑스의 철학자 데카르트는 신에 관한 논점으로부터 과학적 의문들을 분리하려는 파라켈수스의 노력을 더욱 발전시켰다. 과학자들은 신학적인 논쟁을 하지 않고도 신체에 대해 관심을 가질 수 있게 되었으며, 철학자와 신학자들은 영혼과 정신을 연구하게 되었다(Fontaine, 2014).

르네상스 시대 이후, 치유기법들은 과학적인 것과 종교적인 것으로 나뉘어졌다. 서구 사회는 과학적 치유, 즉 수술과 약물치료를 적용하였다. 과학적인 탐색과 의학의 전문화가 진행되면서, 20세기까지 신체-정신-영혼의 분리는 지속되었다. 그러나 1900년에 이르러 많은 과학자들은 정신이 어떻게 신체와 치유에 영향을 미치는지를 연구하기 시작했다(Samuels & Samuels, 1975).

효과적인 이완요법을 연구하던 Jacobson(1942)은 사고과정에서 심상을 떠올리는 것은 상상한 것을 실제로 수행할 때 일어나는 것과 유사한 근육반응을 만들어낸다고 보고했다. 즉, 우리가 마음속으로 뛰는 것을 상상하면 실제로 뛸 때 사용하는 근육이 약간 수축한다는 것이다.

의학 전문가들뿐만 아니라 많은 과학자들은 자율신경계는 무의식적이고 자율적이어서 의식의 통제하에 있지 않다는 것을 계속해서 받아들였다. 1960년대 후반에 생리학자 DiCara와 Miller는 자율신경계의 부분들이 조건화되고 조절될 수 있음을 밝혀냈다. 그들은 쥐 실험을 통해 쥐가 위의 산도와 뇌파, 혈압, 혈류량을 변화시키는 방법을 배울 수 있음을 입증했다(Miller, 1969). 또한 인간을 대상으로 한 연구에서 요가 수행자들이 대사율 및 심박동수와 같은 신체의 과학적인 과정을 조절하는 능력이 있음을 확인하였다(Lauria, 1968).

이러한 과학자들의 연구업적은 오늘날 신체-정신-영혼의 분리를 신체-정신 통합의 관점으로 전환시키는 획기적인 것이었다. 이러한 연구 결과가 간호와 의학에 기여하는 바는 매우 놀랍고 흥미롭다.

심상요법의 임상적용
Application of Imagery in Healthcare

유방암으로 방사선 치료를 받는 환자들이 간호사의 지시적 심상요법을 받은 후에 공포감으로부터 강건함과 평온함을 되찾았다(Serra, 2012). '심상은 인지, 감정 그리고 심리적 · 생리적 · 행동적 반응을 연결시켜 정신과 신체 사이의 다리를 만든다.'(Apostolo & Kolcaba, 2009). Helms(2006)는 지시적 심상요법이 '건강과 행복에 관한 간호목표의 긍정적 이미지들을 떠올릴 수 있도록 돕는 대체요법'이라고 하였다. 긍정적인 결과들을 상상하는 것은 스트레스 반응에 상반되는 효과를 가져올 수 있다. 즉, 이완 향상, 혈압조절, 통증 및 불안조절, 약물 및 치료행위 촉진, 부작용의 최소화, 만성질환에 대한 대처 향상, 치유력의 최적화, 치료받는 동안 편안함 유지 등의 효과이다(Lewandowski et al., 2005; McCaffrey & Taylor, 2005; Riedel, 2012; Wynd, 2005). 심상요법은 치유된 상태와 같은 결과 목표를 다룰 수도 있고, 치료의 과정, 즉 검사절차를 성공적이고 편안하게 마치는 것과 같은 단계별 목표를 상상하게 할 수도 있다. 또한 떠올리는 이미지로 마음속에 치유와 관련된 수용적인 이미지, 환부에 직접 하얀 치유의 빛이 내리쬐는 장면과 같은 적극적인 이미지, 또는 꽉 조였던 혈관이 풀리는 것과 같은 해부학적 이미지 등이 다양하게 사용될 수 있다(Schaub & Burt, 2013). 구체적인 예는 다음과 같다. 위산과다 증상이 있는 한 환자에게 흡수력이 좋은 압지(blotting paper: 빨아들이는 종이)로 깨끗하게 건조된 위 표면의 질감을 상상하게 하였다. 이러한 심상요법을 10일간 실시한 후에 다시 검사해 보니 위액분비가 정상화되었다는 연구결과가 있다(Luthe, 1969). 대상자가 질병으로 인해 통제력 상실감을 경험할 때, 심상요법은 그로 하여금 건강을 증진시키는 힘을 북돋울 수 있다.

어떤 가설에 따르면, 희망과 기대감은 변연계에 의해 절망과 체념을 대체한다고 주장한다. 정신신경면역학(psychoneuroimmunology)은 '적응을 위해 행동적 · 신경내분비적 · 면역적인 과정 사이의 다각적인 상호작용이 일어난다고 본다. 생각과 감정과 정보는 신경전달물질을 통해 감각 및 운동신경, 선상조직, 면역세포를 상호 자극한다(Giedt, 1997). 심상을 떠올리며 보다 좋은 느낌을 가지려고 애쓰는 대상자나, 지시에 따라 심상을 떠올리는 대상자들은 증상이 극적으로 완화되고 건강상태의 뚜렷한 호전을 보인다.

심상요법은 사람의 심박동수, 혈압, 면역반응 그리고 전반적인 생리적 상태에 영향을 미친다는 것이 증명되었다. 심상요법은 비침습적이면서 비용효과적인 중재방법이다.

심상요법의 의의
Implications of Imagery

심상요법을 이용하여 스스로 자신의 자율신경계에 영향을 미칠 수 있다는 사실은 간호에 어떠한 영향을 미치는가? 우선 간호사로서 신체와 정신, 영적인 통합에 관한 전인적인 철학을 적용할 수 있다. 전인적인 관점은 인간 전체를 구성하는 각 부분들의 상호작용을 강조한다. 즉, 정신은 신체에 영향을 주고, 신체 또한 정신에 영향을 미친다. 이러한 상호의존성을 받아들인다는 것은 전체 신체-정신-영적인 존재 안에 자신을 치유할 수 있는 힘이 있음을 이해한다는 것이다. 이 내적인 힘은 건강수준을 유지, 증진하는 데 사용될 수 있고, 외적인 치유 자원과 결합되어 사용될 수도 있다(Samuels & Bennett, 1974). 미국의 전인간호사협회(American Holistic Nurses Association)는 전인간호의 연구와 실제에 관한 포럼을 개최하고 있으며, 치료적 접촉(therapeutic touch)과 같은 중재에 관한 워크숍을 열기도 한다.

간호에서 심상요법을 적용하는 간단한 예로 간호절차를 수행할 때 다른 언어를 사용하는 것을 들 수 있는데, 이는 신뢰를 주면서도 기대와는 다른 감각을 제공한다. 주사를 놓을 때 "가느다란 막대기가 들어가는 느낌이 들 거예요."라고 말하는 것은 불안을 감소시켜주고 '통증'에 대한 반응을 '뭔가 들어가는 느낌'에 대한 반응으로 바꿔준다. 심상요법은 회사 재정이나 스포츠 영역에서 수용성을 높이기 위해서 사용되기도 한다. 연구자들은 미국에 있는 주요 회사의 경영자들이 갖는 특성을 발견했다. '그들은 자신의 삶에서 무엇을 얻고자 하는지 알고 있다. 그들은 그것을 볼 수 있고, 냄새 맡고 상상할 수 있으며, 그것과 관련된 소리나 감정을 상상할 수 있다. 그것을 가지기 전에 먼저 그것을 인지할 수 있다. 이처럼 생생한 감각적인 이미지는 그들의 삶에서 강력한 추진력을 가져온다.'(Mayer, 1984).

웨스턴 오스트레일리아 대학(University of Western Australia)에서 실험을 하였는데, 한 농구팀은 하루에 20분 이상 연습을 하도록 하였고, 다른 농구팀은 매일 20분씩 경기를 하는 상상을 하면서 자신이 슛을 놓칠 때마다 이를 교정하도록 하였다. 몇 주 후에, 실제 연습을 시행한 팀은 경기력이 24% 향상되었고, 심상요법을 실시한 팀은 23%가 향상되었다(Mayer, 1984).

프로 골퍼 Jack Nicklaus는 심상요법을 이용하여 골프에 관여하는 근육 기억과 운동기술을 향상시켰다. Nicklaus는 운동을 잘하기 위해서는 정신적인 연습과 신체적인 조정능력이 반반씩 요구된다고 하였다. 그는 샷을 하기 전에 반드시 먼저 마음속으로 정확하고 날카로운 샷을 그려본 후에 스윙을 하였다(Mayer, 1984).

심상요법은 주로 의학, 스포츠, 경영 등에서 사용되어 왔다. 그러나 이는 자신이 중요하다고 생각하는 삶의 다양한 분야에서 얼마든지 성공을 이끌어내기 위해 적용될 수 있다. 이제 간호사가 대인관계에서의 의사소통기술을 향상시키기 위해 심상요법을 적용하는 방법을 살펴보고자 한다.

심상요법과 의사소통의 관계
Relationship between Imagery and Interpersonal Communication

우리에게 중요한 것이 무엇인지가 명확하고, 전념하고자 하는 대상이 정해졌다면, 심상요법은 자기지시를 위한 매우 유용한 도구이다(Mayer, 1984). 이러한 생각을 가지는 것은 간호사가 대인관계에서의 의사소통기술을 향상시키기 위해 심상요법을 적용하는 과정에 중요한 열쇠가 된다. 당신이 효과적인 의사소통자가 되는 것이 중요함이 명확하다면, 그리고 그 목표를 이루는 것에 전념하고자 한다면, 심상요법은 당신이 그 목표를 달성하도록 도울 것이다. Silk와 Norwood(2002~2003)는 멘탈 홀로그래피(mental holography)라는 용어를 사용했는데, 이는 의사소통을 향상시키기 위해 정신적인 이미지를 만든다는 의미이다. 그들은 홀로그램(hologram)을 '물리적으로 존재하지 않는 사람이나 사물에 대한 매우 현실적인 3차원의 이미지를 만들어내기 위해 다른 소스들로부터 빛을 조작하는 것'이라 정의하고, 홀로그램에 관한 연구를 '홀로그래피'라 불렀다. 그들은 송신자가 날카롭고 생생한 이미지를 마음속에 떠올릴 때, 그 이미지를 언어나 신체언어를 통해 보다 잘 전달할 수 있다고 했다.

당신은 전문간호사로서 이 책에서 대상자와 동료들 그리고 당신 자신에게 도움이 되는 방법을 배워서 대인관계에서의 의사소통기술을 수행하기를 원하고 있다. 심상요법은 자신이 유용하고 효과적인 방법으로 의사소통기술을 수행하는 것을 상상하도록 해준다. 그것은 당신이 간호사로서 다양한 대인관계 상황을 자신감 있고 유능하게 다루는 장면을 제공한다. 이 장면들은 마치 신호등과 같아서, 당신이 유능한 의사소통자가 되는 목표를 성취하도록 신호를 보낸다. 당신이 행동하기 원하는 방향으로 자신에 대한 멘탈 홀로그램을 갖게 된다면, 이 이미지를 성공적으로 투사할 수 있게 될 것이다.

대인관계에서의 의사소통 행동에 대해 읽게 되면, 대상자 및 동료와 함께하는 각각의 상황에서의 수행방법을 교정할 수 있게 될 것이다. 학습을 통해 의사소통 행동을 수행하는 자신에 대한 이미지를 개발하게 된다. 심상요법을 사용할 때 어떤 사람들은 자신이 스스로 참여하여 경험하는 반면, 어떤 사람들은 자신을 무대 위의 배우와 같이 관찰한다. 어떤 사람들은 '상상하기(imagine)'보다 '그런 것처럼 가장하기(pretend)'가 더 성공적인 결과를 가져왔다고 보고했다. 당신의 지각은 처음에는 알쏭달쏭하고 모호할 수도 있다. 자신에 대한 이미지를 가능한 한 분명하게 떠올리는 것이 매우 중요하다. 긍정적이고 효과적이며 유능한 태도로 소통하는 자신의 모습을 떠올리는 것이 필요하다. 당신이 떠올리는 심상이 세부적이고 구체적일수록 실제 의사소통이 더 효과적으로 진행될 수 있을 것이다.

성공적으로 소통하는 모습을 떠올리는 것은 마치 리허설과 같다. 이는 스스로 소통기술을 정확하게 수행해내는 이미지를 확고히 하도록 도와줄 것이다. 리허설이 잘 진행되고 나면, 실제 공연이 잘 될 것이라는 자신감을 준다. 실질적인 심상과정은 불과 1분 이내로 마칠 수 있다. 이 과정을 많이 사용해 볼수록 더 능숙해질 것이다.

원하는 대로 수행해내는 당신을 보게 되면, 당신은 대중 앞에서 한 단계 더 성공적으로 행동하게 된다. 의사소통을 잘하는 자신의 모습을 떠올리는 것은 실제 미래에서의 실행가능성을 높인다. 심상요법은 당신이 바람직한 목표에 익숙해지게 함으로써 당신의 계획이 현실적으로 이루어지리라는 생각을 받아들일 수 있게 한다. 심상요법은 당신이 꿈꾸는 목표를 이룰 수 있다고 믿게 만든다. 심상요법은 간호사로서의 목표를 유지하는 데 있어 필요한 방식으로 의사소통할 수 있도록 돕는다.

또한 내 몸에 깊이 베인 심성 모형(mental model)이 간호사로서의 업무수행에 부정적인 영향을 미치는지를 탐색하기 위해서도 심상요법을 사용할 수 있다. 또한 Krejci(1997)는 학생들에게 간호사, 의사, 권력, 돌봄 등의 단어에 반응하여 어떤 이미지를 떠올리는지 조사하였다. Krejci는 한 학생이 권력(power)이라는 단어에 대해 '여자 간호사는 권력을 행사하는 남성을 옆에서 바라보는 방관자'라고 묘사하며 그에 따른 이미지를 떠올렸다고 보고했다. 이러한 심성 모형들은 때로 시대에 뒤떨어진 생각으로, 간호사가 전문적인 능력을 발휘하는 데 방해가 된다. 간호사들은 돌봄과 옹호자로서의 역할의 중요성을 숙고함으로써, 권력에 대한 관점을 재정립하고 자신의 역할에서의 권력을 주장할 수 있다.

스트레스 상황에 대처하는 간단한 심상훈련
Brief Imagery Exercises to Cope with Stressful Situations

당신이 침착하게 직면하고자 하는 상황에서, 강렬한 감정들로부터 거리를 유지하고자 한다면 다음과 같은 간단한 심상을 떠올려보자. 강렬한 감정을 유발하는 상황은 판단을 흐리게 하고, 생각하기에 앞서 말해버리도록 만든다. 편안하게 이완하여 집중하는 것은 당신이 감정적으로 반응하기보다는 이성적으로 반응할 수 있게 해준다. 다음 중 당신에게 가장 와 닿는 것을 선택하여 상상해보자. 당신의 모든 감각에 집중하며 마음으로 경험해보자.

- 강물 위로 떠내려가는 나뭇잎
- 하늘 위를 가로질러 움직이는 구름
- 둥둥 떠가는 헬륨 풍선
- 비누방울 불어 날리기(Payne & Donaghy, 2010)

간단한 음성-지시적 심상요법(Brief audio-guided imageries)은 스트레스 해소에 유용한 전략이다. 정신건강간호사와 직원의 공감피로와 불안 완화를 위한 지시적 심상요법 연구는 유망한 결과를 보여주었다(Kiley et al., 2018). 지시적 심상요법은 미국 간호사 국가고시 준비 과정에 추가된 명상 활동 중 하나였다. 학생들은 이러한 활동이 도움이 된다는 것을 알게 되었고, 다시 사용할 것이라고 보고하였다(Fiske, 2017; 온라인 샘플은 이 장의 연습 1 참조).

의사소통 향상을 위한 심상요법의 적용

Use of Imagery to Improve Your Ability to Communicate

심상요법을 효과적으로 하기 위한 중요한 포인트들이 있다. 우선, 심상요법은 수련을 필요로 한다. 즉, 하던 일을 잠시 멈추고 심상과정을 시행하려는 의지가 있어야 한다. 심상요법은 이완된 상태일 때 가장 효과적이며, 이완을 촉진하기 위해 세 번의 심호흡으로 심상요법을 시작하는 것이 좋다(자세한 사항은 19장 이완요법 참조). 이완요법은 당신의 머릿속에 떠다니는 생각들로부터 벗어나게 해준다. 이로써 당신은 떠올리고자 하는 이미지에 보다 명확하게 집중할 수 있게 된다. 일단 당신의 목표가 분명해지면 주저하지 말고 목표가 이루어지리라는 믿음을 가지고 심상을 만들어보자. 당신이 심상을 떠올리는 바로 그 순간이 마치 현재에 일어난 것처럼, 모든 감각들을 이용하여 목표가 이루어진 그 느낌을 경험해보자.

처음에는 이것이 매우 복잡하게 들릴 수도 있지만, 반복해서 연습하다 보면 이 단계들을 보다 빠르게 효과적으로 경험할 수 있게 된다.

심상의 연습은 당신의 머릿속에서 보이지 않게 일어나므로 매우 추상적이라고 생각할 수도 있다. 하지만 당신이 의도한 방식대로 미래의 상황에 영향을 줄 수 있게 심상을 최대한 구체화할 수 있고, 세부적인 것까지 떠올릴 수 있으므로 결코 추상적이지 않다. 이제 당신이 떠올린 심상이 바람직한 결과를 이루어낼 수 있도록 하기 위한 체계적인 단계들을 살펴보고자 한다.

간호목표의 명료화

Be Clear about Your Desired Outcome

당신은 어떻게 의사소통할지를 떠올리기에 앞서 당신이 이루고자 하는 바를 명확히 해야 한다. 당신의 목표가 따뜻하고 편안한 소통을 하는 것인가? 아니면 대상자나 동료에게 구체적인 정보를 얻고자 하는 것인가? 또는 이야기의 논점을 파악하는 것인가? 의사소통에서의 목표가 무엇이든 간에, 당신이 일어나기를 원하는 것이 무엇인지를 분명히 해야 한다. 당신의 멘탈 리허설(mental rehearsal: 마음속으로 연습해 보는 것)이 실제 상황과 유사할수록 실제 수행에서 더 긍정적인 결과를 가져올 것이다.

다음의 두 간호사의 사례를 비교해 봄으로써 분명한 목표의 중요성을 생각해 볼 수 있다.

박○○과 이○○는 둘 다 화상 병동에서 일하는 간호사이다. 이들은 둘 다 48시간 동안 아무하고도 대화하지 않고 슬피 울고 있는 김○○ 부인에게 신경을 쓰고 있다. 이들은 이 침울한 김○○ 부인을 위해 각자의 간호목표를 설정했다.

박○○ 간호사는 김○○ 부인이 침울한 기분을 극복하도록 돕는 것을 목표로 두었는데, 이 목표는 명확하다고 볼 수 없다. 왜냐하면 이는 박○○ 간호사가 앞으로 어떻게 해 나가야 하는지에 대해 아무런 단서를 제공하지 못하기 때문이다. 이는 구체적이지 않을 뿐만 아니라, 자료를 더 얻지 않고서는 논리적인 사고를 이끌어낼 수 없다.

이○○ 간호사의 목표는 김○○ 부인이 자신의 감정변화를 가져오는 원인이 무엇인지를 인식하도록 하는 것과 그런 감정을 떨쳐버리기 위해 무엇을 할 것인지를 그녀와 의논하는 것이다. 이러한 목표는 김○○ 부인으로 하여금 자신의 감정에 대해 보다 자유롭게 말할 수 있게 해준다. 이처럼 명확한 간호목표는 간호사가 앞으로 어떻게 해나갈지에 대한 가이드라인을 제공한다.

대인관계 상황 전체에 대한 심상 떠올리기

Mentally Outline the Whole Interaction from Beginning to End

심상을 통해서 대인관계에서의 상호작용에 대한 윤곽을 그리게 되면 당신은 그에 대해 보다 준비된 느낌을 갖게 될 것이다. 예를 들면, 대상자에게 결장루(colostomy)를 관리하는 방법에 대해 교육하는 심상을 떠올릴 때, 교육하는 시점에만 국한하지 않아야 한다. 당신의 심상 안에서 준비 시간, 교육 후 시간, 직접적인 교육 시간을 반영해보자. 준비과정에 대한 심상을 떠올리면 필요한 모든 물품을 예상할 수 있으므로 준비가 더 용이해진다. 또한 남자 대상자에게 결장루 위생관리와 성적인 측면에 관해 교육할 경우, 당신이 당혹감으로 두려움을 느낀다는 걸 알게 될 수도 있다. 이것을 알게 되면, 이 교육을 시행하기 전에 불안을 감소시킬 수 있게 경험이 많은 동료와 이에 대해 이야기를 나눠볼 수 있다.

실제 교육상황을 떠올릴 때 초기, 중기, 종결 단계로 나누어 본다. 당신에게 얼마만큼의 시간이 있는지를 파악하고, 그 시간을 당신과 대상자 모두를 위해 효과적이고 생산적으로 사용하는 것을 상상해보자. 종결단계를 상상함에 있어서는, 동료와 나중에 이 과정을 보고하거나 토의하기를 원하는지도 생각해보자. 이렇게 전 과정을 떠올려봄으로써 당신은 좀 더 잘 준비할 수 있을 것이다.

구체적인 심상에 집중하기

Concentrate on Visualizing Details

당신이 접하게 되는 가장 이상적인 환경을 그려보고 매우 세부적인 것까지 상상해보자. 프라이버시, 조명, 온도, 기구의 사용가능성 그리고 기타 중요한 기준들까지 거의 실제 상황에 가깝게 이 환경을 상상해보자.

대상자와의 상호작용을 할 때 당신이 무엇을 입고 있을지 상상해보자. 만일 소아청소년 병동에서 놀이치료를 하고 있다면 밝은 색 바지 차림의 유니폼을 입고 있을 것이다. 만일 당신의 업무에 대해 수간호사와 면담하는 상황을 준비하고 있다면 당신이 가장 멋지다고 생각하는 유니폼을 입고 있는 모습을 상상할 것이다. 당신의 자세와 얼굴 표정에 집중해보자. 만일 중년 부인의 대상자를 만난다면 당신의 의도를 어떻게 전달할지 그려보자. 또한 사례발표를 편안하고 자신감 있게 하고 싶다면, 이것을 잘 수행하고 있는 자신의 모습을 먼저 떠올려보자. 다른 사람들이 당신에게 호의적으로 반응하고, 경청하며, 당신을 진지하게 받아들이고, 관심을 갖는 것을 상상해보자.

시각적인 심상 외에도 당신의 다른 감각들을 이용해 보자. 예를 들면, 당신이 무엇을 말하고, 어떻게 말하는지를 들어본다. 만일 당신이 한 말이 의도한 것과 맞지 않는다면, 테이프를 되감아서 다시 말해보자. 다시 실행할 때에는 당신이 원하는 방식에 좀 더 부합되게 의사소통하는 자신을 상상해보자. 멘탈 리허설의 묘미는 그것이 완전해질 때까지 당신이 원하는 만큼 여러 번 반복할 수 있다는 것이다. 당신이 사용하는 단어나 그들에게 이야기하는 방식을 조율하여 당신이 원하는 내용과 질로 만들어가는 것이다.

당신이 의사소통하는 동안 느끼고 싶은 대로 상상해보고, 긍정적인 것에 집중하도록 유의한다. 평온함이나 자신감, 유능함, 열정 등 당신이 현실에서 느끼고 싶은 대로 감정을 불러 일으켜 보자. 잠깐 멈추어서 이러한 감정들을 리허설에서 실제로 경험해 봄으로써 이를 더 잘 인지하고, 실제 상황에서도 감정이 올라오게 하는 것이 중요하다. 그뿐만 아니라 대상자나 동료가 그 상황에 적합한 감정을 갖고 있는 것도 상상해본다.

당신의 광각렌즈(wide-angle lens)를 이용하여 당신이 계획한 대로 전체 관계가 흘러가는 것을 상상해보자. 예를 들면, 오랫동안 입원한 환자가 사망한 후에 슬퍼하던 동료가 당신과 함께 눈물을 흘리고 나서 편안해진 모습이나, 의심이 많은 수간호사가 당신이 제안한 새로운 근무표 일정에 대해 긍정적인 말을 하는 장면, 그리고 걱정이 많던 환자가 당신의 수술 전 교육을 듣고 난 후 단잠에 빠진 장면 등이다.

예기치 못한 상황에 대한 최선의 계획 상상하기

Envision the Best and Plan for the Unexpected

대상자나 동료들과 의사소통할 때 우리가 원하는 방식으로 소통하지 못할까 봐 걱정되는 때가 있다. 긍정적인 리허설을 상상하는 것이 이러한 걱정을 가라앉히도록 도와준다. 자신감을 높이기 위해, 당신이 실제 상황에서 부딪힐 가능성이 높은 사건들의 예기치 않은 변화들과 그에 대해 대처하는 방법을 상상하는 것이 좋다. 예를 들면, 당신이 산전교육 강의를 처음 시행하는 상황이고 당신이 답할 수 없는 분만과 진통에 관한 질문이 나올까 봐 두려워하고 있다면, 당신이 두려워하는 이 질문들을 받게 되고 그것에 대해 최선의 방법으로 답하는 장면을 상상하는 것이 좋다. 당신이 이것을 미리 상상해본다면, “제가 잘 모르겠습니다만, 알아봐 드리겠습니다.”라고 말함으로써 편안함을 얻게 될 것이다. 또는 화가 난 동료가 당신을 공격적으로 대해 불안하게 만들 수도 있다. 이때 미리 이러한 공격성을 상상한다면 당신은 그녀의 분노에 효과적으로 대처하도록 준비할 수 있다.

반복적인 연습

Rehearse Repeatedly When Necessary

우리는 각자 대인관계에서 자신감이 없는 상황들을 가지고 있다. 어떤 사람들은 화가 나 있거나 적대적인 사람들과 상호작용하는 것이 무서워 떨지만, 어떤 사람들은 침착하게 감정적으로 흥분한 대상자나 동료들을 공감해준다. 또 어떤 사람들은 교육 세션을 담당하는 것을 두려워하지만, 어떤 이들은 이런 기회를 좋아한다. 어떤 이들은 일대일 관계에서 훨씬 편안함을 느끼지만, 어떤 이들은 그룹을 더 선호한다. 당신이 불편함을 느끼는 대인관계 상황에서 여러 차례 긍정적인 심상을 떠올리는 것이 좋다. 당신이 어려움을 느끼는 부분에서 성공적으로 수행하는 자신의 모습을 떠올리며 반복적으로 점검해보자. 한 번의 심상으로는 당신이 성공적으로 의사소통하기에 필요한 모든 것을 알아차리기 어렵다. 마음의 눈으로 그 장면들을 반복하게 되면, 실제 사건에서 방심하지 않고, ‘반응(react)’하는 대신 '대응(respond)‘할 수 있게 된다.

어떤 상황에 대해 걱정하고 있다면, 최악의 상황을 예측해 볼 수도 있고 긍정적인 장면에 집중하는 것을 선택할 수도 있다. 긍정적인 심상은 당신이 목표에 가까워지도록 자석처럼 끌어당긴다. 당신이 충분한 시간 동안 긍정적인 심상을 반복해서 훈련한다면, 실제 상황에서도 잘 수행하게 될 것이다.

실제 상황의 검토와 심상 수정하기

Review Your Live Performance and Update Your Visualization

실제 대상자나 동료와의 상호작용을 마친 다음에는 그 수행이 어떠했는지 평가하는 시간을 가져야 한다. 만일 상호작용이 썩 만족스럽지 않았다면, 다음 번 교류를 어떻게 향상시킬 수 있을지 생각해보고, 그 상황을 상상해보자. 예를 들면, 사용할 단어들을 바꾸거나 병실을 다르게 배정하고, 터치(가벼운 신체적 접촉)와 같은 비언어적인 소통방법을 사용해본다. 이 리허설은 다음 기회를 위해 당신을 준비시켜 줄 것이다.

실수했다고 해서 자신을 비하하지 말아야 한다. 나아질 수 있다고 스스로를 믿어보자. 당신이 배워나가고 있음을 기억하고, 각각의 훈련을 통해 당신이 대상자나 동료와 의사소통하기를 원하는 방식에 점점 가까워지고 있음을 알아야 한다. 당신의 리허설을 돌이켜 생각해 보고 이상적인 대처를 했던 경우를 떠올려보자. 스스로를 격려하고 성공한 자신을 칭찬하는 장면을 상상해본다. 스스로를 칭찬하는 시간을 가지는 것은 당신의 자신감을 높여줄 것이다.

심상요법의 활용 연습
Practicing Incorporating Imagery in Professional Practice and Self Care

연습 1 심상요법 연습용 자료 활용

Dartmouth College의 Student Wellness Center에 연결한 다음, 링크에 접속하여 간단한 심상요법 샘플을 연습해보고 하나를 선택해보자(https://students.dartmouth.edu/wellness-center/wellness-mindfulness/relaxation-downloads/guided-imagery-visualization 참조).

연습 2 즐거웠던 기억 떠올리기

몇 분간 즐거웠던 어린 시절의 추억을 떠올려보자. 한 가지 예로, 할아버지가 현관 앞의 흔들의자에 앉아 옛날이야기를 들려주시던 추억이 떠오를 수 있다. Silk와 Norwood(2002~2003)는 그러한 장면과 기억은 당신이 느꼈던 감각과 기억의 상세한 심상에 달려 있고, 이것이 감정과 연결되어 있다고 하였다. 즐거웠던 기억을 떠올릴 때 일기장에 몇 문장을 써보자. 떠오른 기억, 감각, 감정을 묘사해보자. 당신이 병원에서 환자로 있었던 경험에 대해서도 이러한 과정을 적용해볼 수 있다.

연습 3 이완을 돕기 위한 심상요법

이 장에서는 다음의 몇 가지 심상이 이완을 돕기 위한 전략으로 제시되어 있다. 당신의 스트레스 요인들이 강물에 떠내려가는 나뭇잎, 하늘을 가로지르는 구름, 둥둥 떠오르는 헬륨 풍선과 날아가는 비눗방울처럼 하나씩 떠나가는 것을 상상해보자. 잠시 시간을 내어 각각을 경험한 후 어떤 것이 자신에게 가장 잘 맞는지 확인해보자. 자주 연습해두면 필요할 때 즉시 사용할 수 있는 전략이 될 것이다.

연습 4 이미지 연상 조절해보기

McKim(1972)은 이미지 연상이 얼마나 선명한가 하는 것보다 이미지 연상을 조절할 수 있는 능력이 더 중요하다고 했다. 주어진 기준을 사용하여 다음 이미지를 조절할 수 있는 능력을 평가해보자.

기준: C = 이미지를 잘 조절했음 U = 확실하지 않음 N = 조절할 수 없음

- 장미꽃 봉오리가 활짝 피어나는 장면
- 호수에 던져진 돌멩이가 수면 위를 통통 튀며 날아가는 장면
- 바람개비가 시계 방향으로 돌아갔다가 반대 방향으로 돌아가는 장면
- 레이싱 자동차가 전진했다가 역행하는 장면
- 소파가 혼자서 천장까지 올라갔다가 바닥으로 되돌아오는 장면
- 풍선이 하늘 높이 올라갔다가 땅으로 되돌아오는 장면
- 파도가 밀려왔다가 바닷가에 부딪혀 썰물로 다시 되돌아가는 장면
- 의자에 앉았다가 일어서는 장면
- 컴퓨터 화면에 단어가 나타났다가 삭제된 것처럼 사라지는 장면
- 오븐의 유리문을 통해 보았을 때 케이크가 부풀어오른 다음 다시 케이크 반죽으로 되돌아가는 장면

연습 5 효과적인 의사소통을 위한 심상요법

일상생활에서 다른 사람들과 보다 효과적으로 의사소통할 수 있도록 심상요법을 사용해보자. 예를 들어, 반 친구에게 함께 쇼핑하러 가자고 말하고 싶다면, 어떻게 말할 것인지 시각화하고 상대방의 열정적인 반응을 상상해보자. 반 친구가 유감을 표현하며 거절할 때 자신이 부드럽게 반응할 수 있도록 준비해본다. 실습 교과목에서 간호술기 시험을 앞두고 있을 경우, 시간을 내어 시험의 각 항목을 성공적으로 완수하는 자신의 모습을 떠올리고, 이에 대해 최고의 성적을 받는 것을 상상해보자.

자신을 성공적인 모습으로 시각화해보자. 이것을 연습하는 것은 많은 시간이 필요하지 않으며 샤워할 때나 회의장소로 걸어갈 때, 간호사실에 있을 때와 같이 어디서든지 할 수 있다. 심상요법은 자신에 대해 긍정적이고 자기강화하는 그림을 만들어 자신감을 얻기 위해 생각을 통제하는 것을 강조한다. 이 책에서 각각의 의사소통기술을 배우면서 자신에 대한 긍정적인 시각화를 연습하여, 자신감을 증진시키고 의사소통 레퍼토리에서 기술을 통합하는 데 올바르게 사용해보자.

연습 6 성공적인 간호사 심상 떠올려보기

이 장의 첫 단락에서는 성공적인 간호사로 행동하는 자신의 심상을 떠올려보도록 권고하고 있다. 잠시 시간을 내어 자신의 이미지를 그려보고, 자신이 생각하는 성공적인 간호사의 특성과 행동에 대해 항목들을 작성해보자.

참고문헌

Apostolo, J. L. A., & Kolcaba, K. (2009). The effects of guided imagery on comfort, depression, anxiety, and stress of psychiatric inpatients with depressive disorders. *Archives of Psychiatric Nursing, 23*(6), 403.

Boehm, L. B., & Tse, A. M. (2013). Application of guided imagery to facilitate the transition of new graduate registered nurses. *Journal of Continuing Education in Nursing, 44*(3), 113.

Fiske, E. (2017). Contemplative practices, self-efficacy, and NCLEX-RN success. *Nurse Educator, 42*(3), 159.

Fontaine, K. L. (2014). *Complementary & alternative therapies for nursing practice*. Boston, MA: Pearson.

Giedt, J. F. (1997). A psychoneuroimmunological intervention in holistic nursing practice. *Journal of Holistic Nursing Practice, 15*(2), 112.

Hartmann, F. (2007). *Paracelsus: Life and prophecies*. Whitefish, MT: Kessinger Publishing.

Helms, J. E. (2006). Complementary and alternative therapies: A new frontier for nursing education? *Journal of Nursing Education, 45*(3), 1117.

Jacobson, E. (1942). *Progressive relaxation*. Chicago, IL: University of Chicago Press.

Johnston, S. L. (2002). Native American and traditional and alternative medicine. *Annals of the American Academy of Political and Social Science, 583*(1), 195–213.

Kiley, K. A., Sehgal, A. R., Neth, S., Dolata, J., Pike, E., Spilsbury, J. C., & Albert, J. M. (2018). The effectiveness of guided imagery in treating compassion fatigue and anxiety of mental health workers. *Social Work Research, 42*(1), 33.

Krejci, J. W. (1997). Stimulating critical thinking by exploring mental modes. *Journal of Nursing Education, 36*(10), 482.

Lauria, A. (1968). *The mind of a mnemonist*. New York, NY: Basic Books.

Lewandowski, W. A., Good, M., & Draucher, C. B. (2005). Changes in the meaning of pain with the use of guided imagery. *Pain Management Nursing, 6*(2), 58.

Luthe, W. (1969). Autogenic therapy. Vol. II. New York, NY: Grune & Stratton.

Mayer, A. J. (1984). Visualization. En Route, 48(50), 30. McCaffrey, R., & Taylor, N. (2005). Effective anxiety treatment prior to diagnostic cardiac catheterization. *Holistic Nursing Practice, 19*(2), 70.

McKim, R. H. (1972). *Experiences in visual thinking*. Monterey, CA: Brooks/Cole.

Merriam-Webster Online Dictionary. (2014). http://www.merriam-webster.com/dictionary/image Accessed 09.09.18.

Merriam-Webster Online Dictionary. (2014). http://www.merriam-webster.com/dictionary/visualizing. Accessed 09.09.18.

Miller, N. (1969). Learning and visceral and glandular responses. *Science, 163*, 434.

Payne, R. A., & Donaghy, M. (2010). *Payne's handbook of relaxation techniques: A practical guide for the health care professional* (4th ed.). Edinburgh, UK: Elsevier.

Reed, T. (2007). Imagery in the clinical setting: A tool for healing. *Nursing Clinics of North America, 42*(2), 261.

Riedel, S. L. (2012). *Effects of guided imagery in persons with fibromyalgia*. ProQuest Dissertations, 515538.

Samuels, M., & Bennett, H. Z. (1974). *Be well. Toronto, Canada:* Random House.

Samuels, M., & Samuels, N. (1975). *Seeing with the mind's eye*. New York, NY: Random House.

Schaub, B. G., & Burt, M. M. (2013). Imagery. In B. M. Dossey & L. Keegan (Eds.), *Holistic nursing: A handbook for practice*. Burlington, MA: Jones & Bartlett.

Serra, D. (2012). Outcomes of guided imagery in patients receiving radiation therapy for breast cancer. *Clinical Journal of Oncology Nursing, 16*(6), 617.

Silk, G., & Norwood, M. S. (2002–2003). Mental holography: The power of imagery in communication. *In Journal of Imagination in Language Learning and Teaching*. Vol. VII.

Sternberg, E. (2010). *The science of healing with Dr. Esther Sternberg,* PBS DVD.

Wynd, C. A. (2005). Guided imagery for smoking cessation and long-term abstinence. *Journal of Nursing Scholarship, 37*(3), 245.

Chapter 21

긍정적 자기대화

Incorporating Positive Self-Talk

학습목표

1. 자기대화(self-talk)를 정의하고 이것이 행동에 미치는 영향을 파악한다.
2. 자기대화와 대인관계 의사소통 사이의 관계를 토론한다.
3. 긍정적 자기대화를 만들기 위한 전략으로 확언(affirmations)을 사용하는 것에 대해 논의한다.
4. 긍정적 자기대화를 연습하여 의사소통기술과 간호 수행에서의 자신감을 높인다.

자기대화의 정의

Definition of Self-Talk

학생으로서 긍정적 자기대화의 사용을 배우기 전에 먼저 긍정적 자기대화의 효과에 대한 최신 문헌을 살펴보자. 만성 통증을 가진 78명의 환자를 대상으로 임상연구를 시행한 결과, 환자들의 불안과 우울이 긍정적 자기대화와 주의전환 그리고 통증을 무시함으로써 감소하였다고 보고되었다(Miller-Matero et al., 2017). 자기대화는 응급의료 제공자들에게 심리적 기술훈련의 일부로 시행되고 있다(Lauria et al., 2017).

오늘은 당신이 새로운 병동에 온 첫 날이어서 약간 불안한 상태에 있다고 가정해보자. 당신 마음속에 어떤 생각이 떠오르는가? 매 순간 내면의 대화를 계속 하고 있다는 것을 의식한 적이 있는가? 우리는 스스로에게 말하고, 그것을 듣는다. 자기대화는 두 사람 사이에서 일어나는 대화와 크게 다르지 않다. 또한 자기대화는 내적인 생각, 내적 언어, 자기지시 또는 자가 커뮤니케이션 체제(self-communication system)를 형성하는 머릿속의 '작은 목소리'로도 알려져 있다. 미국간호사협회가 출판한 자기돌봄에 관한 책에서는 자기대화를 스트레스 관리기술로 분류하였다(Richards et al., 2014). 자기대화는 추론이나 논리, 사실에 근거한 합리적인 것일 수도 있고, 비합리적인 것일 수도 있다. 그것은 격려나 칭찬을 제공하는 긍정적인 것일 수도 있고, 좌절이나 비난을 주는 부정적인 것일 수도 있다(Mayo Clinic Staff, 2009). 당신이 스스로에게 하는 말은 당신의 건강에 영향을 미칠 수 있다. Levy 등(2002)의 연구에 따르면, 노화에 대해 긍정적으로 말하는 사람은 부정적인 견해를 갖고 있는 사람에 비해 평균 7.6년을 더 살았다고 한다.

어린 시절에 들었던 친숙한 동화 중 하나는 이 기술의 효과가 이미 증명되었음을 말해준다. 『The Little Engine That Could』라는 동화책은 미국의 많은 어린이들이 즐겨 읽었다. 어떤 낡은 기차가 새롭고 빛나는 기차로 바뀌는 이야기이다. 새 기차는 어린이들에게 장난감을 배달하기 위해 가파른 언덕을 오르는 것을 거부했다(Piper, 1998). 반면, 낡은 기차는 긍정적 자기대화로 난관을 극복했다. 그는 "난 할 수 있다고 생각해, 난 할 수 있다고 생각해, 난 할 수 있다고 생각해."를 반복했고, 물론 그는 성공했다. 이처럼 사랑을 받아 온 이 동화는 1910년의 작품으로, 오랫동안 어린이들에게 긍정적 자기대화를 격려해왔다.

우리 주변의 사람들이 의도치 않게 무심코 한 말이 나에게는 자기예언이 될 수도 있다. 『What to Say When You Talk to Your Self(자신과 대화할 때 무엇을 말할 것인가?)』는 백만 부 이상이 팔린 베스트셀러이다. 수천 명의 독자가 저자에게 편지를 보냈는데, 그들은 누군가가 했던 말 때문에 자기 자신에 대해 완전히 거짓인 말들을 진실처럼 믿어왔다고 했다(Helmstetter, 2011).

인지심리학자들은 내면의 대화가 인간의 행동에 강력한 영향을 미친다는 것을 알게 되었다. 우리의 생각은 세상에 대한 우리의 해석이고, 자기 자신의 행동에 대한 판단이며, 우리를 바라보는 타인의 반응에 대한 우리의 가정이다. 감정은 생각에 의해 직접적인 영향을 받게 되며, 우리가 세상을 해석하는 방식은 자신의 행동에 대한 청사진을 제공한다. 우리에게 무슨 일이 일어났는지가 중요한 것이 아니라, 우리에게 일어난 일을 어떻게 해석하고 그에 따라 행동하는지가 더 중요한 것이다.

우리가 어떤 상황이나 사람을 만났을 때, 자기대화는 다음의 사항들을 결정한다.

- 상황에 대한 우리의 태도
- 우리가 무엇을 보고, 듣고, 참여하는지
- 우리가 받아들인 것을 어떻게 해석하는지
- 그 결과가 어떻게 되리라 생각하는지
- 어떻게 행동할 것인지(감정, 언어, 행동을 포함)
- 행동의 결과를 어떻게 평가할 것인지

내면의 대화는 건설적일 수도 있고 파괴적일 수도 있다. 엄마에게 항상 어설프다는 말을 들어왔던 사람의 예를 간단하게 살펴보자. 그녀는 이것을 사실이라고 믿었기 때문에 그녀의 자기대화 또한 긍정적이지 않았다. 그녀는 "난 너무 어설프다. 난 항상 여기저기 상처를 입는다."라고 말한다. 그녀는 자신이 정말로 어설프고 서툴다고 생각한다. 그러나 그녀가 자기대화를 "난 우아하고, 편안하고 조심스럽게 움직인다."라고 바꾼 후 그녀의 이런 불편함은 줄어들게 되었다고 한다.

긍정적 자기대화와 부정적인 자기대화의 임상사례

Clinical Examples of Positive and Negative Self-Talk

이 사례들을 읽고, 이 상황에서 자기대화가 간호사에게 미친 긍정적인 효과들을 생각해보자.

최○○과 강○○은 간호학과 3학년 학생들이다. 그들은 지역사회간호학 실습을 앞두고 있었기 때문에 다음과 같은 생각을 하고 있었다.

> *최○○:* "그 실습의 실습지도 선생님이 폭군이라고 들었어. 난 그런 유형의 사람들이 너무 싫어. 그런 끔찍한 성격의 사람들은 내 신경을 긁어놓지. 난 그 선생님과 일하는 것이 정말 싫단 말이야. 팀 컨퍼런스도 힘들 거야. 그 선생님은 분명 나를 힘들게 할 것이고, 난 많은 실수를 해서 경고를 받게 되겠지. 난 이 실습이 빨리 끝났으면 좋겠어."

최○○은 스스로 임상실습이 불행하고 결과가 좋지 않을 것이라고 말하고 있다. 이런 부정적인 자기대화는 파괴적이다. 최○○이 이런 방식으로 생각한다면, 방어적으로 행동할 가능성이 높고 실수하게 될까 봐 신경이 곤두서게 될 것이다. 또한 간호사들이 호의적인 지지를 해 주어도 그녀의 태도는 스스로 위축될 것이다.

> *강○○:* "실습지도 선생님이 간호에 대해 매우 엄격하시고 간호사에게 많은 것을 요구하시는 분이라고 들었어. 가정간호를 하게 되는 지역사회간호

학 실습을 배우기엔 좋을 것 같아. 난 많은 것을 배우게 되겠지. 난 가정을 방문해서 그곳에서 간호가 어떻게 이루어지는지를 보는 것이 정말 기대가 돼. 새로운 분야이고 어떤 일이 벌어질지 모르기 때문에 좀 불안하기도 하지만, 임상 경험이 많은, 매우 좋은 실습지도자를 만난 것 같아. 실습기간이 너무 짧은 것이 아쉽다."

강○○은 새로운 임상실습에 대해 스스로 행복하고 보람 있을 거라는 생각으로 마음의 준비를 하고 있다. 훌륭한 간호에 대한 그녀의 해석은 그녀로 하여금 간호사들을 관찰하며 열심히 배우고 싶어하도록 만든다. 그녀의 긍정적 자기대화는 간호사들과의 긍정적인 관계를 기대하게 해주며, 실습 경험에서도 많은 것을 배우게 할 것이다.

자기대화는 머릿속에서 끊임없이 자동적으로 이루어지므로, 그것이 우리의 감정과 행동에 미치는 영향이 긍정적인지 부정적인지를 주의 깊게 살펴보아야 한다. 만일 이러한 습관화된 과정을 조정하고 싶다면 자신의 생각에 귀를 기울이고 어떻게 변하고 싶은지를 결정해야 하며, 우리의 행동에 긍정적인 영향을 미치도록 지속적으로 생각을 변화시켜 나가야 한다.

다음 시나리오를 읽고, 당신이 만일 이 학생 간호사의 입장이라면 어떻게 반응하였을지 적어보자.

당신은 이제 막 방학을 마치고 4학년이 된 간호학생이다. 당신은 지금까지 안과, 산부인과, 외과 등의 특수 병동에서 실습한 경험이 있으며, 이제 중환자실에 배정되어 보다 복잡한 의료기기들을 보게 될 것이다. 환자가 당신을 서툴다고 생각할 것이라고 확신하며, 끔찍한 실수를 저지를까봐 걱정하고 있다. 또한 간호사들은 최대한 짧은 시간 내에 일을 마쳐야 하므로 지쳐 있을 것이다. 중환자실은 환자에 대한 모든 파악을 하고 있어야 하므로 간호사가 당신을 도와줄 시간과 에너지가 없다는 것도 알고 있다. 당신의 실습지도자는 작년에 실습하였던 학생들이 열심히 배우는 모습을 보여주었기 때문에 간호사들이 학생에 대한 기대가 클 것이라고 말한다.

당신이 어떻게 반응할 것인지를 적은 다음 그것을 잠시 내려놓고, 동일한 상황에서 장○○이 부정적인 자기대화를 한 사례를 검토해보자.

장○○: "저는 절대로 해내지 못할 거예요! 중환자 간호에 그렇게 충분한 경험으로 준비된 사람이 누가 있겠어요? 환자들은 모두 중환자이고 그들 중 대부분이 죽는다고 들었어요. 저는 그 무시무시한 의료기기들은 생각조차 하기 싫어요. 가족들은 또 어떤가요? 자신의 가족이 아프니까 학생들이 가까이 오는 걸 원치 않을 거예요. 저는 그것에 대해 생각만 해도 벌써 불안해져요. 토할 것만 같아요. 왜 내가 간호학과에 들어왔을까? 작년 선배들과 비교 당하는 것도 썩 유쾌하지 않아요. 전 매 순간 공포스러울 거예요. 환자의 죽음 때문에 우울한 상태로 집에 돌아갈 것이고, 전 너무 무능하다고 느낄 거예요."

장○○의 자기대화는 파괴적이다. 이는 그녀의 불안을 증가시키고 모든 일이 잘 안 될 것 같은 느낌에만 초점을 맞추게 한다. 장○○은 온통 비극적인 생각에 빠져 있다. 이러한 그녀의 사고방식은 모든 것을 부정적인 채널에 맞추고, 자기예언이 이루어졌다고 생각하게 만든다. 그녀의 자기대화는 어떠한 자신감도 묵살해 버리고, 실습 전이나 실습하는 동안에 그녀를 불안하게 한다.

잠시 장○○과 동일한 상황에서 사용할 수 있는 건설적인 내면의 대화를 적어보자.

여기에 장○○의 긍정적 자기대화의 예가 있다. 당신이 적은 것과 비교해보자.

장○○: "이 실습은 정말 어려울 거야. 새로 배워야 할 의료기기들이 아주 많아. 하지만 난 병원에서 일할 계획을 가지고 있으니 이것을 배워야 하지. 이 경험은 내가 나중에 추천서를 받는데 도움이 될 거야. 모든 사람이 언젠가는 새로운 것을 배워야만 해. 난 똑똑하고, 간호사들에게 내가 열심히 배우려는 모습을 보여주도록 노력해야지. 죽음

을 맞이하는 환자들을 대하는 방법을 배울 수 있는 좋은 기회야. 이 간호사들은 아주 많은 경험을 가지고 있어. 그들에게 대처하는 방법을 질문한다면 그들은 내게 도움을 줄 거라고 확신해. 난 내가 이걸 잘 해낼 거라는 것을 알아. 간호사들은 내가 학생이라는 걸 알고 있고 내게 어떤 기적을 바라지는 않아. 그들은 내가 병동을 위해 할 수 있는 것을 찾아 기여할 때 기쁘게 생각할 거야. 난 친구 김○○한테서 이 병동에 대해 더 많은 정보를 알아내어 가능한 한 더 많은 준비를 해야겠다."

이 자기대화는 건설적이다. 이 사례에 있는 장○○의 내면의 대화는 현실적이면서도 기대에 차 있다. 장○○은 자신의 장점을 인식함으로써 자신감 있게 병동에 갈 수 있다. 그녀는 새로운 배움의 기회를 열망하며 간호사에게 호의적인 방식으로 다가갈 것이다. 자신이 처한 상황을 하나의 도전으로 받아들이는 것은 장○○으로 하여금 간호사로서의 경력에 긍정적인 목표를 제공할 것이다. 사전에 정보를 찾아보기로 결정함으로써 그녀는 성공할 기회를 높인다.

이제 당신이 적어 놓았던 내면의 대화로 돌아가 보자. 그것이 긍정적인지 아니면 부정적인지 살펴보자. 당신의 자기대화는 당신에게 이로울 것인가? 아니면 파괴적일 가능성이 있는가?

긍정적 자기대화: 자기주장과 책임감
Positive Self-Talk: Assertive and Responsible

앞에 제시한 사례들은 자기대화가 얼마나 도움이 되거나 또는 해로울 수 있는지를 보여주었다. 긍정적 자기대화는 우리가 처한 상황에 대처할 수 있는 자신의 강점과 능력을 높여주는 효과가 있다. 이러한 마음의 준비는 우리에게 희망과 자신감을 갖게 한다. 우리는 우리가 처한 상황을 어떻게 다룰지에 대해 기분 좋게 생각할 권리가 있으며, 긍정적 자기대화는 이러한 권리가 실현될 수 있도록 보장해주는 하나의 기술이다. 내면의 대화를 긍정적으로 유지하는 것은 매우 중요하다.

긍정적 자기대화는 비현실적이거나 희망사항에 불과한 것이 아니라, 우리가 직면한 상황과 내가 가진 능력에 대해 정확한 사정을 기초로 한 것이어야 한다. 대인관계 상황을 다루는 효과적인 기술이나 지식이 없다고 해서 스스로를 평가절하할 필요는 없다. 우리는 경험이 부족함을 인정하고, 배우려는 의지와 능력이 있음을 깨달으며, 상황에 맞설 수 있게 현실적으로 준비할 책임이 있다.

Butler(2008)는 부정적인 자기대화는 우리가 어떤 상황에 있든지 힘든 환경으로 만들어 버린다고 경고했다. 부정적인 자기대화는 주로 가혹하고, 판단적이며, 초인적인 성취를 요구하고, 잘못한 것에 대해 꾸짖으며, 우리를 긴장하게 하고, 스스로에 대해 불만족스러운 느낌을 갖게 한다. Butler는 부정적인 사건으로부터 완충작용을 할 수 있게 긍정적이고 지지적인 방식의 자기대화를 개발하라고 권고한다. Chapman(1992)은 "긍정적인 사람들은 그렇지 않은 사람들보다 문제를 직시하고, 결단을 내리며 뒤돌아보지 않는다."고 말했다. 또한 그는 긍정적인 관점을 가진 사람들이 마치 모든 일을 운명으로 받아들이며 그냥 흘러가게 내버려두는 사람들이라고 잘못 알려져 있다고 하였다. "그렇지 않습니다! 긍정적인 사람들은 더 많은 위험을 감수하고 인생을 적극적으로 살아가기 때문에, 오히려 더 많은 문제를 경험할 수도 있습니다."

나의 자기대화를 바꿔나가기 위해서는 이러한 사정단계에서부터 출발해야 한다. Butler(2008)는 스스로에게 다음과 같은 질문을 해보라고 제안한다.

- 나는 자신에게 무엇을 말하고 있는가?
- 내게 해를 주는 어떤 부정적인 생각을 하고 있는가?
- 내게 도움이 되는 어떤 긍정적인 생각을 하고 있는가?

- 나의 자기대화는 내게 도움이 되는가?
- 나는 어떻게 하면 자기대화를 좀 더 긍정적으로 바꿀 수 있을까?

다음 단계는 내면의 대화를 보다 긍정적으로 변화시키기 위해 어떤 방법이 필요한지를 구체화하는 것이다. 처음에는 이러한 계획에 상당한 노력이 필요하지만, 그것이 당신의 인식의 일부가 되어감에 따라 내면의 대화에 초점을 맞추고 빠르게 적응해 나갈 것이다. 이 장의 후반부에서 자기대화를 재설정해볼 것이다.

자기대화와 의사소통의 관계
Relationship between Self-Talk and Interpersonal Communication

1장에서 5장에 이르기까지 간호사의 의사소통에 꼭 필요한 행동에 대해 배웠다. 자기대화는 대상자나 동료들과 일할 때 이러한 행동을 수행하는 당신의 능력과 관련되어 있다. 당신이 내면의 대화를 어떻게 만드는가 하는 것은 당신의 기술 수준을 높이기도 하고 낮추기도 한다.

다음은 공감과 직면 의사소통에 관한 사례들이다.

공감에 관한 자기대화
Self-Talk about Empathy

어느 간호사가 공감에 관하여 자기 자신에게 말하고 있다.

> "난 자연스럽게 공감하며 듣는 것이 잘 안 돼. 내 스타일을 바꾸고 공감을 하려고 한다면 내 동료들은 나를 비웃을 거야. 난 실제 의사소통에서 진지하게 들릴 만큼 충분히 빠르게 공감적인 반응을 생각해내지는 못할 거야. 공감반응을 하는 것이 너무 어색할 것 같아."

이 간호사의 자기대화를 살펴보자.

1. 그녀는 스스로에게 무엇이라고 말하고 있는가? 그녀는 스스로에게 자신이 공감반응을 하려고 하면 불편하고 우스꽝스럽고 어색하다고 말하고 있다. 그녀는 자신의 친구들이 이런 자신의 시도를 별로 찬성하지 않을 것이고 그들에게 체면이 서지 않을 것이라고 확신하고 있다.
2. 그녀에게 해를 주는 부정적인 생각은 무엇인가? 그녀는 자신이 효과적으로 공감반응을 사용하지 못할 것이라고 확신하고 있다. 그녀는 처음부터 완벽하게 공감반응을 해야 한다고 기대하고 있다. 그녀는 어떠한 실수도 용납하지 않고 있으며, 자신의 동료들이 그런 자신을 지지해 줄 것이라는 기대도 하지 않는다.
3. 그녀는 어떤 긍정적인 생각을 하는가? 그녀는 보다 공감적인 반응을 해보는 것에 희망과 격려가 될 만한 긍정적인 생각을 하지 못하고 있다.
4. 자기대화는 그녀에게 도움이 되는가? 이 자기대화는 그녀가 의사소통할 때 공감을 잘 하지 못하도록 방해할 것이다. 이러한 생각들은 두 가지 측면에서 그녀의 기분을 상하게 할 것이다. 그녀는 다른 사람에게 공감의 이익을 제공하지 못할 것이고, 노력하려는 의지가 부족하다는 점에서 실망하게 될 것이다. 그녀뿐만 아니라 동료들도 그녀의 공감능력을 확신할 수 없게 된다. 그녀의 생각들은 책임감과 자기주장이 결여되어 있기 때문에 어떤 방식으로든 그녀에게 도움이 되지 않는다.
5. 그녀는 어떻게 하면 자기대화를 좀 더 긍정적으로 바꿀 수 있을까? 여기 그녀가 자기대화를 좀 더 긍정적으로 바꿀 수 있는 방법을 보여주는 예가 있다.

> "처음에는 조금 두렵고 어색하지만 공감기법을 사용하려고 노력하고 있어. 나는 공감의 중요성에 대해 확신하고 있고, 비록 완벽하지는 않아도 내가 이해했다는 것을 보여주려는 노력에 대해 동료와 대상자들이 고마워할 것임을 알아. 어떤 동료들은 빈정댈지도 모르지. 그렇다고 해서 공감하는 것을 단념하지는 않을 거야. 적절한 단어를 찾는 데 잠시 시간이

걸릴 수도 있겠지만 괜찮아. 난 진심으로 의사소통을 향상시키기를 원하고 있고, 항상 뭔가 새로운 것을 배우는 데에는 시간이 걸린다는 것을 알고 있어. 난 다른 사람들과의 관계에서 공감을 좀 더 자연스럽게 할 수 있을 때까지 인내할 수 있어."

이러한 긍정적 자기대화는 자기주장적이고 책임감이 있다. 이 간호사는 공감하는 것에 중요성을 두고 있으며, 다른 사람을 좀 더 이해하려고 노력하도록 스스로를 격려하고 있다. 이것은 단지 언변 좋은 대화가 아니라, 새로운 기술을 연습하고 다듬어가는 그녀의 능력에 대한 현실적인 평가이다.

직면에 관한 자기대화
Self-Talk about Confrontation

다음은 직면에 대한 어느 간호사의 자기대화의 예시이다.

"최근 나를 대하는 상사의 거슬리는 태도에 대해 아무 말도 하지 않고 조용히 지나가는 것이 낫다고 생각해. 내가 만일 그에게 맞서면, 그는 내가 너무 예민하다고 생각할 것이고 앞으로는 나를 경계할 거야. 그리고는 자신의 지위를 이용하여 내게 명령하거나 화를 내겠지. 그것에 대해 생각할수록 나는 그의 태도 때문에 더 속상하고 미칠 것 같아. 그는 뭔가 다른 상황에서 화난 것을 내게 화풀이하고 있다는 걸 깨닫지 못하는 것 같아. 내가 만일 엄청 화를 내고 할 말을 다 해버린다면 어떻게 될까? 그러면 난 정말 바보처럼 보일 거야."

이 간호사의 자기대화를 살펴보자.

1. 그녀는 스스로에게 무엇이라고 말하고 있는가? 그녀는 자신에게는 중요한 문제임에도 불구하고 이에 대해 상사에게 맞서지 않는 것이 낫다고 확신하고 있다. 그녀는 자신의 감정이 상사의 감정보다 중요하지 않다고 주장하고 있는 것이다.
2. 그녀에게 해를 주는 부정적인 생각은 무엇인가? 그녀는 이번 일은 그냥 지나가는 것이 더 낫다고 자신을 속임으로써 자신의 감정을 부정하고 있다. 이러한 자기기만은 판단력을 떨어뜨린다. 그녀는 예민하게 굴거나 예의 없이 행동하는 것은 바람직하지 않다고 생각해 버림으로써 자신에 대해 나쁜 감정을 만들어낸다. 또한 그녀는 상사가 화를 낼 것이고, 더 나아가 그녀는 그의 화를 잘 견딜 수 없을 것이라 가정하며 스스로에게 겁을 주려 하고 있다. 그녀는 최악의 시나리오를 상상하며 자신이 실패할 것이라 확신하려고 한다.
3. 그녀는 어떤 긍정적인 생각을 하는가? 이 간호사의 자기대화는 완전히 부정적이고 자신에 대해 긍정적인 부분이 전혀 없다.
4. 자기대화는 그녀에게 도움이 되는가? 이 부정적인 자기대화는 그녀에게 중요한 일, 즉 존중받고자 하는 욕구를 위해 행동하는 것을 단념하게 만든다. 이러한 접근은 직면의 결과로 나타날 수 있는 어떠한 결과, 즉 상사가 화를 내는 것에 대해 자신이 잘 다룰 능력이 없을 것이라 생각하게 한다. 그녀의 부정적인 자기대화는 자신이 부당한 대우를 받도록 허용하고, 이것이 지속되는 것이 자신의 책임임을 부인하는 등 책임감과 자기주장이 결여되어 있다.
5. 그녀는 어떻게 하면 자기대화를 좀 더 긍정적으로 바꿀 수 있을까? 여기 그녀가 자기대화를 좀 더 긍정적으로 바꿀 수 있는 방법을 보여주는 예가 있다.

"나는 나의 상사에게 맞서고 싶지 않아. 하지만 내게 무례하게 대하는 것도 원하지 않아. 그래서 나는 그에게 맞서서 직면할 거야. 나는 징징대는 사람처럼 보이지 않고 분명하게 내 의견을 전달할 수 있다는 걸 알고 있어. 그 상사가 화를 내거나 공격적일 수도 있지만, 나는 뒤로 물러서거나 방어적인 태도를 취하지 않고 이에 대응할 수 있어. 나는 직면하는 것을 연습해왔고 해낼 수 있다는 자신감이 있어.

내가 완벽하게 직면할 수 없어도 상관없어. 가능한 한 분명하게 내 의견을 전달하면 되는 거야. 그가 단지 내 상사라고 해서 나를 부당하게 대할 이유는 없어. 난 존중받을 권리가 있어. 지금 내가 한계를 정해 놓으면 그는 앞으로 나를 존중하게 될 거야."

이 긍정적 자기대화는 자기주장적이고 책임감이 있다. 이는 간호사로 하여금 자신을 옹호할 수 있게 격려하고, 발생할 수 있는 다양한 결과에 대해 대응할 수 있는 그녀의 능력을 가늠하게 한다. 그녀가 직면을 잘 해낼 수 있다는 자신감과 편안함을 준다.

24장에서 30장까지의 내용에서는 간호사들에게 어렵다고 알려진 다음과 같은 상황에서 자기주장적이고 책임감이 있는 의사소통을 하는 방법에 대해 배우게 될 것이다.

- 대상자나 동료가 속상하거나 걱정하고 있을 때
- 대상자나 동료가 공격적인 모습을 보일 때
- 팀 내에 갈등이 있을 때
- 평가불안을 경험할 때
- 평판이 좋지 않은 대상자를 대할 때

이러한 모든 상황에서 긍정적 자기대화는 중요하다. 이러한 상황들 중 두 가지의 경우에 대해서 다음의 자기대화 예시를 살펴보자.

동료가 속상해 할 때의 자기대화

Self-Talk When Colleagues Are Distressed

다음은 동료가 속상해 하거나 울고 있을 때 어느 간호사의 자기대화이다.

"난 동료가 우는 것이 너무 싫어. 차라리 환자가 우는 게 낫지. 동료 간호사가 일하던 중에 속상해서 울 때면 대체 어떻게 해야 할지 모르겠어. 함께 일하던 간호사가 울면 나도 꼭 울게 돼. 난 그들에게 아무런 도움이 되질 못해. 누군가가 울면 난 무슨 행동을 해야 할지 모르겠어. 다 큰 어른이 울면 대체 어떻게 해야 하는 것인지. 그녀의 기분이 좀 나아지게 만드는 방법을 난 모르겠어. 만일 그녀가 울음을 그치지 않으면 어떡하지? 내가 그녀를 진정시키도록 돕지 못한다면 난 그리 괜찮은 사람이 아닌 것 같아."

이 간호사의 자기대화를 살펴보자.

1. 그녀는 스스로에게 무엇이라고 말하고 있는가? 이 간호사는 동료 간호사가 환자와 같은 감정이나 반응을 가지고 있지 않다고 말하고 있다. 그녀는 자신에게 많은 것을 기대하고 있다고 생각하며, 만일 자신이 속상해 하는 동료를 적절하게 진정시키지 못한다면 자신은 무능한 사람이라고 말하고 있다. 그녀도 따라 울게 된다면 그것은 동료에게 해로운 영향을 줄 것이라고 확신하고 있다.
2. 그녀에게 해를 주는 부정적인 생각은 무엇인가? 그녀는 자신이 생각하는 방식대로만 행동하도록 자신에게 상당한 압박감을 주고 있다. 그녀는 자신이 동료에게 아무런 도움이 되지 못하며 아무것도 할 수 없다고 확신하고 있다. 그녀는 동료의 감정이 정상 범위에 있다는 것을 부인함으로써 동료를 도울 수 있는 자신의 연민이 표출되는 것을 막고 있다. 완벽하게 해내지 못할 것 같은 실패에 대한 두려움이 그녀를 조마조마하게 한다.
3. 그녀는 어떤 긍정적인 생각을 하는가? 이 간호사는 자신을 편안하게 하거나 격려하는 어떤 말도 하지 않고 있다.
4. 자기대화는 그녀에게 도움이 되는가? 그녀의 자기대화는 도움이 될 수 있는 자신의 잠재력을 과소평가하기 때문에 자기주장이 결여되어 있다. 그것은 현실을 왜곡하기 때문에 책임감 또한 부족하게 한다. 그녀의 자기대화는 동료에게 손을 내밀 수 있는 자신의 능력을 저해한다. 이러한 부정적인 대화로 인해 그녀의 감정은 더 부적절해지는 것이다.
5. 그녀는 어떻게 하면 자기대화를 좀 더 긍정적으로 바꿀 수 있을까? 여기 그녀가 자기대화를

좀 더 긍정적으로 바꿀 수 있는 방법을 보여주는 예가 있다.

"누구나 다 속상할 때가 있고 동료 간호사도 예외는 아니야. 내가 그녀의 울음을 그치게 할 수 없을지 모르지만 그녀를 편안하게 해 줄 수는 있다고 생각해. 난 다른 간호사가 울 땐 항상 나도 함께 울게 되지만, 그건 괜찮아. 그것은 단지 내가 얼마나 연민을 느끼는지를 보여주는 것뿐이니까. 내가 우는 것이 내가 도와줄 능력이 없다는 걸 의미하는 것은 아니야. 내가 그녀를 진정시키려 노력해도 소용이 없을 수 있지만, 그렇다고 해서 내가 무능한 간호사가 되는 건 아니야. 우리는 제각기 속상할 때 이야기하고픈 특별한 대상이 있지. 그러니까 내가 그녀에게 크게 도움이 되려고 애쓸 필요는 없어. 그저 그녀의 이야기를 들어주고 함께 있어주는 것으로 충분해."

이러한 내면의 대화는 마음을 안심시켜 주고 자신감을 높여준다. 또한 실제 상황을 왜곡시키지 않기 때문에 책임감이 있으며, 자신의 돕고자 하는 마음과 능력을 인식하고 있기 때문에 자기주장적이다. 이러한 긍정적 자기대화는 매우 유용하다.

팀 갈등이 있을 때의 자기대화

Self-Talk When There Is Team Conflict

어느 간호사가 자신의 병동 내 갈등상황에 대해 고민하고 있다.

"좀 평화로운 곳에서 일하는 것이 소원이야. 가는 곳마다 권력 다툼이 있는데 정말 지긋지긋해. 이런 갈등은 아주 오랫동안 지속되지. 김 박사의 사무실에서 일했으면 좋겠어. 그곳에는 갈등이 전혀 없거든. 다른 부서로 이동 신청을 해야 할 것 같아. 간호사들과 조무사들 간에 갈등이 있을 때 난 어떻게 해야 할지 모르겠어. 난 갈등이 다 해결되었다고 생각했는데, 이렇게 질질 끄는 불화는 딱 질색이야. 난 논쟁거리가 생길 때마다 너무 긴장되고 폭발할 것 같아. 앞으로 얼마나 더 이런 상황을 감수해야 하는지 모르겠어. 갈등 상황에서 내가 할 수 있는 건 아무것도 없어. 난 그냥 괴로움을 견뎌야 하니 정말 못할 짓이야. 유감이지만 내 마음이 다른 부서의 팀장한테 돌아서고 있는 것 같아. 그녀라면 이런 갈등을 잘 조정해 줄 텐데……."

이 간호사의 자기대화를 살펴보자.

1. 그녀는 스스로에게 무엇이라고 말하고 있는가? 이 간호사는 갈등이란 간단하고 쉽게 해결되며 재발되지 않는 것이라고 잘못 생각하고 있다. 갈등이 일어나지 않는 그런 곳이 있다는 잘못된 기대는 오히려 문제를 더 크게 만든다. 그녀는 갈등상황에서 자신이 할 수 있는 것이 없다고 확신하고 있다. 그녀는 다른 부서의 팀장이나 의사는 이런 갈등을 마법처럼 조정할 것이라 믿고 있다.
2. 그녀에게 해를 주는 부정적인 생각은 무엇인가? 갈등의 속성에 대한 그녀의 비현실적인 생각은 그녀를 힘들게 하고 있다. 그녀 스스로 갈등 상황에서 조정할 능력이 전혀 없다고 생각하는 것은 그녀에게 절망감과 무능감을 느끼게 한다. 그녀는 갈등 상황에서 불편한 신체적 징후와 증상을 느끼므로, 조금이라도 갈등의 조짐이 보이면 불안해진다.
3. 그녀는 어떤 긍정적인 생각을 하는가? 그녀의 생각에는 조금이라도 안심되고 희망적인 부분이 없다.
4. 자기대화는 그녀에게 도움이 되는가? 그녀는 자신이 갈등을 해결할 힘이 없다고 가정하기 때문에 자기주장이 결여되어 있다. 또한 자신이 효과적인 변화에 영향을 미칠 수 없다는 왜곡된 인지는 책임감의 결여를 나타내고 있다. 이런 생각들은 갈등 상황에서 그녀를 굳어버리게 만들고 긴장을 고조시키기 때문에 도움이 되지 않는다.
5. 그녀는 어떻게 하면 자기대화를 좀 더 긍정적으로 바꿀 수 있을까? 여기 그녀가 자기대화를 좀 더 긍정적으로 바꿀 수 있는 방법을 보여주는

예가 있다.

"모든 부서에는 갈등이 존재하지. 다른 사람들과 일하는 과정에서 갈등은 피할 수 없는 부분이야. 때로는 창의적이고 효과적인 상황 처리 방법이 갈등을 해결해 주기도 하지. 이런 갈등에도 긍정적인 면이 있어. 난 우리 병동에서 일어나는 갈등에 냉정해질 수 있어. 내가 침착함을 유지해야 내 의견이 더 영향력을 갖게 될 거야. 내가 갈등을 줄이기 위해 뭔가를 노력한다면 문제해결에 어느 정도 도움이 될 거야. 어느 누구도 혼자서 갈등을 없앨 수는 없지만 각자의 노력이 중요하지. 병동에서 갈등이 발생하면 좀 불안해지긴 하겠지만 거기에 압도되지는 않을 거야. 난 어느 정도 통제할 수 있어."

이러한 긍정적 자기대화는 자기주장적이며 책임감이 있다. 다른 사람과 함께 일하는 상황에서 갈등이 일어나는 것은 정상이라고 인정하게 되면, 그에 대한 상처도 크지 않고 그 문제에 잘 대응할 수 있게 된다. 그녀가 갈등을 어느 수준까지 관여하는지와 무관하게 그것이 의미 있는 일이라 생각하게 되면, 자신의 역할에 대해 보다 적극적으로 임하게 될 것이다. 그녀가 자신의 불안을 제대로 볼 수 있어야 창피해하거나 압도되지 않고 기능을 할 수 있다. 그녀는 자신이 처한 상황과 이에 대처할 자신의 능력을 평가할 책임이 있다. 이러한 긍정적인 내면의 대화는 상황에 효과적으로 대처하고 싶은 자신의 욕구를 인정했다는 점에서 자기주장적이라 할 수 있다.

Bach와 Torbet(1986)은 우리의 내적 삶에 두 가지 목소리가 있다고 주장한다. 내면의 적과 내면의 협력자이다. 내면의 적은 우리의 약점 목록과 불행하고 슬픈 일들, 온갖 부정적인 정보들만 저장했다가 어느 순간 이것들을 내게 줄줄이 말해준다. 한편 내면의 협력자는 행동, 성장 및 변화를 추구하며 의심과 두려움에 빠져들지 못하게 막아준다. 또한 내면의 협력자는 성공의 이익과 보상, 노력의 즐거움을 우리에게 확신시켜주고, 우리가 원하는 것을 얻기 위해서 위험을 감수하도록 격려한다. 실수를 했을 때 우리를 위로하고 그 실수를 우리의 관점에서 볼 수 있게 도와주는 것은 내면의 협력자이다.

대인관계 의사소통 기술을 향상시키고 강화시키는 연습을 할 때, 내면의 협력자가 당신에게 말하는 것에 집중해보자. 연습하는 동안 편안하고 현실적인 생각이 당신을 지지하고 격려하게 하자.

면접을 준비할 때나 대중 앞에서의 발표를 준비할 때에도 긍정적 자기대화 기술을 활용하는 것이 좋다(McConnell, 2009; Schaeffer, 2006).

의사소통에서 긍정적 자기대화 활용

Use of Positive Self-Talk to Enhance Your Interpersonal Communication

긍정적 자기대화는 대인관계 의사소통을 하기 전 단계와 하는 동안 그리고 하고 난 후에도 도움이 된다.

대상자나 동료와의 상호작용을 하기 전 단계에서, 자신의 생각을 통제하고 현실적이고 고무적인 내면의 대화에 집중하면 앞으로 일어날 일에 대해 자신감을 갖게 된다. 이렇게 준비하면 잠재적인 재앙에 대해 걱정하기보다는 자신의 강점에 집중할 수 있다. 당신이 준비되었다고 느낀다면, 아마 더 능숙하게 행동할 것이다.

어떤 상황에서는 긍정적 자기대화를 준비할 수 있는 시간이 몇 시간 또는 며칠이 주어지기도 하지만, 어떤 때에는 준비할 시간이 거의 없을 때도 있다. 그러나 갑작스러운 상황에서도, 당신은 계속적으로 활성화되어 있는 내면의 대화에 빨리 적응할 수 있고, 스스로에게 격려하는 말을 할 수 있다.

예를 들어, 당신이 화가 난 환자 가족에게서 온 전화를 받을 때 다음과 같은 단어들을 사용할 수 있다.

긍정적 자기대화: 전화를 받은 사람이 당신에게 화가 난 보호자로부터 전화가 왔다고 할 때, 자신에게 이렇게 말해보자. "그는 참을성이 없고 화가 나 있어서, 나를 화나게 할지도 몰라. 하지만 난 침착하게 전화를 받을 거야." 천천히, 숨을 쉬면서 이완하고 어깨에 힘을 뺀다. 당신은 그를 괴롭히는 것이 무엇인지 알게 될 것이고 그것을 처리할 수 있다. 급할수록 돌아가라는 말이 있다. 그러니 침착함을 유지하면서 그가 하는 말에 경청하자.

이러한 준비는 당신이 공격적인 대상자의 상황을 침착하고 효과적으로 처리할 수 있게 해준다.

상대방과 대화하는 동안에는 내면의 목소리를 들으면서 지지적인 대화에 집중할 수 있다. 예를 들어, 상대방의 목소리가 커지고 언어가 더 적대적으로 변하면 다음과 같이 말할 수 있다.

긍정적 자기대화: "그는 화가 나있어. 그래도 괜찮아. 나는 그의 분노를 다룰 수 있어. 나는 침착하게 그가 그토록 화가 난 이유가 무엇인지 알아낼 거야. 내 호흡은 규칙적이고 자세는 편안해. 그리고 내 목소리를 안정적으로 유지할 거야. 화를 내봐야 아무런 소용이 없어. 난 개인이 아닌, 간호사로서 이 일을 처리할 수 있어!"

이 긍정적 자기대화는 당신이 통제력을 잃지 않고 상황을 효과적으로 처리하도록 한다. 당신의 지지적인 생각이 주는 위로가 자신이 원하는 방식으로 행동하도록 도움을 준다.

의사소통을 하고 난 후에는 긍정적 자기대화를 통해 결과를 건설적으로 검토할 수 있다. 당신이 잘 수행한 부분과 개선이 필요한 부분 모두 중요하다. 다음은 건설적인 검토의 예이다.

긍정적 자기대화: "나는 그의 적개심에 대한 나의 두려움을 정말로 잘 통제했다고 생각해. 나는 실제로 침착하게 내 목소리를 안정적인 어조로 유지했어. 내가 그에게 말한 것이 그를 진정시키는 데 도움이 되었다고 생각하지만, 다음에는 좀 더 편안한 자세를 취해야겠어. 난 주먹을 꽉 쥐고 있었고 어깨는 뻣뻣하며 무릎은 긴장되어 있었지. 내 몸을 이완시킬 수 있다면, 그것은 내가 통제력과 자신감을 가진 상태라는 긍정적인 메시지가 될 거야."

긍정적 자기대화를 위한 확언 전략

Affirmations as a Strategy to Create Positive Self-Talk

확언(affirmations)은 당신이 바라는 사항을 마치 이미 일어난 것처럼 현재시제로 표현한 자기대화이다. 확언은 당신의 삶과 일에 관해 낙관적인 관점을 갖도록 돕는다. 낙관적인 사람들은 미래에 대한 긍정적인 기대를 일반화한다. 비관론(미래에 대한 부정적 기대)에 비해 낙관주의는 일상의 문제, 대처 수준, 건강증진 행위, 대인관계에서의 성공 측면에서 더 나은 상태를 가져올 수 있다(Carver et al., 2010)(Box 21-1, Box 21-2).

전인적 자기돌봄 과목을 수강하는 간호학생들은 한 학기 동안 한 가지 행동을 변화시키기 위한 계획으로 한두 개 정도의 확언을 포함시킨다. 예

Box 21-1 확언을 만들고 사용하는 방법

1. 현재 시제를 사용한다: 당신은 마음속에서 그것이 이미 일어났다고 생각하고 싶어한다.
2. 긍정적인 말로 한다: 부정적인 단어는 피한다. 예를 들면, "나는 칼로리가 많은 음식을 먹지 않는다."보다는 "나는 건강한 음식을 선택한다."고 말한다. "나는 늦지 않을 것이다."보다는 "아직 충분한 시간이 있다."라고 말해본다.
3. 메모를 활용한다: 간단하게 그리고 매우 구체적으로 작성한다.
4. 믿음이 필요하다: 항상 당신이 말하는 것이 일어나고 있다고 믿는다.
5. 반복한다: 반복적이고 지속적인 연습은 의식과 무의식에서 확언이 유지되도록 돕는다.
6. 시간: 매일 같은 시간을 정해서 확언을 연습하거나, 매일 당신이 하는 활동에 확언을 연결지어 보자. 이것은 패턴을 만드는 데 도움이 될 것이다.

Box 21-2 확언의 예시

- 나는 내 일상에서 평화롭게 지내고 있다.
- 나는 나 자신을 사랑하고 받아들인다.
- 나는 오늘 활력과 열정을 느낀다.
- 나는 내 몸을 사랑하고 돌본다.
- 나는 건강하다.
- 나는 나의 능력을 존중하고 나의 잠재력을 최대한 발휘한다.
- 나는 돈을 현명하게 쓴다.
- 나는 남을 용서하고 사랑하는 사람이다.
- 나는 사랑받을 가치가 있다.
- 나는 신 앞에서 중심에 잘 자리잡고 있으며, 하루의 일과를 편안하고 우아하게 해 나간다.
- 나는 올바른 장소와 올바른 때에 올바른 방법으로 올바른 일을 하고 있다.

를 들어, 일주일에 3회 30분간 달리기로 계획한 학생이 "나는 매주 세 번씩 달리는 것을 쉽게 해내리라 기대한다."라고 쓰는 것이다(Riley, 2014).

맺음말
A Final Thought

당신의 경험에 무엇이라고 이름을 붙일지 생각해보자. '삶의 위기'를 '삶의 도전'으로 이름을 바꿔 보는 것은 어떠한가? 많은 사람들은 인생에서 어려운 시기가 삶의 성장 가능성을 가장 많이 가져온다는 것을 알고 있다. 당신의 인생에서 '영혼의 어두운 밤'의 시기를 떠올려보자. 당신의 삶이 어떻게 바뀌게 되었으며, 대상자의 치유의 여정에서 대상자와 파트너가 되는 방식을 어떻게 바꿀 수 있었는가? 다음과 같은 확언을 사용해보자. '모든 문제 안에는 교훈이 있다. 문제를 넘어서서 교훈을 얻어라.' 긍정적 자기대화(당신이 선택한 태도)는 당신이 가진 하나의 도구이며 즉석에서 사용이 가능하다. 당신이 스스로 당신 편이라면 당신은 절대 혼자가 아니며, 당신의 지지자에게 언제든지 도움을 청할 수 있다.

긍정적 자기대화의 연습
Practicing Positive Self-Talk

연습 1 긍정적 자기대화를 위한 전략

다음은 부정적인 사고의 형태들을 나열한 것이다. 당신이 이러한 생각들을 경험한 적이 있는지 생각해보고, 그런 경험이 있다면 내용을 간단히 적어보자.

- 필터링(filtering): 상황의 부정적인 부분을 확대하고 긍정적인 부분을 최소화하는 것
- 개인화(personalizing): 무언가가 잘못될 경우 자신과 관련이 없더라도 자신을 비난하는 것
- 재앙화(catastrophizing): 최악의 상황을 예상하고 작은 좌절을 '세상이 끝난 것'처럼 묘사하는 것
- 양극화(polarizing): 흑백논리로 생각하여 중간이 없이 '좋은 것'이 아니면 '나쁜 것'으로 단정짓는 것

당신을 지지할 수 있는 마음챙김 연습은 부정적인 생각을 알아차리고, 호흡을 하고, 그러한 생각을 판단하지 않고 허용하는 것이다. 그리고 호흡으로 되돌아간다(Sockolov, 2018).

긍정적 자기대화를 늘리려면 다음의 전략을 시도해본다.

- 인생의 어려운 상황에서 유머를 찾아본다.
- 주위의 긍정적인 사람들과 가까이 지낸다.
- 자신에게 부정적인 말을 하지 않아야만, 다른 사람에게도 부정적으로 말하지 않게 될 것이다.

연습 2 긍정적 자기대화 목록 작성하기

하루 동안 당신의 자기대화를 모니터링해보고, 부정적인 자기대화가 나타난 횟수를 체크해보자. 최근에 기분 전환을 시도한 경험이 있다면 이에 대해 간단히 적어보고 그것이 긍정적인 결과를 가져왔는지 자문해보자. 예를 들어, 공부를 하는 과정이 힘들었지만 "공부를 하면서 참 많이 배우게 되었다."와 같은 자기대화는 긍정적이다. 또한 유머를 사용한 접근이 좋다. 예를 들면, 테레사 수녀는 "나는 하느님이 나에게 감당할 수 없는 것을 주지 않을 것임을 알고 있다. 나는 그가 나를 너무 많이 신뢰하지 않았으면 좋겠다."고 말했다고 한다. 이와 같이 좋은 시작을 준비하기 위해 긍정적 자기대화의 목록을 작성해보자.

연습 3 긍정적인 확언 작성하기

임상에서 부서 이동 후 첫날과 같이 당신이 직면한 어려운 상황을 떠올려 보자. 좋은 시작을 준비하기 위해 긍정적인 확언을 하나 작성해보자. Box 21-1 및 21-2를 참조하여 당신의 일지에 확언을 쓰고 하루의 시작과 중간에 자신에게 말하는 것을 연습해보자. https://www.freeaffirmations.org/become-a-nurse-positive-affirmations에 접속하여 간호사를 위한 확언 목록을 확인해볼 수 있다(FreeAffirmations.org, 2018).

연습 4 Q.S.E.N – 성공 사례를 활용한 자기대화

감정 지능(emotional intelligence, EQ)은 자기인식을 향상시키고 자신의 행동이 다른 사람들에게 미치는 영향력을 통해 자신감을 형성하는 발달 과정이다. 우리는 자신의 경험에 비추어 타인으로부터 배울 수 있다. 팀워크 행동은 자신의 행동이 다른 사람들에게 미치는 영향을 어떻게 인식하는가에 달려 있다. 우리의 자기대화는 곧 현실이 된다. 성공 사례를 어떻게 활용해야 자기인식과 자신감을 높일 수 있을까?

- 자신의 행동이 성공적이라고 느꼈던 때의 경험을 적어본다.
- 그 사건을 자세히 적어본다. 어떤 단계들을 거쳤는가?
- 그 사건이 성공적이라고 느끼게 된 이유는 무엇인가?
- 미래의 도전에 직면할 때 자신감을 갖기 위해 어떻게 이 같은 전략을 적용할 수 있겠는가?
- 당신의 역량에 대한 자신감이 질 관리와 안전에 어떠한 영향을 미치는가?

참고문헌

Bach, G., & Torbet, L. (1986). *The everyday slow torture of selfhate*. New York, NY: Berkley Publishing Group.

Butler, P. E. (2008). *Talking to yourself*. New York, NY: BookSurge Publishing.

Carver, C. S., Scheier, M. F., & Segerstrom, S. C. (2010). Optimism. *Clinical Psychology Review, 30*(7), 879.

Chapman, E. N. (1992). *Life is an attitude: Staying positive during tough times, how to control your outlook on life*. Menlo Park, CA: Crisp Publications.

FreeAffirmations.org. (2018). *Become a nurse positive affirmations*. <https://www.freeaffirmations.org/become-anurse-positive-affirmations>. Accessed 9 March 2018.

Helmstetter, S. (2011). *What to say when you talk to your self*. (Kindle edition). New York, NY: Park Avenue Press.

Lauria, M. J., Gallo, I. A., Rush, S., Brooks, J., Spiegel, R., & Weingart, S. D. (2017). Psychological skills to improve emergency care providers' performance under stress. *Annals of Emergency Medicine, 70*(6), 884.

Levy, B. A., Slade, M. D., Kunkel, S. R., & Kasl, S. V. (2002). Longevity increased by positive self-perceptions of aging. *Journal of Personality and Social Psychology, 83*(2), 261.

Mayo Clinic Staff. (2009). *Positive thinking: reduce stress and enjoy life more*. <http://www.mayoclinic.com/health/positive-thinking/SR00009>. Accessed 9 January 2011.

McConnell, C. R. (2009). Effective oral presentations. Speaking before groups as a part of your job. *Health Care Management, 28*(3), 264.

Miller-Matero, L. R., Chipungu, K., Martinez, S., Eshelman, A., & Eisenstein, D. (2017). How do I cope with pain? Let me count the ways: Awareness of pain coping behaviors and relationships with depression and anxiety. *Psychology, Health, & Medicine, 22*(1), 19.

Piper, W. (1998). *The little engine that could*. New York NY: Grosset & Dunlap.

Richards, K., Sheen, E., & Mazzer, M. C. (2014). *Self-care and you: Caring for the caregiver*. Silver Spring, MD: American Nurses Association.

Riley, J. B. (2014). *Nursing 430: Holistic self-care: Complementary and alternative therapies for professional self-care and practice*. Tampa, FL: University of Tampa.

Schaeffer, K. (2006). Facing down the fear factor in interviews. *Wall Street Journal*. December 12.

Sockolov, M. (2018). *Practicing mindfulness: 75 essential mediations to reduce stress, improve health and find peace in the everyday*. Emeryville, CA: Althea Press.

Chapter 22

조직 성장을 위한 협력과 소통

Learning to Work Together in Groups

학습목표

1. 조직 효율성을 위한 3가지 필수 요소를 파악한다.
2. 조직 성장의 4가지 단계를 파악한다.
3. 서로 다른 정신적 과정이 조직 내에서의 행동에 어떻게 영향을 주는지 조사한다.
4. 조직구성원의 역할 유지에 대해 파악한다.
5. 조직구성원의 업무 역할을 파악한다.
6. 조직의 목표달성을 지연시키는 조직구성원의 개별적인 역할을 파악한다.
7. 정서 지능 개념을 조직에 적용한다.
8. 회의의 중요성에 대해 논의한다.
9. 회의 효율성을 증진시키기 위한 도구를 파악한다.
10. 효과적인 조직의 특성에 대해 논의한다.
11. 위원회 구성을 위한 전략을 설명한다.
12. 조직 내에서 함께 일하는 기술을 구축하기 위한 실무연습에 참여한다.

이 장은 효율적인 의료 시스템 이용과 환자 치료의 긍정적인 결과를 위한 전문가 간 협업에 큰 영향을 미치며, 팀의 결속력을 강화시켜주는 개인의 성격과 행동이 무엇인지 확인하는데 도움이 될 것이다(McTighe & Donovan, 2017; Ryan, 2017). 캐나다 보건부가 협력적 실무 역량 확인을 위해 다양한 분야에서 일하는 60명의 의료 사업자와 인터뷰한 결과, 두 가지 역량을 확인하였다. "전문적 역할과 책임을 이해하고 감사하는 것과 효과적으로 의사소통하는 것"(Suter et al., 2009, p.41)은 다양한 분야에서 우리의 업무에 영향을 준다.

새로운 업무 조직에 배정되는 경우 사람들은 존재 가치를 위해 무엇을 할 수 있는가? Galinsky와 Kilduff(2013)는 조직에서 일할 때, 자신의 포부, 목표, 행복에 초점을 두는 것과 같이 소속된 조직에서 주도적인 사람이 되도록 도와주는 마음가짐의 효과에 대해 연구하였다. 연구 참여자들은 미팅에 참여하기 전에 그들의 야망과 인생에서 성취하고 싶은 것, 즐겁게 시간을 보내는 것이 무엇인지에 대해 짧은 글을 작성하였다. 심리학자들은

"스트레스 호르몬인 코르티솔이 감소되고 낙관주의와 자신감은 증가한다."고 진술하였다(Galinsky & Kilduff, 2013). 조직 프로젝트를 진행하기 전에 스마트폰이나 종이에 글을 작성하는 연습을 시도해 보자.

우리는 삶의 많은 분야에서 조직 참여를 경험해왔다. 조직은 공통적인 목표나 관심사를 추구하기 위해 두 명 이상의 사람들이 모인 것이다(Halter, 2013). 간호사들은 직원 회의, 환자 간호 컨퍼런스, 위원회, 질 향상팀과 같은 프로젝트 팀, 다학제적 연구팀(Weaver, 2008), 지지조직과 같은 동기부여적 또는 교육적 환자조직(Touhy & Jett, 2013)과 같은 여러 조직에 참여하여 일할 기회가 많다. 지역사회에서 간호사들은 봉사자 또는 행정가로서 위원회나 과업조직에서 일할 수 있다. 간호관리자는 안전하고, 유능하며 대상자에게 온정 있는 간호를 제공하기 위해 문제해결에 적극적으로 참여하는 조직을 구성한다(Roussel, 2011). 정신과 간호사는 치료 집단을 이끌어야 할 수도 있다. 이 장에서는 모든 조직에 적용되는 것은 아니지만, 일부 치료적 목적을 가진 조직에 적용되는 조직 간의 역학에 초점을 맞춘다. Reynolds(2005)는 우리가 기존의 상식으로만 일을 할 수 없으므로, 간호사들이 조직 역동에 대해 더 많이 연구할 필요가 있음을 제안하였다.

조직 역동에 대한 이해를 위해 적극적으로 의사소통을 하는 것이 필요하다. 이는 스스로의 행동을 이해하고 수정하도록 하며 책임감 있는 조직구성원이 되는 것을 도와줄 수 있다. 학생으로서, 의료진으로서, 지역사회 구성원으로서 여러분 스스로의 경험에 대해 생각해보자.

효과적인 조직 성장을 위한 세 가지 조건
Three Conditions for Effective Group Development

효과적인 조직 성장을 위해 중요한 세 가지 조건이 있다. 첫 번째, 조직구성원은 서로에게 진실되어야 한다. 두 번째, 조직 정체성이 존재해야 한다. 세 번째, 개별적으로 수행할 때보다 조직으로 수행할 때 더 잘 수행할 수 있다고 믿는 조직효능감이 있어야 한다(Druskat, 2001; Gundry & LaMantia, 2001; Rosenthal, 2001). 이러한 조건을 충족하기 위해, 조직은 높은 수준의 참여, 협력 및 협업을 반드시 성취해야 한다. 조직 내 의사소통은 갈등을 경험하고 합의를 찾아가는 과정과 같은 혼합된 유형의 의사소통이다. Alessandra(2001)는 생산적인 팀은 "구성원들의 유형을 이해하고, 즐긴다."고 하였다. 소속감을 가지고 함께 일하는 동시에 각 개인은 자아를 유지하면서 일해야 한다. 조직 내에 원활한 의사소통을 방해하는 장애물이 존재하기 때문에, 명확한 공통의 목표를 가지고 있는 것은 중요하다. 조직 내에서 함께 일하는 사람들의 역동에 대해 더 많이 학습하면, 개인이 할 수 있는 범위, 의도, 역량이 더 넓어지고 커지게 될 것이다.

조직 성장의 4단계
Four Stages of Group Development

조직이나 팀의 성장에는 4단계가 있지만, 이 단계에는 정해진 규칙이 없으며 구성원들은 단계들 사이를 후퇴하거나 전진할 수 있다. 이런 단계를 이해하는 것은 조직의 수명을 연장시킨다. 각 단계는 형성단계, 격동단계, 규범단계, 성취단계로 나뉜다(Tuckman, 1965; Stuart, 2012). 각각의 조직성장에 대해 생각해보고, 단계들이 어떻게 비교되는지 생각해보자. 형성단계는 어린 시절과 같고(초기 단계와 같다), 격동단계는 청소년기와 같으며, 규범단계는 청장년기와 같으며, 성취단계는 성인기와 같다(Box 22-1).

Box 22-1 조직 혹은 팀 발전의 단계

- *형성단계*에서 구성원들은 정중하지만, 팀원에 대해 인격적으로 충분히 고려하지 못하며, 자신의 역할에 대해서도 확신을 갖지 못하고 있다. 팀은 목표를 이해하고, 수행해야 할 업무에 대한 명확한 아이디어를 얻기 시작한다. 구성원들은 업무가 어떻게 수행될 것인지와 지도자 또는 다른 조직 구성원과의 의존 관계를 원하는지를 확인하기 위해 조직 관계를 분석하고 있다.
- *격동단계*에서 명백하거나 숨겨진 갈등이 분명해질 것이다. 사람들은 적대적일 수 있으며, 권력 투쟁에 참여할 수 있고, 냉담할 수 있으며, 업무에 참여할 의지가 없을 수 있다. 그들은 팀워크의 과정에 저항하고, 응집력과 협력에 저항하며, 팀에 대해 헌신하지 않는다. 이러한 위험요소는 갈등이 있을 때 조직이나 위원회를 조기 종결시키게 되며, 결속력 있는 조직 형성을 어렵게 한다.
- *규범단계*에서 조직은 조직화되고, 수행해야 할 업무에 대한 필수적인 규칙과 기준을 확인하며, 건설적인 방법으로 문제와 쟁점에 직면하고, 피드백을 제공한다. 구성원들은 팀의 목표를 명확히 하고 새로운 역할을 채택하며 직무와 해야 할 업무에 대한 과정을 정의하고 결속 및 협력하며 이행하기 시작한다. 규범은 회의시간 동안 핸드폰을 끄고, 회의시간을 지키기 위해 정시에 도착하며, 제시간에 시작과 끝을 내고, 한 번에 한 사람이 말하도록 하며, 안건에 대해서 진행하는 것이다.
- *성취단계*에서 업무가 수행된다. 사람들은 개방적이고, 협력하고, 융통성이 있고 생산적이다. 그들은 질 높은 업무를 시작하고, 서로를 존중하고 지지하며, 조직 성취로 타인에게 동기를 부여하고 자신의 역할에 유연하게 대처한다.

출처: Tuckman, B. (1965). Developmental sequence in small groups. *Psychological Bulletin, 63*, 384; Stuart, G. W. (2012). *Principles and practice of psychiatric nursing* (10th ed.). St. Louis, MO: Mosby.

개인의 정신적 특성이 조직 내 행동에 미치는 효과
Effect of Personal Mental Processes on Behavior in Groups

사람들이 선호하거나 가장 편안해 하는 정신과정의 특정 유형이 있다. 이런 유형에는 외향성 대 내향성과 직관형 대 인식형 등이 포함된다. 조직 갈등은 사람들이 자료를 처리하는 방식의 차이를 만든다. 이러한 차이점들이 어떻게 조직의 기능에 장점이 될 수 있는지 생각해보자.

외향적 성향이 있는 사람들은 생각을 하기 전에 먼저 말을 하는 경향이 있다. 생각을 말로 표현하며, 부분적으로 형성된 아이디어의 빠른 교환과 활발하게 진행되는 대화로부터 에너지를 얻는다. 그들은 자신의 아이디어에 흥분하고, 논리적인 결론에 이를 때까지 그것에 대해 토론하는데 최선을 다하며 시간을 보낸다. 이런 사람들은 타인의 반응을 얻기 위해 아이디어를 공유하는 것을 꺼리지 않는다. 그렇다고 자기주장이 모두 맞다고 믿는 것을 뜻하는 것은 아니다 .

내향적 성향이 있는 사람들은 말하기 전에 먼저 생각을 한다. 아이디어를 공유하기 전에 심사숙고하고, 더 신중한 단어를 사용하며, 아이디어가 완전히 형성되기 전까지 아이디어를 공유하는 것을 선호하지 않는다. 그들은 최선의 대답을 하기 위해 신중하므로 질문에 신속하게 대응할 가능성이 낮다.

자신의 유형이 외향적인지 내향적인지 잠시 생각해보자. 조직구성원들이 사고방식과 아이디어를 공유하는 방식이 서로 다르다는 것을 인지하지 못한다면, 생각하기 전에 말하는 외향적인 사람들은 항상 토론의 리더로 보일 것이며, 내향적인 사람들은 아무런 도움도 주지 못하는 것으로 보일 것이다. 외향적인 사람들은 내성적인 구성원들의 참여가 부족하다고 화를 내거나, 심지어 참여를 하고 있다는 것조차도 알아차리지 못할 수 있다. 조용한 구성원인 내향적인 사람은 그들의 의견을 다른 사람들이 원하지 않는다고 믿고 시도하지 않을지도 모른다. 이런 차이점을 받아들이기 위해, 외향적인 사람들은 경청 기술과 침묵이 필요할 때도 있으며, 침묵이 반드시 의견의 일치를 의미하지는 않는다는 것을 이해하는 연습이 필요하다. 그들은 의식적으로 속도를 늦추고, 한 번에 하나의 질문만을 물어 대답할 시간을 줄 수 있다. 내향적인 사람들은 생각하기 전에 말하는 것을 이해받을 수 있으며, 외향적인 사람들이 아이디어를 말로써 표현할 시간과 들은 것을 확인하기 위한 시간을 요청할 수 있다. 이러한 지식을 통해 조직은 서로의 유형에 대한 오해를 피할 수 있으며, 사람들의 재능을 계속해서 최대한 발휘하도록 해 문제에 직면할 수 있다. 일부 조직에서는 직원에게 Myers-Briggs Type Indicator(MBTI) 같은 성격 검사와 조직의 여러 유형의 사람들을 이해하고 문제해결을 증진하기 위해 훈련된 전문가를 이용하여 성격 특성에 대한 교육을 제공한다(Balzer Riley, 1997; Kroeger et al., 2002).

직관적인 유형을 가진 사람들은 큰 그림을 고려하며 최종 결과물을 예상한다. 즉, 문제해결의 과정을 생략하고 "A … 음, 그래, D야."라고 생각할 수 있다. 그들은 문제를 해결할 때 직관을 사용하고 신뢰한다.

감각적인 유형의 사람들은 자료를 수집한다. 감각들이 얼마나 많은지, 얼마나 큰지, 언제, 무엇을, 어디서, 누구와 등에 대해 알기를 원한다. 그들은 'A… B… C…… 그리고 D'라고 생각하며, 사실을 수집함으로써 문제를 해결한다.

직관적인 유형의 사람들은 비현실적이고, 공상적인 아이디어를 제시할 것이다. 그 아이디어를 구현하는 데 관련된 모든 현실성에 대하여 신중하게 고려하지 않고 결론을 내릴 수 있다. 그것은 그들이 "가능성이 무한하다."라는 말로 이해하는 것이다. 자료 수집가인 감각적인 유형의 사람들은 그들이 원하는 모든 데이터를 얻을 수는 없기 때문에 결정을 하는 데 어려움을 겪게 되면 '정보 과다로 인한 분석 불능'이라는 말로 이해할 것이다.

이러한 차이를 존중한다면, 큰 그림을 보는 사람들(직관적인 사람)은 성급한 결정을 피하기 위해 감각적인 사람들의 아이디어를 경청할 수 있다. 그들은 세부사항에 집중하는 필수적인 과정에 더 많은 인내심을 가질 수 있으며 해결책이 수행되기 전에 고려되어야 할 중요한 문제에 집중할 수 있다. 자료 수집가들(감각적인 사람)이 그들의 아이디어를 표현할 시간을 제공하는 경우 조직의 창의성이 발휘될 수 있다. 그들은 모든 작은 조각들이 큰 그림을 만들기 위하여 함께 어우러진다는 것을 이해할 수 있다(Kroeger et al., 2002).

이런 개념을 조직 의사결정에 적용하기 위해서는 분리적 사고형과 종합적 사고형 같은 두 종류의 사고를 고려할 수 있다. 분리적 사고형은 그들의 견해를 표현하고 토론을 확대하기를 원한다. 이러한 접근은 선택의 생성, 자유 토론, 다양한 의견 수렴과 같은 특징을 가진다. 종합적 사고형은 결론을 향해 움직이기를 원한다. 이러한 접근은 선택 평가, 핵심 사항의 요약, 아이디어를 범주화하는 것이 특징이다(Kaner, 2014).

조직 내에서의 직무, 유지 관리 및 개별적 역할

Task, Maintenance, and Individual Roles in Groups

조직 내에서 사람들은 조직의 업무를 용이하게 하거나 지연시킬 수 있다. 표 22-1은 조직 성공을 돕는 유지 관리와 과업 역할을 보여준다. 조직에서 어떤 역할을 담당하고 있는지 맡고 싶은 역할에 대해 생각해보자. 표 22-2는 조직의 발전을 지연시킬 수 있는 역할을 설명한다. 조직 내에서 어떤 행동을 관찰하고 있는지 생각해보고, 재평가하고 변화하는 데 있어서 어떤 역할을 하고 있는지 솔직하게 평가해본다.

조직 내에서의 정서 지능

Emotional Intelligence in Groups

4장에서 자신의 정서 지능을 검사한 결과를 반영해본다. 정서 지능은 주로 개인적인 개념으로, 누군가의 감정에 접근하고 관리하고 사용하는 능력이며, 업무에 있어서 가장 성공적인 리더를 구별

표 22-1 조직 역할

역할	기능
유지 관리	
촉진자	조직에 긍정적인 영향
조정자	평화를 만들고 유지
타협가	선택권 추구와 갈등 최소화
문지기	구성원의 조직 수용 수준 결정
추종자	흥미로운 청중
규칙 제정자	조직 행동에 대한 기준 수립
문제 해결자	조직 업무 유지와 문제해결
업무 역할	
리더	방향 제시
질문자	문제와 정보의 명료화
조력자	조직의 집중 촉진
요약가	조직의 최근 상황 정리
평가자	조직의 수행력 사정
개시인	조직 토의 시작

출처: Stuart, G. W. (2012). *Principles and practice of psychiatric nursing* (10th ed.). St. Louis, MO: Mosby.

표 22-2 조직 성장을 저해하는 구성원의 역할 특성

역할	내용
침략자	다른 조직 구성원들을 전멸시킨다. 다른 구성원들의 자존감을 파괴시킨다.
비순응주의자	거의 모든 것에 대해 무엇인가 잘못된 것을 찾는다. 매우 부정적이다.
순응주의자	모든 것에 동의한다.
인정 추구자	인기인이 되고 싶어 한다. 개인적인 업적에 집중한다.
자기 고백자	치료를 위해 조직을 이용하고자 노력한다. 개인적인 삶을 공유한다.
고요한 자	기여하지 않는다.
모든 것을 아는 자	모든 것에 대해 알고 있다.
한량	관심 및 참여가 부족하다. 헌신하지 않는다.
지각하는 자	조직에 대한 존경이 부족하며, 중요한 사람으로 보이길 원한다.

출처: Stuart, G. W. (2012). *Principles and practice of psychiatric nursing* (10th ed.). St. Louis, MO: Mosby; Balzer Riley, J. (1997). *Instant tools for health care teams*. St. Louis, MO: Mosby.

하는 구성요소로 인식된다(Goleman, 2000). 건강관리에 있어서, 과학기술은 더 효율적으로 대상자를 도와줄 수 있지만, 전자통신의 의사소통에 의존함으로써 구성원들의 고립과 소외로 이어질 수 있다. 대면 회의는 정서 지능으로서 직원들의 유대를 강화시키는 개념으로 활용된다(Simpson & Keegan, 2002). 조직 정서 지능은 감정을 전달하고, 팀의 업무에 미치는 영향을 이해하며, 조직 내외에서 관계를 구축하여 직면한 과제를 해결할 수 있는 조직의 능력을 강화하는 방법이다. 개인의 도움에 대해 "감사합니다."라고 말하는 것과 같이 작은 사소한 행동이 인간관계에 있어 차이를 만든다(Druskat, 2001). 정서 지능의 기능은 목표이행, 공감, 직면, 배려를 포함한다(Simpson & Keegan, 2002). Box 22-2에는 성공을 위한 조직 정서 지능 형성을 위한 제안들이 제시되어 있다.

회의의 중요성
Importance of Meetings

회의는 정보, 계획, 문제해결과 수행에 대한 피드백을 제공하며, 결정을 하고 평가를 한다. 만약 매주 회의에 4시간을 소요한다면, 인생에서 9,000시간 이상, 365일 이상 소요된다. 중간관리자의 경우, 회의시간은 그들의 업무시간의 35% 이상을 차지한다(Doyle & Straus, 1993). 최고 경영진의 경우에는 업무시간의 50%까지 증가한다. 이러한 회의는 조직의 비용을 초래하므로 회의의 효율성을 증가시키기 위해 회의 소집 시기와 개최 장소 전략에 대한 현명한 결정을 하는 것이 중요하다(Doyle & Straus, 1993). 한 회사의 간부는 불필요한 회의로 매주 7.8시간, 일 년에 2.3개월을 낭비한다고 보고했다(Messmer, 2001).

Box 22-2 조직 내 정서 지능을 촉진하는 표준

- 조직 구성원을 도와주기 위해 icebreaker(어색함을 누그러뜨리기 위한 말)를 이용하여 서로에 대해 알고, 생각과 감정을 공유할 수 있으며, 농담으로 스트레스를 해소한다.
- 회의를 시작할 때, 조직 분위기 변화를 위해 모든 사람들이 어떻게 행동하고 인지하는지 각 구성원에게 간단한 '설문지'를 받는다.
- 각 구성원들이 결정에 동의하는지 질문한다.
- 구성원의 기여도를 확인한다.
- 조직의 목표나 미션에 초점을 맞출 수 있도록 구성원들을 격려한다.
- 어려운 조직 행동에 개입하기 위해 조직 내에서 유머를 사용할 수 있다는 기대감을 조성하고, 조직의 역사로부터 자연적으로 발전하는 '내면의' 유머를 격려한다.
- 조직이 비난이 아닌 문제해결에 집중하도록 한다.
- 서로에게 필요한 것을 요청하도록 팀 구성원들을 격려한다.
- 조직의 업무에 대한 어려움을 예상하고 대비한다.
- 조직 효율성과 개별적인 구성원 만족을 정기적으로 평가한다.

출처: Druskat, V. U. (2001). Building the emotional intelligence of groups. *Harvard Business Review, 79*(3), 81; Balzer Riley, J. (1997). Instant tools for health care teams. St. Louis, MO: Mosby.

대면 회의의 필요성

To Meet or Not to Meet

회의는 대면 의사소통을 위한 최고의 방법이다. 이메일 메모와 응답은 개인 간 의사소통의 적시성과 비언어적 행동을 관찰하고 반응하는 능력을 대체하지 못한다. 조직 구성원의 시너지는 창의적인 해결책을 만들 수 있으며, 이의나 문제는 즉시 처리될 수 있다. 대면 회의는 더 많은 열정과 열의를 만들 수 있다(Overgaard, 2010). 결정과정에 참여하는 사람들은 대면 회의를 지지할 가능성이 더 높다. 성공적인 회의는 소속감과 팀 정신을 증진시킨다(Doyle & Straus, 1993). 가족건강을 연구하기 위해 그룹으로 함께 일하는 간호학생들에 대한 연구에서 그들은 일상적인 교육프로그램에 참여하는 학생들보다 더 높은 비판적 사고능력 점수를 보여주었다(khosravani et al., 2009).

회의가 시간을 활용하는 최고의 방법이 아닌 경우가 있다. 병원이 정책 변화에 따른 정보교류 회의를 할 때, 참여하는 사람들의 생각이 변경된다는 보장은 없다. 다음의 작성된 글들이 도움이 될 수 있다.

한 직원이 지각과 같은 문제행동을 보일 때, 관리자는 직원회의를 소집하고 지각의 '문제'를 해결하기 위해 상담, 코칭 등 적절한 방법을 사용할 필요가 있다. 때때로 불편할지라도 문제가 해결되지 않으면 징계를 위해 문제에 관하여 직원과 직면해야 한다. 이러한 상황을 집단적인 문제로 제시하는 것은 분노와 억울함을 야기한다.

만약 이미 결정되었거나 다른 선택이 존재하지 않는 상황일 때, 직원 조직이 결정할 권한이 있는 것처럼 회의를 소집하는 것은 부적절하다. 즉, 만일 당신이 파란색 페인트만 갖고 있을 때, 직원에게 라운지를 무슨 색 페인트로 칠하면 좋겠냐고 물어보면 안 된다는 것이다.

회의 효율성을 증진하기 위한 도구

Tools to Promote Effectiveness of Meetings

체계를 조직하고 달성해야 할 업무에 대한 템플릿을 구성함으로써 회의에 대한 안건을 제공해야 한다. 회의에서 논의할 문제에 대해 구성원들이 최선의 생각과 아이디어를 준비할 수 있도록 회의 며칠 전 조치 항목, 추후 결정을 위한 논의 항목, 정보를 제공하는 항목을 구별해서 안건을 배부해야 한다(Orlikoff & Totten, 2001). 적절한 경우, 토론에 이용 가능한 시간을 포함해야 한다.

회의에서 기록자 역할을 할 사람을 선택한다. 기록자는 회의에서 무슨 일이 일어나는지를 플립차트, 화이트보드, 메모보드 등에 기록한다. 기록자는 내용을 요약할 수는 있지만 변경할 수는 없다. 기록자는 구성원이 아닌 사람일 수도 있고, 조직 구성원일 수도 있으며, 봉사자일 수도 있다. 기록자 역할은 구성원들 사이에서 돌아가며 맡을 수도 있다. 기록에는 약속된 회의시간에 참석하는 것이 중요하다는 것을 강조하기 위해 참여한 구성원, 결석한 구성원, 지각한 구성원들의 이름을 기재한다. 이 기록은 조직의 업무에 대한 지속적인 기록으로 유지되는 초고나 회의노트의 토대가 된다.

질 향상 팀과 같은 촉진자의 역할을 활용하는 것도 고려해볼 수 있다. 촉진자의 직무는 내용의 쟁점에 집중하도록 하는 것이다. 즉, 조직이 업무를 진행 중에 발생하는 문제나 조직이 함께 일할 수 있는 방법에 대해 언급하며(Schwarz, 2002) 요약하고 합의점을 찾는다. 만약 조직 내에 촉진자가 없거나 조직 구성원이 촉진자의 업무 역할을 인정하지 않을 경우, 조직의 업무를 방해할지도 모르는 문제행동이 야기된다.

예를 들어, 지각한 사람의 행동을 다루기 위해 촉진자는 "김○○ 씨, 와줘서 기뻐요. 기록자의 노트를 보면 회의 내용을 알 수 있을 거예요."라고 그 사람을 인정할 수 있다. 그리고 회의 후 그 사람에게 왜 늦었는지 간단히 물어볼 수 있다. 촉진자는 회의를 제 시간에 참석할 수 있을 만큼 무엇이 그 회의를 중요하게 만들 수 있을지를 질문할 수 있다. 다른 구성원이 촉진자와 김○○의 대화에 끼어든다면, 촉진자는 즉시 다음과 같이 말할 수 있다. "박○○ 씨 잠시만요, 박○○ 씨의 의견을 듣기 전에 김○○ 씨가 먼저 이야기를 마치도록 하죠." 그리고 회의에 방해가 되는 사람에게 기록자 역할을 제안하는 것도 좋은 방법이 된다. 기록자 역할로서 상대방의 말에 귀를 기울여 듣게 되고 참여의 정도도 높일 수 있다(Doyle & Straus, 1993).

효과적인 조직의 특성
Characteristics of an Effective Group

효과적인 조직 구성원들은 Box 22-3에 제시된 전략을 따른다. Halvorson(2014)은 설득력 있는 공통 과제가 효과적인 업무조직을 지원한다고 제안하였다. Huckman과 Staats(2013)의 연구에서는 작업 팀을 그대로 유지하는 것은 친숙함을 높여 조직의 효율성을 증진시킨다고 보고하였다. 예로, 매년 550건 이상 무릎관절치환술을 수행하는 데 있어, 조직원이 변경된 팀은 1~2시간 걸리는 데 반해, 조직원이 지속적으로 유지되는 경우에는 20분이 걸렸으며, 생산성은 2.5배 더 높아졌다.

성공적인 위원회 구성을 위한 전략
Strategies for Building Successful Committees

조직 내에서 함께 일하는 것에 대한 이해는 성공적인 위원회 업무에 있어서 필수적이다. 조직 발전의 단계를 통해 위원회의 움직임에 주목하고, 격동 단계에서 구성원들이 조직 역동을 이해하지 못하는 경우 위원회가 문제에 직면할 수 있는 시

Box 22-3 효과적인 조직의 구성원

- 아이디어와 의견을 공유해야 하며, 발언을 하지 않는 태도를 피해야 한다. 자발적으로 참여하며, 효과적으로 의사소통한다.
- 협상하고, 합의된 의견을 도출한다. 여러 방법으로 문제를 바라보고, 다른 아이디어를 공유하고, 다른 관점을 고려한다.
- 어려운 상황이어도 피드백을 주고받는다. 혼란 속에서의 결정을 유보하려는, 그리고 그 혼란을 받아들이려는 의지를 보여준다. 어려운 상황에서의 혼란스러움이 창의성의 출발선일 수도 있다는 것을 알고 있기 때문이다.
- 최상의 결과를 성취하기 위해 팀 목표에 전념한다. 구성원들의 전폭적인 지지를 못 받을 가능성이 있는 빠른 타협을 모색하기보다는 모든 조직 구성원들이 전념할 수 있는 해결방법을 찾기 위해 노력한다. 자신의 의견을 알리거나 다른 사람의 의견을 지지하기 위해 선택했다는 것을 알고, 팀의 결정을 기꺼이 지지한다.

출처: Harrington-Mackin, D. (1994). *The team building tool kit: Tips, tactics, and rules for effective workplace teams*. New York, NY: AMACOM; and Kaner, S. (2014). *Facilitator's guide to participatory decision-making*. Hoboken, NJ: Jossey-Bass Business & Management Series.

Box 22-4 성공적인 위원회 구성 전략

최고의 멤버를 선택한다.
- 정책 및 절차 위원회와 같은 특정 업무에 기여하기를 원하고, 에너지와 시간을 가진 직원을 선택한다.
- 적절한 업무 경험이 있고, 교육을 받은 직원을 선택한다.
- 효과적인 위원장을 선택한다.

효율적으로 일할 적절한 인원을 선택한다.
- 6명에서 8명이 적절하다.
- 업무의 개요를 명확히 한다.
- 위원회의 업무와 책임에 대해 의사소통한다; 위원회의 업무 보고 방법 및 마감일(있는 경우)

업무에 대해 기대치를 설정한다.
- 과제를 수락하는 것은 다음 회의나 다른 지정된 날짜에 업무를 보고하는 것을 의미한다.

각 회의에 대해 작성된 안건을 제공한다.
- 회의 며칠 전에 안건이 제공되어야 한다.

각 회의의 작성된 기록을 수집한다.
- 기록자의 역할을 배정하거나 봉사자가 기록한다.

적절한 회의 장소를 제공한다.
- 충분한 공간이 있는 회의실을 예약하고, 가능하다면 위원회 기간 동안 같은 장소를 사용한다.

화상 회의를 통한 회의를 고려한다.
- 사용 중인 비디오 플랫폼에 대한 교육을 제공한다.
- 회의를 일찍 열어 비디오 및 오디오 액세스 문제를 해결할 수 있도록 한다.
- 기술 지원에 대한 엑세스 권한을 보유한다.
- 음소거 기능 사용과 같은 화상 회의 에티켓을 준수한다.

기임을 기억해야 한다. Box 22-4에 제시된 성공적인 위원회 형성에 대한 전략을 확인해보자.

성찰과 적용

간호학생의 반영

MBTI에 대한 수업을 받게 되어 기뻤다. 내가 내성적인 사람이라는 것을 알았지만 그것의 실제 의미를 전혀 알지 못했다. 내향적인 사람들은 내면에서 에너지를 끌어낸다. 그들은 말하기 전에 생각하고 집에서 조용히 재충전을 한다. 이것을 이해하는 것은 나를 훨씬 더 평범하게 느끼게 한다. 나는 마침내 있는 그대로의 나 자신을 바라보기 시작한 것 같다. 나는 숨을 고르고, 내가 말하고 싶은 것을 알아내고, 그룹 내에서 충분하게 발언할 수 있는 내 의견을 소중하게 생각해야 한다.

조직 내에서 함께 일하기 연습
Practicing Working Together in Groups

연습 1 창의적 활동

많은 회사들은 조직이나 팀에서 사람들이 더 잘 일할 수 있도록 도와주는 방법을 찾기 위해 혁신적인 방식을 시도하고 있다. 운동 또는 즉흥 연주 분야에서의 활동을 시도하여 에너지를 높이고, 팀원들이 함께 일하는 방식을 이해하고, 조직 내에서의 차이점에 대한 운동학적 인식을 활용한다.

이 활동을 위해서 모든 참가자들이 자유롭게 걸을 수 있을 정도의 큰 방과 이동을 멈추거나, 걸음을 변경하여 움직임을 시작하도록 알리기 위한 종이나 차임벨이 필요하다. 만약 작은 회의실 밖에 없다면 그룹을 나눠서 한쪽 활동 집단을 관찰하는 동안 다른 활동 집단이 한 번에 움직일 수 있도록 그룹을 나눠야 한다. 참가자들에게 활동의 목적을 설명하고 걷기를 시작하도록 한다. 바쁜 것처럼 걷기, 평화롭고 사색하며 걷기, 공포, 근심, 위험이 있는 것처럼 걷기, 목표와 결심을 가지고 걷기와 같이 다양한 방법으로 걷기를 지시한다. 종을 울리거나 차임벨 소리를 울려 매번 변화를 알린다. 모든 사람들이 움직일 기회를 가진 후, 팀 활동의 영향에 대한 성찰을 하도록 한다. 이런 다양한 행동방식이 팀의 행동과 어떤 유사한 점이 있는가? 얼마나 쉽게 알 수 있었는가? (VanGundy & Naiman, 2005).

연습 2 요점 문제

다음의 설명을 조직 발전의 4단계와 일치시킨다.

_______1. 형성 a. 저항과 갈등이 예상된다; 조직 결속이나 팀 헌신에 대한 근거는 없다.

_______2. 격동 b. 업무가 끝났다; 팀 구성원들은 그들의 성과에 대해 만족하며, 팀의 목표 달성을 위해 유연하게 역할을 수행하였다.

_______3. 규범 c. 팀 구성원들은 조직 목표를 명확히 하고 업무를 위해 필수적인 역할을 수행한다.

_______4. 성취 d. 팀 구성원들은 정중하고, 조직 목표를 확인하기 시작하며, 관계를 점검한다.

연습 3 적용하기

표 22-1을 참조한다. 현재 구성원이거나 구성원이었던 조직을 확인하고, 그 조직에서 확인한 유지관리 역할과 업무 역할의 목록을 작성하고 다른 학생들과 답을 공유해보자.

연습 4 적용하기

표 22-2에 나열된 개별적 역할을 검토한다. 조직에서 수행한 역할 또는 관찰한 다른 역할의 예시를 작성하고 이것에 대해 다른 학생들과 토론한다.

연습 5 종합문제

당신은 Nurse Week 기념 위원회를 조직할 책임이 있는 간호사이다. 이 장의 지침을 사용하여 효과적인 위원회를 만들기 위해 취할 조치를 개략적으로 설명하고, 위원회 창설을 위한 제안서를 작성해보자.

연습 6 종합문제

소규모의 학생 또는 직원 조직에서 개선 활동, 함께하는 외출, 소풍 등의 행사에 대해 계획해보자. 이 장의 항목들이 어떻게 당신의 일을 설명해주는지 집중해 보면 조직 내에서 마음가짐을 새롭게 하는데 도움이 될 것이다.

연습 7 Q.S.E.N – 협력과 소통의 적용

팀워크와 협동은 치료 결과를 개선하고 안전 문화의 기초를 형성하는 데 있어서 핵심 역량이다. 전문직 간의 학습은 일차 의료제공자들의 이기주의를 무너뜨리는 것을 도와주며, 의료전문가들이 함께 일하는 방법을 개선할 수 있도록 팀워크 행동을 경험하는 기회를 제공한다. 전문직간 경험을 설명하는 4가지 영역으로는 서로를 존중하고 이해할 수 있는 가치와 윤리, 각 팀원들이 기여하는 것을 명확히 하기 위한 역할과 책임, 효과적으로 함께 일하는 것으로 특징지어지는 행동인 팀워크, 중요한 정보를 공유하고 관계를 정립하기 위한 기술과 태도를 성취하기 위한 의사소통이 있다.

- 당신이 최근에 간호를 제공한 환자를 떠올려 본다.
- 누가 일차의료제공 팀에 속하여 있는가?
- 각 제공자의 역할과 책임은 무엇인가? 역할이 환자에게 명확하게 식별되었는가?
- 각 팀원이 환자와 가족뿐만 아니라 팀에서 다른 사람들에게 어떻게 가치를 인정받고 존경받는지에 대한 근거를 설명한다.
- 당신이 관찰한 팀워크 행동을 확인한다. 환자의 간호와 안전을 모니터하기 위해 어떻게 개선될 수 있는가?
- 당신이 관찰한 팀 멤버들 간의 의사소통을 작성한다. 어떤 효과적인 의사소통의 특징이 있는가? 효과적인 의사소통의 기술과 태도를 반영하기 위해 팀 의사소통을 수정한다.
- 팀이 함께 일하는 것은 환자와 보호자에게 어떤 영향을 미쳤는가?

참고문헌

Alessandra, T. (2001). Team meetings. *Executive Excellence, 18*(12), 17.

Balzer Riley, J. (1997). *Instant tools for health care teams*. St. Louis, MO: Mosby.

Doyle, M., & Straus, D. (1993). *How to make meetings work*. New York, NY: Berkley Books.

Dreher, D. (2000). *The tao of inner peace*. New York, NY: Plume/ Penguin Putnam.

Druskat, V. U. (2001). Building the emotional intelligence of groups. *Harvard Business Review, 79*(3), 80.

Galinsky, A. D., & Kilduff, G. J. (2013). Be seen as a leader. *Harvard Business Review, 91*(12), 127.

Goleman, D. (2000). *Working with emotional intelligence*. New York, NY: Bantam Doubleday Dell.

Gundry, L., & LaMantia, L. (2001). Dream teams. *Executive Excellence, 18*(10), 13.

Halter, M. J. (2013). Foundations of psychiatric mental health nursing: A clinical approach (7th ed.). St. Louis, MO: Saunders.

Halvorson, G. (2014). Getting to "us". *Harvard Business Review, 92*(9), 38.

Huckman, R., & Staats, B. (2013). The hidden benefits of keeping teams intact. *Harvard Business Review, 91*(12), 27.

Kaner, S. (2014). *Facilitator's guide to participatory decisionmaking*. Hoboken, NJ: Jossey-Bass Business & Management Series.

Khosravani, S., Manoochehri, H., & Memarian, R. (2005). Developing critical thinking skills in nursing students by group dynamics. *Internet Journal of Advanced Nursing Practice, 7*(2), 1.

Kroeger, O., Thuesen, J. M., & Rutledge, H. (2002). *Type talk: The 16 personality types that determine how we live, love, and work*. New York, NY: Dell.

McTighe, A. J., & Donovan, S. (2017). Group dynamics in healthcare settings: A strategic framework for cohesion. *Research in Psychology and Behavioral Sciences, 5*(2), 30.

Messmer, M. (2001). Conducting effective meetings. *Strategic Finance, 82*(12), 8.

Orlikoff, J. E., & Totten, M. K. (2001). *How to run effective board meetings. Trustee, 54*(4), 12.

Overgaard, P. M. (2010). 7 steps to highly effective staff meetings. *Nursing Management, 41*(3), 54.

Reynolds, F. (2005). *Communication and clinical effectiveness in rehabilitation*. Edinburgh, UK: Elsevier.

Rosenthal, M. J. (2001). High-performance teams. *Executive Excellence, 18*(10), 6.

Roussel, L. (2011). *Management and leadership for nurse administrators*. Burlington, MA: Jones & Bartlett Learning.

Ryan, S. (2017). Promoting effective teamwork in the healthcare setting. *Nursing Standard, 31*(30), 52.

Schwarz, R. M. (2002). *The skilled facilitator: Practical wisdom for developing effective groups*. San Francisco, CA: Jossey-Bass.

Stuart, G. W. (2012). *Principles and practice of psychiatric nursing* (10th ed.). St. Louis, MO: Mosby.

Suter, E., Arndt, J., Arthur, N., Parbosingh, J., Taylor, E., & Deutschlander, S. (2009). Role understanding and effective communication as core competencies for collaborative practice. *Journal of Interprofessional Care, 23*(1), 41.

Touhy, T. A., & Jett, K. F. (2013). *Ebersole and Hess' gerontological nursing & healthy aging* (4th ed.). St. Louis, MO: Mosby.

Tuckman, B. (1965). Developmental sequence in small groups. *Psychological Bulletin, 63*, 384.

VanGundy, A. B., & Naiman, L. (2003). *Orchestrating collaboration at work: Using music, improvisation, storytelling, and other arts to improve teamwork*. San Francisco, CA: Pfeiffer [e-book].

Weaver, T. E. (2008). Enhancing multiple disciplinary teamwork. *Nursing Outlook, 56*(3), 108.

Chapter 23

디지털 시대의 소통

Navigating the Expanding World of Digital Communication

학습목표

1. 소셜미디어가 간호에 영향을 미치는 세 가지 방법에 대해 논의한다.
2. 건강관리 영역에서 스마트폰의 안전한 사용을 지지하기 위한 조직적 차원의 정책을 설명한다.
3. 전문 간호 실무에 유익한 3가지 임상 적용 사례에 대해 설명한다.
4. 임상환경에서 비임상 애플리케이션을 적절하게 사용할 수 있는 여러 가지 방법을 설명한다.
5. 간호에 사용되는 이러닝의 세 가지 유형들을 설명한다.
6. 디지털 간호연구를 위한 평판이 좋은 검색 엔진을 확인한다.
7. 전자의무기록을 활용한 임상기록의 장점들에 대해 설명한다.
8. 디지털 통신으로 인한 위험을 피하는 방법을 설명한다.
9. 의료 소비자들의 인터넷 사용 증가가 간호에 미치는 영향을 논의한다.

소셜미디어… 전체적인 큰 그림

Social Media… Big Picture

소셜미디어는 기본적인 통신기술의 진화이다. 미국간호협회(American Nurses Association, ANA)의 간호사 윤리강령에 따르면, '소셜미디어는 사용자가 정보, 생각, 개인 메시지 및 기타 콘텐츠를 공유하기 위해 만들어낸 온라인 커뮤니티인 소셜네트워킹 및 블로깅을 위한 웹사이트와 같은 전자통신의 형태이다'(ANA, 2015). 이 정의에는 소셜미디어와 소셜네트워킹이라는 두 가지 용어가 포함된다. Fraser(2011)는 소셜미디어를 광의적 의미로 정보를 공유하고 토론하기 위한 전자도구로 보고 있으며, 뉴미디어와 소셜네트워킹이 결합된 용어로 간주한다. 소셜미디어는 모임, 의사소통, 협업을 지원하는 디지털 통신의 형태를 말한다(Kubheka, 2017). 이제 소셜미디어는 온라인 블로그를 통해 적극적으로 연구 저널로 활용되고 있으며, 의견을 공유하고, 독자로부터 의견을 구하는데 사용될 수 있다(표 23-1). 예를 들어, Fraser(2011)는 병원의 정책 업데이트를 하면서, 간호사가 병원에서 비위관을 검사하는 방법을 알아보기 위해 트위터를 사용하였으며, 25명의 간호사가 몇 분 내에 반응하였다. '디지털 원주민(digital native)' 세대라면, 이러한 설명과 가능성은 완벽하게 타당하다(Kennedy et al., 2008). 그 외의 사람들을 위

표 23-1 인터넷 통신의 기본 사항

유형	설명	타이밍(선택 시기)	접속
블로그	생각, 정보를 공유하거나 단순히 관심사를 전달하는 웹 저널	비동기식; 원할 때 보기	관심있는 주제를 검색한 다음 블로그를 구독하거나 작성자를 팔로우함
이메일	이메일 주소 및 전자메일 계정 공급자를 사용하여 특정 개인에게 보낸 공식적인 통신	비동기식: 송신자와 수신자가 함께 온라인 상태일 필요는 없음	특정 수신자 또는 특정 수신자 그룹으로 연결
텍스트	짧은 코멘트, 종종 짧은 단어 형식을 사용하여 전화 또는 메시지 계정을 통해 특정인에게 전송	즉각적인 소통을 위한 실시간 액세스	전화번호 또는 메시지 서비스를 사용하여 특정 개인에게 연결
트위터	일반 팔로워 그룹에 문자-제한 댓글, 관찰 또는 질문 전송	실시간 소통 및 피드백, 댓글	작성자가 원하는 대로 게시하고, 댓글을 달 때 알림을 받으려면 트위터의 작성자를 팔로우해야 함
브이로그	관심 있는, 교육적인 주제 또는 일상생활 전반을 설명하는 비디오 저널	비동기식: 원할 때 액세스	브이로그를 구독하거나 유튜브 채널에서 관심 있는 주제를 검색
스카이프	개인 또는 그룹과의 영상 통화를 위한 무료 서비스	실시간 대면하는 영상과 음성 소통	스카이프에 액세스 권한이 있는 다른 스카이프 사용자와 소통
앱	정보, 도구, 엔터테인먼트 또는 기타 특정 기능을 제공하는 온라인 애플리케이션	비동기식: 원할 때 액세스	스마트폰, 태블릿 또는 개인용 컴퓨터에 앱을 다운로드하여 필요할 때 언제 어디서나 사용 가능

해 이 장에서는 디지털 통신의 발달을 소개하고, 전문적인 경계 안에서의 디지털 통신의 적절한 적용을 위해 신중한 사고와 존중을 바탕으로 참여를 유도한다(Box 23-1).

『The Nurse's Social Media Advantage: How Making Connections and Sharing Ideas Can Enhance Your Nursing Practice』라는 저서에서, Fraser(2011)는 간호사가 소셜미디어의 사용법을 이해함으로써 기존의 사고방식에서 벗어나 고객 및 동료 교육에 디지털 도구를 적절하게 사용할 수 있도록 노력해야 하며, 온라인 전문가로서의 프로필, 평판 및 네트워크를 구축하고, 자신과 관심사를 공유하는 다른 사람을 찾기 위해 온라인 커뮤니티의 적극적인 일원이 되어야 한다고 기술하였다. 2014년 43개 주의 미국 간호사를 대상으로 한 연구에 의하면, 대상자의 94%가 소셜미디어를 정기적으로 사용한다고 답한 반면, 대상자의 1% 미만은 소셜미디어의 사용법을 모른다고 응답한 것으로 나타났다. 소셜미디어를 이용하는 사람 중에서는 SNS(90.33%)와 팟캐스트(76.24%)가 가장 인기가 높았고, 온라인 설문조사 사이트(37.86%), 블로그(31.85%), 트위터(19.06%), 슬라이드쉐어(9.92%) 순으로 나타났다(Kung, 2014). 소셜미디어 도구를 잘 활용하기 위해 고려할 주요 사항은 환자, 동료 및 고용주 개인의 현재와 비밀 및 사생활과 관련하여 현명한 결정을 내리는 방법을 아는 것이다. 대면 관계에서 관리가 필요하듯, 온라인상에서도 명확한 판단과 주의를 기울여 관리해야 한다(Fraser, 2011). 소셜미디어 사용에 대한 고용주의 정책과 요구를 배우고 준수

Box 23-1 전문적이고 책임있는 소셜미디어의 사용

1. *대상자 기밀 유지 및 개인정보 보호:* 건강보험 관련 법률(Health Insurance Portability and Accountability Act, HIPAA) 지침을 따른다. 어떤 식으로든 환자를 식별할 수 있거나 진단, 닉네임 또는 소재지와 방 번호와 같이 식별로 이어질 수 있는 정보를 소셜미디어 사이트에 공유해서는 안 된다. 환자가 구두로 승인하더라도 환자의 사진을 절대 게시하면 안 된다. 인터넷에는 사생활이 없다. 삭제된 콘텐츠조차도 법원에서 찾아낼 수 있다.
2. *사생활 유지:* 개인 정보에 대한 접근을 제한하기 위해 소셜네트워킹 계정의 개인정보 설정을 유지 관리하며, 가장 높은 설정으로도 사용자의 허가 없이 정보를 복사하고 공유할 수 있음을 이해한다. 나에게 나쁜 영향을 미칠 수 있는 사진이나 글을 올리면 안 된다. 온라인에서는 진정한 사생활이 없다는 점을 기억해야 한다.
3. *전문가의 경계 존중:* 서비스가 종료되면, 환자와의 관계를 전문적으로 종결한다. 개인 소셜미디어 계정에서 대상자의 '친구' 요청을 수락하지 않는 것이 원칙인데, 그 이유는 객관성과 전문직 관계가 상실되기 때문이다. 환자와 함께 소셜미디어를 사용하는 경우 조직의 정책에 따라 전문 계정을 만들고 사용하도록 한다. 개인 전화를 사용하여 환자 또는 가족에게 연락하거나 환자에게 개인 전화번호를 제공하지 않도록 한다.
4. *개인 및 조직의 완전성 보호:* 전문 채널을 사용하여 직장 분쟁을 처리하고, 온라인으로 고충을 전하지 않는다. 심지어 무례한 의견에 "좋아요"라고 하는 것은 당신에게 나쁘게 반영된다. 조직이나 동료와 직접 대면하여 이야기하는 것이 전문적이지 않다고 생각한다면, 이는 온라인에서도 마찬가지이다.
5. *전문적인 이미지 유지:* 블로그 게시 또는 트윗하기 전에 생각해볼 시간을 가져야 한다. 분노를 표현하는 이메일을 보내면 지금 당장에는 기분이 나아질 수 있지만, 나중에는 그 결과로 인해 난처해질 수 있다. 장래의 직원이 보기를 원치 않는 정치적 진술, 이미지나 유머를 게시하거나 공유하는 것을 신중하게 생각하고, 개인 및 직업 생활을 다른 계정과 분리하여야 한다.

건강한 생활 균형을 유지하면서 소셜미디어 및 인터넷 사용을 유지한다: 정보 과부하의 스트레스에 유의한다. 개인 문자나 전화를 하거나 받는 것이 수업이나 업무를 방해하지 않도록 한다. 매일 조용하고 디지털 제품을 사용하지 않는 시간을 만들어 본다. 이것이 어렵다면 휴대폰 중독의 징후일 수 있으며, 당신의 우선순위를 재조정할 때가 됐다고 생각해야 한다.

출처: National Council of State Boards of Nursing (NCSBN). *National Council of State Boards of Nursing (NCSBN): a nurse's guide to the use of social media. (2011).* <https://www.ncsbn.org/NCSBN_SocialMedia.pdf> Accessed 23.09.18; International Nurse Regulator Collaborative Position Statement: Social media use: common expectations for nurses, 2014.

하는 것은 필수적이다(International Nurse Regulator Collaborative [INRC], 2016).

이 장을 읽으면서, 사람들과 연계하고 커뮤니티를 만드는 관계를 구축하기 위해 지식, 기술, 능력 및 이해를 향상시키는 방식에 대해 생각해본다. 그리고 개인적 · 전문적 행동을 통해 사람들에게 세상을 변화시킬 수 있도록 격려해야 한다(Fraser, 2011).

간호사와 디지털 통신
Nurses and Digital Communication

당신은 이미 디지털 통신의 세상에 깊게 빠져 있을 수도, 혹은 처음 시도해보는 것일 수도 있다. 간호전문직은 모든 의료 서비스와 마찬가지로 극적으로 변화하고 있으며, 역할 수행능력과 성장을 최적화하는 도구로 빠르게 진화하고 있다. 진화를 따라잡으려면 이전 세대의 간호사가 이용하던 것과는 다른 전략이 필요하다. 여러분 중 일부는 전자도구를 사용하여 이 교재를 읽거나 온라인 수업을 들을 수도 있다. 간호수행이 바뀌는 것처럼 간호교육의 전달방식도 바뀌고 있다.

정보가 수신되는 방식이 바뀌었고, 정보가 전송되는 방식도 바뀌었다. 2017년 말 발표된 통계자료에 의하면 전 세계 인터넷 사용자는 4,156,932,140명으로 추정된다(Internet World Stats, 2018). 2017년 1월 Pew Research Center(2018)는 미국 성인의 77%가 스마트폰을 가지고 있다고 보고했으며, 스마트폰 이용자 중 가장 빠르게 성장하는 집단은 50세 이상인 것으로 나타났다. 특히 고령화 인구에서 이동 통신 엑세스가 급속도로 증가함에 따라 간호사가 디지털통신 기술을 개발하고 숙달하는 것이 중요한 역량이 되고 있다. 타이핑 능력과 컴퓨터 사용능력은 이제 모든 바쁜 간호사의 기본 기술로 여겨진다. "간호교육 입문 프로그램에서 보다 포괄적인 교과과정을 적용하고, 그뿐만 아니라 전 세계 보건과 관련된 간호정보학 및 정보 관리와 관련된 지식, 기술 및 태도(knowledge, skills and attitudes, KSAs)를 개발할 수 있도록 지속적인 교육을 제공할 필요가 있다"(Wu, 2017).

간호 사회화는 새로운 맥락을 가지며, 최근에는 "간호 지적 자본 구축"에 지속적으로 중점을 두고 있다(Simpson, 2007). Simpson은 변화하는 보건의료환경으로 인해, 간호사에게 비판적 사고를 요구하는 것처럼 이러한 기술을 사용하는 것이 필요하다고 주장한다. NLN(National League for Nursing)도 이에 동의한다. NLN(2008)은 광범위한 연구 결과로부터 "기술이 풍부한 환경에서 업무를 수행할 차세대 간호사의 준비: 정보학 아젠다"라는 입장 설명서를 내고 건강관리정보기술(healthcare information technology, HIT) 개선 훈련을 위한 23개의 권고안을 보고하였다. 간호사를 위한 질 향상과 안전교육(Quality and Safety Education for Nurses, QSEN)에 따르면, 정보기술은 미래의 간호사에게 필수적이며, 따라서 QSEN은 간호정보학을 안전하고 효율적인 간호를 위해 필요한 여섯 기둥 중 하나로 부르고, 이 역량을 환자의 안전을 증진시키는 데 필요한 지식, 기술 및 태도(KSA) 중 하나로 인정한다. 정의에 따르면 간호사는 의사소통, 지식관리, 오류 완화 및 의사결정 지원에 정보와 기술을 사용할 수 있어야 한다(QSEN Institute, n.d.). 이러한 KSA가 간호학과의 시뮬레이션 교육에 포함되어 학생들이 간호직에서 필요로 하는 핵심역량을 연습할 수 있도록 대부분의 대학 교과과정에 주요 내용으로 포함되었다. QSEN에 의하면, 먼허 간호사는 지식 근로자, 시스템 사상가 및 복합 적응 시스템 관리자로서 역동적이고 상호적이며, 끊임없이 변화하는 관행 속에서 훌륭한 의사소통 기술이 필요하다.

기술정보학 교육개혁 지침(Technology Informatics Guiding Education Reform, TIGER) 권장사항에 의하면, "모든 간호사는 건강관리정보기술(HIT)을 21세기의 청진기로 만들 준비가 되어 있어야 한다"(Westra & Delaney, 2008). TIGER 계획에서는 세 가지 간호정보역량, 즉 기본적인 컴퓨터 능력, 정보활용능력 및 정보관리를 기술하고 있다(Sensmeier, 2017). 보건의료연구 및 품질관리원(Agency for Healthcare Research and Quality, AHRQ)은 모든 건강관리 제공자(Healthcare Providers, HCPs)가 HIT에 유능해지도록 지원하는 과정을 용이하게 하기 위해 몇 가지 HIT 툴킷을 만들었다(AHRQ, 2015).

기술은 단지 초급 실무자만을 위한 것이 아니다. 새로운 기술에 적절하게 대응하기 위해 간호사에게 필요한 리더십 기술에는 기술을 활용하여 관계를 촉진하고 의사소통하고 구축할 수 있는 능력, 지식 및 정보 획득 및 배포에 대한 전문지식 보유, 그리고 간호에서 유전학 및 유전체학과 같은 복잡한 기술을 이해하고 사용하는 능력이 요구된다(Huston, 2013).

지난 수십 년 동안 의료 디지털 분야의 성장으로 인해 새로운 전문직인 정보간호사가 생겼다. 『간호정보학: 범위 및 실무표준, 2판』(ANA, 2014)에 따르면, 간호정보학은 "간호과학을 여러 정보 및 분석 과학과 통합하고, 간호실무에서 데이터, 정보, 지식 및 지혜를 식별, 정의, 관리 및 전달하는 전문 분야"로 정의된다. 간호와 정보기술(IT)의 임상 측면에서 교육과 경험을 겸비한 전문직 간호사인 정보간호사는 상급의 IT 지식과 최종 사용자 관점으로 간호업무 흐름에 중점을 둔다. 간호사가 기술로 인해 부과된 제약을 충족시키기 위해 자신의 수행 과정을 조정하도록 하는 것이 아니라, 기술이 간호사들에게 최적화된 업무 흐름을 지원하도록 보장함으로써 간호실무 지원에 필요한 도구와 시스템을 요구에 맞게 특화하여 제공하는 과정에서 실무 개선의 기회를 찾는다. 간호 정보학자 중 개척자인 Roy Simpson(2007)에 따르면, "정보기술은 간호업무를 간호지식으로 변형시킬 수 있다." 디지털 통신의 세계는 의료서비스를 영원히 변화시켰다.

데이터 관리 지원 도구
Tools to Support Data Management

건강정보 시스템에서 데이터를 추출해 연구나 임상 실무를 지원하려면, 보는 사람이 완전히 이해할 수 있도록 데이터를 명확하게 제시해야 한다. 개인적인 또는 교육적인 프로젝트를 추구하는 경우, Microsoft Office 또는 Pages와 같은 전문 소프트웨어 패키지에 대한 투자가 목표 청중이 보다 보편적으로 접근할 수 있는 전문적인 결과물을 생산하는 데 도움이 된다. 그래픽 데이터 프레젠테이션 및 다차원의 대시보드는 바쁜 임상의 청중들에게 대량의 정보를 신속하게 전달하는 데 있어 표준 사양이다.

어떤 유형의 문서, 스프레드시트 또는 프레젠테이션을 만드는 경우, 가장 중요한 단계 중 하나는 작업 내용을 저장하는 방법이다. 문서를 열었을 때 고유한 제목을 만들어 저장이 시작되어야 하며, 컴퓨터의 하드 드라이브에 작업을 저장한다. "정보학 초안-1(Informatics draft-1)" 또는 "심율동전환상태 3-18(Cardioversion Stats 3-18)"과 같이 콘텐츠 및 버전을 추적하는데 도움이 되는 명명 규칙을 채택하도록 한다. 파일명에 초안이나 날짜를 포함하면 원하는 정보를 찾기 위해 수많은 파일을 열어보거나 어떤 파일이 최신 정보인지 헷갈리는 것을 피할 수 있다. 문서 저장 옵션에는 컴퓨터 하드 드라이브 및 클라우드 외에도 CD, DVD, 또는 메모리 스틱(플래시 또는 점프 드라이브)이 포함된다. 기관 정책으로 환자 특정 정보의 다운로드를 금지할 수 있으며, 기관 네트워크 장치는 플래시 드라이브, CD 또는 이메일 첨부 파일의 사용을 차단할 수 있다. 개인 식별 정보를 포함하지 않는 환자 자료에 접근할 때에도 기관 정책, 내부검토위원회(Internal Review Board, IRB) 요구 사항 및 미국건강보험 양도 및 책임에 관한 법(Health Insurance Portability and Accountability Act, HIPAA)과 같은 연방 규정을 인지하고 준수하는 것이 중요하다.

학습 지원 도구
Tools to Support Learning

호주의 한 연구 결과에 의하면, 소셜네트워킹과 소통에 대해 컴퓨터로 능통하다고 해서 반드시 같은 방식으로 학습하는 것을 선호하는 것은 아니다. 소위 디지털 원주민이라고 불리우는 "N 세대(Net Generation)"조차도 학습에서는 디지털 통신보다 전통적인 대면 세션을 선호하는 것으로 나타났다(Kennedy et al., 2008). 또한 연령, 경험 및 교과 학습 수준에 따라 학습 선호도의 차이가 있음이 보고되었다. 성공을 위해서는 모든 교육방법을 포함하여 특히 온라인 교육방법이 다양해야 하고, 여러 학습방법과 선호도를 고려하여 지원할 필요가 있다(Hampton, 2017). Bennett 등(2008)도 같은 현상을 보고했는데, 가장 컴퓨터를 잘 다루는 학생들조차도 온라인과 대면 수업의 하이브리드 수업방식을 선호하는데, 이는 디지털 학습이 디지털 사회화와 같지 않기 때문이다.

따라서 가장 성공적인 온라인 과정은 학생과 강사의 대면 관계의 이점을 재현하고, 동기식(실시간) 및 비동기식 기법 모두의 다양성을 포함하여 학생들이 과정에 적극적으로 참여할 수 있도록 노력하는 과정이다. 온라인 고등 교육과정의 가용성은 지난 10년간 교육에서 일어난 엄청난 변화였다. 온라인 대학 과정은 동기식 또는 비동기식일 수 있지만 일반적으로 두 가지 구성요소가 있다. 팟캐스트 또는 웹세미나는 디지털로 의사소통하는 한 가지 방법이며, 고등 교육과정 제공의 일부이거나 전문적인 평생교육 크레딧을 제공하는 방법일 수 있다. 팟캐스트에서 강사(또는 교수)는 특정 물리적 위치에 있으며, 일반적으로 일부 유형의 멀티미디어 프레젠테이션을 사용한다. 프레젠테이션은 수강 학생들에게 제공될 수 있으며, 또한 녹화되어 하나 또는 그 이상의 지역에 동시에 방송될 수도 있다. 이런 이유로 이는 동시 방송으로도 불린다. 그런 다음 기록된 팟캐스트는 필요한 경우 해당 참가자가 액세스할 수 있도록 조직의 내부 인트라넷에 배치된다. 개인 휴대 장치, 태블릿, 스마트폰 및 컴퓨터는 나중에 시청 가능하게 팟캐스트를 허용하도록 프로그래밍할 수 있다. 인스턴트 메신저(즉석 교신) 및 채팅방도 참가자가 대화를 교환하는 실제 대화를 모방한 동기식 상호작용을 허용한다. 사용자가 지정한 '친구'가 온라인 상태이고 대화를 할 수 있음을 확인할 수 있는 인스턴트 메신저(즉석 교신) 서비스처럼, 교실 환경에서 채팅방에 포함된 사람들은 일반적으로 반 친구 또는 동료 작업 그룹이다. 친구와의 의사소통을 위해 사용되든, 수업의 일부로 사용이 되든, 이러한 유형의 디지털 통신은 즉각적이고 동기적인 연결을 가능하게 한다. 인스턴트 메신저(즉석 교신) 채팅은 제시되는 콘텐츠, 발표자에 대한 질문, 또는 참석자 간의 의견에 대한 반응일 수 있다. 디지털 통신의 또 다른 혁신은 리뷰 코스와 시험을 전적으로 온라인에서 할 수 있는 능력이다. 대학 수업에서부터 국가자격시험(NCLEX)에 이르기까지 구조화된 온라인 평가에 접근하는 것이 그 어느 때보다 편리해졌다. 미국간호사 면허관리국(National Council of State Boards of Nursing, NCSBN)에서 NCLEX 시험을 위해 사용하는 컴퓨터개별적응검사(Computerized Adaptive Testing, CAT)는 정확한 응답에 근거해 응시자의 지식 수준을 평가하는 알고리즘을 적용함으로써 시험 과정의 정확성을 향상시킨다. 알고리즘은 합격을 위한 95% 신뢰 수준에 도달하거나 최대 시간 또는 질문 수에 도달할 때까지 질문을 제공한다. 이런 방식으로 응시자마다 문항 수, 시험 완료에 소요되는 시간, 제시된 특정 내용과 질문에 따라 경험이 달라질 수 있다(NCSBN, n.d.).

또한 토론 게시판과 같은 비동기 학습기회는 온라인 과정 전달을 풍부하게 한다. 일반적으로 강사는 응답이 필요한 과제물을 게시하고, 학생 개개인은 일정 기간 동안 온라인으로 응답한다. 응답은 그룹으로, 각 학생이 공유된 온라인 토론에 참여하거나, 개별적으로 학생 콘텐츠가 강사에게만 표시될 수 있다. 강사는 게시된 댓글에 응답하여 그룹 대화를 원활하게 유지하고 내용을 명확히 하며, 더 많은 생각과 토론을 촉진한다. 사려 깊은 반영과 비판적 사고 능력은 종종 학생들이 이러한 방식으로 다양한 주제를 탐구할 때 밝혀진다. 학습 커뮤니티에서 비동기 활동의 또 다른 유형은 블로깅이라고도 알려진 웹 저널을 작성하는 것이다. 많은 전문 간호조직은 제시된 콘텐츠와 관련된 의견 및 의사소통을 위해 그들의 소셜네트워킹 사이트로 링크되는 블로그를 제공한다. 또한 조직이 구독을 예약한 참가자에게 전자메일을 발송하는 서비스를 포함하는, 자동 피드백 유형인 리스트서브(listserv)가 제공될 수 있다. 학생과 전문직 간호사는 이러한 조직에 참여하여 간호 분야와 특정 관심사를 더욱 탐구하고, 평생 학습 습관을 기를 것을 권장한다. 리스트서브는 새로운 데이터, 기사 및 이벤트에 대한 정보를 쉽게 제공할 수 있다.

전문적인 수행을 지원하는 도구: RSS 피드

Tools to Support Professional Practice: Really Simple Syndication Feeds

당신은 어떻게 최신 뉴스를 얻는가? 텔레비전에서 야간 뉴스를 보는가? 온라인 뉴스로 아침을 시작하는가? 또는 당신은 지금 디지털 장치를 통해 RSS를 얻는 사람들 중 하나인가? RSS 피드는 뉴스에 빠르고 쉽게 접근할 수 있는 방법이다. 다양한 간호 주제에 대한 RSS 피드는 American Journal of Nursing과 Nursing Outlook에 의해 제공되며, 미국중환자간호협회(American Association of Critical Care Nurses) 또는 미국국립간호연구원(National Institute of Nursing Research)에서 보다 간호 전문분야에 초점이 맞춰진 뉴스도 제공된다. 국가 미디어이든 혹은 최신 간호학 저널이든, 우리는 엄청난 양의 정보를 손끝에 가지고 있으며, 의료 분야의 발전에 뒤쳐지지 않고, 공유되는 정보의 질을 평가하는 것은 간호사 업무의 일부이다(Box 23-2).

Box 23-2 온라인 건강정보 자원평가

- 누가 이 웹 페이지를 썼는가? 이 사람의 신원은 무엇인가?
- 어떤 사람을 대상으로 페이지가 작성되었는가? 건강관리제공자? 환자? 잠재 고객?
- 객관적인 정보를 제공하는 페이지의 의도는 무엇인가? 설득? 판매?
- 페이지는 언제 작성되었으며 언제 마지막으로 업데이트되었는가?
- 정보에 사용된 소스는 무엇인가?
- 누가 웹 서버에 웹 페이지 사용 비용을 지불하고 있는가?
- 누가 페이지에 광고하고 있는가? 정보와 광고의 차이가 명확한가?
- 방문자가 수집한 정보는 무엇인가? 이 정보는 어떻게 사용되는가?

출처: the Health on the Net Foundation (https://www.hon.ch/HONcode/Conduct.html) and the Sheridan Libraries of the Johns Hopkins University (Guides.library.jhu.edu/evaluate/sources).

평생 학습을 지원하는 도구: 디지털 저널 · 서적

Tools to Support Lifelong Learning: Digital Journals/Books

디지털 교과서는 온라인 액세스의 용이성과 전자 하이라이트 표시 및 구성과 같은 촉각 학습 도구를 결합한다. 대부분의 게시자는 학생의 개인적인 변경사항이 계정에 저장되는 e-book 컬렉션의 일부로 이러한 도구를 제공한다. 이러한 유형의 클라우드 컴퓨팅은 교과서 내의 변경 내용을 가정용 컴퓨터가 아니라 사이버 공간에 저장하므로 매년 더 널리 보급되고 있다. 게다가 디지털 판독기 또는 태블릿은 눈의 피로감을 해결하기 위해 역광조명 및 글꼴 크기 조정과 같은 기능을 제공한다.

종이 위에 간호계획을 작성하는 전통적인 학습은 더 많은 강사들이 학생들을 디지털 간호계획 작성자에게 보냄에 따라 과거의 일이 되고 있다. 이러한 도구는 평가 데이터를 기반으로 진단을 제안하고, 근거기반 모범 사례 중재 자료집 및 재평가 기준에 대한 권장사항을 제공하는 진화된 EHR 시스템에서 제공하는 온라인 치료 계획을 모방한다. 간호실무에서와 마찬가지로 간호학생도 지역사회 평가, 보건 프로그램 목표, 교육 프로그램 및 지역사회를 위한 연구 기회에 대한 정보를 제공할 수 있는 보건 웹사이트와 같은 수많은 데이터 출처에 대한 접근이 필요할 수 있다. 표 23-2에는 많은 유용한 웹사이트에 대한 정보가 포함되어 있다.

연구 저널 검색은 학생들과 실무자에게 결코 쉬운 일이 아니다. 학생들은 제본된 저널이나 마이크로필름 더미 속을 훑어보는 대신에 유효한 검색 엔진에 접속하고, 원하는 주요 주제를 입력해서, 특정 출판물에 대한 링크에 즉시 접속할 수 있다. 기사를 디지털 방식으로 검색할 때 추가되는 또 다른 이점은 특정 저자, 출판물 또는 날짜로 검색을 제한할 수 있다는 점이다. Google 학술 검색은 저널 기사를 찾는 가장 빠르고 간단한 방법 중

표 23-2 의료 및 간호 관련 정보 웹사이트

웹사이트	웹 주소
의료 전문가를 위한 정부 사이트	
보건의료연구 및 품질관리원	https://www.ahrq.gov
미국 질병통제예방센터	https://www.cdc.gov/
PubMed Central/NCBI/NLM/NIH US National Library of Medicine/National Institutes of Health	https://www.ncbi.nlm.nih.gov/sites/entrez?db1pmc
Medline Plus US National Library of Medicine	https://www.nlm.nih.gov/medlineplus
National Guideline Clearinghouse Agency for Healthcare Research Quality's National Guideline Clearinghouse of evidence-based clinical practice guidelines	https://www.guideline.gov
US National Library of Medicine Landing site for several online databases	https://www.nlm.nih.gov/
Office of the Surgeon General	https://www.surgeongeneral.gov/
Healthy People 2020 Office of Disease Prevention and Health Promotion	https://www.health.gov/healthypeople/
의료 소비자를 위한 정부 사이트	
Healthfinder: US Department of Health and Human Services consumer health information and resources	https://www.healthfinder.gov
국립보건원	https://health.nih.gov/
California Department of Healthcare Services One of many accessible state health departments	https://www.dhcs.ca.gov/Pages/default.aspx
President's Council on Sports, Fitness & Nutrition	https://www.fitness.gov/
US Department of Health and Human Services Office of Minority Health	https://minorityhealth.hhs.gov/
Information about clinical research studies US National Library of Medicine	https://clinicaltrials.gov/
National Women's Health Information Center	https://womenshealth.gov/
US Department of Agriculture nutrition information	https://www.nutrition.gov/
US Consumer Product Safety Commission	https://www.cpsc.gov/
고령자를 위한 사이트	
Sage-ing International: nonprofit organization focused on meaning making in the second half of life	https://sage-ing.org/
National Institute on Aging	https://www.nia.nih.gov/

표 23-2 의료 및 간호 관련 정보 웹사이트(계속)

웹사이트	웹 주소
간호 조직 사이트	
미국간호협회	https://www.nursingworld.org/
American Holistic Nurses Association	https://wwws.ahna.org
미국 간호사면허관리국	https://www.ncsbn.org/
American Nursing Informatics Association	https://www.ania.org/

하나이다. 학술적 연구 기반 정보에 접근하기 위해서는 일반적인 자료 검색을 지원하는 'google.com'이 아닌 'google.scholar.com'을 사용하여 검색을 시작한다. CINAHL(Cumulative Index to Nursing and Allied Health Literature)은 공공도서관 또는 유료 구독 서비스를 통해 제공되며, 간호 및 보건저널에 초점을 두고 있는 훌륭한 자원이다. PubMed는 모든 종류의 의학, 간호, 약리학 분야의 학제 간 전문 저널의 대부분을 포함하고 있으며, 인터넷을 통해 쉽게 접근할 수 있기 때문에 HCPs에게 가장 선호된다. 논문 초록 및 인용에 대한 액세스는 일반적으로 무료이지만, 사용자가 의학 도서관이나 대학에 소속되어 있지 않은 경우 전문 논문에 대한 비용이 부과될 수 있다.

디지털 통신의 또 다른 중요한 부분은 수집하는 정보를 참조하는 방법을 아는 것이다. 전문 간호 영역에서는 APA(American Psychological Association) 양식을 인용 형식으로 사용하도록 권장한다. 다수의 온라인 참고문헌에는 서면으로 사용하기 위한 APA 형식 인용문이 포함되어 있다. APA는 출처를 올바르게 문서화하는 방법에 대한 질문과 지침이 있는 APA 형식 블로그로 온라인 액세스를 제공한다. 참고문헌을 기술하는 하나의 표준 방법은 국제 표준 도서 번호(International Standard Book Number, ISBN)를 사용하는 것이다. 이 13자리 번호는 출판 시 발행되며, 출판된 각 도서 에디션 및 변형을 식별한다. 디지털 콘텐츠의 또 다른 온라인 식별자는 디지털 문서를 식별하고 직접 링크하는 방법인 디지털 객체 식별자(Digital Object Identifier, DOI)이다. DOI는 인터넷 웹주소(uniform resource locator, URL)에 연결된 영구 번호로, 원하는 리소스에 대한 온라인 액세스가 가능하다. 참고문헌의 올바른 인용은 전문적인 프로젝트와 교육적인 프로젝트 모두에서 중요하며, DOI 또는 ISBN 식별 정보의 사용은 온라인 콘텐츠를 문서화하고 검색하는 빠르고 정확한 방법이다.

학술 및 전문 논문에 대한 신뢰할 수 있는 참고 문헌을 찾기 위해 인터넷을 검색할 때 주의해야 할 사항 중, 2001년에 시작된 위키피디아는 동료가 검토한 자료가 아니기 때문에 신뢰할 만한 것으로 간주되지 않는다. 위키피디아는 자신의 개인적인 견해를 하나의 사이트에서 공유하기로 결정한 수천 명의 의견이 반영된 모음집이다. 따라서 그 내용은 의견이나 잘못된 사실 또는 잘못된 해석일 수 있으며, 시간이 지남에 따라 변경될 수 있다. 소비자들은 점점 더 건강 관련 문제에 대해 기본적인 검색과 위키피디아와 같은 사이트를 찾고 있다. 이곳은 연구를 시작하기에 쉬운 곳이지만, 확실히 전문가나 소비자들에게 최상의 의료 정보 원천은 아니다. 의료 전문가로서 우리는 고객의 건강 이해 능력 수준과 요구에 부합하는 최상의 자료로 고객을 안내할 필요가 있다. 동료 간 검토 저널은 동일한 직업군의 학자에 의해 평가된 논문, 즉 제시된 정보가 타당하고 적절함이 확인된 논문을 게재한다. 예를 들어, 클리블랜드 클리닉(Cleveland Clinic) 또는 슈라이너스 아동병원(Shriners Hospitals for Children)과 같은 많은 의료 서비스 기관과 미국심장협회(American Heart Association, AHA)와 같은 질병 기반 기관은 의료 소비자에게 확실하고 사실적이며 이해할 수 있는 자원을 제공하는 웹사이트를 보유하고 있다. 우리는 자원의 사용과 권고에 있어서 개방적이면서도 분별력을 갖추어야 하며, 대상자 및 임상의의 정보 요구를 가장 잘 지원하는 사이트를 발견해야 한다.

학습을 지원하는 디지털 통신
Digital Communication in Support of Learning

디지털 통신은 정보를 공유하는 속도를 변화시켰다. 이를 채택하기 전에는 수년 동안 정보가 개별적으로 공유될 수 있다는 엄청난 생각은 할 수 없었다. 특정 절차를 암기하는 독특한 방법을 찾은 간호학생 그룹은 이를 유튜브(YouTube)에서 전 세계와 공유할 수 있다. 유튜브 현상은 인터넷의 또 다른 특징이다. 창의적인 간호학생들은 그 능력을 교육적 원천으로 사용하는 방법을 찾을 수 있다. 의료기관들은 종종 환자와 직원들을 위한 정보를 매력적이고 개인적인 방식으로 공유한다.

GoToMeeting과 같은 온라인 회의인 전문 화상회의 또는 비즈니스용 스카이프(Skype)는 영상 통신 개념을 한 단계 더 발전시켜 오디오, 비주얼 및 소프트웨어 애플리케이션과 같은 실제 사이버 공간 애플리케이션을 동시에 제공한다. 이러한 방법으로 서로 다른 장소의 참가자는 서로의 모습을 보고 이야기를 들을 수 있을 뿐만 아니라 파워포인트(PowerPoint)와 같은 전자 프레젠테이션을 동시에 볼 수도 있고, 문서를 공유하고, 여론조사, 디지털 화이트보드 등에 참여할 수 있다. 조직 및 병원에서는 종종 부서 내 회의에 이러한 애플리케이션을 사용하여 외부 장소에서의 참여를 허용한다. 심지어 기관에서 제공하는 간호사를 위한 보수교육 과정도 참가자의 능력을 보장하고 시간과 비용 측면에서도 효과적인 방법으로 온라인 모듈을 편리하게 이용할 수 있다.

또 다른 효과적인 회사 기반 디지털 통신 도구는 마이크로소프트 셰어포인트(Microsoft SharePoint)이다. 여러 측면에서 온라인 대학 과정의 토론 게시판과 비슷하지만 기능이 향상되었다. 셰어포인트 사이트에서 직원은 부서별로 문서, 그림, 다이어그램 등을 게시할 수 있다. 부서의 다른 사람들은 문서에 접근하여 변경한 다음 다시 게시할 수 있다. 이는 부서 내 여러 사람들이 프로젝트를 공유할 수 있을 뿐만 아니라 부서 내 프로젝트 일정을 유지하는 훌륭한 방법이다. 간호사는 대체로 공동 지배 구조 유형에서 근무하기 때문에 이러한 사이트는 그들의 직업상 매우 유용하다. 위키피디아(Wikipedia)와 같은 온라인 위키백과는 그룹들이 비동기적으로 프로젝트에 기여할 수 있는 공유 웹 페이지다. 콘텐츠 편집 및 업데이트에 대한 접근은 특정 개인으로 제한될 수 있어, 실시간 업데이트는 가능하지만 적합한 직원만이 콘텐츠를 변경할 수 있다.

시뮬레이션 또는 시뮬레이션 기반 학습은 심폐소생술(CPR)이나 정맥주사 삽입술과 같은 실제 술기 연습을 지원하기 위한 또 다른 응용기술이다. 복합 시뮬레이션 마네킹은 수행기술, 의사결정, 대표단 및 팀 작업을 평가하기 위한 시나리오를 지원하도록 프로그래밍할 수 있다. 미국심장협회(AHA)는 잦은 시뮬레이션 기반 교육이 일반적인 강사 주도의 연간 교육 방식과 달리 병원 직원의 심폐소생술 숙련도를 향상시켰음을 보여주는 연구 결과를 발표했다(AHA, 2016).

모바일 장치
Mobile Devices

부피가 큰 가방 또는 카폰(car phones) 세대의 개인휴대정보단말기(PDA)에서 발전된 새로운 스마트폰의 용도는 단순히 전화 통화를 위한 구두 통신 수단에서 멀티미디어 도구로 바뀌었고, 이에 '모바일 장치'라는 이름이 붙여졌다. Pew Research Center에 따르면 18세에서 29세까지의 젊은 성인 중 92%는 이러한 유형의 기능을 갖춘 전화를 소유하고 있으며, 이러한 기능을 정기적으로 사용한다(Pew Research Center, 2018). Wolters Kluwer Nurse Moblie Study에 따르면, "조사 대상 5,000명 이상의 간호사 중 65%가 직장에서 전문적인 용도로 모바일 장치를 사용하고, 조사한 의료기관의 95%가 간호사가 웹사이트 및 기타 온라인 리소스를 참조하여 임상정보에 접근할 수 있도록 허용하고 있었다"(Wolters Kluwer Health, 2014). 아일랜드 더블린의 한 병원에서는 필요한 연구와 온라인 도구에 접근하기 위해 허용 가능한 스마트폰 사용의 균형을 맞추는 문제를 강조하고 있다. 이 문제는 개인 모바일 장치의 사용을 금지하려고 했을 때 발생했다. 경영진은 약국에서 약물과 관련된 정보에 대한 처방집을 대체하기 위해 스마트폰 애플리케이션을 만들었다는 것을 빠르게 발견했다. 이 앱은 임상의들의 안전한 약물 투여 데이터의 주요 소스가 되었다(Our Lady's Children's Hospital, Crumlin [OLCHC], 2014). 경영진은 스마트폰 사용을 금지하는 것 대신에 모바일 장치의 적절한 사용에 대한 가이드라인을 포함하는 강력하고 잘 정비된 정책을 개발했다. 그렇다면 직장에서, 특히 간호업무에서 모바일 장치 또는 휴대폰의 적절한 사용은 무엇일까? 많은 고용주들은 근무시간 동안의 휴대폰 사용과 직원들이 근무시간 동안 휴대폰을 휴대할 수 있는지에 대한 구체적인 정책을 만들기 시작했다. 이에 대한 좋은 근거가 있다. 최근의 한 연구는 간호사의 약물 투여 과정에서 생기는 수많은 약물중단과 투약오류 증가 간의 관련성을 보고하였다(Westbrook et al., 2010). 환자들은 안전하고 효과적인 치료를 제공할 수 있는 능숙한 간호사에게 의존한다. 또한, 휴대폰은 주요 오염원이며, 만약 직장 전체에서 사용되고 휴대된다면 감염 통제에 있어 위험이 될 수 있다고 보고되었다(The Cleveland Clinic, 2015). 스마트폰 정책에는 사용 후 기기를 포함한 손 위생에 대한 기대치가 포함되어야 한다(Box 23–3).

모바일 장치의 오용으로 인한 장기적인 영향을 고려하면, 일부 병원에서 왜 모든 휴대폰을 라커룸에 두고 휴식시간이나 교대 종료 후에만 사용하도록 요구하는 무관용 서면 정책을 세웠는지 이해할 수 있다. 요양원에서 약물을 전달하면서 동시에 소셜미디어에 글을 게시한 것을 근거로 직장을 잃은 간호사에 대한 보도는 이러한 강력한 정책을 뒷받침한다. 그녀의 페이스북 포스팅 시간을 확인한 결과, 간호사가 페이스북에 글을 올리면서 동시에 약물을 전달하였다는 것이 명백해졌

Box 23-3 직장 내 휴대폰 사용

직장에서 휴대폰이 허용되는 경우:
전화를 무음으로 유지하거나 환자 진료 구역에서는 방해 금지 모드를 유지하여 환자와 직원을 존중한다. 근무 시간 중에는 절대로 소셜네트워킹 사이트에 액세스하지 않는다. 휴식 시간 외에는 친구나 가족에게 전화하거나 문자를 보내지 말고 허용되는 시간과 장소에서만 사용하도록 한다. 정보 보호, 외부 사이트 접속, 이메일 또는 문자 메시지에 대한 조직의 정책을 준수한다. 조직에서 지원하는 검색도구, 사이트 및 앱에 액세스하여 작업을 수행하도록 한다. 업무 관련 사이트나 검색도구에 액세스하는 경우에도 휴대폰 사용이 환자와 가족에게 어떻게 보일 수 있는지 주의해야 한다. 휴대폰을 사용할 때 휴대폰과 손의 잠재적인 오염 가능성을 인식해야 한다.

직장에서 휴대폰을 사용할 수 없는 경우:
휴대폰 보관 및 휴식 시간에만 적절하게 사용 가능한 조직 정책을 준수한다.

다. 비록 그녀는 투약 오류를 범하지는 않았지만, 그러한 중요한 활동 중에 소셜미디어를 사용하는 것은 주의를 산만하게 하고 환자의 건강과 안전을 위협하는 것으로 간주되었다. 또한 이러한 행동은 서면 정책을 위반한 것이다. 그녀는 직장을 잃었고 법적으로 호소할 수도 없었다(Legal Eagle Eye Newsletter, 2011).

소셜미디어의 적절한 사용은 전문적인 태도와 발전을 위한 긍정적인 방법이다. 소셜네트워킹은 모든 기대치를 훨씬 능가하는 디지털 통신의 주류 형태가 되고 있다. 페이스북은 여전히 전 세계에서 가장 인기 있는 소셜네트워크로서 Statista는 미국에서 페이스북 총 사용자는 2억 1,400만 명이라고 보고하고 있다(Statista, 2018b). 페이스북과 비슷하게 링크드인(LinkedIn)은 기업과 비즈니스 전문가를 위한 직업 중심의 네트워킹 사이트이다. 전 세계적으로 4억 6,700만 명 이상의 회원이 링크드인(LinkedIn) 사용자로 보고된다(Statista, 2018b). 네트워킹 사이트는 개인과 기업이 정보, 경험 및 인맥을 공유함으로써 연결될 수 있도록 돕는 데 중점을 두고 있다. 다른 디지털 통신 형태와 마찬가지로, 소셜미디어 형식으로 말한 모든 내용이 사이버 공간에서 영구적인 기록의 일부가 된다는 점을 기억하는 것이 중요하다. 건강관리를 위한 소셜미디어가 폭발하면서, 미국건강보험 양도 및 책임에 관한 법(HIPAA)에 온라인 개인정보 침해를 방지하고 제재하는 정책이 등장했다. 문제는 인터넷 기반 디지털 통신의 추가 기능이 윤리적이고 안전한 간호실무에 어떻게 영향을 미치는지에 관한 것이다. 2011년 국가 간호위원회(NCSBN)는 디지털 통신의 윤리적 및 비윤리적 사용을 정의하는 안내 책자를 발행하고, "개인을 식별 가능하게 하는 정보의 정의는 과거, 현재 또는 미래의 신체 또는 개인의 정신건강과 관련된 정보가 포함되어 있거나, 또는 누군가가 개인을 식별하는 데 사용할 수 있는 충분한 정보를 제공한다. 위반은 의도적이거나 부주의하여 발생할 수 있다."라고 진술하고 있다(NCSBN, 2011). 이러한 정보는 이름, 진단서 또는 방 번호와 같이 단순한 내용일 수 있다. 항상 글을 올리기 전에 조직의 소셜미디어 · 소셜네트워킹 정책을 참조하도록 한다.

소셜미디어 · 인터넷 네트워킹 역량
Social Media and Internet Networking Capabilities

의료 환경 내에서 많은 건강 관련 웹사이트를 환자, 가족 및 전문가가 이용할 수 있다. 미국 보건복지부는 "천식과 함께 살아가기"에서 "금연"에 이르는 광범위한 온라인 지원 단체 목록을 제공한다(Mental Health America, n.d). CaringBridge는 개인의 건강 여정을 기록하기 위한 개인 웹사이트를 만들 수 있는 기회를 제공한다(CaringBridge, 2018). 이러한 사이트는 많은 친구, 가족 및 동료 사이에서 신속하게 정보를 보급할 수 있는 긍정적인 방법을 제공하여 환자 또는 가족 구성원들이 치료 중에 다른 사람에게 업데이트를 해야 하는 시간을 절약할 수 있다. 친구는 사이트에 격려의 메모를 게시할 수 있다. 일부 사이트에서는 환자의 질병, 부상 또는 필요에 따라 환자를 위한 온라인 지원 그룹 토론 게시판을 제공한다. 소셜미디어는 환자의 상호 작용과 서로가 서로를 지원하는 효과적인 도구가 될 수 있다.

간호사의 경우 링크드인과 같은 비즈니스 사이트를 통해 경력을 업로드할 수 있으며, 교육 및 기타 업적과 관심사를 강조하는 게시판을 경력 홍보에 사용할 수 있다. 최근 간호 트렌드를 따라가기 위해 당신은 전문 리스트서브에 가입하거나 메일 그룹에 속할 수 있다. 다른 웹 기반 서비스를 통해 워드 프로세싱 형식의 데이터를 보관하고 대학학위, 수상내역, 인증서, 전문 프리젠테이션 등을 간결한 형식으로 보관하는 디지털 포트폴리오를 만들 수 있다. 일단 모든 정보가 저장되면 소유자로서 정기적으로 정보를 업데이트하고, 잠재적인 고용주와 같은 다른 이해 당사자에게 접근 권한을 제공할 수 있다. 인증 및 면허 유지에 필요한 지속교육(Continuing Education Units, CEU)을 관리하기 위해 다양한 평생교육 추적 애플리케이션이 제공된다.

의료 애플리케이션 Healthcare Apps

소프트웨어 애플리케이션 또는 앱은 클라우드 컴퓨팅(cloud computing)의 또 다른 예로서, 무료일 수도 있으며 라이센스 수수료 또는 일회성 구매 가격이 부과될 수 있다. 앱의 유행은 2008년 7월부터 2017년 6월까지 애플 앱스토어에서 1,800억 개 이상의 앱이 다운로드되었다는 것을 통해 확인되었다(Statista, 2017). 앱스토어 또는 인터넷 검색 엔진을 통해 간호 앱을 검색하면 스마트폰 및 태블릿을 위한 수천 가지 건강관리 애플리케이션이 공개된다. 방사선학 임상의는 검사 결과, 의학 용어부터 시력점검표까지 무제한의 참고서를 즉시 손에 넣을 수 있다. 간호사는 환자의 옹호자로서 대상자의 건강 문제에 대한 데이터 유지를 위한 기술적인 저장소로 그와 같은 앱을 사용하도록 대상자를 이끌 수 있다.

전자건강기록/전자의무기록
Electronic Health Records/
Electronic Medical Record

전자건강기록(Electronic Health Record, EHR) 시스템은 의료 환경 내에서 여러 컴퓨터의 하드 드라이브에 로드하거나, 인터넷을 통해 접근하거나, 공급 업체가 호스팅하거나 사설 네트워크 또는 인트라넷에 로드할 수 있는 소프트웨어 애플리케이션이다. Beaty(2007)에 따르면 "전자의무기록은 간호의 패러다임을 변화시킨다." EHR은 모든 건강관리 대응 시 증가하는 데이터베이스에 데이터를 제공하여 환자의 과거력을 추가할 수 있는 기능을 통해 지속적인 돌봄이 행해지게 한다. HCP는 사무실에서 원격으로 환자의 차트에 접근하고, 결정을 내리고, 확인된 정보에 따라 처방을 입력할 수 있기 때문에 EHR에서는 시기적절하게 차트를 작성하는 것이 훨씬 더 중요하다. 예를 들어, 현재 활력징후, 검사 결과, 섭취량 및 배출량 데이터에 접근할 수 있는 능력은 이뇨제 처방에 영향을 줄 수 있다.

EHR의 사용을 지원하기 위한 EHR 및 미국연방규정의 진화는 개발 과정에서 병행되었다. 성과기반 인센티브 지불 시스템은 환자 및 가족 참여, 진료 조정 개선, 전자기록의 보안 유지 등을 목적으로 하는 여러 프로그램을 통합한다. 인센티브는 단순히 EHR 시스템을 설치하는 것이 아니라 질적인 측면의 입증을 기반으로 한다(HealthIT.gov, 2017). 지불금은 포괄적인 방식으로 다른 임상의 또는 환자와 사전에 정보를 공유하는 것과 같은 발전의 입증과 관련된다. 여기에는 검사 결과 공유, 방문 요약, 환자 중심 치료 및 제공자 간의 진료 조정을 지원하기 위한 치료 계획 등이 포함될 수 있다(US Department of Health and Human Services, n.d.).

전자 통신은 EHR 내에서 예기치 못한 방식으로 사용되고 있다. 과거에는 간호사가 상처의 대략적인 크기와 면적을 인체가 그려져 있는 종이에 직접 그려 차트에 넣고, 욕창 또는 학대 사례를 기록했다. 오늘날 간호사는 디지털 카메라를 사용하여 욕창이나 학대 상처를 기록하고 눈에 보이는 증거를 환자의 EHR에 업로드한다. 이 관행에서 한 가지 주의할 점은 지정된 프로토콜을 준수하고 올바른 장비를 사용하여 환자의 개인정보를 보호하는 것이다. 병원 환경에서 문서화를 위해 EHR을 사용함으로써, 질 관리 및 위험 관리 관행도 새로운 수준으로 개선되고 있다. 데이터 입력에 대한 날짜/시간 확인, 통증 약물치료 효과에 대한 후속 조치 평가, 품질 지표의 필수적인 문서화와 같은 핵심 데이터 요소는 강력한 품질 보고를 지원한다.

새로운 EHR은 테스트, 절차 및 중재가 변경되었기 때문에 환자의 입원 중 문서 부분에만 국한되지 않는다. 전산화된 의사 처방 입력(Computerized Provider Order Entry, CPOE)은 실시간 상호작용 알람 또는 중복 경고를 통해 의사가 처방을 직접 입력할 수 있으며, 필요한 부서에 즉시 전달할 수 있다. 전자 의약품 투여 기록(Electronic Medication Administration Record, e-MAR)과 병상 약품 검증을 위한 바코드 스캐닝의 사용은 투약 과정을 획기적으로 변화시킨다. 의약품의 2차원(2D) 또는 3차원(3D) 바코드 라벨을 스캔하여 약물, 투여량 및 투약 경로 형태를 식별하고, 이를 환자 식별 바코드 및 CPOE 처방과 일치시킨다. 모든 측면이 정확하게 일치하면 약물을 안전하게 투여할 수 있다. 불일치가 있을 경우, 시스템은 간호사에게 불일치를 경고할 것이다. 이러한 유형의 약물 전달은 투약 오류를 방지하기 위해 EHR에 의해 안내된다. 주의해야 할 점은 이러한 시스템을 간호 전문적인 판단과 비판적 사고를 지원하는데 사용하되, 이를 대체하지 않아야 한다는 점이다. EHR 내에서 발견되는 약물 상호작용 소프트웨어는 특정 처방에 따라 약물 투여를 맞추는 것 외에도 관련 환자 매개변수 및 데이터를 평가하여 환자 안전을 증진시킬 수 있다. EHR은 신독성 약물과 같이 비정상적인 검사 결과 또는 약물의 영향을 받는 생리학적 한계(심박동수를 늦추거나 혈압을 낮추는 등)에 근거해 약물에 대한 부정적인 반응이 나타날 가능성을 직원들에게 경고한다. EHR은 누적 약물 투여량을 추적하고 심지어 처방된 조건 하에 투여하더라도 정의된 최대 용량에 도달하면 임상의에게 경고할 수 있다.

임상 의사결정 지원 시스템은 임상 의사결정을 촉진하기 위해 데이터가 필요한 업무 흐름의 정확한 지점에서 이상적으로 데이터를 제공하는 도구이다(Box 23-4: The AHRQ 5 Rights of Clinical Decision Support).

Box 23-4 보건의료연구 및 품질관리원(AHRQ)의 임상의사결정지원(CDS)의 5가지 지침

CDS 5 Rights 모델은 다음과 같이 의사소통할 경우 CDS가 지원하는 의료 서비스 개선 효과를 얻을 수 있다고 명시하고 있다:

1. **올바른 정보:** 증거 기반에 행동 지침에 적합하고 상황에 적절한 정보
2. **올바른 구성원:** 임상의, 환자 및 간호인력을 포함한 모든 구성원을 고려
3. **올바른 CDS 개입 형식:** 경고, 오더세트(order set), 임상 질문에 답변하기 위한 참조 정보 등
4. **올바른 채널을 통해:** 예를 들어, EMR과 같은 CIS, 개인건강기록(PHR) 또는 인터넷이나 모바일 장치와 같은 일반적인 채널
5. **업무 흐름 상 적기:** 예를 들어, 의사결정, 조치, 필요시

임상의사결정지원(clinical decision support, CDS), 임상정보시스템(clinical information system, CIS), 전자의무기록(electronic medical record, EMR), 개인건강기록(personal health record, PHR).

출처: https://healthit.ahrq.gov/ahrq-funded-projects/currenthealth-it-priorities/clinical-decision-support-cds/chapter-1-approaching-clinical-decision/section-2-overview-cds-five-rights.

미의학연구소(Institute of Medicine)는 "미국 인구의 약 20%가 농촌에 살고 있지만 의사의 9%만이 그 지역에서 수련하고 있다."고 보고하였다(Effken & Abbott, 2009). 원격의료의 엄청난 성장으로 전자방문(e-visits)을 통해 소외된 사람에게 원격진료를 제공할 수 있다. EHR은 데이터, 사정 도구 및 의사소통 장치를 통합하여 이를 가능하게 한다. 원격의료 시스템은 고해상도 시각 및 청각 입력을 제공하고, 생리학적 정보가 호환 가능한 모니터링 장치를 통합하며, EHR에서 필요한 현재 및 과거 데이터를 가져와 원격 사정과 진료를 지원한다. 간호사는 디지털 청진기 및 기타 도구를 사용하여 진찰 및 데이터 수집을 안내하는 환자 측의 돌봄제공자가 되기도 한다. 디지털 통신이 환자에게 1차 진료를 제공하는 간호사의 미래 역할에 어떤 영향을 미칠지 추측하는 것은 흥

미롭다.

Demiris 등(2008)에 따르면, HIT는 환자가 자신의 건강을 위해 적극적인 역할을 수행할 수 있도록 도와줄 수 있다. 환자가 환자 중심의 의료 애플리케이션을 사용하거나 인터넷에서 관련 정보를 검토할 때, HCP와 환자 간의 통신 채널을 개시하면서 동시에 환자가 의사결정 과정에 관여하게 된다. 많은 건강 정보 시스템에는 환자 자신의 의료 데이터에 대한 안전한 접근, 의료 제공자와의 의사소통 및 권장되는 건강 정보 자원에 대한 링크를 제공하는 환자 포털이 포함된다. 환자 모니터링 도구와 모바일 장치는 당뇨병 환자에 대한 지속적인 혈당 모니터링이나 울혈성 심부전(CHF) 환자에 대한 일일 체중, 심박수 및 산소 농도 등의 평가를 위해 디지털 통신 자료가 HCP에게 다시 되돌아가도록 개발되었다.

EHR에 관한 모든 초기 문헌이 긍정적인 것은 아니지만, 기술에 대한 수용이 증가하고 있다. 그럼에도 불구하고 HCPs의 태도가 EHR이 실제로 완전히 사용되고 받아들여지는지 여부에 중요한 요소로 남아 있다(Makam et al., 2014). 한 연구에서 "기록되지 않았다면, 완료되지 않은 것이다"라는 간호차트나 기록 누락에 대한 금언을 찾았다(Carroll-Johnson, 2008). 이 연구는 동시에 원격으로 기록에 접근하기 때문에 EHR을 적시에 차트로 작성할 수 없는 것이 함정이 될 수 있음을 보여준다. Sassen(2009)은 많은 간호사들이 EHR에 대해 어떻게 느끼는지 설명한다. 플로우시트와 체크리스트 등의 적시에 표준화된 문서의 이점은 실제로 "간호사의 보이지 않는 작업을 포착"하고 환자 경험에 대한 전체 이야기를 전달하기 위해 EHR을 사용하는 것으로 상쇄될 수 있다.

많은 시스템이 유사하지만, 의료 환경이 EHR로 바뀌는 것은 의미 있는 학습 곡선과도 같다. 문서기록에서 디지털 시스템으로의 전환은 난해하다. Courtney 등(2008)에 의하면, 간호사는 초보자에서 IT 분야 전문가로 이동해야 한다. 이러한 지식 격차를 극복하는 것은 어려울 수 있다. 정보기술 역량 문제로 인해 일부 기관은 EHR 교육을 시작하기 전에 직원의 기본 컴퓨터 기술을 평가하는 것으로 시작한다. 윈도우나 애플 포맷, 마우스와 같은 도구 그리고 타이핑 기술과 같은 기본적으로 사용하는 기술이 누군가에게는 엄청난 도전이 될 수 있다. 간호사는 문서기록에서 사용한 것과는 다른 방식으로 의료 서비스 전달 및 문서화의 우선순위를 정하는 법을 배워야 한다. 의심의 여지 없이 EHR은 간호사의 문서화 업무흐름을 변경하므로, IT 결정이 내려질 때 간호를 제공하는 최종 사용자가 참여하는 것이 중요하다. 시스템 설계에 대한 적절한 정보가 없는 간호사는 종종 더 쉽고 빠른 방법으로 작업을 완료하기 위해 시스템 요구사항을 우회하는 방법을 찾는 식의 해결책 마련에 의존한다. 이러한 해결 방법은 계획된 안전 단계와 프로세스를 무효화하고 직원, 시설 및 환자에게 많은 비용을 부과한다. 이는 전문직 간호사의 관점을 제공하고, 간호업무 흐름을 올바르게 수용하며, 필요한 질적 결과 및 간호 전달에 초점을 맞춘 EHR을 만드는 간호정보학자의 역할이 증가한 또 다른 이유이다.

디지털 통신의 위험성
Dangers of digital Communication

비언어적 단서와 신체 언어의 이점이 없으면 서면으로 된 메시지는 더 쉽게 오해를 불러일으킨다. 당신이 업무적으로 사용하는 디지털 통신이 얼마나 전문적인지 확인해야 한다. 기본 팁으로는 너무 많은 전자메일은 누군가의 전자메일 계정을 가득 차게 하고, 또 의도하지 않은 수신자에게 실수로 무언가를 보낼 위험을 증가시키기 때문에 "전체 답장" 옵션은 거의 사용하지 않는 것이 좋다. 또 다른 중요하지만 종종 간과되는 팁은 모든 웹사이트를 신뢰하지 않는 것이다. 보안이 필요한 정보(예: 온라인 주문의 신용카드번호)를 보내려면 하이퍼링크 주소를 확인해야 한다. "http://" 주소 대신 "https://" 주소여야 한다. 이 경우 여분의 문자 "s"는 데이터 보안 사이트를 의미한다.

바이러스, 웜, 멀웨어 및 해커는 디지털 통신 세계의 실질적인 위험이다. 개인 액세스 장치를 위해 좋은 바이러스 백신 프로그램에 투자하는 것이 현명하다. 의심스러운 첨부파일이 있는 전자메일을 열면 안 된다. 가정용 컴퓨터의 시스템 검사를 정기적으로 실행한다. 비밀번호는 번거롭기는 하지만 특히 학교 또는 직장 계정에서 특정 문자 조합을 필요로 하고 2~3개월마다 변경해야 한다. 그러나 암호는 당신의 안전과 개인 및 환자 정보 모두를 보호하기 위한 것이다. 그들은 의료 환경에서 중요하며, 보호된 암호는 당신 단독의 이름으로 파일을 저장하고 문서화할 수 있도록 보장한다. EHR에서 당신의 성명은 문서화에 대한 당신의 법적 승인이기 때문에 이는 매우 중요하다. 절대 다른 사람과 본인의 비밀번호를 공유하거나 다른 사람이 당신의 비밀번호로 활력징후를 기록하도록 허용해선 안 된다. 고위험 약물 확인 또는 혈액 투여 과정을 가속화하기 위해 암호를 단순화하려는 유혹을 피해야 하며, 모든 세부 사항에서 안전 절차를 따라야 한다. 대부분의 기관은 비밀번호 사용 및 공유에 대한 강력한 정책을 가지고 있으며, 이를 준수하지 않으면 실직과 같은 가혹한 처벌을 받을 수 있다.

"낯선 위험"은 다른 환경과 마찬가지로 디지털 통신 세계에서도 동일하다. 당신이 누구와 정보를 공유하고 있는지 신경을 써야 한다. 공통 관심사가 공통된 목표 또는 동일한 신념 체계를 보장하지는 않는다. 인터넷 상의 공유는 주의해야 한다. 소셜미디어의 안전 규칙에는 집 주소 또는 전화번호가 나열되어 있지 않아 누군가 웹 상영을 한다 해도, 실제 주소로 추적하지 못하게 한다. 또한 사진이 소셜미디어 사이트에 게시되면 마우스 오른쪽 버튼으로 클릭하고 컴퓨터에 저장하여 원하는 사람들이 이를 무료로 이용할 수 있다.

인터넷에 대한 또 다른 위험은 대상자(및 전문가)가 잘못되었거나 오보로 사기를 당했을 때 발생한다. 건강 정보를 얻기 위해 점점 더 많은 사람들이 인터넷을 이용하고 있기 때문에 간호사들은 옹호자가 될 뿐만 아니라 환자에게 신뢰할 수 있는 인터넷 정보를 찾는 방법을 가르치는 것을 포함하여, 디지털 통신 분야의 의료 리더가 되는 것도 중요하다. 웹사이트 평가에 대한 구체적인 정보는 Box 23-2를 참조한다.

디지털 통신에 대한 의존은 실제로 새로운 세계를 만들었다. 디지털 통신을 전문 간호 수행과 신중하게 결합하면 보다 안전한 환경에서 실제 환자 치료를 위한 시간을 늘릴 수 있다. 그러나 많은 새로운 기술과 마찬가지로 디지털 통신의 적절한 활용은 가파른 학습 곡선을 가지고 있다. 신중하게 참여하고자 하는 이들에게는 단기적인 불편보다 장기적인 이점이 훨씬 크다.

새로운 소비자
Our New Consumer

미국인의 온라인 건강습관에 대한 Pew Survey(California Health Foundation 2013)에 따르면 미국인들은 점점 더 건강에 관한 정보를 얻기 위해 인터넷으로 눈을 돌리고 있다. 그 예시는 만성질환을 앓고 있는 사람(흥미롭게도 만성질환을 앓고 있으면 소셜미디어를 활용하여 자신의 경험을 공유할 수 있는 기회가 증가한다), 개인이 휴대기기 앱을 사용하여 체중, 다이어트, 운동 및 증상을 추적하고 건강 정보를 찾는 것, 건강정보를 인터넷에서 검색하는 가족 돌봄제공자가 그 주제에 대해 다른 사람보다 앞서는 것 등이 있다. 그리고 건강 분야에 대해 사용자 간 직접 접속 시, 사람들은 특히 희귀 질환을 가진 사람들과 함께 네트워크를 사용하여 타인과의 접촉을 확대한다. 디지털 통신에 의해 간호는 쉴 새 없이 바뀌고 있으며, 이제 대상자는 건강에 대한 올바른 정보나 잘못된 정보로 무장하고 올지도 모른다. 점점 더 많은 대상자가 온라인으로 검색하여 증상이 의미하는 바를 확인한다. 진단 후, 더 자세한 정보를 얻기 위해 상태를 조사할 수 있다. 신뢰할 수 있는 정보에 액세스하는 방법에 대한 지식을 활용하여 대상자에게 온라인 자원에 액세스하고, 디지털 지원 시스템을 찾고, 가상 커뮤니티에 참여하는 방법을 가르쳐야 한다. 정보의 과부하 또는 잘못된 정보로 인해 불안감이 커지는 사람을 어떻게 돌보고 지원을 제공해야 하는지 신중하게 고려해야 한다. 정보를 얻은 대상자는 환자 중심 의료 분야에서 진정한 파트너가 될 수 있다. 대상자에게 디지털 통신의 힘을 활용하여 자신의 건강에 대한 책임을 증가시킬 수 있도록 권한을 부여함으로써 환자 중심 치료를 지원할 수 있다.

성찰과 적용

디지털 통신

나는 클리닉에서 새로운 건강 정보 시스템 구현을 지원하며 매우 능숙한 의사 및 환자와 함께 일하고 있었다. 의사는 환자에게 자신의 기록을 보여 주기 위해 모니터 화면을 돌려 혈압, 검사 결과 그리고 약국에 가져가야 할 새로운 처방전과 같은 세부 사항을 설명했다. 환자는 재빨리 화면 상단에 있는 72세의 나이를 가리키며 "그것을 82세로 바꾸고 10년 후에 저에게 무슨 일이 일어날지 알려줄 수 있나요?"라고 물었다.

디지털 통신 사용 연습
Practicing Digital Communication

연습 1 웹사이트 검색

https://www.senate.gov/를 방문하여 해당하는 주의 두 상원의원 웹페이지를 찾거나, http://www.google.com를 사용하여 해당 국가 기관의 공식 웹사이트를 검색한다. 배운 내용을 한 단락으로 작성해본다.

연습 2 검색엔진의 활용

인터넷에서 연구할 만성질환을 선택한다. 표 23-2를 검토하고 유용한 정보가 있는 적절한 사이트를 검색한다. 검색 엔진(https://www.google.com)을 사용하여 질병에 대한 기본 정보를 검색한다. 구글 학술검색(https://scholar.google.com)을 사용하여 검색한 결과와 비교한다. 대상자에게 권장할 자원 목록을 작성한다. 그런 다음 동일한 만성질환을 가진 대상자에게 유용한 지원 그룹 또는 대화방을 검색한다. 다른 학생 또는 집단과 함께 인터넷을 통해 그러한 지원의 혜택과 책임을 논의한다.

연습 3 디지털 통신의 위험 사례분석

온라인에서 NCSBN 브로셔 '소셜미디어 사용을 위한 간호사 안내서(a Nurse's Guide to the Use of Social Media)'를 검색한다. 브로셔를 읽고 호스피스 간호사인 마리아의 예와 그녀가 환자의 기밀을 어떻게 위반했는지에 대해 논의한다. 소셜미디어와 디지털 미디어를 부적절하게 사용할 경우, 발생할 수 있는 결과를 바탕으로 함께 일하는 사이트 또는 고용주에 대한 정책과 영향을 어떻게 결정할지 논의한다(Box 23-3).

연습 4 Q.S.E.N - 정보화 역량

정보화 역량은 다른 모든 질 관리 및 안전 역량을 뛰어 넘는다. 정보 기술 역량을 갖춘 KSAs는 간호사가 근거기반 정보를 찾아 평가하고, 의사결정 지원 도구를 사용하여 결정을 내리고, 정보를 기록하고, 기밀 정보를 관리하고, 전자건강기록(EHR)을 통해 환자 진료와 관련된 다양한 분야 간 의사소통을 지원한다. 다음과 같은 질문을 사용하여 정보학이 어떻게 유닛 전체에 통합되는지 평가한다. 임상실습 경험이 끝나면 소그룹끼리 질문에 대해 토의하여 정보학이 일상적으로 간호실무의 일부분임을 확인하고, 질 관리 및 안전성을 향상시키는 데 사용될 수 있음을 알 수 있다.

1. 환자 중심의 치료: 환자와 가족은 월드 와이드 웹(World Wide Web)을 사용하여 질병 정보를 검색한다. 적절한 사이트를 사용하고 발견된 정보를 평가하는 데 도움을 줄 수 있는 방법은 무엇인가?
2. 팀워크 및 협업: 한 돌봄제공자에서 다른 돌봄제공자로 환자를 인계할 때, 의사결정에 중요한 영향을 미칠 수 있는 오류가 발생하거나 정보가 누락될 확률이 증가한다. 자동화된 체크리스트와 요약된 자료 보기를 사용하여 돌봄제공자 간 인계 시 정확하고 완전한 정보를 공유할 수 있는 방법을 설명한다.
3. 근거기반 실습: 우리가 일을 하는 이유는 무엇인가? 당신이 제공하는 간호에 대해 근거를 인용할 수 있는가? 환자를 돌보는 과정에서 겪었던 질문이나 관행을 조사하고 근거기반 돌봄 지침을 설명하기 위해 데이터베이스 검색을 사용하는 방법을 보여준다.
4. 질 향상: 질 관리 기준을 제공하고 공유하는 사이트에 어떻게 액세스하는지 보여준다. 당신 부서의 간호성과를 측정하는 데 사용되는 디지털 관련 질 향상 도구는 무엇인가? 이러한 도구를 업계 표준과 비교한다.
5. 안전성: 가능한 오류를 직원에게 알리기 위해 EHR에 자동화된 안전 경고가 내장되어 있는지 확인한다. 자동화된 안전 경고를 받는 데 따르는 이점과 문제점은 무엇인가? EHR은 안전한 치료를 지원하기 위해 데이터를 어떻게 제공하는가?
6. 정보학: 임상의사결정지원의 5가지 지침을 검토한다. 직원이 정보에 입각한 의사결정을 내리는 데 도움이 되는 의사결정 지원 도구를 확인한다. 당신 부서의 직원들이 사용할 수 있는 의사결정 지원은 무엇인가? 어떻게 5가지 지침을 충족시키는가(Box 23-4)?

참고문헌

Agency for Healthcare and Research Quality (AHRQ). *Clinical decision support*. (2015). <https://www.ahrq.gov/professionals/prevention-chronic-care/decision/clinical/index.html> Accessed 23.09.18.

American Heart Association (AHA). AHA *News: frequent simulation-based training may improve CPR proficiency among hospital staff*. (2016). <https://news.heart.org/frequentsimulation-based-training-may-improve-cpr-proficiencyamong-hospital-staff/> Accessed 23.09.18.

American Nurses Association (ANA). (2014). *Nursing informatics:Scope and standards of practice*. Silver Spring, MD: Publishing Program of the American Nurses Association.

American Nurses Association (ANA). *Code of ethics for nurses*. (2015). <https://www.nursingworld.org/codeofethics>Accessed 03.03.18.

Beaty, B. (2007). The electronic medical record shifting theparadigm. *A conversation with Jane Robles and Joan Karnas In Creative Nursing, 13*(2), 7–9.

Bennett, S., Maqton, K., & Kervin, L. (2008). The "digital natives" debate: A critical review of evidence. *British Journal of Educational Technology, 39*(5), 775.

California Health Foundation. (2013). *Pew survey of Americans' online health habits*. https://www.chcf.org/publications/2013/01/pew-survey-online-health. Accessed 03.04.18.

CaringBridge. (2018). *Share, connect and rally support*. https://www.caringbridge.org. Accessed 05.04.18.

Carroll-Johnson, R. M. (2008). If it isn't written down, it wasn't done. *Oncology Nursing Forum, 35*(3), 331.

Courtney, K. L., Alexander, G. L., & Demiris, G. (2008). Information technology from novice to expert: implementation implications. *Journal of Nursing Management, 16*(6), 692.

Demiris, G., Afrin, L., Speedie, S., Courtney, K. L., Sondhi, M., Vimarlund, V.,...Lynch, C. (2008). Patient-centered applications: Use of information technology to promote disease management and wellness. A white paper by the AMIA Knowledge in Motion Working Group. *Journal of the American Medical Informatics Association, 15*(1), 8.

Effken, J. A., & Abbott, P. (2009). Health IT–enabled care for underserved rural populations: The role of nursing. *Journal of the American Medical Informatics Association, 16*(4), 439.

Fraser, R. (2011). *The nurse's social media advantage: How making connections and sharing ideas can enhance your nursing practice*. Indianapolis, IN: Sigma Theta Tau International Honor Society of Nursing.

Hampton, D., Pearce, P., & Moser, D. (2017). Preferred methods of learning for nursing students in an online degree program. *Journal of Professional Nursing, 33*(1), 27–37.

HealthIT.gov. *Meaningful use*. (2017). <https://www.healthit.gov/topic/federal-incentive-programs/meaningful-use> Accessed 23.09.18.

Huston, C. (2013). The impact of emerging technology on nursing care: Warp speed ahead. *Online Journal of Issues in Nursing, 18*(2), 1.

International Nurse Regulator Collaborative (INRC). Position statement. Social media use: common expectations for nurses. (2016). https://www.cno.org/globalassets/docs/prac/incrsocial-media-use-common-expectations-for-nurses.pdf Accessed 23.09.18.

Internet World Stats. (2018). *Internet world stats usage and population statistics*. https://www.internetworldstats.com. Accessed 23.09.18.

Kennedy, G., Judd, T., Churchward, A., Gray, K., & Krause, K. (2008). First year students' experiences with technology: are they really digital natives? *Australasian Journal of Educational Technology, 24*(1).

Kubheka, B. (2017). Ethical and legal perspectives on the medical practitioners use of social media. *South African Medical Journal, 107*(5), 386–389.

Kung, Y. M., & Oh, S. (2014). Characteristics of nurses who use social media. *Computers, Informatics, Nursing, 32*(2), 64.

Legal Eagle Eye Newsletter. *Cell phones: on-duty Facebook posting violated rules, nurse's firing upheld*. (2011). <https://www.nursinglaw.com/cell-phones-on-duty-facebook-postingviolated-rules-nurses-firing-upheld.pdf> Accessed 09.23.18. (There is now a fee for this site).

Makam, A. N., Lanham, H. J., Batchelor, K., Moran, B., Howell-Stampley, T., Kirk, L., & Halm, E. A. (2014). The good, the bad, and the early adopters: providers' attitudes about a common, commercial EHR. *Journal of Evaluation in Clinical Practice, 20*(1), 36–42.

McCann, E. (2014). *Paradigm shift coming for digital health*. https://www.healthcareitnews.com/news/report-more-docsembracing-ehealth. Accessed 23.09.18.

Mental Health America (n.d.). Find Support groups; http://www.mentalhealthamerica.net/find-support-groups. Accessed on 07.24.19.

National Council of State Boards of Nursing (NCSBN). *Computerized Adaptive Testing (CAT)*. (n.d.). <https://www.ncsbn.org/1216.htm> Accessed 03.04.18.

National Council of State Boards of Nursing (NCSBN). *National Council of State Boards of Nursing (NCSBN):* a nurse's guide to the use of social media. (2011). <https://www.ncsbn.org/NCSBN_SocialMedia.pdf> Accessed 23.09.18.

National League for Nursing (NLN). (2008). *Preparing the next generation of nurses to practice in a technology-rich environment: an informatics agenda [position paper]*. https://www.nln.org/docs/default-source/professional-developmentprograms/preparing-the-next-generation-of-nurses.pdf?sfvrsn¼6. Accessed 07.24.19.

Our Lady's Children's Hospital. (2014). *Crumlin (OLCHC). In Policy on the use of SMART/personal mobile phones for nursing staff*. https://www.olchc.ie/Files-Uploaded/Nursing-Guidelines/Smart-and-Personal-Phone-Use-for-Work-Purposes-2014.pdf. Accessed 03.04.18.

Pew Research Center. *Mobile fact sheet*. (2018). <https://www.pewinternet.org/fact-sheet/mobile/> Accessed 23.09.18.

QSEN Institute. *QSEN competencies*. (n.d.). <https://qsen.org/competencies/pre-licensure-ksas/> Accessed 05.04.18.

Sassen, E. J. (2009). Love, hate, or indifference: How nurses really feel about the electronic health record system. *Computers, Informatics, Nursing, 27*(5), 281.

Sensmeier, J., Anderson, C., & Shaw, T. (2017). International Evolution of TIGER Informatics Competencies. https://www.himss.org/library/international-evolution-tiger-informaticscompetencies.

Simpson, R. L. (2007). Information technology: building nursing intellectual capital for the information age. *Nursing Administration Quarterly, 31*(1), 84.

Statista. (2017). *Cumulative number of apps downloaded from the Apple App Store from July 2008 to June 2017 (in billions)*. https://www.statista.com/statistics/263794/number-ofdownloads-from-the-apple-app-store/ Accessed 23.09.18.

Statista. (2018a). *LinkedIn–Statistics and facts*. https://www.statista.com/topics/951/linkedin/. Accessed 23.09.18.

Statista. *Number of Facebook users by age in the US as of January 2018 (in millions)*. (2018b). <https://www.statista.com/statistics/398136/us-facebook-user-age-groups>. Accessed 07.24.19.

The Cleveland Clinic. *Personal cell phones on the nursing unit can impact infection control programs*. (2015). <https://consultqd. clevelandclinic.org/personal-cell-phones-on-the-nursingunit-can-impact-infection-control-programs/> Accessed 11.04.18.

US Department of Health and Human Services. *MIPS overview*. (n.d.). <https://qpp.cms.gov/mips/overview> Accessed 05.04.18.

Westbrook, J. I., Woods, A., Rob, M. I., Dunsmuir, W. T., & Day, R. O. (2010). Association of interruptions with an increased risk and severity of medication administration errors. *Archives of Internal Medicine, 170*(8), 683.

Westra, B. L., & Delaney, C. W. (2008). Informatics competencies for nursing and healthcare leaders. *AMIA Annual Symposium Proceedings, 6,* 804–808.

Wolters Kluwer Health. (2014). *Wolters Kluwer Health Survey finds nurses and healthcare institutions accepting professional use of online reference & mobile technology*. https://www.healthitoutcomes.com/doc/wolters-kluwer-health-nurseshealth-care-mobile-technology-0001. Accessed 23.09.18.

Wu, Y., Wang, Y., & Ji, M. (2017). Competencies related to informatics and information management for practicing nurses in select countries in Asia. In J. Murphy (Ed.), *Forecasting Informatics Competencies for nurses in the future of connected health*.

Part 4

도전적 상황에서의 의사소통

Embracing the Transformative Process of the Journey

Chapter 24

직면의 기술

Learning Confrontation Skills

학습목표

1. 직면 기술의 장점을 확인한다.
2. CARE 직면 모델의 단계에 대해 논의한다.
3. 직면의 기술과 임파워먼트 간의 관계를 파악한다.
4. 직면의 기술에 대한 자신감 향상을 위해 선택된 활동을 실천한다.

직면의 특성

Different Kinds of Confrontation

"당신이 무엇을 하든, 누구와 함께 하든 갈등을 경험할 수 있다…. 의사소통은 원인이 되기도 하고 갈등의 해결책이 되기도 한다…."(Boothe et al., 2018). 직면이라는 단어를 들었을 때 어떤 단어들이 떠오르는가? 그 단어들은 긍정적인가 아니면 부정적인가? 이 장에서는 직면을 어떻게 다루는 것이 안전하고 능숙하게 환자 간호에 도움이 되는지 배우게 된다(Vertino, 2014; Algieri et al., 2014). 직면기술은 '다른 사람이 성장할 수 있는 방식으로 상대방 행동의 불일치에 대해 식별하고 반응-의사소통-피드백을 제공할 수 있는 것'이다(Tindall, 2008). 감정은 잠시 접어두고 문제해결에 초점을 맞추어 침착하게 접근하며 협력을 유도하는 것이다(Northam, 2009; Gallagher, 2009). Patterson과 동료들(2005)은 직면한다는 것은 누군가가 책임을 지게 하며, 문제해결 및 관계 형성을 위한 기회를 제공하는 것이라고 말한다. 직면의 한 유형은 대상자와 동료들에게 그들의 감정이나 신념, 태도, 행동 사이의 모순이나 왜곡을 확인하도록 유도하는 것이다(Egan, 2013). 다른 사람들이 모순을 인지하도록 설계된 이러한 직면의 유형은 대상자나 동료들이 말과 다른 행동이나 감정을 보일 때 간호사에 의해 제공될 수 있다. 이러한 차이를 지적하는 것은 대상자의 자기 인식을 증대시키는 계기가 될 수 있다.

다음은 자기 인식을 증대하기 위한 직면의 예이다. 김○○은 당신에게 하루에 담배 몇 개비만 피운다고 말한다. 그의 왼쪽 손가락에는 노란 얼룩이 있고, 담배냄새가 나고, 숨을 쉴 때마다 쌕쌕거리는 소리가 난다. 그의 아내는 그가 하루에 담배 두 갑을 피운다고 말한다.

> 간호사: "김○○님, 담배를 많이 피우는 것 같아 걱정이 되는군요. 손가락에 있는 노란 얼룩과 옷에서 나는 담배 냄새 그리고 숨소리로 보아 하루 몇 개비라고 한 것보다 훨씬 더 많이 담배를 피운다는 것을 알겠네요."

피드백에 따른 행동의 변화를 위한 명백한 제안을 포함한 직면이 이 장에서의 초점이 된다.

직면이 적합한 상황
Situations in Which Confrontation is Appropriate

직면에는 두 가지 부분이 있다. 첫 번째는 대상자의 행동이 비생산적이고 파괴적이라는 것을 인식시키는 것이고, 두 번째는 그들이 더 건설적이고 생산적인 방식으로 행동하기 위해 어떻게 해야 하는지 제안하는 것이다. 즉, 대상자를 직면시켜야 할 상황은 자신에게 비생산적이거나 해로운 경우와 그들의 행동이 타인의 권리를 침해하는 경우이다. 직면은 자기 이익을 보호하거나 타인을 더 생각하는 방법으로 변화하도록 돕는다. 주의할 것은, 문제가 타인의 소유라는 것과 간호사가 생각하는 행동 규범에 맞게 다른 사람을 '교정'하는 것이 간호사의 역할이 아니라는 것을 명심해야 한다(Cox, 1998).

일부 간호사는 다른 사람과 직면하고 싶어 하지 않으며, 그들과의 의견 차이에 대해 논의하고 싶어 하지 않는다. 우리는 주변 사람들 중 직면했을 때 논쟁적인 경향을 보이는 사람들을 떠올려 볼 수 있다. 만약 문제에 직면한다면, 우리는 다른 사람들이 가질 이미지에 대해 걱정한다(Shih, 2002). 그러나 직면은 시간을 절약하는 전략이 될 수 있고(Davidhizar & Cathon, 2002), 환자의 안전과 치료의 질에 중요한 의사소통 방법이 될 수 있다(Cassity, 2017).

공격적이라는 평가를 피하기 위해 타인의 비생산적이거나 파괴적인 행동에 대해 말하기를 꺼리는 경우가 있다. 그러나 추후에 대상자나 동료가 그들의 잘못된 행동으로 인해 곤경에 처하는 것을 보게 될 때, 말할 기회를 갖지 않았던 것에 대해 죄책감과 후회를 느끼게 된다. 또한 타인의 권리를 침해하는 사람은 직면하는 방법을 잘 모르기 때문에 화를 내고, 좌절된 무력감으로 조바심을 내는 경우도 있다. 자기주장적이지 않은 태도는 당장은 곤경에서 벗어날 수 있지만 결국 문제를 커지게 할 뿐이다.

Patterson과 동료들(2005)은 침묵이나 폭력을 피하기 위한 결정적인 직면에 대해 다음과 같이 말했다. 공격적이거나 비주장적인 태도는 자신감을 갖고 능숙하게 행동하기를 원하는 간호사들에게는 받아들여지지 않는다. 문제를 일으키는 행동에 대해 효과적으로 직면시키기 위해서는 대상자들이 비난받거나 공격받고 있는 것이 아니라는 느낌을 갖게 해야 한다. 그러면 대상자들은 간호사의 관점과 의견에 대해 존중할 것이다.

성찰과 적용

간호학생의 직면연습

때때로 누군가와 직면할 때, 관계를 발전시키고 더 가까워진다. '엄마는 내가 휴일에 집에 오기를 기다리고 계셨고 나는 할 일이 너무 많았다. 엄마는 휴일을 손꼽아 기다렸기 때문에 매우 화가 났다. 엄마에게 내가 여행에서 얼마나 스트레스를 받을지, 시험에서 떨어질까 두려워 주말 내내 정신이 없을 거라고 설명했을 때, 엄마는 나의 상황을 이해했다. 우리는 우리 둘 다 '서로에게 솔직할 수 있는 좋은 관계'를 원한다는 것을 깨달았다. 갈등은 풀어야 하는 과제지만, 관계를 악화시키는 대신 더 나은 관계로 개선해 나가는 것이 바람직하다.

CARE 직면
Care(Clarify, Articulate, Request, Encourage) Confrontation

CARE 직면의 요소
Elements of the CARE Confrontation

대상자나 동료와 대면할 때, 간호사 자신과 그들의 감정을 모두 걱정한다는 것을 보여주는 배려 깊은 행동이 중요하다. 아래의 CARE 접근은 다른 사람들과 직면하는 좋은 방법이다. 이러한 포괄적인 직면 형식은 다음과 같다(Bower & Bower 2009).

- 명료화(Clatify): 문제가 되는 행동을 명확하게 한다. 자신이나 타인에게 해가 되는 대상자나 동료들의 행동 양상에 대해 구체적으로 설명한다. 바뀌어야 되는 행동이 초점이므로 그 사람의 인격에 손상을 입히려는 의도가 아님을 명확히 한다.
- 표현(Articulate): 왜 그 행동이 문제가 되는지 설명한다. 그들의 행동이 어떻게 사람들을 방해하고 자극하는지 간호사가 어떻게 느끼는지 표현한다.
- 요청(Request): 행동의 변화를 요청한다. 이는 조심스럽고 정중하게 제안해야 한다.
- 격려(Encourage): 행동의 변화로 일어날 수 있는 긍정적인 결과나 변화에 실패하였을 때의 부정적인 면을 강조함으로써 대상자와 동료의 행동의 변화를 격려한다.

또한 부정적인 반응을 염려하지 말고, 비난 없이 중립적인 단어를 사용하며, 결론에 대해 성급히 판단하지 말고 대상자의 반응에 개방적인 태도를 유지해야 함을 기억해야 한다(Ryan et al., 1996). 대상자의 가치관이 간호사와 다르다는 것을 존중해야 하며, 그들과 직면할 때 강의하는 어조로 말하지 않도록 조심해야 한다(London, 1998).

직면의 예 Examples of CARE Confrontations

다음에 서술된 세 가지 상황은 공격적이지 않으면서 자기주장적인 방법을 사용하여 누군가와 어떤 방식으로 직면할 수 있는지를 보여준다.

상황 1

룸메이트가 당신과 함께 사용하는 침실에 옷을 어질러 놓고, 욕실도 지저분하게 사용한다. 노트와 교과서들은 온 방에 널려 있을 때도 있다. 그는 2주마다 대청소를 하지만 곧 다시 지저분해지고 당신은 지저분한 상태를 참아야 한다. 이는 당신에게 매우 불쾌한 상황이며, 친구를 초대하는 것도 주저하게 만든다. 당신은 다음과 같은 방법으로 룸메이트와 직면해야 한다.

명료화. ○○아, 너는 항상 옷을 침실에 던져놓고, 노트와 보고서들은 거실과 부엌 테이블 위에 흩어지게 둬.

표현. 나는 네가 우리가 같이 사용하는 공간을 어지럽혀서 기분이 안 좋아.

요청. 너의 물건은 너의 개인적인 공간에 놓았으면 좋겠어.

격려. 그러면 우리는 아파트를 더 넓게 쓸 수 있을 거고 집이 지저분한지 아닌지 걱정하지 않고 친구들을 편하게 초대할 수 있을 거야.

상대를 존중하면서도 적극적인 직면을 보여주면 그는 자신의 행동을 인정하고 변화할 것이다. 만약 이러한 직면이 기대한 행동 변화를 이끌어내지 못한다면, 당신은 "만약 네가 정돈하지 않는다면, 나는……."과 같은 부정적인 결과를 언급하는 방식을 선택할 수 있다. 또한 '청소서비스를 고용하고 비용을 지불하게 할 것이다.', '다른 룸메이트를 찾겠다.', '이사를 간다.'와 같은 가능한 결과를 언급할 수 있다.

상황 2

당신은 간호관리자이다. 직원들은 이○○ 간호사가 한 명에게 보내는 회신 메일을 간호사 전체에게 보내고 있다고 불평한다. 이는 불필요한 이메일을 읽으면서 다른 직원의 시간이 낭비된다는 것을 의미한다. 이메일을 보내는 행위 자체는 쉽지만, 그것이 다른 사람들에게는 시간낭비라는 것을 당신은 알고 있다.

명료화. 이○○ 간호사, 당신이 단 한 사람에게만 회신을 해야할 때 단체 이메일로 "모두"에게 답장을 보낸다는 것을 알게 되었어요.

표현. 수신자를 설정하는 과정에서 더 많은 단계가 필요하다는 것을 알고 있지만, 직원들이 받는

중요한 메일 속에서 당신이 보내는 불필요한 메일들은 그들의 이메일을 어지럽히고 있고, 나는 그것에 대해 많은 불평을 들어왔어요.

요청. 수신자가 단 한 명일 때는 메일을 보낼 때 주의를 기울이면 좋겠어요.

격려. 메일 전송 시 주의를 기울여주면 고맙겠어요. 당신의 배려가 직원들의 착오를 줄여 줄 거예요. 나는 직원 모두가 시간을 절약할 수 있도록 피드백을 나누고 싶었어요.

이 접근법은 다른 직원들이 이 간호사에게 화를 내거나, 이 간호사가 이메일 사용에 있어 미숙하다고 여기는 것을 막는다.

대상자 또는 동료와 직면하기
Confrontations with Clients or Colleagues

우리는 다른 사람들의 행동이 위험하거나 목표에 부합하지 않는 것을 종종 볼 수 있다. 우리 각자는 우리의 말과 행동이 자신에게 얼마나 감정적 · 신체적인 해를 주는지 모르고 있다. 간호사로서 우리는 다른 사람들이 어떻게 최대의 이익을 발휘할 수 있는 방법으로 변화하고 행동할 수 있는지에 대한 객관적인 관점을 제공할 수 있다. 다음의 예시는 대상자와 동료에게 그들의 목표를 향상시키고 감정적 또는 신체적 위험을 피하기 위한 방법으로 CARE 직면을 사용한 것이다.

대상자의 행동이 자기 파괴적이거나 비생산적인 상황
Situations in Which Your Client's Behavior is Self-Destructive or Unproductive

상황 1

조○○은 18세 대상자로 아킬레스건이 파열되어서 치료를 받았다. 목발 사용방법 교육 후, 다친 다리에 너무 많은 하중을 주고 있다는 사실을 알게 되었다. 그렇게 되면 봉합부위가 약해지고, 건에 부담이 가서 결국 치유과정을 방해한다. 당신은 조○○에게 다음과 같이 말할 수 있다.

> 다친 다리에 무게가 실리면 건에 더 많은 손상이 생길 수 있어요. 만약 건이 더 약해지면 다리를 아예 사용할 수 없게 될 수 있죠. 목발을 사용하는 것을 연습해서 건강한 다리에 무게를 주는 것이 좋을 것 같아요. 그러면 부상을 최대한 치료할 수 있을 거예요. 한번 해 보겠어요?

상황 2

병동에서 당신과 송○○ 간호사는 3일 동안 저녁 근무를 함께 하였다. 송○○ 간호사는 무거운 대상자의 체위를 변경하거나 이동시키고 나면 긴장성 요통을 호소하였다. 당신이 보기에 송○○ 간호사는 허리를 보호하기 위해 어떠한 주의도 하지 않고 있다. 당신의 의견을 표현하기 위해 그녀에게 허락을 받은 후, 다음과 같은 방법으로 송○○ 간호사의 부주의에 대해 직면시키기로 결심한다.

> 송○○ 간호사, 허리 때문에 많이 불편해 하는 것 같아요. 무거운 환자를 돌릴 때, 치료팀이나 Hoyer lift의 도움 없이 환자의 모든 체중을 혼자서 감당하려고 하는 것 같아요. 만약 도움을 청하거나 보호장치를 주의 깊게 사용한다면 허리의 불편감을 많이 감소시킬 수 있을 것이라고 생각해요. 당신의 생각은 어떤가요?

간혹 CARE 직면 요소의 순서를 바꾸는 경우 더 자연스러울 수 있다.

상황 3

당신의 반 친구인 임○○은 전공 시험에서 좋은 점수를 얻지 못했다. 임○○은 시험의 난이도와 교수의 엄격한 채점에 대해 불평하고 있다. 당신은 임○○이 동시에 2명의 남자와 데이트를 시작한 이래로 거의 매일 밤마다 외출을 하여서 공부를 많이 하지 않았다는 사실을 알고 있다. 임○○은 당신에게 어떻게 해야 하는지를 물었다. 당신은 최근 그녀의 비효율적인 행동에 대해 직면시키기로 결심한다.

> 임○○, 난 교수님이 엄격해도 네가 항상 잘하고 있다는 것을 알아. 성적이 낮아진 것은 주말 밤에 데이트를 한 이후인 것 같아. 만약 공부할 시간이 충분하지 않다면 나도 마찬가지였을 거야. 우리가 반복해서 공부한다면 더 높은 시험점수를 받을 수 있다는 것을 너도 알고 있잖아. 아마도 방과 후 공부할 시간이 있었다면 사정이 달라졌을 거야. 하지만 외출을 한다면 어렵지 않을까?

지금까지 제시된 사례에서, 대상자나 동료는 자신이 어떤 행동을 하지 않아 신체적 또는 심리적인 문제에 직면하게 되었다. 직면은 문제가 있는 특정 행동을 지적하고, 대상자 또는 동료와 함께 확인한 명확한 대안을 제시하는 것이다.

자신의 권리 또는 타인의 권리를 침해하는 행위에 대처하기 위해 직면기술이 사용되는 상황을 살펴본다.

대상자나 동료의 행동으로 힘들어진 상황
Situations in Which Your Client's or Colleague's Behavior is Bothersome to You or Others

한○○ 씨는 병동에서 3일 동안 심각한 상태였던 53세 심장 환자이다. 그는 음식, 병실, 다른 대상자에 대해 불평을 하며, 오늘은 복도에서 당신에게 화를 내고 지금껏 자신이 만난 간호사 중에 가장 느리며, 간호사가 무엇을 하는지 모르겠다고 불평한다. 또한 당신의 외모에 대해서도 지적하고, 전문 자격에 대해 의문을 제기하며 계속해서 당신이 제공하는 간호에 대해 불평하며 모욕하는 말을 하였다. 그의 공격성은 당신을 당혹스럽고, 소모적이며, 불쾌하게 만들었다. 당신은 그가 통제 불능 상태라는 것을 깨닫고, 정신건강전문가에게 의뢰하는 것이 서로에게 도움이 될 것이라고 판단했다. 당신은 그가 개인 병실에 있을 때 그에게 직면반응을 사용한다.

> 한○○ 씨, 우리는 당신을 위해 어떻게 하는 것이 좋은지에 대해 이야기하려고 합니다. 당신이 간호에 대해 만족스러워하지 않는다는 것을 알고 있어요. 그럼에도 불구하고 우리가 할 수 있는 일에 대해 말하고 싶습니다. 이런 어려운 시기에 당신이 가능한 편안하게 지낼 수 있도록 도와주고 싶어요. 당신을 위해 더 좋은 것을 할 수 없다는 점이 유감입니다. 이러한 상황에 더 잘 대처할 수 있는 간호사를 연결해 드릴 수 있습니다. 그 간호사가 당신을 도와드릴 것입니다. 당신이 그 간호사를 만나서 상황을 좀 더 편안하게 하기 위해 함께 이야기하시기를 바랍니다. 어떻게 생각하시나요?

오○○ 씨는 사무실을 함께 사용하는 동료이다. 그녀는 당신의 서류를 옮겨놓고 책상을 어지럽히기도 한다. 어제, 당신은 볼펜과 스테이플러를 찾지 못했다. 오늘 오○○ 씨는 더러운 커피 컵과 샌드위치를 책상 위에 올려놓았다. 당신이 그녀와 이런 문제에 대해 직면하려고 할 때, 오○○ 씨는 책상을 치우지 않고 퇴근하려고 한다.

> 오○○ 씨, 우리가 책상을 어지럽히면, 나는 업무에 필요한 물건을 어렵게 찾아야만 해요. 당신이 바쁘다는 것은 알지만 저 쓰레기 좀 보세요. 만일 우리 둘 다 작업공간을 깨끗하게 유지해야 한다는 것을 생각한다면, 일하는 공간이 깨끗해져 있을 거예요. 서류와 사무용품을 사용하기 좋게 잠깐 시간을 내서 쓰레기를 버리고 정리를 하는 건 어때요? 그러면 일하기가 더 편해질 거고 당신에게 고마워할 거예요. 어떻게 생각해요?

동료의 행동으로 불쾌해진 상황
Situations in Which Your Colleague's Behavior is Unpleasant for You or Others

당신은 지난 5일 동안 밤번 근무를 했다. 3일 전부터 아침에 교대할 간호사가 15분에서 25분 정도 늦었다. 근무마다 1명밖에 없기 때문에 그녀가 도착할 때까지 당신은 아무 데도 갈 수가 없다. 그녀가 지각하면 가족들이 학교와 직장에 가기 전에 귀가하는 것이 늦어지게 되었다. 당신은 그녀와 직면하기로 결정하였다.

> 서○○ 간호사, 아침에 15분에서 25분 늦게 오는 것에 대해 이야기하고 싶어요. 서○○ 간호사가 도착할 때까지 내가 퇴근을 할 수 없어서 집에 너무 늦게 가게 되니까 가족들을 볼 수가 없어요. 근무 시작 시간인 7시에 도착해서 인계받을 준비가 되면 내가 집에 제 시간에 가기 위해 인계를 서두르지 않아도 될 거예요. 그렇게 할 수 있죠?

권○○ 간호사는 당신과 함께 정신과에서 일하는 신규간호사이다. 그녀가 대상자와 면담을 할 때마다 혼자만 커피를 마시고 책상 위에 다리를 올려놓고 있는 것을 보았다. 이런 부주의한 행동이 대상자에게 모욕감을 줄 수 있고, 존중받지 못한다고 느끼며, 권○○ 간호사가 대상자의 상황에 대해 관심이 없는 것으로 느끼게 만든다는 것을 알고 있다. 대개 대상자들이 이의를 제기하기 꺼리기 때문에 당신은 그녀의 행동에 대해 말하기로 결심하였다.

> 권○○ 간호사, 당신이 대상자와 면담을 할 때 손에 커피를 들고 책상에 발을 올려놓는 격식에 어긋나는 행동을 하는 것을 보았어요. 당신의 그런 행동은 몇몇의 대상자들에게는 그들을 진지하게 여기지 않는다고 느껴지게 할 거예요. 우리는 유니폼을 입지 않기 때문에, 행동을 통해 우리가 간호를 제공하는 전문가라는 분명한 메시지를 전달하는 것이 중요해요. 당신이 이 일을 좋아하고 잘한다는 것을 알고 있기 때문에 제가 당신의 행동을 잘못 해석할 수도 있다고 생각했어요(계속 진행하기 전에 권○○ 간호사의 동의를 기다린다). 만약 당신이 대상자에게도 커피를 제공하고, 책상에 다리를 올려놓지 않는다면 당신이 그들에게 진심으로 관심이 있음을 보여줄 수 있다고 봐요. 권○○ 간호사 생각은 어때요?

CARE 직면은 자신이나 타인의 이익에 위협을 줄 때, 상대에게 다가갈 수 있는 방법을 제공한다. CARE 직면은 침착하고 통제력 있고, 적극적인 방법으로 행동하도록 해준다. 또한 공격적으로 느껴지면 안 되는 상황을 잘 해결할 수 있도록 해준다.

단어의 마법

Magic of a Little Word

비판이나 다른 의견을 제시할 때는 '그러나'보다는 '그리고'라는 단어를 사용한다. '그러나'라는 단어는 사람을 방어적으로 만들 수 있다. Berent과 Evans(1992)는 충고나 비판을 할 때 이러한 스타일을 사용한 몇몇의 예시를 보여주었다.

- "저는 이것에 대한 당신의 감정을 높이 평가하고 있습니다. 그리고 제 생각에 당신이 제 의견을 수용한다면 당신은 다르게 느낄 수 있을 거예요."
- "저는 당신의 이유를 이해할 수 있고, 다르게 행동하기 위한 제 이유 역시 이해할 수 있다고 생각합니다."
- "그것은 흥미로운 아이디어이며, 여기 또 다른 생각해볼만한 방법이 있습니다."

직면과 임파워먼트

Confrontation as One Part of Empowerment

직면은 학습에 중요한 기술이며 유능하고 전문적인 간호사로 성장하기 위해 사용해야 하는 것 중 하나이다. 간호사는 자신의 간호기술에 자신감이 있을 때, 직면기술을 보다 효율적으로 사용할 수 있다. Murphy(1994)는 갈등해결이 효율적이기를 원하는 간호사들의 개인적 책임에 대해 논의해야 한다고 충고한다. 갈등을 건설적으로 다루는 것은 우리가 원하는 업무 환경을 만드는 데 도움을 준다(Cox, 2005). 간호사들은 다음을 수행해야 한다.

- 자기개발을 최우선으로 한다.
- 상황에 대처하기 위한 신호로써 분노와 두려움의 감정에 주의를 기울인다.
- 화난 감정이 더 커지기 전에 정중하게 말한다.
- 다른 사람을 정중하게 대한다.
- 마찰이 확대되도록 두지 말고 처음 발생하였을 때 동료에게 솔직하게 직면시킨다.
- 운동, 휴식, 레크리에이션과 같은 자기관리 기술을 행한다.

다음 장에서는 동료와 대상자에게 반응하기보다는 응답할 수 있는 것을 도와주는 자기관리 기술에 대해 논의한다. 어떤 상황에서 직면이 필요한지 혹은 견뎌내면 해결될 상황인지, 또는 피로와 개인적 스트레스로 인한 과민반응인지를 구별하여 이것을 해결하는 데 시간을 투자하게 해준다. Noddings(1994)은 "모든 장소, 사람, 사회, 정치 심지어 전문가들 사이에서도 사람들은 타인에 대해 오해한다."고 하였다. 직면은 깊은 생각, 에너지, 배려심이 필요하다. 간호에서는 '돌봄 지향적인 측면에서 표현된 요구에 적극적으로 반응하고 이해하며 돌봄의 태도를 지니기 위해 우리 자신을 이해하는 것에 더 관심을 둔다.'고 하였다.

직면의 기술 연습
Practicing Confrontation Skills

연습 1 적용하기

각각의 상황에서, CARE 직면을 시도한다. 대답을 준비한 후 반 친구들과 모여 다른 접근에 대해서 논의하고, 이후 당신의 제안을 비교해본다.

1. 나○○ 씨는 38세이며, 만성 기관지염을 앓고 있다. 당신은 그가 병원에 방문하기 전에 흡연을 한다는 사실을 알게 되었고 검사실에 들어왔을 때 그의 옷에서 담배 냄새를 맡았다. 흡연이 이 대상자에게 해롭다는 것을 알고 있다. 어떻게 그와 직면할 것인가?
2. 성○○ 씨는 60세이며, 발목에 요흔성 부종이 있다. 앉아 있을 때 다리를 의자에 올리고, 발가락부터 허리까지 오는 탄력스타킹을 신으라는 교육을 받았다. 그러나 성○○ 씨는 스타킹을 신지 않고 다리를 올리지도 않는다는 것을 알게 되었다. 이런 행동에 대해 당신은 어떻게 직면시킬 수 있겠는가?
3. 당신과 전○○ 간호사는 간호학과를 졸업하고, 6개월 전부터 응급실에서 함께 일하기 시작했다. 그녀는 같이 일하는 팀 동료들에게 존중을 받지 못하고 있으며, 자신의 의견에 귀 기울이는 사람도 없다고 털어 놓았다. 당신은 전○○ 간호사가 수동적인 태도를 취하는 것을 알고 있었다. 자신의 의견을 말하는 것에 대해 너무 조심스럽고 자신 없어 한다. 그녀는 어떤 생각을 말할 때, 그 제안을 가장 먼저 철회하기도 한다. 당신은 전○○의 적극적이지 않은 행동 때문에 그녀의 의견이 팀에서 선택되지 않았을 것이라고 확신한다. 당신은 전○○의 비효율적인 행동에 대해 어떻게 그녀에게 직면할 것인가?

CARE 직면 방법

1. "저는 나○○님이 지난 며칠 동안 흡연을 하는 것을 보았습니다. 흡연은 더 많은 객담을 만들고, 기침을 더 하게 되고, 호흡도 가빠지게 합니다. 그래서 금연을 결정하도록 몇 가지 정보를 드리려 합니다. 만약 금연을 한다면 나○○님의 폐는 깨끗해지고 숨쉬기도 편해지겠지만, 금연을 하지 않으면 심각한 폐렴의 위험이 있습니다. 어려운 줄은 알지만, 니코틴 패치를 사용한 사람들의 성공적인 결과를 듣는다면 놀랄 거라고 생각해요. 그것에 대해 더 자세히 말씀드릴까요?"
2. 성○○님, 탄력스타킹을 신지 않고 다리도 의자에 올리지 않는다는 것을 압니다. 탄력스타킹을 신으면 혈전이 생기는 것을 예방해줍니다. 스타킹을 신고 다리를 의자에 올려서 심장질환의 심각한 합병증을 예방하기를 강력하게 권합니다."
3. "전○○ 간호사, 내가 좀 더 효율적인 방법에 대해 좋은 아이디어를 몇 개 가지고 있다고 생각해요. 내 생각에 당신은 아이디어를 제안할 때마다 망설이거나 자신 없는 작은 소리로 말하고 자기 의견에 대해 확신하지 못하는 것 같아요. 전○○ 간호사가 '이 아이디어가 효과가 없을 수도 있지만' 하면서 말을 시작하면 팀원들은 당신의 의견을 듣기도 전에 당신의 제안에 대해 낮춰서 생각하게 돼요. 의견을 좀 더 긍정적인 방법으로 제시한다면 그 제안이 주목받을 겁니다. 그러면 전○○ 간호사 자신이나 팀에도 모두 도움이 될 거예요."

연습 2 역량훈련

CARE 형식을 사용하여 학교, 집단, 사회적 상황 등 실제 생활에서 직면을 위한 대화를 작성해본다.

1. 누군가와 직면하고 싶지만 그렇지 않은 상황, 또는 당신이 직면해야 할 누군가에게 다가갈 준비를 하고 싶은 현재의 상황을 파악해보자.
2. CARE 형식을 사용하여 학교, 집단, 사회적 상황 등 실제 생활에서 직면을 위한 대화를 작성해보자.
3. CARE 형식을 얼마나 효과적으로 만들었는가?
4. CARE 형식의 사용이 공격성과 비주장을 모두 피할 수 있음을 발견하였는가?
5. 직면을 위한 지침이 당신에게 많은 자신감을 제공하였는가?

연습 3 창조적 활동

직면을 하지 않아 불만족스러웠을 때와 성공적으로 직면을 사용했을 때의 감정을 탐색하고 비교해본다.

1. 당신이 누군가와 대치하지 않아 생긴 결정에 만족하지 못했던 때를 회상해보자.
2. 눈을 감고 그때의 상황과 그로 인한 감정을 상상해보자.
3. 그 감정에 색깔, 선, 모양, 형태가 있는 것처럼 생각해보자.
4. 눈을 뜨고, 마커나 크레용을 이용하여 일지에 3번의 이미지를 그려보자.
5. 다시 눈을 감고 그 사람과 직면하지 못해 생겼던 불만족스러움에 이제는 성공적으로 직면하는 자신을 상상해보자.
6. 처음 느꼈던 불만족스러운 감정에 대해 다시 한 번 생각해보고 그림을 그려보자.
7. 5번의 과정을 거쳐 그린 6번 그림을 보고, 4번의 그림과 비교해 직면하면서 생기는 자신의 차이점을 일지에 적어보자 (Riley, 2012).

연습 4 Q.S.E.N-CUS 의사소통 적용

안전은 모든 팀원들 사이의 공통된 책임이다. 안전하지 않은 행동을 하는 팀원을 발견할 때 어떻게 반응해야 하는가? CUS 의사소통 기술은 팀의 안전에 대한 인식을 향상시키기 위한 3가지 항목으로 구성되어 있다. 모든 팀원들이 CUS를 교육받으면, '모든 사람들을 동일하게 생각하기', '줄 세우지 않기'를 돕고 행동할 수 있다. 팀이 목표에 대해 불확실한 행동을 하면 오류가 발생할 수 있다. 누군가가 손을 씻지 않고 드레싱을 교환하려고 한다고 가정해보자. CUS 의사소통을 사용하여 연습해본다.

Concerned: 나는 …이 걱정된다.
Uncertain: 나는 …한 점이 불확실하다.
Safety: 나는 … 때문에 안전이 위험하다고 느낀다.

참고문헌

Algieri, R. D., Torlaschi, C. R., Faraco, R. L., Wasielewsky, G., & Ferrante, M. S. (2014). Interpersonal conflicts management and organizational consciousness in general surgery residency. *Journal of the American College of Surgeons, 219*(4). e155.

Berent, I. M., & Evans, R. L. (1992). *The right words: The 350 best things to say to get along with people*. New York, NY: Warner Books.

Boothe, A., Frasier, N., Weaver, C., & White-Kiehl, J. (2018). Resolving conflict: What does the giraffe say? *Nurse Leader, 16*(2), 121.

Bower, S. A., & Bower, G. H. (2009). Asserting yourself: A practical guide for positive change. New York, NY: Da Capo Press.

Cassity, M. (2017). *When confrontation is needed. Reflections on Nursing Leadership Sigma Theta Tau*. https://www.reflectionsonnursingleadership.org/features/more-features/Vol43_1_when-confrontation-is-needed. Accessed 19.07.18.

Cox, S. (1998). Nixing fix-it syndrome. *Nursing, 28*(6), 61.

Cox, S. (2005). Taking the "con" out of conflict. Nursing, 35(12), 57.

Davidhizar, R., & Cathon, D. (2002). Strategies for effective confrontation. *Radiologic Technology, 73*(5), 476.

Egan, G. (2013). *Skilled helper: A problem-management and opportunity-development approach to helping*. *Independence*, KY: Cengage Learning.

Gallagher, R. S. (2009). *How to tell anyone anything: Breakthrough techniques for handling difficult conversations at work*. New York, NY: AMACOM.

London, F. (1998). Improving compliance: What you can do. *RN, 61*(1), 43.

Murphy, S. Z. (1994). Don't be a doormat: Personal empowerment in nursing. R*evolution, 2*(2), 66.

Noddings, N. (1994). Learning to engage in moral dialogue. *Holistic Education Review, 7*(2), 5.

Northam, S. (2009). Conflict in the workplace, part 2. Strategies to resolve conflict and restore collegial working relationships. *American Journal of Nursing, 109*(7), 65.

Patterson, K., Grenny, J., McMillan, R., & Switzler, A. (2005). *Crucial confrontations: Tools for resolving broken promises, violated expectations, and bad behavior*. New York, NY: McGraw-Hill.

Riley, J. B. (2012). *Art in small spaces...art at the bedside*. Ellenton, FL: CS Publications. Contact julia@constantsource.com for more information.

Ryan, K. D., Oestreich, D. K., & Orr, G. A., III. (1996). *The courageous messenger: How to successfully speak up at work*. San Francisco, CA: Jossey-Bass.

Shih, C. (2002). Confrontations:Whendoes counterargumentation occur and when do people's thoughts predict their actions? *Dissertation Abstracts International A, The Humanities and Social Sciences*.

Tindall, J. (2008). *Peer power: Book one, becoming an effective peer helper and conflict mediator, workbook*. New York, NY: Routledge.

Vertino, K. A. (2014). Evaluation of a Team STEPPS initiative on staff attitudes toward teamwork. *Journal of Nursing Administration, 44*(2), 97.

Chapter 25

불합리한 요청의 거절

Refusing Unreasonable Requests

학습목표

1. 불합리한 요청을 거절할 권리의 중요성에 대해 논의한다.
2. 주장적 · 비주장적 · 공격적인 거절을 구별한다.
3. 불합리한 요청을 거절하는 기술을 연습한다.

불합리한 요청
Defining Unreasonable Requests

Speed 등(2018)은 자기 주장적 의사소통이 자존감 향상, 관계형성 그리고 불안을 다스리는데 도움이 된다고 강조하였다. 불합리한 요청을 거절하는 능력은 주장적 소통 기술 중 하나이다.

다른 사람들은 간호사에게 정보, 정서적 지지, 도움을 요청한다. 따라서 간호사는 매일 다른 환자나 동료에게 도움을 주도록 요청받는다. 이런 요청들이 요청하는 사람의 입장에서는 합당하게 보이고 설령 대부분의 요청이 객관적으로 적절하다고 해도 요청받은 당사자로서 간호사 개인에게 미치는 영향을 고려해야 한다.

한 간호학생이 다음과 같은 자신의 경험을 공유했다. "저는 이번 주에 이번 장에서 배운 내용을 적용할 기회가 있었습니다. 학생은 폐의약품을 사용하면 안 되고 정맥 주사를 수행할 수 없는데 가끔 간호사들이 '괜찮아요. 다른 사람에게 말하지 않을게요.'라고 하는데 이런 말만으로도 저는 불편해요. 그래서 정중히 거절하며 저의 진실성과 도덕성을 보여주었습니다."

불합리한 요청은 간호사로서의 윤리나 가치 또는 신념을 침해하는 부탁이다. 긍정적인 감정에 영향을 미치고 간호사의 권리를 침해하여 업무에 대해 부정적인 감정이 배가되도록 한다. 예를 들어, 개업 간호사(nurse practitioners)들은 적절하지 않은 항생제 처방이나 다른 치료방법을 요구하는 환자들을 맞닥뜨리기도 하고(Buitrago, 2013), 안전이 고려되지 않고 체력적으로 무리가 되는 업무를 요청받기도 하는데, 스트레스가 높아지고 부담되고 힘든 상황까지 자신을 신체적 · 정서적인 한계점에 다다르도록 밀어붙이는 요구에 반응하는 것은 불합리하다. 그러나 때로는 거절하고 싶은 요청을 받아들일 때도 있는데, 응급상황이라서 초과 근무를 해야 하거나 친구가 불편한 부탁을 할 때도 있다. 이때 어떤 상황에서는 간호사가 자신의 결정으로 그 요청을 수락할 수도 있고, 또 다른 상황에서는 요청이 불합리하게 여겨져서 조심스러울 수 있는데 이럴 때는 자신에게 물어보는 것이 필요하다. 그 요청 자체가 합리적인지가 아니고 그 요청을 들어주는 것이 합리적인지 생각해보아야 한다.

과도하게 자주 요청을 수락하는 편이라면 이로 인한 스트레스가 건강에 미치는 영향을 생각할 필요가 있다(Mayo Clinic, 2016). 요청을 지나치게 자주 수용하는 것은 지나친 헌신과 업무과중, 성취 부족, 사회화의 저하, 여가 부족, 위임의 실패와 소진을 초래할 위험이 있다(Oxman & Sackett, 2013). 주장적 의사소통은 회복력의 중요한 한 부분으로(McDonald et al., 2013), 어떤 요청을 거절할 것인지는 상황에 따라 다르다.

간호사는 대상자에게 최선의 간호를 제공하고, 동료들과 긍정적인 관계를 맺고, 하는 일에 대해 만족하고, 안전하며, 편안함을 느낄 권리를 갖고 있다. 1장에서는 기본적인 자기주장의 권리가 제시되어 있다. Chenevert(1997)는 간호사로서의 권리를 다음의 관점으로 말한다. "간호사는 책임감이 강한 사람들이다. 우리는 오랫동안 자신에게 엄격한 책임감을 강조해온 나머지 자신에게 권리가 있다는 것에 대해 종종 놀라곤 한다." 이와 같은 기본적인 자기주장에 대한 권리 목록은 Box 1-2에 제시되어 있다.

간호사가 권리를 주장할 때는 상식적인 수준이 고려되어야 한다. 수간호사가 한 환자에게 진통제를 투여하라고 지시를 하였을 때, 신규간호사가 그 전에 다른 환자를 목욕시키고 싶다고 말하는 것은 당연히 부적절한 것이다. 수간호사의 요청을 거절하려면 그에 대한 합당한 이유가 있어야 한다.

정보나 아이디어, 관심 혹은 애정, 물리적인 힘이나 기술과 같은 요청들은 모두 수행하는 데에 시간과 노력 및 헌신이 요구된다. 따라서 어떤 요청을 수용하기 전에 이와 같은 자원을 확인할 필요가 있다. 과한 부담을 주는 요청을 수용하면, 요청을 받은 사람의 과도한 부담으로 인해 그 일이 실패하게 되고, 그 사람의 에너지가 소진됨으로써 비효과적이 되기 때문에, 이는 결국 다른 사람들의 실패로 이어지게 된다. 요청을 수용하기 전에 그것을 수용하는 것이 합리적인지를 확인할 필요가 있다. 그것이 불합리하다고 판단되면 거절해야만 한다. 그것이 심각한 실수를 범할 위험을 감수하거나 포기하는 것보다 훨씬 낫다(Chenevert, 1997). 때로 사람들은 상대방으로 하여금 어떤 요청을 들어주도록 하기 위해 괴롭히고 죄책감을 유도한다든가 혹은 애처롭게 굴거나 찬사를 하는 것과 같은 교묘한 기술을 사용하기도 한다는 것을 기억할 필요가 있다(Levine, 2015). 거절할 수 없었던 경험들을 돌아보면서 자신의 판단을 믿어보자.

주장적으로 "아니오"라고 말하기
Saying No Assertively

"아니오"라고 말하는 기술은 공격적이거나 비주장적인 방식이라기보다는 자기주장적인 방법으로 요청을 거절하는 것이다. Paskin(2005)은 당신이 불합리한 요청을 받았을 때 우선 화가 날 수도 있다는 것을 염두에 두고 차분하게 대응할 것을 조언한다. 자기주장적이 되면 다루기 힘든 일을 거절함으로써 스스로를 보호할 수 있고, 공손하면서도 사실에만 입각한 태도로 거절함으로써 다른 사람의 권리를 존중할 수 있다. 간호사들은 흔히 대상자나 동료들에게 도움이 되기를 바라기 때문에 단순명료하게 "아니오"라고 말하는 것을 어려워한다.

Ellis와 Powers(1998)는 자신의 이익에 반하는 행동을 하게 하는 비합리적 믿음에 대해 이야기한 바 있다(Box 1-3 참조). 다음에 언급할 두 개의 비합리적 믿음을 살펴보면, '나는 항상 인정받아야 한다.'와 '사람들의 요구를 들어주지 않으면 그들은 나를 거부할 것이다.'이다. 이러한 비합리적 믿음은 '사람들이 나를 자신의 이익만을 챙기는 이기적인 사람이라고 여기는 것은 끔찍하고 참을 수 없다'는 파국화를 증폭시킨다(Ellis & Powers, 1998). 이러한 생각을 받아들일 수 있는가? 다소 과장된 것처럼 들리지만 때로는 이런 잘못된 사고에 근거해 결정을 내리기도 한다. 주장적 의사소통은 상호 간의 욕구를 모두 고려하는 것이고, 자신이 어떤 행동을 하고 얼마만큼의 시간을 할애할 것인지에 대해 스스로 우선순위를 정할 수 있는 권리가 있다는 것을 인정하는 것이다. 어떤 사람들에게는 이러한 주장적 소통이 어려울 수 있다. 어떻게 거절할지 배울 수는 있지만 죄책감을 해결하기 위해서는 다른 사람들처럼 상담이 필요할지도 모른다는 농담을 하기도 한다(Balzer Riley, 2002). 만약 자신의 이익을 위해서 행동하는 것이 어렵거나 이러한 어려움으로 인해 자신과 자신이 하는 일에 대해 긍정적으로 느낄 수 없다면 때로는 상담받는 것을 고려해볼 수도 있다.

어떤 요청을 거절하고자 할 때 어설픈 변명을 하면서 우물거릴 때가 있다. 이러한 비주장적 행동은 죄책감과 무력감을 유발하고, 거절을 정당화하려는 시도가 상대방을 불쾌하게 하기도 한다. 그저 간단히 "아니오"라고 말하는 것이 오히려 상호 간의 당혹감을 줄인다.

"아니오"라고 말하는 것에 대한 불필요하고 비합리적인 죄책감으로 인해 적대적이고 방어적인 방식으로 요청을 거절할 때가 있다. 이러한 공격성은 전문가답지 못하게 행동했다는 것에 대한 수치심을 유발하고, 상대방은 이러한 과격한 반응으로 인해 상처를 입는다. 분명한 것은 비주장적이거나 공격적인 방식으로 거절한다고 해서 자신이나 대상자 혹은 동료들의 이익이 보장되는 것은 아니라는 것이다. 불합리한 요청에 대한 단호한 거절만이 자신과 상대방을 존중하는 방법이다.

불합리한 요청을 거절하는 것은 자기 자신을 수용하는 것이다. 간호를 제공할 때 대상자를 고유한 개체로 보고 개별성을 중요하게 여기듯이, 불합리한 요청에 대해 거절할 수 있는 스스로의 권리를 지키는 것은 자신의 고유성을 중히 여기는 것이다. 자신의 가치, 일하는 방식, 상황을 인지하는 방식 그리고 판단하고 결정하는 방식을 수용하는 것이다. 이것이 비합리적 요청으로부터 에너지를 전환하여 자신의 비전과 목표에 투자하는 것이다.

주장적으로 거절하기
Examples of Refusing Requests Assertively

공격적이고 비주장적인 방법과 대비되는 효과적이고 주장적인 방법으로 거절하는 몇 가지 예시를 아래와 같이 제시하였다.

예시 1

동료인 김○○ 간호사가 박○○ 간호사에게 이번 주말에 근무를 바꿔달라고 한다. 그런데 이번 주말에는 박○○ 간호사의 시부모님들이 방문할 예정으로 이들과 함께 외식을 할 계획을 세워둔 상태이다. 가족들은 이번 주말을 기대하고 있다. 박○○ 간호사는 아무래도 이번 주말 같은 특별한 날에 근무를 하는 것은 무리라고 생각한다. 그런데 지난번에 김○○ 간호사는 박○○ 간호사를 위해 근무를 바꿔 준 적이 있었다.

주장적 거절:

> *김○○ 간호사:* 이번 주말에 저 대신 근무해줄 수 있을까요? 고등학교 때 친했던 친구들이 주말에 부산에 가서 같이 놀자고 해서요. 정말 재밌을 거 같아서 진짜 기대돼요. 바꿔 줄 수 있지요?
> *박○○ 간호사:* (주장적 표현) 안 되겠어요. 이번 주말에 시부모님께서 저희 집에 오시기로 했거든요. 외식을 하려고 벌써 예약도 다 해뒀어요. 다른 사람과 근무를 바꿀 수 있으면 좋을 텐데요. 부산에 정말 가고 싶어 하시는 건 알겠지만…….

이런 거절은 직접적이고 명확하다. 그러나 상대

방으로 하여금 의견을 바꿔볼 수 있겠다는 희망을 주는 공감적 반응이 거절 이유에 포함되어 있다.

김○○ 간호사는 지속적으로 설득하려는 시도를 계속한다.

김○○ 간호사: 저도 박선생님이 주말에 일이 있는 건 알아요. 그래도 그분들은 자주 뵙잖아요. 저는 친구들을 못 만난지 세 달이나 됐어요. 부탁이에요. 바꿔줄 수 있을까요?

박○○ 간호사: 안 돼요. 제가 이번 주에는 정말 바꿔드릴 수가 없어요.

여전히 명확하고 분명하게 거절하고 있다. 김 간호사는 박○○ 간호사에게 죄책감을 느끼게 함으로써 요청을 들어주도록 하려고 애쓰며 애원조로 이야기하고 있다. 박○○ 간호사는 김○○ 간호사의 권리를 침해하지 않는 범위에서 가족과 함께 시간을 보낼 자신의 권리를 조심스럽게 주장하고 있다.

김○○ 간호사는 박간호사가 더 큰 죄책감을 느끼도록 유도하며 지속적으로 요청한다.

김○○ 간호사: 박선생님이 전에 사촌 결혼식에 간다고 해서 제가 근무 바꿔줬던 거 기억하지요? 그때 박선생님이 다음에 근무 바꿔준다고 했었잖아요. 이번에 바꿔주면 좋겠어요.

박○○ 간호사: (주장적 표현) 김선생님, 이번 주말에는 정말 도와줄 수가 없어요.

박○○ 간호사는 적대적이거나 소심하지 않으면서 분명하고 솔직한 답변을 하고 있다. 박○○ 간호사도 김○○ 간호사가 이번 주말에 근무를 바꿔줄 다른 사람을 찾기를 바라지만 그렇다고 이번 주말에 박○○ 간호사가 김○○ 간호사의 근무를 대체해 주는 것은 불합리하다.

김○○ 간호사는 박○○ 간호사의 주장적인 의견을 받아들이기 시작한다.

김○○ 간호사: 알겠어요. 박선생님이 약속을 깰 수 없는 거군요. 제가 포기해야겠네요. 바꿔줄 다른 간호사를 찾아볼게요.

박○○ 간호사는 주장적으로 이야기함으로써 이번 주말에 일을 하거나 김○○ 간호사에게 방어적이고 우유부단하게 대하는 것과 같은 하고 싶지 않은 일들을 피할 수 있다.

비주장적 거절:

김○○ 간호사: 박선생님, 이번 주말에 근무 바꿔주실 수 있지요? 친구들한테 전화가 왔는데 이번 주말에 부산에서 놀자고 해서요. 재미있을 것 같아서 정말 기대돼요. 바꿔줄 수 있지요?
박○○ 간호사: (비주장적 표현) 음… 김선생님. 제가… 미안해요…….

이 반응은 명확하지 않다. 김○○ 간호사는 이 반응으로 인해 박○○ 간호사가 정말로 주말 근무를 바꿔줄 수 없는 상황이 아니라고 생각하게 된다.

이 반응은 여지가 있는 것으로 생각할 수 있기 때문에 바꿔달라고 계속 설득한다.

김○○ 간호사: 친구들을 못 만난 지 석 달이나 됐어요. 바꿔줄 수 없을까요?
박○○ 간호사: (비주장적 표현) 음… 김선생님. 제가… 미안해요, 시부모님들이 오시기로 했거든요. 계획이 있어서 안 될 것 같아요.

여전히 분명하게 안 된다고 하지 않고 있기 때문에 김○○ 간호사는 박○○ 간호사의 마음을 바꿀 희망이 있다고 믿고 부탁을 지속할 수 있다.

김○○ 간호사: 제가 전에 박선생님 사촌 결혼식에 간다고 해서 근무 바꿔 줬던 거 기억하지요? 박선생님이 그때 다음에 근무 바꿔준다고 했었잖아요. 지금 좀 바꿔주면 좋겠는데요.
박○○ 간호사: (비주장적 표현) 그랬었지요. 선생님께 신세진 게 있어요. 알겠어요. 제가 이번 주말에 바꿔드릴게요.

비주장적이고 불분명하게 말함으로써 비합리적

인 요청을 받아들이게 된다. 이것은 박○○ 간호사에게 김○○ 간호사에 대한 불필요한 분노를 유발할 수 있고, 박○○ 간호사의 시부모님들은 약속을 지키지 않은 것으로 인해 불쾌감을 느낄 수 있을 것이다. 비주장적이 되면 권리를 침해당하게 된다.

공격적 거절:

김○○ 간호사: 제가 전에 박선생님 사촌 결혼식에 간다고 해서 근무 바꿔주었던 거 기억하지요? 박선생님이 그때 다음에 근무 바꿔준다고 했었잖아요. 지금 좀 바꿔주면 좋겠는데요.
박○○ 간호사: (공격적 반응) 이번 주말에 제 시부모님들이 오신다는 거 모르시나요?

이와 같은 거슬리는 투의 공격적인 말투는 본인이 처한 곤란한 입장을 전달하지 못한다. 이러한 거절은 상대방을 경시하는 비우호적인 태도로 비춰질 수 있다.

김○○ 간호사는 포기하지 않고 계속 설득한다.

김○○ 간호사: 친구들을 못 만난지 세 달이나 됐어요. 정말 바꿔주실 수 없나요?

박○○ 간호사: 김선생님이 친구들을 못 만났다고 해서 제가 도와드릴 수는 없어요. 그건 김선생님 사정이잖아요. 저에게는 시부모님이 오신다는 제 사정이 있으니까요.

김○○ 간호사: 박선생님 시부모님들이 오신다는 건 알겠어요. 그렇지만 친정 부모님도 아니고 자주 만나잖아요.

박○○ 간호사: (공격적인 반응) 김선생님에게 친구들이 중요한 만큼 제겐 시부모님들이 중요해요. 김선생님이 친구들을 좀 더 자주 만났더라면 지금처럼 필사적이지 않았을 텐데요.

상대방의 입장과 자신의 판단에 대한 무심함 그리고 비난투의 말들은 동료와의 관계를 악화시킨다. 공격적인 대응은 비합리적 분노와 죄책감을 불러일으키기도 한다.

김○○ 간호사는 지속적으로 요구한다.

김○○ 간호사: 제가 전에 박선생님 사촌 결혼식에 간다고 해서 근무 바꿔주었던 거 기억하지요? 박선생님이 그때 다음에 근무 바꿔준다고 했었잖아요. 지금 좀 바꿔주면 좋겠는데요.
박○○ 간호사: 제가 이미 여러 번 이야기했듯이 그때 바꿔준 건 3일이 아니라 하루잖아요? 그 일로 제 가족들과의 계획을 망칠 수는 없어요.
김○○ 간호사: 그래요. 저도 다시는 박간호사에게 호의를 베풀지 않을 거예요.

불합리한 요청을 거절하긴 하였지만 사려 깊은 전문가다운 방식은 아니다. 또한 이런 공격적인 소통방식 때문에 생긴 좋지 않은 감정들을 해결하기 위해서는 많은 에너지와 시간이 필요하다.

예시 2

정○○ 간호사는 우측 편마비가 있는 신○○ 환자의 가정방문을 하고 있다. 오늘 정○○ 간호사는 많은 시간을 할애하여 당뇨교육을 제공해야 하는 대상자 두 명을 방문해야 하고, 끝나는 대로 자녀의 하교시간에 맞춰 자녀를 데리고 와야 한다. 잘하면 빠듯하게 시간을 맞출 수 있을 것이다. 신○○ 환자는 70세로, 오른손잡이이나 우측 편마비가 있어 왼손을 쓰는 것이 불편하다. 정○○ 간호사가 신○○ 환자의 집을 막 떠나려고 할 때 환자가 아들에게 보낼 선물을 포장해 줄 것을 부탁한다.

주장적 거절:

신○○ 환자: 아들에게 보내 줄 선물을 좀 포장해 주겠어요? 며칠 뒤에 아들 생일인데 우체부가 오기 전에 포장해 놔야 해서요. 직접 하고 싶은데 손이 말을 듣지 않네요.
정○○ 간호사: 신○○님, 제가 오늘 다음 일정이 빠듯해서 포장을 도와드릴 수가 없네요. 아드님 생일에 맞춰서 선물을 잘 포장해서 보내고 싶으신 것은 제가 잘 알겠는데요. 밖에 이웃 분이 계시던데 그 분께 부탁드리면 어떨까요?

이와 같은 답변은 정○○ 간호사가 처한 입장에 대한 이해를 구하고 대상자가 원하는 것을 해줄 수 없다는 것을 분명히 했다. 그가 얼마나 다급한지를 이해한다는 표현과 동시에 다른 해결방안을 제시함으로써 관심을 갖고 있음을 전달하고 있다. 자신의 업무가 이미 너무 많은 상태에서 또 다른 일을 감당하지 않을 권리를 보호하고 있으며 대상자가 처한 상황에 대한 관심을 보여주고 있다.

비주장적 거절:

> 신○○ 환자: 아들에게 보내 줄 선물을 좀 포장해 주겠어요? 며칠 뒤에 아들 생일인데 우체부가 오기 전에 포장해 놔야 해서요. 직접 하고 싶은데 손이 말을 듣지 않네요.
>
> *정○○ 간호사:* 음… 글쎄요… 음… 제가 할 수 있을지 모르겠네요. 신○○님, 제가 오늘 좀 바쁘거든요. 그렇지만 노력해볼게요. 아마 점심시간에 잠깐 시간을 내서 여기 다시 올 수 있을 거예요.

정○○ 간호사는 오전에 두 명의 방문 대상자에게 교육을 모두 마치고 아이의 학교까지 방문하기에는 시간이 매우 빠듯하다는 것을 알고 있다. 따라서 어떤 일을 추가해서는 안 된다는 것을 알고 있으며 점심시간에 재방문해야 하는 상황을 만듦으로써 더 긴장하게 된다. 이러한 비주장적 표현으로 인해 합리적이지 않은 과한 업무량을 감당하게 되고, 환자로부터 강요받았다는 느낌으로 인해 양가감정을 갖게 된다.

공격적 거절:

> *신○○ 환자:* 아들에게 보내 줄 선물을 좀 포장해 주겠어요? 며칠 뒤에 아들 생일인데 우체부가 오기 전에 포장해 놔야 해서요. 직접 하고 싶은데 손이 말을 듣지 않네요.
>
> *정○○ 간호사:* 제가 그럴 시간이 있다고 생각하시는 거예요? 그런 일 말고도 오늘 제 할 일만 다 끝내도 다행이에요.

위와 같은 적대적 답변은 부당한 업무는 차단할 수 있지만 상대방을 비참하게 만들고 공격적인 거절로 인해 당황하게 만든다. 이런 공격적인 방법은 어느 쪽에도 도움이 되지 못한다.

예시 3

산전 진찰실에 근무하는 이○○ 간호사는 오늘 평소보다 예약환자가 많아 매우 바쁠 것으로 예상하고 있다. 더욱이 의사가 늦게 도착하여 진료 시작 시간도 늦어졌고, 동료간호사의 병가로 직원조차 부족한 상태이며, 산전교육도 본인이 책임지고 해야 하기 때문에 긴장된 상태이다. 그런데 의사가 깜빡하고 도시락을 두고 왔다며 먹을 것을 좀 사다 달라고 부탁을 한다.

주장적 거절:

> *의사:* 이선생님, 지하 푸드코트에 식사하러 가실 때 제가 먹을 만한 야채샐러드 좀 사다 주실 수 있을까요? 아침에 서둘러 나오느라 도시락을 깜빡하고 두고 나왔어요.
>
> *이○○ 간호사:* 그건 좀 어렵겠어요. 점심을 사러 갈 수 없을 것 같아요. 저도 너무 바빠서 정신이 없네요.

이러한 단호한 반응은 분명하고 정중하면서 솔직하게 거절 의사를 전달한다. 이러한 거절 방식은 상대방을 존중하면서도 자신의 업무를 할 권리를 보장한다.

비주장적 표현:

> *이○○ 간호사:* 음… 글쎄요…. 오늘 많이 바쁜데…. 제가 빨리 갔다 오면 그렇게 오래 걸리진 않을 거예요. 어떤 걸로 사오면 될까요?

이러한 비주장적 태도는 스스로에 대해 화가 나거나 실망스러움을 유발할 수 있다. 이런 상황에서 의사의 점심까지 챙기는 것을 하고 싶지 않은 것은 당연하며, 이런 식의 비주장적 태도로 인해 시간을 낭비하게 되고 체면이 손상된다.

공격적 거절:

> 의사: 이○○ 선생님, 지하 푸드코트에 식사하러 가실 때 제가 먹을 만한 야채샐러드 좀 사다 주실 수 있을까요? 아침에 서둘러 나오느라 도시락을 깜박하고 두고 나왔네요.
> 이○○ 간호사: 간호사는 시중드는 사람이 아니에요. 참 시대착오적인 생각을 하시네요. 지금 우리들도 점심을 먹지 못했어요. 선생님 점심을 사다 주는 수당을 받는 것도 아니잖아요?

이런 대응은 이를 통해 자신의 권리를 보장받는다 해도 과도한 공격으로 동료에게 무례를 범하게 되고, 상대방에게 불쾌함을 유발할 수 있다. 단순하게 거절하는 것이 우선되어야 한다.

효과적으로 "아니오"라고 말하기
Saying No Effectively

예시들을 통해 비합리적인 요청을 거절할 때 해야 할 것과 하지 말아야 할 것들에 대해 알아보았다. 다음에 몇 가지 추가적인 제안을 더하고자 한다.

해야 할 것:

- 거절의사를 서두에 이야기해서 요청자가 분명하고 직접적으로 거절의도를 듣도록 한다.
- 거절의사를 강조해야 한다면 거절하는 이유를 간략하게 말한다.
- 요청자의 문제를 해결해 줄 수 없다 할지라도 상대방의 곤란한 입장을 이해한다는 사실을 전달한다.
- 적절한 대체자원이 있다면 제시한다.
- 답변에 대해 미리 생각하고, 솔직하고 평온하며 공손한 태도로 이야기한다.
- 사실을 바탕으로 공격적인 요청자의 면전에서 일관된 거절입장을 유지한다.

하지 않아야 할 것:

- 논리적으로 당신에게 양보를 강요하는 공격적인 요청자에 대해서 긴 변명을 시작으로 거절의사를 표현하는 것
- 더듬고, 말을 멈추고, 애매하게 말하고, 주저하는 것이나 버럭 소리 지르는 것은 확신이 없음을 나타낸다.
- 긴 시간 동안 눈을 마주치는 것을 피하거나 주저하면서 비언어적으로 불편감을 전달하는 것
- 화가 났음을 드러내는 몸짓을 보이거나 언성을 높이는 것. 거절하는 것은 권리이다. 이 권리를 보장하기 위해 공격적이 될 필요가 없다.

원칙을 굳게 지키기 위한 용기
Daring to Hold Fast to Your Principles

때로는 자신의 의견을 확신하더라도 거절을 표현할 적합한 단어를 찾는 것이 어렵다. Berent와 Evans(1992)는 이를 돕기 위한 몇 가지 문구를 제시하였다.

> "아니오."
> "고맙지만, 안 되겠어요. 저는 그 일을 해본 적도 없고, 하고 싶지 않아요."
> "저는 그것을 할 수 없어요."
> "저는 절대로 ~한 일을 하지 않습니다."
> "저는 항상 ~한 일을 합니다."
> "솔직히, 저는…."

때로 추천받은 치료가 비합리적이라고 생각될 때 어떻게 이 치료를 거절할 수 있을까(Box 25-1)?

Box 25-1 대상자의 주장 예

더 알아볼 시간을 구하고자 할 때: 위우회술(gastric bypass)은 체중감소를 위해 추천된다. "수술이 너무 과격하게 보이네요. 혹시 이 시술을 했던 사람이나 자세한 정보를 줄 수 있는 사람들을 추천해주실 수 있나요?"

이차적인 다른 대안을 구할 때: "지금까지의 모든 방법에 대해 아직 확신을 못하겠네요. 좀 더 안심할 수 있는 다른 대안이 있을까요?"

약물에 대해 거절의사를 말하고자 할 때: 관절염으로 고생하고 있는 한 환자가 약물의 부작용에 대해 읽고는 치료보다는 아픈게 낫다는 결론을 내린다. "아무래도 지금부터 약을 끊고, 우선 관절염을 위한 수상운동 교실에 다녀봐야겠어요."

출처: Breitman, P., & Hatch, C. (2000). *How to say no without feeling guilty*. New York, NY: Broadway Books

성찰과 적용

불합리한 요청에 대응하기 위한 어떤 학생의 DESC 스크립트

나는 정기적으로 보모로 일을 하고 있는데, 종종 일을 마치기 직전에 아이들의 엄마로부터 생각보다 늦을 것 같으니 좀 더 있어 달라는 부탁을 받는다. 이런 상황은 내가 수업에 늦을 것이라는 것을 의미했다. 그래서 나는 "더 늦게까지 있게 되면 수업에 늦게 되고, 이런 상황은 제게 정말 스트레스가 됩니다. 예정했던 대로만 있다가 가면 좋겠습니다."라고 나를 고용한 사람에게 말하기로 했다. 엄마들은 나를 이해했고 더 이상 늦지 않았다.

불합리한 요청 거절하기 연습
Practicing Refusing Unreasonable Requests

연습 1 글쓰기/역량 훈련

요청을 거절해야 하는 일이 반복된다면 "측정하지 않은 것은 개선할 수 없다."라는 말을 고려해보아야 한다"(Hed-berg, 2010). 만약 그렇다면 일지에 간략한 항목을 적어 불합리한 요청을 거절하는 과정을 살펴보도록 한다.

연습 2 적용하기

다음 각 상황에 대해 주장적 거절을 기록한다. 자신의 응답을 동료들의 응답과 비교하고 가장 최선의 주장적 거절을 작성해 보거나 수업시간을 이용해 상황 중 하나에 대해 역할극을 해본다.

1. 야간 근무를 함께 하는 동료간호사가 자신이 잠깐 잠을 자는 동안 자신의 환자들을 살펴봐 주고 야간감독자의 전화가 오는지를 알려달라고 한다. 당신과 동료간호사는 야간 근무 수당을 똑같이 받고 있고, 만약 문제가 생긴다면 두 사람 모두에게 책임이 있으므로, 이것은 불합리한 요청이라는 생각이 든다.
2. 마약을 끊기 위해 병동에서 보호관찰을 받고 있는 환자가 자신을 찾아온 방문객과 함께 원내 커피숍에 가서 커피를 마셔도 되는지를 묻는다. 그렇지만 환자가 병동을 벗어나 관찰하기 어려운 장소로 가는 것은 바람직하지 않다.
3. 매주 주사를 맞으러 와야 하는 대상자가 다음번에 15분 늦게 와도 되는지를 묻는다. 그렇지만 이 환자가 늦게 오면 당신은 귀가할 버스를 놓치게 되기 때문에 매우 불편해진다.
4. 같은 동네에 살고 있는 동료가 당신의 차로 함께 출퇴근을 하자고 한다. 하지만 당신은 출퇴근길에 차 안에서 조용한 시간을 갖는 것이 유일한 휴식시간이다. 따라서 이 시간을 다른 사람과 함께하면서 대화를 나누는 것이 스트레스가 될 것이다.

참고문헌

Balzer Riley, J. (2002). *Saying what you mean and meaning what you say*. Scottsdale, AZ: Workshop presented at the Faculty Development Institute.

Berent, I. M., & Evans, R. L. (1992). *The right words: The 350 best things to say to get along with people*. New York, NY: Warner Books.

Buitrago, R. (2013). How to "just say no" to a patient. *Clinical Advisor: For Nurse Practitioners, 16*(9), 92.

Chenevert, M. (1997). *Pro-nurse handbook: Designed for the nurse who wants to thrive professionally*. St. Louis, MO: Mosby.

Ellis, A., & Powers, M. (1998). *A guide to rational living*. Hollywood, CA: Wilshire Book Co.

Hedberg, A. G. (2010). Strategies and tools for personal growth and health awareness. In A. G. Hedberg (Ed.), *Forms for the therapist*. St. Louis, MO: Elsevier.

Levine, B. (2010). *How to say no gracefully*. http://www.womansday.com/life/etiquette-manners/how-to-say-nogracefully-113856. Accessed 08.01.15.

Mayo Clinic. (2016). Stress relief: When and how to say no. http://www.mayoclinic.org/healthy-lifestyle/stress-management/indepth/stress-relief/art-20044494. Accessed 16.09.18.

McDonald,G., Jackson, D.,Wilkes, L.,&Vickers, L. (2013). Personal resilience in nurses and midwives: Effects of a work-based educational intervention. *Contemporary Nurse, 45*(1), 134.

Oxman, A. D., & Sackett, D. L. (2013). Clinical-trialist rounds: 15. Ways to advance your career by saying "no"—part 3: how to say "no," nicely. *Clinical Trials, 10,* 340.

Paskin, J. (2005). How to handle a crushing deadline. *Money, 34* (11), 44A.

Speed, B. C., Goldstein, B. L., & Goldfried, M. R. (2018). Assertiveness training: A forgotten evidenced-based treatment. *Clinical Psychology: Science and Practice, 25*(1), 1.

Chapter 26

곤경에 처한 대상과의 주장적이고 책임감 있는 의사소통

Communicating Assertively and Responsibly with Distressed Clients and Colleagues

학습목표

1. 곤경에 처한 대상자들의 행동이 간호사에게 미치는 영향에 대해 토론한다.
2. 상황을 파악하고 다양한 상황에서의 주장적 반응을 선택한다.
3. 곤경에 처한 대상자와의 주장적 의사소통 전략을 연습한다.

간호사는 인간의 모든 감정을 마주한다(화, 슬픔, 비통함, 두려움…)

MAD, SAD, GLAD, and SCARED… Nurses Bear Witness to All the Human Emotions

암을 진단받은 환자의 치료와 생존과정 또는 삶의 마지막 순간을 맞이하기까지의 과정 그리고 그 곁에서 함께하는 의료진의 경험을 떠올려보면 간호사들이 매우 다양한 종류의 감정 상태에 놓인 대상자들을 만나게 된다는 사실을 알 수 있다. 불안, 분노, 슬픔, 두려움, 걱정, 희망과 기쁨의 시간, 슬픔의 시간은 한 사람의 삶에서 지나쳐간 어느 누구하고나 함께 할 수 있다. 사람은 누구나 우울해질 수 있고, 고립감을 느끼거나 영적인 위기를 겪을 수 있다(Dean & Street, 2014).

대상자나 간호사가 곤경에 처하게 되면 명확한 의사소통이 이루어지지 않아 간호의 질이 저하되거나 불만이 커질 수 있다(Jack et al., 2013). 우리는 부정적인 감정이나 긍정적인 감정 모두를 표현할 수 있도록 해야 한다(O'Connor, 2017). "곤경에 처한 대상자나 동료를 도와줄 때, 그들의 고통으로 인해 우리 자신도 스트레스를 받을 수 있다." 우리는 우리 자신, 동료, 대상자의 고통에 대해 생각하고 연구하면서 질병과정에서의 경험의 의미를 알아간다(Pollock & Sands, 1997). 간호사들은 고난과 고통을 마주하게 된다. 이러한 고통들은 심각한 진단을 받게 되는 상황에서 발생하기도 하고 치료과정의 불편감과 극심한 치료부작용을 견디는 과정에서 생기기도 한다. "어떤 고통은 부적절하게 간호를 제공하거나 혹은 연결된 돌봄(caring connection)을 제공하지 않을 때 발생하는 것으로, 피할 수 있는 것들이다. Dempsey와 Wojciechowski (2014)는 이러한 연결된 돌봄을 공감적 연결된 돌봄(compassionate connected care)이라고 하였고, 이는 어떤 분명한 사명을 위해 대상자와 의료진을 연결하는 숙련되고 질 높은 공감적 돌봄의 형태라고 하였다."

대상자들은 자신의 힘든 부분을 언어적 · 비언어적으로 표현한다. 건강상태, 질병 혹은 입원 등의 변화는 대상자들에게 고통을 유발한다. 그들이 평온을 잃어가는 것은 뭔가에 의해 방해받고 있다는 신호이다.

의료환경의 변화는 간호사들이나 함께 일하는 동료들에게 스트레스를 유발한다. 더욱이 간호사들은 대상자들의 슬픔에 함께 젖어들 수 있고 이것은 소진으로 이어질 수 있는데, 이런 것을 '그림자 슬픔(shadow grief)'이라고 부르기도 한다. 이런 상태에 놓인 간호사들은 삶에 대한 에너지나 열정 없이 근무시간뿐만 아니라 근무 외의 시간에도 대상자에 대해 끊임없이 이야기하기도 한다. 대상자들이 곤경에 대해 보이는 반응은 과거의 경험이나 문화에 따라 다를 수 있다. 간호사는 시간의 제약, 갑작스런 상황 혹은 예측하지 못한 변화를 경험한다(White et al., 2010). 간호사는 곤경에 처한 동료들이나 대상자들이 다른 사람을 힘들게 하지 않도록 하면서 그들의 문제를 해결하는 방법을 구상할 필요가 있다. 객관적인 태도를 유지하며 누군가를 돌보기 위해서는 타인에 대한 감수성을 가져야 하며, 이는 간호사에게 있어 중요한 과제이다.

대인관계에서 건강전문가가 경험한 어려움은 정서적인 문제와 관련된 상황을 효과적으로 대처하는 데 방해가 된다. 부당한 비판 같이 자신을 자극하는 것들을 알아채고, 이것이 자신의 평정심에 지장을 주지 않도록 주장적으로 대처해야 한다(Robinson-Walker, 2017). 간호사는 공감할 수 있는 상황들에 대해 무심하게 반응하기도 하는데, 이를 '공감피로(compasstionate fatigue)'라고 하기도 한다(Vaughn, 2001). 이러한 부적절한 반응들은 자신의 문제(어떻게 행동할지에 대해 불확실하거나 불충분한 느낌)이거나 상황(그 상황을 극복하거나 혹은 극복하지 못할 것이라는 느낌)이 문제이거나 혹은 곤경에 처한 사람(스스로가 곤경에 처했다고 느끼는)과 관련된 것일 수 있다.

성찰과 적용

Rx: 지식

"척추에서 양성 종양을 제거한 11살 소년 환자가 있었어요. 이 아이는 까다로운 행동으로 좋지 않은 아이라는 꼬리표가 붙여지게 되었습니다. 어느날 시간을 좀 내서 이 아이와 함께 앉아서 시간을 보내게 되었어요. 그 아이의 과학책을 꺼내서 함께 보면서 그가 받은 수술과 두려움에 대해 이야기를 나눴습니다. 그날 이후 아이는 훨씬 덜 불안해했고 오히려 우리가 가장 좋아하는 환자 중 한 명이 되었어요."

간호사들의 일상적인 업무가 너무 고되기 때문에 다른 이들의 고통에 대해 방어적이 되어가거나 다른 사람들의 불편에 대해 무감각하게 되어간다는 주장이 있어 왔다. 만약 간호사들이 다른 사람들의 고통에 너무 많이 개입하게 되면 감정적으로 지나친 부담을 갖게 되고, 이는 비효율적일 수 있다. 또한 이를 무시하거나 사소한 것으로 취급해 버린다면, 너무 주의를 기울이지 않았다거나 생각만큼 지지해주지 않는다고 여겨진다. 어떤 간호사들은 힘들어하는 사람들에게 어떻게 치료적으로 대해야 할지에 대해 무력감을 느낀다. 또 어떤 간호사들은 대상자나 동료들이 자신들의 문제를 해결하지 못한다는 것에 화가 나거나 짜증을 느낀다. 이렇게 자신에 대해 부적절하다고 느끼거나 다른 사람들의 행동에 대해 판단하는 것은 곤경에 처한 대상자들을 위해 최선을 다하는 데 방해가 된다.

스트레스를 유발하는 일반적인 사건들
Common Events that Cause Stress

Kaufman과 Wetmore(1994)는 스트레스를 야기할 수 있는 4가지 일반적인 사건을 '통제력 상실, 변화, 위협을 느끼는 것, 비현실적인 기대'라고 제시한 바 있다. 문제를 일으키는 것은 상황 자체가 아니라 그 상황에 대한 우리의 반응이라는 것을 기억해야 한다. 의사소통 기술이 주는 가르침은 우리가 적절한 어떤 말을 했을 때, 즉 적절한 반응을 보였을 때 대상자나 동료가 "아, 그러네."라고 하면서 우리 견해에 공감하고 감사하면서 따르게 된다는 것이다. 이러한 새로운 관점으로 바라본다면, 일반적이지 않은 곤혹스런 상황도 실패나 불이행이라기보다 새로운 기회가 된다. 즉, 다른 사람들의 경험을 통해서 배우고 효과적으로 의사소통하는 새로운 기술을 만들어내는 기회를 의미한다.

이상적으로 간호사는 다른 사람들의 고통에 대한 이유를 이해할 수 있을 정도로 충분히 침착해야 하고, 적절한 공감을 전할 수 있을 정도로 판단력이 있어야 하며, 다른 사람을 대신하여 책임감 있게 행동할 만큼 명석해야 한다. Ascher(1994)는 후천성면역결핍증후군으로 동생이 사망했을 때의 슬픔에 대한 회고에서 복잡한 고통을 그려내고 있다. 그녀는 슬픔을 '중력 없는 풍경'이라고 표현하면서 그녀의 가족에 대해 이렇게 말한다.

> 남편은 내가 어떤 상황에 놓여 있는지를 모른다. 그들은 마치 일상의 안정된 비행에 함께 모여 있는 것처럼 정상적인 의사소통을 이어간다. 슬픔은 언어의 밖에 있다. 나는 단지 내 이마의 주름이나 입술의 긴장과 같은 신호로 말을 한다. 그렇지만 나를 사랑하는 사람들이 "너 그 슬픈 감정에 대해 얘기하고 싶니?"라고 물으면 나는 "아니."라고 말하고 돌아선다. 나는 "아파."라거나 "상처를 입었어."라고 말할 수 있지만, 언어는 너무 가볍다. 슬픔은 실체가 있는 것이고, 상처를 입힌다.

Ascher는 이것을 '마비로 가는 여정'이라고 말한다. 고통받는 대상자와 그 가족들, 또 동료들의 고통에 대해 겸허해야 한다. 우리가 감히 다가갈 수 없는 그들의 고통 또한 그러할 것이다.

곤경에 처해 있는 대상자나 동료와의 의사소통기술 향상 방법
How to Improve Your Communication Skills with Distressed Clients and Colleagues

이 장의 나머지 부분에서는 곤경에 처한 환자와 동료들과 관련된 상황이 제시되어 있다. 각 상황을 평가하고, 요구사항을 결정하고, 가장 주장적이며 책임감 있는 의사소통 전략을 선택해본다.

모든 선택에 대한 비평 목록이 Box 26-1에 제시되어 있다. 각 선택지의 장점과 결점을 읽어보기를 바란다. Dean과 Street(2014)은 이 모델을 인지, 탐구, 치료적 행위로 요약했다. 각 상황의 대응에 대한 비평은 이 장의 마지막 부분에 있다. 각 선택지의 장점과 결점을 읽어보기를 바란다.

흥분한 환자와의 의사소통
Communicating with Upset Clients

1단계: 데이터 평가

1. 다음 상황을 검토한 후 환자의 생각, 감정 그리고 요구에 대해 평가한다.

   김○○은 교외에 있는 당신의 병원 근처 숲에서 사냥을 해온 58세의 매우 외향적인 남성이다. 그는 가파른 곳을 오르다가 미끄러져 15m 경사로에서 떨어졌다. 그는 여러 곳에 멍과 타박상을 입은 데다 안경까지 망가졌다. 그는 상태에 대한 관찰을 위해 오늘 밤 동안 병원에 입원했다. 당신은 이브닝번 교대 후 첫 번째 순회를 돌면서 그의 병실로 가서 자신을 이렇게 소개한다.

   나: "안녕하세요, 김○○님. 저희 병원에 오신 것을 환영합니다. 그런 불운한 일을 겪으셨다니 유

감이군요. 지금은 괜찮으신가요?
김○○: 언제까지 여기 있어야 하는 거요? 아내에게 연락을 해야 하니 전화기 좀 가져다 줘요. 내 여분 안경을 가져와야 해요. 그게 없으면 나는 운전도 못하고… 아무것도 할 수 없다구요. 당신은 망할 놈의 당신 병원에 갈 수 있잖아요. 그냥 내 휴대폰이나 갖다 줘서 내가 여기서 나갈 준비나 하게 해줘요.

김○○ 환자는 말하면서 언성을 높이고 당신에게서 돌아서버린다. 그는 침대 시트를 손으로 쥐어짜고 있으며 매우 화가 난 것처럼 보인다.

2. 일지에 김○○ 환자의 생각과 감정에 대한 평가를 작성한다. 김○○ 환자가 이브닝번 간호사인 당신에게 요청한 것이 무엇인지 작성한다.
3. 작성한 평가를 아래와 비교한다.

생각: 김○○ 환자는 안경이 없으면 아무것도 할 수 없다고 생각한다. 그는 아내에게 연락해서 여분 안경을 가져올 준비를 해야 한다는 것을 알고 있다.
감정: 그는 앞을 볼 수 없어 읽거나 쓰거나 운전을 할 수 없다는 것에 마음이 상해 있다. 그는 먼 시골병원에 갇혀 있다고 느낀다. 그는 집에 가기 위해 아내와 이야기할 수 있기를 간절히 바라고 있다.
요구사항: 김○○ 환자는 낯선 병원에 갇혀 있는 자신이 얼마나 불안한지를 당신이 이해해 주기 바란다. 그는 안경 없이는 자신이 얼마나 의존적이고 거동이 불편한지를 당신이 이해해주기를 원한다. 그리고 당신이 아내에게 연락할 수 있도록 도와주기를 바란다. 그는 이 이상한 곳에서 더 편안한, 집과 같은 기분을 느낄 수 있도록 간접적으로 도움을 요청하는 것일 수 있다.

2단계: 의사소통 전략과 기대하는 결과

4. 김○○ 환자는 이해, 문제해결 그리고 안정을 필요로 한다. 그의 요청에 대해 어떻게 반응할 것인지를 일지에 작성해본다.
5. 당신의 전략을 다음과 비교한다.

김○○ 환자의 요구를 충족시켜주는 것이 적절하다. 따뜻하고, 진실하며 정중한 태도가 그에 대한 당신의 염려를 전달할 것이다. 공감적인 대응은 당신이 그의 곤란한 상황을 이해하고 있음을 알려줄 것이며, 그의 혼란스러운 감정을 그런 격한 방식으로 표출한 것에 대한 당혹감을 덜어줄 것이다. 만약 그의 불쾌한 행동이 당신을 동요시킨다면, 스스로를 진정시키고 그의 고통에 집중해서 주장적이고 책임감 있게 의사를 전달하기 위해 긍정적인 자기 대화와 이미지화를 사용해 볼 수 있다.

이 전략은 김○○ 환자가 긴장을 풀고 인정받은 기분이 들도록 한다. 그는 보다 침착하고, 주어진 상황에 대해 더 수용적일 수 있다. 그의 요구사항을 들어주는 것은 신뢰관계를 발전시킨다.

3단계: 의사소통 전략의 적용과 평가

6. 이제 김○○ 환자에게 대답해야 한다. 대답을 생각하여 일지에 써본다. 나중에 참조할 수 있도록 가까이에 둔다.
7. 이제 구상한 대답과 다음의 선택지들을 비교해본다. 각 선택지를 살펴본 후, 이 장의 마지막 부분으로 돌아가 각각에 대한 비평을 읽어본다.

다음 선택지들을 검토하면서 김○○ 환자의 요구를 충족시키면서도 주장적이며 책임감 있는 방식의 의사소통에 부합하는 것을 찾아본다(참고: 선택지들은 철자 순서대로 배치된 것이 아니다. 이는 각 대답에 대한 상세한 평가 없이 답안을 빠르게 훑어만 보는 것을 방지하기 위해서이다).

선택지 A: "살아계심에 감사해야 합니다. 만약 그 농부께서 당신이 소리 지르는 것을 듣고 그 골짜기에서 당신을 끌어올려주지 않으셨다면 당신은 지금 이 순간에도 그곳에서 얼어붙어 있었을 거예요. 저한테 그렇게 쏘아붙이실 필요 없어요. 잘 들린답니다. 휴대폰 가져다 드릴게요."
선택지 Z: "낯선 곳에 있는 것은 쉽지 않죠. 저도

그 기분 알아요. 제가 휴대폰 가져다 드리겠습니다."

선택지 J: 당신은 얼굴이 빨개져서 주먹을 꽉 쥐고 발걸음을 돌려 김○○ 환자에게 가져다 줄 휴대폰을 가지러 복도로 내려간다.

선택지 S: "분명 아내분께 연락해서 안경도 가져오고 집에 갈 준비를 하고 싶으실 거예요. 제가 바로 저희 휴대전화를 가져다 드릴게요. 안경이 없다는 게 굉장히 불안하실 거라고 생각합니다. 저희가 예비 안경을 구할 때까지 어떻게 도와드려야 할지를 알려주세요."

반응을 선택한다. 가장 적절한 전략을 찾고 나머지 선택지가 왜 부적절한지를 알아낸 후에는 이 연습 전에 자신이 제안했던 대응으로 돌아간다. 자기주장과 책임감의 측면에서 자신의 대응을 평가한다.

흥분한 동료와의 의사소통

Communicating with Upset Colleagues

1단계: 데이터 평가

1. 다음 상황을 검토한 후 동료의 생각과 감정에 대해 평가한다. 동료의 요구사항이 무엇인지 작성한다.

방○○ 간호사는 당신이 지난 2년 동안 함께 일해 온 선임간호사이다. 당신과 그는 운동이나 취미도 같아 마음이 맞는 좋은 동료 사이가 되었다. 그런데 요즘 들어 방○○ 간호사는 어딘가에 정신이 팔린 것 같았고, 당신은 그녀가 평소의 온화한 상태가 아님을 눈치챘다. 그녀는 미리 이야기도 해주지 않았으면서 신규환자가 입실할 병실이 준비되지 않은 것에 대해 당신에게 툴툴거리듯 이야기했다. 시간이 조금 지난 뒤 방 간호사는 다음과 같이 말을 걸었다.

방○○ 간호사: "박선생님, 좀 전에 툴툴거린 것 미안해요. 왠지 컨디션이 좋지 않네요. 최근에 임신한 걸 알았는데, 그 생각만 나네요. 제가 엄마가 된다는 게 상상이 안 돼요. 저는 아내 역할도 간신히 하고 있는 걸요. 이틀 전에 그 사실을 알게 된 후로 제 머릿속에는 오직 그 생각뿐이예요. 더 이상 생각이 정리가 안 돼요. 잠도 못 자겠고…. 아직도 믿을 수가 없어요. 어떻게 해야 할지 모르겠어요. 제가 아이를 원하긴 했지만, 왜 하필 지금일까요?"

2. 일지에 방○○ 간호사의 생각과 감정에 대한 당신의 평가를 작성한다. 방○○ 간호사가 동료인 당신에게 요구하는 바가 무엇인지 작성한다.
3. 자신의 평가를 다음과 비교한다.

생각: 방○○ 간호사는 임신 사실 그리고 예상치 못한, 아직 반갑지 않은 이 사실에 몰두되어 있어서 자신이 당신에게 참을성 없이 조급하게 대한다는 사실을 알고 있다. 그는 좋은 엄마가 되고자 하나 시기가 좋지 않다고 생각한다.

감정: 그녀는 당신에게 툴툴거린 것을 후회하고 있다. 그녀는 간호사와 아내로서의 두 역할을 힘들게 병행하고 있는 와중에 엄마가 된다는 새로운 변화에 어떻게 대처해야 할지 걱정하고 있다. 그는 잠을 자지 못해 피곤한 상태이며 제대로 생각을 정리할 수 없다는 사실에 마음이 상해 있다.

요구: 방○○ 간호사는 당신에게 툴툴거린 것에 대한 사과를 받아주기를 바라며 또한 임신 소식이 그녀의 삶을 얼마나 혼란스럽게 하는지를 이해해 주기를 원한다. 간접적으로, 그녀는 자신의 처지에 대한 위로를 원하는 것일 수 있다.

4. 제시된 사실에 근거하여 분석한 정확한 평가인가?

2단계: 의사소통 전략과 기대하는 결과

5. 방○○ 간호사는 그녀의 사과를 받아줌과 동시에 자신이 경험한 충격에 대한 이해를 보여주기를 바란다. 이 두 가지 합리적인 요구를 만족시키기 위해 당신이 어떤 의사소통 행위를 해야 할지 찾아본다. 결정한 전략에 대한 간호목표를 제시해본다.

6. 결정한 전략을 다음과 비교해본다.

온화한 태도는 당신이 방○○ 간호사를 친밀하게 느끼고 있으며 아무런 유감이 없음을 보여줄 것이다. 공감적 태도는 당신이 방○○ 간호사를 이해하고 있음을 전달할 것이다. 당신 자신의 임신(혹은 다른 중요한 사건) 사실에 적응했던 경험에 대한 자기노출은 방○○ 간호사가 시간이 가면서 자신의 임신 사실에 익숙해질 수 있을 것이라는 희망을 줄 수 있다.

이 전략은 당신이 방○○ 간호사의 감정 폭발의 이유를 이해하고 있으며 그녀를 용서하였음을 전달하고 안심하게 할 수 있다. 그녀에게 때가 되면 상황을 헤쳐 나갈 수 있으리라는 희망을 전달하는 것은 위안이 될 것이다.

3단계: 의사소통 전략의 적용과 평가

7. 이제 방○○ 간호사에게 대답해야 한다. 대답을 생각하여 일지에 써본다. 나중에 참조할 수 있도록 가까이에 둔다.
8. 이제 구상한 대답과 다음의 선택지들을 비교해본다. 각 선택지를 살펴본 후, 이 장의 마지막 부분으로 돌아가 각각에 대한 비평을 읽어본다.

다음 선택지들을 검토하면서 방○○ 간호사의 요구와 주장적이며 책임감 있는 방식의 의사소통에 부합하는 것을 찾아본다.

선택지 T: "괜찮아요, 방선생님. 우리 모두 때때로 감정이 상할 수 있죠."

선택지 F: "방선생님, 당신을 용서해요(미소지음). 분명 임신 사실이 고민스럽고 심란하겠군요. 지금 당장은 아내가 되는 것과 당신 경력을 쌓아가는 것만으로도 바쁜 시기에 엄마 역할이 비집고 들어오는 것이 벅차게 느껴질 거예요. 저도 처음 임신했다는 사실을 알았을 때 충격을 받았지만, 몇 주가 지난 후에는 그 사실을 받아들이기 시작했어요. 임신 말기에는 딸애의 탄생을 아주 기대하기까지 했죠."

선택지 V: "방선생님, 이번에는 봐주겠지만 다시는 이런 일 없도록 해요. 당신이 제 오전 스케줄을 정말 완전히 망쳐버렸다고요. 임신 소식은 정말 기쁜 소식이네요. 그래서 엄마가 된다는 거죠, 네? 전 부모가 되는 게 정말 멋진 일이라고 생각해요. 당신도 일단 익숙해지면 그렇게 생각할 거예요. 처음의 충격은 몇 주만 지나면 극복할 수 있고 곧 괜찮아질 거예요."

선택지 O: "사과를 받아들일게요, 방선생님. 당신이 그 소식에 심란하다는 걸 알겠네요. 어떻게든 해결될 거예요, 방선생님, 곧 이 일에 익숙해질 거예요."

9. 가장 적절한 전략을 찾고 나머지 선택지가 왜 부적절한지를 알아낸 후에는 이 연습 전에 자신이 제안했던 대응으로 돌아간다. 자기주장과 책임감의 측면에서 자신의 대응을 평가한다.

슬프거나 우울한 환자와의 의사소통
Communicating with Clients Who Are Sad or Depressed

1단계: 데이터 평가

1. 다음 상황을 검토한 후 환자의 생각과 감정에 대해 평가한다. 환자의 요구사항이 무엇인지 적어본다.

안○○ 환자는 18세 환자이다. 그는 축구를 하다가 골절을 입어 수술을 받았다. 그는 뛰어난 축구선수이지만, 이 수술로 올해에는 더 이상 경기를 할 수 없게 되었다. 또 그는 심화반 수업을 수강 중이기 때문에 학업에 뒤처질까 봐 걱정하면서 빠른 수업 진도를 따라갈 수 있을지 매일 따져보고 있다. 그는 올해 고등학교 졸업학년이며 졸업학점 평균이 떨어지면 축구 장학금을 받지 못할까 봐 걱정한다. 그는 울먹이며 당황하고 있다.

나: "좋은 아침이네, 좀 어떠니?"
안○○: "별로요…." (당신을 보지 않고 한숨을 쉬며)
나: "무슨 일이야?"

안○○: "아, 정말…. 어쩌라는 거예요? 난 이제 끝이에요. 내가 세워놓은 계획들이 다 쓸모없어졌다고요."(안○○ 환자의 목소리는 낮고 당신과 눈을 마주치지 않는다.)

2. 일지에 안○○ 환자의 생각과 감정에 대한 당신의 평가를 작성한다. 또한 환자가 낮번 간호사인 당신에게 요구하는 바가 무엇인지 적어본다.
3. 자신의 평가를 다음과 비교한다.

생각: 안○○ 환자는 그의 학업과 운동에 대한 소망을 알아주지 않는다고 생각한다. 지금 이 부상이 그의 삶에 엄청난 재해라고 느낀다.
감정: 안○○ 환자는 복잡한 감정 상태일 것이다. 자신의 미래에 대해 낙심하고 절망하고 있다. 그가 세운 계획이 어긋났다는 것에 낙담하고, 이로 인해 그의 삶이 큰 영향을 받았다는 것에 분노하고 있으며, 아무것도 하고 싶어 하지 않는다.
요구: 안○○ 환자는 그가 어떤 기분인지 알아주기를 바란다. 또 그는 자신을 우울에서 벗어나게 해주기를 원할 것이다.

4. 평가가 제시된 사실을 근거로 한 정확한 분석이라면 2단계로 넘어간다. 그렇지 않다면, 예문에 제시된 원래의 상황으로 돌아가 인지 및 정서적 메시지를 재평가한다.

2단계: 의사소통 전략과 기대하는 결과

5. 당신은 안○○ 환자가 이해와 정보를 필요로 한다고 생각하고 있다. 어떤 의사소통 전략으로 그의 요구에 대응할 것인지를 별도의 종이에 작성한다. 당신이 제안한 의사소통 행위를 통해 어떤 결과를 이끌어내고자 하는지 적어본다.
6. 당신이 제안한 전략을 다음과 비교해본다.

안○○ 환자의 걱정은 합리적이고, 이에 반응하는 것이 바람직하다. 따뜻하고 진심 어린 태도는 그에게 당신의 염려를 전할 것이다. 공감적인 대응은 그의 불행한 상황을 진심으로 이해하고 있음을 보여준다. 안○○ 환자와 대화할 때, 당신이 하고 있는 행위에 대한 어떠한 언급도 하지 않고, 그를 직시하며 모든 주의를 그에게만 기울여야 한다. 그의 절망이 당신에게 부정적인 감정(예: 절망감이나 분노)을 유발한다면, 대답하기 전에 우선 진정한다. 안○○ 환자에게 긍정적이고 배려하는 태도로 대응하는 자신을 상상해본다.

필요하다면, 환자가 슬퍼할 경우 자신이 치료에 도움이 될 수 있음을 상기하기 위해 긍정적인 자기 대화를 사용한다.

이 전략을 통해 안○○ 환자는 보살핌을 받는다고 느낄 수 있으며, 대화의 기회를 제공할 수 있다. 이런 방식의 계획된 중재는 그의 기분이 나아지게 할 수 있다.

3단계: 의사소통 전략의 수행과 평가

7. 이제 안○○ 환자에게 대답해야 한다. 대답을 생각하여 일지에 써본다. 나중에 참조할 수 있도록 가까이에 둔다.
8. 이제 구상한 대답과 다음의 선택지들을 비교해본다. 각 선택지를 살펴본 후, 이 장의 마지막 부분으로 돌아가 각각에 대한 비평을 읽어본다.

다음 선택지들을 검토하면서 안○○ 환자의 요구를 충족시키면서도 주장적이며 책임감 있는 방식의 의사소통에 부합하는 것을 찾아본다.

선택지 K: "네가 틀렸어, 안○○아. 너는 곧 일어나서 다시 건강해질 거야. 자, 안○○아, 기운 내. 우울해할 거 없어. 넌 최선을 다할 거야. 사람은 다 살면서 실망할 때가 있지. 나도 그런 적 많았고, 넌 그냥 최선을 다해서 힘든 시간을 헤쳐 나가면 되는 거야."
선택지 B: "네가 걱정되는구나, 안○○아. 안 좋은 생각을 하는 건 아니지, 응?"
선택지 Q: "기분이 많이 울적하구나, 그렇지? 다리를 다친 건 누구에게나 낙담할 만한 일이야. 네 삶에서 중요한 일들을 놓칠까 봐 걱정될 수도 있겠지. 넌 그렇게 생각하지 않을지도 모르지만, 곧 학교로 돌아갈 수 있을 거야. 예상치 못한 일이 벌

어졌을 때 거기에 적응하려면 시간이 필요하단다. 너를 찾아온 많은 문병객들을 봤을 때, 네가 없는 동안 학교에서 어떤 일이 있었는지 알려줄 친구를 찾는 건 어렵지 않을 것 같구나. 전화로 친구랑 이야기를 해보는 건 어떨까?"

선택지 X: "그렇게 생각한다니 유감이구나, 안○○아."

9. 가장 적절한 전략을 찾고 나머지 선택지가 왜 부적절한지를 알아낸 후에는 이 연습 전에 자신이 제안했던 대응으로 돌아가 본다. 자기주장과 책임감의 측면에서 자신의 대응을 평가한다.

슬프거나 우울한 동료와의 의사소통
Communicating with Colleagues Who Are Sad or Depressed

1단계: 데이터 평가

1. 다음 상황을 검토한 후 동료의 생각, 감정 그리고 요구에 대해 평가한다.

허○○은 당신이 잘 알고 있는 친근한 동급생이다. 둘은 간호대학에서 같은 반이었고, 우연히도 지난 1년 반 동안 같은 곳에서 임상수업을 받게 되었다. 현재 당신은 많은 환자들이 암으로 죽어가는 암 병동에서 일하고 있다. 허○○은 점점 말수가 줄었고 지난주에는 더욱 말을 아꼈다. 그녀는 평소의 재치 있고 열성적인 모습과는 완전히 반대로 창백하고 무기력해 보인다. 어느 날 아침 휴식시간에 당신은 허○○에게 기분이 어떤지를 물었고 그녀는 다음과 같이 대답했다.

허○○: "내 기분이 그렇게 눈에 보이는지는 몰랐네. 암 환자들하고 일하는 것 때문이야…. 얼마나 더 버틸 수 있을지 모르겠어. 내가 간호사가 된 목표는 사람들을 치료해서, 다시 건강해지게 하는 거였어. 지금 우리가 간호하는 사람들은 죽어갈 뿐, 다른 길이 없는 것 같아. 너무 우울해. 넌 이걸 어떻게 견디는 거니? 매일 집에 가서 생각하는 거라고는 '이런 게 삶의 전부인가?' 같은 것뿐이야. 어쨌거나 모두가 이렇게 끝난다면 우리가 하는 일이 너무 무의미해 보여."

2. 일지에 허○○의 생각과 감정에 대한 평가를 써본다. 허○○이 학교 친구인 당신에게 요구하는 바가 무엇인지 써본다.
3. 자신의 평가를 다음과 비교한다.

생각: 허○○은 환자들이 화학요법이나 방사선 치료로 인해 고통스러워하고, 결국에는 사망한다면 그들의 삶을 연장하는 것이 무가치하다고 생각한다. 그녀는 당신이 이 모든 허무함에 어떻게 대처하는지 궁금해하고 있으며 또한 이런 절망적인 태도로 계속해서 간호를 할 수 있을 것인지 알고 싶을 것이다.

감정: 허○○은 자신이 병동에서 매일 목격하는 죽음과 죽어감 때문에 낙심하고 슬퍼하고 있다. 그녀는 사람들이 결국 고통받고 죽어가기 때문에 이처럼 절망스러운 상황에서의 간호에 대해 충격을 받은 상태이다. 그녀는 상태가 분명히 호전된 환자나 단기간이라도 자신의 삶을 연장하기로 선택한 환자들에게는 주의를 기울일 수 없는 상태이다. 그녀는 자신의 감정 상태를 인정하고 계속 간호를 이어갈 수 있을지 걱정한다. 그녀는 죽음에 대한 모든 관념을 두려워한다. 그녀는 의기소침해져 있고 당신이 이런 기분을 어떻게 다스리는지 알고 싶어 한다.

요구: 허○○은 자신의 기분을 이해하고 인정해주기를 원한다. 또한 그녀는 능률적인 간호를 방해하지 않도록 자신의 감정을 다스리는 방법을 알고자 한다. 간접적으로, 그녀는 자신의 우울한 감정을 없애서 보다 편안해질 수 있기를 바라는 것일 수 있다.

4. 제시된 사실에 근거하여 분석한 정확한 평가인가?

2단계: 의사소통 전략과 기대하는 결과

5. 허○○은 이해와 정보를 바란다. 그녀의 요구에 응하기 위해 어떻게 의사소통할 것인지 결정한다. 선택한 전략으로 어떤 결과를 얻고자 하는

지를 생각해서 계획을 일지에 적어본다.

6. 선택한 전략을 다음과 비교해본다.

허◯◯이 간호에 대한 자신의 감정과 의문 그리고 죽음에 대한 두려움을 드러내는 것은 쉽지 않은 일이었을 것이다. 따라서 그녀가 계속 일하고자 하는 문제를 존중하고 받아들이는 것이 중요하다. 허◯◯의 감정을 수용하는 것이 바람직하며, 따뜻하고 정중한 태도는 간호의 목표가 무엇인지에 대해 의문을 갖는, 허◯◯에 대한 어떤 부정적 감정도 갖고 있지 않다는 것을 전달할 것이다. 정확하고 진실한 공감을 통해 그녀가 죽음에 대해 가지고 있는 두려움을 이해하고 있음을 보여준다. 적절한 자기노출을 통해 당신이 비슷한 감정을 다스리는 방법을 알려주고자 함을 보여줄 수 있다. 그녀가 삶의 의미를 탐구하도록 하기 위해서는 조심스럽게 제안해야 한다.

이러한 전략은 허◯◯에게 이해받는다는 느낌을 줄 수 있으며 그녀의 개인적 · 직업적 삶에 꼭 필요한 질문에 대한 답을 찾도록 할 수 있다. 그녀의 슬픔은 중요한 철학적 의문에 기반한 것이기 때문에 단번에 해결되지 않을 수도 있지만, 이 전략을 통해 답을 찾는 방법에 대한 방향을 제시할 수 있다.

3단계: 의사소통 전략의 적용과 평가

7. 이제 허◯◯에게 대답해야 한다. 대답을 생각하여 일지에 써본다. 나중에 참조할 수 있도록 가까이에 둔다.

8. 이제 구상한 대답과 다음의 선택지들을 비교해본다. 각 선택지를 살펴본 후, 이 장의 마지막 부분으로 돌아가 각각에 대한 비평을 읽어본다.

다음 선택지들을 검토하면서 허◯◯의 요구와 주장적이며 책임감 있는 방식의 의사소통에 부합하는 것을 찾아본다.

선택지 W: "너는 모든 환자들이 만성적으로 병이 있는 이런 병동에서 결국 환자들이 죽어간다면 간호의 목적은 무엇인지 의문이구나. 내가 지금 너처럼 우울했을 때, 나는 내 관점을 약간 조정하려고 노력했어. 우리가 여기에서 보는 사람들은 이 도시의 작은 표본일 뿐이라는 걸 계속 상기해야 하지. 밖에는 더 나이 들었지만 건강하게 활발히 살아가는 사람들이 많이 있어. 그 밖에 또 노력했던 건 죽어가는 것 또한 삶의 일부라는 믿음을 더 굳건히 하는 거야. 아직도 더 노력해야 하지만 말이야. 난 우리가 우리 자신의 죽음을 받아들이는 방법을 조절할 수 있다고 생각해. 그리고 내가 우리 환자들이 죽음을 맞이하기 전까지 하루하루 살아가는 것을 도울 수 있다고 생각하고 싶어. 난 환자들이 우리와 함께 자신들의 삶에서 아주 특별한 시간을 보내고 있다고 생각해. 그들은 자신들이 무슨 말을 하든지 걱정하지 않고 우리가 경청해주기를 원하지. 환자들의 가족이나 친구가 언제나 도움이 되는 것은 아니야. 어쨌든, 이런 생각들이 나한테 좀 희망을 갖게 해준 것 같아. 넌 어떻게 생각하니?"

선택지 C: "음, 네가 슬프다는 게 너무 드러나, 허◯◯아. 환자들은 우리가 아니더라도 이미 충분히 슬픈 사람들이야. 사람은 모두 죽게 되어 있어, 허◯◯아. 그 사실을 인정해야 해."

선택지 L: "이봐, 넌 이번 근무지에 대해 너무 심각해, 허◯◯아. 기분이 나아지도록 우리 뭔가 더 즐거운 것에 대해 이야기하자. 너 임◯◯랑 같이 금요일에 야구경기 보러 갈 거니?"

선택지 P: "허◯◯아, 이번 근무지에서 너한테 무슨 일이 있다는 걸 알아차렸어야 했는데. 무슨 일이 있다는 건 눈치챘지만, 임◯◯과의 관계에서 일어난 일인 줄 알았어. 이런, 무슨 말을 해줘야 할지 모르겠다, 허◯◯아. 이건 네가 스스로 정리해야 할 문제야. 받아들이기 힘들다는 건 알지만, 어떤 환자들은 죽게 될 거야. 그렇지만 또 어떤 환자들은 회복하겠지. 그걸 기억해. 우리가 소아과로 배치되면 너도 좀 나아질 거야."

9. 가장 적절한 전략을 찾고 나머지 선택지가 왜

부적절한지를 알아낸 후에는 이 연습 전에 자신이 제안했던 대응으로 돌아간다. 자기주장과 책임감의 측면에서 자신의 대응을 평가한다.

울고 있는 환자와의 의사소통
Communicating with Clients Who Are Crying

1단계: 데이터 평가

1. 다음 상황을 검토한 후 환자의 생각, 감정 그리고 요구에 대해 평가한다.

주○○ 환자는 막 둘째 아이를 출산한 35세의 여성이다. 그녀와 아이 모두 건강하고, 남편과 8살 난 아들도 새로운 가족의 탄생에 기뻐하고 있다. 당신은 그녀의 병실에 들어갔다가 그녀가 울고 있는 것을 발견했다. 그녀는 휴지를 몇 장이나 썼고, 눈은 빨갛고 부어 있다.

나: "주○○님. 굉장히 마음이 상하신 모양이네요. 무슨 일인가요?"
주○○님: "오…." (흐느끼며 코를 풀고, 웃다가 다시 울기 시작한다.) "울음을 멈출 수가 없어요. 제가 이제 두 아이의 엄마가 되었다는 게 갑자기 실감이 나네요. 말도 안 되죠…." (흐느낌) "그걸 아홉 달 내내 알고 있었는데도, 이제야 제가 해낼 수 있을지 의문이 들어요. 엄마가 해내야 하는 모든 일들을 잊고 있었어요. 그리고 제가 집에 있으면 비서 업무를 다 잊어버리고 말 거예요. 왜 스스로를 이런 곤경에 처하게 했을까요? 어머나, 부담스럽게 해서 미안해요. 아마 '산후우울증'인 것 같아요." (코를 풀고 울음을 참기 위해 입술을 깨문다.)

2. 일지에 주○○ 환자의 생각과 감정에 대한 평가를 써본다. 주○○이 낮번 간호사인 당신에게 기대하는 바가 무엇인지 써본다.
3. 자신의 평가를 다음과 비교한다.

생각: 주○○ 환자는 두 아이의 엄마가 되는 것에 어려움을 겪을 것이라고 생각한다. 그녀는 둘째 아이를 낳은 것이 실수인지 알고 싶어 한다. 그녀는 자신의 노출이 당신을 부담스럽게 했을지도 모른다고 생각한다.
감정: 주○○ 환자는 흥분하고 혼란스러운 상태이다. 그녀는 갓 태어난 아이의 어머니로서의 책임감에 짓눌려 있고, 그녀의 직업인 비서 일을 쉬는 동안 실무능력이 떨어질까봐 걱정한다. 그녀는 감정이 폭발한 것에 당황하여 이를 산후우울증으로 가장해 창피함을 면하려 한다.
요구: 주○○ 환자는 새롭게 주어진 역할부담에 대한 두려움을 이해해주기를 바라지만, 산후우울증에 대한 언급과 당신에게 부담을 준 것에 대한 사과로 보아 자신의 개인사정을 깊이 파고들고 싶어하지는 않는다. 그녀는 간접적으로 자신이 두 아이의 엄마로서의 역할을 해낼 수 있을 거라는 안심을 바라고 있을 수 있다.

4. 제시된 사실에 근거하여 분석한 정확한 평가인가?

2단계: 의사소통 전략과 기대하는 결과

5. 주○○ 환자는 이해와 안정이 필요하다. 그녀의 합리적인 요구를 충족시키기 위해 어떤 의사소통 행위를 할 것인지 결정한다. 선택한 전략으로 어떤 결과를 얻고자 하는지를 생각해서 계획을 일지에 적어본다.
6. 선택한 전략을 다음과 비교한다.

따뜻한 태도를 통해 주○○ 환자의 속상한 마음을 걱정하고 있음을 보여주는 것이 바람직하다. 그녀의 사생활을 존중함으로써 어머니이자 직장인이 되는 그녀의 고군분투에 대한 객관적 · 공감적인 태도를 보여줄 수 있다. 그녀의 감정 변화는 어느 정도 출산 후의 호르몬 불균형에 의한 것일 수 있다는 의견에 동의를 표하는 것이 적절하다. 일단 그녀의 기분을 이해하고 있다는 것을 보여준다면, 그녀가 만족스럽게 일정을 관리할 수 있을 거라는 당신의 의견이 그녀를 안심시키는 데 도움이 될 것이다. 이 전략은 그녀에게 이해받고 있다는 느낌을 주고 불안함을 나아지게 할 수 있다. 또한 안심시키는 말과 행동은 그녀가 해낼 수 있고, 또 해낼 거라는 희망을 갖게 할 수 있다.

3단계: 의사소통 전략의 적용과 평가

7. 이제 주○○ 환자에게 대답해야 한다. 대답을 생각하여 일지에 써본다. 나중에 참조할 수 있도록 가까이에 둔다.
8. 이제 구상한 대답과 다음의 선택지들을 비교해본다. 각 선택지를 살펴본 후, 이 장의 마지막 부분으로 돌아가 각각에 대한 비평을 읽어본다.

다음 선택지들을 검토하면서 주○○ 환자의 요구를 충족시키면서도 주장적이며 책임감 있는 방식의 의사소통에 부합하는 것을 찾아본다.

선택지 D: "이런 이런, 주○○님… 출산 후에 한바탕 우는 건 대부분의 여성들에게 자연스러운 일이에요. 곧 모든 게 원래대로 잘 풀릴 겁니다. 많은 어머니들이 '산후우울증'을 겪어요. 저는 이런 경우를 자주 봐요. 부끄러워하실 필요 없답니다."

선택지 I: "이미 엎질러진 물이랍니다, 주○○님, 임신 사실을 알았을 때, 이 문제에 대해 생각해보셨어야죠. 집에 가면 기분이 더 나아질 겁니다."

선택지 R: "주○○님, 지금은 너무 감정적으로 흥분되어 있으시네요. 나중에 다시 올게요."

선택지 Y: "눈물이 나시는 건 부분적으로는 산후우울증 때문일 수 있어요, 주○○님. 그렇지만 지금 부인의 세계 전체가 혼란스러운 건 새로운 따님의 탄생 때문이에요. 그런 부분은 조금 조정이 필요합니다. 엄마로서의 역할과 커리어라는 두 가지 중요한 역할을 병행하는 건 어려운 일이죠. 새로운 일정에 적응할 시간이 주어진다면 분명 부인께 맞는 방식을 찾을 수 있으실 겁니다. 원하신다면 저와 같이 이야기를 좀 나누실까요?

9. 가장 적절한 전략을 찾고 나머지 선택지가 왜 부적절한지를 알아낸 후에는 이 연습 전에 자신이 제안했던 대응으로 돌아간다. 자기주장과 책임감의 측면에서 자신의 대응을 평가한다.

울고 있는 동료와의 의사소통
Communicating with Colleagues Who Are Crying

1단계: 데이터 평가

1. 다음 상황을 검토한 후 동료의 생각, 감정 그리고 요구에 대해 평가한다.

송○○ 간호사는 당신이 근무하고 있는 장기요양원 재활의학과의 간호사이다. 당신은 지갑을 가지러 사무실에 들어갔다가 그가 의자에 앉아 손에 얼굴을 묻고 있는 것을 보았다. 당신이 다가오는 것을 보고, 그는 재빨리 눈을 비비고 당신이 얼굴을 보지 못하도록 의자를 돌려 앉았다. 그는 휴지를 뽑아 코를 풀고는 다음과 같이 말한다.

송○○ 간호사: "들어오세요, 김선생님. 제가 우는 걸 본 것 같네요. 장○○님에 대한 소식 때문이에요." (당신을 보며) "저는 그가 회복할 줄 알았어요. 돌아가셨다니 믿을 수가 없네요. 정말 많이 호전되고 있었잖아요. 이런 말을 하게 될 줄 정말 몰랐지만, 그가 병동의 왕처럼 행동했던 것까지도 그리워요."

송○○ 간호사는 재활의학과 병동에서 고령 환자였던 장○○ 환자에 대해 말을 꺼냈다. 그는 어제 심장마비를 일으킨 후 사망하였다. 장○○ 환자는 8개월 동안 이 병동에 있었고, 내내 매우 활기찬 사람이었으며 때로는 모든 직원들에게 지나치게 간섭하기도 하였다. 그는 사교적인 사람이었고, 필요한 존재였다. 장○○ 환자가 남자간호사를 원했기 때문에 당신의 동료인 송○○ 간호사가 담당간호사로 배정되는 경우가 많았다. 송○○ 간호사와 장○○ 환자는 즐겁게 정치에 대해 토론하곤 했다.

2. 일지에 송○○ 간호사의 생각과 감정에 대한 평가를 써본다. 송○○ 간호사가 직장 동료인 당신에게 기대하는 바가 무엇인지 써본다.

3. 당신의 평가를 다음과 비교한다.

생각: 송○○ 간호사는 장○○님이 세상을 떠나기 전의 호전 때문에 그의 죽음을 믿기 힘들어하고 있다. 믿기 힘든 일이지만, 그는 심장병으로 사망하였다.

감정: 송○○ 간호사는 환자의 사망에 충격을 받고 슬퍼하고 있다. 그는 장○○님의 병세가 나아지는 것처럼 보였기 때문에 몹시 놀라고 혼란스러워하고 있다. 그는 장○○님은 물론, 그의 불쾌한 행동마저도 그리워하고 있다.

요구: 안으로 들어오라는 허락과 그의 자기노출로 볼 때, 송○○ 간호사는 자신의 이야기를 들어주기를 바라고 있다. 그는 이해와 안정을 원한다.

4. 제시된 사실에 근거하여 분석한 정확한 평가인가?

2단계: 의사소통 전략과 기대하는 결과

5. 송○○ 간호사는 이해와 안정이 필요하다. 그의 합리적인 요구를 충족시키기 위해 어떤 의사소통을 할 것인지 결정한다. 선택한 전략으로 어떤 결과를 얻고자 하는지를 생각해서 나중에 참조할 수 있도록 일지에 적어본다.
6. 선택한 전략을 다음과 비교한다.

공감적인 대응을 통해 가까운 이를 잃은 송 간호사의 아픔을 이해한다는 것을 보여줄 수 있다. 송○○ 간호사가 장○○ 환자에게 안정감을 주었다는 것을 전달하는 것은 정중할 뿐 아니라 송○○ 간호사에게 안정을 줄 수 있다. 방 안으로 들어와 송○○ 간호사와 함께 있는 것은 당신이 그의 기분을 존중한다는 따뜻한 표현이다. 이 행동을 진심으로 편안하게 느껴지게 한다면, 가벼운 접촉으로도 따스함과 온기를 전할 수 있을 것이다.

3단계: 의사소통 전략의 적용과 평가

7. 이제 송○○ 간호사에게 대답해야 한다. 대답을 생각하여 일지에 써본다. 나중에 참조할 수 있도록 가까이에 둔다.
8. 이제 구상한 대답과 다음의 선택지들을 비교해본다. 각 선택지를 살펴본 후, 이 장의 마지막 부분으로 돌아가 각각에 대한 비평을 읽어본다.

다음 선택지들을 검토하면서 송○○ 간호사의 요구를 충족시키면서도 주장적이며 책임감 있는 방식의 의사소통에 부합하는 것을 찾아본다.

선택지 G: (송○○ 간호사의 곁에 앉으며) "저도 장○○님이 돌아가셨다는 걸 믿을 수가 없어요. 둘은 정말 가까운 관계였으니 당신이 얼마나 슬플지 알겠어요. 당신은 정치에 대해서 토론하면서 그 분께 정말 큰 기쁨을 드렸어요. 장○○님처럼 특별한 사람을 잃고도 그냥 일에 집중하는 건 정말 힘든 일이죠. 제가 오늘 어떻게든 당신 업무를 도와드리고 싶은데, 그래도 될까요, 송○○ 간호사?"

선택지 N: (잠긴 서랍에서 지갑을 챙기며) "지갑 챙기는 대로 바로 나가드릴게요, 송○○ 간호사. 정말 슬픈 일이에요, 그렇죠?"

선택지 U: "당신이 속상한 건 알아요, 송○○ 간호사. 하지만 우리는 나이 많은 환자들이 세상을 떠나는 것에 익숙해져야 해요. 병동이 장○○님이 계시던 때와는 달라지겠지만, 다른 환자가 또 올 거고, 우리 모두가 그에게도 곧 정이 들 거예요. 저희랑 같이 점심 먹으러 갈까요? 왜, 병원 정문 건너편에 새로 생긴 음식점에 가볼 거예요. 당신한테 도움이 될 것 같네요."

9. 가장 적절한 전략을 찾고 나머지 선택지가 왜 부적절한지를 알아낸 후에는 이 연습 전에 자신이 제안했던 대응으로 돌아간다. 자기주장과 책임감의 측면에서 자신의 대응을 평가한다.

공감피로에 능동적으로 대처하는 방법
How the Nurse Can Address Compassion Fatigue Proactively

간호사는 곤경에 처한 환자와 동료에게 고결한 휴식처의 역할을 한다. 이곳에서 그들은 쉽게 편안함을 느끼며, 경계를 풀고, 가면을 벗어 자기 자신에게 솔직해진다(Fuimano, 2005). 독특성과 남에게서 배울 수 있는 교훈들을 수용할 때, 우리는 곤경에 처한 사람들의 관점과 여정으로부터의 배움에 관심을 갖고 그들에게 다가설 수 있다. 하지만 어떻게 타인을 위한 휴식처를 남겨두면서 동시에 당신의 공감능력을 지킬 수 있을까? 자신이 어떻게 하루를 시작하는지 떠올려본다.

하루를 시작하기 위해 어떻게 감정적으로, 또 정신적으로 준비하는가? 어떤 간호사들은 묵상을 한다. 어떤 이들은 깊게 숨을 쉬며 자신을 정화한다. 또한 어떤 이들은 자신과 만나는 이들을 위해 최고의 자신이 되기로 결심한다. 어떤 전략을 선택하든지 상관없이 혼란스러운 의료의 세계에서 스스로 중심을 잡기 위한 방법을 찾아낼 책임이 있다는 것이 더 중요하다. 자기관리 전략은 Part 3을, 의료에 대한 헌신을 유지하는 방안은 30장을 참고한다.

Box 26-1 비판적 사고: 곤경에 처한 환자와 동료에 대한 대응

*선택지 A*는 방어적이고 적대적이다. 김○○님의 발언은 강렬한 좌절과 걱정의 표출일 뿐이었으나 당신은 이를 개인적 모욕으로 받아들였다. 지나치게 공격적으로 대응함으로써 환자와의 악감정을 높였으며 배려하고 공감하지 못했다. 당신은 김○○님을 이해하고 있다는 것을 전달하였으나 그의 요청사항을 충족시키지는 못했다. 김○○님은 이해받거나 편안한 것이 아니라 당신의 분노로 인해 분개하고 당혹스러울 것이다. 이 대응에서 유일하게 책임감 있는 부분은 전화기를 가져다 주겠다는 제안뿐이다.

*선택지 B*는 대화의 서두가 환자의 행동에 대한 우려를 보여주기는 하지만, 이렇게 공격적인 시작은 환자보다는 본인과 본인의 감정을 강조하고 있다. 환자를 꾸짖고 실망감을 드러낸다. 환자에게 스스로를 상처 입힐 생각인지 물어봄으로써 환자가 보여준 것보다 더 많은 증상을 읽어낸다. 이 대응은 공격적일 뿐 아니라 ○○이 제시한 정보를 읽어내지 못한다. ○○이는 이 대응을 통해 이해받거나 도움을 받은 기분이 들지 않았을 것이다. 당신의 말이 조금이라도 문제가 될 것 같으면 관여하고 싶지 않음을 암시하기 때문에 그는 더 이상의 정보를 드러내기를 주저할 것이다.

*선택지 C*는 심판 당하고 견책받는 인상을 줄 것이다. 그녀에게 환자를 위해 자신의 감정을 숨겨야 한다는 죄책감을 주면서 감정을 표현할 자유를 주지 않고 있다. 이런 접근은 공격적이며 두 가지 요청을 모두 들어주지 않는 것이다.

*선택지 D*는 환자가 자신의 경력과 모성애 간에 갈등을 겪고 있다고 말하고 있다는 점과 이제 두 아이의 어머니라는 사실을 다루지 못하고 있다. 가볍게 선택된 말들은 공격적이며 모욕적이다. 환자는 이 대응으로 이해받는 느낌이나 편안함을 느낄 수 없을 것이며 무시당한 아이 같은 기분을 느낄 것이다.

*선택지 F*는 주장적이고 책임감 있다. 따뜻함과 약간의 장난은 배려가 부족했던 그를 용서한다는 것을 보여줄 것이다. 화가 난 이유에 초점을 맞추면서 그의 상황을 이해하고 있음을 표현하고 있다. 공감하는 표현은 정확하고 구체적이다. 그가 부모가 되기를 원하므로 당신의 자기노출은 적절하며, 당신의 경험은 그에게 적응할 수 있을 거라는 희망을 줄 것이다. 방○○ 간호사는 분명 이 대답을 통해 인정받았다고 느낄 것이고 안심할 것이다.

선택지 G: 곁에 앉음으로써 당신은 송○○ 간호사의 감정을 존중하고 있음을 보여준다. 당신의 자기 노출은 환자의 죽음으로 인해 충격받은 그의 감정을 이해함을 보여줄 수 있다. 송○○ 간호사가 환자에게 주었던 즐거움에 대한 인정은 그를 기쁘게 할 것이다. 오늘 그의 업무를 도와주겠다는 제안은 송○○ 간호사가 드러낸 모든 정보를 다루고 있으므로 부드럽고 정중한 존중이다.

*선택지 I*는 일반적인 의심과 두려움을 가진 것에 대해 환자를 심판하고 책망하므로 공격적이다. 또한 그녀의 역할 갈등과 두 아이의 어머니가 되었다는 충격이라는 두 가지 정보를 모두 놓쳤다. 환자는 당신이 그녀의 의사결정에 의문을 제기했기 때문에 모욕감을 느낄 것이며 그녀에게 대응할 기회를 주지 않은 것에 대해 분노할 것이다. 집에 가면 그녀가 이 일을 다른 관점에서 볼 것이라는 무신경한 의견은 오만하며 환자를 좌절하게 할 것이다.

*선택지 J*는 환자에게 이 상황에 대한 그의 감정을 이해함을 보여줄 기회를 놓쳤다. 얼굴을 붉히고 허둥거리는 비주장적인 행동으로 인해 환자에게 아무런 연민도 전하지 못하고 자신의 감정에만 집중한 자신에게 실망한다. 비록 당신은 이해에 대한 요구에는 응답하지 못했으나, 전화기는 가져다 주었다. 환자는 당신을 화나게 한 것 때문에 더 혼란스러워하거나 당황할 수 있다. 이는 최소한의 책임감은 있는 대응이나, 주장적인 대응은 아니다.

Box 26-1 비판적 사고: 곤경에 처한 환자와 동료에 대한 대응(계속)

*선택지 K*는 무기력과 실망이라는 환자의 감정을 치료적인 방식으로 깨닫지 못했기 때문에 무책임하다. 이는 비판적이며 부담이 크다. 이 대응은 환자의 감정을 있는 그대로 받아들이지 못했다. 이 공격적인 접근은 환자의 슬픔을 심하게 파고 들어간다. 이는 있는 그대로 자신의 감정을 느낄 환자의 권리는 물론 환자와 섬세하고 사려 깊은 방식으로 관계를 형성할 당신의 권리도 지키지 못했다. 이 전략에서 환자는 이해받지 못했다고 느낄 것이며 당신에게 우울에서 벗어날 수 있는 조언을 구하지도 않을 것이다. 그는 행복해지는 것은 쉬우니 어떤 역경이 닥쳐도 기운을 내라는 성의 없는 조언만을 받았기 때문이다.

*선택지 L*은 허○○이 무시당했다는 인상을 받을 수 있게 한다. 당신은 대화의 화제를 친구의 중요한 자기노출로부터 전환해 버림으로써 그녀의 말의 중요성을 약화시켰고 이해받고 존중받을 권리를 무시했다. 이는 그녀의 민감한 감정 영역을 회피하는 비주장적 답변이며 그녀는 물론 당신의 권리도 드러나 있지 않다.

*선택지 N*은 비주장적이고 무책임한 답변이다. 당신은 송○○ 간호사의 말에 반응을 보이지 않고 지갑을 계속 찾으면서 그가 고마워할 만한 도움 주기를 피했다. 당신의 말은 부적절하게 당신에게만 집중되어 있고, 이 모든 상황이 당황스럽다고 보여지고, 이는 자기중심적인 것처럼 보여진다. 환자의 죽음에 대한 모호한 언급은 구체적이지 않다는 점에서 무례하며. 송○○ 간호사를 불편하게 하고, 그와 송○○ 간호사를 존중하지 못한다.

*선택지 O*는 그가 상황에 적응할 수 있을 거라고 안심시키려 시도하는 것을 보여준다. 이 시도는 방○○ 간호사가 자신의 문제를 당신과 관련지으며 보였던 특정한 감정을 인지하지 못했기 때문에 비주장적이다. 방○○ 간호사는 아마 당신이 그의 반응의 깊이와 혼돈을 제대로 이해하지 못했다고 느낄 것이다.

*선택지 P*는 허○○은 이해받았다고 느낄 수 있지만 다소 훈계를 들었다는 인상 또한 받을 수 있다. 처음에 당신은 허○○의 변화를 알아차리지 못한 데 대한 자신의 죄책감에 초점을 맞추었다. 이는 허○○의 슬픔이 누구나 알아차릴 만큼 노골적임을 암시하기 때문에 무의미하고 공격적이다. 그녀가 스스로 고민을 해결해야 한다는 당신의 암시는 너무나 뻔하고 도움이 되지 않는다. 다음 근무지에 가면 기분이 나아질 것이라는 제안은 입에 발린 말이다. 그녀는 동료인 당신이 어떻게 비슷한 상황에서 이 중요한 문제를 해결했는지에 대한 개인적인 경험을 말해 주길 바랬을 것이다.

*선택지 Q*는 환자가 드러낸 모든 정보를 사용했기 때문에 책임감 있다고 할 수 있다. 답변을 통해 그의 감정을 인정한다. 그에게 친구와 통화를 할 것인지를 물어본 것은 주장적 행동이다. 그의 도움 요청에 반응하고 있으며 당신의 의사소통 기술을 도움이 되는 방식으로 사용하고 있다. 환자는 당신이 그를 이해한다고 느낄 것이다.

*선택지 R*은 공감적인 응답의 멋진 도입부는 될 수 있는 자기노출일 수 있지만, 그 자체로는 부적절하다. 환자는 당신이 왜 유감스러워하는지 궁금해할 수 있다. 당신이 우는 그녀를 어떻게 달래야 할지 모르기 때문에? 그녀가 빨리 다시 행복해져야 한다고 생각하기 때문에? 아니면 당신이 그녀에게 신경을 쓰고 있으며 그녀가 괴로워하니 슬프기 때문에? 환자에게 도움을 줄 것이 없는지 물어보지 않고 자리를 뜬 것은 비주장적이다.

*선택지 S*는 가장 주장적이고 책임감 있는 반응이다. 집에 연락하고 안경을 챙겨와야 한다는 환자의 생각을 존중한다는 것과 그가 낯선 곳에서 느꼈을 불안을 이해하고 있음을 보여준다. 당신은 그의 안경을 찾을 때까지 도움을 제공한다. 이 제안은 그가 최대한의 독립성을 유지할 수 있도록 도움이 필요할 때까지로 한정하고 있기 때문에 정중하다. 당신은 전화기를 일찍 가져다 주겠다고 했는데, 이는 아내와의 연락이 중요하다는 것을 이해하고 있음을 나타낸다. 환자의 요구를 만족시켰고 전문적이고 사려 깊은 자기 자신의 이미지를 유지하며 응대했다. 환자는 당신의 말로 편안함을 느낄 것이다.

*선택지 T*는 일종의 무시이다. 누구나 마음이 상할 때가 있다는 모호한 말로 인해 그의 상황을 이해함을 보여주지 못했다. 이 전략은 동료의 이해받을 권리를 존중하지 않았으며 사려 깊은 방식으로 의사소통하는 능력을 보여주지도 못했기 때문에 비주장적이다. 그의 사과를 받아준 것은 책임감 있는 행동이나, 제시된 모든 정보를 활용하여 행동하지 못한 점은 무책임하다.

*선택지 U*는 공격적이며 무책임하다. 이는 송○○ 간호사의 속상함을 알고 있음에도 그에 대해 어떤 공감도 표현하지 않고 방치하겠다는 것을 암시한다. 이 시점에서 새로 올 환자들을 생각하라는 공격적인 접근방식은 시기상조이며 무례하다. 점심식사 초대는 친절히 대하려는 의도이나, 권위적이고 비판적인 태도가 배려심을 느낄 수 없게 한다. 송○○ 간호사를 화나게 하고 오해하게 할 수 있다. 당신의 반응은 송○○ 간호사의 슬픔의 정도를 이해하지 못하는 것으로 보인다.

*선택지 V*는 방○○ 간호사의 특수한 상황과 평소 그가 그런 식으로 행동하는 사람이 아니었음을 고려할 때 다소 가혹한 대응이다. 차후의 일에 대한 경고는 공격적이다. 방○○ 간호사가 임신 소식에 어떤 반응을 보이고 있는지를 고려할 때 지나친 축하는 무신경하고 방○○ 간호사가 심각하게 우울함에도 행복을 느낄 것을 강요하기 때문에 공격적이다. 방○○ 간호사는 오해를 받고 심판 대상이 된 기분을 느낄 수 있다.

Box 26-1 비판적 사고: 곤경에 처한 환자와 동료에 대한 대응(계속)

*선택지 W*는 이해와 인정 그리고 자신이 처한 상황을 지금보다 희망적으로 바라볼 수 있도록 한다. 허○○의 절망을 인정함으로써 그녀를 이해하고 있다는 것을 보여준다. 이 접근은 도움이 되는 의사소통을 할 허○○의 권리를 존중하면서 동료에게 배려 깊은 방식으로 다가서고자 하는 자신의 기대 또한 만족했으므로 주장적이다. 당신의 대처방법을 허○○간호사에게 강요하지 않았고 대신에 그러한 방법이 어떻게 도움이 되었는지를 드러내며 그녀의 의견을 물었다. 이 같은 중대 사건에 대해서 자신도 생각을 완벽하게 정리하지는 못했다는 자기노출은 허○○가 간호의 그리고 삶의 목적을 찾는 일에 있어 혼자가 아니라고 느끼도록 한다.

*선택지 X*는 비주장적이고 피상적이다. 이는 도움이 될만한 조언을 받을 환자의 권리를 존중하지 않았고 효율적으로 의사소통할 권리 또한 앗아갔다. 환자의 진술에서 드러난 특정한 정보를 인지하지 못했으며, 이를 지난 몇 주간의 환자의 변화와 연결 짓지도 못했으므로 정보의 반도 활용하지 못한 것이다. 환자는 이런 무신경한 대답을 들은 후에 자신의 슬픔의 무게가 전혀 전달되지 못했다고 느끼고, 앞으로 자신의 속마음을 털어놓을 가능성이 낮을 것이다.

*선택지 Y*는 환자와 세심한 의사소통을 나눌 수 있는 능력을 보여주는 주장적 반응이다. 그녀의 눈물이 부분적으로 산후우울증의 영향일 수 있다는 견해에 대한 동의는 그녀의 당황을 덜어주면서도 자신의 역할들을 제대로 해낼 수 있을까에 대한 그녀의 심각한 걱정을 무시하지 않는다. 시기상조가 될 만한 조언은 하지 않았지만 그녀 자신의 감정에 대해서 더 말할 기회를 주었다. 정확한 공감 활용은 그녀의 혼란스러움과 양가적 감정을 이해하고 있음을 보여준다.

*선택지 Z*는 부분적으로 주장적이며 책임감이 있다. 다른 선택지들보다 이해에 대한 요구를 충족했다고 할 수 있다. 그가 낯선 곳에서 느낄 불편을 이해한다는 점을 전달했으며 전화기도 가져다 주었다. 자기노출 시도는 불완전하고 구체적이지 않다. 이로 인해 의도한 대로 이해를 전하지 못했다. 그의 좌절감과 아내와 연락하고자 하는 강한 바램을 인정하지 않는다. 환자는 그를 이해하려는 당신의 시도로 다소 안정을 찾을 수 있겠지만 간호사가 자신의 특수한 곤경을 이해하고 있는지는 알 수 없을 것이다.

곤경에 처한 대상과의 주장적이고 책임 있는 의사소통 연습
Practicing Communicating Assertively and Responsibly with Distressed Clients and Colleagues

연습 1 슬퍼하거나 화가 난 대상과의 의사소통

환자나 동료가 슬퍼하거나 혹은 화를 냈던 까다로운 대화를 떠올려본다. 무슨 일이 일어났고, 어떻게 대응했는지에 대한 짧은 회고 일지를 작성해본다. 당신이 했던 말과 행위 그리고 어떻게 달리 행동할 수 있었을지에 대한 평가를 일지에 포함한다. 이런 대화가 끝난 뒤 당신을 도와주고, 조언을 해줄 수 있는 사람을 찾아본다.

연습 2 곤경에 처한 대상과의 의사소통

당신이 곤경에 처했을 때 누군가 당신에게 안정감을 주는 방식으로 대했던 일을 떠올려본다. 무엇이 당신을 편안하게 했는지에 대한 짧은 회고 일지를 작성해본다. 그 사람이 했던 혹은 하지 않았던 말과 행동을 떠올려본다. 그 사람의 몸짓, 목소리의 톤, 당신에게 쏟은 시간을 생각해본다. 작성한 내용을 다시 한 번 읽고, 곤경에 처한 환자나 동료에게 더욱 도움이 될 수 있는 배울 점을 세 가지 이상 찾아본다(Box 26-1).

참고문헌

Ascher, B. L. (1994). *Landscape without gravity: A memoir of rief.* New York, NY: Penguin Books.

Dean, M., & Street, R. L., Jr. (2014). A 3-stage model of patientcentered communication for addressing cancer patients' emotional stress. *Patient Education and Counseling, 94,* 143.

Dempsey, C., & Wojciechowski, S. (2014). Reducing suffering through compassionate connected care. *Journal of Nursing Administration, 44*(10), 517.

Fuimano, J. (2005). Acceptance as a management tool. *Nursing Management, 36*(10), 8.

Guilmartin, N. (2010). *Healing conversations: What to say when you don't know what to say.* San Francisco, CA: Jossey-Bass.

Jack, B. A., O'Brien, M. R., Kirton, J. A., Marley, K., Whelan, A., Baldry, C. R., & Groves, K. E. (2013). Enhancing communication with distressed patients, families and colleagues: The value of the Simple Skills secrets model of communication for the nursing and healthcare workforce. *Nurse Education Today, 33,* 1550.

Kaufman, P., & Wetmore, C. (1994). *The brass tacks manager: Getting down to what really counts in the workplace.* New York, NY: Bantam Doubleday.

O'Connor, M. (2017). Creating caring connections through presence. *Nurse Leader, 15*(5), 347.

Parse, R. R. (2014). *The humanbecoming paradigm: A transformational worldview.* Pittsburgh, PA: A Discovery International Publication.

Pollock, S. E., & Sands, D. (1997). Adaptation to suffering: Meaning and implications for nursing. *Clinical Nursing Research, 6*(1), 171.

Robinson-Walker, C. (2017). Managing our triggers. *Nurse Leader, 15*(6), 372.

Saulter, K. (2010). *In Living with dementia: Discovering what matters most today and for our futures.* 8th Lillian & James Portman Conference, Celebrating Direct Care Workers. Livonia, MI: Innovations in Dementia Care.

Vaughn, S. (2001). Burnout can strike anyone. *Los Angeles Times,* March 25.

White, L., Duncan, G., & Baumle, W. (2010). *Foundations of nursing.* Florence, KY: Cengage Learning.

Chapter 27

다가가기 "어려운" 대상과의 주장적이고 책임감 있는 의사소통

Communicating Assertively and Responsibly with "Difficult"Clients and Colleagues

학습목표

1. 다가가기 "어려운" 환자라는 개념에 대해 논해본다.
2. 다가가기 "어려운" 환자를 대하는 방법을 알아본다.
3. 공격적인 행동으로 인해 나타내는 문제들에 대해 서술한다.
4. 공격적인 환자 및 동료와의 효과적인 의사소통을 위한 전략을 알아본다.
5. 공격적인 행동이 발생하는 상황을 사정하고 중재해본다.
6. 공격적인 환자 및 동료와의 의사소통기술을 연마하는 연습에 참여한다.

다가가기 "어려운" 환자란 어떤 환자를 의미하는가? "어려운" 환자는 효과적인 돌봄을 방해하고, 돌보는 사람들의 부정적인 감정을 유발하는 감정이나 행동을 보인다. 이런 혐오 혹은 회피하는 반응들이 이들을 "어려운" 환자로 규정짓게 한다(Cohen-Cole, 1990).

본 장은 공격적인 대상자나 동료를 대하는 주장적인 대화를 다룬다. 26장에서 여러분은 고통에 처한 대상자나 동료를 대하는 주장적 접근에 대해 배웠다. 여러분은 지금까지 배우고 임상경험을 쌓아오면서 다양한 도전적인 상황에서 의사소통을 할 수 있는 능력을 키워왔다. 이 장은 여러분이 공격적인 행동을 보이는 대상자들과 주장적인 의사소통을 할 수 있도록 도울 것이다. 어떤 사람을 "어려운" 대상이라고 규정하는 여러분의 관점에 대해 성찰하도록 도전하는 상황들을 경험하게 될 것이다.

연습 문제는 사람들이 의사소통하는 다양한 방법에 대해 보다 잘 이해할 수 있도록 돕는 자원과 도구를 제공할 것이다. 다양한 상황에서 유용한 접근법들이 Box 27-1에 소개되어 있다.

Box 27-1 다가가기 "어려운" 환자를 대하는 방법

1. **질문한다:** 환자에게 문제가 있는 것일까 아니면 내가 문제인가?
   정말 환자의 문제인지 아니면 나 자신이나 나의 삶에서 기인하는 문제인지 생각해보자. 그 환자가 당신 인생에서 힘들었던 누군가를 떠올리게 하는 것은 아닌가(역전이)? 혹자는 이렇게 말한다. "자신을 성찰해보자." 우리를 가장 짜증나게 하는 행동은 우리 안에 있는 것 중 우리가 싫어하는 것일 수 있다.
2. **상황을 인정한다:** "뭔가 시작부터 잘못된 것 같다."
3. **숨을 고르고 자신의 삶의 중심을 잡는다:** 자기 스스로를 돌보는 것은 당신을 평안하게 해주며, 본능적으로 반응하지 않고(react), 숙고한 후에 반응하게 해준다(respond). 해결책이나 방법을 찾기 위해서 어려운 상황에 대해서 털어놓고 말할 수 있는 믿을만한 지지체계를 구축한다. 당신이 "일진이 안 좋았던 날"에 대해서 계속해서 반복적으로 이야기하면, 당신 자신이 스트레스 상황을 만들어내는 것이며, 스트레스 반응을 다시 촉발하게 된다는 사실을 기억한다. 문제에 대해 이야기 할 때는 문제를 해결하고, 재구성하고, 털어버리기 위해서 한다. 한 간호사가 말했던 것처럼 "털어버려라!" 춤과 같은 신체적 활동이 우리가 문제를 털어버릴 수 있는데 도움이 된다.
4. **환자의 관점을 고려한다:** 분노는 좌절감, 공포, 통제력을 상실하고 있다는 인식 때문에 유발될 수 있다. 사람들이 아프고, 피곤하고, 겁 먹었을 때, 그들은 최상의 컨디션이 아니다.
5. **얘기할 수 있는 기회를 제공한다:** 환자에게 어떻게 이런 상황에 이르게 됐는지 말할 수 있는 기회를 제공하라. "지금 무슨 일이 일어나고 있는지 말씀해 주시겠어요? 도대체 무슨 일인가요?"
6. **환자가 중심이 되어야 함을 기억한다:** 우리 자신의 걱정은 잠시 내려두고 우리의 능숙하고, 열정적이며, 따뜻하고, 존중하는 모습을 보여주자. 마음챙김은 우리로 하여금 판단 없이 현재, 지금 이 순간에 머무를 수 있도록 도와준다. 천천히 당신 자신의 발걸음과 숨소리에 집중하고 마음을 가다듬으며 병실을 걸어 다녀보자.
7. **온정심을 가진다:** 잠깐 멈추고 울먹이는 환자에게 휴지를 건네보자. 눈을 맞추고 환자가 "감정을 표현할 수 있도록" 배려한다.
8. **경계를 명확히 한다:** "저에게 그런 식으로 말씀하시는 것은 옳지 않습니다. 환자분이 마음을 가다듬고 진정하실 수 있도록 저는 잠시 나가 있겠습니다."
9. **호흡을 가다듬는다:** 당신과 환자 두 사람 모두 기분이 나쁘다면, 두 사람 모두 다시 마음을 가다듬을 필요가 있다. 환자에게 편안함과 돌봄을 제공하고자 했던 당신의 의도와 당신의 바디랭귀지가 일치했는지 당신 자신을 살펴보는 시간이 필요함을 인정한다. 4-7-8 호흡법을 활용한다. 4초간 코로 숨을 들이 마시고, 7초간 숨을 잠시 멈춘 후, 8초간 입으로 숨을 내뱉는다.
10. **전문가 집단 또는 다른 전문가 집단과 협력한다:** 사람을 조종하는 행동과 같이 환자의 어려운 행동이 지속될 경우, 일관성이 있는 접근이 중요하다. 팀 접근법을 활용한다. 사회복지가나 병원 성직자 등 다양한 사람들의 도움을 받을 수도 있다. 당신이 힘든 하루를 보내고 있을 때 마음의 확신을 줄 수 있는 것들을 찾는다. Reinhold Niebuhr의 평온을 비는 기도와 같은 것을 활용할 수도 있다: "하나님, 제가 바꿀 수 없는 것들을 받아들일 수 있는 평온을 주시기를 기도합니다. 제가 바꿀 수 있는 것들을 바꿀 수 있는 용기를 주시기를 기도합니다. 그리고 바꿀 수 없는 것과 바꿀 수 있는 것을 분별할 수 있는 지혜를 주시기 바랍니다."

출처: Nelson, L. *Tips for working with difficult patients.* <https://nurse.org/articles/dealing-with-difficult-patients/> Accessed 18.09.; Coates, G.T. 2009. *Notes on Communication: A few thoughts about the way we interact with the people we meet.* Free e-book from www.wanterfall.com. Accessed 18.09.18.

공격적인 행동: 이런 문제를 다루는 앱이 있다!

Aggressive Behavior: There's an App for It!

"두려워하지 말라! …. 용감하고, 두려움을 모르고, 단호하고, 대담하며, 용기 있는" 이 문구는 직장 내 괴롭힘과 무례함을 다루는 『두려움 없는 간호사』라는 책 내용에 기초하여 개발된 새로운 앱을 소개하는 기사의 헤드라인이다(이 앱은 안드로이드와 아이폰에서 소액의 사용료를 지불하고 사용할 수 있다)(Griffin et al., 2016; 연습 1 참조).

공격적인 행동이 왜 간호사에게 문제가 되는가?

Why Aggressive Behavior is Problematic For Nurses

공격성은 거절, 적대행위, 폭력행사, 괴롭힘, 사람

을 조종하는 행위 등을 뜻한다. 위협적인 의사소통은 환자의 안전을 우선순위에서 밀리게 한다. 미국간호사협회(American Nurses Assocation, 2015)는 무례함, 괴롭힘, 직장 폭력에 대한 입장문을 온라인으로 공표했다. Kisner는 우리가 하던 일을 멈추고 생각에 잠기게 만드는 통계를 발표했다. "모든 신규 간호사의 30~50%가 첫 3년간의 근무 기간 중에 직장을 떠날 것이다…. 이 중 상당수는 연간 240억 달러의 비용을 초래하는 근무지에서 겪는 무례함(비시민적 행동)에 기인한다" (Frederick, 2014 and Hoffman et al., 2015, in Kisner, 2018, p. 36). 기존의 자료들처럼 신중하게 판단해야 하지만, 이 이슈는 이 장 뒷부분에 있는 '역량훈련시나리오(Skills building scenario)'에서 좀 더 다룰 필요가 있다. 또한 이는 30장에서 여러분이 배우게 될 간호사들이 "회복력"을 구축하기 위한 자기관리의 필요성에 대한 근거를 제공한다.

이처럼 와해시키는 행위는 생산성 저하, 업무 스트레스로 인한 의료비용 증가, 이직 등의 비용을 초래한다(Etienne, 2014). 수평적인 관계에서 일어나는 폭력이나 괴롭힘은 한 동료가 다른 동료를 상대로 저지르는 와해행위이며, 신체적 · 언어적 · 감정적 형태 등 다양한 형태로 나타난다. "간호사 생활 중 겪는 공격성에 관한 미국 연구에서 괴롭힘으로 보고된 사건은 18%(Johnson & Rea, 2009)에서 31%(Simons, 2008)"로 다양하다(Longo, 2012). 2014년 미국 직장 내 괴롭힘 조사(2014 U.S. Workplace Bullying Survey)에 따르면, 의료계뿐만 아니라 미국 내 6,560만 명의 직장인이 괴롭힘의 영향을 받고 있다(Workplacebullying.org, 2015). "다른 표현을 빌리자면, 수평적 관계에서 발생하는 폭력, 무례함, 집단 따돌림, 심리적 테러, 관계에서 일어나는 공격성, 간호사들 사이의 적대감"을 말한다(Simons & Sauer, 2013). 2009년 1월, 의료기관평가위원회(The Joint Commission, TJC)는 의료전문가들 사이에서 수용 가능한 행동과 수용 불가한 행동을 정의하는 행동강령을 세우기 위하여 15,000여 개의 공인 의료기관과 함께 수용불가 행동을 관리하는 공식 절차와 새로운 표준을 도입했다(TJC, 2008). "직접 경험하든 목격만 하든 직장 내에 존재하는 위협은 의료서비스 제공자와 환자, 환자의 가족 모두에게 부정적인 영향을 미친다(Lamontagne, 2010)." 언어폭력(verbal abuse)은 "깔봄, 비하, 고립, 폄하, 위협, 비난하는 행동이나 어조, 단어를 사용하는 의사소통 또는 상대에게 당했다는 느낌이나 모욕감을 주기 위한 행동이나 어조, 단어로 표현하는 의사소통"이다(Christman, 2007). 직장 내 괴롭힘은 "피해자의 인권을 침해하는 직장동료 한 명 또는 여러 명이 이 피해자에게 오명을 씌우는 조직적인 공격을 지속적으로 자행할 때" 발생한다(Quine, 2001). Lewis(2006)는 괴롭힘은 개인의 인격적 결함이라기보다 직장 내에서 학습된 행동이라고 주장한다. 직장문화의 일환으로 신입사원이 선임의 시험대에 오르거나 신고식을 치르게 되는데, 이러한 행동은 "그럴 수도 있는 일" 정도로 치부된다(Lamontagne, 2010). 간호대학생들과 학교를 갓 졸업한 신규 간호사들이 주로 그 대상이 된다. 따라서 간호사는 공격적인 행동에 대처하는 법을 반드시 배워야 한다. 공격적인 행동은 무력감이나 통제불능 상태에 대한 반응으로 나타나는 감정인 분노의 결과일 수 있다. 주체할 수 없는 속도로 돌아가는 일상, 교대근무, 장시간 근무, "짧은 시간 내에 더 많은 업무처리"를 종용하면서 알고도 저지르는 관리자의 괴롭힘, 정보기술의 발달, "정보기술이 주는 스트레스"가 직장생활의 불안과 분노를 조장한다. 이러한 경우, 사람들은 짜증과 화를 내기 마련이므로 결국 의사소통이 와해되어 공격적으로 변할 수 있다(Helge, 2001c; Hollinsworth et al., 2005). 또한 공격성은 타인이 우리의 감정을 존중하지 않는 것 또는 정중하고 예의 바른 대우를 받을 우리의 권리를 침해하는 것이기도 하다. 어느 경우에서든 공격적인 태도에 기분이 좋을 리 없다.

우리 대부분은(공격 행위를 멈추게 하기에) 확실하고 효과적이면서도, 상대와 우리 모두를 난처하게 만들지 않는 방식으로 권리가 존중받기를 원한다. 다시 말해, 우리는 적극적으로 공격을 해결하는 동시에 타인의 입장도 고려하기를 원한다. 그렇지만 화를 내면서 상대를 맹렬히 비난하여 그의 공격성에 불을 지피게 되거나, 입을 굳게 다물고 조용히 뒤로 물러서면서 상대에게 더 효과적으로 대응하지 못한 것에 대한 아쉬움에 사무치게 될 것이라는 두려움이 있을 수 있다. "분노는 직장에서 가장 오해받는 감정이다"(Helge, 2001a). 분노가 무력감, 좌절, 통제력 상실에 대한 두려움에서 비롯된다는 사실을 안다면, 우리는 겉으로 표출되는 자신과 타인의 불쾌함을 이해할 수 있을 것이다. 통제력을 상실하거나 스스로를 난처하게 만드는 상황에 대한 두려움, 또는 적극적인 의사소통으로 억압에 대처하는 스스로의 능력을 믿지 못하는 불안감으로 인해 효과적인 대처를 할 수 없게 된다.

우리가 공격적인 행동이나 분노를 경험할 때, 자존감과 신체적 안전이 위협받는다. 이 장은 당신이 공격에 잘 대처하여 자신감을 회복하고 위안을 받도록 도와줄 것이다.

다가가기 "어려운" 환자가 모두가 꺼리는 환자가 되었을 때

When The "Difficult" Patient Becomes The Unpopular Patient

우리가 "어려운" 환자로 인해 초래되는 결과를 제대로 인식하지 못하고 자기 자신 및 우려되는 행동에 대처할 때 발생할 수 있는 일에 대해서는 Box 27-2 및 27-3을 참조하기 바란다. 환자들은 꺼려지는 환자가 될 수 있고, 이는 간호에 영향을 미칠 수 있다. 당신이 Box의 내용을 살펴볼 때, 우리 간호사들 또한 인간으로서 완벽하지 않으며 편견을 가지고 있다는 점을 기억하기 바란다. 그렇지만 우리는 우리 자신의 행동이 단호하지 못하거나 무책임한 행동을 했을 경우, 이를 인정하고 이에 대하여 긍정적인 행동을 취할 책임이 있다.

Box 27-2 다가가기 "어려운" 환자가 모두가 꺼리는 환자가 되었을 때

여러 연구자들(Kus, 1990; Lorber, 1975; Stockwell, 1972)은 모두가 꺼리는 환자들은 다음과 같은 특징을 보인다고 보고했다.

1. 불평불만을 쏟아 놓거나 비협조적이거나 논쟁하기를 좋아한다.
2. 간호사가 생각하는 것보다 자신은 더 고통받고 있다고 은연중에 표현한다.
3. 간호사가 느끼기에 다른 과나 전문병원에서 치료를 받으면 호전될 것이라고 판단되는 증상을 가지고 있다.
4. 적정 수준보다 더 많은 시간과 관심을 요구한다.
5. 심각한 합병증을 앓고 있거나 예후가 좋지 않거나 진단이 어려운 질병을 앓고 있다.
6. 장황한 설명이나 재확인 또는 격려를 요구한다.
7. 자신이 선택하지 않은 오명이 씌워져 있다(예: 성적 취향, 성별, 인종, 민족).
8. '자신의 실수'로 간주되는 질환을 앓고 있다(예: 알코올 중독 또는 과도한 흡연으로 인한 폐암).
9. 두려움을 조장하는 증상을 보인다(예: 전염성이 높은 질병이나 불치병 또는 난폭한 기질).
10. 간호사들이 무능력하다는 느낌을 들게 한다(간호사들이 잘 모르는 질환을 앓고 있음).

공격적인 환자 및 동료와 효과적으로 의사소통하는 방법

How to Communicate Effectively with Aggressive Clients and Colleagues

Jakubowski와 Lange(1978)는 타인으로부터 받는 공격에 대처하는 방법을 다음과 같이 정리하였다. 공격이나 분노를 다루기 전에 숨을 크게 들이쉬고 평정심을 유지해야 한다는 사실을 기억한다. 사람과 문제를 분리하여 생각하고 상대방이 당신을 겨

Box 27-3 모두가 꺼리는 환자들에 대한 간호사들의 반응: 당신은 어떻게 생각하는가?

다가가기 힘든 환자를 대할 때 간호사는 이런 감정을 느낀다.

1. 불만 토로자로 인해 당황스럽고 짜증나며, 그런 사람들에게 붙잡혀 있는 것에 대한 두려움
2. 복합적인 질환을 가진 환자나 정신질환자에게 필요한 간호를 제공하지 못한다는 무능함
3. '다루기 어려운' 환자가 다른 과로 전과될 때 느끼는 안도감
4. 직무에 대한 불만족
5. 건강에 적신호가 켜짐(불면증 또는 거식증 등)

간호사는 다음과 같이 행동한다.

1. 요구사항이 많은 환자를 무시하거나 피한다.
2. 요구사항이 많은 환자에게 다른 환자들에게도 더 많은 관심이 필요하다고 표현한다.
3. 요구사항이 많은 환자를 민폐환자 또는 건강염려증 환자로 규정한다.
4. 환자가 부적절한 행동을 하는 경우, 필요한 간호를 제공하기를 주저하는 모습을 보인다(반복적으로 외설적인 행동 또는 언어폭력을 행하는 경우).
5. 꾸짖고 질책한다.
6. 환자의 행동을 통제하기 위해 신경안정제와 진정제를 투약한다.
7. 전과와 퇴원을 권한다.
8. 최소한의 간호만 제공한다.
9. 동료들로부터 멀어진다.
10. 직업이나 기관에 대해 비판적으로 변한다.
11. 진통제를 주지 않는다.
12. 환자의 호출신호나 벨을 무시한다.
13. 냉정 · 무심 · 둔감해진다.
14. 죄책감을 느낀다.

출처: Kus, R. F. (1990). Nurses and unpopular clients. American Journal of Nursing, 48(6), 36; Lorber, J. (1975). Good patients and problem patients: Conformity and deviance in a general hospital. *Journal of Health and Social Behavior, 16*(2), 213; Stockwell, F. (1972). The unpopular patient. London: Royal College of Nursing, White Friars Press.

냥하여 행동한 것이라고 생각하지 않는다. 사람들의 사적인 영역(personal space)에 주의하여 너무 가까이 다가서지도 말고 타인에 대한 존중을 표하며 단어를 고심하여 선택한다(Helge, 2001b). 효과적인 갈등 해소에는 적극적인 의사소통이 중요하다는 사실을 기억한다(Antai-Otong, 2001).

문제의 원인 파악
Get to the Source of the Problem

자신을 공격하는 사람의 심기가 불편한 이유를 분명히 알기 위해 자세히 묻는 행동은 상대에 대한 관심을 보여주는 것이므로, 문제해결로 귀결되는 대화의 물꼬를 터준다. 상대방이 나를 공격하는 원인을 발견하는 것이 논리적인 문제해결의 첫 걸음인 것이다.

예를 들면, 당신이 담당하는 중환자 때문에 당직 인턴에게 전화를 걸었다는 이유로 방금 당신을 호되게 꾸짖은 상사에게 이렇게 물어볼 수 있다.

> *주장적 대응:* "환자의 불안정한 활력징후에 대해 제가 조선생님에게 전화를 걸어서 화가 나신 것 같은데요. 어떤 점이 언짢으셨는지 말씀해주실 수 있을까요?"

자신을 공격한 사람의 언행을 정중한 태도로 인정하면 상대는 그 문제의 원인을 명확하게 밝히게 된다. 또한 공감하는 자세로 반응하면 당신이 상대의 기분을 이해한다는 것을 나타내기 때문에 상대가 무장을 해제하고 공격적인 태세를 최소화할 수 있다. 위와 같은 개방형 질문은 "왜 저를 막으시는 건가요?"와 같은 공격적인 접근보다 덜 위협적이다.

공격적인 상대의 난폭한 행동과 그에 따른 부정적 영향에 대한 인식 고취
Increase Your Aggressor's Awareness of Abusive Behavior and Its Negative Effects

공격적인 상대가 자신의 공격이 모욕감을 줄 수 있다는 사실을 인식하고 있는지 확인하는 질문을 한 후에, 그 행동이 끼치는 여파에 대해 지적하는 것은 상대방의 상황 인식력을 높이는 기법이다. 자제력을 잃을 때, 자신의 행동이 끼칠 영향을 전혀 고려하지 않는 사람들도 있다는 사실을 기억한

다. 그러므로 이 전략이 그들에게는 '개인적인 판단에 따른 결정'과 같을 것이다.

예를 들어, 당직 레지던트로부터 반복적인 괴롭힘과 비난을 받았다면 그에게 다음과 같이 이야기할 수 있다.

주장적 대응: "박선생님, 선생님께서 저에게 언성을 높이고 욕설을 하셨다는 사실을 잘 모르시는 것 같은데요. 이렇게 하시면 선생님과 일할 때 제 기분이 언짢습니다. 목소리를 낮추고 욕설을 멈추신다면 선생님과 기꺼이 대화하고 싶습니다."(누군가가 공격적인 태도로 일관한다면 적극적인 대응으로 내가 느끼는 감정을 이야기하는 나 전달법을 사용할 때 상대에게 더 많은 무기를 쓰는 격이 된다. 대신, 그 공격적인 행동의 결과에 대해 이야기하고 그 후에 행동을 시정하도록 요청해야 한다.)

공격적인 상대의 면전에서 평정심과 자제력을 유지하면 상대는 자신의 공격적인 행동이 잘못되었다는 사실을 깨닫게 될 것이다.

공격적인 행동 제한
Limit the Aggressive Behavior

CARE(Clarify: 명료화, Articulate: 표현, Request: 요청, Encourage: 격려) 대면법을 활용하면(24장 참조) 공격적인 상대는 자신의 어떤 행동이 당신을 언짢게 하고 당신이 어떤 변화를 원하는지를 확실히 알게 된다. 때로는 공격을 무시하거나 묵살하고 자신이 할 일을 묵묵히 해나가면, 상대의 공격성을 무마시켜서 더 시급한 현안에 집중할 수 있게 된다.

예를 들면, 당신은 밤번 근무자에게 넘길 근무교대 일지를 작성하고 있다. 그런데 한 밤번 간호사가 일지 작성을 계속 방해하면서 별로 관계없는 일에 대한 질문을 쏟아낸다. 당신은 다음과 같은 대답으로 그 간호사의 공격을 차단한다.

주장적 대응: "신선생님, 제가 지금 이 일지를 작성해야 하는데 나중에 다시 질문해주시면 좋겠어요."

공격하는 상대마다 그리고 상황에 따라 기대하는 결과가 달라지기 때문에 당신은 각기 다른 대응전략을 사용할 것이다. 여기서 중요한 것은 공격에 적극적으로 대처하는 기술을 개발하여 예의를 갖추는 동시에 자존감을 지키는 것이고, '타인에게 건설적인 영향'을 주는 것이다(Jakubowski & Lange, 1978). 간호사로서의 자존감과 환자 및 동료와의 신뢰를 지키고 싶다면 끊임없이 찾아오는 공격을 그냥 견디기만 해서는 안 된다.

공격적인 환자 및 동료와의 의사소통기술을 향상하는 방법
How to Improve Your Communication Skills with Aggressive Clients and Colleagues

이 장을 학습하면서 공격에 적극적으로 대처하는 방법을 연습하면, 실제 상황이 닥칠 때 더 자신 있게 행동하게 될 것이다. 다음 예시는 공격적인 환자 및 동료와 관련된 장애물을 극복하고 공격에 효과적으로 대응하도록 도와줄 것이다. 아래에 공격적인 환자 및 동료와 연루된 상황이 제시되어 있다. 여러분에게 주어진 과제는 각 상황을 사정하고 요구사항이 무엇인지 파악하는 것이다. 여러분은 이 상황에서 어떻게 반응할 것인지 생각해보고 여러분의 답변을 시나리오의 반응들과 비교해보자. 각 상황별로 선택한 모든 대응방법에 대한 비평은 Box 27-4에 정리되어 있다. 각 선택의 장점과 문제점을 살펴보면 도움이 될 것이다.

거부하는 환자와의 의사소통
Communicating with Rejecting Clients

1단계: 자료 사정

1. 다음 상황을 살펴보고 환자의 생각, 감정, 요구사항을 스스로 사정해보자.

김○○님은 화상외과 병동에 6주째 입원 중인 환자이다. 그는 집에서 발생한 화재 현장에서 딸을 구하려다 양 팔과 상반신, 얼굴에 큰 화상을 입었고, 입원 기간 내내 격리되어 있다. 입원 당시부터 이 환자를 담당했던 송 간호사가 휴가를 떠났다. 송 간호사의 부재 기간 동안 김○○ 환자의 넓은 부위 괴사조직을 제거하고 드레싱을 자주 교체하는 임무가 간호학생인 당신에게 주어졌다.

간호학생은 아래와 같은 대화를 하면서 김○○님의 어깨 부위 드레싱을 교체하고 있다.

간호학생: "김○○님, 제가 상처에 소독약을 바르고 5분 동안 그대로 둘 거예요. 그 다음에 다른 쪽 어깨도 소독할 거예요. 김○○님의 화상 상처가 잘 회복될 거예요."

김○○님: "이게 다 송 간호사 선생님 덕분이죠. 정말 너무 훌륭한 간호사예요. 그런데 예전에 송 간호사 선생님이 쉬는 날 대신 근무했을 때 송 간호사 선생님이 하는 것처럼 하지 않았어요. 상처 치료를 좀 조심해서 해 주시고 똑바로 해줬으면 좋겠어요. 당신은 아직 학생이니까 당신이 어떻게 하는지 내가 똑똑히 지켜볼 거예요. 만약에 제대로 못하면 당신 임상실습강사한테 보고할 거예요."

2. 김○○님의 생각과 감정에 대해 자신이 사정한 내용을 노트에 기록해보자. '대체된' 간호사인 당신에게 환자가 원하는 요구사항을 적어보자.
3. 자신이 사정한 내용을 다음 내용과 비교해보자.

생각: 김○○님은 송 간호사가 잘 해온 화상치료가 덧나기라도 할까 봐 불안해한다. 당신이 실습생이기 때문에 '자신의 담당' 간호사가 했던 대로 안전하고 능숙하게 상처를 치료하지 못할 수도 있다고 생각한다.

감정: 환자는 자신의 담당간호사인 송 간호사와 매일 만나 지속적으로 받았던 치료를 그리워한다. 환자는 신뢰하지 못하는 간호사가 해주는 치료에 겁을 먹고 있다. 당신의 치료로 인해 회복이 더뎌질까 봐 염려하고 있다.

요구사항: 화상 부위가 잘 치료될 수 있도록 주의를 기울여주길 얼마나 바라는지 그의 협박 섞인 공격성이 말해준다. 환자는 안전하게 간호하고 치료할 것이라는 당신의 말과 행동에 따라 확신을 갖길 원하고 있다. 그는 이해와 위로, 안전한 화상 치료를 필요로 한다.

4. 당신의 사정은 위 내용처럼 사실 그대로의 정확한 분석을 반영하였는가? 그렇지 않다면, 이 이야기의 본문으로 돌아가서 인지적 · 정서적 메시지를 다시 사정해보자. 만일 정확한 사실 분석을 반영하였다면, 2단계로 넘어간다.

성찰과 적용

고통이 행동을 변화시킬 때

"우리가 근무하는 암통증센터 환자 중에 '척추수술실패증후군(failed back syndrome)'과 중증 척추측만증, 퇴행성 디스크질환을 앓고 있는 연로한 여성 환자가 있었다. 그 환자를 처음 만났을 때, 그녀는 벽에 등을 기대고 말했다. '바늘로 날 찌르려는 거 아니죠? 그렇죠?' 나는 단지 사정을 하러 왔을 뿐이라고 그녀를 안심시켰다. 의사 선생님이 경막외 차단술을 세 차례 시행할 계획이라는 것을 알고 있었기 때문에 나는 검사실에서 서성이는 그 환자에게 시술 절차를 설명하는 데 많은 시간을 할애했다. 그녀는 손을 비비며 매우 초조해했다. 겉보기에 이 환자는 비협조적인데다 상냥하지도 않았다. 그런데 환자의 딸의 이야기를 들어보니 통증이 심해지면서 어머니의 행동이 변했다고 한다. 시술의 장점에 대해 설명하는 데 의료팀 전체가 동원되었다. 나는 경막외 차단 시술 과정 그리고 그 후에 시술하는 척수강 내 약물 펌프를 삽입하는 동안 환자와 함께 했다. 이제는 통증이 많이 호전되어서 그 환자는 명절만 되면 선물을 들고 병원 사무실을 찾아온다. 그녀는 항상 나를 포옹하면서 '내 인생을 돌려주어' 고맙다고 말한다. 우리는 실제로 변화를 만들어냈다."

2단계: 의사소통 전략과 원하는 결과

5. 당신은 김○○님이 당신의 언행을 통해 이해와 위로를 받는다는 결론을 내렸다. 김○○님의 요청에 응대하기 위하여 어떤 의사소통 방식을 사용해야 할지 확인한다. 자신이 선택한 전략을 통해 원하는 결과를 명시한다. 추후에 참고할 수 있도록 노트에 자신의 제안사항을 적어둔다.

6. 자신이 세운 전략을 다음 내용과 비교해보자.

평정심을 유지하는 것이 김○○님의 화를 돋우지 않는 중요한 방법이다. 긴장을 푸는 것이 적대관계를 피하고 일에 집중하는 데 도움이 될 수 있다. 그의 화를 폭발시키지 않기 위해 온정을 가득 담은 반응을 시각화하여 상상하고, 긍정적인 독백을 활용해야 한다는 것을 기억한다. 최상의 간호를 하겠다는 것과 진행 중인 치료가 무엇인지 설명해줌으로써 당신의 실력에 대한 그의 오해를 불식시킬 수 있다. 문제가 생길 경우 당신을 임상실습강사에게 보고하겠다는 그의 협박을 무시하면 그의 적대감도 누그러질 것이다.

이러한 중재를 통해 김○○님은 당신이 자신의 취약성과 담당간호사로서 일관적인 간호를 해주길 바라는 자신의 마음을 이해한다고 생각할 것이다. 당신의 단순 명쾌함, 자신감, 침착성은 그를 위한 간호서비스의 질을 긍정적 · 희망적으로 바라보게 할 것이다.

3단계: 자신이 세운 의사소통 전략의 실행과 평가

7. 이제 당신은 김○○님에게 답변을 해야 한다. 답변 내용을 만들어서 노트에 적어본다.

당신의 답변을 아래의 대응법과 비교해보자. 대응법들이 당신이 평가한 김○○님의 요청에 잘 부합하는지, 그리고 주장적이고 책임감 있는 의사소통을 하고자 하는 당신의 바람과 일치하는지 살펴보자.

대응법 E: "저에 대해 보고하려면 하세요, 김○○님. 솔직히 말해서 제 실습강사 선생님께서 제가 자격이 없다고 생각했다면 제게 김○○님 간호를 맡기셨겠어요? 안 그런가요? 기회를 주신다면, 제가 좋은 간호사가 될 수 있다는 것을 보여드리겠어요."

대응법 A: "김○○님, 만일 간호대학을 졸업한 간호사를 원하신다면 김○○님께서 안심하실 수 있도록 원하는 대로 해드릴 수 있습니다. 실력 있는 간호대 졸업생을 담당간호사로 배정해주길 바란다는 말씀이신 것 같네요."

대응법 M: 제가 치료하는 것을 직접 보시고 궁금한 점은 물어보셔도 좋습니다. 제가 치료하는 방식이 송 간호사 선생님과는 조금 다를 수 있습니다. 하지만 제 방식이 안전할 뿐만 아니라 주치의의 오더를 따르는 것이라고 확실히 말씀드릴 수 있습니다. 간호사마다 치료하는 방식이 다르면 힘드시죠. 그래서 6주 동안 김○○님과 가깝게 일했던 송 간호사 선생님의 방식이 그리운 거고요. 지금껏 제가 드레싱을 어떻게 바꿨는지 물어보고 싶은 점은 없으신가요?"

대응법 Z: "김○○님, 송 간호사 선생님이 그리우신가 봐요. 그래서 그 마음을 제게 말씀하신 거고요. 하지만 저는 다른 간호사와 비교당하기 싫습니다. 김○○님이 제 임상실습강사 선생님에게 저에 대한 이야기를 하겠다며 절 협박하도록 내버려두지도 않을 거고요. 저도 반에서는 우등생입니다. 이제 다시는 제 치료법에 대해 묻지 않으셨으면 좋겠어요. 제가 김○○님의 담당간호사라는 사실에 이제 적응하시는 게 좋을 겁니다."

8. 각 대응방법에 대한 비평은 Box 27-4를 참조한다. (선택지는 알파벳순으로 정리되어 있지 않다. 이는 각 답변을 평가하기 전에 답부터 빨리 확인하는 것을 막기 위함이다.) 가장 만족스러운 전략을 확인한 후, 다른 대응 방법들은 왜 적절하지 않은지 살펴보자. 당신의 답변은 얼마나 주장적이고 책임감 있는지 평가해보자.

거절감을 주는 동료와의 의사소통
Communicating with Rejecting Colleagues

1단계: 자료 사정

1. 다음 상황을 살펴보고 동료의 생각, 감정, 요구사항을 스스로 사정해보자.

당신은 지난 6주 동안 산과 병동에서 임상실습을 하고 있는 간호학생이다. 그동안 당신의 임상

Box 27-4 공격적인 대상자와 동료에 대한 반응에 대한 비평

대응법 A: 이는 단호하지 못한 답변이다. 확실하고 안전한 간호를 원하는 김○○님의 요구는 인정했지만, 그가 원하는 간호를 제공할 수 있는 당신 자신의 역량을 신뢰하지 않았다. 즉, 스스로 자신의 기술과 역량을 존중하지 않았다. 김○○님은 간호학생인 당신이 아니라 정식 간호사의 간호를 받으면 안심하겠지만, 자신의 역량에 대해 자신감 없는 당신의 모습에 감동을 받지는 않을 것이다. 담당간호사의 부재에 적응하지 못하는 환자의 어려움을 제대로 파악하지 못했기 때문에 이것은 무책임한 반응이다. 이 전략으로 김○○님은 당신에게 간호를 받는 것에 대한 불안을 느끼고 있으며 자신의 공격에 쉽사리 무너지는 당신의 모습에 당혹감을 감추지 못할 것이다.

대응법 B: 이것은 임상실습 강사에게 공격적이고 적대적인 태도로 대응하는 방법이다. 긍정적인 피드백을 잘 해주지 않는 강사에 대한 적개심을 6주 동안 가슴 속에 품고만 있었지 좀 더 일찍 적절하게 표출하지 않았다. 지금껏 쌓인 분노와 실망감을 오늘 강사에게 표출했다. 물론 이 대응법이 당신의 말할 권리를 보장해줄 수는 있지만 감정을 존중받을 강사의 권리를 무시한 것이기도 하다. 이 대응법은 강사에게 두려움을 주고 분노를 일으킴과 동시에 당신이 다니는 간호대학과의 문제로 비화될 수 있다. 이 방법을 사용하면 향후에 강사로부터 긍정적인 피드백을 절대로 기대할 수 없다.

대응법 C: 이 접근은 공격적인 방식이다. 윤○○님에게 스킨십을 하면서 그 감정을 느끼지 말라고 이야기하는 것은 오만한 태도이다. 당신의 대응법은 감정을 느끼고 표현할 윤○○님의 권리에 대해 무지한 것이다. 당뇨라는 진단을 쉽게 받아들이지 못하고 인슐린을 거부하는 윤○○님에 대해 제대로 이해하지 못했기 때문에 이와 같은 행동은 무책임한 것이다. 이때 스킨십 때문에 윤○○님의 화만 더 부추길 수 있다. 윤○○님은 당신이 자신을 깔보고 무시한다는 느낌을 받을 것이다.

대응법 D: 이 전략은 적극적인 방법이다. 김○○ 간호사와 그녀의 환자들에게 사과를 한 것은 시의적절했으며 그들의 정당한 권리를 존중하는 행위였다. 간단하고 즉각적인 사과는 양 당사자의 적개심을 잠재우는 역할을 했다. 이는 타인에게 불편을 초래한 책임을 인정하는 행위이기 때문에 책임감 있는 접근이다. 이 일에 관계된 사람들은 모두 당신의 대처에 만족할 것이다. 김○○ 간호사가 당신을 당황하게 한 것에 대해 둘이 개별적으로 대화할 수 있는 기회가 올 때까지 기다린 것은 사려 깊은 행동이었으며 이 중요한 문제에 대해 이야기 할 수 있는 자신의 권리도 지키는 행위였다. 김○○ 간호사에게 대화를 요청하고 사태를 정직하게 직시하는 태도는 문제의 본질에 집중하게 하는 역할을 했다. 자신의 문제를 해결하기 위해 상대의 허락을 기다린 것도 정중한 태도였다. 당신이 취한 CARE 대면법은 당신을 괴롭힌 문제가 무엇인지, 향후에 동료가 어떻게 행동하면 좋겠는지를 명확하게 짚어주었다. 김○○간호사는 당신이 예약 시간을 초과하여 면담실을 사용한 것에 대해 짜증을 낸 자신의 감정을 당신이 이해했다는 느낌을 받을 것이고, 자신의 무례함에 대한 당신의 피드백도 쉽게 받아들일 것이다.

대응법 E: 이것은 공격적이며 거의 비아냥거리는 반응이다. 서로의 분노를 키우는 역할만 할 뿐이다. 이것은 김○○님의 취약점을 공격한다. 그에게는 담당간호사를 선택할 권한이 없고, 당신에게 자신의 상태를 이야기하는 것이 쓸데없는 일임을 암시함으로써 환자의 안전을 위협했다. 강사의 결정에 대한 당신의 건방진 태도는 김○○님에게 불안감을 느끼게 할 뿐이다. 김○○님의 불안감과 재발 없는 완치를 원하는 '바람'에 대한 데이터를 참고하지 않았기 때문에 이 대응법은 무책임한 행동이다. 이는 담당간호사의 부재에 대해 김○○님이 느끼는 감정에 민감하게 반응하지 않은 것이다. 이 대응법으로 인해 김○○님이 불안과 위협을 느낄 가능성이 있다.

대응법 F: 이것은 공격적인 대응법이다. 팀장에게 직접적으로 모욕을 주는 공격이다. 상대를 배려하는 의사소통을 할 수 있는 자신의 권리를 보호하지 않을 뿐만 아니라 느린 속도에 대한 팀장의 우려까지도 무시한 행위이다. 이렇게 대응할 경우 팀장이 앞으로 더 심하게 보복할 수도 있다.

대응법 G: 당신은 길○○님의 흡연 욕구를 책임감 있게 인정했지만, 대응 방식은 공격적이고 무례하다. 적극적으로 의사소통을 할 수 있는 자신의 권리를 지키지도 않으면서 다른 사람들을 난처하게 할 수 있다.

대응법 H: 이는 당신이 변화하는 방법에 대한 강사의 제안을 구체화하기 위해 그녀에게 더 많은 책임을 요구하기 때문에 적극적인 대응법이다. 자신이 한 말의 의도를 명확하게 하는 것은 강사 자신의 책임이다. 이 전략은 당신이 전문적인 간호사로 성장하기를 바라는 강사의 의도를 반영한 태도이므로 책임감 있는 행동이다. 이 대답으로 강사가 '전문가답다'라는 말의 의미를 정확하게 정의할 가능성이 높다. 이 정보를 사용하면 전문성에 대한 자신의 태도 중 고쳐야 할 것이 무엇인지를 알고 정정할 수 있게 된다. 강사가 자신이 기대하는 바에 대해 명확한 설명을 할 수 없다면, 전문성이 부족하다고 당신을 비난한 말을 철회하도록 요구할 권리가 있다. 강사로부터 긍정적인 피드백을 받을 권리에 관한 문제가 이 대응법에서는 다루어지지 않았다. 그러한 요청을 포함시킨다면 대응법의 적극성을 높일 수 있다.

대응법 I: 이 답변은 신○○님의 걱정이나 불안을 전혀 고려하지 않았으므로 무책임한 대응이다. 또한 빈정대는 말로 신○○님에게 모욕을 주고 상대를 배려하는 의사소통을 할 자신의 권리도 지키지 않았으므로 공격적인 방법이다. 이 대답은 신○○님을 무시하는 말이므로 그녀는 분노와 당혹감을 느낄 것이다.

Box 27-4 공격적인 대상자와 동료에 대한 반응에 대한 비평(계속)

대응법 J: 이것은 적극적인 대응법이다. CARE 대면법을 활용하여 당신을 괴롭히는 문제와 상대가 어떻게 변화하길 원하는지 정확하게 지적했다. 당신의 특별함과 정중한 태도는 자신의 합법적인 권리를 지키기 위해 행동하는 동시에 강사의 자존감도 지켜줄 것이다. 또한 이 전략을 통해 강사가 당신의 성과를 향상시키기 위한 피드백을 제공한다는 힌트를 얻을 수 있고 강사가 간과한 부분을 생각나게 할 수 있기 때문에 책임감 있는 대응이다. 이 부드러운 대면법 덕분에 강사는 자신이 빠뜨린 부분을 확인하고 산부인과 간호사로서의 당신의 역량을 더 수용함으로써 상황을 바로 잡기 위해 노력하는 강사가 될 것이다.

대응법 K: 이 공격적인 접근은 윤○○님의 분노를 배가시킬 수 있다. 둘 사이에 형성된 관계나 신뢰감마저 무너뜨릴 수 있다. 당신은 정중하게 따뜻한 대우를 받을 윤○○님의 권리를 존중하지 않았다. 무책임하게도 환자의 공포심이나 자신의 질병을 천천히 받아들이길 원하는 환자의 욕구를 고려하지 않았다. 상대를 배려하는 의사소통을 할 자신의 권리도 지키지 않았다. 당신이 '지위를 이용하여 강요'하기 때문에 윤○○님은 더 분노하고 무력감을 느낄 것이다. 이 대응법으로 생긴 나쁜 감정을 해소하는 데는 오랜 시간이 걸릴 것이다.

대응법 L: 이 방법은 공격적이다. 당신의 첫 마디가 김○○ 간호사를 공격하고 둘 사이의 적대감을 부추긴다. 당신의 방어기제가 직원과 환자 모두를 당혹스럽게 한다. 이는 자신을 이해하고 자신에게 사과하길 바라는 김○○ 간호사의 요구에 대한 관심이 부족한 대응법이므로 무책임하다.

대응법 M: 이것은 당신이 화상치료법을 잘 알고 있음을 김○○님에게 알림으로써 그를 안심시키고 당신이 하고 있는 간호처치에 대해 그가 궁금한 점을 물을 수 있도록 그에게 기회를 주기 때문에 적극적인 대응법이다. 간호사들 간에 차이가 존재한다는 사실에 당신도 동의한다면 간호사들의 다양한 스타일에 대한 김○○님의 불안을 감소시킬 것이다. 김○○님이 담당 간호사를 그리워한다는 사실을 당신이 인정하면 그 두 사람 간에 생긴 상호관계성을 당신이 이해하는 모습을 그에게 보여주게 될 것이다. 당신이 하고 있는 간호처치는 안전하고, 의사의 처방에 따른 것이라는 사실을 알려줌으로써 환자를 안심시킬 수 있다. 또한, 치료를 잘 받고자 하는 환자의 간절함을 이해하는 모습을 보여주는 것이다. 이렇게 책임감 있고 적극적인 반응은 환자가 이해와 위로를 받는다는 느낌을 줄 것이다.

대응법 N: 이는 주장적이고 책임감 있는 대답이다. 배움의 기회를 얻을 당신의 권리를 주장하는 것이며 팀장에 대한 존경을 표하는 것이다. 당신은 환자에 대한 팀장의 정당한 우려를 인정했고 투약간호사로서 실력을 향상시키는 방법을 알려달라고 요청했다. 이러한 대응은 당신이 기대하는 것이 무엇인지 명확히 보여주며, 팀장이 당신을 이해할 수 있도록 도울 것이다.

대응법 O: 이것은 공격적인 대응법이다. 박○○ 간호사가 어떤 기분일지 배려하는 마음이 전혀 없이 그녀에게 폭발했지만 당신은 법의 테두리 내에서 자신의 신념과 간호사의 권리를 지켰다. 박○○ 간호사는 상처를 받을 수 있지만 조퇴를 해야 한다는 메시지를 정확하게 받을 것이다.

대응법 P: 이것은 단호하지 못한 접근이다. 당신은 김○○ 간호사의 감정을 인정하지 않았을 뿐만 아니라 김○○ 간호사의 공격적인 태도에 화가 난 당신의 감정에 대해서도 설명하지 않았다. 또한 김○○ 간호사의 합리적인 요구를 무책임하게 무시했다. 솔직담백하게 직면하는 대신 뚱한 기분으로 그녀를 피함으로써 기분 나쁜 감정을 숨기고 있다. 이 전략을 사용한다면 당신과 김○○ 간호사 그리고 다른 직원들은 모두 긴장하게 될 것이다.

대응법 Q: 이 대응법은 윤○○님의 이해 받을 권리와 당신의 배려하는 의사소통의 권리를 인정하면서 인슐린 주사에 덜 민감할 수 있는 방법을 윤○○님에게 제시하는 것이기 때문에 적극적인 방법이다. 자신의 두려움을 이해해주길 바라는 윤○○님의 욕구를 인정하기 때문에 책임감 있는 대응법이기도 하다. 당신은 통제력을 가지고 윤○○님에게 도움이 될 수 있는 계획을 제시함으로써 그녀를 안심시켰다. 병실을 나가거나 화를 내면 더 이상 윤○○님을 도울 수 없을 것이다. 이 방법은 당신이 윤○○님의 두려움을 이해하면서 이 시기를 잘 넘어갈 수 있도록 기꺼이 돕고 관심을 갖겠다는 메시지를 주기 때문에 그녀의 불안감이 곧 사라질 것이다.

대응법 R: 이것은 무책임하고 단호하지 못한 대응법이다. 당신은 신○○님의 요청을 정중하게 처리하지 않았고 그녀의 무력감을 이해하는 모습도 보이지 않았다. 또한 그 병동에서 근무하는 간호사 자신의 권리도 지키지 않았다. 다른 중요한 업무 때문에 늦어진 것이긴 하지만 모든 환자들을 배려하는 방식으로 의사소통을 할 권리와 책임이 당신에게 있다. 당신의 사과에 신○○님은 자신을 중요한 존재로 인식했을 것이다. 그러나 당신의 태도는 가능한 빨리 벗어나고 싶어 하는 마음을 드러냈다. 온정과 진정성 있게 존중하는 태도의 결여로 인해 신○○님은 당신이 자신을 진정성 있게 돌보지 않았다는 사실을 알게 될 것이다.

대응법 S: 이 방법은 단호하지 않다. 그렇게 미온적인 대답을 하면 따돌림을 당할 수도 있다. 당신은 인내심 있는 태도로 대우 받을 자신의 권리를 지키지 않았다. 그러한 수동적인 태도는 더 심각한 무시를 불러온다.

대응법 T: 분명히 당신은 박○○ 간호사에게 약을 주어야 할지 윤리적으로 고민을 하지만 어쩔 수 없이 약을 주고 만다. 그렇게 하면 안전하게 행동할 권리를 잃게 되고 동료에게 의도하지 않은 피해를 줄 수 있다. 당신은 박○○ 간호사가 편두통을

Box 27-4 공격적인 대상자와 동료에 대한 반응에 대한 비평(계속)

호소한 것에 대해 후속 조치를 취하지 않았거나 그녀의 불행에 대해 공감을 많이 하지 않았기 때문에 책임감 있게 행동하지 않았다.

대응법 U: 이는 확고하고 분명한 대답으로서 단호한 대응이다. 길○○님의 존엄성과 매너 있는 의사소통을 할 자신의 권리를 존중하고 있기 때문이다. 당신이 부정적인 결과를 이야기한 것은 인수인계 시간에는 방해하지 말라는 요청이 진지한 요청이라는 것을 의미한다. 길○○님이 흡연을 한 시간이 얼마 지나지 않았고 흡연에 대한 시간과 장소가 규정되어 있으며, 제시간 안에 업무를 끝낼 권리가 있다는 것을 길○○님에게 설명하고 있으므로 책임 있는 답변을 한 것이다. 이 대답에 길○○님은 기분이 상할 수 있겠지만, 당신의 뜻이 확고하다는 것을 그도 알게 될 것이다.

대응법 V: 이것은 단호하고 책임 있는 답변이다. 당신은 박○○ 간호사가 겪는 극도의 불안을 알아채고 귀가할 것을 현명하게 제안했다. 당신의 법적 문제를 피할 자신의 권리를 지켰고 약을 받기 전에 정확한 검진을 받아야 할 동료의 권리도 그녀에게 약을 주지 않음으로써 지켜냈다. 또한 그녀 없이도 임무를 수행할 수 있을 것이라고 그녀를 안심시켰다. 박○○ 간호사는 구역질을 낫게 할 무엇이라도 달라고 당신을 다시 설득하고 싶겠지만 당신의 확고함 때문에 그럴 가능성은 없어보인다.

대응법 W: 이것은 단호하지 못한 대응법이다. 당신은 배려하는 마음으로 동료를 이해할 권리를 지키지 않았다. 동료는 당신의 이해를 바람과 동시에 이런 사려 깊지 못한 행동을 다시는 반복하지 않겠다고 당신이 약속해주길 요청했다. 그리고 당신은 이 같은 반응으로 두 가지 요청 모두를 무시했다. 김○○ 간호사는 전혀 이해받지 못했다는 느낌을 받을 것이다. 이 같은 대응은 동료 김○○ 간호사로부터 정중한 태도로 대우받을 자신의 권리를 보호할 책임을 저버린 것이기도 하다.

대응법 X: 이것은 단호하지 못한 방법이다. 당신은 윤○○님의 권리도, 도움이 되는 방식으로 의사소통을 할 자신의 권리도 지키지 않았다. 당신의 대답은 자신의 기분에만 치중한 나머지 윤○○님의 두려움과 안내받고 싶은 욕구를 헤아리지 못하고 있다. 이러한 반응 때문에 윤○○님은 이해와 지지를 받지 못한다는 느낌을 갖게 될 것이다.

대응법 Y: 이것은 단호하지 못한 대응법이다. 부당한 요구를 수용해야 한다는 중압감에 눌려 있다. 강사의 요구가 불분명할 뿐만 아니라 업무에 대한 당신의 감정과 그동안 당신이 받은 피드백과도 일치하지 않는다. 이러한 반응으로는 강사의 공격을 더 막을 가능성이 없다. 단호하지도 않고 책임감도 없다.

대응법 Z: 이 대응법은 김○○님에게 공격적인 과한 행동을 한 것이다. 공격성에 공격성으로 맞서는 것은 화만 부추길 뿐이다. 김○○님이 계속해서 당신을 송간호사와 비교하면서 무시했다면, 그러한 공격을 중단해달라고 요청하는 것이 적절한 행동이다. 그러나 이러한 반응도 무책임한 행동이 다 환자의 취약함과 상실감 대신 자신의 감정에만 집중하는 행동이기 때문이다. 이는 도움이 되는 대응이 아니며, 김○○님을 난처하게 하고 불안하게만 할 것이다.

대응법 AA: 이것은 주장적인 대응법이다. 당신이 늦게 온 이유는 신○○님을 무시하기 때문이 아니라며 침착하고도 친절하게 그녀를 안심시켰다. 직접적으로 간결하게 설명하는 것은 과도한 사과를 한다거나(단호하지 않을 수도 있는) 과도하게 방어적인(공격적일 수 있는) 태도가 아니다. 당신의 대답에는 책임감이 있었다. 존중하는 태도로 치료받고 싶은 환자의 욕구를 알아차렸기 때문이다. 환자 곁에서 대화를 하겠다는 제안은 그녀의 감정을 충분히 신경 쓴다는 사실을 보여주었다. 그녀의 거칠고 폭력적인 언사를 못 본체 하는 전략이 이 상황에서는 적절한 반응일 것이다. 분노의 원인은 두려움이기 때문에 타당한 염려를 잘 다룰 수 있도록 환자를 도와준다면 그녀의 폭력성은 사라질 것이다. 그렇지 않다면, 폭력적인 언어 사용을 자제해달라고 단호하게 요청할 수 있다.

대응법 BB: 이것은 단호하지 못한 대응이다. 당신은 길○○님의 불합리한 요구를 들어주었고 이로써 다른 직원들이 원칙을 지키기 어렵게 만들어버렸다. 계속해서 고집을 부리면 원칙도 어길 수 있다는 메시지를 준 것이다. 이 대답을 함으로써 자신의 결정을 고수하지 못했기 때문에 당신은 기분이 상할 수 있다. 이 반응은 길○○님이 담배를 피운지 얼마 지나지 않았다는 사실을 무책임하게 묵살하는 것이다.

실습 강사는 관리 감독과 산과 간호에 필요한 기술 지도를 철저하게 해왔다. 당신은 이 분야를 정말 좋아하기 때문에 이 분야에서 커리어를 쌓아야겠다고 생각한다. 산모와 아기를 신체적으로 돌보는 일을 능숙하게 처리한다고 생각하고 있으며, 아기의 부모들이 신생아를 돌보는 방법에 적응하도록 돕는 일에 영향력을 발휘하고 있다. 산모를 가르치는 당신의 세션이 우수하다는 평가를 받았고 산과병동 수간호사님은 당신이 일을 잘한다고 칭찬해주셨다.

당신이 일을 잘하고 있고 환자와 직원들로부터 긍정적인 평가를 받고 있음에도 불구하고 임상

실습 강사로부터는 단 한마디의 칭찬도 듣지 못했다. 사실, 강사는 매번 당신이 개선해야 할 부분을 지적하고 작은 실수도 그냥 지나치지 않고 질책한다. 당신이 잘한 일에 대해서 강사가 격려해주거나 열정을 보이지 않아 실망스럽다. 강사는 오늘 당신이 아기 아버지들을 대상으로 실시한 아기 목욕시키기 교실에 대한 피드백을 주기 위해 당신을 불렀다. 당신은 교육 참가자들의 강의평가서를 볼 기회가 있었고, 평가서에는 당신의 수업방식과 수업내용 덕분에 아기를 목욕시키는 첫 경험에 대한 확신이 생겼다는 내용이 분명하게 쓰여 있었다. 그런데 강사는 당신이 잘못한 것만 나열하고 향후에 그 수업을 개선할 수 있는 방법에 대해서만 제안하였다.

임상강사: "학생은 전반적으로 전문가다운 면모를 좀 더 갖추어야 합니다. 너무 격식을 차리지 않아요. 항상 그런 식이에요. 이렇게 학생이 늘 느슨하게 행동하고 규칙을 철저하게 지키지 않으면 누가 학생을 전문가로 취급하겠어요? 이 점에 대해서 태도를 개선해 봐요. 그러면 좀 더 존중받을 수 있을 거예요."

2. 강사의 생각과 감정에 대해 자신이 사정한 내용을 노트에 기록해보자. 강사가 자신이 담당하는 간호학생인 당신에게 원하는 요구사항을 적어보자.
3. 자신이 사정한 내용을 다음 내용과 비교해보자.

생각: 강사는 당신이 더욱 전문가다운 면모를 갖추어야 하며 그렇게 된다면 더욱 존경받는 간호사가 될 것이라고 생각한다.
감정: 강사는 전반적으로 당신이 전문성이 부족하다는 점에 실망을 감추지 못한다. 그녀는 당신의 이미지를 완벽한 실력을 갖춘 간호사로 만들겠다는 강한 책임감을 느낄 가능성이 높다.
요구사항: 강사는 자신이 생각하는 전문가 이미지에 맞추어 일관성 있게 업무를 진행하도록 당신이 행동을 변화시키길 원한다. 그녀는 교대근무를 마친 후에 공유한 부정적인 평가 피드백을 당신이 참고 견뎌내길 바라고 있다.

4. 당신의 사정은 위 내용처럼 사실 그대로의 정확한 분석을 반영하였는가? 그렇지 않다면, 이 이야기의 본문으로 돌아가서 인지적 · 정서적 메시지를 다시 사정해보자. 만일 정확한 분석을 반영하였다면, 2단계로 넘어간다.

2단계: 의사소통 전략과 원하는 결과

5. 당신은 강사가 불합리한 요구를 하고 있다는 결론을 내렸다. 당신이 잘한 일에 대한 합당한 칭찬을 하지 않으려는 모습으로 일관하는 강사가 실망스럽고 화도 난다. 강사의 요청에 대응하기 위하여 어떤 의사소통 방식을 사용해야 할지 확인해보자. 자신이 선택한 전략을 통해 원하는 결과를 명시한다. 추후에 참고할 수 있도록 별도의 종이에 자신의 제안사항을 적어둔다.
6. 자신이 세운 전략을 다음 내용과 비교해보자.

이렇듯 거절감을 느끼게 하는 공격의 폭풍 속에서 긴장을 풀고 적극적으로 반응하는 자신을 시각화하여 상상해보는 것은 중요하다. 더 구체적인 평가의견에 대한 요청은 합당하다. 왜냐하면 강사는 "전문가답다"라는 표현이 무엇을 뜻하는 것인지 제대로 설명해준 적이 없기 때문이다. 두 수업에 관해 부모들로부터 받은 평가에 따르면 산모를 관리하는 간호사로서 잘하고 있다는 결과가 나왔다고 자신의 의견을 피력하는 것이 적절하다. 긍정적인 피드백이 없는 것에 대한 실망감과 산과 실습학생으로서 받는 최종평가에서는 긍정적인 피드백도 받고 싶다는 생각을 강사에게 표현하려면 CARE 대면법을 사용하는 것이 좋다.

강사를 존중하는 방법으로 이와 같은 전략을 사용하면 당신도 이렇게 존중받고 싶어 한다는 것을 강사가 분명히 알게 될 것이다.

3단계: 자신이 세운 의사소통 전략의 실행과 평가

7. 이제 당신은 강사에게 답변을 해야 한다. 강사에게 답변 내용을 만들어서 노트에 적어보자.
8. 자신의 답변을 다음의 대응법과 비교해보자. 각각의 대응법들을 살펴보고, 이 장 마지막에 나오는 각 대응법에 대한 비평을 살펴보자.

당신의 답변을 다음의 대응법과 비교해보자. 대응법들이 당신이 평가한 강사의 요청에 잘 부합하는지, 그리고 주장적이고 책임감있는 의사소통을 하고자 하는 당신의 바람과 일치하는지 살펴보자.

> *대응법 H:* "강사님, 강사님께서 정말 중요하게 생각하시는 점에 대해 제게 조언해주신다는 것은 알겠어요. 하지만 그 의미를 정확하게 잘 모르겠습니다. '전문적'이라는 말이 정확히 무슨 뜻인가요? 제가 이해할 수 있도록 그 의미를 명확하게 설명해주신다면 제가 더 성장할 수 있을 것 같습니다."
> *대응법 B:* "제 성장을 위해서라며 조언해주시는 것에 이제는 지쳤어요. 제가 이곳에서 실습을 하는 6주 동안 단 한 번도 긍정적인 말씀을 해주신 적 없잖아요. 이 병동의 직원들과 환자들이 선생님보다 더 칭찬을 많이 해준다고요. 선생님께도 긍정적인 피드백을 받고 싶어요."
> *대응법 Y:* "네. 앞으로는 더 전문성을 갖춘 사람이 되도록 최선을 다하겠습니다."
> *대응법 J:* "제가 개선할 점에 대해 강사님이 조언을 해주실 때 제가 최고의 산과 간호사가 될 수 있도록 도와주고 계신다는 거 잘 알고 있습니다. 하지만 제가 잘했던 일과 전문가답게 행동한 것은 한 번도 알아주지 않으셔서 실망했습니다. 저는 환자들로부터 높은 평가점수를 받았고 동료들로부터 격려의 말도 들었어요. 이런 긍정적인 평가들은 제가 뭔가 잘하는 일도 있다는 제 믿음을 뒷받침해주고 있어요. 이번 실습이 끝나기 전에 저의 성장을 위한 조언과 더불어 강사님의 긍정적인 피드백도 받고 싶어요. 그렇게 해주시겠어요?"

9. 가장 만족스러운 전략을 찾고 다른 대응법들은 왜 적합하지 않은지 그 이유를 밝힌 후에 연습문제에서 자신이 이전에 만들어 둔 응답으로 돌아간다. 자신의 응답이 얼마나 주장적이고 책임감 있는 것이었는지 평가해보자.

적대적인 환자와의 의사소통
Communicating with Rejecting Colleagues

1단계: 자료 사정

1. 다음 상황을 살펴보고 환자의 생각, 감정, 요구사항을 스스로 사정해보자.

윤○○님(18세)은 당신이 근무하는 내과병동 환자이다. 이 환자는 최근 당뇨 진단을 받았는데, 인슐린 주사를 무서워하고 있다. 당신이 인슐린을 주사하려고 할 때 환자는 비명을 지르면서 발을 동동 구른다. 환자를 꽉 붙잡아 인슐린을 안전하게 주사하려면 의료진 두 명이 필요하다. 당신은 이 상황이 못마땅하다. 윤○○님은 곧 퇴원할 환자인데 퇴원 후에는 스스로 인슐린을 주사해야 하기 때문이다. 그녀는 두려움을 스스로 극복하고 점차 스스로 자신을 보살피는 책임을 다해야 할 것이다.

당신은 윤○○님의 당뇨 관리에 더 많은 관심을 두고 돕기 원하는 당신의 뜻을 윤○○님에게 전하기로 결정한다. 윤○○님이 두려움을 극복하고 좀 더 자신 있게 인슐린을 자가 주사할 수 있는 좋은 방법이 있다고 설명하면서 대화를 시작했다. 윤○○님은 당신이 말하는 중간에 다음과 같이 끼어들었다.

> *윤○○:* "그만해요!" (언성을 높이며) "다시 말하지만 난 절대로 다시는 인슐린 주사를 맞지 않을 거예요. 피 빨아먹는 흡혈귀, 나가요! 아침마다 나를 고문하는 게 재미있나 봐요. 꿈도 꾸지 마요! 꺼져요! 누굴 괴롭히려면 다른 사람 찾아요. 이 인슐린 쓰레기는 빼줘요."(윤○○님은 당신과 얼굴을 마주하고 두 눈을 똑바로 쳐다본다. 벌겋게 상기된 얼굴로 불끈 쥔 두 주먹을 들어 올린다.)

2. 윤○○님의 생각과 감정에 대해 자신이 사정한 내용을 노트에 기록해보자. 담당간호사인 당신에게 환자가 원하는 요구사항을 적어보자. 자신이 사정한 내용을 다음 내용과 비교해보자.

생각: 윤○○님은 당신을 '강제로' 인슐린 자가 주사를 하도록 하려는 잔인한 사람으로 인식한다.

감정: 윤○○님은 인슐린 자가 주사에 대해 잔뜩 겁을 먹고 있다. 자신이 당뇨에 걸렸다는 사실을 받아들이기 힘들어하는지도 모른다. 현실을 부정하고 두려움으로부터 자신을 지키기 위해 화를 내고 있으며 당신이 가까이 다가가지 못하도록 사납게 행동한다. 이러한 공격은 그녀의 불안감에서 비롯된 것이다.

요구사항: 윤○○님의 분명한 요구사항은 자신을 혼자 내버려 두라는 것이다. 그녀도(이성이 두려움에 가려 있지만) 이성적으로는 당신의 말이 옳으며 인슐린 주사에 대해 더 침착하게 배워야 한다는 것을 알고 있다. 직접적으로는 자신을 이해해달라고 요청하면서 당신에게는 자신을 혼자 내버려 두라고 말한다. 간접적으로는 자신을 위로해 달라고 요청하고 있는 것이다.

3. 당신의 사정은 위 내용처럼 사실 그대로의 정확한 분석을 반영하였는가? 그렇지 않다면, 이 이야기의 본문으로 돌아가서 인지적 · 정서적 메시지를 다시 사정해보자. 만일 정확한 사실 분석을 반영하였다면, 2단계로 넘어간다.

2단계: 의사소통 전략과 원하는 결과

4. 당신은 윤○○님이 당신의 이해와 행동, 위로를 요구하고 있다고 결론을 내렸다. 당신이 윤○○님의 요청에 대응하기 위하여 어떤 의사소통 방식을 사용해야 할지 확인해보자. 자신이 선택한 전략을 통해 원하는 결과를 명시한다. 추후에 참고할 수 있도록 자신의 제안사항을 노트에 적어둔다.

5. 자신이 세운 전략을 다음 내용과 비교해보자.

이해 받기를 원하고 은연중에 위로 받기를 원하는 윤○○님의 요구를 들어주는 것이 현명하다. 윤○○님은 당뇨 환자로서 잘 적응하고 있고 당신은 그녀를 이해하는 모습을 보여줌으로써 그녀를 도울 수 있다. 여기서 윤○○님을 혼자 두고 병실을 나가는 것은 현명한 방법이 아니다. 그녀가 겁을 먹고 있기 때문에 통제력이 있는 누군가가 필요하다. 당신이 병실을 나가거나 공격적으로 반응한다면 그녀의 두려움과 분노는 걷잡을 수 없이 커질 것이다.

평정심을 유지해야 당신 스스로 생각을 정리할 수 있고 윤○○님도 침착하게 안정시킬 수 있을 것이다. 침착하다는 것은 당신이 스스로를 제어할 수 있다는 것을 의미한다. 격분하여 적대적인 태도를 취하는 상황에서 평정심을 유지하기 힘들다면, 정신을 집중하여 침착하게 대응하는 자신의 모습을 시각화하여 상상한다. 인슐린 주사에 대한 윤○○님의 두려움과 분노에 공감하는 반응을 보여주면 당신이 자신을 이해한다는 것을 윤○○님도 알게 된다. 윤○○님이 침착하게 인슐린 주사를 맞는 방법을 배울 필요가 있다는 당신의 의견을 정확하게 피력하는 것은 당신이 자제력이 있는 사람으로서 윤○○님을 돕기 원하고, 그녀가 격분한 것 때문에 그녀를 거부하지 않을 것이라는 사실을 암시한다. 당신은 윤○○님을 돕기 위해 부드럽게 접근한다. 그녀도 당신의 계획을 재고하면서 그 방법이 생각보다 끔찍하지 않을 것이라는 생각을 하게 될 수도 있다.

이러한 접근은 당신이 자신을 이해하고 있으며 분노와 두려움에 떨어도 당신이 자신 곁에서 도와준다는 사실을 윤○○님에게 보여주게 될 것이다. 또한 그녀에게 자제력을 회복할 수 있다는 희망을 안겨줄 것이다. 그녀가 때로 행복하다 느끼지 못할지라도, 이 반응은 그녀의 공포심을 완화시키는 데 도움이 될 것이다.

3단계: 자신이 세운 의사소통 전략의 실행과 평가

6. 이제 당신은 윤○○님에게 답변을 해야 한다. 그녀에게 답변 내용을 만들어서 노트에 적어보자. 나중에 참고할 수 있도록 휴대하기 편하게 만든다.
7. 이제 자신의 답변 내용을 다음의 대응법들과 비교해보자. 각각의 대응법을 살펴보고, 이 장의 마지막 부분으로 가서 각 대응법에 대한 비평을 읽어보자.

다음 대응법을 읽어보면서 윤○○님의 요구에 대해 당신이 사정한 내용과 주장적이고 책임감 있는 의사소통을 하고자 하는 당신의 바람이 일치하는 내용을 찾아보자.

대응법 C: (손을 뻗어 윤○○님의 어깨를 감싸 안는다.) "윤○○님, 너무 화내지 말아요. 인슐린 주사에 대해 마음이 편해지려면 시간이 걸려요. 윤○○님을 도우러 제가 여기 왔잖아요. 몇 주만 지나면 마음에 평온이 찾아올 거예요."

대응법 K: "젊은 아가씨! 그런 식으로 말하면 안 되죠. 나한테 예의를 갖추는 게 좋을 거예요. 안 그럼 혼나요. 윤○○님에게 무엇이 최선인지 나는 알고 있어요. 난 경험이 많으니까요. 똑똑한 사람이라면 나에게 협조하는 게 좋을 거예요."

대응법 Q: "윤○○님, 아침마다 바늘로 몸을 찌르기가 무섭다는 거 알아요. 특히 윤○○님처럼 활동적이고 건강한 사람에게는 더 적응하기 어려운 일이죠. 자신감 있게 할 수 있도록 제가 도와줄게요. 결국에는 인슐린 주사가 편안해질 거예요. 이제 여기 앉아서 제 계획을 들어보시겠어요? 제 이야기를 먼저 들으신 후에 무슨 질문을 해도 좋아요. 그리고 인슐린 주사가 시도해볼 만한 것인지 생각해보세요."

대응법 X: "윤○○님, 저는 도우려고 했을 뿐이에요."(윤○○님의 병실에서 나간다.)

8. 가장 만족스러운 전략을 찾고 다른 대응법들은 왜 적합하지 않은지 그 이유를 밝힌 후에 연습문제에서 자신이 이전에 만들어 둔 응답으로 돌아가라. 자신의 응답이 얼마나 주장적이고 책임감 있는 것이었는지 평가해보자.

적대적인 동료와의 의사소통
Communicating with Hostile Colleagues

1단계: 자료 사정

1. 다음 상황을 살펴보고 동료의 생각, 감정, 요구사항을 스스로 사정해보자.

당신은 정신건강의학과 외래에서 근무하는 간호사이다. 병동에는 환자와 가족들과 개인면담을 하기 위해 예약을 해야 하는 소규모 면담실이 있다. 늘 공간이 부족하기 때문에 방 예약은 필수이다. 지난 3일 동안 당신은 예약시간 30분보다 5분을 초과하여 면담실을 사용했다. 예약 시간을 지키지 않자 다른 사람들의 면담시간이 늦춰졌다. 동료 김○○ 간호사는 짜증이 났지만 평소 당신이 무분별한 사람은 아닌 것을 알기에 이 상황을 이해했다.

오늘 당신은 면담실 사용 시간을 45분으로 예약했다. 다른 예약을 지체시키지 않으면서 당신의 면담을 잘 마무리하기 위해서였다. 그런데 환자가 결혼에 대한 심각한 이야기를 꺼내면서 흥분하여 울었다. 면담실을 비우기 전에 환자를 진정시키려면 5분 정도가 필요했다. 그런데 다음 예약자가 김○○ 간호사였다. 시간이 다 되었다는 신호로 그녀는 벌써 두 번이나 문을 두드렸다. 환자와 면담실을 나설 때 김○○ 간호사는 다음과 같이 폭발하고 말았다.

김○○ 간호사: 선생님, 이제 시간 다 됐어요. 선생님이 제가 예약한 시간까지 면담실을 사용해서 기다린 게 이번 주에만 벌써 네 번째에요. 이제는 그러시면 안 되죠. 제 환자의 가족들은 점심시간을 이용해 오신 거라고요. 잘 아시겠지만, 선생님만 중요한 일하는 것 아니잖아요."(김○○ 간호사

는 양손을 허리춤에 대고 격앙된 목소리로 말하고 있다).

2. 김○○ 간호사의 생각과 감정에 대해 자신이 사정한 내용을 노트에 기록해보자. 동료간호사인 당신에게 김○○ 간호사가 원하는 요구사항을 적어보자.
3. 자신이 사정한 내용을 다음 내용과 비교해보자.

생각: 김○○ 간호사는 당신이 무례하고 무분별하여 여러 사람이 공유하는 면담실을 예약 시간보다 더 오래 사용했다고 생각한다.
감정: 김○○ 간호사는 자신이 면담실을 사용해야 하는 시간까지 당신이 면담실을 사용한 것에 대해 짜증이 난다. 가족과 면담할 수 있는 시간이 제한적이기 때문에 압박감을 느낀다. 그녀는 병원 내에서 면담실에 들어갈 수 없게 되자 환자 가족에게 무례해 보이는 것은 아닌지 걱정이 된다. 당신이 무분별하게 행동하자 좌절하고 실망한다.
요구사항: 김○○ 간호사는 생각 없는 당신 때문에 자신과 환자들이 얼마나 큰 불편을 겪었는지 당신이 알기를 원한다. 향후에 면담실을 사용할 때 예약한 시간이 다 되면 자리를 비워서 책임감 있게 행동하길 원한다.

4. 당신의 사정은 위 내용처럼 사실 그대로의 정확한 분석을 반영하였는가? 그렇지 않다면, 이 이야기의 본문으로 돌아가서 인지적 · 정서적 메시지를 다시 사정해보자. 만일 정확한 사실 분석을 반영하였다면, 2단계로 넘어간다.

2단계: 의사소통 전략과 원하는 결과

5. 당신은 김○○ 간호사가 당신의 이해와 행동을 원한다는 결론을 내렸다. 김○○ 간호사의 요청에 대응하기 위하여 어떤 의사소통 방식을 사용해야 할지 확인해보자. 자신이 선택한 전략을 통해 원하는 결과를 명시한다. 추후에 참고할 수 있도록 별도의 종이에 자신의 제안사항을 적어둔다.
6. 자신이 세운 전략을 다음 내용과 비교해보자.

당신의 이해와 앞으로 이런 일이 없도록 고려해달라는 김○○ 간호사의 요구는 정당하다. 동료들에게 공감하는 대답과 앞으로 좀 더 사려 깊게 행동하겠다고 약속을 하는 것은 합리적이다. 그러나 김○○ 간호사의 적대적인 공격성을 받아들이는 것은 무리이다. 특히 그녀가 당신의 환자, 그녀의 환자, 근처에 있는 다른 직원들 앞에서 당신을 난처하게 만들었기 때문이다. 김○○ 간호사를 대할 때 평정심을 유지하고 CARE 대면법을 사용하여 그녀를 언짢게 한 문제에 대하여 당신에게 정중하게 말하도록 요청하는 것이 중요하다. 서로 대화를 마무리 할 수 있는 여유가 있는 늦은 오후 시간까지 기다려서 김○○ 간호사와 대화하는 것이 더 좋을 것이다.

이 전략을 사용하면 김○○ 간호사는 자신의 권리가 존중받고 있다는 사실을 확신하면서 당신의 권리에 대해서도 인지할 수 있게 될 것이다.

3단계: 자신이 세운 의사소통 전략의 실행과 평가

7. 이제 당신은 김○○ 간호사에게 답변을 해야 한다. 답변 내용을 만들어서 노트에 적어보자.
8. 이제 자신의 답변 내용을 다음의 대응법들과 비교해보자. 각각의 대응법을 살펴보고, 본 장의 마지막 부분으로 가서 각 대응법에 대한 비평을 읽어보자.

다음 대응법을 읽어보면서 김○○ 간호사의 요구에 대해 당신이 사정한 내용과 주장적이고 책임감 있는 의사소통을 하고자 하는 당신의 바람이 일치하는 내용을 찾아보자.

대응법 D: (김○○ 간호사, 환자, 환자의 가족들을 바라보며) "모든 분들께 불편을 끼쳐 죄송합니다."(나중에 김○○ 간호사와 단 둘이 이야기 할 수 있는 둘만의 편한 시간에 다시 대화를 이어간다.) "김○○ 선생님, 오늘 아침에 저 때문에 선생님 면담시간이 지체된 것에 대해서 선생님이 이야기하

셨었는데요. 그 일에 대해서 좀 더 이야기를 나누고 싶어서요. 아니면 나중에 이야기하는 게 좋을까요?"(김○○ 간호사의 동의를 구한 후에 말을 이어간다.) "앞으로는 제 예약시간을 잘 확인해서 불편을 주는 일은 없도록 할게요. 제가 선생님의 입장을 난처하게 만들었다는 거 알아요. 그런데 선생님 목소리가 사방으로 다 퍼지는 복도 한 가운데서 환자와 환자 가족들까지 보는 앞에서 저를 꾸짖듯이 얘기하셔서 정말 당황했어요. 앞으로는 제게 불만이 있을 때 개인적으로 말씀해주시면 정말 감사하겠어요. 그러면 아무도 당혹스럽지 않을 것이고, 환자와 가족분들께 직원이 다투는 모습을 보여드리지 않을 수 있잖아요. 그렇게 해주시겠어요, 선생님?"

대응법 L: (사건 당시) "잠깐만요, 김○○ 선생님. 무슨 말씀이세요? 제가 일부러 선생님을 괴롭히려고 면담실을 예약시간보다 더 오래 사용한 건 아니잖아요. 제가 이렇게 한 데에는 정당한 이유가 있다고요. 선생님을 불편하게 하려고 일부러 그런 게 아니잖아요. 이제 이 방, 선생님 다 쓰세요."

대응법 P: (사건 당시) 얼굴이 벌겋게 상기된 채로 김○○ 간호사와 환자와 가족들의 시선을 피하면서 그들 앞을 지나간다. 이 일이 있은 후에 김○○ 간호사와 마주치는 일이 생기면 그녀를 피한다. 김○○ 간호사와 눈을 마주치지 않고, 다른 간호사들과는 잘 대화하지만 유독 김○○ 간호사에게는 말을 걸지 않는다.

대응법 W: (사건 당시) "미안해요, 선생님."

9. 가장 만족스러운 전략을 찾고 다른 대응법들은 왜 적합하지 않은지 그 이유를 밝힌 후에 연습문제에서 자신이 이전에 만들어 둔 응답으로 돌아가보자. 자신의 응답이 얼마나 주장적이고 책임감 있는 것이었는지 평가해보자.

모욕감을 주는 환자와의 의사소통
Communicating with Abusive Clients

1단계: 자료 사정

1. 다음 상황을 살펴보고 환자의 생각, 감정, 요구사항을 스스로 사정해보자.

신○○님(60세)은 가슴에 통증이 있어 관상동맥 관리 병동에 입원한 환자이다. 신○○님은 당뇨가 있지만 잘 관리를 하지 않았고 관절염까지 앓고 있다. 그녀는 요구사항이 매우 많은 환자이다. 특히 남편이 병문안을 오지 못할 때 요구사항은 늘어난다. 오늘 그녀는 반복적으로 간호사를 호출했고, 이번에는 유리잔에 빨대를 꽂은 생수를 갖다 달라고 요청했다. 그래서 당신은 탕비실로 갔는데 극심한 걱정에 휩싸인 다른 환자의 아들이 당신을 불러 세운다. 곧 울음이 터질듯한 표정으로 자기 아버지의 수술 소식에 대해 이야기를 하고 싶어했다. 신○○님에게 생수를 갖다 주기 전, 잠시 멈춰 서서 그와 대화를 나눴다. 대화를 마치고 신○○님의 병실로 들어갔는데, 당신은 다음과 같이 호된 꾸지람을 들었다.

신○○님: "빌어먹을. 물 한 잔 먹으려다 여기서 죽겠네. 건방진 간호사 같으니라고. 넌 날 늙고 병든 여편네쯤으로 여길지 모르겠지만 이 병원에 입원한 다른 환자들처럼 내게도 그만한 권리가 있다구! 대체 뭐 하는 짓이야? 얼음물을 녹여오는 거야? 제기랄. 빨대나 줘! 느림보 거북이보다 더 느려 터졌구만. 내 손으로 열거야. 당신한테 맡겼다가는 밤을 새게 생겼어. 이제 가도 돼. 건방진 간호사, 당신이 그렇게도 중요한 간호사라서 나 같은 늙은이한테는 물 한 잔 제대로 갖다 주지도 못하는 거야?"

2. 신○○님의 생각과 감정에 대해 자신이 사정한 내용을 노트에 기록해보자. 담당 간호사인 당신에게 환자가 원하는 요구사항을 적어보자.

3. 당신이 사정한 내용을 다음 내용과 비교해보자.

생각: 신○○님은 당신이 물을 늦게 가져온 이유가 자신이나 자신의 요청을 중요하게 생각하지 않았기 때문이라고 생각한다.

감정: 신○○님은 당신의 느린 행동이 자신을 존중

하지 않기 때문이라고 생각해서 마음의 상처를 입는다. 모욕감을 주는 것은 거절감에 대한 그녀의 방어기제이다. 그녀는 병실에 있는 모니터들 때문에 겁에 질려 있고 남편이 오지 않아 오늘 외로웠을 것이다. 이러한 요소들이 결합되어 당신을 공격하게 된 것이다.

요구사항: 신○○님은 (물 한 컵 갖다 주기 등) 합리적인 요구에 응함으로써 자신을 더 존중하는 자세로 대해달라는 요청을 하고 있다. 간접적으로는 불안하고 무서운 감정을 이해해달라고 요청하고 있다. 당신으로부터 위로를 받고 당신이 자신을 간호한다는 사실을 통해 내적인 평온을 찾고 싶은 요구를 간접적으로 요청하고 있는 것이다. 위로에 대한 이 요구는 현재와 미래의 관계와 연결된다.

4. 당신의 사정은 위 내용처럼 사실 그대로의 정확한 분석을 반영하였는가? 그렇지 않다면, 이 이야기의 본문으로 돌아가서 인지적 · 정서적 메시지를 다시 사정해보자. 만일 정확한 사실 분석을 반영하였다면, 2단계로 넘어간다.

2단계: 의사소통 전략과 원하는 결과

5. 당신은 신○○님에게 당신의 이해와 위로가 필요하다는 결론을 내렸다. 신○○님의 요청에 대응하기 위하여 어떤 의사소통 방식을 사용해야 할지 확인해보자. 자신이 선택한 전략을 통해 원하는 결과를 명시한다. 추후에 참고할 수 있도록 자신의 제안사항을 노트에 적어둔다.
6. 자신이 세운 전략을 다음 내용과 비교해보자.

신○○님의 요청은 모두 정당하다. 그러나 그 요청을 표현하는 방법이 공격적이고 자극적이어서 당신이 상처를 받기 쉽다. 가장 좋은 방법은 화를 내는 신○○님을 계속해서 침착하고 따뜻한 태도로 대하는 것이다. 무례하게 행동하지 않았다는 것을 증명하기 위해 당신이 늦은 이유를 설명하는 것이 적절할 것이다. 당신이 그녀에게 관심을 가지고 신경쓰고 있다는 사실을 확신시켜 주면 그녀는 마음의 위로를 받을 것이다. 자신이 중요한 사람이라는 느낌을 받도록 나중에는 호출을 하지 않을 때도 병실을 방문하고, 그녀가 평온한 마음을 가질 수 있도록 병실을 떠나기 전에 원하는 것이 있는지 물어보는 등의 노력을 해볼 수 있다. 이 전략은 그녀가 보살핌과 존중을 받는다는 느낌을 받게 한다.

3단계: 자신이 세운 의사소통 전략의 실행과 평가

7. 이제 당신은 신○○님에게 답변을 해야 한다. 답변 내용을 노트에 적어보자. 나중에 참고할 수 있도록 휴대하기 편하게 만든다.
8. 이제 자신의 답변 내용을 다음의 대응법들과 비교해보자. 각각의 대응법을 살펴보고, 본 장의 마지막 부분으로 가서 각 대응법에 대한 비평을 읽어보자.

다음 대응법을 읽어보면서 신○○님의 요구에 대해 당신이 사정한 내용과 주장적이고 책임감 있는 의사소통을 하고자 하는 당신의 바람이 일치하는 내용을 찾아보자.

대응법 AA: "신○○님, 물을 가져오는 데 너무 오래 걸려서 죄송해요. 제가 신○○님을 신경 쓰지 않아서가 아니에요. 상태가 아주 심각하신 아버지 때문에 걱정을 많이 하고 계시는 환자 가족과 이야기하느라 늦어졌어요. 제가 늦은 이유를 이제는 이해해주실 거라 믿어요. 지금은 여유시간이 조금 생겼으니까 하고 싶은 말씀이 있으시면 얼마든지 들어 드릴게요."

대응법 I: "신○○님, 저는 신○○님 드실 물을 가지러 나갔다 온 거예요. 적어도 고맙다는 말을 하셔야죠."(돌아서서 나간다)

대응법 R: "신○○님, 죄송합니다."(무표정한 얼굴로 환자에게 빨대를 건네주고 방을 나간다)

9. 가장 만족스러운 전략을 찾고 다른 대응법들은 왜 적합하지 않은지 그 이유를 밝힌 후에 연습문제에서 자신이 이전에 만들어 둔 응답으로 돌

아간다. 자신의 응답이 얼마나 주장적이고 책임감 있는 것이었는지 평가해보자.

모욕감을 주는 동료와의 의사소통
Communicating with Abusive Colleagues

1단계: 자료 사정

1. 다음 상황을 살펴보고 동료의 생각, 감정, 요구사항을 스스로 사정해보자.

당신은 3주 동안 외과병동에서 실습하고 있는 간호학생이다. 지난 3일 동안 당신은 투약간호사 임무를 담당했다. 이 병동에서 투약하는 일은 특히 어렵고 많은 시간이 소요된다. 환자들은 검사나 드레싱을 교체하고 물리치료를 받기 위해 종종 아래층에 내려가 있다. 그래서 원활한 투약에 차질이 생긴다. 게다가 규제 대상인 정맥 주사액이 주를 이룬다. 정기적으로 투여하는 이 정맥 주사와 환자가 수술 후 맞는 진통제를 구분하여 지속적으로 추적하기가 때로는 혼란스럽다.

임상실습 강사는 당신이 잘하고 있다며 격려해 주었다. 당신이 안전하고 신중하게 투약을 잘하다 보면 속도는 빨라진다고 말이다. 그러나 해당 층의 팀장은 그런 지지를 해주지 않는다. 투약간호사가 된 첫날부터 당신을 적대적인 태도로 대하며 심한 모욕감을 주었다. 또한 상처를 주는 심한 말도 했다. "간호학생들이 배워야 한다는 것은 알고 있지만 여기는 약을 하루 종일 기다릴 수 없는 환자들이 있어. 그러니까 속도를 내야 할거야."라며 (간호사실에 있는 다른 간호사에게) "잘 봐, 여기 약이 온다. 속도를 내!"라고 말했다. 심지어 당신에게 약제실 키를 달라고 해서 일부 환자들에게는 진통제를 직접 나누어 주면서 이렇게 말한다. "간호학생이 투약할 때까지 기다리다간 환자는 최고로 끔찍한 통증에 시달리게 될 거야."

당신은 방금 투약을 마친 후 간호사실로 돌아왔다. 간호사실에 있던 팀장은 다음과 같이 당신에게 말한다.

팀장: "아니, 도대체 이게 누구야? 드디어 왔네. 간호학생이 느릿느릿 다니는 동안 내가 환자 세 분한테 진통제를 드렸어. 내가 장담하는데 정맥주사 놓는 거 깜빡했지? 그렇지? 거기 좀 빠른 학생, 내가 계속 주시하고 있었는데 말이야. 25호실 환자분 핫팩 바꿔드리는 게 좋을 거야. 나처럼 일일이 챙겨주는 사람 없으면 졸업하고 어떻게 간호사 일을 할지 모르겠네."

2. 팀장의 생각과 감정에 대해 자신이 사정한 내용을 노트에 기록해보자. 자신이 담당하는 외과병동에서 투약 담당 간호학생인 당신에게 팀장이 원하는 요구사항을 적어보자.

3. 자신의 사정한 내용을 다음 내용과 비교해보자.

생각: 팀장은 당신이 투약간호사로서 너무 느린 속도로 투약을 한다고 생각한다. 따라서 현재 투약간호사로서의 책임을 완수하기에는 당신의 역량이 부족하다고 생각한다.
감정: 팀장은 수술 후 약물 치료가 필요한 환자들에 대해 염려하고 있으며 환자들이 맞고 있는 정맥 주사가 곧 다 들어갈 것이라고 걱정한다. 그녀는 당신의 느린 속도에 짜증이 나서 이렇게 복잡한 일을 빨리 처리하려면 많은 연습이 필요하다는 사실을 고려하지 않는다.
요구사항: 팀장은 당신이 투약간호사로서 더 빠른 속도로 일하길 원한다. 일반 약으로 구분된 정맥주사와 '필요에 따라' 투여하는 진통제를 동시에 추적하길 원한다. 또한 당신이 즉시 정확하고 빠르게 일하는 속도를 내길 원하고 있다. 자신이 원하는 바를 이해하고 즉각적으로 이행하길 당신에게 요구하고 있다.

4. 당신의 사정은 위 내용처럼 사실 그대로의 정확한 분석을 반영하였는가? 그렇지 않다면, 이 이야기의 본문으로 돌아가서 인지적 · 정서적 메시지를 다시 사정해보자. 만일 정확한 사실 분석을 반영하였다면, 2단계로 넘어간다.

2단계: 의사소통 전략과 원하는 결과

5. 당신은 팀장이 이해와 행동을 원한다고 결론을 내렸다. 팀장의 요구에 대응하기 위하여 어떤 의사소통 방식을 사용해야 할지 확인해보자. 자신이 선택한 전략을 통해 원하는 결과를 명시한다. 추후에 참고할 수 있도록 자신의 제안사항을 노트에 적어둔다.
6. 자신이 세운 전략을 다음 내용과 비교해보자.

이해를 원하는 팀장의 요구는 정당하지만, 당신의 경험이 부족하다는 사실을 감안할 때 투약간호사로서 당장 속도를 내라는 것은 불합리한 요구이다. 마음을 침착하게 진정시키고 평정심을 유지하면서 팀장에게 직접적으로 정확한 대응을 하는 것이 중요하다. 당신이 통제력을 잃는다면, 화를 주체하지 못해 남은 시간 동안 실수를 저지를 확률이 높아질 것이다.

팀장에게 적극적이고 책임감 있는 자세로 대응하는데 집중하기 위해, 상상력을 동원하여 긍정적인 독백을 함으로써 평정심을 유지한다. 그리고 팀장이 당신을 도와준 것에 대한 감사를 표현하는 것이 좋을 것이다. 그러나 투약간호사로서 환자의 정보를 기억하면서 중복 투약하는 실수를 피하기 위하여 환자에게 투약하기 전에 팀장과 상의하는 것도 필요하다. 아직 초보자 수준인 당신의 능력을 조금 인내해달라고 요청하는 CARE 대면법을 사용하면 당신에게 관심을 쏟고 관계를 하는 것이 당신에게 얼마나 도움이 되는지를 팀장이 깨닫게 될 것이다.

이 접근은 팀장에게 빠른 속도와 정확성이 중요하다는 사실을 당신도 이해하고 있다는 것을 팀장에게 보여주는 것이며, 또한 즉각적인 행동의 변화를 요구하는 팀장의 태도는 불합리하다는 것을 알게 해 줄 것이다. 이러한 적극적인 대응을 팀장이 싫어할 수도 있다. 그녀의 언행이 공격적이었다는 사실 그리고 상처를 주는 태도를 이제는 당신이 용납하지 않겠다는 것을 지적하기 때문이다. 당신의 전략은 팀장의 행동을 긍정적인 방향으로 변화시킬 수 있지만, 반대로 오히려 당신에 대한 팀장의 공격성이 커진다면 다시 그녀와 대면할 때는 더 심각한 결과가 초래될 수 있다(예: 팀장의 공격성을 임상실습 강사에게 보고함).

3단계: 자신이 세운 의사소통 전략의 실행과 평가

7. 이제 당신은 팀장에게 답변을 해야 한다. 팀장에 대한 답변 내용을 만들어서 노트에 적어보자. 나중에 참고할 수 있도록 휴대하기 편하게 만든다.
8. 이제 자신의 답변 내용을 다음의 대응법들과 비교해보자. 각각의 대응법을 살펴보고, 이 장의 마지막 부분으로 가서 각 대응법에 대한 비평을 읽어보자.

다음 대응법을 읽어보면서 팀장의 요구에 대해 당신이 사정한 내용과 주장적이고 책임감 있는 의사소통을 하고자 하는 당신의 바람이 일치하는 내용을 찾아보자.

대응법 F: "제가 졸업을 하면 선생님보다 더 간호학생을 배려할 거예요. 선생님이 학생이었던 시절을 기억 못 하시나요? 선생님이 주는 모욕은 제게 아무런 도움이 안 돼요."

대응법 N: "선생님은 경험이 부족한 사람에게 투약을 맡기고 지켜보는 것이 어려우신가 봐요. 환자가 제 시간에 약을 먹어야 한다고 우려하는 이유는 충분히 이해하지만 저는 지금 배우는 입장에 있는 사람이기 때문에 새 업무에 적응하고 속도를 내려면 시간이 더 필요해요. 환자들이 언제 진통제를 요청하거나 먹었는지 저한테 알려주시면 누구에게 어떤 약이 투여됐는지 추적할 수 있을 거예요. 지난 며칠간 환자 투약을 해주셔서 감사했어요. 하지만 이제는 제가 투약간호사로서 잘 따라가고 있으니까 업무 전체를 혼자 해보고 싶어요. 제가 그렇게 할 수 있도록 도와주시겠어요?"

대응법 S: "아, 가서 정맥 주사를 즉시 투여하겠어요. 제 행동이 느려서 죄송해요. 저도 미치겠어요."

9. 가장 만족스러운 전략을 찾고 다른 대응법들은 왜 적합하지 않은지 그 이유를 밝힌 후에 연습문제에서 자신이 이전에 만들어 둔 응답으로 돌아가라. 자신의 응답이 얼마나 주장적이고 책임감 있는 것이었는지 평가해보자.

사람을 조종하는 환자와의 의사소통
Communicating with Manipulative Clients

1단계: 자료 사정

1. 다음 상황을 살펴보고 환자의 생각, 감정, 요구사항을 스스로 사정해보자.

길○○(58세)님은 뇌졸중 재활병동에 입원한 환자이다. 그는 과도한 흡연을 하면서 담뱃불로 환자복에 구멍을 내곤 한다. 그 결과, 간호사실에 담배를 보관해야 하며, 담배를 피우려면 불에 타지 않는 흡연 재킷을 입고 간호사의 감독 하에 피워야 하는 규칙을 따라야 한다. 병원은 금연 건물이기 때문에 환자가 흡연을 할 때는 직원이 그를 밖으로 데리고 나가야 한다. 길○○님은 간호사들이 가장 바쁘고 불편한 시간에 와서 흡연을 요구하는 버릇이 있다. 인수인계가 끝날 때까지 기다려야 한다는 사실을 알고 있지만 예외 없이 인수인계 시간에 찾아와 간호사들을 괴롭힌다. 당신은 낮 시간에 근무하는 간호사이며, 이브닝번 간호사에게 인수인계를 주고 퇴근하려고 한다. 길○○님은 벌써 세 번이나 흡연을 요청해서 인수인계 시간을 방해한 적이 있다. 그에게 30분 전에 담배를 주었다. 이제 당신을 조종하는 네 번째 행동이 다음과 같이 이어진다.

길○○님: "아, 선생님, 좀…. 바로 여기, 선생님이 보는 데서 피울게요. 맹세코 불은 안 낼게요. (당신이 인수인계를 하고 있는 좁은 공간까지 점점 가까이 휠체어를 밀고 들어온다.) 담배 한 개비 주는 거 선생님한테 아무 문제도 안 될 거예요. 이봐요. 이 바보 같은 병원 규칙 따위는 아무도 신경 안 쓴다구요. 오후 내내 담배 한 개비도 못 피웠어요. 좀 봐줘요. 그 멍청한 엑스레이 찍느라 점심식사 후에 피는 담배도 못 피웠다고요. 한 개만 주면 다시는 안 괴롭힐게요."

2. 길○○님의 생각과 감정에 대해 자신이 사정한 내용을 노트에 기록해보자. 담당간호사인 당신에게 환자가 원하는 요구사항을 적어보자.
3. 자신이 사정한 내용을 다음 내용과 비교해보자.

생각: 길○○님은 담배를 피우는 것이 당연한 일이며 담배를 충분히 사서 맡겨두면 원하는 대로 담배를 피울 수 있을 것이라고 생각한다. 당신이 자신을 실외로 데리고 나가는 것이 불편하기 때문에 당신이 원칙을 어기기를 바라고 있다.
감정: 당신이 그의 요구를 들어주지 않을 때 그는 짜증을 낸다. 몇 시간 동안 담배를 피우지 않았기 때문에 지금 담배를 피겠다고 주장하는 것은 정당하다고 느낀다.
요구사항: 길○○님은 (자신의 흡연 욕구에 대한) 이해와 (자신에게 담배를 주는) 행동을 요구하고 있다.

4. 당신의 사정 내용은 위 내용과 같이 사실 그대로의 정확한 분석을 반영하였는가? 그렇지 않다면, 이 이야기의 본문으로 돌아가 인지적 · 정서적 메시지를 재평가한다. 정확한 분석을 반영하였다면, 2단계로 넘어간다.

2단계: 의사소통 전략과 원하는 결과

5. 당신은 길○○님이 당신의 이해와 행동을 원한다는 결론을 내렸다. 길○○님의 요구에 대응하기 위하여 어떤 의사소통 방식을 사용해야 할지 확인해보자. 자신이 선택한 전략을 통해 원하는 결과를 명시한다. 추후에 참고할 수 있도록 자신의 제안사항을 노트에 적어둔다.
6. 자신이 세운 전략을 다음 내용과 비교해보자.

당신은 길○○님에게 공격적으로 대항하고 싶은 유혹에 빠질 것이다. 그러나 이렇게 공격하면 그의 감정과 당신 자신의 감정을 상하게 하고 모두를 난처하게 할 뿐이다. 비록 당신을 조종하려는 길○○님의 고집 때문에 당황스럽더라도 평정심을 유지하면서 단호하고 책임감 있는 태도로 상황에 대처하는 것이 중요하다. 인수인계 시간에는 흡연요청을 거부하도록 되어 있는 병동 규칙을 일관성 있게 준수하는 것이 중요하다. 인수인계가 5분 내로 끝날 것이기 때문에 그 정도 시간 동안 길○○님이 기다리는 것은 큰 무리가 아니다. 인수인계 시간이 끝나면 담배를 주는 것이 중요하다.

이 전략은 선의를 위해 정해진 합리적인 규칙을 어길 수 없다는 것을 길○○님에게 보여줄 것이다. 당신의 확고한 태도는 방해를 받지 않은 상태에서 인수인계를 끝내려는 당신의 권리를 지켜줄 것이며, 그 결과 당신은 길○○님을 정중하게 대하게 될 것이다.

3단계: 자신이 세운 의사소통 전략의 실행과 평가

7. 이제 당신은 길○○에게 답변을 해야 한다. 답변 내용을 노트에 적어보자.
8. 이제 자신의 답변 내용을 다음의 대응법들과 비교해보자. 각각의 대응법을 살펴보고, 이 장의 마지막 부분으로 가서 각 대응법에 대한 비평을 읽어보자.

다음 대응법을 읽어보면서 길○○님의 요구에 대해 당신이 사정한 내용과 주장적이고 책임감 있는 의사소통을 하고자 하는 당신의 바람이 일치하는 내용을 찾아보자.

대응법 G: "여기서 나가세요. 간호사들이 인수인계를 하는 시간이라 여기에 들어오시면 안 돼요. 인수인계가 끝나는 대로 담배 피우실 수 있도록 모시고 나갈게요."

대응법 U: "길○○님, 우리가 인수인계를 할 때는 방해하시면 안 돼요. 방해를 안 하시면 5분 안에 인수인계를 끝낼 수 있어요. 담배 피운 지 30분밖에 안 지났잖아요. 저희가 인수인계를 끝내면 이브닝 번 간호사 중 한 명이 길○○님을 모시고 나갈 거예요. 지금 저희한테 시간을 안 주시면, 길○○님의 흡연시간이 1시간 이상 늦춰질 수 있어요."

대응법 BB: "지금 어떻게 해서든 인수인계를 끝내야 제가 퇴근을 할 수 있어요. 자, 담배 여기 있어요. 누가 보이면 담배를 숨겨야 해요."

9. 가장 만족스러운 전략을 찾고 다른 대응법들은 왜 적합하지 않은지 그 이유를 밝힌 후에 연습문제에서 자신이 이전에 만들어 둔 응답으로 돌아간다. 자신의 응답이 얼마나 단호하고 책임감 있는 것이었는지 평가해보자.

사람을 조종하는 것은 자신이 원하는 바를 달성하기 위해 사용하는 방법이고, 긍정적이고 지각 있는 모습에서부터 부정적이고 파괴적인 모습으로 변모하는 연속선상에서 볼 수 있는 행동이라는 사실을 아는 것이 중요하다. 간호사가 환자 때문에 짜증이 날 때마다 환자와의 관계를 점검해보고, 눈앞에 있는 이 환자 외에 다른 문제가 짜증을 일으키는 것은 아닌지 돌아보는 것이 좋다. 이러한 문제는 정신간호학에서 심층적으로 다룬다.

성찰과 적용

개인적이기보다는 전문적으로 업무를 수행하기

"저는 내외과 병동에서 이브닝 근무를 하느라 바빴어요. 간호사들이 자신이 원하는 것만큼 빨리 대응하지 않자 한 여자 환자가 쉬지 않고 콜벨을 울리고 소리 지르면서 필요한 것들을 요구하고 있었어요. 오후 10시경에 상황이 진정되었고 같은 병실에 있던 환자는 그제야 수면을 취할 수 있게 됐어요. 우리는 간단한 이브닝 케어를 하기 위해 병실에 들어갔어요. 베개를 정리해드리고 몇 분 동안 그 환자와 이야기를 나누면서 머리를 빗겨드렸죠. 그 때 그 환자는 나를 올려다보며, 내 손을 토닥거리고 뺨을 만지면서 '당신들은 모두 나의 영웅이에요.'라고 말했습니다. 어찌됐든 우리는 그 환자에게 무언가를 해준 겁니다…. 우리는 무엇이 환자를 감동시키게 될지 혹은 환자에게 큰 의미를 가지는 것이 어떤 것인지 결코 알 수 없습니다. 그리고 그것은 때론 사소한 것일 때도 있죠."

사람을 조종하는 동료와의 의사소통
Communicating with Manipulative Colleagues

1단계: 자료 사정

1. 다음 상황을 살펴보고 동료의 생각, 감정, 요구사항을 스스로 사정해보자.

당신은 외래 클리닉에서 근무하는 간호사로서 환자에게 줄 약 샘플을 항상 수중에 보관하고 있다. 하루의 절반이 지나던 때였다. 동료 박○○ 간호사가 밤새 머리가 깨질듯 한 두통으로 고생을 했고 몸을 움직일 수 없을 정도로 심한 편두통이 시작될 것 같다며 걱정한다. 당신은 의약품 캐비닛 열쇠를 가지고 있는 유일한 사람이다. 박○○ 간호사는 다음과 같이 요청하면서 당신에게 다가온다.

박○○ 간호사: "이선생님, 이 두통, 더 이상은 못 참겠어요. 마치 뇌가 딱딱하게 굳은 공처럼 돼서 두개골을 때리는 것 같아요. 그리고 기계로 내 머리를 바깥에서 막 조여오는 것 같아요. 저녁밥을 얼마 먹지도 않았는데 다 토해냈어요. 이선생님, 새로 나온 진통제 좀 줄 수 있어요? 예전에 먹어봤는데, 구토도 멈추고 두통도 한결 나아지더라고요. 제 주치의도 동의할 거예요. 장담해요. 그러니까 이 끔찍한 통증에서 저 좀 구해주세요, 네? 제가 마약을 달라고 하는 것도 아니잖아요. 어때요? 진통제를 주면 남은 근무시간 동안 제가 선생님한테 도움이 될 수도 있잖아요."

2. 박○○ 간호사의 생각과 감정에 대해 자신이 사정한 내용을 노트에 기록해보자. 당신에게 동료가 원하는 요구사항을 적어보자.
3. 자신이 사정한 내용을 다음 내용과 비교해보자.

생각: 박○○ 간호사는 진통제를 먹으면 두통이 한결 나아질 것이라고 생각한다. 그녀는 의사의 처방이 없이도 당신이 자신에게 진통제를 주는 것이 합리적이라고 생각한다.

감정: 박○○ 간호사는 사라지지 않는 편두통 때문에 매우 아파하고 있으며 당신에게 진통제를 기대하고 있다.

요구사항: 박○○ 간호사는 자신이 두통 때문에 극심한 고통을 당하고 있다는 사실을 당신이 이해해주고, 자신에게 진통제를 줄 것을 요구하고 있다.

4. 당신의 사정은 위 내용처럼 사실 그대로의 정확한 분석을 반영하였는가? 그렇지 않다면, 이 이야기의 본문으로 돌아가서 인지적 · 정서적 메시지를 다시 사정해보자. 만일 정확한 사실 분석을 반영하였다면, 2단계로 넘어간다.

2단계: 의사소통 전략과 원하는 결과

5. 당신은 박○○ 간호사가 당신의 이해와 행동을 원한다는 결론을 내렸다. 박○○ 간호사의 요구에 대응하기 위하여 어떤 의사소통 방식을 사용해야 할지 확인해보자. 자신이 선택한 전략을 통해 원하는 결과를 명시한다. 추후에 참고할 수 있도록 노트에 자신의 제안사항을 적어둔다.
6. 자신이 세운 전략을 다음 내용과 비교해보자.

따뜻한 마음으로 공감하는 반응은 박○○ 간호사에 대한 당신의 온정을 전해줄 것이다. 처방이 필요한 약을 의사의 지시 없이 달라는 그녀의 요청은 불합리하다. 이것은 간호협회의 원칙을 어기는 행동이므로 당신이 처벌받을 위기에 처할 수도 있기 때문이다. 게다가 의사가 정확히 검진을 하지 않은 상태에서 아무 약이나 주었다가는 동료에게 해를 입힐 수도 있다. 그녀의 요청을 확고하게 거절하는 것이 현명하며 조퇴를 하고 쉬도록 권하는 방법도 있다.

이 전략은 박○○ 간호사에게 당신이 그녀의 상태를 이해하고 신경 쓰고 있다는 것을 보여줄 것이다. 그리고 올바른 방법으로 건강 문제를 해결하길 원하는 당신의 생각을 분명하게 전달하게 될 것이다.

3단계: 자신이 세운 의사소통 전략의 실행과 평가

7. 이제 당신은 박○○ 간호사에게 답변을 해야 한다. 답변 내용을 노트에 적어보자. 이제 자신의 답변 내용을 다음의 대응법들과 비교해보자. 각각의 대응법을 살펴보고, 본 장의 마지막 부분으로 가서 각 대응법에 대한 비평을 읽어보자.

다음 대응법을 읽어보면서 박○○ 간호사의 요구에 대해 당신이 사정한 내용과 주장적이고 책임감 있는 의사소통을 하고자 하는 당신의 바람이 일치하는 내용을 찾아보자.

대응법 O: "무슨 말씀이세요, 박선생님, 전 아무 약도 드릴 수가 없어요. 그렇게 많이 아프시면, 조퇴하고 집에 가서 쉬는 게 좋겠어요."
대응법 T: "음, 괜찮을 것 같기는 한데요, 박선생님. 정말 그렇게 생각해요? 하긴… 예전에 이 약을 드셔 보셨다고 하니까… 좋아요. 약 드릴게요. 그런데 우리 정말 이래도 되는 걸까요?"
대응법 V: "박선생님, 정말 힘드실 거 같네요. 그렇게 몸이 불편하시면 조퇴하고 집에 가서 쉬는 게 좋겠어요. 어떤 약도 드리지는 않을 거예요. 제 생각에는 주치의 선생님 진료를 받기 전까지는 아무 약도 드시지 않는 것이 좋을 것 같아요. 오늘은 그렇게 많이 바쁘지 않으니까 저 혼자서도 일할 수 있을 거 같아요. 전화해서 선생님을 데리러 와 달라고 부탁할 만한 사람이 있으세요?"

8. 가장 만족스러운 전략을 찾고 다른 대응법들은 왜 적합하지 않은지 그 이유를 밝힌 후에 연습문제에서 자신이 이전에 만들어 둔 응답으로 돌아간다. 자신의 응답이 얼마나 주장적이고 책임감 있는 것이었는지 평가해보자.

맺음말
A Final Note

앞에서 언급한 상황들이나 당신이 마주할 상황들은 현장에서 해결하기 쉬운 문제가 아니다. 따라서 이와 같은 기법은 어디서부터 문제해결을 시작해야 하는지에 대한 틀을 제시한다. 당신은 이 책을 통해 평정심 유지, 어려운 상황에 자신 있게 접근하는 법 등 여러 기법들을 배웠다. 이제 당신은 사람의 상태를 이해하는 자신만의 여정에 오를 준비가 되었다. 어쩌면 이미 그 방법들을 알고 있으며, 심층적인 내용을 배우기 위해 이 책을 공부하고 있는지도 모르겠지만 그것은 착각이다. 진정한 교육은 학교를 떠나는 순간부터 시작된다. 이를 위해 연습하는 것이 많은 도움이 되기 때문에 연습문제를 수록하였다.

다가가기 "어려운" 대상과의 자기주장적이고 책임감 있는 의사소통 연습
Practicing Communicating Assertively and Responsibly with "Difficult" Clients and Colleagues

연습 1 역량 훈련: 의사소통 앱 활용

안드로이드나 아이폰에서 사용 가능한 간호학 앱인 Dauntless Communication 앱을 소그룹으로 실행해보자. "dauntless communication"의 예제를 살펴보고 이 앱이 여러분의 임상실습에 얼마나 도움이 되는지 이야기 나누어 보자.

연습 2 의사소통 유형 자가평가

3장에서 당신 자신에 대해 배운 내용을 토대로, 자신에 대해 더 자세히 알아보기 위해 https://www.16personalities.com/을 살펴보고, 이 책의 앞부분에서 언급된 마이어스-브릭스(Myers-Briggs) 유형지표(MBTI)와 유사한 무료 테스트를 해보자. 학생들은 서로를 이해하고 더 잘 지내기 위해서 이 테스트를 친구들에게 해보도록 한다. 당신은 외향적인가 아니면 내향적인가? 테스트를 해본 뒤, 당신의 유형에 대해 더 살펴보자. 당신의 결과에 대해 이 테스트를 해본 다른 사람들과 이야기를 나누고, 재미 삼아 당신의 유형을 핀터레스트(Pinterest)에서 검색해보면, 예를 들어, 사람들이 유형별로 어떤 선물을 좋아하는지 그리고 유형별로 어떤 재미있는 소망(기도)들을 가지고 있는지 등에 대해 알 수 있다. 자신에 대해 아는 것이 성격 검사보다 더욱 중요하다는 점을 기억하기 바란다.

연습 3 다가가기 "어렵거나" 불편하다고 느끼는 대상 파악하기

자신이 어떤 특정한 행동, 사람들(집단), 문화적 차이, 연령대, 만성질환에 대해 잘 모르는지 반추해보기 바란다. 옳고 그름에 대한 평가가 아니다. 우리는 스스로를 살펴보고, 더 배울 필요가 있는 분야들에 대해서 더 배울 책임이 있다. 예를 들어, 문화적으로 다양한 사람들을 대할 때 당신은 문화적 차이에 더 민감하게 반응하기 위해 다양한 문화에 대해 배우고 싶어질 것이다. 연구자들이 '문화적 겸손(cultural humility)'을 발전시키기 위해 어떻게 마음챙김을 적용하였는지 그들의 논문을 읽고 토론해보자(Yeager KA & Bauer-Wu S: Cultural humility: Essential foundation for clinical researchers, Applied Nursing Research, 26(4), Nov 2013 at https://www.ncbi.nlm.nih. gov/pmc/articles/PMC3834043/, Accessed 9/19/18).

연습 4 역량 훈련: 파괴적인 행동과 언어적 모욕

당신이 읽은 대로, 의료기관평가위원회(The Joint Commission, 2008)는 (업무에) 차질을 빚는 문제행동, 직원 대 직원 사이의 부적절하고 공격적인 행동(수평적 폭력: lateral violence)을 환자 안전과 직원 유지(retention)에 영향을 미치는 문제로 인식하였다. 언어적 모욕은 그런 행동 중 하나이다. "Reader's theater"는 대본으로 짜인 스토리텔링 경험이며, 자아 성찰과 토론을 이끌어낸다. 다음의 논문에 포함된 문제행동 시나리오의 일부를 살펴보고 이야기를 나누어 보자(Hutcheson J & Lux K: Reader's theater: A teaching strategy to help students respond to disruptive behavior, Journal of Nursing Education, 50(5):294–297, May 2011).

교수나 학생은 그룹 토론을 이끌어 낼 수 있으므로, 모두 참여하도록 한다.

연습 5 역량 훈련: 역할극

이 장에서 언급된 공격적인 행동에 대한 다양한 반응들을 대화의 형태로 만들어보자. 대화를 사용하여 한 학생은 시나리오를 읽고, 다른 학생들은 다양한 반응이 포함된 대화를 적절한 감정을 실어서 읽어보자. 주장적 · 비주장적 · 공격적인 접근 방식에 어떻게 반응했는지 토론해보자.

연습 6 Q.S.E.N- 자기주장적이고 책임감 있는 의사소통 연습하기

간호사 임○○은 바쁜 수술실에서 일한 지 6개월이 되었다. 경험이 많은 선배 간호사들로부터 학대적이라고 여기는 특정 의사들에 대한 정보를 들었다. 최○○ 의사는 간호사들이 환자들의 문제로 전화를 했을 때 참을성이 없고 무례한 태도를 보이는 사람으로 알려져 있다. 임○○ 간호사는 최○○ 의사의 환자이며 심혈관 질환으로 입원한 57세의 환자 박○○ 씨에게 투여되고 있는 약들을 살펴보고 있었다. 임○○ 간호사는 울혈성 심부전을 겪고 있는 환자에게 금지된 약이 추가됐다는 것을 발견했다. 같은 병동에 입원해 있는 최○○ 의사의 또 다른 환자인 75세의 방○○ 씨가 비슷한 이름을 가지고 있다는 경고가 전자 차트에 떴다. 최○○ 의사에 대한 선배 간호사들의 이야기를 염두에 두고 임○○ 간호사는 박○○ 씨의 약물 전체를 다시 꼼꼼하게 살펴보았다. 그리고 방○○ 씨를 담당하고 있는 정○○ 간호사와 이야기를 나누었다. 정○○ 간호사는 최○○ 의사가 방○○ 씨를 위해 새로운 약을 추가할 것이라고 했는데, 아직 약처방이 아직 내려지지 않았다고 했다. 임○○ 간호사는 최○○ 의사에게 전화를 걸어서 괜히 질책을 당하는 것이 아닐까 걱정됐지만, 방○○ 씨의 증상을 조절하기 위해서는 새로운 약 처방이 꼭 필요한 상황이었다. 임○○ 간호사는 정○○ 간호사에게 가장 중요한 것은 환자를 돌보는 것이고, 두 환자 모두 약물 오류에 취약하며, 두 환자 모두 오인하기 쉬운 비슷한 이름을 가졌고, 둘 다 위독한 상태라는 사실을 상기시켰다. 그들은 함께, 명확하고 간결하며 정확한 의사소통을 위한 구조화된 의사소통에 대해 '안전 제일' 직원교육 시간에 배운 내용을 적용하였다. 임○○ 간호사와 정○○ 간호사는 두 환자의 상황과 걱정되는 부분, 그리고 환자에게 정확한 약물이 처방되어야 사실을 전달하기 위해서 SBAR(situation, background, assessment, and recommendation 11장 참조할 것)를 사용했다. 그들이 최○○ 의사와 통화할 때 준비한 S.B.A.R. 초안을 사용해서 대화를 이끌어갔다. 이들은 "우리는 환자의 안전을 걱정하고 있으며, 안전교육 과정에서 배운 명확하고 간결한 의사소통의 지침을 따르고 있고, 올바른 환자에게 올바른 약을 투여되도록 확인해주셔서 감사하다."고 말했다. 놀랍게도 최○○ 의사는 소리를 지르지 않고 "선생님들 덕에 내가 큰 실수를 저지르지 않을 수 있었다. 환자 약 처방이 뒤바뀐 것이다."라고 대답했다. 두 간호사는 일부 의사들의 무례한 행동에 대응하기 위해서 병동 차원에서 의사소통에 힘쓰고 싶다고 병동의 책임자에게 보고하였다. 함께 노력함으로써, 모든 사람들의 존경과 존엄성에 대한 기본적인 가치를 존중하는 문화로 바꿀 수 있다고 믿었다.

- 예의 바른 문화의 특징은 다음과 같다. 주의를 기울인다; 타인을 인정한다; 친절하게 말한다; 타인의 의견, 시간, 공간을 존중한다; 타인을 칭찬한다; 쓸데없는 불평을 하지 않는다; 건설적인 비판을 주고받는다(Forni, 2003).
- 예의를 지키기 힘들게 하는 것은 무엇인가?
- 팀워크와 협업의 일환으로, 서로를 대하는 방법에 대해 공유된 가치와 신념을 강화하는 방법은 무엇인가?
- 박○○ 씨와 방○○ 씨의 안전을 위협한 것은 무엇이었나?
- 의료인들 사이의 표준화된 의사소통에 초점을 맞춘 결과를 평가하기 위한 질 개선 프로젝트를 당신은 어떻게 설계하겠는가?

참고문헌

American Nurses Association (2015). *Position Statement on Incivility, Bullying, and Workplace Civility*. https://www.nursingworld.org/practice-policy/nursing-excellence/officialposition-statements/id/incivility-bullying-and-workplaceviolence/. Accessed 19 September 2018.

Antai-Otong, D. (2001). Creative stress management techniques for self-renewal. *Dermatology Nursing, 13*(1), 31.

Christman, K. (2007). Workplace abuse: Finding solutions. *Nursing Economics, 25*(6), 365.

Cohen-Cole, A. T. (1990). The difficult medical patient. In H. K. Walkers, W. D. Hall, & J. W. Hurst (Eds.), *Clinical methods: The history, physical, and laboratory examination*. Boston, MA: Butterworths.

Etienne, E. (2014). Exploring workplace bullying in nursing. *Workplace Health Safety, 62*(1), 6.

Forni, P. M. (2003). *Choosing civility*. New York, NY: St Martin's Griffin.

Frederick, D. (2014). Bullying, mentoring, and patient care. *AORN Journal, 99*(5), 587.

Griffin, M. E., Bartholomew, K., & Robins, A. (2016). *The dauntless nurse: Communication confidence builder*.

CreateSpace: Independent Publishing Platform. Helge, D. (2001a). Positively channeling workplace anger and anxiety, part I. *AAOHN Journal, 49*(9), 445.

Helge, D. (2001b). Positively channeling workplace anger and anxiety, part II. *AAOHN Journal, 49*(10), 482.

Helge, D. (navigate 2001c). Turning workplace anger and anxiety into peak performance: Strategies for enhancing employee health and productivity. *AAOHN Journal, 49*(8), 399.

Hoffman, R. I., & Chunta, K. (2015). Workplace incivility: Promoting zero tolerance in nursing. *Journal of Radiologic Nursing, 34*(4), 222.

Hollinsworth, H., Clark, C., Harland, R., Johnson, I., & Partington, G. (2005). Understanding the arousal of anger: A patient-centered approach. *Nursing Standard, 19*(37), 41.

Jakubowski, P., & Lange, A. J. (1978). *The assertive option: Your rights and responsibilities*. Champaign, IL: Research Press.

Johnson, S. L., & Rea, R. E. (2009). Workplace bullying concerns for nurse leaders. *Journal of Nursing Administration, 32*(2), 84.

Kisner, T. (2018). Workplace incivility: How to you address it? *Nursing, 48*(6), 36.

Kus, R. F. (1990). Nurses and unpopular clients. *American Journal of Nursing, 90*(6), 62.

Lamontagne, C. (2010). Intimidation: a concept analysis. *Nursing Forum, 45*(1), 54.

Lewis, M. A. (2006). Nurse bullying: Organizational considerations in the maintenance and perpetration of health care bullying cultures. *Journal of Nursing Management, 14*(1), 52.

Longo, J. (2012). *Bullying in the workplace*. American Nurses Association. www.Nursebooks.org.

Lorber, J. (1975). Good patients and problem patients: Conformity and deviance in a general hospital. *Journal of Health and Social Behavior, 16*(2), 213.

Quine, L. (2001). Workplace bullying in nurses. *Journal of Health Psychology, 6*(1), 73.

Simons, S. (2008). Workplace bullying experienced by Massachusetts registered nurses and the relationship to intention to leave the organization. *Advances in Nursing Science, 31*(2), e48.

Simons, S., & Sauer, P. (2013). An exploration of the workplace bullying experience. *Journal of Nurses in Professional Development, 29*(5), 228.

Stockwell, F. (1972). *The unpopular patient*. London: Royal College of Nursing, White Friars Press.

The Joint Commission (2008). Joint Commission alert: Stop bad behavior among health care professionals. *Nurse Education, 33*(5), e219.

Workplace Bullying Institute (2014). *WBI U.S. Workplace Bully Survey*. http://workplacebullying.org/multi/pdf/2014-Survey-Flyer-B.pdf. Accessed 19 September 2018.

Chapter 28

주장적이고 책임감 있는 팀 갈등 관리

Managing Team Conflict Assertively and Responsibly

학습목표

1. 갈등을 정의한다.
2. 갈등의 4가지 범주를 확인한다.
3. Win-Win 갈등해결책의 단계를 확인한다.
4. 팀 갈등 관리의 Win-Win, Lose-Win, Win-Lose 방법을 비교한다.
5. 다양한 세대로 구성된 팀원의 특성과 그 구성원이 팀에 미치는 영향을 확인한다.
6. 주장적인 갈등해결 기술을 수립하기 위해 선택한 연습에 참여한다.

갈등의 정의
Definition of Conflict

3장에서 자신의 의사소통 강점, 갈등에 접근하는 스타일 그리고 감정 지능의 적용에 대해 알아보았다. 이것들은 조직 간의 의사소통 개선과 긍정적인 팀 분위기 형성에 기여할 수 있다(Agrealy et al., 2017; Azizan et al., 2017; Codier & Codier, 2017). 최근 연구에 따르면, 오랜 기간 동안 간호사에게 주요 스트레스 요인이 되어왔던 것은 직장 내 갈등이다(ANA, 2014; Stecker & Stecker, 2014). 종종 부정적인 것으로 언급되는 갈등은 상호작용에 있어서 자연적인 부분이며, 효과적으로 처리된다면 대인관계를 향상시키고 조직 성장을 촉진할 수 있다(Chadwick, 2010). 「Holistic Nursing Practice」라는 학술지의 편집장인 Donnelly(2018)는 문제해결을 위한 전략으로 의견 불일치와 부정성을 수용하는 것을 제안했다. 이후 동료가 부정적인 견해를 표명할 때는 주의 깊게 듣고, 그 견해를 명확히 하기 위한 질문을 하며, 갈등의 가능성과 감정을 분리해야 한다고 조언했다.

갈등은 감정, 의견 차이, 실제 또는 인지적인 이익에 따른 불일치, 서로 다른 세계관 또는 일련의 행동으로 보일 수 있다(Mayer, 2012). 상호의존성이 존재할 때 갈등이 발생하고, 갈등을 해결하기 위해서는 자신뿐만 아니라 다른 사람들의 요구를 충족하는 긍정적인 관계가 필수적이다. 두 사람 이상이 함께 있으면, 항상 갈등 발생에 대한 잠재성이 존재한다. 갈등으로 소요되는 관리자의 시간은 업무 시간의 30%를 차지한다(Marick & Albright, 2002). 갈등은 피할 수 없지만, 주장적이고 책임감 있는 방법으로 처리될 때 이익이 될 수 있다. 갈등해결은 상호의존성과 전문적인 협력을 수립할 수 있게 하고, 팀 구성원이 거시적인 관점으로 이슈를 처리할 수 있도록 도와준다.

기존의 헬스케어 팀에 새로 들어온 직원들은 상호 존중과 긍정적인 관계를 장려하기 위해 팀에 통합될 수 있는 지원이 필요하다(McKibben, 2017). 4장에서는 의료사고 예방에 있어 전문직 간 교육과 팀 간 의사소통 기술의 중요성에 대해 알아보았다.

의료과실에 대한 의학 연구소의 보고서에는 '예방 가능한 의료과실로 인해 미국에서 매년 9만 8천 명 정도가 사망한다. (중략) 의료과실의 70%는 예방 가능하였고, 그 원인은 의료제공자들 사이의 의사소통 부족'이라는 결론을 내렸다(Kohn et al., 2000, as cited in Lamontagne, 2010). The Joint Center for Transforming Healthcare(Zhani, 2010)는 '환자에 대한 책임이 변동되거나 인수인계 시 발생하는 심각한 의료과실의 80%는 간호 제공자들 사이의 의사소통 문제'라고 보고하였다. 그들의 Hand-Off Communication Project에 참여한 병원을 대상으로 조사한 결과, 인수인계의 37%에 결함이 있었으며, 인수인계를 받는 간호사가 환자 안전간호를 위한 정보를 전달받지 못한다는 사실을 발견하였다. 인수인계 시 발생하는 의사소통 문제를 해결하는 것을 목표로 활동을 시행한 결과, 인수인계 결함은 이전에 비해 52% 감소하는 결과를 보였다.

Cushnie(1988)은 갈등을 사실, 방법, 목표, 가치의 4가지 범주로 구분하였고, 사실에서 가치로 갈수록 갈등이 더욱 복잡해진다고 하였다.

사실 Facts

사실에 대한 갈등은 토론을 진행하고 자료에 대한 차이에 있다. 이런 불일치는 토론을 진행하고 신뢰할만한 출처로부터 정보를 획득함으로써 해결될 수 있다.

방법 Methods

방법에 대한 갈등은 어떻게 수행하는가에 대한 것이다. 또한 방법에 대한 갈등은 모든 당사자들에 의해 공유되는 절대적 표준이 없을 때 발생한다. 이러한 종류의 갈등을 해결하는 것은 동일한 목표나 업무를 성취하기 위한 방법이 한 가지 이상 있다는 사실을 인정하는 것을 포함한다. 이런 종류의 갈등을 최소화하는 방법은 방법 선택에 대한 기준을 마련하는 것이다.

목표 Goals

목표 갈등은 원하는 결과에 대한 차이이다. 토론을 통해 구성원들이 공통된 관심사를 공유한다는 것을 드러내기도 한다. 만약 공통의 목표를 재정의한다면 문제해결을 위한 새로운 기회를 제공하게 된다.

가치 Values

신념체계의 차이는 갈등의 가장 복잡한 유형이며, 구성원들이 서로의 믿음을 이해하기 위해 높은 수준의 동기부여가 필요하다. 만약 구성원들이 타인의 관점을 '옳다' 또는 '틀리다'의 범주로 나누는 것을 피하고, 양립 가능한 목표를 찾는다면, 갈등 관리로 향하고 있는 것이다(Cushnie, 1988).

갈등의 유형
Types of Conflict

갈등의 몇 가지 유형은 다음과 같다(Kinder, 1981).

- 대인관계에 관련된 갈등은 개인 사이에서 발생한다.
- 대인관계에 관련된 갈등은 두 명의 개인 또는 조직 구성원들 사이에서 발생한다.
- 조직 내 갈등은 조직 내에서 발생한다.
- 조직 내 갈등은 조직 간의 투쟁이다.

이 장에서는 직장이나 학교 환경에서의 대인 간 갈등에 초점을 맞춘다.

의료팀은 다양한 배경을 가진 사람들로 구성되어 있다. 그룹 안에는 간호사, 의사, 성직자, 영양사, 작업치료사, 물리치료사, 사회복지사 등 다양한 전문가가 속한다. 이러한 전문가들은 사회화에 대한 차이점 외에도 성별, 연령, 문화적 기원, 사회경제적 상황, 인생 경험에 기초한 개인적인 견해를 가지고 있다. 이러한 혼합은 모든 의료팀에서 잠재적인 갈등의 요소가 된다.

이러한 다양성은 각자가 이행해야 하는 이슈, 역할, 의무에 대해 다른 인식을 보인다. 팀 구성원들은 상황이나 그들 각자의 역할에 동의하지 않거나 갈등이 생길 가능성이 있다.

팀 구성원들은 주어진 상황에 대해 종종 다른 이데올로기적 관점을 가지고 있다. 그들의 관점은 다른 목적을 가지고 있거나, 목표 사이에 다른 우선순위를 부여하는 것에서 비롯될 수 있다. 갈등은 팀 구성원들이 수행해야 할 일의 목록, 수행 방법 및 수행 시기에 합의되지 않았을 때 발생한다.

때때로, 갈등은 오랜 시간 동안 불일치가 있던 팀 구성원 사이에서 재발하기도 한다. 이로 인해 팀원간 신뢰도와 협력의 수준은 낮아지게 되며, 경쟁이 심해지고 갈등을 유발하기도 한다.

갈등해결을 위한 접근법
Conflict-Resolution Approaches

인간은 갈등을 피할 수 없다는 것을 알고 있다. 갈등을 일으키는 상황에 처했을 때 피할 수 있는 것은 무력감이나 불편한 느낌이다. 주장적이고 책임감 있는 의사소통은 건설적인 방법으로 갈등을 해결하도록 도와준다.

갈등을 해결한다는 것은 당사자 양쪽이 모두 수용할 만한 합의에 도달하고 만족스럽게 작용하는 것이다. 만약 당사자들이 해결방법에 동의하지 않는다면, 갈등은 계속될 것이다. 갈등을 오래 끌고, 팀 구성원들이 희망적인 해결책을 발견하지 못하면 무력감이 만연하게 된다. 이러한 절망적인 상황에 빠진 의료팀은 일을 수행함에 있어서 각자의 능력을 최대로 발휘할 수 없게 된다.

Harrington-Mackin(1994)은 갈등을 제때 다뤄야 한다고 조언하며, 대부분의 사람은 터놓고 토론하고 갈등을 함께 극복하는 것이 어렵다고 하였다. 대신 그들은 좋지 않은 감정을 축적하고 일을 미루거나 '되갚아 주기' 위한 저격과 같은 기술을 사용한다. 갈등이 해결되지 않은 상태로 남아 있으면, 환자 간호와 사기가 감소한다.

갈등의 해결방법으로 Win-Win, Lose-Win, Win-Lose 방법이 있다. Win-Win이 바람직하지만, 양쪽 당사자 모두가 지는 것을 피하기 위해 실행 가능한 타협이 최고의 해결책인 경우도 있다. 이 책 전반에 걸쳐, 자기주장은 선택의 문제라는 점을 분명히 하였다. 아이를 키우는 것과 같이 문제에 대한 해결책을 고집해야 한다고 생각할 때가 있다. 동료가 한계에 도달한 것을 인식하고 자신의 입장보다는 자신의 마음의 평온함이 더 중요하다는 사실을 알게 된 경우처럼, 다른 사람이 이기도록 내버려두는 경우도 있을 수 있다.

갈등을 해결하기 위한 Win-Win 접근방법은 주장적이고 책임감 있게 자신과 동료가 행복해지는 해결책을 제공한다. Win-Win 접근법을 선택하는 것은 일의 성과면에서도 만족스러울 뿐만 아니라 구성원 각자의 창의력을 최대한 발휘할 수 있으며, 때로는 참신하고 혁신적인 해결 방법을 도출하게 되기도 한다.

Lose-Win 접근법은 자신의 희생을 통해 동료가 갈등을 해결하도록 하는 것이다. 당신이 결과에 대해 만족하지 않거나 동료가 당신을 함부로 대하는 무책임한 접근법이 된다.

Win-Lose 접근은 Lose-Win 접근과 반대된다. 당신은 갈등을 당신에게 만족스러운 방향으로 해결하지만, 이 과정에서 동료의 권리를 침해하는 공격적이고 무책임한 접근법이 된다.

Win-Lose/Lose-Win 접근은 싸움을 악화시키고, 구성원들에게 수용될만한 건설적인 해결책을 발견하지 못한다. 갈등은 결과가 일부에게만 만족스러울 때보다는 모든 구성원들에게 만족스러울 때 더 건설적이다. 어떤 경우, 대안들이 만족스럽지 않은 결과를 초래하기 때문에 건설적인 결과를 위한 기회로써 갈등을 이용하는 방법을 아는 것은 도움이 된다.

Win-Win 갈등 관리 전략은 다음의 각 단계를 포함한다(Flanagan, 1995).

1. 상호 문제해결 접근을 용이하게 하기 위해 해결방법(무엇을 해야 하는지) 대신에 필요(무엇이 요구되는지)에 대하여 문제를 확인하고, 편견에서 벗어나 실제 자료에 초점을 맞춘다.
2. 문제를 상호적으로 해결할 수 있는 것으로 생각하며, 영향을 받는 모든 사람의 활발한 참여를 요구한다.
3. 왜곡되지 않은 자료를 이용하여 가능한 구체적으로 갈등을 묘사한다.
4. 갈등해결을 시도하기 전에 관련된 구성원 사이의 차이점을 파악한다.
5. 타인의 입장에서 갈등을 바라본다.
6. 최선의 또는 가장 편리한 아이디어를 채택하는 대신, 활용 가능한 해결책에 도달하기 위해 브레인스토밍을 이용한다.
7. 당사자 양쪽의 요구와 모든 가능한 결과를 고려하여 가장 적절한 해결책을 선택한다.
8. 갈등이 어떻게 마무리되고 재발하지 않을 것인가에 대한 합의에 도달한다.
9. 누가, 무엇을 할지, 어디서 할지, 언제 마무리할지 계획을 세운다.
10. 계획을 수행하고 난 후, 문제해결과정을 평가하고, 해결책을 얼마나 잘 수행하였는지에 대해 검토한다.

표 28-1은 갈등에 대한 세 가지 접근을 요약해 놓았다. 갈등에 대한 적극적이고 책임감 있는 태도와 갈등 해결을 위한 접근 방식은 비단정적이며 무책임한 접근방식과 대조된다.

주장적이고 책임감 있는 갈등 극복 방법
Assertive and Responsible Ways to Overcome Conflict

의료제공팀에서 갈등은 모든 구성원 또는 몇몇의 구성원만이 관련될 수도 있다. 이런 사례들에서 Win-Win 접근을 이용한 갈등 관리 방법이 발견된다.

의료팀 갈등 상황
Conflict Situation Involving the Entire Healthcare Team

1. 갈등을 해결하기 위해 무엇인가를 하기 전에, 상황에 대한 당신의 생각과 느낌, 동료의 생각을 포함하여 갈등을 완전히 이해해야 한다. 충분한 사정을 하지 않고 갈등을 해결하려고 노력한다면 중요한 요소를 간과할 것이고, 이는 불만족스러운 해결을 야기할 수 있다.

예시: 당신은 환자들이 처방약을 복용할 때 경험할 수 있는 부작용에 대해 안내받을 권리가 있다고 믿는다. 당신의 병동에서, 처방약의 잠재적인 부작용에 대해 사전에 안내받은 환자는 거의 없다. 이러한 누락은 좋은 간호에 대한 당신의 신념과 환자 권리와 상충되는 것이다. 당신은 팀 내의

표 28-1 팀 갈등을 다루는 주장적/책임 있는 방법과 비주장적/무책임한 방법

Characteristic Win	Win-Win	Lose-Win	Win-Lose
갈등에 대한 태도	갈등은 필연적이고, 사람들이 함께 일할 때마다 발생한다고 추정한다.	우리를 실험하기 위해 갈등이 있다고 추정한다.	갈등을 이기기 위한 도전으로 여긴다.
	갈등은 관리될 수 있으며, 창조적인 해결책이 이루어진다고 추정한다.	갈등 발생 시 항상 다른 사람이 이긴다.	갈등을 이기기 위해 관리가 필요하며, 원하는 것을 얻기 위해 중단하지 않고 계속 싸움을 생각하는 것이 요구된다.
	논란이 이슈에 대한 모든 것을 포함하고 있으며, 구성원의 헌신을 증가시킨다고 추정한다.	갈등해결을 위한 계획이 단지 다른 사람들만을 만족시킨다는 것은 예견된 결론이라고 추정한다.	다른 사람들이 이기기 위해 열심히 노력한다고 믿는다.
	갈등은 모든 팀 구성원들을 만족시키는 방법으로 해결될 수 있다고 추정한다.	왜 직장 내 갈등이 있어야 하는지 궁금해 한다.	-
갈등해결에 대한 접근	체계적인 문제 해결 방법을 채택한다.	상대방이 이기고 포기할 것을 미리 결정한다.	자신의 관점을 뒷받침하는 편향된 정보로 계속 싸움을 한다.
자료수집	객관적으로 자신의 생각과 감정을 조사한다.	자료수집을 조기에 끝낸다.	자신이 원하는 해결책을 지지하는 자료만 검색, 조사 및 제출한다.
	동료의 관점을 공감하며 경청한다.	다른 사람이 이기는 것과 상관없는 불합리한 믿음 때문에 자료를 수집하는 것은 희망이 없다고 추정한다.	-
	적합한 출처(문헌, 컨설턴트)에서 적절한 정보를 찾는다.	갈등이 해결되지 않으면 얼마나 나쁜 일이 생길지 생각해본다.	-
	관련된 타인과의 갈등에 대한 지식을 공유한다.	정보 공유에 수동적으로 참여한다.	-
	객관적으로 남는다.	-	-
사정	갈등에 대한 정확한 정의를 공식화한다.	동료에게 얼마나 영향을 미치는가로 갈등을 정의한다.	동료의 갈등을 사정하지 않는다.
	동료와 사정결과를 공유한다.	자신의 견해를 포기한다.	자신의 의견을 지나치게 강조한다.
	갈등에 대한 동료의 관점을 인지한다.	-	-
해결방안	모든 관계자를 만족시키는 해결책을 고려한다. 장점을 극대화하고 단점을 최소화하는 해결책을 선택한다.	이긴 쪽의 의견이므로 계획에 도움이 적다. -	자신의 해석 방향으로 계획을 고려한다. 상대방의 의견을 배제한 계획을 한다.
평가	해결책을 팀에서 자신과 동료를 만족시키는 쪽으로 계속 유지한다.	해결책은 절대로 성공할 수 없다고 불만스러워 한다.	다른 사람들이 해결책에 만족하지 않는다는 사실을 무시한다.

다른 간호사, 의사를 포함한 동료 중 많은 사람들이 환자들이 더 약을 잘 복용하도록 하기 위해 부작용에 대해 알리지 않는 것을 선호한다는 것을 알게 되었다. 갈등은 상반되는 활동(정보를 알리기 대 알리지 않기)과 환자의 권리에 대한 상반되는 믿음(자율성 대 의존성)이다.

2. 갈등에 대한 당신의 입장을 완전하게 이해하기 위해, 자신의 생각과 감정을 조사해야 한다. 이 과정을 서두르면 일을 완성할 수 없다. 자리에 앉아서 가능하다면 종이와 연필도 준비하고 다음 질문에 대한 대답을 생각해본다.

나를 괴롭히는 갈등은 무엇인가?

갈등을 고려하였을 때, 다음과 같은 생각이 있을 수 있다.

- "환자들이 투약으로 인해 일어날 수 있는 부작용에 대해 경고를 듣지 못한다는 점이 신경 쓰인다."
- "환자들이 치료에 대한 완전한 지식을 가지고 있지 않으며, 합병증에 대해 완전히 이해하지 못한 채로 약을 복용하는 것은 옳지 않다."
- "나는 환자에게 부작용에 대한 정보를 숨기는 것은 정직하지 못하다고 믿는다."
- "사람들이 자신의 건강에 대해 무엇을 할 것인지를 결정할 책임이 있다고 믿는다. 정보를 숨김으로써 의료팀은 환자들의 건강을 통제하고 있다. 즉, 환자에게 자신의 건강에 대한 결정권을 주지 않고 있다."

질문에 대한 대답을 해보는 것은 갈등이 당신에게 어떤 의미인지를 명확하게 해준다. 당신은 환자들이 취할 건강 행동이 무엇인지에 대한 최선의 선택을 하기 위해 자신에게 필요한 정보를 제공받아야 한다는 강한 믿음이 있다.

갈등상황에 대한 인간의 초기 반응은 종종 지성보다는 감성에 영향을 받는다. 긴장 또는 불안은 투쟁–도피 스트레스 반응을 유발하며, 스트레스 반응의 정도는 인식된 위협의 정도에 따라 달라진다(Cushnie, 1988). 당신의 감정적 반응을 정리하기 위해 시간을 보내는 것은 감정을 조절하는 것을 도와주며, 갈등 관리에 대한 효과를 증가시킨다.

나를 만족시키는 갈등에 대한 해결책은 어떤 것인가?

이런 질문에 대답하는 것은 중요하다. 종종 우리는 갈등이 있는 것을 알지만 어떻게 해결하기를 원하는지는 불확실할 때가 있다. 이런 질문에 명확하게 대답할수록 문제에 대한 당신의 입장을 다른 사람들에게 더 분명하게 표현할 수 있다.

갈등을 어떻게 해결할지에 대해 생각해보면, 다음과 같은 아이디어를 떠올릴 수 있다.

- "저에게 가장 만족스러운 해결책은 모든 환자들이 사전에 그들에게 처방된 약물의 부작용에 대한 정보를 제공받는 정책을 도입하는 것입니다."

3. 당신이 대답했던 동일한 2개의 질문에 대한 동료의 대답을 알아보자. 이 과정은 시간과 에너지를 투자해야 하지만 갈등에 대해 완전하게 이해하기 위해서는 이런 정보들이 필요하다. 최선의 접근법은 동료와 함께 이런 정보를 얻는 것이다.

그들을 괴롭히는 갈등은 어떤 것인가?

당신의 동료는 다음과 같은 생각을 할 수도 있다.

- "만약 우리가 모든 환자들에게 부작용을 말한다면, 시간이 너무 많이 걸릴 거예요."
- "만약 환자들이 생길 수 있는 부작용을 알게 된다면, 약을 복용하지 않을 것이고, 치료의 효과를 얻지 못하게 될 수 있어요."
- "나는 우리가 잘못될 수 있는 모든 것을 말해줌으로써 환자들을 두렵게 해서는 안 된다고 생각해요. 그들은 이미 아픈 사람들인데, 왜 걱정거리를 더 보태주어야 하는 건가요?"

당신은 동료들이 부작용에 대해 말하는 것을 피할 때, 환자들의 이익을 염두에 두고 있다는 것을 알고 있다. 그들은 또한 시간요인에 대한 중요한 쟁점을 언급하였다. 갈등에 대한 다른 측면의 관점을 발견하는 것은 갈등에 대한 인식을 확장시켜 준다.

어떤 갈등해결 방법이 동료를 만족시킬 수 있을까?

동료가 당신에게 말할 만한 몇 가지 예시는 다음과 같다.

- "제가 할 수 있는 유일한 해결방법은 부작용을 물어보는 환자들에게만 말하는 것입니다."
- "저는 환자들이 약을 복용하도록 하기 위해서 가장 많이 나타나는 중요한 부작용에 대해서만 정보를 제공해야 한다고 생각해요"
- "저는 우리가 평소대로 해야 한다고 생각해요. 약의 부작용에 대해 몰라서 화를 내는 환자를 본 적이 없어요. 그들은 건강을 회복하기 위해 약을 복용해요."

동료들의 이러한 제안들은 그들이 대상자의 자율성보다 규칙을 준수하는 것과 질병으로부터 회복되는 것을 가치 있게 여긴다는 것을 의미한다. 동료 중 일부는 대상자들에게 특정 상황에서는 부작용에 대한 정보를 제공하는 것에 동의한다는 사실을 알게 되었다.

이러한 질문들에 대한 답을 찾는 것은 수준 높은 대인관계 의사소통 기술을 필요로 한다. 사람들은 어떤 문제에 집중할 때, 다른 관점을 바라보기가 어렵다. 갈등 상황에서 동료들이 말하는 것을 적극적으로 듣고, 문제에 대한 다른 측면을 이해하고 있는지를 확인하는 것이 중요하다.

4. 갈등에 포함된 사람들의 생각과 감정으로부터 얻게 된 정보 외에도, 다른 출처의 정보가 필요할 수 있다. 이 사례에서 당신은 대상자의 권리에 대해 변호인의 조언이나 고객권익위원회 등의 조언을 구할 수 있다.

   예를 들어, 변호인이 "고객들은 법적으로 비록 의료진들이 환자들의 건강에 위협을 주는 것이라고 판단하더라도, 환자들에게는 치료와 관련된 부작용에 대한 정보를 제공받을 권리가 있습니다."라고 조언을 한다. 의료팀은 이와 같은 가이드라인의 적용에 대한 해석방법을 만들어야 한다.

5. 일단 당신이 갈등에 대해 당신과 동료가 어떻게 생각하고 있는지를 정확히 알아보았고, 다른 적절한 정보를 얻었다면, 다음 단계는 모두가 만족할 만한 해결책을 찾아보는 것이다. 이것은 쉽지 않으며, 이러한 Win-Win 접근방법은 시간과 노력이 필요하다.

이 단계에서 갈등에 대한 창의적이고 독창적인 해결책을 발견하기 위해 브레인스토밍을 활용할 수 있다. 갈등에 관련된 모든 사람들이 해결책에 대해 아이디어를 낼 기회를 갖는 것은 중요하다. 브레인스토밍에서는 간호사, 의사, 환자로부터 의견이 제시되어야 한다.

브레인스토밍 과정에서 모든 아이디어가 고려되어야 하며, 무시당하거나 제외될 아이디어가 없다는 사실이 중요하다. 이런 규칙은 팀 구성원들이 반드시 인지하고 서로의 아이디어를 존중해야 한다는 의미이다. 서로에 대한 경청은 갈등이 심해지면서 발생할 수 있는 적대감을 해소시키는 데 도움을 준다. 갈등상황에서 경쟁은 종종 자신의 방법으로 해결되기를 원하는 개인에 의해 나타난다. 브레인스토밍은 팀 구성원들이 협동적인 방법으로 의사소통을 하도록 보장한다.

이러한 상황에서, 갈등해결을 위한 다음 사항들이 제안될 수 있다.

- 원하는 환자들에게만 부작용에 대한 정보를 제공한다.
- 약을 복용하기 전, 약의 효능과 부작용을 나열하도록 요청한다.

- 복약안내문 복사본을 환자들의 방에 두고, 약에 대한 부작용을 알기를 원하는 환자들은 확인하도록 한다.
- 환자들에게 약국 측에 처방약에 대한 정보를 요구하도록 한다.
- 약사에게 환자들의 약에 대한 부작용 설명서를 준비하도록 하여, 환자들이 갖고 읽을 수 있도록 한다.
- 모든 환자들에게 치료와 약물 부작용에 대해 알 권리의 정책과, 정보를 원하는 경우 직원에게 요청할 수 있다는 것을 문서 등으로 알린다.
- 환자들이 부작용을 경험할 때까지 기다린 후, 그들에게 명확하게 설명한다.
- 약물 부작용에 대한 환자들의 질문을 요청하는 정책을 제기한다.

이상의 제안들이 다양한 관점을 보여준다는 것을 알 수 있다.

6. 다음 단계는 제기된 많은 제안들로부터 수용할 만한 해결책을 선택하는 것이다. 병동에서 할 수 있는 가장 용이한 조치는 병동 환자와 관리자뿐 아니라 갈등의 양쪽 측면을 대표하는 직원들로 구성된 위원회를 구성하는 것이다.

당신은 사전에 정보를 제공받은 환자들이 불필요한 문제를 야기할 수 있다는 관점을 가진 구성원으로 위원회에 위촉되었다. 수간호사, 의사 1명, 고객권익위원회의 대표자로 구성원을 이루었다.

위원회는 환자들이 걱정하는 부작용과 관련하여 어떤 정보를 제공할 것인지에 대한 정책을 개발할 책임이 있다. 결정은 갈등해결을 위한 Win-Win 접근방식의 특정 기준을 만족해야만 한다. 이것은 양쪽의 관점을 모두 만족시켜야 하고 비용과 구성원 능력을 고려하여 병동에서 실현 가능해야 하며, 법적으로 적절해야 한다.

7. 다음 단계는 남아 있는 가능한 해결책의 장단점에 대해 전체적으로 검토하는 것이다. 이 단계에서 팀 구성원들은 다른 사람들의 관점에 개방적이어야 하며, 모든 구성원들은 의견을 방어하거나 반박할 기회를 가져야 한다. 또한, 최선의 선택에 도달하기 위해 노력할 때 모든 멤버들이 자유롭게 이야기하는 분위기가 조성되어야 한다.

구성원들 사이에서 경계나 경쟁이 의사소통에 미치는 영향에 대해 고려한다. 구성원들은 불신을 야기하는 오해의 소지나 편향된 정보를 제공함으로써 서로를 방해한다. 의사소통이 이런 방법으로 망가지는 경우, 데이터베이스가 완전하지도 정확하지도 않기 때문에 최선의 결정이 이루어질 수 없다. 모든 관점이 고려되고, 존중받도록 하기 위해 멤버들과 리더가 협력하여 노력해야 한다.

8. 많은 논의 후에, 팀은 다음과 같은 해결책으로 선택 범위를 좁힌다.

- 병동에 있는 모든 환자들에게 치료와 약물 부작용에 대한 알 권리의 정책과 정보를 얻기 원하면 직원들에게 요청할 수 있다는 진술문이 적힌 카드를 제공한다.
- 환자들에게 새로운 약물을 시작할 때, 간호사와 의사가 환자에게 약물의 부작용에 대한 질문이 있는지 요청하도록 하는 정책을 제기한다.
- 환자들에게 약물 복용을 시작하기 전에, 의사나 간호사가 복용하는 약의 효능과 부작용을 설명하도록 요청한다.

심사숙고 끝에 위원회는 환자들에게 카드를 배부하는 것은 비용이 많이 든다고 결정하였다. 구성원들은 입원 시에 반드시 서명해야 하는 시트에 '치료에 대한 동의'라는 항목을 추가하는 아이디어를 제시하였다.

이 조치는 위원회의 모든 구성원들에게 호소력이 있다. 고객들에게 입원할 때 권리를 알려주고,

그들의 질문이 받아들여질 것이고 분명하게 대답을 들을 수 있다는 생각을 심어줄 것이라고 확신한다.

위원회가 정한 두 번째 결정은 병동 정책으로 다음의 제안을 지지하는 것이다.

새로운 투약을 시작할 때마다, 간략하게 약의 효과와 부작용을 설명할 것이다. 이 시간에 환자들은 질문하도록 권유받을 것이다.

위원회는 이러한 결정을 하기 위해 많은 시간을 소요했다. 위원회 구성원 중 누구도 환자에게 약의 효과에 대해 말해주는 것을 어려워하지 않았지만, 잠재적 위험에 대해 설명하는 것은 꺼려 하였다. 문제를 여러 관점에서 살펴본 후, 모든 구성원들은 환자들에게 효과만을 알려주고 부작용에 대해서는 알려주지 않는 것이 적절하지 않다는 사실에 동의했다. 가장 가능성이 높은 부작용만 환자에게 설명하고 그 발생 확률을 명시한다는데 동의하는 모든 합의가 도출되었다. 알려진 모든 개선 조치도 환자들에게 안내될 것이다. 예를 들어, 변비 해결을 위한 완화제를 투여하고, 입 마름 해소를 위해 물을 많이 마시거나 껌을 씹고, 어지러운 경우 갑작스러운 움직임을 피하도록 하는 것이다.

위원회 구성원들은 새로운 정책 시행에 따라 의사와 간호사의 업무량이 증가될 것이라는 점에 동의한다. 새로운 약물을 처방하는 의사는 근거, 이점, 위험을 설명하고 질문을 받을 책임이 있다. 이러한 위임은 이런 정책을 시행하는 데 간호사에게만 추가적인 시간이 발생하는 것이 아니라는 사실을 의미한다.

또한 처방 약물이 처음 투여될 때, 의사의 설명에 뒤이어 투약 간호가 시행될 것이다. 이때 간호사는 환자가 효과와 부작용 위험에 대해 무엇을 이해하는지를 확인하고, 사실과 오류를 파악하며 추가 질문을 받는다. 의사와 간호사 간에 책임을 공유하는 것은 양쪽 모두에게 투약시간 약속을 실현할 수 있게 한다.

위원회는 의료진이 많은 약물의 부작용을 기억할 것을 기대하지 않는다고 강조한다. 의약품 참고서를 언급하고 병원 약사와의 상담을 장려한다. 위원회에서 결정한 해결책은 모든 팀 구성원들에게 만족스러우며, 행정적 관점에서도 실현 가능하다.

9. 과정은 해결방안에 동의하는 시점에서 멈추지 않는다. 일단 계획이 시행되면, 의료팀이 해결책의 수행에 대해 만족하는지 아닌지를 결정하기 위한 추후 평가를 수행해야 한다. 이런 평가를 완료하는 데 필요한 질문에는 다음과 같은 내용이 포함된다.

- 환자들이 부작용에 대해 알 권리가 있다고 생각하는 사람들은 환자들이 정확하게 정보를 제공받고 있다고 생각하는가?
- 시간이 소요되고, 환자에게 겁을 주기 때문에 반대하는 사람들은 새로운 계획이 이러한 부정적인 결과를 피할 수 있다고 생각하는가?
- 고객들의 권리가 존중받고 있다고 생각하는가?
- 해결책은 비용 효과와 인력 배치의 측면에서 결점 없이 수행되는가?

이러한 예시에서, 위원회는 효과를 평가하기 위해 해결책 채택 6주 후에 만나기로 결정했다.

의료팀은 Win-Win 갈등해결 전략을 이용하여 갈등을 해결하였다. 갈등을 해결하기 위해 모든 당사자들은 그들의 의견을 제시하라는 요청을 받았다. 이러한 조치는 어느 한쪽의 입장만을 적극적으로 반영하거나, 다른 입장을 완전히 배제하는 것을 방지할 수 있기 때문에 적극적인 대처법이 된다. 갈등상황에서 사용할 수 있는 양쪽의 생각과 감정, 법적 관점에서의 객관적 자료와 같은 모든 데이터를 고려했기 때문에 책임감 있는 조치이다.

두 팀 구성원 갈등 상황
Conflict Situation Involving Two Team Members

이전 상황과 대조적으로, 갈등상황은 의료팀의 작은 부분으로 분리될 수 있다. 두 팀 구성원이 갈등 상황인 예시는 다음과 같다.

예시: 당신과 이○○은 종합병원 내 같은 병동에 실습하는 간호학생이다. 당신은 임상 경험 초기 단계에 있는 학생이고, 이○○은 졸업학년이다. 당신은 상실에 대한 개념과 신체상에 대한 영향을 탐구하고 있으며, 김○○ 환자가 최근 심각한 심근경색을 앓았고 그가 이전에 가진 직업으로 회복할 수 없을 것 같아 보여서 그를 담당 환자로 정하고 싶다. 그가 인생의 다른 영역에 영향을 미치는 신체적 기능에 손실이 생겼기 때문에, 김○○ 환자는 당신의 과제를 수행하는 데 도움이 되는 대상자가 될 수 있다.

이○○은 김○○ 환자의 간호사로 배정되었고, 지난 3일 동안 그를 간호하였다. 당신이 이○○에게 간호사를 변경하여 김○○의 치료를 담당해도 되냐고 물어보았을 때, 이○○은 심장수술 후 간호에 대해 더 배워야 한다는 이유로 거절하였다. 현재 김○○는 두 사람 모두에게 가장 적절한 환자이다. 이러한 상황에서는 한정된 자원에 대한 갈등이 있다.

1. 첫 번째 단계는 갈등에 대한 모든 정보를 공개하는 것이다. 이 과정에서는 적극적으로 공개하고 경청하는 것을 포함한다. 당신이 타인의 관점에서 진심으로 갈등을 이해하는 것을 보여주는 한 가지 기술은 동료의 진술에 대한 공감을 나타내는 것이다. 예시는 다음과 같다.

   이○○: "나는 심장수술 후 환자가 어떻게 제한된 활동수준에 적응하고, 정상적인 기능으로 회복하는 것에 대한 두려움을 극복하는지를 알기 위해 계속 김○○ 환자를 대상자로 해야 할 필요가 있어요. 그래서 당신과 바꿀 수 없어요."

   이런 점에서 그의 손실을 이해하기 위한 김○○ 환자의 회복에 대해 당신도 공부할 필요가 있다고 주장하는 것은 매력적일 것이다. 그러한 방어적 접근은 당신의 갈등을 증폭시킬 것이다. 이○○의 입장에서 갈등을 이해하는 것 대신 이러한 점에서 당신이 할 수 있는 것은 그의 생각과 감정을 공감하여 반영하는 것이다. 당신은 곧 당신의 관점에서 입장을 언급할 것이다.

   당신: "선배는 심장수술 후 활동 수준에서의 변화에 대한 환자들의 반응을 진심으로 이해하기 위해 김○○ 환자의 간호를 계속해서 하길 원하네요."

   이러한 반응은 당신의 동료가 자신의 관점을 이해하고, 의견을 말하도록 격려한다.

   이○○: "이 과제는 졸업 전 마지막 과제 중 하나이고, 내가 지금 김○○ 환자를 포기한다면, 심장수술을 한 다른 환자를 찾을 수 없을까 봐 걱정이 돼요."
   당신: "저는 선배가 왜 저와 바꾸기를 원하지 않는지 이해해요. 김○○ 환자가 선배가 졸업하기 전 경험하게 될 마지막 심장수술 후 환자가 될까 봐 걱정하고 있고, 선배는 그 부분의 경험이 필요하겠네요."

   이○○의 감정을 이해하고, 공감을 표현하는 것은 당신에게 그의 관점에서 갈등을 완전하게 이해하도록 한다. 이러한 정보 없이, 당신은 가장 효과적인 해결책을 발견할 수 없을 것이다.

   당신은 자신의 입장에서 갈등을 설명할 필요가 있으므로, 이○○에게 김○○ 환자를 당신의 환자로 배정하는 것에 대한 중요성을 설명해야 한다. 이○○이 당신의 측면에서 공감을 해줄지는 모르지만, 이전에 그의 말을 경청하였기 때문에 공감받을 수 있는 가능성이 높을 것이다.

2. 일단 당신이 갈등을 이해한다면, 다음 단계는 만족할만한 해결책을 제시하는 것이다. 당신과 이○○이 김○○ 환자의 담당간호사로서 수용

할 수 있는 좋은 해결책은 상호 양립할 수 없기 때문에 다른 적당한 해결책을 제시하여야 한다. 첫 번째 예시 상황과는 다르게 수행하는데 시간이 제한되어 있으므로, 이○○에게 다음과 같이 제안할 수 있다.

- 이○○이 근무가 아닌 날, 당신이 김○○ 환자의 간호를 담당한다.
- 김○○ 환자의 적응에 대한 정보와 심장수술 후 환자의 활동 수준에 대한 정보를 공유할 수 있을 것이다.

이○○은 당신의 제안에 동의하고 당신에게 도움이 될 만한 다음의 항목들을 제공할 수 있다.

- 만약 환자가 동의한다면 그가 김○○ 환자와 대화를 나누는 동안 함께 있을 수 있으며, 환자가 겪고 있는 문제와 신체 이미지에 대한 정보를 얻을 수 있다.
- 당신은 당뇨로 인해 다시 임신하는 것이 어려워져 화가 나 있는 당뇨병 환자인 박○○ 환자의 케이스를 고려할 수 있다. 박○○ 환자는 상실에 대한 당신의 연구에 적절한 환자가 될 것이다.
- 주제가 중복되고 도움이 될 수 있기 때문에, 이○○은 보고서가 완성되었을 때 당신에게 복사본을 줄 것이다.

브레인스토밍은 양쪽 모두에게 이익이 되는 몇 가지 가능한 해결책을 생성한다. 만약 당신과 이○○이 모두 제안을 선택한다면, 둘 다 각자 대상자를 선택할 때보다 더 많은 것을 얻을 것이다. 또한 교육 목표를 달성하는 것 외에도, 서로에게 배울 수 있는 기회를 갖게 되고, 더 가까운 친밀감을 발전시킬 수 있을 것이다.

3. 갈등에 대한 해결책을 선택한 후, 계획이 당신의 기대에 충족하는지 확인하는 것은 중요하다. 이 상황에서 핵심은 당신과 이○○, 모두 과제를 수행한다는 것이다.

효과적인 갈등해결에 있어서 중요한 두 가지 과정은 공감과 문제해결이라는 것을 알 수 있다. 갈등해결 접근에서 이러한 두 가지 전략을 활용하여 적극적이고 책임감 있게 행동할 수 있게 된다.

성찰과 적용

간호학생의 팀 내 갈등 해결

"정신 건강 프로젝트를 진행할 때 항상 과제를 더욱 어렵게 만든 팀원이 있었다. 나는 화를 내고 감정을 쏟아 붓는 대신 문제를 즉시 해결하기로 결정했다. 몇 분 후, 나는 그녀의 태도가 문제라고 말하기 위해 그녀의 말을 가로막았다. 나는 그녀에게 말투를 바꾸거나 스스로 팀에서 나가라고 공격적인 말이 아닌, 단정적인 어투로 말했다. 팀원들 모두 말하고 싶었지만 용기가 부족하거나 팀 분위기를 지키려는 소망으로 그 누구도 말하지 않은 것을 내가 말한 것이다. 그날 밤, 나는 내가 공격적이었다는 생각에 마음이 상했고 어쩌면 그냥 그녀의 태도를 참았어야 했다고 생각했다. 다음 날, 우리는 다시 만났고 그녀는 예전 행동을 보이지 않았다. 이는 모두에게 흥미로웠고, 우리는 실제로 프로젝트를 그 당일에 마쳤다. 나는 자기주장에 대해 연습하는 것을 좋아하고, 내가 필요한 때에 자기주장을 해오고 있다. 그것은 내 인생에 큰 변화를 주고 있다.

다세대 팀

Multigenerational Team

간호사들은 다양한 세대로 구성된 팀 구성원의 도전과 기회를 포함한다. 나이 많은 간호사나 젊은 간호사에게 동일한 관점을 기대할 때 갈등을 야기할 수 있다. 우리 직원들은 5세대이다. 미국의 경우 1937~1945년에 태어난 전통주의자, 참전용사 또는 침묵 세대, 1945~1964년에 태어난 베이비붐세대, 1965~1979년에 태어난 X세대(맞벌이 부부), 1977~1991년에 태어난 Y세대(밀레니얼 세대, 넷 세대), 1992년 이후에 태어난 Z세대(I세대)(Anthony, 2006; Kupperschmidt, 2006; Sherman, 2006; Weston, 2006; Bell, 2013)의 5세대로 이루어져 있다.

다른 세대에 대한 일반화에 따라 문제가 될 수 있지만, 다섯 그룹 사이에 몇 가지 공통점을 찾기 시작하는 것은 도움이 된다.

전통주의자들은 간호사가 되는 것을 '소명'이라고 보면서 강한 직업윤리를 중시하게 되었다. 그들은 좋은 일을 한다는 것에 대해 자부심을 느끼며, 규율과 존경심을 믿고 팀 플레이어이자 현실주의자이다. 미국에 있는 간호사의 10%는 65세 이상이며, 이들은 예전보다 훨씬 수명이 증가되었고, 경제적 변화가 있었다.

미국 사회에서 직장인의 55%를 차지하는 베이비붐 세대는 더 자유방임적으로 자랐고, 독립적인 행동을 격려받았으며, 간호사를 '전문직업'으로 여겼다. 그들은 이상주의자이고, 내부 지향적이며, 일에 집중하는 경향이 있다.

X세대는 맞벌이부부 자녀, 한부모 자녀 등 일하는 가족에서 자랐다. 간호사의 직업 안정성에 대한 증거를 본 적이 없기 때문에, 그들 자신의 시장성을 위한 기술을 구축할 책임이 있는 자유 계약자로 자신을 본다. 그들은 직업 또는 개인적인 삶에서 성공하지 못하는 부모님의 헌신을 보았다. 그들은 냉소적이며, 개인적인 우선순위에 대한 균형과 존중을 원한다.

Y세대 또는 밀레니얼 세대는 디지털 기술과 다문화주의로 인한 격렬한 시기에 성장해 왔다. 그들의 어린 시절은 유치원 및 방과 후 프로그램이 지원되었다. 이 세대들은 동시에 여러 가지 일을 하며, 즉각적인 피드백과 사용자 맞춤화를 기대한다. 하루 24시간 1주 7일 내내 인터넷을 접속하며, 간호는 최첨단 기술과 문제에 대한 빠른 반응이 요구되는 직업 또는 일로 간주한다.

Z세대, I세대 또는 디지털 네이티브는 컴퓨터와 핸드폰을 다룬다. 이 세대는 간호학과에 다니며, 문자 주고받기, 인터넷 검색, 소셜 네트워크에 참여하면서 일하거나 공부하는 것을 기대한다. 그들은 국제 재난을 TV로 보았으며, 2008년 세계적 불황의 시기에 고등학생이었고, 가족과 가까우며, 변화에 대해 자신감이 있고 개방적이다(Kupperschmidt, 2006; Weston, 2006; Bell, 2013).

갈등은 한 세대의 간호사가 서로 다른 삶의 경험을 바탕으로 한 다른 세계관을 인정하지 않고 '태도'에 대해 다른 세대를 비난할 때 발생한다. 23장에서 논의된 CARE(Clarify, Articulate, Request, Encourage) 직면의 틀은 차이점, 인식, 기대에 대한 대화를 시작하는 것에 대한 도움이 되는 접근법이다. 전통주의자들은 세부사항 및 자원을 최대한 사용하는 것에 주의를 기울인다. 베이비붐 세대들은 합의 형성과 멘토링을 돕는다. X세대 간호사들은 기업가 정신과 기술에 대한 기술 체계를 가져온다. Y세대는 다양한 문화에 민감하며, 신기술에 익숙하다(Kupperschmidt, 2006). Z세대 간호사들은 Y세대와 함께 협력하여 정보기술 이용 방법을 초기세대에게 도와줄 수 있다. 초기 세대는 대면 의사소통기술로 젊은 세대를 도울 수 있다(Bell, 2013). 간호사는 이런 차이점을 팀의 역량을 완성하는 재능으로 보기 시작하고 그들의 인식을 넓힐 것이며, 환자 관리와 높은 팀 정신을 가지고 더 잘 일할 수 있을 것이다.

갈등해결과 간호전문직
Conflict Resolution and the Nursing Profession

만약 갈등이 간호전문직과 간호조직에 대한 성장-생산적 변화를 발전하기 위해 사용되면, 간호에 긍정적인 영향을 줄 수 있다. 갈등 관리에 대해 지식을 갖고 있는 것 외에도, 간호사들은 이것으로부터 실현된 잠재적인 이익을 인지함으로써 갈등에 대한 긍정적인 태도를 발달시켜야 한다. 우리는 잠재적인 갈등을 예측하는 데 빠르게 반응해야 한다. 의료팀의 복잡한 요구에 대한 연구에 따르면 팀원들은 간호사가 질적인 결정과 팀 시너지를 증진하기 위해 명확하게 의사소통을 할 것이라고 기대한다(Propp et al., 2010). 사람들은 불완전한 의사소통자이며, 이런 불완전함은 갈등을 야기한다(Mayer, 2012). 명확성의 부족인 오해와 차이에 대한 불편함은 갈등을 불러일으킬 수 있다. Ferrazzi(2014)는 올바른 팀, 올바른 리더십, 올바른 접점 및 올바른 기술을 통해 팀 생산성을 극대화할 수 있다고 보고하였다(2014).

성찰과 적용

'의사의 지시를 그대로 따르는 것'이 최선이 아닌 순간

나는 통증관리 간호사로서, 모르핀 펌프의 리필이 필요하지만 내원이 어려운 환자에 대해 걱정을 했다. 의사는 진료실에 환자가 방문을 해야만 한다고 했고 담당 직원은 환자가 진료실을 방문하지 않으면 보험처리를 받을 수 없어 '의사의 지시대로 해야 한다.'고 했다. 그러나 나는 의사에게 내가 환자의 집에 직접 방문하여 그곳에서 리필을 하겠다고 말하였다. 그는 나에게 처방전을 주었고, 나는 가정간호부서 직원에게 오리엔테이션을 받았다. 나는 모르핀의 용량이 증가됨에 따라 펌프를 리필하기 위해 환자의 집을 4번 방문하였고, 환자와 부인은 매우 기뻐했다. 그 환자는 지난달에 사망했다. 그렇다. 의문을 갖지 않고 규칙을 준수하는 것이 더 쉬웠을 것이다. 모든 사람들이 문제가 있을 것이라고 예상했음에도 불구하고 실제로 갈등은 없었고, 단지 의견 차이가 있었을 뿐이었다.

주장적이고 책임감 있는 팀 갈등 관리 연습
Practicing Managing Team Conflict Assertively and Responsibly

연습 1 적용하기

3장에서 배웠던 것을 토대로 개인의 강점, 정서적 지능과 갈등에 대한 접근법이 전문 의료팀 내에 어떻게 긍정적인 영향을 미칠 수 있는지에 대해 논의해보자. 자신에 대해 배운 내용을 토대로, 팀과 같이 일하면서 성장을 위한 개인의 과제나 분야를 찾아보자.

연습 2 역할극

연습을 위해 세 개의 그룹으로 나누고 한 사람은 이슈에 대해 '찬성'인 입장을, 다른 한 명은 '반대' 입장을 취하고, 세 번째 사람은 코치 역할을 한다. 당신은 갈등상황에 참여하게 되며, 갈등을 적극적이고 책임감 있는 방식으로 해결하기 위해 '찬성'과 '반대'의 역할을 한다. 코치는 Win-Win 접근법을 사용하여 문제를 해결하기 위해 '찬성'과 '반대'를 도와줄 것이다.

'찬성'과 '반대'를 위한 가이드라인

1. 갈등을 해결하기 위해 전체적인 문제해결 접근법을 사용한다.
2. 정보 수집 단계에서, 갈등에 대한 당신과 타인의 생각과 감정을 탐구하는 것을 기억한다.
3. 해결책 마련 단계에서는 최종 결정을 내리기 전에 가능한 많은 제안을 하는 것을 기억한다.
4. 당신이 선택할 해결책은 양쪽 모두 동의할만한 것이어야 한다. '찬성'과 '반대'는 해결책이 양쪽 구성원을 만족시켜야 한다는 점에 동의해야 한다.
5. 이 연습의 목적 달성을 위해, 당신은 추가 규칙을 따라야 한다. 동료가 말할 때마다 공감을 보이면, 당신의 동료는 당신이 자신들의 관점을 완전히 이해한다는 것을 알 것이다.

연습 2 역할극(계속)

코치를 위한 가이드라인

1. 갈등을 해결하려는 시도에서 Win-Win 문제해결 접근법을 사용하도록 '찬성'과 '반대'를 상기시키는 역할을 한다.
2. 각자의 대화 후 서로에 대한 공감 반응을 이용하여 '찬성'과 '반대'를 상기시킬 책임이 있다. 듣는 사람이 다른 사람의 상태에 대해 이해하고 있다는 공감을 표현하기 전까지 협상을 진행하지 않도록 한다. 예를 들어, 만약 '찬성'이 자신을 방어하기 전에 '찬성'의 관점에 대해 다투기만 한다면, '찬성'은 '반대'의 관점을 승인해야만 한다.

갈등을 포함한 세 가지 상황이 있다. 각자 '찬성', '반대', 코치 역할을 할 수 있는 기회를 갖기 위해, 각자는 세 가지 상황에서 다른 역할을 수행해야 한다.

상황: 한정된 자원에 의해 악화된 가치 갈등. 당신은 간호학과의 수상 선발 위원회의 구성원으로 반에서 임상 실습을 가장 잘한 학생을 한 명 선발해야 한다. 상은 한 명밖에 줄 수 없어서 단 한 명만을 선택해야 한다.

'찬성' 입장: 당신은 윤○○이 상을 받아야 한다고 생각한다. 왜냐하면 그녀는 컨퍼런스에서 계속해서 좋은 차팅을 보여주었으며, 환자 관리에 있어서 유용한 제안을 제공했기 때문이다. 윤○○은 자신의 환자를 동기부여하였으며, 지속적으로 예의바르게 행동하고, 간호를 제공하였다.

'반대' 입장: 당신은 동료의 선택에 동의하지 않으며, 주어진 의무를 넘어 간호를 제공한 박○○에게 상을 주고 싶다. 그는 환자들이 편지를 쓰는 것을 도와주었으며, 환자 보호자를 지지하는데 시간을 투자했다. 병동 다른 간호사들로부터 협력적인 방식으로 일하는 능력에 대해 매우 높은 평가를 받았다.

질문받기

1. Win-Win 갈등해결 접근법을 사용하는 데 있어서 가장 어려운 측면은 무엇인가?
2. 갈등을 해결하기 위한 Win-Win 접근법은 어떤 좋은 점이 있는가?

연습 3 역량훈련

일지에 당신의 직업과 개인 삶에 관련된 사람들 중 본문에서 논의된 다섯 세대를 각각 대표하는 사람들의 목록을 작성해보자. 당신이 어느 세대에 해당하는지 생각해보고 행동이나 태도에서 알게 된 차이점, 추정했던 것, 다른 4세대를 이해하기 시작하면서 배운 것들의 항목을 작성한다.

연습 4 Q.S.E.N - 상호작용 탐색

환자 치료에 관련된 다양한 팀 구성원들 사이의 상호작용을 관찰한다. 의견의 차이점이나 갈등처리방법과 관련된 상호작용을 묘사한다. 한 가지 예시를 골라 처리방법을 설명한다.

- 그룹 간 상호작용과 관계를 어떻게 설명할 수 있는가?
- 명령 또는 계급을 어떻게 설명하겠는가?
- 무엇을 개선할 수 있는가?
- 당신의 팀 상호작용에 대해 어떤 것을 배울 수 있는가?
- 이러한 상호작용은 안전에 어떤 영향을 주는가?
- 이런 상호작용이 추후 그룹 간 상호작용에 어떤 영향을 줄 것인가?

참고문헌

Agreli, H. F., Peduzzi, M., & Baily, C. (2017). Contributions of team climate in the study of interprofessional collaboration: A conceptual analysis. Journal of Interprofessional *Care, 31*(6), 679.

Anthony, M. (2006). Overview and summary: The multigenerational workforce: boomers and Xers and Nets, oh my! *Online Journal of Issues in Nursing, 11*(2), 11.

Azizan, F. L., Darus, A., & Othman, N. (2017). Team coordination influencing team effectiveness: A study of nursing team. *International Journal of Management Research and Review, 7*(9), 893.

Bell, J. A. (2013). Five generations in the nursing workforce. *Journal for Nurses in Professional Development, 29*(4), 205.

Codier, E., & Codier, D. D. (2017). Could emotional intelligence make patients safer? *American Journal of Nursing, 117*(7), 58.

Cushnie, P. (1988). Conflict: developing resolution skills. *AORN Journal, 47*(3), 732.

Donnelly, G. F. (2018). Embracing negativity to improve work environments. *Holistic Nursing Practice, 32*(3), 21.

Ferrazzi, K. (2014). Managing yourself: Getting virtual teams right. *Harvard Business Review,* 120–123.

Flanagan, L. (1995). *What you need to know about today's workplace: A survival guide for nurses*. Washington, D.C.: American Nurses Association.

Harrington-Mackin, D. (1994). *The team building tool kit: Tips, tactics, and rules for effective workplace teams*. New York, NY: American Management Association.

Kinder, J. S. (1981). *Conflict and diploma nursing education, management of conflict*. New York, NY: National League for Nursing.

Kohn, L., Corrigan, J., & Donaldson, M. (Eds.), (2000). *To err is human: Building a safer health care system*. Washington, D.C.: National Academies Press.

Kupperschmidt, B. R. (2006). Address multigenerational conflict: Mutual respect and confronting as strategy. *Online Journal of Issues in Nursing, 11*(2), 14.

Lamontagne, C. (2010). Intimidation: A concept analysis. *Nursing Forum, 45*(1), 54.

Marick, M. F., & Albright, R. R. (2002). The complete guide to conflict resolution in the workplace. New York, NY: AMACOM.

Mayer, B. S. (2012). *The dynamics of conflict resolution: A guide to engagement and intervention*. San Francisco, CA: Jossey-Bass.

McKibben, L. (2017). Conflict management: Importance and implications. *British Journal of Nursing, 26*(2), 100.

Moss, K. D. (2018). Decoding: generational discourse—cracking the code to improve communication across generations. *Nurse Leader, 16*(1), 34.

Propp, K. M., Apker, J., Zabava Ford, W. S., Wallace, N., Serbenski, M., & Hofmeister, N. (2010). Meeting the complex needs of the health care team: Identification of nurse–team communication practices perceived to enhance patient outcomes. *Quality Health Research, 20*(1), 15.

Sherman, R. O. (2006). Leading a multigenerational nursing workforce: Issues, challenges, and strategies. *Online Journal of Nursing Issues, 11*(2), 13.

Stecker, M., & Stecker, M. M. (2014). Disruptive staff interactions: A serious source of interprovider conflict and stress in health care settings. *Issues of Mental Health Nursing, 35*(7), 533.

Weston, M. J. (2006). Integrating generational perspectives in nursing. *Online Journal of Nursing Issues, 11*(2), 12.

Zhani, E. E. *Joint Commission Center for Transforming Healthcare tackles miscommunication among caregivers: top U.S. hospitals identify causes, develop targeted solutions to save lives, News Release*. (2010). https://www.fiercehealthcare.com/healthcare/joint-commission-center-for-transforming-healthcaretackles-miscommunication-among (Accessed 07.26.19).

Chapter 29

죽음을 앞둔 대상자와의 의사소통

Communicating at the End of Life

학습목표

1. 죽음을 앞둔 대상자와 나누는 의사소통에 대한 두려움을 알아본다.
2. 죽음을 앞둔 대상자를 위한 돌봄 의사소통 전략을 논한다.
3. 죽음을 앞둔 대상자와 그 가족을 위한 독창적인 표현 방식을 찾는다.
4. 죽음을 앞둔 대상자와 그 가족을 대하는 간호사의 자기돌봄 역할에 대해 논의한다.
5. 죽음을 앞둔 대상자와 그 가족을 대상으로 돌봄 의사소통 전략을 세우기 위한 연습에 참여한다.

임종간호에서의 고려사항

Considerations for the Nurse in End-of-Life Care

“저편에 닿으려는 의지”는 환자와 가족에게 영적 돌봄을 제공하는 완화돌봄 간호사에게 의사소통 전략 연구가 필요함을 의미하는 초대장이다. “행동할 수 있는 능력, 미지의 영역에 참여하려는 의지 및 이러한 상황이 만들어지는 경로와 상관없이 환자와 깊고 의미 있는 대화를 나눌 수 있는 능력" 등의 주제가 부각되고 있다”(Minton et al., 2018, p. 173).

죽음을 앞둔 환자들을 보살필 때, 이해해야 할 두 가지 용어는 호스피스 간호와 완화간호(palliative care)이다. 호스피스 간호는 삶을 제한하는 병 또는 상처를 가진 사람들을 대상으로 하는 질적인 돌봄과 자애로운 보살핌이며, 환자의 요구와 바람에 맞춰 건강관리, 통증관리, 정서 및 영적 지원 등을 제공하는 최적화된 팀 중심의 접근방법이다. 환자가 사랑하는 이들(가족, 친지)에게도 지원이 제공된다. 호스피스 간호에서 인간은 고통 없이 죽는 것에 대한 권리와 그에 따른 존엄성을 믿고, 가족 역시 그에 합당한 지원을 받기 위해 호스피스를 이용하게 된다(National Hospice and Palliative Care Association, 2015).

말기 환자를 위한 호스피스 간호는 죽음이 삶 주기의 한 부분임을 이해하는 것을 바탕으로 집, 주거환경 그리고 호스피스 시설로 지정된 곳에서 제공된다. 호스피스는 ‘당신이 죽을 때까지 사는 것’을 추구한다. 이러한 움직임은 Dame Cicely Saunders에 의해 이루어졌고, 이는 완화간호라는 새로운 연구주제의 근간이 되었다. 보통 6개월 정도의 삶이 남아 있다고 추정되는 환자에게 제공되는 완화간호는 노인의료보험제도(Medicare)와 저

소득층 의료보장제도(Medicaid)에 의해서도 지원된다. 완화간호는 치료요법에 빠른 반응을 보이지 않는 환자를 위한 능동적인 전인간호이다. 통증 및 기타 증상조절 그리고 정신적 · 사회적 · 영적 문제로 인한 고통의 조절이 다른 무엇보다 중요하다. 완화간호의 목표는 환자와 그의 가족이 가능한 한 최상의 삶의 질을 성취하도록 하는 것이다(World Health Organization, 1990). 완화간호는 질병과 치유를 동시에 다루면서 제공될 수 있다(MedlinePlus, 2015).

간호사가 죽음을 앞둔 환자들과 의사소통하는 방법에 대해 확신하지 못하거나 불편해하는 이유가 Box 29-1에 제시되어 있다.

> 임종 과정에 함께 하면서, 우리는 더 이상 죽음을 부정할 수 없다. 그렇지만 한정된 삶의 순리에 대해 확실히 알게 되면, 우리는 더 깊은 아름다움, 관계성, 의미, 함께 삶을 살아가는 방법에 대해 더 나은 선택을 할 수 있다. 우리가 자신의 유한성을 받아들일 때, 대상자에게 더 많은 것을 내어줄 수 있다. 우리는 신성한 삶의 시간이 불충분할 수 있다는 두려움 없이 경청할 수 있으며, 그 경청만으로도 충분하다. 우리의 소명은 답을 하기 위함이 아니라 우리 자신을 그 여정의 동반자로 내어주는 것이다(Nouwen, 2005).

왜 우리는 사랑하는 이가 죽어가는 것을 지켜보는 것이 힘들까? 우리가 사랑하는 사람들은 우리의 한 부분이다. 그들이 죽으면, 우리의 한 부분이 죽는 것과 같다. 이 헤어짐은 슬픔의 근원이다. 휴가, 생일 또는 사랑했던 사람의 기일에 우리는 이 사랑의 부재를 더 확실히 느낄 수 있다. 그들을 기억함으로써 우리는 또 다시 그들을 우리의 한 부분으로 만든다. '그들을 기억하는 것은 그들의 정신이 우리의 일상생활에 영향을 주게 하는 것을 의미한다.'(Nouwen, 2005). 심지어 몇몇의 사람들은 죽음 뒤에 더 깊은 친밀감을 느낀다. 사별 상담사는 유족들에게 고인에게 말을 하고 그들이 했을 법한 대답을 생각하여 들어보라고 격려하고, 고인을 아는 것이 그들의 삶을 어떻게 바꿨는지 다시 생각해보는 것을 제안할 것이다(Loomis, 2009).

Box 29-1 환자 마음의 문을 열기 어려울 때…

- 자신의 죽음에 마주서기가 두렵다.
- 옳게 말하고 있는지 확신이 없을 때 두렵다.
- 잘못된 것을 말할까 봐 두렵다.
- 죽어가고 있는 사람과 같이 있어 본 개인적인 경험이 적다.
- 인생에서 상실과 죽음에 대한 해결되지 않은 슬픔이 있을 수 있다.
- 감정이 나를 압도하고, 울까 봐 두렵다.
- 누군가의 죽음에 대해 비난을 받을까 봐 두렵다.
- 대상자의 문화를 잘 모르므로 그와 가족에게 무례를 범할까 봐 걱정한다.
- 무엇을 하기보다는 그냥 환자와 함께 있어 줘야 하는 것이 불편하다.
- 단순히 무엇을 해야 할지 모르는 것이 두렵다.

출처: American Association of Colleges of Nursing and City of Hope National Medical Center. (2017). *Training program facility guide,* Duarte, CA: End-of-Life Nursing Education Consortium (ELNEC); Matzo, M. L., Sherman, D. W., Sheehan, D. C., Ferrell, B. R., & Penn, B. (2003). Communication skills for end-of-life nursing care. *Nursing Education Perspectives, 24*(4), 176.

성찰과 적용

나는 무너짐과 무력감을 느꼈어요….
간호학생이 죽음을 직면하다

나는 암병동에서 암이 뼈로 전이된 30대의 젊은 환자를 돌본 적이 있다. 그녀는 좋은 아내이자 엄마였다. 그녀가 죽길 원하지 않았기 때문에 내가 할 수 있는 일은 오직 기도뿐이었다. 당시까지만 해도 그녀는 매우 강한 사람이었고, 어떤 일이 일어나든지 신의 의지로 받아들였다. 내가 그녀 방으로 갔을 때, 그녀는 울기 시작했다. 나는 마음이 매우 아팠고 무력했다. 나는 그녀의 침대 모서리에 앉아, 그녀의 손을 잡고 편안하게 해주기 위해 그녀의 다리를 문질렀다. 그녀는 계속 울음을 터뜨렸고, 나는 20분 동안 조용히 같이 있었다. 그녀는 죽음의 과정과 그녀의 세 살 된 어린 딸과 남편을 두고 떠나야 하는 두려움에 대해 말했다. 우리는 함께 울었고 나는 그녀에게 호스피스에 대해 알려줄 기회가 생겼다. 그녀는 그 다음날 호스피스로 가기 위해 퇴원을 했다. 우리는 작별 인사를 하며 서로를 끌어안았고, 나는 서로에게 특별한 사이가 되었다고 느꼈다. 나는 결코 그녀를 잊지 못할 것이다.

죽음이 가까워진 대상자와의 돌봄 의사소통
Caring Communication Near the End of Life

의사소통 과정 The Process

죽음을 앞둔 시기의 의사소통은 관계가 생성되면서 발생하는 상호작용의 과정이다. 이러한 상호작용은 언어적 · 비언어적으로 소통되는 생각과 발상, 감정을 교환하는 것이다. '죽음은 의학적 사건보다 더한 영적 사건이다'(Young & Koopsen, 2005). 의료진과 가족들은 개인 성향의 변화, 화해 그리고 사랑의 감정을 표현할 수 있는 분위기를 만들 수 있도록 도와야 한다. 죽음의 과정에서 요구되는 주요한 자질은 수용, 침착하고 열린 마음, 경청, 상황을 앞서 주도하는 중재, 환자와 그의 가족을 대표해서 지지하는 것이다(Norlander, 2008; Seno, 2010).

1. 질환으로 인한 관계가 아니라 인간관계로, 그 사람에게 있어 준다.
2. 죽어가는 사람의 요구와 소망, 개인적인 바람에 대해 판단 없이 듣고 집중한다. 자애로운 경청은 자신의 불편함을 옆으로 밀어두고, 죽어가는 사람보다는 듣는 이를 더 도와주는 자동적이고 안심시키는 반응을 의미한다. 자애로운 경청은 대상자가 말하고 싶은 대로 다 말하게 해주는 것이다(Davis et al., 2004). 환자와 같이 웃거나 조용히 앉아만 있어도 괜찮다.
3. 로션을 사용하여 부드럽게 접촉하거나 등 마사지를 통해 자애로움을 표현한다. 환자가 땀을 흘릴 때 시원한 옷을 제공한다.

필요시에 조명을 낮추거나 블라인드를 걷어 빛을 들어오게 하는 등 평화로운 환경을 만들어 준다. 이러한 배려는 생각과 감정이 쉽게 표현될 수 있는 분위기를 만든다(Corr et al., 2003; Young & Koopsen, 2005)(Box 29-2).

죽음의 순간에 가까운 누군가가 환영이나 유령으로 나타나거나 이미 고인이 된 사람의 존재를 강하게 느끼고, 그가 '잘 지낸다'라고 느끼는 것을 포함하여 임종을 예견하고 우연의 일치로 임종을 맞이하는 것이 조사를 통해 사실로 증명된 것은 흥미로운 사실이다. 이는 '임종간호를 제공하는 사람으로서 존중과 연민 어린 이해 및 영적 연계와 의미'가 필요하다는 것을 뒷받침해준다(Fenwick & Brayne, 2011).

호스피스 간호사의 지혜
Wisdom from a Hospice Nurse

간호 저자인 나는 호스피스 환자와 그의 가족, 의료진과 표현 예술치료의 조력자로서 파트타임으로 일한 경험이 있다. 다른 간호사와 마찬가지로, 나는 간호직의 미션인 이러한 업무능력에 경외감

Box 29-2 죽음의 시기에 처한 이를 돌볼 때의 대상자와 그의 가족에게 하는 나의 다짐

- 진실한 사람이 될 것이다.
- 당신을 포기하지 않을 것이다.
- 당신이 무엇을 중요하게 생각하는지 물어볼 것이다.
- 당신의 목표를 만족시키기 위해 최선을 다할 것이다.
- 시기적절하게 당신의 질문에 대답할 것이다.
- 당신에게 필요한 것과 당신을 위해 내가 무엇을 해주길 바라는지 물어볼 것이다.
- 건강관리 팀으로서 적극적으로 행동할 것이다.
- 무엇을 해야 할지 모를 때 도움을 요청할 것이다.
- 사랑하는 내 가족들이 받았으면 좋을 법한 치료를 반영할 것이다.
- 연민의 마음으로 당신의 말을 들을 것이다.
- 당신을 더 잘 돌보기 위해 슬픔에 관한 나의 문제를 다룰 것이다.
- 당신에게 집중할 수 있도록 내 스스로의 관리에 집중할 것이다.
- 나의 눈물과 웃음을 포함해 당신에게 최선을 다할 것이다.

출처: American Association of Colleges of Nursing and City of Hope National Medical Center (2017). *Training program facility guide*, Duarte, CA: End-of-Life Nursing Education Consortium (ELNEC).

Box 29-3 임종 시 호스피스 간호사가 관찰한 간호사, 대상자 그리고 가족

어떤 이들은 죽음이 다가오는 것을 몇 달 전부터 알고 있지만, 그것에 대해 말하지 않는다. 누군가는 그것을 말하는 것이 죽음을 서두르는 것이라 생각한다. 일부는 죽음을 부정적으로 볼지도 모르지만, 그에 대해 준비되어 있지 않을 수 있고 영적인 믿음이 없어 두려움을 가질 수 있다. 어떤 사람은 죽음이 임박해 온 것을 알게 되었을 때 움츠러들게 될 것이다. 그는 인생을 평가하는 과정에서 더 말이 없어질 것이며, 가족이나 다른 친구에 비해 TV와 같은 세상의 모든 것에 흥미를 덜 느끼게 될 것이다. 그는 평소보다 낮잠을 더 자고 하루의 대부분을 자면서 보낼 수도 있다. 가족은 이 과정을 알아차리지 못할 것이다. 언뜻 스치는 얼굴의 표정을 관찰하는 것이 중요하다. 영양은 몸의 기능이 느려질 때는 덜 중요하게 된다. 이때 그가 필요로 하는 것보다 더 먹이는 것은 더 많은 고통과 괴로움을 발생시킨다. 가족에게 이것이 자연적인 과정임을 알려주어야 한다. 액체로 된 부드러운 음식을 제공하는 것이 좋다.

초기에 그는 눈을 뜰 수 없지만, 여전히 깨어 있을 수 있다. 이때 일부 전문가는 죽은 가족을 보는 것을 환각으로 여긴다. 나는 임종을 앞둔 이가 이 세상에서 다음 세상으로 떠날 때 혼란을 느끼기 쉽다고 생각한다. 그들은 고인이 된 사랑하는 이에게 말하고, 손을 내밀고, 무언가를 잡기 위해 헛손질을 하며 낯선 장소와 사건에 대해 말을 하기도 한다. 혈압이 낮아지고 맥박과 호흡이 극적으로 증가하거나 감소할 수 있다. 땀이 증가하고, 피부가 차가워지고 축축해지며, 색이 정상에서 붉어지거나 차가워지고, 노랗게 변할 수도 있다. 손톱은 파랗게 변할 수 있다. 호흡은 멈추었다가 복식호흡과 입술을 오므린 호흡으로 다시 시작될 수 있다. 울혈과 함께 그르렁거리는 소리가 나면, 대상자 상태는 더욱 악화된다.

죽음에 가까워지면 산소 부족과 마지막이 가까워졌다는 느낌에 더욱 안절부절못하게 된다. 실제 죽음 바로 직전에 잠시 에너지가 급증할 수도 있는데, 이것은 가족에게 헛된 희망을 주기도 한다. 어떤 사람은 이것이 물리적 에너지로 표현되는 영적 에너지라고 믿는다. 이제 눈은 뜨지만 보지 못한다. 무반응이 될 때까지 의식은 점차 감소될 것이다. 죽음이 올 때까지 그와 계속 이야기를 나눈다. 마지막 숨이 질 때까지 존중을 보이고, 존엄성을 유지할 수 있도록 임종대상자를 대우한다.

Box 29-4 죽음과 임종에 대한 믿음: 죽음의 신비를 경험한 호스피스 간호사의 선물

환자가 마지막 시간에 접어들면, 이 세상을 떠나기 위한 방향이 필요하다. 그는 "가고 싶다."라고 표현하고, 인생에서 필요한 모든 일을 성취했으며, '신'이 자신을 데리고 가는데 있어 준비가 되어 있다고 믿는다. 그는 지금 바로 사망하지 않는 것에 대해 좌절감을 느낀다. 그의 신체가 정지했을 때, 사후 삶이 있음을 믿는다면, 이미 고인이 된 사랑하는 이를 찾고, 그의 손을 잡으라고 말해준다. 나는 자신의 누이가 찾아왔다고 말했던 환자를 기억한다. 그는 누이가 살이 많이 빠졌다고 말하였다. 그녀는 1년 전에 죽었는데, 그는 누이에게 뭐라 말할까 고민하는 중에 그녀가 손을 내미는 것을 보지 못하였다. 우리는 그가 그녀의 손을 잡도록 이끌 수 있었다. 그는 평화롭게 곧 사망했다. 많은 환자들이 자신의 모든 문제가 해결될 때까지 삶을 유지하고 문제를 해결하고 나서야 평화롭게 사망한다. 어떤 이는 삶의 회고를 통해 갈등을 해결하는 놀랄만한 변화를 만들어 낸다. 일부는 몇 년 간의 싸움을 멈추고는 '모든 것이 용서되었다'고 결정을 내린다. 종종 환자는 자신의 삶 중에서 사생활이 보장되지 않는 상황이 발생한 이유를 이해하게 된다. 누군가는 마지막 순간까지 마치 누군가와 말하는 것처럼 '나는 가지 않을 거야.'라며 싸운다. 지금이 떠날 때라는 것을 인정하지 못한 환자는 떠나는 데에 어려움을 겪을지도 모른다. 이는 특히 나이가 어린 사람들이 실제 겪는 현상이다. 그들은 아마도 신체가 생명을 유지할 때까지, 혹은 혼수상태에 빠지거나 쓰러져 사망할 때까지 싸울 것이다.

개인적인 선택은 분명해진다. 누군가는 가족이 있을 때 죽고, 다른 누군가는 혼자 죽어간다. 시간에 대한 개인적인 선택권을 갖는 것은 자신의 죽음에서 누가 함께 하는지를 결정한다. 몇몇은 가족과 함께 있는 것이 가족에게 너무 고통스러운 일이라고 말한다. 가족이 72시간 내내 그 곁을 지키고 있어도 잠시 몇 분만 자리를 비웠을 때 사랑하는 사람은 죽을 수도 있다. 혹은 환자가 가족이 도착할 때까지 예상보다 오래 버틴다면, 그는 가족을 맞이하고 그 후 몇 분 내로 사망하게 될 것이다.

을 느낀다. 접촉을 통해 임종환자를 편안하게 해주는 간호사를 만난 지 5년 후에 나는 그녀에게 관찰, 경험과 신념을 같이 나눌 것을 요청하였다. 이를 통해 호스피스 간호사가 자신의 업무를 어떻게 알고 이해하는지를 알 수 있다. Elizabeth Labbate는 Box 29-3, 29-4를 통해 그녀의 경험을 이야기한다. 당신이 임종 과정을 잘 이해한다면, 대상자를 더 안심시킬 수 있고, 세심함에 가치를 두는 가족에게 임종 시기에 기대할 수 있는 특정한 제안을 할 수 있다(Boucher et al., 2010; Zomorodi & Lynn, 2010).

호스피스 대상자와 지혜 나눔
Wisdom Sharing from One Hospice Client

죽음을 앞둔 상황에 있거나 생명을 위협하는 질병을 가진 사람은 지혜를 공유하고 싶어할 것이다. 암 환자는 지지, 지혜 그리고 대응 전략을 공유하는 것으로부터 이득을 얻는다. 난소암 4기인 한 대상자는 그녀의 스토리텔링과 작문 실력을 「Cancer Connection Prayer Group」의 소식지에 사용했다. 그녀는 다른 사람을 격려하고 영감을 줄 수 있는 하나의 유산으로, 그녀의 삶에서 응답 받은 기도의 이야기를 수집하였다. 나는 그녀를 그녀의 집에서 만났고, 그녀는 그 전날 밤 7번이나 구토했지만, 나에게 아직 출판된 적이 없는 글의 복사본을 주기 위해 침대에서 나왔고 이 이야기가 전해졌다(Box 29-5).

Box 29-5 땅콩버터를 구하는 기도

기도에 응답받았던 경험담을 그녀는 이렇게 써 내려갔다. "나는 하나님께 부르짖고, 찬양도 하였다. 하나님이 당신의 삶에서 동반자이자 친구로 나타날 때, 적절한 응답이란 무엇인가? 나는 혼자가 아니었다. 나의 조용한 목격자는 일어나는 모든 것을 그대로 받아들이는 나의 세 살짜리 아들 민혁이었다. 어느 날 민혁이와 내가 산책을 갔을 때, 아이는 집에 가서 땅콩버터를 좀 먹고 싶다고 말했다. 나는 그에게 땅콩버터가 다 떨어졌고, 현재의 자금 상태를 설명했다. 이것은 세상의 모든 엄마가 세 살짜리와 할 수 없는 대단히 난해한 이야기일 것이다. 에반은 잠시 조용해졌고, 이렇게 말했다. "하지만 하나님은 우편함에 돈을 넣어주실 수 있잖아요. 그렇지 않아요, 엄마?" 나는 "그럼, 그건 하나님에게는 전혀 문제가 되지 않지."라고 말했다.

우리가 몇 시간을 외출했다가 돌아왔을 때, 민혁이는 "저를 우편함으로 들어 올려주세요. 하나님이 돈을 거기 넣어주셨나 보게요."라고 말했다. 나는 할머니가 가끔 3만 원을 보내주시는 것을 생각하고 있었고, 그렇기에 돈이 거기 있을 가능성이 있다고 생각했다. 대신 민혁이는 8만 원이 든 한 검은 봉투를 꺼냈다.

"엄마, 하나님이 8장의 지폐를 줬어요! 이걸로 땅콩버터를 살 수 있죠?"라고 민혁이가 말했다. "그럼, 우리는 땅콩버터랑 다른 것들도 살 수 있어. 하나님은 우리에게 8장의 지폐를 준 게 아니야, 더 많은 걸 주셨지."라고 나는 말했다.

나는 아이를 길 건너 은행에 데려갔고, 은행원에게 지폐를 천 원짜리로 바꿔달라고 요청하여, 현금 뭉치를 민혁이에게 줄 수 있었다. "이것 봐, 하나님이 우리에게 이렇게나 많이 주셨어."

창의적인 표현 전략
Strategies for Creative Expression

표현예술은 대상자와 가족이 감정에 다다르는 창의적인 방법을 제공한다. 콜라주를 위한 재료로 잡지를 제공하는 것은 개인적 이야기를 떠올리게 하고, 가족을 위한 유산을 만들어낼 수 있다. 대상자에게 몇몇 흥미로운 잡지들뿐만 아니라, 가위, 풀, 색지 혹은 액자용 판지를 가져다주는 것도 좋다. 대상자가 자신의 흥미를 끌었던 단어나 이미지를 선택하여 배경에 붙이게 하고, 필요할 때마다 도와주는 것이다. 그 이후, 대상자에게 이 작품으로 인해 마음에 떠오르는 이야기가 있는지 물어본다. 가족에게도 그들이 사랑했던 이에 대한 추억 상자를 만들 시간을 줄 수 있다. 담배 상자도 콜라주를 위한 바탕이나 유품을 기념할 상자로 사용될 수 있다.

당신은 이 책의 서문과 표지에서 만다라에 대해 소개받았다. 만다라 도안을 색칠하는 것은 편안함

Box 29-6 시… 이제 그만!

이는 Sage-ing International의 동료가 아낌없이 공유한 시이다. Elizabeth Bell은 공인된 Sage-ing 리더로, 삶의 회고와 과거사의 회복이라는 의식적인 노화 과정을 통해 인생 후반기에 있는 이들을 지지하고, 죽음의 두려움과 사망에 직면하는 이들이 현재를 더 충만하게 살아가게 한다(https://www.sage-ing.org/참조).

이제 그만!
그는 거기 누워
기계로 숨을 쉬고,
생명 유지를 위해 막대에 매달린 튜브를 통해 12개의 백에 들어 있는 액체로 영양공급을 받고 있다.

생명을 위해 싸우는 그의 영혼.
그의 또렷한 눈은 아내를 찾고 찾아다니며
아내를 사랑한다고 말한다.
아내는 매일 사랑으로 그의 옆을 지키며, 사랑하고 있다고 화답한다.

회진을 도는 의사가 전하는 또 다른 희망의 컵…
"폐의 감염을 치료할 수 있게 되면 …"
이는 겉보기에 멈출 수 없는 치료의 순간으로 이어진다.

그리고 여동생의 기대와 함께 희망은
매일 그만저만하다는 검사 결과의 설명을 기다린다.
아내는 희망과 절망의 험난한 파도를 타며, 어떻게 진행해야 할지 갈피를 잡지 못한다.

그의 몸이 분명히 말하는 그날이 되어서야 끝이 난다.
그 때는 더 이상 해줄 것이 없다.
그의 영혼은 놔달라고 요구하고,
아내는 깊은 고통 가운데 확신을 가지고 말한다.
"멈추세요" "이제 그만"

을 준다. 만다라 컬러링북도 이용 가능하다. 만다라를 https://www.free-mandalas.net/에서 출력하거나 혹은 "만다라 색칠"을 검색해본다.

색연필, 마카, 수채화 물감, 도화지를 제공한다. 대상자나 그의 가족은 파랑, 초록, 보라색의 선으로 칠하는 단순한 작업을 통해, 자기 진정이 될 수 있다. 심지어 이러한 과정을 상상하는 것만으로도 잠들기 힘들 때 도움을 줄 수 있다(Hayes, 2006).

실제적인 임종 시기 전에, 좋아하는 음악은 추억과 스토리텔링을 보조할 수 있다. 환자를 잘 모르면, 환자가 20세일 때 몇 년도였는지를 계산하고 그 시대의 음악을 들려줄 수 있다. 죽음의 시점이 가까워질수록 도움이 된다고 알려진 음악은 완화치료의 하위 전문분야인 음악 사망학(music thanatology) 분야에서 비롯된 것으로, Chalice of Repose Project CD인 Rosa Mystica 등이다(Schroeder-Sheker, 2011).

대상자와 가족들이 흥미를 느낀다면 일기를 쓰거나 시를 쓰게 한다. 만일 일기를 쓰기로 정했다면, 시작하거나 '망치는 것'에 대한 두려움을 없앨 수 있도록 첫 장에 무언가를 쓰게 한다. 시가 도움이 될 수 있다. 마음에 드는 단어를 선택하게 하고 그것들을 시로 정리하게 한다. 시 쓰기는 올바른 방식이라는 게 없고 라임이 꼭 필요하지 않다는 것을 확신시킨다(Box 29-6).

퇴역군인 관리국에 속한 호스피스 간호사인 Deborah Grassman(2012)은 개인적으로 1만 명의 죽어가는 퇴역 군인들을 보살폈다. 그녀의 책인 『The Hero Within: Redeeming the Destiny You Were Born to Fulfill』에서는 삶의 회고, 편지 쓰기 그리고 기타 치유의식 등을 도구로 사용하여 임종시기의 대상자가 평안을 찾도록 하는 상세한 과정을 제공한다.

성찰과 적용

사례 1

30년 넘게 고객과 함께 일한 정신과 의사는 죽어가는 것에 대한 두려움을 다루는 것에 대해 이야기하고, 이것이 의학 교육과정에 잘 반영되어 있지 않음을 말했다. "죽을 때 나는 어디로 갈 것인가?"라는 질문에 대한 그의 답변은 우리가 죽을 때는 태어나기 전에 있었던 곳으로 되돌아간다는 것이다(Yalom, 2009).

성찰과 적용

사례 2

77세의 폐암 환자인 김○○ 할머니는 호스피스 병동의 환자였다. 나는 그녀에게 카드 제작을 위한 미술 재료를 주었고, 그녀는 색칠을 하며 자신의 인생에 대해 이야기하기 시작했다. 그녀는 슬퍼보였고, 우리는 그녀가 카드를 보낼 사람에 대해 이야기했다. 나는 그녀에게 누구와 말하고 싶은지 물어보았다. 그녀는 울음을 터트리며 자신이 딸을 사랑했고, 딸이 항상 자신으로부터 비난받는 것처럼 느꼈던 것을 알고 있었음을 말하고 싶다고 하였다. 후에 그녀는 딸의 방문을 계획했고, 그 이후 자신의 느낌이 훨씬 더 나아졌다고 표현하였다.

성찰과 적용

음악 사용

71세의 호스피스 환자인 유○○ 할머니는 노인 요양시설에 입소하였고, 거의 말을 하지 않았다. 그녀는 기억상실로 인해 질문에 모호하게 대답했다. 그녀의 감정은 단조로웠고, 눈을 거의 마주치지 않았다. 호스피스의 표현예술 진행자는 그녀가 1950년대부터 좋아했던 음악에 대해 이야기를 나눴고, 그 음악을 가져다주었다. 유○○ 할머니의 표정은 밝아졌고, 그녀가 좋아하는 노래인 Big Bopper의 'Chantilly Lace'의 모든 가사를 노래할 수 있게 되었다. 그녀는 자신이 오페라 카르멘을 얼마나 좋아했는지와 뉴욕시 근처에 살았다는 것, 그녀가 중학교에서 오페라에 대해 배웠다는 것 그리고 그 도시에서 오페라 견학을 갔었다는 것을 말하기 시작했다. 그 진행자는 그 오페라의 CD를 찾을 수 있었다. 유○○ 할머니는 생기 있어졌고, 그 오페라의 줄거리를 이야기했다.

임종환자와 함께 하는 간호사의 자기돌봄
Self Care for Nurses Working with Clients at the End of Life

전인적인 자기돌봄은 전인적인 간호의 기초이다. 당신이 자신을 돌보는 것처럼 대상자를 돌보고, 당신이 자신을 돌보는 것처럼 동료를 돌보게 된다. 우리가 환자와 그 가족들과 죽음의 시기를 함께 할 때, 그 경험은 우리의 매우 깊은 수준을 건드려 새로운 방식으로 자신을 내어주게 한다. 우리는 성장하며 뻗어나간다. 우리는 자신의 삶과 그 의미에 대해 깊이 생각하고 반성한다. 지금이 우리가 사랑하는 이의 시간이 아니라는 것에 안도의 한숨을 내쉰다. 우리는 집에 돌아가 나의 자녀가 안전한지 더 살피고, 가족과 친구를 따뜻한 눈으로 바라보게 된다. 우리는 감사를 경험한다. 이 모든 일은 에너지를 필요로 한다. 모든 간호업무는 고귀한 일이지만, 우리가 현존하는 유일한 간호사는 아니다. 물리적으로 근무하지 않을 때, 일로부터 건강한 경계를 유지할 방법을 찾아야 한다. 열심히 일하고, 또한 열심히 즐겨야 한다. 간호사에게는 잠시 멈출 수 있는 시간과 사회적인 가치가 없는 활동, 즉 단순히 재미있는 시간이 필요하다.

이제, 창의적 표현 전략들을 다시 읽어보고 간호사를 대상자로 대체한다. 창의적인 표현은 간호사에게 있어서 자기돌봄을 할 수 있는 가치 있는 도구이다. 간호 명예 단체인 Sigma Theta Tau의 국제회의에서, 간호사들은 시각예술, 패브릭 아트(직물 예술), 산문 및 시 등의 예술작품을 제출할 기회를 얻었다(Wendler, 2005). 30장은 간호의 도전자에게 지속적으로 존재하는 회복탄력성에 관한 더 많은 정보를 제공한다.

Dame Cicely Saunders는 "사람들이 어떻게 죽는지는 살아 있는 사람들의 기억에 남는다."라고 저술하였다. 당신이 죽음 순간에 가까이 온 환자와 함께 할 때, 이 주제가 당신을 안내하도록 한다. 가족의 긍정적인 경험에 어떻게 기여할 수 있을지 자문하고, 사별기간 및 그 이후까지 기억될 수 있는 추억을 창조한다(Kuebler et al., 2002).

임종 시의 돌봄 의사소통 연습
Practicing Caring Communication in End-of-Life Care

연습 1 충만한 삶을 위한 작업목록 작성

Mark Twain은 "죽음에 대한 두려움은 삶에 대한 두려움에서 비롯됩니다. 온전하게 사는 사람은 언제든지 죽을 준비가 되어 있습니다."라고 말했다. 신경 퇴행성 질환을 앓고 있는 Jarem Sawatsky는 그의 책 『Dancing with Elephants: Mindfullness Training for Those Living with Dementia, Chronic Illness or an Aging Brain』(Sawatsky, 2017)에서 다음과 같은 질문을 제기한다. 인생에서 어떤 것들이 기쁨과 사랑을 창조하는가? 그는 우리가 이런 것들을 다른 사람에게 제공하고 싶다면 우리 삶에서 시간을 내야 한다고 제안한다. 당신의 일지에 충만하게 살기 위한 일의 목록을 작성해본다.

연습 2 감사 연습

Harriett Beecher Stowe의 인용구를 성찰해본다: "무덤에서 흘리는 가장 쓰라린 눈물은 하지 않은 말과 하지 않은 행동 때문이다." 인생 경험에 따라, 당신은 이 인용문과 관련이 있을 수도 있고 그렇지 않을 수도 있지만, 모든 이들은 전해지지 않은 감사의 말을 가지고 있다.

이 감사 연습을 시도해본다:

A. 조용히 앉아 눈을 감고 당신의 인생에서 감사했던 분을 생각한다.

B. 감사의 뜻을 표현할 수 있는 한 사람을 떠올리고, 손으로 쓴 편지를 작성하여 보내거나 그 사람에게 전한다.

연습 3 영화 사례분석-모리와 함께한 화요일

죽음의 순간에 자신의 경험을 유산으로 남기길 원하는 남자에 관한 이야기인 영화 '모리와 함께한 화요일'을 유튜브에서 찾아 시청한다. 그 영화를 다른 학생이나 동료와 함께 시청하고, 임종 대상자를 돌보는 당신의 업무에서 그것이 어떤 의미인지 논의해 본다.

연습 4 동화 사례분석-Listen to the Fall of Freddie

유튜브에서 'Listen to the Fall of Freddie'를 찾아본다. Leo Buscaglia가 쓴 'the Fall of Freddie the Leaf'는 계절에 따른 잎의 변화를 삶과 죽음에 비유한 우화로 동화의 형식을 취하고 있다. 잎사귀 이야기를 인간의 삶과 비교하면서 배운 것에 대해 성찰일지를 작성해본다.

연습 5 영화 토론 – Wit

수업시간에 장편 영화 'Wit'를 본다.

경고: 이것은 매우 강력하고 감정적인 영화이다. 특히 Vivian의 간호사인 Susie Monahan의 역할에 주목한다. 이 영화는 의대 및 간호대학에서 교육 영화로 사용된다.

Emma Thompson이 주연한 영화 Wit를 위한 토론 가이드

개요: 이 영화는 1999년 퓰리처상을 수상한 Margaret Edson의 연극에서 채택하였다. 신랄한 위트로 학생을 가르치면서도 거리감을 두고 있는 영어 교수 Vivian Bearing의 여정을 그리고 있다. Vivian은 가르침과 삶을 엄격히 통제하면서 무너지는 날이 다가올 때까지 방어를 포기하지 않으려 한다. 끔찍한 질병으로 진단된 Vivian은 잔인하고 광범위하며 실험적인 일련의 절차를 밟는 데 동의한다. 8개월 동안 그녀의 인생은 미지의 과정을 밟아야 했다. 그녀는 더 이상 교사가 아니라, 공부하는 이를 위한 교과목처럼, 삶과 죽음 사이의 미세한 경계를 발견하려고 한다.

1. 비디오에 대한 자신의 반응을 구별해본다. Vivian, 환자, 제공되는 치료에 대한 당신의 감정을 논의하는 것부터 시작한다.
2. 의료진의 의사소통은 이 책에서 배우고 있는 내용을 어떻게 반영하고 있는가? 당신이 관찰한 다른 보건의료전문인의 행동과 대화를 생각해본다.
3. Vivian의 간호사가 그녀를 연구 대상이 아니라 그녀와 연결된 개인으로서 옹호하는 장면의 행동과 대화를 보고 어떤 영향을 받았는지 이야기해본다.

참고문헌

Boucher, J., Bova, C., Sullivan-Bolyai, S., Theroux, R., Klar, R., Terrien, J., & Kaufman, D. A. (2010). Next-of-kin's perspectives of end-of-life care. *Journal of Hospice and Palliative Nursing, 12*(1), 41.

Byock, I. (1998). *Dying well*. New York, NY: Riverhead Books.

Corr, C. A., Nabe, C. M., & Corr, D. M. (2003). *Death and dying, life and living* (4th ed.). Belmont, CA: Thomson/Wadsworth.

Davis, M., Paleg, K., & Fanning, P. (2004). *How to communicate workbook: Powerful strategies for effective communication at work and home*. New York, NY: MJF Books.

Fenwick, P., & Brayne, S. (2011). End-of-life experiences: Reaching out for compassion, communication, and connection—meaning of deathbed visions and coincidences. *American Journal of Hospice and Palliative Care, 28*(1), 7.

Grassman, D. L. (2012). *The hero within: Redeeming the destiny you were born to fulfill*. St. Petersburg, FL: Vandamere Press.

Hayes, P. M. (2006). *Art therapy and anxiety: Healing through imagery*. Tampa, FL: Cross Country Education Seminar.

Kuebler, K. K., Berry, P. H., & Heidrich, D. E. (2002). *End-of-life care: Clinical practice guidelines*. Philadelphia, PA: WB Saunders.

Loomis, B. (2009). End-of-life issues: Difficult decisions and dealing with grief. *Nursing Clinics of North America, 44*(2), 223.

Matzo, M. L., Sherman, D. W., Sheehan, D. C., Ferrell, B. R., & Penn, B. (2003). Communication skills for the end-of life nursing care. *Nursing Education Perspectives, 24*(4), 176.

MedlinePlus. (2018). *What is palliative?*. https://medlineplus.gov/ency/patientinstructions/000536.htm. Accessed 22 September 2018.

Minton, M. E., Isaacson, M. J., Varilek, M., Stadick, J. L., & O'Connell-Persaud, S. (2018). A willingness to go there: Nurses and spiritual care. *Journal of Clinical Nursing, 27*, 173.

National Hospice and Palliative Care Association. (2015). *Hospice care*. http://www.nhpco.org/about/hospice-care. Accessed 19 January 2015.

Norlander, L. (2008). *To comfort always: A nurse's guide to end-oflife care*. Indianapolis, IN: Sigma Theta Tau International.

Nouwen, H. J. M. (2005). *The dance of life: Weaving sorrows and blessings into one joyful step*. Notre Dame, IN: Ave Maria Press.

Sawatsky, J. (2017). *Dancing with elephants: Mindfulness training for those living with dementia, chronic illness or an aging brain*. Rosemary Beach, FL: Red Canoe Press.

Schroeder-Sheker, T. (2011). *The Chalice of Repose Project*. http://www.chaliceofrepose.org/history.htm. Accessed 6 January 2011.

Seno, V. L. (2010). Being with dying: Authenticity in end-of-life encounters. *American Journal of Hospice and Palliative Care, 27*, 377. (Original work published online May 3, 2010).

Wendler, C. (Ed.), (2005). *The heART of nursing: Expressions of creative art in nursing*. Indianapolis, IN: Sigma Theta Tau International.

World Health Organization. (1990). *Cancer pain relief and palliative care*. Report of a WHO expert committee. 804 (p. 1). World Health Organization Technical Report Series. Yalom, I. D. (2009). Staring at the sun: Overcoming the terror of death. San Francisco, CA: Jossey-Bass.

Young, C., & Koopsen, C. (2005). *Spirituality, health, and healing*. Thorofare, NJ: SLACK Incorporated.

Zomorodi, M., & Lynn, M. R. (2010). Critical care nurses' behaviors with end-of-life-care. *Journal of Hospice and Palliative Care Nursing, 12*(2), 89.

Chapter 30

인간존중을 위한 지속적인 헌신

Continuing the Commitment to the Journey

학습목표

1. 회복탄력성을 지닌 간호사의 실례를 확인한다.
2. 학생에서 졸업생으로의 변화와 같은 현실 충격에 대한 사전 대책을 조사한다.
3. 삶의 균형을 성취하기 위한 세 가지 역량을 확인한다.
4. 50년 이상의 경험을 지닌 간호사의 반응에서 '살아 있는 유산'에 대한 공통점을 확인한다.
5. 회복을 위한 전략을 확인한다.
6. 지속적인 의사소통 기술 구축을 위한 간호사 책무의 중요성에 대해 논의한다.

모든 것을 통합하기
Putting it All Together

심호흡을 하고 자신이 꿈꾸는 간호사의 역할을 상상해본다. 미래의 당신은 무엇을 하고 있는가? 어떻게 보이는가? 무엇을 느끼고 있는가? 어디에 있을 것인가? 이 장에서는 여러분의 과거와 현재 또는 미래에 만들어갈 업적을 자랑스러워하며, 자신의 책무에 대해 자부심을 갖고 지속적으로 노력할 것을 권한다. 또한 직장에서는 자신의 길을 가는 이를 존중하고, 앞선 이들을 통해 배울 수 있는 구체적이고 성공적인 전략에 주의를 기울이게 해주며, 일상적인 경험을 통해 배우고 성장하는 노력을 계속하도록 격려한다. 더하여 자기돌봄에 대한 책임을 질 수 있도록 도와준다. 2015 미국간호협회(American Nurse Association, ANA) 윤리강령의 개인 건강, 안전 및 안녕감 증진에 대한 5.2조항에는 간호업무 중 발생하는 스트레스원에 대해 책임감 있게 대처할 수 있도록 자기돌봄을 의무화해야 한다는 내용이 포함되어 있다. 간호사는 '건강한 음식을 먹고, 운동하며, 충분한 휴식을 취하고, 가족과 좋은 관계를 유지하며, 적절한 여가와 레크리에이션 활동에 참여하고, 영적 또는 종교적인 활동을 해야 한다.' 그러므로 자신을 위해 시간을 내어 즐기고, 친구 및 가족과 함께 하는 것이 이기적인 것은 아니다. 사실, 간호사는 그렇게 행동해야 할 윤리적 책임이 있다.

의사소통 능력에 점점 더 익숙해질수록 그것이 얼마나 복잡한지 곧 알게 될 것이다. 알고 있는 것을 직관적으로 응용하는 것은 기술을 넘어선 예술이다. 이 마지막 장에서, 선택한 직업에서 앞으로 나아가기 위해 필요한 약속(인간의 상태에 대해 민감하게 반응하고, 에너지를 보충하고, 변화를 수용할 것)을 생각해 볼 필요가 있다. 그렇게 하기 위해서는 학생의 역할에서 졸업에 이르기까지의 도전을 탐구하면서 삶의 균형을 찾아야 한다. 즉, 학교의 명확한 기대치에서부터 간호실무의 모호성까지, 간호사 vs 대상자의 낮은 비율부터 많은 환자들의 상반된(어려운) 요구에 이르기까지, 아마 학생 역할에서 오는 스트레스부터 결혼, 아이를 낳고, 이사하고, 새로운 직업 혹은 첫 직장에 들어가는 것 등의 여러 추가적인 삶의 변화까지 균형을 찾아야 할 것이다(Tingle, 2001).

회복탄력성이 있는 간호사란?
What is a resilient nurse?

이 마지막 장을 읽으면서 선택한 직업에서 성공을 거두는 데 초점을 맞추면, 간호 및 다른 전문직 대상의 회복탄력성 연구가 당신에게 도움이 되는 정보를 제공한다. 회복탄력성은 직업과 개인 생활에서 역경, 외상 및 스트레스에 적응하는 과정이다. 이는 간호사의 어려운 일상생활 경험으로부터 "회복됨"이다(American Psychological Association [APA], 2018).

회복탄력성에 대해 이미 알고 있는 내용을 보려면, Box 30-1을 읽고, 이 글을 업무에 반영한다. 이 정보는 학생과 간호사의 회복탄력성과 안녕에 관한 많은 기사와 필자 자신의 경험을 요약한 것이다.

Box 30-1 회복탄력성을 지닌 간호사가 된다는 것은 무엇을 의미하는가?

- 상황에 대한 판단 없이 그 순간에 현존하며, 자신이 누구인지 알며, 비판적 사고를 뒷받침하는 마음챙김을 실천하는 것이다.
- 자신에 대해 더 배우고, 자기 자신을 나타내고, 자신의 강점을 사용하고, "신참의 마음"에 있어야 할 필요성을 존중하며, 학습에 개방되어 있는 진정성을 의미한다.
- 문제의 교훈을 찾고, 자신이 완벽하다는 믿음에 맞서기 위해 인지구조를 조정하며, 자신이 타인과 마찬가지로 인간임을 이해하기 위해 재구성하는 것이다
- 자신을 너무 심각하게 생각하지 않고 관점을 유지하도록 도와주는 유머의 사용을 의미한다.
- "안전한 항구"를 갖도록 지원 시스템을 사용하고 구축하는 것이다.
- 전문직 간 팀과의 협업… 안전하고 유능하며 자애로운 의료 서비스를 원하는 마음으로 거기에서 일하는 것은 당신 혼자가 아니다.
- 자기돌봄 실천에는 이완, 심상, 요가, 호흡운동, 충분한 수면을 취하기 위한 수면 의례행동, 간단한 운동, 만성질환 관리 등의 통합 · 보완대체요법이 포함된다.
- 연민, 배려, 감사로 대상자, 가족 및 동료와 연결하기와 새로운 기술 학습을 통해 직장에서의 의미를 발견하는 것이다.
- 경험에서 배우는 성찰을 연습하는 것이다.
- 자신을 위한 경계를 설정하고 전문적인 정체성을 확립하기 위한 자기주장 의사소통
- 자신의 영향력, 경청, 존재가 자신이 할 수 없을 때조차도 치유의 공간을 가지고 있음을 아는 것은 인간이 겪는 고통의 목격자가 되기 위해 강인해지는 것이다.
- 상황과 자신의 역할에서 긍정적인 것을 찾는다.
- 자신과 타인을 판단하지 않고 용서를 연습한다.
- 숨쉬기를 배우고 그냥 "내려놓자" … 집에 가서 잠을 자고, 좋은 식사를 하고, 산책하고, 걱정하지 않고 내일에 대한 호기심과 궁금증을 지닌 태도로 시작한다.

출처: Ashcraft & Gatto, 2018; Devney, 2018; Gallison, 2018; Grant & Kinman, 2014; Hart et al.,2012: Kelly & Adams, 2018; Kemper & Hill, 2016; Prince-Paul & Kelley, 2017; Raso, 2018; Reyes et al., 2015; Stephens, 2013; Zuzelo, 2018.

현실 충격: 간호실무로의 이행
Reality Shock: The Transition to Nursing Practice

Marlene Kramer(1974)는 어린 졸업생들이 본인은 일터에서 준비되어 있다고 생각하지만 실상은 준비되어 있지 않은 '현실 충격(reality shock)' 문제에 대해 전형적인 연구를 수행하였다. 이 연구 결과를 이해하는 것은 개인적 · 전문적 발전을 경험하며 겪게 되는 다루기 어려운 감정들을 대처할 수 있는 사전전략 구축의 기회를 제공한다. 이 연구 결과가 본인의 상황과 적합하지 않더라도, 그

결과와 후속 연구를 탐색하는 것은 유용하다.

학생으로서, 당신은 입학하고 졸업할 때까지 초보자에서 전문가로 발전하는 과정에서 학생 입장에서 성취하는 방법을 배운다. 하지만 새로운 일터 혹은 직장에서 당신은 다시 초보자가 된다. Kramer는 간호사가 대상자별로 필요로 하는 충분한 시간을 제공할 수 없다는 상황에 직면하는 전문적 · 관료적 갈등의 발전에 대해 설명한다. Kramer는 이 문화적 충격을 네 가지 단계로 파악하였다(Box 30-2).

이러한 전환 시기에 경험할 수 있는 감정은 '들뜸, 분노, 슬픔, 흥분, 신경과민, 행복감, 자기혐오 또는 만족' 등이다(Tingle, 2001). 예를 들어, 근무 교대 후 휴식을 취하며 가능하면 근무시간이 아닌 시간에 식사를 해두고, 다른 누군가를 돌보기 위해 자리를 뜨기 전에 대상자의 즉각적인 요구사항을 충족시켜야 한다. 당신의 자신감은 시간이 지남에 따라 커질 것이다. 인내심을 가져야 한다. Tingle(2001)은 니모닉(연상기억법) NURSES를 통해 전환 시기 전략을 다음과 같이 요약하고 있다.

Never fail to ask for help!
(도움을 요청한다!)
Use available facility resources!
(이용 가능한 자원을 사용한다!)
Reenergize with professional associations!
(전문협회를 통해 사기를 진작시킨다!)
Stay in contact with friends!
(친구와 같이 지낸다!)
Evaluate your own growth realistically!
(자신의 성장을 현실적으로 평가한다!)
Stay focused on your goals!
(당신의 목표에 집중한다!)

뉴욕에서 새로 면허를 취득한 간호사 612명을 대상으로 한 연구 결과, 그들의 경험에서 여러 주제가 도출되었다. 각 주제는 간호와 인생경험에 대한 개인적인 관점 간의 기대치의 충돌, 속도가 필요하며, 모든 것을 행하면서 환자를 알아가기에는 늘 부족한 시간, 높은 기대치와 너무 많은 일과 책임, 의사의 무례함, 비판과 학대, 첫 6개월 동안의 힘든 전환 시기 이후에 상황이 호전되었고 간호사들의 회복탄력성이 더 커질 것이라는 희망적인 주제 등이다(Pellico et al., 2009). 노르웨이에서 행해진 신규 간호사의 직업만족도와 직업 가치에 대한 연구에 따르면, 학교에서 직장으로의 전환은 처음에 예상한 것보다는 덜 극적이었다(Daehlen, 2008).

Box 30-2 현실충격의 단계

1. *밀월단계:* 열정, 흥분, 고에너지
2. *충격단계:* 간호가 당신이 기대했던 것이 아니라는 깨달음-분노, 좌절, 실망, 피로, 부정적 삶의 견해
3. *회복단계:* 업무 상황에 하나 이상의 관점이 있다는 것을 깨달음, 유머를 되찾음
4. *해소단계:* 다양한 가치에 중점을 두고 학교와 직장의 하위문화 간 갈등을 해결할 수 있는 방법 선택[이 단계의 행동에는 빈번한 일자리 변경, 학교 복귀를 핑계로 일에서 도망치기, 간호업무 중단, 소진, 만성적인 불편감이 내재된 미해결된 작업갈등의 결과, 양쪽 체계 모두를 통합하는 해결의 구조적 형태인 이중문화 적응(Bicultural Adaptation) 등이 포함될 수 있다]

현실 충격에 대처하는 적극적 전략: 학생에서 간호사로의 전환
Proactive Approaches to Reality Shock: The Transition from Student to Nurse

대화는 이러한 전환기에 있어 중요하다. 당신은 질문이 있을 때 무엇을 묻고 싶은지 분명히 하고, 그 질문에 대한 대답을 누가 하는 것이 제일 적합한지 시간을 들여 결정한다. 더 숙련된 직원이 당신이 모르는 절차 혹은 조치를 잘 알고 있을 수 있으므로, 당신이 필요한 정보를 얻을 때까지 계속

해서 질문하는 것을 염려할 필요는 없다. 만약 상황이 급박하다면, 이를 알려야 한다. 자신의 불안이 경청을 방해하지 않도록 들은 답변을 주의 깊게 경청하고, 반복해서 경청한다.

Kramer(1974)는 이중문화 적응을 달성하기 위해 다음과 같은 제안을 하고 있다. 문제의 모든 면을 살펴봄으로써 업무 현장의 상황을 평가하고, 자신의 행동이 다른 동료에게 어떻게 영향을 미치는지 생각하며, 적절하고 달성 가능한 목표를 파악한다.

취업 면접을 위한 기타 사전 예방 전략에는 다음이 포함된다. 당신은 인터뷰하는 조직과 면접위원에 대한 존중을 나타내기 위해 옷을 갖춰 입고, 비록 이 직업이 자신이 꿈꾸던 직업이 아니더라도 일에 대한 열의를 보이며, 횡설수설하지 않고, 대답을 짧고 간결하게 유지하며, 개인 정보를 퍼뜨리지 말고, 신입사원을 위한 오리엔테이션 및 인턴십 또는 사전준비 프로그램의 기간에 대해 문의하고, 조직의 철학과 미션에 대한 숙제를 하며(일반적으로 온라인으로 가능), 인터뷰 이후의 과정에 대해 물어본다(Tuckerton, 2014). 직위를 수락하면, 조직의 역사에 대한 질문을 하며, 기술 숙련 능력과 대인관계 역량에 대해 좋은 평판을 받는 것에 중점을 두고, 당신이 경험하고 있는 것을 이해하고, 감정을 표출할 수 있는 사람을 찾아야 한다. 이는 단지 당신과 같이 일하는 사람이 아니라 신뢰할 수 있는 사람이여야 한다. 더하여, 방어적으로 행동하는 것을 피하며 '신참(new kid on the block)'으로서 평가받을 것을 예상해야 한다. 다른 직원 역시 압박을 느끼고 스트레스를 받는다는 것을 이해하고, 당신이 가지고 있는 감정, 생각, 반영과 아이디어(동료들의 존중 속에서 나눌 수 있는 생각)를 어떻게 변화시킬 수 있는지 일지에 기록해 본다(Dyess & Sherman, 2009).

생산적 균형의 성취
Achieving Generative Balance

Guterman(1994)은 생산적 균형(generative balancing)으로 불리는 모델을 제안한다. 생산적 균형은 3개 역량에 초점을 맞추고 있는데, '성공의 창출(creating success), 의미 파악(finding meaning), 개선(renewal)' 등이다. '세 가지 역량 모두 균형을 위해 필요하며, 삶에서의 진정한 스릴, 여정에서의 흥분은 안정된 지점에서 찾는 것이 아니라 움직임 중의 균형에서 오는 것이다.'

Ann Landers는 그녀의 대표적인 정기 기고를 통해, 인생을 열차여행과 상반되는 에세이라고 말했다. 그 에세이는 삶의 초점이 역이나 목적지가 아니라 여행 자체가 되어야 한다고 조언한다.

성공의 창출
Creating Success

성공하려면 목표를 설정하고, 역 혹은 목적지를 확인해야 한다. Guzzetta(1998)는 전인적 간호실무를 향한 자신의 여정을 태피스트리 직조와 비교한다. '태피스트리의 명인은 태피스트리 직조를 소명, 전환, 치유, 성스러운 일로 묘사하고 있다.' 간호사로서 당신의 성공 태피스트리에는 무엇이 포함되어 있는가? 당신만의 독특한 기여를 보여주기 위해 당신은 어떻게 태피스트리를 꾸미고 색을 칠하겠는가?

하지만 성공의 달성은 그것만으로 충분하지 않을 때도 있다. 랍비인 Harold Kushner(2002)는 균형은 그 과정에서 즐거움을 제공하는 삶의 관점에서 비롯된다고 말한다. 그가 인용한 "아무도 자신이 죽을 때 '나는 내 사업에 더 많은 시간을 할애했으면 좋았을 걸…'이라고 말하지 않는다."란 문구를 생각해보자. 간호는 성공을 위한 많은 기회(임상 실무, 행정, 교육, 연구, 발전된 실무)를 제공하며, 여러 간호 사업가를 위한 새로운 역할을 제공한다. 균형은 세 가지 구성요소 모두에 주의를 기울이고, 자신을 돌보는 것이 간호사의 기본이며, 이것이 간호사를 위한 것이라는 것을 알아야 한다.

의미 파악
Finding Meaning

*간호사를 위한 의미*Meaning for the Nurse

간호사에게는 의미를 찾는 것이 필수적이다. Arnold(1989)는 이 과정이 간호사의 소진을 예방하는 데 있어 중요하다고 보고 있다. 그녀가 말하는 것은 실존적 위기이며, 간호사가 '의미 제작자'의 역할을 해주길 바라는 환자를 위한 것이다. Arnold의 연구는 많은 경력 간호사가 간호의 정수로 여김을 확인하고 있다.

Arnold(1989)는 간호사를 지망하는 많은 학생들이 규칙과 규정으로 해석되는 일련의 가치와 신념으로 성장한다고 말한다. 신념은 좋은 행동을 이끌어내는 재능으로 여겨질 수 있다. 올바른 일을 하면 모든 것이 잘 될 것이다. 간호사가 의미 없는 비극에 직면하거나 누적된 스트레스 요인을 가질 때 '간호사의 영적 관점은 균형을 잃어버리게 된다. 이전에 가졌던 신념은 더 이상 정확한 내적 가이드를 제공하지 않는다.'와 같은 상황이 발생한다. 종교적 활동에 참여하거나 기도하는 것이 어려워질 수 있다. 신의 능력에 대한 전통적인 수동적 신념은 '인생 경험에 이해할 수 있는 의미를 항상 부여하는 것은 아니다. 그렇게 좁은 의미로 영성을 생각하다 보면, 신적 존재와의 관계 혹은 더 높은 존재와의 관계로서의 영성의 본질을 잃어버리게 된다.' 이 실존적 위기의 해결 이후에 다음 상황이 나타나게 된다. '청지기 정신에 대한 총체적인 수용과 헌신은 더 높은 목적에 대한 합리적 충성과 신뢰에 기반을 두고 있다. 필요한 것은 광범위한 관점과 더불어 고통스러운 수준의 통증과 고통을 치유할 수 있는 탁월한 방법으로, 간호직 경험을 매일 반복하는 것이다.' 권리가 박탈되었거나 간호사를 놀라게 하고, 두려워하는 대상자를 돌보는 간호사의 경험을 조사한 연구 결과, 4가지 차원의 의미가 드러났다. 우리 자신의 두려움과 편견에 직면하여 도전을 극복하는 의미의 보상, 일의 부름을 받은 의미에서 오는 보상, 가족 경험이나 비극과 관련된 보살핌으로부터 오는 의미의 보상 그리고 일반적인 인류의 경험으로부터 얻은 의미의 보상, 이들로부터 각 개인이 돌보고 존중할 권리가 있음을 알 수 있다(Zerwekh, 2000).

Kushner(2001)는 자신의 아이가 조기 노화질환인 선천성 조로증으로 사망했을 때, 그러한 실존적 위기에 직면하였다. 그는 '랍비로서 정말 선량하게 살아온 나에게 어떻게 이런 무의미한 비극이 생길 수 있는가?'라는 생각으로 자신의 신념에 의문을 가지게 되었다. 그의 저서인 「When Bad Things Happen to Good People」에서, 그는 인생에서 일어나는 사건을 통제할 수는 없으며, 단지 삶에서 얻을 수 있는 태도는 통제할 수 있다고 결론지었다. Kushner는 삶에 의미를 부여하는 세 가지 방법을 찾아내었으며, 그 세 가지는 사람에게 속하는 것, 고통을 삶의 일부로 수용하는 것, 자신이 변화된 것을 아는 것 등이다. 당신이 인간에 대해 마음을 열고 민감하다면, 이는 간호사로서의 삶의 일부라 할 수 있다(Kushner, 2002).

사람에게 속하는 것은 자신을 나눌 정도로 가까운 사람들, 즉 당신 삶에 있어 영원한 의미를 지니는 소수의 사람들을 가지는 것이다. 간호사는 때때로 가족구성원과 소원한 관계에 대해 애석해한다. 이러한 관계가 나아진 상태로 일을 지속할 수 있을 때까지, 가까운 친지를 새로운 친구라고 생각한다.

고통을 삶의 일부로 받아들이는 것도 그것과 대조적인 기쁨을 경험할 수 있는 방법이다. 대상자 또는 가족 구성원과 전적으로 같이 하는 것은 고통을 분담하는 것뿐만 아니라 위기상황에 대한 적절한 변화와 대처로 고통에 대해 승리의 기쁨을 누리게 해준다.

인생의 중요한 사건을 통제 할 수 없을 때, 자신의 삶에 변화를 가져 오는 것은 편안함을 가져다 줄 수 있다. 고맙다는 말을 음미한다. 받은 메모와 카드를 저장하고 책에 적는다. 나중에 이 메모는 새로운 기쁨과 긍지를 가져다 줄 것이다.

의미를 만들어내는 간호사 Nurse as Meaning Maker

인간의 이해력을 초월한 것으로 보이는 상황을 이해하거나 설명하는 방법인 신념체계, 내면을 개발하는 능력은 대상자 및 가족과의 상호적인 의사소통에 반영된다. 간호사는 확신하지 못하더라도 대상자의 가족이 괴로워할 때 바로 "우리의 이해 정도를 넘어서는 일이지만, 거기에도 어떤 삶의 목적이 있으리라 믿는다."라고 말한다. 가족과 대상자를 편안하게 대하는 동료가 있다면, 그의 말에 귀 기울여서 그 동료가 설명하는 신념체계를 경험할 수 있다.

성찰과 적용

간호… 경이로운 날들

나는 중환자실에서 일했으며 죽어가는 노인을 돌보았다. 그는 훌륭한 철학자이자 교수였다. 우리는 저녁시간에 많은 대화를 나누었으며 그는 생각하지 못한 여러 방식으로 나를 감동시켰다. 그는 나의 근무가 없었던 어느 날 저녁에 사망했다. 나는 며칠 동안 슬픔을 겪었다. 어느 날 아침 나는 그의 외과의를 만났고, 그가 내게 부검 결과를 보고 싶은지 물었다. 그와 함께 갔을 때, 나는 실제 부검 장소에 와 있음을 깨닫고 놀랐다. 그의 사체를 봤을 때 나는 처음으로 죽음이 무엇인지 깨달았다. 그 몸은 단지 껍데기였고 그의 눈은 공허했다. 나는 그의 모든 경험과 이야기 그리고 훌륭한 지식이 나와 같이 있고, 그가 만난 모든 사람들과 함께 한다는 것을 깨달았다. 그 경험 덕분에 몇 년 후에 일어난 아버지의 죽음을 받아들일 수 있었고, 임종과정을 다루는 나의 업무에도 도움이 되었다.

유산의 창출 Creating a Living Legacy

간호직 경력 전반에 걸친 우리의 업무가 살아 있는 유산을 만들어낸다. 일리노이 주, Danville의 Lakeview 간호대학의 학생들은 학급에서 채택할 수 있는 연구 유산 프로젝트를 매년 완료하고 있다. 그중 한 프로젝트는 만성질환을 앓고 있는 어린이에게 의료비를 지원하기 위한 기금 모금 행사였다. 지속적으로 이어지는 이러한 프로젝트에서 간호사는 오랫동안 살아 있는 유산을 보면서 자신의 업무에 이를 반영하고 있다(Box 30-3).

간호업무는 항상 환자에 관한 것이지 우리에 관한 것이 아님을 기억한다. 간호사의 소명은 자신을 돌보고, 스스로를 중심에 두고, 자신의 걱정거리를 제쳐두고, 봉사하는 삶을 보여주는 것이다. Arnold(1989)는 삶의 일부로 참여하는 것은 지지하지만, 개인적 안녕을 유지하고 대인관계를 길러주는 지속적인 능력을 유지하기 위해 에너지의 분리와 회복이 필요하다고 주장한다. 의미의 상실은 정신적 고통을 가져올 수 있지만, 개인의 삶과 직업사이에서 불가능한 완전 기준을 설정하는 것은 매우 힘들고 지칠 수 있다. 간호 돌봄 의사소통에 있어서 친밀감 수준은 에너지 비축을 필요로 하므로, 회복에 대한 관심은 필수적이다.

에너지의 회복
Renewing Energy

이제 간호사가 직면하게 되는 피할 수 없는 스트레스 요인에 대해 논의가 되었으므로, 자신의 삶에 어떻게 에너지, 재미, 웃음을 추가할 수 있는지 적극적으로 고려해볼 때이다. 신체-마음-정신의 접근방법을 고려해본다.

신체 Body

좋아하는 신체활동을 찾아 집착하지 않고 정기적으로 해본다. 춤추기, 테니스, 걷기, 달리기 등 할 수 있는 활동은 매우 많다. 10분 동안, 하루에 두 번 반복하는 것부터 시작한다. 스트레스 해소를 위해 요가를 해도 좋다. 부드러운 스트레칭과 심호흡은 몸을 이완시키고 수면을 촉진한다(Fon-

Box 30-3 살아있는 유산

50년 이상의 경력을 가진 간호사가 다음 세 가지 질문에 대한 답변으로 지혜를 공유한다. (1) 돌봄 의사소통에 대해 생각할 때, 간호학에 입문한 학생 혹은 졸업생에게 어떤 메시지를 전하고 싶은가? (2) 간호전문직을 성장시키기 위해 당신이 어렵게 배운 것들 중 나누고 싶은 것이 있는가? (3) 당신의 경험에서 나누고 싶은 지혜의 말은?

응답자의 교육 정도는 학사, 석사 및 박사 졸업 등으로 다양하였다. 그들의 경험은 간호사부터, 다양한 전문 분야, 즉 QI 담당자, 교육자, 사업가, 관리자, 야간근무 감독자, 행정가, 메디케어 항소자 및 연방 공직자 등으로 다양하다. 그중 한 사람은 대부분의 경력을 캐나다에서 쌓았으며, 일부는 여전히 현직에 있고, 나머지는 은퇴하였다. 그들의 답변을 검토하여 공통점을 찾아본다.

Ann Rinaldi: 친절과 연민과 배려심을 가지고 경청하고 또 경청한다. 환자는 당신의 개인적인 삶에 관심이 없다. 그들은 당신이 어떻게 돌볼 것인지에 대해 알고 싶어한다. 나의 개인적 경험에 의하면, 환자가 힘든 경험을 하고 있다면 환자에게 앞으로 어떤 일이 일어날 것인지에 대해 알려주고 준비를 시켜야 한다. 대다수의 환자는 죽음을 두려워하지만 정보가 두려움을 완화시킬 수 있다. 환자를 돌보는 것은 하나님이 주신 특권이다. 이를 좋아해야 한다!

Roberta Rauer: 내가 강조하고 싶은 것은 환자가 이미 당신을 권위자로 보고 당신에게서 좋은 정보를 듣기를 바라며 의지한다는 점이다. 한 가지 주의할 것은 개인정보를 공유하지 말아야 한다. 약간의 유머는 일상생활에서 미소와 즐거운 말을 하는 것과 같이 돌봄 과정에서 도움을 준다.

Denise Geolot Sherer: 의사소통 기술은 삶의 기술로서 그 중요성을 결코 과소평가하면 안 된다. 성공의 열쇠는 대인관계 기술, 영향, 태도, 몸가짐 및 신체언어이다. 환자 및 동료와 의사소통하는 방식과 내용이 환자의 결과에 영향을 줄 수 있다. 간호는 건강관리의 통합적인 부분이지만, 항상 진가를 인정받는 것은 아니다. 연구는 비용효과적인 질 간호에 대한 접근성을 증가시키는 간호사의 역할을 뒷받침한다. 간호사들은 비용, 질, 접근성에 대한 오늘날의 복잡한 의료문제를 식별하고 해결하고자 하는 건강관리제공자, 보험사, 정책 입안자, 규제담당자 및 전문가 협회와의 대규모 토론에 참여해야 하고, 그들의 영역을 확장시킬 필요가 있다. 간호는 훌륭한 전문직이며 나의 경력에 예기치 않은 변화가 있을 수도 있다. 각각은 흥미롭고 성취감 있는 경력에 대한 기회를 제공한다. 신규 졸업생에게 주는 나의 충고는 기회를 노리고 위험을 감수하라는 것이다. 그에 대한 보상은 훌륭하다.

Kaarlyn Shilliday: 단어와 목소리, 진지한 감사의 마음으로 환자와 동료들과 의사소통한다. 직장에서 문제가 발생하면 항상 다음과 같이 해보자. 숨을 들이쉬고, 즉각적으로 반응하지 말고, 문제의 원인을 생각하고, 자존심을 내려놓고, 문제의 일부를 공유한다. 미안하다고 말하는 법을 배운다. 나는 이를 배우는 데 50년이 넘는 시간이 걸렸다. 나는 열심히 일하고 헌신적이며 재미있고 친절한 많은 이들로 둘러싸인 분야에서 일할 수 있는 특권을 누리고 있다.

Betty Laing: 자신이 생각했을 때 치료받고 싶어 하는 환자를 치료한다. 이는 효과가 있다! 환자는 좋은 경청자, 접촉, 안심할 수 있는 말에 반응한다. 이는 모두 돌봄을 전달한다. 기술과 지식은 필요하지만, 돌봄은 헌신적인 간호사의 핵심이다. 나는 10살 때 자동차 사고로 병원에 입원했었다. 나를 간호직으로 이끌었던 것은 그 당시 간호사의 돌봄과 기술이었다. 돌봄과 존중은 동료에게도 적용된다. 완벽한 작업 환경은 존재하지 않는다. 부정적인 측면에 집중하지 않는다. 간호사는 '어린' 간호사의 경력을 꽃피우고 성장하게 함으로써, 그들의 환경과 어린 간호사를 풍성하게 하는 능력이 있다. 기회는 풍부하다!

Carol Washburn: 당신은 모든 답변을 '올바른' 단어로 대답할 필요는 없다. 위기와 고난의 시기에는 단순한 의사소통이 가장 효과적이다. 긴 설명은 종종 들리지 않는다. 정직한 마음을 나타내는 접촉, 따뜻한 미소와 눈맞춤이 정말 의미가 있다. 간병인과의 관계 구축은 간병인에게 힘과 지지를 제공하고, 환자를 기하급수적으로 지원할 수 있는 토대가 됨을 기억한다. 어린 간호사로서 나는 강하고 결단력 있으며 독립적으로 생각하는 사람이어야 한다고 느끼며, 특히 경험이 많은 이들로부터 제공되는 팀에 대한 사랑과 지원을 잘 알지 못했다. 팀원 간의 의미 있는 관계는 환자와 그의 사랑하는 이에게 질문을 하고 감정을 표현할 수 있는 안전한 장소를 제공한다. 과업 지향적인 세상이지만, 자신과 다른 사람이 함께 하는 순간을 기억한다. 그들을 허용하는 그 작은 순간이 나에게 가장 의미 있는 순간이다. 내가 밤 근무 감독자였을 때, 아파서 일하지 못하는 간호사에게 아침 일찍 전화를 걸었다. 오밤중에 한 번은 부모가 돌아가셨다면서 전화를 한 간호사도 있었다. 그녀는 슬픔에 가득 차 있었다. 나는 그냥 들어주었다. 통화한 그 짧은 순간이 우리가 함께 일한 시간 내내 지속된 유대감을 만들었다. 의사소통 능력은 향상되었고, 우리가 환자에게 더 나은 서비스를 제공할 수 있게 하였다. 전화하는 잠시 동안만이라도 그들과 함께 하고 그들을 소중히 해보자.

Kathy West: 환자가 자신의 질병 상태를 항상 이해하지는 못한다는 사실을 알아야 한다. 그들은 결핵검사에서의 양성반응과 활동성 결핵 상태 간의 차이를 이해하지 못할 수도 있다. 또는 결핵은 치료할 수 있는 질병이라는 사실 자체를 모를 수도 있다. 보건의료 분야에는 업무현장의 정치적 견해가 있다는 점을 기억해야 한다. 이들이 언제 제자리에 있는지 식별하는 방법과 그들을 최선으로 다루는 방법을 알아야 한다. 나는 게임을 하지 않기로 결정했으며, 이로 인해 승진이 어려워졌다. 당신이 누구이고 무엇을 성취하고자 하는지 기억해야 한다. 바라건대, 당신은 소명을 지니고 간호 현장에 들어오게 된다. 이는 질 높은 환자간호를 제공하는 데 중요하다.

taine, 2014). 거울에 비치는 당신의 몸이 좋아 보이는가? 당신은 건강함의 대명사인가? 당신의 몸을 신성하게 여기는가?

정신*Mind*

'받아들이거나 판단하지 않은 채로 현 시점에서 의도적으로 주의를 기울이는' 마음챙김 연습을 개발하기 위해 노력한다(Bazarko, 2014). 이는 마음챙김 명상, 요가, 산책묵상, 창조적인 과정에 참여하기, 자연에서 시간을 보내는 것 등으로 성취된다(Barzarko, 2014). 이러한 연습은 환자와 당신 스스로에게 더 많은 도움을 주기 위함이다. 미국간호협회(ANA)의 간행물인 「Mindfulness and You: Being Present in Nursing Practice」(Bazarko, 2014)는 좋은 소개서이며, 다운로드 또는 인쇄본으로 구입할 수 있다. 버지니아 대학교(University of Virginia)는 대학 및 지역사회에서 간호학, 의학 분야의 마음챙김 연습을 통합하는 명상과학센터(Contemplative Sciences Center)를 운영하고 있다.

에너지를 새롭게 충전할 수 있는 음악이나 영화 또는 독서 자료를 선택한다. 웃음과 유머를 삶에 더한다(14장 참조). 아름답게 가정을 꾸민다. 호스피스 완화간호를 위한 건강관리제공자와 자원봉사자를 위한 워크숍에서 세 가지 창의적인 자기돌봄 전략이 소개되었다. 다음은 각 전략에 대한 참가자의 의견이다. 저널 쓰기–'내가 할 수 있는 말은 무엇인가! 나는 그저 어디서부터 시작해야 하는지를 알 필요가 있다.' 표현 예술–'예술에서 자신을 표현할 수 있다는 것은 내가 알지 못했던 감정과 접촉하게 만든다.' 음악 치료–'음악은 잊혀진 자유에 대한 감각을 깨우쳐 준다'(Murant, 2000). 저널, 예술, 음악을 듣는 것은 기분전환을 하는 방법이다.

> **성찰과 적용**
>
> **간호학생의 "모든 것을 통합하기" 사례**
>
> 오늘 가장 친한 친구의 어머니가 자궁 절제술을 받았다. 이 상황은 치료적 의사소통을 연습할 기회가 되었다. 내 친구는 너무 불안하고 화가 났다. 그녀는 울었고, 일하기 전후에 엄마를 방문했다. 그녀는 엄마가 수술을 받지 않고 안정되어 있을 때에도 계속 이야기했다. 나는 따뜻함을 보여주고, 공감하고, 돌보고, 진정으로 대하며, 함께하고, 침묵과 눈물을 수용하고, 접촉하고, 공감과 이해를 보여주는 등 책에서 기억나는 것을 연습했다. 나는 그녀에게 불안을 줄이기 위한 몇 가지 전략을 가르쳐 주었고, 이 병원의 치료가 훌륭하다는 것을 그녀에게 말함으로써 안심시켰다. 그녀는 눈에 띄게 차분해졌다. 비록 환자들과 깊은 친밀한 관계는 없지만 나는 이런 것을 제공할 수 있어서 매우 기뻤고, 환자를 지지하는 방식으로 의사소통할 수 있다고 확신한다.

영혼*Spirit*

영감을 주는 자료나 이야기를 읽으면서 시간을 보내어 나의 영혼을 충만하게 한다. 시간을 내어 조용히 있으면서 아무것도 하지 않는다. 삶을 돌아볼 수 있는 정기적인 시간을 마련한다. 심상과 이완에 관한 장을 다시 검토한다. 개인 생활과 직업 활동을 위한 자신만의 강령을 작성한다(Kenney, 1998). 나의 생각은 '삶의 여정에서 유머와 기쁨을 찾고, 섬세한 돌봄을 제공하기 위해 정신력을 재무장하고, 재교육하고, 다시 영감을 주고, 활력을 되찾아야 한다.'이다. 강령 작성에 도움이 되는 구체적 사항은 Jones(1998)의 「The Path: Creating Your Mission Statement for Work and for Life」를 참조한다.

지속적 연결
Continuing Connections

이 교재의 30개의 장을 반영한 Box 30-4를 읽고 생각해본다.

이 요점들은 책무를 지속하는 것은 위험과 기쁨이 수반된다는 것을 보여준다.

Box 30-4 반영을 통해 모든 것을 통합하기

1장: 주장적 의사소통을 하는 경우 자신이 원하는 것을 얻을 수 있다고 보장할 수는 없지만 적어도 그럴 가능성은 높아질 것이다.

2장: 대답을 해야만 한다는 생각은 내려놓고, 잘 모르더라도, 숨을 들이쉬고 경청한다.

3장: 필요할 때 적절한 지원과 정보를 제공하되, 사람들은 스스로 결정을 내린다는 것을 기억한다.

4장: 다른 사람을 더 잘 이해하기 위해 자신에 대해 자세히 알아본다.

5장: 차이보다는 공통점에 집중한다.

6장: 눈과 마음으로 미소를 보여준다. 이는 매우 귀중한 온정을 나타내는 것이다.

7장: 존중을 나누는 것은 건강관리를 위한 좋은 토대이다.

8장: 진정한 자신을 공유한다. 진정성은 자기 기만이 없는 상태이다.

9장: 다른 사람의 입장에 서려고 노력할 수는 있지만, 진정한 공감은 결코 성공할 수 없음을 인정하며, 이를 겸손으로 표현해야 한다.

10장. 대상자, 가족 또는 동료에게 서비스를 제공할 때 자기노출을 적용한다.

11장: 주의를 기울인다. 세부적인 사항이 중요하며, 구체적으로 말하는 것이 생명을 구할 수 있다.

12장: 당신이 알고 싶은 것을 질문하되, 대상자가 취약하다는 사실과 필요한 정보보다 더 많은 것을 질문하지 않는다.

13장: 의견을 표현하는 것과 조언을 하는 것은 같지 않음을 기억한다.

14장: 자신을 그렇게 심각하게 여기지 않도록, 자신을 비웃는 법을 배운다.

15장: 자신의 영적 요구를 충족시키기 위해 노력하고, 다른 사람에게 영적 요구를 표현하도록 격려한다.

16장: 필요할 때 타인에게 도움과 지지를 요청하지 않는다면, 타인을 도울 때 얻을 수 있는 좋은 느낌을 부정하는 것임을 기억한다.

17장: 약간의 불안은 집중력을 높이고, 배우고 성장하는데 도움이 됨을 이해한다.

18장: "나는 전체적으로 완벽하지는 않지만, 나의 일부분은 훌륭하다."라고 한 Ashleigh Brilliant의 격언을 기억해 보자.

19장: 신호등 앞에서 멈추거나 가게에서 기다려야 하는 때를, 심호흡과 이완을 연습할 시간으로 다시 생각해본다.

20장: 인간의 신경생리는 실제로 하와이에 있는 것과 하와이에 있는 것으로 상상하는 것의 차이를 구분하지 못한다. 바로 휴가를 가져야 한다.

21장: 'The Little Engine That Could' 동화책을 떠올려보자. 나는 할 수 있다고 생각한다.

22장: 집단에서 일할 때, 당신의 지식과 아이디어를 공유하여 당신의 가치를 주장해야 한다.

23장: 디지털 통신은 편리하지만, 손으로 쓰는 메모는 유산이라는 점을 기억한다.

24장: 때때로 사람과 대면할 때, 당신은 관계를 키우고 더 가까워질 것이라 생각해야 한다.

25장: 불합리한 요청을 언제 거절하고 언제 수용할지 선택할 수 있다. 거절할 수도 있다는 것을 아는 한 그것은 선택의 문제가 된다. 물론 요청을 수용하는 것이 옳을 때도 있다.

26장: 현재 누군가가 곤경에 처해 있을 수 있다는 것을 염두에 둔다. 앞으로 언젠가 나도 그런 상황에 처할 수 있다.

27장: 당신이 존중받아야 하는 사람임을 기억해야 한다. 때로는 이를 다른 사람에게도 가르쳐야 한다.

28장: 갈등과 의견 차이가 더 나은 해결책을 제시할 수 있다.

29장: "바삐 태어나지 않은 자는 바삐 죽는다."라고 한 Bob Dylan의 노랫말을 생각해보자. 우리 모두 여기에 함께 하고 있다.

30장: 내가 자신을 돌보는 것처럼, 나는 다른 이들을 돌본다.

한 간호사는 간호사가 일인 다역을 하면서도, '간호에 대한 헌신'을 유지한다고 결론지었다(Schettle, 1998). 간호사는 복잡한 통합 전달 시스템에서 의료서비스 제공에 영향을 미치기 위해 많은 임상 및 행정 역할을 확대하고 있으면서도 대상자 및 가족을 위한 양질의 간호와 개인 및 지역사회를 위한 건강증진에 대한 의지를 보여준다. 통신 시스템의 발전을 통해 간호사의 관심은 세계로 뻗어나가고 있다. 간호사들은 병원 전체 교육을 위한 프로그램을 개발하도록 요청받는다. 간호사들이 기업의 웰빙 프로그램을 디자인하기 위해 업계로 이동하고 있다. 간호사들은 정치적 역할을 통한 건강증진을 지지한다. 그들은 정보학을 통해 건강관리 분야에 정보기술을 가져오고 있다. 이러한 새로운 역할은 새로운 기술과 평생 배워야 한다는 목표에 대한 헌신을 요구한다.

이 교재의 예시들은 한 번에 한 가지 문제를 다루고 있다. 실제 많은 이들이 어려움을 동시에 겪고 있는 복잡한 삶을 보여주고 있다. 이러한 복잡하고 불가능해 보이는 상황에서 간호사는 대상자 및 가족과 함께 성장해야 한다. 정직하고 명확한 의사소통은 성장을 지속시키고 발전시키며, 타인과의 관계를 유지하겠다는 의지를 나타낸다. 말이 가져다주는 즐거움의 보상은 상당하지만 풍족한 개인의 삶, 추구하고 있는 관심사 그리고 자신과 연관된 사람을 잃으면 그 대가가 너무 크다고 볼 수 있다. 인간존중의 여정을 돕기 위해 이 마지막 연습을 고려한다.

작별인사와 더불어 당신의 여정에 축복이 있기를 바라며….

인간존중을 위한 지속적인 헌신 연습
Practicing Continuing the Commitment to the Journey

연습 1 자기돌봄 계획하기

환자를 위한 치료 계획을 작성하는 데 많은 시간을 보내게 된다. 나 자신을 위한 종합적인 돌봄 계획을 세워본다. 다음은 형식과 몇 가지 사례이다.

오늘 내 몸을 위해: 나는 건강한 아침식사를 하고 물 8컵을 마신다.

오늘 내 마음을 위해: 일시 정지, 호흡에 주의를 기울이고, 병실 사이를 조심스럽게 걸어가면서 마음챙김을 연습한다. 내가 선택한 책의 한 장을 읽는다.

오늘 나의 정신을 위해: 나는 몇 분 동안 산책하러 나가서 나보다 큰 자연을 높이 평가한다. 내가 감사하는 세 가지를 열거하면서 하루를 시작하고 끝낸다(교육자에 대한 회복탄력성에 관한 Elena Aguilar의 연구에서 영감을 받음[Aguilar 2018a, b]).

연습 2 역할 나누기 연습

간호사나 학생, 딸 혹은 아들, 배우자, 부모 및 지역사회 자원봉사자와 같이 인생에서 맡게 되는 모든 역할을 열거해본다. 그런 다음, 직경 10cm의 원을 두 개 그린다. 첫 번째 원을 파이조각처럼 나누어보자. 각 역할에 필요한 시간만큼 비율을 정해 본다. 이 작업이 끝나면, 시간 사용에 당신의 가치가 잘 반영되어 있는지 생각해본다. 이러한 반영 후에, 당신이 시간분배를 선호하는 방식에 따라 두 번째 원을 나누어본다. 시간의 두 분포 간에 불일치가 있는 경우, 당신은 변경할 수 있다.

연습 3 성찰일지 쓰기

대상자, 동료, 사랑하는 사람 및 자신과 연결되는 자신만의 순간에 대해 일지를 작성해본다. 오늘 무슨 일이 있었나? 나를 놀라게 한 것은 무엇인가? 나는 오늘 무엇을 성취했나? 오늘 어떻게 변화했나? 오늘 감사한 일은? 다음번엔 무엇을 다르게 할 수 있나? 오늘 당신에게 경이로움, 경외감, 기쁨을 느끼게 한 것은 무엇인가?

연습 4 힐링보관함 만들기

기념품, 동기부여 클리핑, 감사 메모, 작은 장난감과 당신의 영혼을 기분 좋게 하는 물건을 수집하기 위해 '기쁨 상자', '항우울제 키트'를 시작한다. 인생에서 자녀가 이를 보물 상자로 부르면서 같은 일을 하도록 격려한다. 기쁨을 가져오는 이미지로 상자를 콜라주할 수도 있다.

연습 5 콜라주 만들기

자신의 치유 여정이 담긴 콜라주를 만들어본다. 잡지, 카드, 특정사진 사본, 수집품 일부로부터 그림을 잘라 골판지나 매트 보드의 무거운 조각에 붙여본다. 당신이 선택한 의미를 찾아보는 시간을 가진다. 배운 것을 적어본다. 수업 중에 진행했다면 콜라주를 만드는 다른 동기들과 생각을 간단히 나누어본다. 이 활동은 다양한 목적을 위해 대상자 및 가족구성원에게 적용할 수 있다.

연습 6 목표 리스트 만들기

자신이 가지고 있는 목표를 정의한다. '면허 시험을 통과하려면'과 같은 긍정적인 표현으로 작성한다. 목표를 성공적으로 완수했다고 상상해본다. 미래의 자신에 대한 일지 항목을 작성해본다. 당신은 어떻게 보이는가? 당신은 어떠한가? 다른 방식으로 자신을 다루는가? 자신의 비전을 유지한다(Bolton et al., 2006).

연습 7 자기돌봄 연습

자기돌봄 연습으로, 야외에 나가 공원, 정원 또는 숲과 같은 아름다운 장소에 앉아본다. 당신의 경험에 주의를 기울인다. 당신이 경험한 것에 대해 시를 써볼 수도 있다.

연습 8 Q.S.E.N-안전문화의 리더로 발전하는 여정

모든 간호사는 전문적인 우수성과 성숙을 향한 여정을 떠나고 있다. 환자 안전을 담당하는 리더로서 역량을 개발하고 경험을 쌓으면서 안전성 문화에 기여하고 이를 주도할 수 있다. 운송 이미지를 사용하여 향후 5년간 안전문화의 리더로 발전하기 위한 여정을 어떻게 계속하기를 희망하는지 그려본다.

- 5년 후 원하는 목적지에 도달하기 위한 교통수단으로 어디에 있기를 희망하는가?
- 목표 달성을 위해서는 무엇을 변경해야 하는가? 그리고 어떤 속도제한이 적용될 수 있는가?
- 그 길에 있는 정류장은 무엇인가?
- 가능한 우회로 및 방책은 무엇인가?
- 앞으로의 발전상황을 어떻게 관리할 것인가?
- 발전을 도울 수 있는 멘토는 누구인가?

참고문헌

Aguilar, E. (2018a). *Onward: Cultivating emotional resilience in educators*. San Francisco, CA: Jossey-Bass.

Aguilar, E. (2018b). *The onward workbook: Daily activities to cultivate your emotional resilience and thrive*. San Francisco, CA: Jossey-Bass.

American Nurses Association. *Code of Ethics for Nurses 2015 with Interpretive Statements*. (2015). http://www.nursingworld.org/codeofethics. Accessed 20.01/15.

American Psychological Association. (2018). *The road to resilience*. http://www.apa.org/helpcenter/road-resilience.aspx. Accessed 22.09.18.

Arnold, E. (1989). Burnout as a spiritual issue: Rediscovering meaning in nursing practice. In V. B. Carson (Ed.), *Spiritual dimensions of nursing practice*. Philadelphia, PA: WB Saunders.

Ashcraft, P., & Gatto, S. (2018). Curricular interventions to promote self-care in prelicensure nursing students. *Nurse Educator, 43*(3), 140.

Bateson, M. C. (2010). *Composing a further life: The age of active wisdom*. New York, NY: Knopf.

Bazarko, D. (2014). *Mindfulness and you: Being present in nursing practice*. Silver Spring, MD: American Nurses Association. www.nursebooks.org.

Bolton, G., Field, V., & Thompson, K. (2006). *Writing works: A resource book for therapeutic writing workshops and activities*. London, UK: Jessica Kingsley Publishers.

Daehlen, M. (2008). Job satisfaction and job values among beginning nurses: A questionnaire survey. *International Journal of Nursing Studies, 45*(12), 1789.

Devney, A. (2018). Rapid anxiety reduction tools for nursing staff, faculty and students. *COJ Nurse and Healthcare, 2*(5).

Dyess, S. M., & Sherman, R. O. (2009). The first year of practice: New graduate nurses' transition and learning needs. *Journal of Continuing Education in Nursing, 40*(9), 403.

Fontaine, K. L. (2014). *Complementary & alternative therapies for nursing practice*. Upper Saddle River, NJ: Prentice Hall.

Gallison, B. (2018). Connecting holistic nursing practice with relationship-based care: A community hospital's journey. *Nurse Leader*, 181.

Grant, L., & Kinman, G. (2014). Emotional resilience in the helping professions and how it can be enhanced. *Health and Social Care Education, 3*(1), 23.

Guterman, M. S. (1994). *Common sense for uncommon times: The power of balance in work, family, and personal life*. Palo Alto, CA: CPP Books.

Guzzetta, C. E. (1998). Weaving a tapestry of holism. *Journal of Cardiovascular Nursing, 12*(2), 18.

Hart, P. L., Brann, J. D., & De Chesnay, M. (2014). Resilience in nurses: An integrative review. *Journal of Nursing Management, 22*, 720.

Jones, L. B. (1998). *The path: Creating your mission statement for work and for life*. New York, NY: Hyperion.

Kelly, L. A., & Adams, J. M. (2018). Nurse leader burnout: How to find your joy. *Nurse Leader, 16*(1), 24.

Kemper, K. J., & Hill, E. (2017). Training in integrative therapies increases self-efficacy in providing nondrug therapies and selfconfidence in offering compassionate care. *Journal of Evidenced-Based Complementary & Alternative Medicine, 22* (4), 618.

Kenney, E. G. (1998). Creating fulfillment in today's workplace: A guide for nurses. *American Journal of Nursing, 98*(5), 44.

Kramer, M. L. (1974). *Reality shock: Why nurses leave nursing*. St Louis, MO: CV Mosby.

Kushner, H. (2001). *When bad things happen to good people*. New York, NY: Schocken Books.

Kushner, H. (2002). *When all you've ever wanted isn't enough: A search for a life that matters*. New York, NY: Fireside.

Murant, G. M. (2000). Creativity and self-care for caregivers. *Journal of Palliative Care, 16*(2), 44.

Pellico, L. H., Brewer, C. S., & Kovner, C. T. (2009). What newly licensed registered nurses have to say about their new experiences. *Nursing Outlook, 57*(4), 194.

Prince-Paul, M., & Kelley, C. (2017). Mindful communication: Being present. *Seminars in Oncology Nursing, 33*(5), 475.

Raso, R. (2018). Wellness, stress, balance…and resilience. *Nursing Management, 42*(29), 6.

Reyes, A. T., Andrusyszyn, M., Iwasiw, C., Forchuk, C., & Babenko-Mould, Y. (2015). Resilience in nursing education: An integrative review. *Journal of Nursing Education, 54*(8), 438.

Schettle, S. (1998). A nurse's reflection: Nursing in the 090s—old hats, new ways. *American Journal of Nursing, 98*(5), 16J.

Stephens, T. M. (2013). Nursing student resilience: A concept clarification. *Nursing Forum, 48*(2), 125.

Tingle, C. A. (2001). Workplace advocacy as a transition tool. *Student Nurse Advisor, 1*(16).

Tuckerton, R. (2014). *15 minutes to a better interview: What I wish every job candidate knew*. www.interview.com.(Kindle book).

Zerwekh, J. V. (2000). Caring on the ragged edge: Nursing persons who are disenfranchised. *Advances in Nursing Science, 22*(4), 47.

Zuzelo, P. R. (2018). Nurses' sleepiness and sleeplessness: The epidemic of insufficient sleep. *Holistic Nursing Practice, 32*(3), 172.

찾아보기

ㄴ

ㄷ

ㄹ

ㅁ

ㅂ

ㅅ

ㅇ

ㅊ

ㅋ

ㅌ

ㅍ

D

E

F

G

H

I

K

L

M

P

Q

R

S

T